उत्तर-औपनिवेशिकता के स्त्रोत
और
हिन्दी साहित्य

उत्तर-औपनिवेशिकता के स्त्रोत और हिन्दी साहित्य

डॉ. प्रणय कृष्ण
अध्यक्ष, हिन्दी विभाग
इलाहाबाद विश्वविद्यालय

लोकभारती प्रकाशन

लोकभारती प्रकाशन
पहली मंजिल, दरबारी बिल्डिंग, महात्मा गाँधी मार्ग
प्रयागराज-211 001

वेबसाइट : www.lokbhartiprakashan.com
ईमेल : info@lokbhartiprakashan.com

शाखाएँ : 1-बी, नेताजी सुभाष मार्ग, दरियागंज
नयी दिल्ली-110 002
अशोक राजपथ, साइंस कॉलेज के सामने
पटना-800 006 (बिहार)
1, अनमोल़ सोराबजी संतुक लेन, मरीन लाइंस
मुम्बई-400002

प्रथम विद्यार्थी संस्करण : 2024

जे.के. आर्ट प्रेस
प्रयागराज द्वारा मुद्रित

UTTAR AUPNIVESHIKATA KE SROT AUR
HINDI SAHITYA
by Dr. Pranay Krishna

ISBN : 978-81-19133-88-8

मूल्य : ₹ 350

माँ की स्मृति

श्रीमती सरस्वती देवी

(फरवरी, 1936–19 सितम्बर, 2007)

सुत अपराध करै दिन केते,
जननी कै चित रहें न तेते।
कर गहि केस कस करै जौ घाता,
तऊ न हेत उतारै माता।

–कबीर

विषय-सूची

भूमिका

प्रणय कृष्ण हमारे समय के उन आलोचकों में हैं, जिनकी दर्शनशास्त्र, मनोविज्ञान और सामाजिक अनुशासनों में गहन गति है। सामान्य अस्त-व्यस्तता के बीच जब कभी वे अपनी क्षमताओं को केन्द्रित कर निवेशित कर पाते हैं तो कृति या परिघटना विशेष की व्याख्या के लिए सर्वाधिक उपयुक्त उपकरण तलाश लेते हैं। आलोचना के परिष्कृत औज़ार वे अत्यंत सहज तरीके से आजमा पाते हैं। इसीलिए जब उन्होंने अपने पी. एच. डी. शोधप्रबन्ध 'उत्तर औपनिवेशिक साहित्यिक और सामाजिक विमर्श तथा हिन्दी साहित्य' के प्रकाशन हेतु भूमिका लिखने का आग्रह किया तो मैंने इसे अब तक का सबसे बड़ा पुरस्कार माना। उनकी उदारता के कारण उपलब्ध हमारी दीर्घकालीन मित्रता का पुरस्कार।

जब हम लोग जवाहरलाल नेहरू विश्वविद्यालय में पढ़ रहे थे तभी उत्तर औपनिवेशिकता की चर्चा उत्तर आधुनिकता के साथ सुनाई पड़ने लगी थी। इससे जो कुछ परिचय हमारा हुआ उससे ऐसा प्रतीत हुआ कि उपनिवेशवादी पश्चिमी देशों के विरुद्ध संचालित उपनिवेशवाद विरोधी स्वतन्त्रता आन्दोलन की व्याख्या में मार्क्सवादी दबदबे के मुकाबले यह ऐसी विचार सरणी है जो इन आन्दोलनों के आर्थिक सामाजिक पहलुओं पर ज़ोर देने की वामपंथी चिन्तन पद्धति की बजाय उन्हें सांस्कृतिक टकराव के धरातल पर समझने की हिमायती है। तीसरी दुनिया, अर्थात् एशिया और अफ्रीका के उपनिवेशित देशों के स्वतंत्रता आन्दोलन के समय ही 1917 की महान अक्टूबर क्रान्ति हुई थी और उसने इन देशों के स्वतन्त्रता आंदोलन में वामपंथी धारा की मज़बूत प्रवृत्ति पैदा की। जिन देशों में कम्युनिस्ट पार्टियाँ मुख्य शक्ति नहीं बनीं, वहाँ भी मजदूरों-किसानों के आन्दोलनों ने स्वतन्त्रता आन्दोलनों में मज़बूत उपस्थिति दर्ज कराई। अस्सी के दशक में रूस के पतन के बाद उत्तर आधुनिकता की आँधी ने मार्क्सवादी व्याख्या के इस दबदबे को गम्भीर चुनौती दी। स्वतन्त्रता आन्दोलनों की बूर्जुआ सीमाओं का विरोध करते हुए वामपंथी बौद्धिकों की एक जमात भी कोई वैकल्पिक ढाँचा तलाश रही थी। उत्तर आधुनिकता की विद्रोही मुद्रा ने उन्हें भी आकर्षित किया। इसी माहौल में उत्तर औपनिवेशिकता के सिद्धान्त का प्रवेश हुआ।

इस पुस्तक में उत्तर औपनिवेशिकता की इस समझ को अन्तर्धारा के बतौर देखा जा सकता है। अगर संक्षेप में इस पुस्तक की तर्क योजना को प्रस्तुत करूँ तो लेखक का यह कहना है कि उत्तर औपनिवेशिकता तीसरी दुनिया के स्वतंत्रता आंदोलनों और उससे उत्पन्न साहित्यिक तथा साहित्येतर वैचारिकी को उत्तर

आधुनिकता के ढाँचे में व्याख्यायित करने का प्रयास है। इसके लिए लेखक ने 'उत्तर औपनिवेशिक' में 'उत्तर' की धारणा को चौड़ा किया है। इसी क्रम में लैटिन अमेरिका, अफ्रीका और एशिया के उपनिवेशवाद विरोधी आंदोलनों के चिन्तकों को उनके सही सन्दर्भों में रखकर देखा गया है। लेखक ने अनेकशः इन चिन्तकों की राजनीतिक प्रतिबद्धता का पहलू दबाकर उन्हें सिर्फ़ चिंतक और उनके लेखन को 'पाठ' बना देने की प्रवृत्ति की आलोचना की है। इस प्रकरण में हिन्दी के महान चिन्तक डॉ. रामविलास शर्मा को लेखक ने एक नयी ऊँचाई दी है। उन्हें उनके समकालीन तीसरी दुनिया के अन्य चिंतकों के साथ जोड़कर देखा गया है और इस तरह रामविलास शर्मा को लेकर हिन्दी में जारी छीछालेदर को दरकिनारकर मूल्यांकन का नया आधार प्रस्तुत किया गया। शास्त्रीय मार्क्सवाद की अपूर्णताओं के उनके उल्लेख को भी तीसरी दुनिया के अन्य चिन्तकों के मेल में रखकर देखा गया है और गम्भीर सोच-विचार की माँग करता है।

पश्चिम से आनेवाले अधुनातन चिन्तन के सम्बन्ध में हिन्दी बौद्धिकों में एक ख़ास तरह की तिरस्कार परक अति देखी जाती है। इसका तर्क यह दिया जाता है कि हमारे देश समाज के ये अनुभव नहीं हैं। लेकिन अब इसे एक तथ्य की तरह स्वीकार कर लेना चाहिए कि लम्बे अरसे से हिन्दी साहित्य और विचार की दुनिया पश्चिमी जगत के विचारों से प्रभावित होती आ रही है। हमारे देश समाज के अनुभव पूरी दुनिया से कटे नहीं होते। अब तो वैज्ञानिक आविष्कारों की तरह ही विचारों के क्षेत्र में भी जन्म और प्रचार के बीच का अंतराल घटता जा रहा है। दूसरी अति इस चिंतन के विवेकहीन अनुकरण की है। लेकिन हिन्दी की परम्परा इन विचारों को अपने अनुभवों के आलोक में अनुकूलित, परिष्कृत और संशोधित करने की रही है। इसी क्रम में परम्परा को पुनर्व्याख्यायित और परिवर्तित भी किया जाता है।

इस दृष्टिकोण से यह शोध सिर्फ़ उत्तर औपनिवेशिकता का सरल परिचय नहीं, बल्कि उसके प्रभावी चिन्तन से गम्भीर जिरह है। उत्तर आधुनिकों ने महावृत्तांतों के खात्में में नहीं सिर्फ़ 'वर्ग' जैसे मार्क्सवादी कोटि की जगह सामाजिक अस्मिताओं की प्रमुखता को प्रस्तावित किया, बल्कि 'राष्ट्र' की बूर्जुआ धारणा पर भी सवाल खड़े किये। यह सही है कि अधिकांश तीसरी दुनिया के देशों में स्वतन्त्रता संग्राम के दौरान वामपंथ की मज़बूत उपस्थिति के बावजूद नेतृत्व बूर्जुआ पार्टियों व नेताओं के ही हाथ में रहा, लेकिन इस 'बूर्जुआ राष्ट्रवाद' के साथ-साथ 'क्रान्तिकारी राष्ट्रवाद' की धारा भी थी। इसी कारण और साम्राज्यवाद विरोधी आन्दोलन के अनुभव के चलते इन राष्ट्रों में राष्ट्रवाद की प्रगतिशील भूमिका भी है। यह एक ऐसी फांस है जिससे हमारे देश का वामपंथ अब भी मुक्त नहीं हो सका है। इसीलिए जिन्हें डी. डी. कोसांबी 'आधिकारिक वामपंथ'(Official Marxists) कहते थे उसके चिन्तक बहुधा आज़ादी के आन्दोलन का मूल्यांकन करते हुए और वर्तमान के

सवालों पर भी बूर्जुआ धारणाओं के पक्ष में खड़े हो जाते हैं। इस प्रसंग में मैं एक मत विरोध दर्ज कराना ज़रूरी समझता हूँ। उत्तर औपनिवेशिकता की वामपंथी आलोचना के प्रसंग में एजाज़ अहमद की अवस्थिति को जगह-जगह इस शोध में सही ठहराया गया है। हालांकि वे बहुत ही सावधान चिंतक हैं लेकिन उन्होंने फ्रेडरिक जेमसन की धारणा का खण्डन करने के लिए राष्ट्रवादी आन्दोलन की प्रमुखता के बजाय सामाजिक प्रश्नों को ही तीसरी दुनिया के साहित्य की प्रमुख विशेषता बताया था। प्रेमचंद के हवाले से हम कह सकते हैं कि प्रश्न सामाजिक प्रश्न बनाम राष्ट्रवाद के द्वैत का नहीं वरन् बूर्जुआ राष्ट्रवाद की सीमाओं को पहचानकर नये भारत की बुनियादी सामाजिक शक्तियों को जगाने का था।

शोध प्रबन्ध की आनुशासनिक सीमाएँ होती हैं लेकिन प्रणय कृष्ण उस धारा के वारिस हैं जो सीमाओं के पार सम्भावनाएँ तलाश लेती हैं। हम सब बहुत कठिन व जटिल समय में हैं। ऐसे में कोई भी रचना, जो वैचारिक कुहासे को समझने और साफ़ करने में मदद करे स्वागत योग्य है। इसी नाते मैं इस पुस्तक को पढ़ने का आग्रह पाठकों से करता हूँ। उत्तर औपनिवेशिक चिंतक जिस त्रासदी को ही सौभाग्य बताते हैं उसकी विडम्बना को भारत के उत्तर पूर्वी सीमांत पर बैठकर मैं समझ सकता हूँ, जहाँ के लोगों ने पहले अंग्रेज़ी सीखी और आजकल हिन्दी सीख रहे हैं। (भाषा को सिर्फ़ संकेत समझा जाये) नया साल लेखक और पाठकों को नयी चुनौतियों का सामना करने में और भी सक्षम बनाये, इसी शुभकामना के साथ।

हिन्दी विभाग, असम विश्वविद्यालय **गोपाल प्रधान**
सिलचर-788011

दो शब्द

'उत्तर औपनिवेशिक साहित्यिक और सामाजिक विमर्श तथा हिन्दी साहित्य' जैसा नितान्त समकालीन, नया और खुला विषय एक अध्येता को जितनी छूट देता है, उतनी ही उसके सामने मुश्किलें खड़ा करता है। हिन्दी विभाग, इलाहाबाद विश्वविद्यालय के तत्कालीन विभागाध्यक्ष तथा शोध, आलोचना और पाठ्यक्रमों के स्तर पर उच्च अध्ययनों में अद्यतन आनुशासनिक व्यवहारों के प्रेरक प्रो० सत्यप्रकाश मिश्र ने मुझे यह विषय देकर अबाध छूट और कठिन ज़िम्मेदारी का मिला-जुला कार्यभार थमाया। मेरे अनुरोध पर उन्होंने इसके कई अध्यायों को देखा और बहुमूल्य सलाहें दीं। पुस्तकें उपलब्ध कराईं। पिछले वर्ष (इस प्रबन्ध के जमा होने के महीने भर ही मुश्किल से हुए होंगे कि) वे अकस्मात् हमारे बीच नहीं रहे। हिन्दी दुनिया की इस अनूठी शख़्सियत का यों चला जाना हम सबके लिए वज्रपात जैसा था। अपने सहयोगियों और छात्रों के हितों का इतना ख़्याल रखने वाला, उनके लिए लड़ पड़ने वाला, जैसे परिवार का मुखिया ही चला गया। उनकी स्मृति, उनका आशीर्वाद ज़िन्दगी भर सहेज कर रखने की चीज़ है। शोध निर्देशक के रूप में प्रो० मालती तिवारी का आशीर्वाद और प्रोत्साहन इस कार्यभार को किसी हद तक निभा ले जाने में अनिवार्य संबल बना। जीवन के अन्य सन्दर्भों में भी मैं उनके वात्सल्य का (अपात्र होते हुए भी) सदैव ही लाभार्थी रहा हूँ। ये मेरी ख़ुशकिस्मती है कि इन दोनों गुरुओं का मैं विद्यार्थी भी रहा और बाद में उनका कनिष्ठ सहयोगी भी। इस शोध कार्य में उनके मार्गनिर्देशन के प्रति आभार प्रदर्शन की धृष्टता तो मैं नहीं कर सकता किन्तु एक शोधकर्ता के रूप में उन्होंने मुझमें जो विश्वास जताया, उसका उल्लेख मैं ज़रूरी समझता हूँ। इस विश्वास पर मैं कितना खरा उतर सका, इसका निर्णय पाठक करेंगे।

इस शोध विषय के लिहाज़ से हिन्दी में सामग्री बेहद कम है। अंग्रेज़ी स्त्रोतों से उद्धरणों के अनुवाद कठिनाई यों उत्पन्न करते रहे कि उत्तर-संरचनावाद और उत्तर-आधुनिकता के विमर्शों में भाषिकी की एक अलग संकल्पना काम करती है और उत्तर-औपनिवेशिक विमर्शों का इन दोनों ही विमर्शों से गहरा सम्बन्ध है। मूल अंग्रेज़ी उद्धरणों को अनुवाद के साथ दे सकना असम्भव था क्योंकि सैकड़ों पृष्ठ इसी में सर्फ़ हो जाते।

शोध-विषय में यह निहित है कि एक ओर उत्तर-औपनिवेशिक विमर्शों के पूरे पसारे को सामने लाया जाए, तो दूसरी ओर हिन्दी साहित्य के साथ इनके सम्बन्ध

का सूत्रीकरण हो। ऐसे में हरेक अलग-अलग विधा को लेकर इस शोध-प्रबन्ध में अध्यायों का विभाजन अव्यावहारिक होता। सैद्धांतिकी का क्षेत्र आलोचना है और उत्तर-औपनिवेशिक आलोचना का मुख्य उपजीव्य कथा-साहित्य विशेषकर उपन्यास हैं।

औपनिवेशिक और उत्तर-औपनिवेशिक स्थितियों तथा साहित्य के स्वरूप के बीच सम्बन्धों का निरूपण हिन्दी साहित्य-चिंतन और आलोचना में स्वायत्त ढंग से विकसित होता रहा है। उपनिवेशवाद की ऐतिहासिक प्रक्रिया से गुज़रे अन्य देशों/भाषाओं के साहित्य में भी इस विषय पर प्रभूत चिंतन हुआ है। उत्तर-औपनिवेशिकता की पश्चिमी सैद्धांतिकी देशी भाषाओं में औपनिवेशिक प्रश्नों पर चली बहसों और विमर्शों को, औपनिवेशिक परिस्थितियों से टकराते हुए विकसित हुए साहित्य-रूपों को उत्तर-संरचनावादी, उत्तर-आधुनिक ज्ञान-मीमांसा और भाषा-व्यवहार के जरिए एक ही वैश्विक साहित्यिक सांस्कृतिक अवधारणा में ढालने का प्रयास है।

प्रस्तुत शोध-विषय 'उत्तर-औपनिवेशिक साहित्यिक और सामाजिक विमर्श तथा हिन्दी साहित्य' में 'तथा' शब्द अत्यंत महत्त्वपूर्ण है। यह 'तथा' शब्द एकतरफ़ा सम्बन्ध का वाचक नहीं है। यानी इस शोध-प्रबन्ध का उद्देश्य इस बात का अध्ययन करना मात्र नहीं है कि उत्तर-औपनिवेशिक विमर्शों ने हिन्दी साहित्य पर क्या प्रभाव डाला, बल्कि इससे कहीं अधिक अध्ययन की कार्यदिशा औपनिवेशिक प्रश्न पर हिन्दी साहित्य के स्वायत्त चिंतन और उत्तर-औपनिवेशिक पश्चिमी सैद्धांतिकी के परस्पर समक्षीकरण की है।

इस शोध-प्रबन्ध का पहला अध्याय है—'उत्तर-औपनिवेशिकता का सामान्य मानचित्र'। यह अध्याय तीन हिस्सों में विभाजित है—1. उत्तर औपनिवेशिक विमर्शों का दिक्-काल 2. उत्तर-औपनिवेशिकता का देश-देशांतर तथा 3. उत्तर-औपनिवेशिकता की भाषा। देश, काल और भाषा के अलावा देशांतरण, प्रवासन आदि के सन्दर्भों में उत्तर-औपनिवेशिकता की एक परिचयात्मक प्रस्तुति इस अध्याय में की गई है।

शोध प्रबन्ध का दूसरा अध्याय है—'उत्तर-औपनिवेशिकता के स्रोत'। इन स्रोतों को तीन हिस्सों में बाँटा गया है—राजनीतिक-ऐतिहासिक, आनुशासनिक और ज्ञानात्मक। इन तीनों स्रोतों ने उत्तर-औपनिवेशिक सैद्धांतिकी में जिन तनावों, विवादों और बहसों को सम्भव किया है, इस अध्याय में उसका भी जायज़ा लेने की कोशिश की गई है।

शोध प्रबन्ध का तीसरा अध्याय कुछ ऐसे चिंतकों और उनके विमर्शों का सामान्य परिचय प्रस्तुत करने के लिहाज़ से लिखा गया है जिनका काम उत्तर-औपनिवेशिक विमर्शों में बुनियादी महत्त्व का है। इन चिंतकों का चयन इस लिहाज़ से किया गया है कि उत्तर-औपनिवेशिक विमर्शों की प्रधान प्रवृत्तियों का

प्रतिनिधित्व हो सके। फ्रैंज़ फैनन उपनिवेशवाद विरोधी संघर्षों की आँच में पनपे चिंतन के प्रतिनिधि हैं, जब कि एडवर्ड सईद, गायत्री चक्रवर्ती स्पीवाक, होमी के. भाभा उत्तर-औपनिवेशिक विमर्शों की मुख्यधारा का प्रतिनिधित्व करते हैं जो कि उत्तर-संरचनावाद से गहरी सम्पृक्ति रखती है। फ्रेडरिक जेम्सन तथा एजाज़ अहमद उत्तर-औपनिवेशिक विमर्शों के मार्क्सवादी आलोचकों का प्रतिनिधित्व करते हैं।

चौथा अध्याय हिन्दी आलोचना में 'औपनिवेशिक के रेखांकन' पर केन्द्रित है। इस अध्याय में औपनिवेशिकता को लेकर रामविलास शर्मा, अज्ञेय, निर्मल वर्मा, नामवर सिंह, रामस्वरूप चतुर्वेदी, मैनेजर पाण्डेय, विजय देव नारायण साही, वीरभारत तलवार सहित अनेक हिन्दी आलोचकों द्वारा 'औपनिवेशिक' की शिनाख़्त के विविध सन्दर्भों से उपजी बहसों को समाहित किया गया है।

पाँचवाँ अध्याय 'भारतीयता और हिन्दी उपन्यास' पर केन्द्रित है। राष्ट्र-निर्माण और उपन्यास के अन्तर्सम्बन्ध की बहसों की मार्फत हिन्दी के तिलस्मी-ऐयारी उपन्यासों, यथार्थवादी और आँचलिक उपन्यासों, देश विभाजन पर केन्द्रित उपन्यासों का आलोचनात्मक अध्ययन प्रस्तुत किया गया है। अध्याय के अन्त में उत्तर-औपनिवेशिक सैद्धांतिकी के औज़ारों से मनोहर श्याम जोशी के उपन्यास 'क्याप' के विश्लेषण का प्रयास किया गया है।

छठा अध्याय 'स्त्री और देश' उत्तर-औपनिवेशिक विमर्शों और नारीवाद की बहसों के सन्दर्भ में राष्ट्र, स्त्री और समुदाय की अस्मितापरक निर्मितियों को विश्लेषित करने और हिन्दी के स्त्री-लेखन, विशेषतः कथा-साहित्य के अध्ययन का प्रयास है।

सातवें अध्याय 'अस्मिता विमर्श और हिन्दी का दलित साहित्य' में उत्तर-औपनिवेशिक विमर्शों के सन्दर्भ में हिन्दी दलित साहित्य की प्रमुख बहसों के विश्लेषण का प्रयास किया गया है।

विश्वविद्यालय अनुदान आयोग के 'फैक्ल्टी इंप्रूवमेन्ट प्रोग्राम' के तहत 'टीचर फेलो' के बतौर शोधकार्य के लिए मिली अवकाश की सुविधा के लिए मैं आयोग और इलाहाबाद विश्वविद्यालय के प्रति आभारी हूँ। इस शोधकार्य को पूरा करने में, तमाम बाधाओं से पार पाने में अवधेश, मृत्युंजय, दीपक, प्रेमशंकर, शशांक, सुबोध, मुकेश और शुभ्रा ने भारी मदद की। विश्वविद्यालय के सहकर्मी और मित्र श्री सूर्यनारायण (हिन्दी विभाग), डा0 विवेक तिवारी तथा डा0 अविनाश पाण्डेय (भौतिकी विभाग) तथा डा0 रामचन्द्र (भारतीय भाषा केन्द्र, जे.एन.यू.) के बहुविध सहयोग के प्रति भी मैं आभारी हूँ।

इस शोध-प्रबन्ध के परीक्षक प्रो0 वीरभारत तलवार की अक्षर-अक्षर पढ़ने वाली रौशन निगाहों से यह प्रबन्ध गुज़रा है। ये मेरे लिए बड़ी उपलब्धि की बात है। साक्षात्कार में उन्होंने इस पर जो ऐतराज़ात जताए, वे बहुमूल्य हैं, और मेरे सोचने का विषय है। वे मेरे गुरु, दोस्त और साथी हैं। इसलिए अच्छी तरह जानता

हूँ कि इस प्रबन्ध के परीक्षक होने की रज़ामंदी से लेकर मई की तपिश में इलाहाबाद आकर साक्षात्कार लेने तक की ज़हमत उन्होंने सिर्फ़ मेरे लिए उठाई।

मेरे अत्यंत आत्मीय, इस पुस्तक के भूमिका लेखक गोपाल जी प्रधान दो-टूक, ठोस और खरी बात बगैर लाग-लपेट के कहने-लिखने के अभ्यस्त हैं। उनके प्रति आभार प्रकट करना ही पड़े तो न जाने कितने प्रसंगों में करना पड़े।

अन्त में मैं हिन्दी विभाग, इलाहाबाद विश्वविद्यालय के विभागाध्यक्ष प्रो० रामकिशोर शर्मा का आभारी हूँ कि उन्होंने इस प्रबन्ध की हिन्दी परिषद प्रकाशन (जिसे हिन्दी साहित्य के अनेक गौरव-ग्रंथ प्रकाशित करने का श्रेय जाता है। प्रकाशित करने का निर्णय लिया।

* * *

ये किताब मेरी माँ की स्मृति को समर्पित है, जिन्होंने मुझे वो सब कुछ दिया जो एक माँ अपने बच्चे को दे सकती है। मुझे, शरीर से अपने सबसे कमज़ोर और सबसे बदमिजाज़ बच्चे को कलेजे से लगाकर रखा। अभाव को प्यार से भरना सिखाया, वहशीपन को संस्कार से जीतना सिखाया, डरने पर भीतर की सारी ताकत खींचकर दाँव पर लगाना सिखाया, सुर और शब्द दिए, करुणा दी। मैंने उन्हें क्या दिया? सिवाय दुख के। मृत्यु-शैय्या पर भी उन्होंने मेरे अपराध क्षमा किए। (मैं कब कर पाऊँगा, ख़ुद को माफ़?) दो दशक उनकी आँखें ढूँढा कीं मुझे (और कभी-कभार पाया भी) अब मैं सारी ज़िन्दगी ढूँढूगा उन्हें। (कब, कहाँ पाऊँगा किन रूपों में?)

—प्रणय कृष्ण

पहला अध्याय

उत्तर-औपनिवेशिकता का सामान्य मानचित्र

उत्तर औपनिवेशिक विमर्शों का दिक्-काल

अमेरिकी हैरिटेज शब्दकोश के अनुसार उत्तर-औपनिवेशिक का शाब्दिक अर्थ "किसी उपनिवेश के स्वतंत्र होने के समय के बाद का, या उससे सम्बन्धित" है। हमज़ा अल्वी (1972)[1] तथा जॉन एस. सौल (1974)[2] ने जब 1970 के दशक में ग़ुलाम मुल्कों की आज़ादी (विउपनिवेशीकरण) के बाद पैदा हुई राजसत्ता और समाज के बारे में लिखते हुए 'उत्तर-औपनिवेशिक' पद का प्रयोग किया तो यह एक ऐतिहासिक और कालवाची संज्ञा ही थी। 1970 के दशक में उत्तर-औपनिवेशिक सिद्धांत या उत्तर-औपनिवेशिक अध्ययन जैसे किसी अकादमिक अनुशासन का अस्तित्व नहीं था। 1970 के दशक से पहले भी अफ्रीका, एशिया और कैरेबियन द्वीप-समूहों के नव-स्वतंत्र देशों में राजसत्ता के निर्माण सम्बन्धी राजनीतिक अध्ययन, लैटिन अमेरिका पर ख़ास तौर पर केन्द्रित विकास और पिछड़ेपन के समाजशास्त्रीय अध्ययन तथा भारत, इंडोनेशिया, अल्जीरिया आदि देशों की आज़ादी की लड़ाई के, ऐतिहासिक आख्यान तथा इन सभी इलाकों में नए तरह के साहित्य का विराट उत्पादन हो चुका था। ज़ाहिर है कि उत्तर-औपनिवेशिक अध्ययन के संस्थाबद्ध आनुशासनिक रूप ग्रहण करने से पहले भी उपनिवेशवाद और उससे मुक्ति का विमर्श तथा नव-स्वतंत्र देशों के सामने उत्तर-औपनिवेशिक समय की चुनौतियाँ सामाजिक विज्ञानों के महत्त्वपूर्ण विषय थे।

एंथनी डी. किंग ने उत्तर-औपनिवेशिक अध्ययन को 80 के दशक से शुरू होता दिखाया है—"उत्तर-औपनिवेशिक (साहित्यिक) आलोचना, जो कि उत्तर-संरचनावाद से प्रभावित है, उसका आधुनिक इतिहास 1980 के दशक के आरम्भिक वर्षों में ही गंभीरतापूर्वक शुरू हुआ। उसके आरम्भिक भाष्यकारों (होमी के० भाभा, एडवर्ड सईद, गायत्री चक्रवर्ती स्पीवाक) ने साहित्यिक और ऐतिहासिक लेखन की आलोचना पर केन्द्रित किया। .... (ये सभी भाष्यकार) पश्चिमी अकादमिक दुनिया के मानविकी विभागों से जुड़े हुए थे। इनकी आलोचना ख़ासतौर पर यूरोकेन्द्रिकता तथा पश्चिम के सांस्कृतिक नस्लवाद के ख़िलाफ़ केन्द्रित थी।

कालांतर में विखंडनवादी उत्तर-औपनिवेशिक आलोचना के विषय फिल्म, वीडियो, टेलीविजन और फोटोग्राफी की दुनिया तक फैल गए। ये सभी सांस्कृतिक व्यवहार के सचल, संवहनीय रूप थे जिनका पश्चिम में प्रसार था।[3]'' उत्तर-औपनिवेशिकता सम्भवत: पहला ऐसा विमर्श है जो कि पश्चिम में पैदा तो हुआ लेकिन पश्चिम के बारे में नहीं है, बल्कि उपनिवेशित 'अन्य' के बारे में है। इस मामले में पश्चिम में पैदा हुए अन्य विमर्शों जैसे कि नारीवाद, उत्तर-संरचनावाद, यहाँ तक कि मार्क्सवाद से उसकी स्थिति भिन्न है। पश्चिमी शिक्षणतंत्र के पूरे इतिहास में यह पहली बार है कि ग़ैर-पश्चिम उसके वर्चस्वशाली विमर्श के केन्द्र में स्थित है।[4]

सन् 90 तक आते-आते उत्तर-औपनिवेशिक अध्ययन का एक भारी उभार प्रकट हो चुका था। मीनाक्षी मुखर्जी के शब्दों में, ''यदि 'साम्राज्यवाद का विश्वव्यापी प्रसार' उन्नीसवीं सदी के अन्तिम दौर की सबसे महत्त्वपूर्ण घटना थी, तो बीसवीं सदी के अन्त को भी 'विश्वव्यापी प्रसार' के एक अन्य युग के बतौर देखा जा सकता है। इस बार ये उत्तर-औपनिवेशिक सिद्धांत के विश्वव्यापी प्रसार का युग है, बावजूद इसके कि इसकी पहुँच उच्च अध्ययन के संस्थानों तक सीमित है। अचानक, पिछले दशक (1990) के आस-पास दुनिया भर के विश्वविद्यालयों में, ख़ास तौर पर साहित्य के विभागों में इस विषय पर केन्द्रित पाठ्यक्रम शुरू हो गए।''[5]

सन् 78 में एडवर्ड सईद की पुस्तक 'ओरिएंटलिज्म' का प्रकाशन, उत्तर-औपनिवेशिक अध्ययन की प्राथमिक अभिव्यक्ति माना जा सकता है। सईद की इस कालजयी कृति में पूरब के बारे में पश्चिम के समूचे ज्ञानात्मक उत्पादनों के भीतर छिपे आधिपत्य के सम्बन्धों का खुलासा किया गया है। सईद की कृति ज्ञान मीमांसा की उस उत्तर-आधुनिक धारणा का महत्त्वपूर्ण दस्तावेज है जिसके अनुसार समूचा ज्ञानात्मक उत्पादन यथार्थ की प्रस्तुति नहीं बल्कि उसकी निर्मिति है। ज्ञान की निर्मिति अनिवार्यत: शक्ति सम्बन्धों से संचालित होती है। पूरब के बारे में योरप ने जिस ज्ञान का सृजन किया, वह योरपीय आधिपत्य / वर्चस्व को मज़बूत बनाने की नीयत से संचालित था। ज्ञान निरपेक्ष सत्य नहीं, बल्कि एक तरह का आख्यान है जिसका स्वरूप इस बात से निर्धारित होता है कि उसका सृजन किन लोगों ने, किन के बारे में और किन उद्देश्यों से किया। इसमें संदेह नहीं कि सईद की इस कृति ने पूरे औपनिवेशिक अनुभव के गंभीर पुनर्मूल्यांकन की दिशा खोल दी। जहाँ मिशेल फ़ूको आदि उत्तर-आधुनिक ज्ञानशास्त्रियों ने ज्ञान के योरपीय वर्चस्व को प्रमुखत: योरपीय प्रसंगों में उद्घाटित किया, वहीं सईद की पुस्तक ने उसे पूरब के प्रसंग में उद्घाटित करके गहरा राजनीतिक आयाम प्रदान किया। सईद ने मोटे तौर पर पूरब के बारे में पश्चिमी लेखन पर पाँच प्रमुख बिन्दुओं से विचार किया। प्रथमत: यह कि औपनिवेशिकता से पैदा हुई भौतिक असमानता ने ऐसी मनोवृत्ति को पैदा किया जो कि पूरब के लोगों और समाजों को निम्नतर और

अविकसित मानती थी। दूसरे, इस मनोवृत्ति ने उनके बारे में रूढ़िबद्ध धारणाएँ (स्टीरियोटाइप) बनाई और उनकी विविधता को समरूप व्यंग्यचित्र (कैरीकेचर) में बदला। तीसरे, यदि उपरोक्त दोनों तरीकों से पूरब का निरूपण नहीं भी किया गया और पूरब की सभ्यता के गौरव की खोज की गई, तब भी मानसिकता किसी विस्मयकारी, अद्भुत और आश्चर्यजनक की खोज वाली ही रही जिसमें पुनः उन सभ्यताओं की जीवित सच्चाई और सामर्थ्य की उपेक्षा की गई। चौथे, उपरोक्त तीनों दृष्टिकोणों से पूरब के बारे में जो पश्चिमी लेखन हुआ वह पूरब के वास्तविक पर्यवेक्षण के प्रति वफ़ादार न होकर पश्चिम के राजनीतिक और आर्थिक सत्ताकेन्द्रों से निकटता से पैदा हुआ था। यह चौथा बिन्दु अत्यंत महत्त्वपूर्ण है क्योंकि प्राच्यवादी पश्चिमी लेखन की सईद द्वारा की गई आलोचना का यह प्रमुख आधार है। सईद यह मानते हैं कि प्राच्यवादी लेखन अपने प्रेरणाबिन्दु (साम्राज्यवादी सत्ता केन्द्रों से निकटता) के प्रति अन्धा है अथवा यदि सचेत है, तो उसे छिपाता है। पाँचवें, सईद का मानना है कि उपरोक्त चारों बातें सिर्फ़ कुछ अतिवादी या उपेक्षणीय कृतियों पर लागू नहीं होतीं बल्कि मुख्य धारा की मान्य और महत्त्वपूर्ण कृतियों पर भी लागू होती हैं जिन्हें उतने ही मान्य और महत्त्वपूर्ण लेखकों और बुद्धिजीवियों ने रचा था।

सन् 1987 में 'द एम्पायर राइट्स बैक : थ्योरी एंड प्रैक्टिस इन पोस्ट कोलोनियन लिटरेचर्स' का प्रकाशन हुआ जिसके तीनों लेखक बिल ऐशक्राफ्ट, गैरेथ ग्रिफिथ्स और हेलेन टिफ़िन ऑस्ट्रेलिया के हैं। इस पुस्तक का प्रकाशन उत्तर-औपनिवेशिक अध्ययनों के पश्चिमी अकादमिक तंत्र में केन्द्रीय स्थान प्राप्त करने का सूचकांक है। 'द एम्पायर राइट्स बैक' के लेखकों ने 'उत्तर-औपनिवेशिक' को परिभाषित करते हुए लिखा, "हम उत्तर-औपनिवेशिक पद का प्रयोग समूची संस्कृति पर साम्राज्यवादी प्रक्रिया (उपनिवेश कायम करने के समय से ले कर आज तक) के प्रभावों को समेटने के अर्थ में करते हैं, इसलिए कि योरपीय साम्राज्यवादी हमले से आरम्भ हुई ऐतिहासिक प्रक्रियाओं से संलग्न निरन्तरताएँ कायम हैं।"[6] उत्तर-औपनिवेशिकतावाद साहित्य और संस्कृति के क्षेत्र में उपनिवेशवाद की परिघटना को केन्द्र में रख कर चलता है। योरपीय साम्राज्यवाद के इतिहास ने उपनिवेशों के भीतर कितने व्यापक और जटिल परिवर्तनों को अंज़ाम दिया, स्वतंत्रता प्राप्ति के बाद भी उपनिवेश बना लिए गए देशों पर इस दौर की कैसी छाया रही, क्या चीज़ें उत्तर-औपनिवेशिक दौर में कायम रहीं, कौन से आयाम रूप बदल कर टिके रहे और कौन से आयाम लुप्त या नष्ट हुए, इन सबका अध्ययन समकालीन मानविकी और समाज विज्ञानों का प्रमुख विषय है। साहित्य, संस्कृति और ज्ञान सिद्धांत के स्तर पर उपनिवेशवाद ने भावों की कैसी संरचनाओं को जन्म दिया, कौन-सी ख़ामोशियाँ और कैसी मुखरताएँ पैदा कीं, 'आत्म' और 'अन्य' के अन्तर्सम्बन्धों का कैसा विपर्श रचा, साहित्य की किन

विधाओं में औपनिवेशिक अनुभवों की कैसी अभिव्यक्ति हुई और भाषा तथा संस्कृति पर इस अनुभव ने कौन से प्रभाव डाले, ये सब कुछ उत्तर-औपनिवेशिक विमर्श का हिस्सा है। मोटे तौर पर उत्तर-औपनिवेशिकता योरपीय देशों तथा उन समाजों के बीच अन्त:क्रियाओं का अध्ययन है जिन्हें आधुनिक युग में योरप के देशों ने अपना उपनिवेश बनाया। प्रथम विश्वयुद्ध (1914-1918) के समय तक योरपीय साम्राज्य दुनिया के 85 प्रतिशत हिस्से तक फैला हुआ था। इन हिस्सों पर योरपीय आधिपत्य एक से ले कर दो या तीन शताब्दियों से रहा आया था। अन्तत: दूसरे विश्वयुद्ध (1939-1945) के बाद इन योरपीय साम्राज्यों का तेज़ विघटन शुरू हुआ। आधिपत्य का दौर समाप्त होने के बाद ही इन समाजों ने इतिहास की स्वतंत्र ताकत के बतौर औपनिवेशिक अनुभवों पर दृष्टिपात किया। औपनिवेशिक अनुभव का यह स्वतंत्र मूल्यांकन ही उत्तर-औपनिवेशिक विमर्शों का मूल आधार है। 'द इन्वेंशन ऑफ अफ्रीका' में वी. आई. मुडिम्बे ने लिखा है कि औपनिवेशिक शासन, "भौतिक स्थानों पर कब्जा, देशी जनता के मन-मस्तिष्क की पुनर्रचना तथा स्थानीय आर्थिक इतिहासों को पश्चिमी परिप्रेक्ष्य में संग्रथित करके स्थापित और मज़बूत होता है। इन बातों से ही वह औपनिवेशिक ढाँचा खड़ा होता है जो कि औपनिवेशिक अनुभव के भौतिक, मानवीय और आध्यात्मिक पहलुओं को समेटे रहता है। देशी संस्कृतियों का अवमूल्यन और देशी अभिव्यक्तियों को ख़ामोश करके ही उपनिवेशवाद अपनी विचारधारात्मक वैधता को स्थापित करता है।"[7] ऐसे में उसके ख़िलाफ़ प्रतिरोध भी विचारधारात्मक आयाम ग्रहण करता है जिसे मोटे तौर पर राष्ट्रवादी वैचारिक विमर्श कहा जा सकता है। इन विमर्शों की परम्परा उतनी ही पुरानी है जितना कि उपनिवेशवाद ख़ुद। औपनिवेशीकरण की इस प्रक्रिया के समाप्त होने यानी उपनिवेशों के स्वतंत्र होने के बाद प्रत्यक्ष औपनिवेशिक दबावों से मुक्त देशज मनीषा ने प्रतिरोध की इस परम्परा को और अधिक व्यवस्थित और अन्तर्दृष्टिपूर्ण बनाया।

स्वतंत्र हो गए देशों के देशी नेतृत्व, दलों और सरकारों ने औपनिवेशिक राज्य मशीनरी को विरासत में पाया और उसे अपने हितों के अनुरूप ढालने का प्रयास किया। कई बार औपनिवेशिक कानून और संस्थाओं को स्वतंत्र देश के शासकों ने अपनी ही जनता के दमन के लिए बनाए रखा। पश्चिमी देशों और अमेरिका का आर्थिक और भू-राजनैतिक वर्चस्व तीसरी दुनिया के भौगोलिक इलाकों के प्रत्यक्ष नियंत्रण समाप्त होने के बाद भी बना रहा। 1980 के दशक में भूमण्डलीकरण, निजीकरण और उदारीकरण की नीति के रूप में यह और गहरा और व्यापक हुआ। इसे नव-उपनिवेशवाद की परिघटना कह सकते हैं। ऐसे में नव-उपनिवेशवाद की वैचारिक वैधता और उसके ख़िलाफ़ प्रतिरोध की संस्कृति उत्तर-औपनिवेशिक समय में भी लगातार चलती रही। औपनिवेशिक इतिहास के अनेक पहलुओं को ले कर भी लगातार परस्पर-विरोधी विमर्श जारी रहते हैं। देशों के स्वतंत्र हो जाने के बाद

भी उन देशों के समाज, इतिहास, संस्कृति आदि के बारे में उपनिवेशवादी व्याख्याओं का वर्चस्व समाप्त नहीं हो जाता। उदाहरण के लिए आज भी ब्रिटिश राज के अवदानों के प्रति कृतज्ञ रहने वाले नेताओं और बौद्धिकों का भारत में अभाव नहीं है।

भारतीय विश्वविद्यालयों में लंबे अरसे तक इतिहास के महत्त्वपूर्ण सन्दर्भ-ग्रन्थ के रूप में प्रतिष्ठित एक पुस्तक (जो 1930 के दशक में प्रकाशित हुई थी) के लेखकद्वय थॉम्पसन और गैरेट लिखते हैं—"भविष्य जो भी हो, भारत पर पश्चिम के प्रभाव का घटते जाना ही सम्भावित है। लेकिन यह कल्पना करना बेवकूफ़ी होगी कि ब्रिटेन से भारत का सम्बन्ध भारतीय जीवन पर स्थायी प्रभाव नहीं छोड़ पाएगा। महज़ भौतिक पक्ष को लें तो नई केन्द्रीय सरकार (सन् 1935 के संवैधानिक व्यवस्थाओं के तहत पुनर्गठित भारत सरकार) विश्व के सबसे बड़ी सिंचाई व्यवस्था पर काबिज होगी, हज़ारों मील लंबी नहरें और दूसरे जलस्रोत जो तीन से चार करोड़ एकड़ जमीन को उर्वर बनाते हैं, 60,000 मील लंबी पक्की सड़कें, 42,000 मील लंबी रेलवे लाइन, जिसका तीन चौथाई हिस्सा राज्य के अधीन है, 2 लाख 30 हजार शिक्षण संस्थाएँ जिनमें लगभग 1 करोड़ 20 लाख छात्र शिक्षा पाते हैं, भारी संख्या में बिल्डिगें जिनमें सरकारी कार्यालय, निरीक्षण बंगले, प्रांतीय और केन्द्रीय विधानसभा भवन आदि शामिल हैं, इन सब पर नई सरकार का कब्ज़ा होगा। भारत के बड़े भू-भाग का पूर्ण सर्वेक्षण हो चुका है, उसकी अधिकांश खेतिहर ज़मीन की मालियत तय हो चुकी है, उसकी जनसंख्या और उसकी उत्पादकता की नियमित जनगणना होती है। पश्चिमोत्तर सीमा और संवेदनशील पूर्वोत्तर सीमा पर कारगर प्रतिरक्षा प्रणाली विकसित की जा चुकी है, उसके पास एक सदी से चली आ रही परम्पराओं वाली भारतीय सेना है तथा एक ऐसा पुलिस बल है, जो तुलना में कुछेक पश्चिमी देशों को छोड़ कर किसी भी अन्य देश से मज़बूत ठहरेगा। उसका डाक विभाग 150 करोड़ वस्तुओं का वार्षिक वितरण करता है। जंगल विभाग विराट क्षेत्रों को न केवल बंजर होने से बचाता है बल्कि सालाना दो से तीन करोड़ रुपयों का मुनाफ़ा भी कमाता है। राज्य द्वारा संचालित इन विराट गतिविधियों का एक प्रशिक्षित नौकरशाही प्रबन्धन करती है जो कि आज की तारीख़ में लगभग पूर्णतः भारतीय है।"[8] भारत के राष्ट्रवादियों ने औपनिवेशिक मिशन के इतने परोपकारी उद्‌देश्यों या नीयत को तो सिरे से नकारा लेकिन ब्रिटिश राज के तहत खड़ी की गई राज्य की संस्थाओं के ऐतिहासिक महत्त्व पर उनका भी फ़ैसला साम्राज्यवादी इतिहासकारों से बहुत भिन्न नहीं है। भारत के उत्तर-औपनिवेशिक राज्य में औपनिवेशिक कानून, प्रशासन, न्यायपालिका, नौकरशाही, पुलिस, सेना तथा अनेक सरकारी तकनीकी सेवाओं का विस्तार ही किया गया, उन्हें बदला नहीं गया। संवैधानिक इतिहासकार एम.वी. पाइली ने बड़ी सरलता के साथ स्वीकार किया है कि भारत ने 'सरकार और

प्रशासन की ब्रिटिश प्रणाली' को उसके मूलरूप में ग्रहण किया। नए संविधान के निर्माता इससे पूरी तरह भिन्न किसी नई प्रणाली के बारे में सोच नहीं सकते थे।[9]

उत्तर-औपनिवेशिक विमर्शों ने तस्वीर का दूसरा रुख़ पेश किया है। एडवर्ड थाम्सन तथा जी.टी. गैरेट उपनिवेशवाद के अवदानों का जैसा चित्र खड़ा करते हैं उसका ठीक-ठीक जवाब मानो आइमे सेज़ायर ने अपनी महत्त्वपूर्ण पुस्तक 'डिस्कोर्स ऑन कोलोनियलिज़्म' में दिया है—"मैं उन समाजों के बारे में बात कर रहा हूँ जिनका सार चूस लिया गया, जिनकी संस्कृतियाँ रौंदी गईं, संस्थाएँ नष्ट की गईं, ज़मीनों पर कब्ज़ा किया गया, धर्मों को नष्ट किया गया। बेहतरीन कलाकृतियों का विनाश किया गया, उनकी विलक्षण सम्भावनाओं को समाप्त कर दिया गया।

वे मेरी खोपड़ी पर तथ्यों की बौछार करते हैं—आँकड़े, रेलवे लाइनों, नहरों और सड़कों की लंबाइयाँ गिनाते हैं।

मैं कांगो सागर पर बलिदान हुए हज़ारों मनुष्यों की बात करता हूँ। मैं उन लोगों की बात करता हूँ जो इस समय भी जब मैं ये पंक्तियाँ लिख रहा हूँ, अपने हाथों से आबिदजान बन्दरगाह की मिट्टी खोद रहे हैं। मैं उन लाखों लाख मनुष्यों की बात कर रहा हूँ जिन्हें अपने देवताओं, अपनी धरती, अपनी ज़िंदगी, अपनी मृत्यु और अपनी मनीषा से काट कर अलग कर दिया गया।"[10] उपरोक्त जैसी पंक्तियों की वक्तृतापूर्ण राजनीतिक भंगिमा को ही लक्ष्य कर ऐशक्रॉफ्ट, ग्रिफिथ्स और टिफिन ने उत्तर-औपनिवेशिकता के लिए साम्राज्य द्वारा पलट कर जवाब देना (या वार करना) जैसे जुमले का प्रयोग किया। उत्तर-औपनिवेशिक विमर्श अपने सर्वोत्तम रूप में साम्राज्यवादी पश्चिम योरप द्वारा उपनिवेश बना लिए गए तीसरी दुनिया की जनता के अनुभव और यथार्थ को विकृत किए जाने, उन्हें हीन बना कर प्रस्तुत किए जाने का प्रतिरोध है। वह दूसरों के कब्ज़े से अपने अतीत को छुड़ा लाने की सांस्कृतिक कोशिश है। वह दूसरों द्वारा दी गई पहचान से मुक्त हो कर अपनी स्वतंत्र पहचान बनाने का उपक्रम है।

उत्तर-औपनिवेशिकता का एक संस्करण वह है जिसमें उपनिवेश बनाने वाली शक्तियों और उपनिवेश बनाए गए राष्ट्रों के बीच अपेक्षाकृत सहज, निर्द्वन्द्व और परस्पर फलदायी आदान-प्रदान का चित्र उपस्थित किया जाता है। लेकिन इस परिभाषा में औपनिवेशिक इतिहास का जो परिधिविहीन और दुःख-दर्दों से मुक्त परिप्रेक्ष्य सामने आता है, वह एक हद तक उन उपनिवेशों के बारे में ही सच हो सकता है, जहाँ साम्राज्यवादियों ने देशी जनसंख्या का सफाया कर के अपनी आबादी बसा दी और अब इन राष्ट्रों की जनसंख्या आक्रांताओं की ही संतति है। इन देशों से मूल साम्राज्यवादी शक्ति का हटना इतिहास की प्रक्रिया में किसी निरन्तरता को भंग नहीं करता बल्कि धीमे सुधार और आत्मसातीकरण की प्रक्रिया को ही व्यक्त करता है, जिसे झंडे और मुद्रा जैसे राष्ट्रीय प्रतीकचिन्हों, कानून और संविधान तथा नस्लीय रिश्ते की निरन्तरता में देखा जा सकता है।

हरीश त्रिवेदी ने पोस्ट कोलोनियलिज़्म के हिन्दी अनुवाद उत्तर-औपनिवेशिकता में 'उत्तर' शब्द की अर्थछायाओं को विश्लेषित करते हुए इस विमर्श की अनेकरूपता को सामने लाने की कोशिश की। उनके अनुसार—1. 'उत्तर' शब्द का एक अर्थ 'बाद की अवस्था' है, जिसके अनुसार उत्तर-औपनिवेशिकता पूर्व की औपनिवेशिक स्थिति का बाद वाला या वर्तमान रूप है, 2. 'उत्तर' शब्द में 'बाद की अवस्था', पूर्व की अवस्था से विच्छिन्नता को व्यक्त नहीं करती, वैसे ही जैसे कि 'उत्तररामचरितमानस' में 'उत्तर' शब्द का प्रयोग। इस अर्थ में उपनिवेशवाद की 'बाद की अवस्था' या 'उत्तर अवस्था' उत्तर-उपनिवेशवाद है, जिसका एक और नाम नव-उपनिवेशवाद भी है। 3. 'उत्तर' शब्द का प्रयोग उच्चतर, विकसित या 'और अधिक' के अर्थ में भी होता है। इस अर्थ में भी उत्तर-उपनिवेशवाद का प्रयोग उसे नव-उपनिवेशवाद का ही समानार्थी बनाता है। 4. 'उत्तर' शब्द का एक प्रयोग जवाब देने या पहले प्रस्तुत की गई बातों को काटने के अर्थ में होता है। (जैसे 'पूर्वपक्ष' और 'उत्तरपक्ष') इस अर्थ में उत्तर-उपनिवेशवाद, उपनिवेशवाद का विलोम, प्रतिरोध या विरोध है।[11] इस प्रकार हिन्दी पद उत्तर-उपनिवेशवाद का अर्थ 1. उपनिवेशवाद के अन्त के बाद का काल या फिर जैसा कि 2 और 3 में निहित है, एक तरह का नव-उपनिवेशवाद है जिसमें विदेशी और देशी, पहले और बाद के शासकों की मिलीभगत है तथा 4 के हिसाब से वह उपनिवेशवाद का प्रतिरोध है।

'उत्तर-औपनिवेशिक' पद के साथ जुड़ी कालवाचकता, विउपनिवेशी-करण के साथ उसका सम्बन्ध और उपनिवेशवाद-विरोधी उसकी राजनीतिक धार कालांतर में धीरे-धीरे कम होती गई। अब उपनिवेशों के अनुभवों और पाठों को महज़ एक स्रोत मान लिया गया और उत्तर-औपनिवेशिकता, उत्तर-संरचनावाद, उत्तर-आधुनिकता एक त्रिक के रूप में परिभाषित होने लगे। कालवाचकता इस विमर्श के तमाम महत्त्वपूर्ण आयामों को आच्छादित न करे, इसकी चिन्ता अनेक दृष्टिकोणों से व्यक्त की गई है। मीनाक्षी मुख़र्जी के शब्दों में, "उत्तर-औपनिवेशिकता साम्राज्यों के पतन के बाद के समय को अंकित करने वाली कालवाचक संज्ञा मात्र नहीं है। विचारधारात्मक रूप से वह एक मुक्तिदायी अवधारणा है, ख़ास तौर पर पश्चिमी दुनिया के बाहर रहने वाले साहित्य के अध्येताओं के लिए, क्योंकि वह हमें साहित्य के अध्ययन के उन तमाम अध्यायों को प्रश्नांकित करने में सक्षम बनाती है, जिन्हें हम मान कर चले थे। यह अवधारणा हमें न केवल अपनी कृतियों को अपनी शर्तों पर पढ़ने में सक्षम बनाती है, बल्कि योरप की मानक कृतियों का हमारे अपने विशिष्ट ऐतिहासिक और भौगोलिक परिप्रेक्ष्य में पुनर्पाठ करने में भी हमें सक्षम बनाती है।"[12] वहीं 'उत्तर-औपनिवेशिक' पद की कालवाचकता पर एक आपत्ति यह भी है कि यह पद मानव प्रजाति के विराट आख्यान व इतिहास में से एक अत्यन्त छोटे हिस्से यानि 'उपनिवेश के युग' (उन्नीसवीं सदी) को सर्वाधिक

महत्त्व के युग के रूप में चिन्हित करता है। भारत सहित अनेक प्राचीन मुल्कों के जीवन को प्रभावित करने वाले तमाम युगों में औपनिवेशिक युग भी एक था, लेकिन वो इन बेशुमार ऐतिहासिक परतों के बीच ऊपरी परत ही मानी जाएगी। उत्तर-औपनिवेशिक पद की कालवाचकता का अवमूल्यन गहरे राजनीतिक, वैचारिक तथा ज्ञानमीमांसापरक आशयों से सन्दर्भित है। उत्तर-औपनिवेशिक सिद्धांतकार होमी के0 भाभा के शब्दों में—"उत्तर-औपनिवेशिक आलोचना आधुनिक विश्व व्यवस्था के भीतर राजनीतिक और सामाजिक सत्ता के लिए चलने वाले संघर्ष में सांस्कृतिक निरूपण की विषम और असमान शक्तियों की साक्षी है। उत्तर-औपनिवेशिक परिप्रेक्ष्य तीसरी दुनिया के देशों के औपनिवेशिक साक्ष्यों तथा पूरब और पश्चिम, उत्तर और दक्षिण के भू-राजनीतिक विभाजनों के भीतर 'अल्पसंख्यकों' के विमर्शों से पैदा हुआ है। (उत्तर-औपनिवेशिक विमर्श) आधुनिकता के उन वैचारिक विमर्शों में हस्तक्षेप करते हैं जो कि राष्ट्रों, नस्लों, समुदायों और जनसंख्याओं के असमान अपवंचनामय विकास को सामान्य बनाने की कोशिश करते हैं। उत्तर-औपनिवेशिक विमर्श सांस्कृतिक भिन्नताओं, सामाजिक सत्ता और राजनीतिक भेदभाव से सम्बन्धित मामलों का आलोचनात्मक पुनर्परीक्षण प्रस्तुत करते हैं ताकि आधुनिकता की तर्कसम्मतताओं के भीतर शत्रुतापूर्ण और दुविधात्मक क्षणों को उजागर किया जा सके।"[13] भाभा के उपरोक्त बयान में 'उत्तर-औपनिवेशिक' कोई ऐतिहासिक कोटि या पद नहीं रह जाता, बल्कि समकालीन विश्वव्यवस्था से जुड़ा एक सांस्कृतिक विमर्श का पद बन जाता है। भाभा उपनिवेशों की स्वतंत्रता को ऐतिहासिक काल के किसी महत्त्वपूर्ण क्रमभंग के तौर पर न तो रेखांकित करते हैं और न ही उसे उत्तर-औपनिवेशिकता का अनिवार्य सन्दर्भ बनाते हैं। वर्ग-संघर्ष की जगह सांस्कृतिक भिन्नताओं पर बल, सामाजिक व्याख्या के समग्रतावादी रूपों के निषेध के बतौर द्वन्द्ववाद का विरोध तथा सभी तरह के राष्ट्रवादों का विरोध करते हुए देशांतरण, संकरता, सांस्कृतिक बहुलता और हाशिए की अस्मिताओं का विमर्श भाभा की उत्तर-औपनिवेशिकता की प्रमुख विशेषताएँ हैं।

उत्तर-औपनिवेशिकता का देश-देशांतर

'द अम्पायर राइट्स बैक' के लेखकों के अनुसार, अफ्रीकी देशों, ऑस्ट्रेलिया, बांग्लादेश, कनाडा, कैरेबियन देश, भारत, मलेशिया, माल्टा, न्यूज़ीलैंड, पाकिस्तान, सिंगापुर, दक्षिणी प्रशांत महासागर के द्वीप और श्रीलंका में पैदा होने वाले साहित्यों को उत्तर-औपनिवेशिक कोटि में रखा जाता है।[14] अकादमिक तंत्र के लिहाज से उत्तर-औपनिवेशिक कोटि में दुनिया के बहुत बड़े हिस्से के साहित्य को एक बहुत ही छोटी-सी जगह में ठूँस कर भर दिया जाना योरोपियन, अमेरिकी अकादमियों में निहित संरचनागत असमानता को तो रेखांकित करता ही है लेकिन

उससे अधिक गहरा प्रश्न यह है कि इतने भिन्न-भिन्न और अलग-अलग विशिष्टताएँ लिए हुए देशों के साहित्य को किस आधार पर एक ही कोटि में परिभाषित किया जा सकता है? उत्तर-औपनिवेशिक सिद्धांतकारों के अनुसार इन तमाम साहित्यों में कुछ रूपगत और विमर्शात्मक विशेषताएँ ऐसी हैं जो समान हैं। कनाडा, ऑस्ट्रेलिया आदि श्वेत उपनिवेशों के बारे में उत्तर-औपनिवेशिक विमर्श का वह परिप्रेक्ष्य अधिक संगत है जिसके अनुसार औपनिवेशिक और उत्तर-औपनिवेशिक स्थितियों में निरन्तरताओं को रेखांकित किया जाता है। लेकिन भूरे और काले उपनिवेशों में अंग्रेज़ों का आगमन स्थायी रूप से बसने वालों के रूप में नहीं हुआ। वे स्थायित्व प्रदान करने वाली शक्ति के रूप में नहीं बल्कि पहले से बनी बनाई व्यवस्था को अस्थिर करने वाली ताकत के रूप में आये। एक शताब्दी से अधिक समय तक भारत जैसे देश में अंग्रेज़ों ने अपने सैनिक और राजनैतिक वर्चस्व के लिए व्यापक स्थानीय आबादी पर बाकायदा हमला किया और युद्ध के ज़रिए उस पर आधिपत्य जमाया। यह सिद्धांत उन उपनिवेशों, जिनमें भारी संख्या में योरपीय आबादी आ कर बस गई तथा वे उपनिवेश, जिनकी घरेलू आबादी को मुट्ठी भर योरोपियन लोगों ने अपने मातृदेश का ग़ुलाम बना लिया, दोनों के बीच फ़र्क को बहुत कम कर के आँकता है। औपनिवेशिक शासन के दौरान जो लोग ग़रीब होते गए, सांस्कृतिक रूप से वंचित किए गए और जनसंहारों के शिकार हुए, उनके अनुभवों को यह सिद्धांत नज़रअंदाज़ करता है।

मार्क्सवादी चिंतक एज़ाज अहमद ने पूँजीवाद, साम्राज्यवाद और उपनिवेशवाद से पीड़ित राष्ट्रों के अनुभवों में सांस्कृतिक एकरूपता के निरूपण का विरोध करते हुए लिखा है, "जिस तरह पूँजीवाद महज़ पहली दुनिया तक सीमित न हो कर एक असमान किन्तु भूमंडलीय हकीकत है, ठीक उसी तरह उसका विरोध भी महज़ दूसरी दुनिया (समाजवादी देशों) तक सीमित न हो कर एक विश्वव्यापी आयाम लिए हुए है। किसी भी दौर से कहीं अधिक आज के दौर में पूँजी और श्रम के बीच भयानक संघर्ष मूलभूत ढंग से अपने चरित्र में विश्वव्यापी है। तीसरी दुनिया के अर्थात् एशिया, अफ्रीका और लैटिन अमेरिका के देश पूँजीवाद की वैश्विक संरचना में एक ही सांस्कृतिक समष्टि के रूप में अन्तर्भुक्त नहीं हैं। हरेक देश का पूँजी के अन्तर्राष्ट्रीय केन्द्र से असमान विनिमय का अपना-अपना अलग परिपथ है, जिसके चलते हरेक देश की वर्गीय संरचनाएँ अलग-अलग हैं। पश्चिमी योरप और उत्तरी अमेरिका पिछले 200 सालों से जितनी गहराई से एक-दूसरे से जुड़े हुए हैं और पूँजीवाद भी इन देशों में इतना पुराना है कि पूँजीवाद की उत्तरजीविता का सांस्कृतिक तर्क इन सभी देशों में एक ही तीव्रता के साथ गतिमान हो सकता है। इन देशों के बीच सांस्कृतिक एकरूपता की कल्पना की जा सकती है लेकिन एशिया, अफ्रीका और लैटिन अमेरिका के देशों के बीच ऐसा नहीं। पेरू और भारत का वैसा साझा इतिहास नहीं है जैसा कि जर्मनी और फ्रांस का, या ब्रिटेन

और अमेरिका का। विकसित पूँजीवादी देशों के सांस्कृतिक संकुल जिस तरह के परिपथ में बँधे हुए हैं वैसा कुछ भी पिछड़े पूँजीवादी देशों में नहीं पाया जाता। इन देशों में पूँजीवाद भी अपनी अलग-अलग विशिष्टता लिए हुए है जिसके चलते उसके सांस्कृतिक तर्क की कोई एकरूपता इन देशों के लिए नहीं हो सकती, सिवाय इन देशों के शहरी पूँजीपति तबकों के बीच। इसका मतलब यह नहीं है कि पिछड़े पूँजीवादी (तीसरी दुनिया के) देशों के बीच वैश्विक पूँजीवादी ढाँचे के भीतर अवस्थिति की समानता के चलते उनमें गहरी सांस्कृतिक समानताएँ नहीं हैं लेकिन जहाँ विकसित पूँजीवादी देशों में काफ़ी हद तक सांस्कृतिक एकरूपता है वहीं बाकी के पूँजीवादी देशों में वैसी सांस्कृतिक एकरूपता की कल्पना कठिन है। पहली और तीसरी दुनिया को एक दूसरे का 'सांस्कृतिक अन्य' बना कर जेम्सन तीसरी दुनिया की जिस सांस्कृतिक एकरूपता को स्थापित करते हैं, वह दरअसल है ही नहीं, ठीक इसी तरह इस तीसरी दुनिया का अनुभव भी एक नहीं है जिसे एक ही आख्यान-रूप में समाहित और सम्प्रेषित किया जा सके। तीसरी दुनिया के साहित्य रूप को राष्ट्रीय रूपक के ही आख्यान में बन्द नहीं किया जा सकता।''[15]

कई अध्येताओं ने यह संकेत किया है कि उत्तर-औपनिवेशिकता का सम्बन्ध पूर्व उपनिवेशों की राष्ट्रीय स्थितियों से कहीं अधिक अमेरिका और योरप में देशांतरित एशियाई व अफ्रीकी समुदायों (डायस्पोरा) की पहचान के सवालों से जुड़ता है। प्राचीन ग्रीक व्युत्पत्ति के हिसाब से डायस्पोरा का अर्थ है—बीज छींटना या रोपना'। प्राचीन ग्रीस में इस शब्द का इस्तेमाल उन नागरिकों के लिए किया जाता था जो किसी भव्य नगर से उपनिवेश बनाने के उद्देश्य से जीते गए भू-भाग को प्रवास कर जाते थे ताकि उस इलाके को अपने साम्राज्य में मिला सकें। जब 'ओल्ड टेस्टामेंट' का ग्रीक में अनुवाद हुआ, तब इस शब्द का प्रारम्भिक अर्थ बदल गया। अब इस शब्द का इस्तेमाल 'जूडिया' से 586 ई0 पू0 में बेबीलोनवासियों द्वारा तथा येरूशलम से 135 ई0 में रोमन साम्राज्य द्वारा खदेड़े गए यहूदी समुदाय के लिए होने लगा। इस शब्द का प्रयोग इस्राइल के जातीय जनसमुदाय के ऐतिहासिक प्रवासन की परिघटना या फिर इस पूरे जनसमुदाय के अर्थ में होने लगा। आज इस शब्द का प्रयोग उन तमाम जनसमुदायों के लिए होता है जो कि अपने पारम्परिक, जातीय गृहदेश से स्थानान्तरित हो कर दुनिया भर के दूसरे हिस्सों में फैल गये हैं। इस शब्द का व्यवहार उनके स्थानान्तरण, और उसके चलते उनकी संस्कृति में आये विकास को भी व्यक्त करता है।

अकादमिक क्षेत्र में डायस्पोरा अध्ययन 20वीं सदी के अन्तिम दशकों में ही आकार ग्रहण करता है। यों तो आबादियों का देशांतरण प्राचीन काल से ही मानवता के इतिहास की महत्त्वपूर्ण परिघटना रही है लेकिन 20वीं सदी ने बड़े पैमाने पर जातीय शरणार्थियों की समस्या का सामना किया। यह समस्या विश्वयुद्ध और दूसरे युद्धों, प्राकृतिक दुर्घटनाओं, आर्थिक विघटन के साथ-साथ राष्ट्रवाद,

फासीवाद, नस्लवाद जैसी विचारधाराओं के उभरने के कारण भी उत्पन्न हुई। 20वीं सदी के प्रथमार्द्ध में करोड़ों लोग जातीय शरणार्थियों के रूप में योरप, एशिया और उत्तरी अमेरिका मे विस्थापित हुए। देशांतरण या विस्थापन तीसरी दुनिया के सम्पन्न श्रेणी के लोगों के द्वारा योरप और अमेरिका में जा बसने के रूप में भी, ख़ास तौर पर 20वीं सदी के उत्तरार्द्ध में देखा गया। विलियम साफरान ने डायस्पोरा की छह विशेषताएँ बतलाई हैं। ये विशेषताएँ 'निर्वासन' (एक्ज़ाइल) और 'मूल देश' (होमलैन्ड) की अपरिवर्तनीय धारणाओं से जुड़ी हुई हैं-

1. लोगों या उनके पुरखों का किसी एक केन्द्र से दो या दो से अधिक हाशियों में फैलना।

2. मूल देश के बारे में उसके इतिहास की सामूहिक स्मृति, कल्पना या मिथक का बने रहना।

3. जिस देश में आ कर बसे, वहाँ के समाज में स्वीकार न किए जाने, अलगाव या असम्पृक्त रह जाने की भावना।

4. इस भावना की मज़बूत पैठ कि पूर्वजों का मूल देश ही उनका सच्चा, आदर्श आवास है जहाँ उन्हें या उनकी अगली पीढ़ियों को अन्ततः लौट जाना है।

5. मूल देश के रख-रखाव या पुनरुद्धार के प्रति ज़िम्मेदारी का भाव।

6. इस मूल देश के अस्तित्व के ही संदर्भों में अपनी जातीयता को परिभाषित करना।[16]

उत्तर-औपनिवेशिक विमर्शों में डायस्पोरा के सांस्कृतिक और चेतनागत आयामों का मुख्य रूप से शुमार होता है। देशांतरित समुदायों की संस्कृति, भाषा और चेतना का विकास उनसे उत्पन्न साहित्य और कलारूपों में कुछ ऐसी विशेषताओं को जन्म देता है जिनके निष्कर्ष उत्तर-औपनिवेशिक विमर्श के लिए अत्यंत महत्त्वपूर्ण माने गए। उत्तर-औपनिवेशिक विमर्शों में उपनिवेश बनाए गए राष्ट्रों की भौगोलिक सीमाओं के भीतर के यथार्थ के स्थान पर देशांतरित राष्ट्रीय समुदायों का विमर्श ही प्रभावी होता चला गया। उत्तर-औपनिवेशिक अध्ययन उत्तरोत्तर विस्थापन के विमर्श की ओर बढ़े। उत्तर-औपनिवेशिक चिंतक विजय मिश्र के अनुसार डायस्पोरा "आधुनिकता की उत्तर अवस्था की एक ऐसी उदाहरणीय स्थिति है जिसमें डायस्पोरा समुदाय राष्ट्रों के ऐसे लोकतांत्रिक 'सीमान्त क्षेत्रों' का निर्माण करते हैं, जिनके लिए वर्चस्व और स्थानिकता 'राष्ट्रीयता' की पूर्व शर्त नहीं है। राष्ट्रों के इन 'सीमान्त क्षेत्रों' में राष्ट्र और जातीयता को अलग रखा जाता है जबकि प्रबुद्ध राष्ट्र-राज्य का लोकतांत्रिक आदर्श इन समुदायों में बना रहता है जिनके भीतर बेहद दिलचस्प किस्म के आदान-प्रदान होते रहते हैं। इसका मतलब ये हर्गिज़ नहीं कि डायस्पोरा समस्यामुक्त, आदर्श, सामाजिक संरचनाएँ हैं। डायस्पोरा में एक पश्चगामी, प्रतिक्रियावादी प्रवृत्ति भी रहती है जो कि मूल निवास स्थान (देश) के आदर्शीकरण और दूसरे तमाम स्थानों को विदेश के रूप में

परिभाषित करने में परिलक्षित होती है जबकि शायद ही किसी उल्लेखनीय पैमाने पर इन समुदायों के लोग अपने मूल स्थान की ओर लौटते हों। नस्लभेद के सबसे बुरे समयों में भी महात्मा गाँधी जैसे अपवादों को छोड़ शायद ही कोई भारतीय, अफ्रीका छोड़ अपने मूल देश लौटा हो। ऐसा सिर्फ़ यहूदी मूलदेश (इस्राइल) के साथ ही हुआ जहाँ पश्चिमी दुनिया के तमाम देशों से यहूदी वापस आ कर बसे। डायस्पोरा के नागरिक हर समय यात्रा पर हैं। उनका मूल निवास स्थान कुछ वस्तुओं की कहानियों और स्मृतियों के कुछ टुकड़ों, मूल देश से मँगाई कुछ मूर्तियों या कैसेटों, किसी धर्मपुस्तक की अत्यंत पुरानी प्रति और न जाने कितनी इन्हीं चीज़ों के रूप में उनके साथ-साथ चलता रहता है।''[17] लेकिन डायस्पोरा पर आधारित सांस्कृतिक सिद्धांत भी किसी एकरूपता को प्रस्तावित नहीं कर सकते क्योंकि देशांतरित समुदाय भी एकरूप नहीं है। उनमें ऐतिहासिक और भौगोलिक भिन्नताओं ने तमाम विभेद पैदा किये हैं। स्वयं विजय मिश्र ने भारतीय डायस्पोरा को दो हिस्सों में बाँटा है—''पुराना भारतीय डायस्पोरा 19वीं सदी में बन्धुआ मज़दूरों के प्रवासन से बना जबकि नया भारतीय डायस्पोरा भारतीय उपमहाद्वीप से बड़े पैमाने पर अपनी इच्छा से अनिवासी भारतीय के तौर पर योरप, उत्तरी अमरीका और ऑस्ट्रेलिया जा बसे लोगों से बना है। उत्तर-आधुनिक दुनिया ने हवाई यात्राओं, टेलीफोन, ई-मेल, इंटरनेट, वीडियो सी.डी. तथा अन्य संचार माध्यमों से सम्पर्क में रहने वाले अतिसचल समुदायों का निर्माण किया है। 'मूलदेश' अब ओटावा, बर्लिन, एम्सटर्डम या सिडनी में स्थित बेडरूमों में भी उपलब्ध रह सकता है।''[18]

जिस तरह काल की दृष्टि से उत्तर-औपनिवेशिकता एक विवादरहित अवधारणा नहीं है, ठीक उसी तरह देश-देशांतर के स्तर पर भी वह एक तरल अवधारणा ही है।

उत्तर-औपनिवेशिकता की भाषा

एजाज़ अहमद के अनुसार, एशिया और अफ्रीका के अधिकांश साहित्य उत्पादकों ने योरप और अमेरिका जैसे विकसित देशों की भाषाओं को नहीं अपनाया और इन महाद्वीपों का अधिकांश साहित्य इन विकसित देशों के केन्द्रों पर उपलब्ध ही नहीं है। जहाँ तक योरपीय देशों और उत्तरी अमेरिका का सवाल है, इन देशों के बीच बड़े पैमाने पर अनुवादों, आलोचनाओं और दूसरे तरीकों से साहित्यिक उत्पादनों का तीव्र गति से आदान-प्रदान होता रहता है। उनके पास ऐसा करने के विकसित साधन और संगठन हैं। जबकि एशियाई और अफ्रीकी देशों के बीच आपस में ऐसे किसी विनियम का कोई ख़ास अवकाश नहीं है। विकसित पूँजीवादी देशों का अनुवाद उद्योग अफ्रीकी और एशियाई भाषाओं के साहित्य का अनुवाद अपेक्षाकृत कम और बहुत धीमी गति से करता है। लिहाजा, किसी अमेरिकी या योरपीय साहित्य सिद्धांतकार के लिए बांग्ला, हिन्दी, तमिल, तेलुगू

या आधा दर्जन अन्य, महज़ प्रमुख भारतीय भाषाओं की साहित्य परम्पराओं का ज्ञान असम्भव है। उसे हद से हद इन भाषाओं की इक्का-दुक्का पुस्तकों का ही ज्ञान हो सकता है। ऐसे में अंग्रेज़ी भाषा में उपलब्ध तीसरी दुनिया के देशों के विपुल साहित्य का अत्यंत नगण्य हिस्सा ही ऐसी सामग्री के रूप में उपलब्ध है जिसके आधार पर 'तीसरी दुनिया के साहित्य' या 'उत्तर-औपनिवेशिक साहित्य' की सैद्धांतिकी खड़ी की जाती है। इसका परिणाम ये होता है कि अंग्रेज़ी में लिखने वाले कुछ लेखकों की बे-अनुपात बढ़ी-चढ़ी प्रशंसा की जाती है। उदाहरण के लिए, न्यूयार्क टाइम्स में सलमान रुश्दी के उपन्यास 'आधी रात की सन्तानें' को 'एक महाद्वीप को अपनी आवाज़ मिली' कह कर प्रशंसा की गई, मानो कि उस महाद्वीप की कोई आवाज़ ही नहीं होती यदि वो अंग्रेज़ी में न निकाली गई होती। ऐसे में होता यह है कि कोई भी एशियाई, अफ्रीकी, अरब या लैटिन अमेरिकी बौद्धिक, जो अंग्रेज़ी में कुछ महत्त्वपूर्ण लिख रहा होता है, उसे फटाफट किसी नस्ल, किसी महाद्वीप, किसी सभ्यता, यहाँ तक कि पूरी 'तीसरी दुनिया' का प्रतिनिधि मान लिया जाता है।[19] अफ्रीकी, एशियाई और लैटिन अमेरिकी मूल की तमाम बेहतर पुस्तकें, जो अंग्रेज़ी में लिखी गई हैं, उन्हें संयुक्त राष्ट्र अमेरिका के विश्वविद्यालयों और शैक्षणिक संस्थानों में पढ़ाई जाने वाली मानविकी में जगह मिले, जिससे कि वहाँ के पाठ्यक्रमों में व्याप्त योरपीय-अमेरिकी केन्द्रिकता और दूरदृष्टिदोष समाप्त हो तो बेहतर ही है तथा इस तरह के साहित्य को अगर नाम ही देना हो तो 'तीसरी दुनिया का साहित्य' कहा जाना ऐतराज़कुन बात नहीं। 'तीसरी दुनिया' जैसी कोटि या धारणा बहस के लिए ही उपयोगी है, लेकिन इसके आधार पर किसी साहित्यिक या सांस्कृतिक सिद्धांत का गढ़ा जाना शायद ठीक नहीं। उत्तर-औपनिवेशिक विमर्श अंग्रेज़ी में लिखी या अनूदित कृतियों को ही मानक बनाता है। हरीश त्रिवेदी भारतीय अंग्रेज़ी लेखन को 'दूध से भरे एक बड़े पात्र में मलाई की एक पतली ऊपरी परत' की उपमा देते हैं। उत्तर-औपनिवेशिकता महज़ इस क्रीमी लेयर का उपयोग कर पाती है।[20] भाषा के प्रश्न को मकरंद परांजपे वृहत्तर आयामों में उठाते हैं। परांजपे यह मानते हैं कि अंग्रेज़ी में काम करने वाले भारतीय बौद्धिकों को जिन आनुशासनिक ढाँचों में काम करना पड़ता है और जिन अकादमिक विमर्शों को उनका समझा जाता है, उनकी अन्तर्वस्तु लगभग पूरी तरह पश्चिम से ग्रहण की गई है। परांजपे के अनुसार, ए. के. रामानुजन का पश्चिम की अकादमिक दुनिया के लिए सबसे महत्त्वपूर्ण योगदान यह है कि उन्होंने पश्चिम के लिए द्रविड़ अध्ययन का दरवाज़ा खोला। लेकिन रामानुजन लगातार कन्नड़ में भी लिखते और छपते रहे। अमेरिका में उन्होंने बहुत से भारतीय अध्येताओं को लोक साहित्य में प्रशिक्षित किया लेकिन न ही उन्होंने कभी पूरी तरह से भारत छोड़ा और न ही वे कभी पूरी तरह से पश्चिम के हुए। पश्चिम के लिए रामानुजन जो कुछ भी हों, हमारे सन्दर्भों में उनका महत्त्व हमारे अपने अस्तित्व और महत्त्व के स्वाधीन सन्दर्भों पर टिका है। गायत्री चक्रवर्ती स्पीवाक या होमी के. भाभा की

स्थिति भिन्न है जो उत्तर-औपनिवेशिक सिद्धांत के भारतीय पुरोधा माने जाते हैं लेकिन मूलतः वे पश्चिमी अकादमिक तन्त्र का ही हिस्सा हैं और उनका सारा काम-धाम उस तंत्र के अपने आंतरिक गतिविज्ञान से ही संचालित है।[21] जाहिर है कि भाषा एक विराट सांस्कृतिक सन्दर्भ भी है और किसी भी लेखक या सिद्धांतकार के लिए उसका चुनाव दूसरे अनेक अन्तर्निहित राजनीतिक-सांस्कृतिक चुनावों का पता देता है। भाषा के सन्दर्भ में सलमान रुश्दी जैसे बहुचर्चित उत्तर-औपनिवेशिक रचनाकार के मशहूर उपन्यास 'शेम' के हिन्दी अनुवाद से लिया गया निम्नलिखित उद्धरण, उस दुविधा का सच्चा बयान है जो अंग्रेज़ी में लिखने वाले तमाम ग़ैर-योरोपीय लेखकों, चिंतकों के सामने दरपेश है—

"ये लफ़्ज़ : शेम। नहीं, मुझे इसे दूसरी तरह इसकी असल शक्ल में लिखना चाहिए, इस ख़ास ज़बान में नहीं जो ग़लत सोचों और इसे बोलने वालों के बेशरम अतीत के इकट्ठा मलबे से नापाक है। ये अंग्रेज़ी जिसमें मुझे मज़बूरन लिखना पड़ता है और लिखे गए को हमेशा बदलना पड़ता है— ... असल लफ़्ज़ है : शरम। ये पिद्दी सा लफ़्ज़ 'शेम' उसका सिरे से ग़लत तर्जुमा है।"[22]

अफ्रीकी साहित्यकारों के बीच भाषा को ले कर चली बहस ने उत्तर-औपनिवेशिक विमर्शों में भाषा के प्रश्न को और भी समस्यात्मक बनाया है। केन्याई उपन्यासकार न्गुगी वा थ्योंगो ने अफ्रीकी भाषाओं में ही अफ्रीकी साहित्य लिखे जाने को ले कर ज़बरदस्त लड़ाई लड़ी है। अपने अंग्रेज़ी उपन्यासों के जरिए पूरी दुनिया में विख्यात हुए इस केन्याई लेखक ने 1977 के बाद अंग्रेज़ी भाषा को अपने रचनात्मक लेखन से अलविदा कह दिया।

पिछले तीन दशकों से वे गिकुयू और स्वाहिली भाषाओं में ही रचनारत हैं। अफ्रीका के तमाम बड़े लेखक अंग्रेज़ी, फ्रांसीसी और पुर्तगाली भाषाओं में लिख कर विख्यात हैं। उनमें से कई ने इन भाषाओं में लिखने को मज़बूरी बताया और कई दूसरों ने इस मज़बूरी में अच्छाई भी देख ली। चिनुआ अचेबे ने लिखा— "मुझे लगता है कि मेरे अफ्रीकी अनुभवों की असरदार अभिव्यक्ति अंग्रेज़ी भाषा में हो सकेगी। लेकिन इसके लिए एक नई अंग्रेज़ी गढ़नी होगी, जो अपनी उद्गम भूमि के पूरी तरह अनुरूप तो होगी लेकिन नए अफ्रीकी परिवेश के अनुसार वह थोड़ी बदली हुई होगी।"[23]

गैब्रियल ओकारा ने लिखा "कुछ लोग यह सोच सकते हैं कि इस तरह अंग्रेज़ी लिखना भाषा को अपवित्र करना होगा। यह बात सही नहीं है। जीवित भाषाएँ जीवित पदार्थों की ही तरह विकसित होती हैं और यह सभी जानते हैं कि अंग्रेज़ी मृत भाषा नहीं है। अंग्रेज़ी के अमेरिकी, वेस्ट इंडियन, ऑस्ट्रेलियाई, कनाडियन और न्यूज़ीलैंड के संस्करण मौजूद हैं। इन देशों में यहाँ के लेखक जब इस भाषा में अपनी-अपनी संस्कृति को अभिव्यक्त करते हैं, तो इससे भाषा को एक नई जीवन-शक्ति मिलती है। अगर ऐसा है तो क्यों नहीं कोई नाइजीरियाई

अथवा पश्चिम अफ़्रीकी अंग्रेज़ी हो सकती, जिसका इस्तेमाल हम अपने विचारों, दर्शन और सोच को अपने ढंग से व्यक्त करने के लिए करें?''[24]

लेकिन जिन लेखकों ने अफ़्रीकी भाषा में ही साहित्य लिखने की वकालत की उनके तर्क भी बेहद मज़बूत हैं। थ्योंगो ने प्रश्न उठाया "एक राजनीतिज्ञ जो कहता है कि साम्राज्यवाद के बिना अफ़्रीका का गुज़ारा नहीं हो सकता और एक लेखक जो कहता है कि योरपीय भाषाओं के बिना अफ़्रीका का काम नहीं चल सकता, उन दोनों में क्या अन्तर है''?[25]

डेविड ड्योप ने अंग्रेज़ी व फ्रांसीसी के इस्तेमाल को सिर्फ़ स्थानीय ऐतिहासिक आवश्यकता बताते हुए लिखा, "निश्चय ही एक ऐसे अफ़्रीका में जो उत्पीड़न से मुक्त होगा, कोई भी लेखक अपनी फिर से खोजी गई भाषा के अलावा अन्य किसी दूसरी भाषा में अपनी और अपनी जनता की भावनाएँ व्यक्त नहीं करेगा।''[26] उन्होंने औपनिवेशिक भाषाओं के इस्तेमाल के विरुद्ध अपना पक्ष बेहद मज़बूती से रखते हुए लिखा, "अपनी भाषा से वंचित और अपनी जनता से कटा हुआ अफ़्रीकी लेखक विजेता राष्ट्र की किसी साहित्यिक धारा का बस एक प्रतिनिधि हो सकता है। उसकी कृतियाँ अपनी कल्पनाशीलता और शैली के जरिए स्वाँगीकरण नीति की उत्कृष्ट मिसाल होने के नाते निश्चय ही आलोचकों के एक समूह की वाहवाही लूटने में सफल हो जाएंगी, दरअसल यह वाहवाही भी मुख्य रूप से उपनिवेशवाद के ही थैले में जाएगी, जो जनता को ग़ुलाम बनाए रखने में जब असफल होने लगता है तो वह उनका ऐसे विनम्र बुद्धिजीवियों में रूपांतरण कर देता है जो पश्चिमी साहित्यिक तौर-तरीके का अनुकरण करते हैं। यह और बातों के अलावा उन्हें दोगला ठहराने का और भी ज़्यादा धूर्त तरीका है।''[27] इसी तरह ओबी वली जैसे लेखकों ने भी इसी पक्ष को पुष्ट किया। उत्तर-औपनिवेशिक विमर्शों में जिन अफ़्रीकी लेखकों को बहुधा विश्व स्तर पर मान्यता प्राप्त है, वे योरोपीय भाषाओं के लेखक हैं। लेकिन थ्योंगो ने दसवीं शताब्दी से ले कर अब तक हेरुई वाल्दा सेलासी, गर्माकाव टाकला हवरयात, शाबान रॉबर्ट, अब्दुल्लतीफ अब्दुल्ला, इब्राहिम हुसैन, युफ्रेज काजीलाहाबी, बी.एच. विल्काजी, ओकोट पी. बिटेक, ए.सी. जॉर्डन, पी म्बोया, डी. ओ. फगुनवा, माजिसी कुनेने आदि तमाम लेखकों का ज़िक्र किया है जिनका अफ़्रीकी भाषाओं में लिखा साहित्य अब मुद्रित रूप में मौजूद है। उन्होंने केन्या के गकारा वा बानजाऊ नाम के लेखक का विशेष ज़िक्र किया है जिन्हें अंग्रेज़ों ने 1952 से 1962 के बीच 10 वर्षों तक गिकुयू भाषा में लेखन के लिए जेल में डाले रखा।

कुछ योरोपीय भाषाओं और ख़ास तौर पर अंग्रेज़ी साहित्य सिद्धान्त विकसित करने का भ्रम पालने वालों को थ्योंगो के ये शब्द याद रखने चाहिए—"लेकिन अफ़्रीकी भाषाओं ने मरने से इनकार किया। वे लैटिन भाषा के रास्ते पर नहीं जाएंगी जिसमें भाषाविज्ञान से सम्बन्धित पुरातत्व विभाग खुदाई करके इनके

अवशेषों को बाहर निकाले, उनका वर्गीकरण करे और अन्तर्राष्ट्रीय सम्मेलनों में उन पर बहस करे।

इन भाषाओं को, अफ्रीका की इन राष्ट्रीय विरासतों को किसानों ने ज़िंदा रखा। किसानों को अपनी मातृभाषा बोलने और एक वृहत्तर राष्ट्रीय अथवा महाद्वीपीय भूगोल से जुड़े रहने में कोई अन्तर्विरोध नहीं दिखाई दिया। उन्हें अपनी प्रत्यक्ष राष्ट्रीयता अथवा बर्लिन में तय की गई सीमाओं के अनुसार बहुराष्ट्रीय राज्य से जुड़े होने और समूचे अफ्रीका का अंग होने में कोई शत्रुतापूर्ण अन्तर्विरोध नहीं दिखाई दिया।''[28]

सन्दर्भ सूची

1. Alavi, Hamza— 'The State in Post-colonial societies', New Left Review, pg. 74, 1972
2. Saul, John. S.— 'The State in Post-colonial societies:Tanzania', The Socialist Register, Monthly Review press, London,1974
3. King, Anthony D.—'Writing colonial space', Comparative Study of Society and History, 1995, pg. 543-544
4. Trivedi, Harish— 'India and Post-colonial Discourse', Interrogating Post-Colonialism:Theory, Text and Context, (eds.) Harish Trivedi & Meenakshi Mukherjee, pg.231, IIAS, Shimla,1996.
5. Mukherjee, Meenakshi— 'Interrogating Post-Colonialism', Interrogating Post-Colonialism:Theory,Text and Context, (eds.) Harish Trivedi & Meenakshi Mukherjee, pg.3, IIAS, Shimla,1996.
6. Ashcroft, Bill; Griffiths, Gareth and Tiffin, Helen. eds.— The Empire Writes Back : Theory and Practice in Post-Colonial Literatures, pg. 1-2, Routledge, London & New York, 1989
7. Mudimbe, V.Y.— The Invention of Africa: Genesis, Philosophy and the Order of Knowledge, pg. 2, Indiana University Press, London,1988

8. Thompson and Garette—Rise and Fulfilment of British Rule in India, pg. 654, Central Book Depot, Allahabad, 1932, reprint 1962
9. Pylee, M.V.— Constitutional History of India : 1600-1950, Asia Publishers, Mumbai, 1968
10. Cesire, Aime— 'Discourse on Colonialism', pg. 21-22, (trans.) John Pinkham, Monthly Review Press, New York and London,1972 ,first pub.1955
11. Trivedi, Harish— 'India and Post-Colonial Discourse', Interrogating Post-Colonialism: Theory,Text and Context, (eds.) Harish Trivedi & Meenakshi Mukherjee, pg. 237, IIAS, Shimla,1996.
12. Mukherjee, Meenakshi— 'Interrogating Post-Colonialism', Interrogating Post-Colonialism:Theory,Text and Context, (eds.) Harish Trivedi & Meenakshi Mukherjee, pg. 3-4, IIAS, Shimla, 1996.
13. Bhabha, Homi K.— The Location of Culture, pg. 171, Routledge, London and New York,1994
14. Ashcroft, Bill; Griffiths, Gareth and Tiffin, Helen (eds.)— The Empire Writes Back: Theory and Practice in Post-Colonial Literatures, Routledge, London & New York, 1989
15. Ahmad, Aijaz— In Theory : Classes, Nations, Literatures, pg.104, OUP Delhi, 1995, first pub.1992
16. Safran, William— Diasporas in Modern Societies, Myths of Homeland and Return, Diaspora, 1,1:83-99,1991. qtd. in Mishra, Vijay. 'New Lamps for Old: Diasporas, Migrancy, Border,' Interrogating Post-Colonialism: Theory,Text and Context, (eds.) Harish Trivedi & Meenakshi Mukherjee, pg. 70-71, IIAS, Shimla, 1996.
17. Mishra, Vijay— 'New Lamps for Old: Diasporas, Migrancy, Border,' Interrogating Post-Colonialism: Theory,Text and Context, (eds.) Harish Trivedi & Meenakshi Mukherjee, pg. 67-68, IIAS, Shimla,1996.
18. Ibid, pg. 68

19. Ahmad, Aijaz— In Theory: Classes, Nations, Literatures, pg. 98, OUP Delhi,1995, first pub.1992
20. Trivedi, Harish— 'India and Post-Colonial Discourse', Interrogating Post-Colonialism: Theory,Text and Context,(eds.) Harish Trivedi & Meenakshi Mukherjee, pg. 239, IIAS, Shimla, 1996.
21. Paranjape, Makrand— 'Coping with Post-Colonialism', Interrogating Post-Colonialism: Theory, Text and Context, (eds.) Harish Trivedi & Meenakshi Mukherjee, pg. 42, IIAS, Shimla, 1996.
22. रुश्दी, सलमान— शरम, (अनु.) ललित कार्तिकेय, पृष्ठ 39-40, वाणी प्रकाशन, 2004 (मूल उपन्यास 'शेम' का प्रकाशन वर्ष-1983)
23. चिनुआ अचेबे : 'द अफ्रीकन राइटर एंड द इंग्लिश लैंग्वेज़', 'मार्निंग येट ऑन क्रियेशन डे' (न्गुगी वा थ्योंगो का 'अफ्रीकी साहित्य की भाषा' शीर्षक लेख में उद्धृत, "भाषा संस्कृति और राष्ट्रीय अस्मिता", सम्पादक, अनुवादक—आनंद स्वरूप वर्मा, सारांश प्रकाशन प्राइवेट लिमिटेड, 1999, पृ० 18)
24. गैब्रियल, ओकारा— "ट्रांजिशन" संख्या-10 सितंबर 1963 (उद्धरण-वही, पृ० 18-19)
25. उद्धरण-वही, पेज 37
26. डेविड, ड्योप—कॉन्ट्रिब्यूशन टु डिबेट ऑन नेशनल पोयट्री, प्रेजेंस अफ्रीकेन, 1963 (उद्धरण-वही, पृ० 36)
27. वही
28. वही, पृ० 33-34

●●●

अध्याय दो

उत्तर-औपनिवेशिकता के स्त्रोत

उत्तर-औपनिवेशिक आलोचना सिद्धांत ने संस्कृति और राजनीति के पुराने कलावादी द्वैत का अन्त कर दिया है। ये अलग बात है कि इस प्रक्रिया में उसके कुछ महत्त्वपूर्ण आलोचकों ने राजनीति को ही कला या पाठ में बदल दिया है। उत्तर-औपनिवेशिकता ने एक ऐसे लेखन को जन्म दिया है जो कि पश्चिमी और ग़ैर-पश्चिमी लोगों और दुनियाओं को देखने के अब तक के वर्चस्वशाली नज़रिए को चुनौती देता है। उत्तर-औपनिवेशिक सांस्कृतिक विश्लेषण एक ऐसे सैद्धांतिक ढाँचे को खड़ा करने का प्रयास है जो कि पश्चिमी, यूरो-केन्द्रिक ढाँचे का विकल्प बन सके। फिर भी उत्तर-औपनिवेशिकता प्रधानत: एक ऐतिहासिक-राजनीतिक संज्ञा है। उपनिवेशवादी विमर्शों को चुनौती अनेक विचारधाराओं, ज्ञान मीमांसाओं से मिलती रही है, लेकिन सर्वाधिक चुनौती उन वास्तविक उपनिवेशवाद-विरोधी जनसंघर्षों से मिली है जिनके बग़ैर कोई भी विमर्श सम्भव नहीं था। ऐसे में उत्तर-औपनिवेशिकता कोई एक व्यवस्थित सिद्धांत या अनुशासन नहीं है। तेज़ी से बदलती दुनिया में विभिन्न किस्म के विचारों और व्यवहारों के बीच बदलते रिश्तों के सन्दर्भ में, विभिन्न किस्म की संस्कृतियों और लोगों के बीच बदलते रिश्तों के सन्दर्भ में ही उत्तर-औपनिवेशिक विमर्शों ने आकार ग्रहण किया है। मार्क्सवाद से ले कर नारीवाद तक के राजनीतिक सिद्धांत, उत्तर-संरचनावाद और उत्तर-आधुनिकता के साथ मार्क्सवादी ज्ञानमीमांसा का संघर्ष, संस्कृतिवादियों और भौतिकवादियों के बीच विवाद, पाठकेन्द्रित और यथार्थवादी साहित्य सिद्धांतों की आपसी बहस उत्तर-औपनिवेशिक विमर्शों में संचरित है।

उत्तर-औपनिवेशिक विमर्शों के ऐतिहासिक-राजनैतिक स्त्रोत

उत्तर-औपनिवेशिक विमर्शों के ऐतिहासिक राजनीतिक स्त्रोतों के बतौर हम मुख्यत: जिन परिघटनाओं का संक्षिप्त विहंगावलोकन कर सकते हैं उनमें (1) उपनिवेशवाद-विरोधी राष्ट्रीय मुक्तिसंघर्ष (2) नस्लवाद-विरोधी संघर्ष (3) गुटनिरपेक्ष आंदोलन और 'तीसरी दुनिया की एकता' (4) उपनिवेशवाद से मुक्ति के बाद की उत्तर-औपनिवेशिक राज्य-व्यवस्थाएँ और समाज (5) नवउपनिवेशवाद और भूमण्डलीकरण के दौर की विश्व-परिस्थिति जैसी परिघटनाएँ आती हैं।

उपनिवेशवाद पूँजीवाद से नाभिनाल) है। पूँजी का युग उपनिवेशविहीन नहीं हो सकता है। लेनिन ने अपने समय में साम्राज्यवाद को पूँजीवाद की ही चरम अवस्था के रूप में व्याख्यायित किया था।[1] इन ऐतिहासिक परिस्थितियों ने जिन विचार-प्रणालियों, नज़रियों, विमर्शों को पैदा किया, वे सब उत्तर-औपनिवेशिकता के विमर्शों की आधार-भूमि का निर्माण करते हैं।

उपनिवेशवाद विरोधी राष्ट्रीय मुक्ति-संघर्ष तथा उत्तर-औपनिवेशिक विमर्श

1. "अंग्रेज़ तीन प्रकार की लड़ाई जीत कर निर्विघ्न राज कर रहे हैं। इनमें पहले युद्ध को हम बाहु-युद्ध कह सकते हैं। राजनीति के कुटिल कौशल से तथा नये-नये अस्त्र-शस्त्र के फल से अंग्रेज़ों ने इस देश पर जो अधिकार जमाया है, वह इसी युद्ध का फल है। .... अंग्रेज़ों के इस देश में पधारने के बाद से ही भारतवासियों को एक नए युद्ध का परिचय मिलने लग गया है। इस युद्ध में वे अपना धन-बल खो बैठे हैं। पाठक समझ गए होंगे कि हम 'वाणिज्य युद्ध' की बात कर रहे हैं।........ रेल, तार, जहाज़ और बिना लगाम की वाणिज्य-नीति (Free Trade)—यही इस लड़ाई के प्रधान शस्त्र हैं। प्रबल राजशक्ति से सहायता पाए हुए गोरे बनिए इस लड़ाई के योद्धा हैं। दुर्बल भारतवासियों का धन लूटना और भारतीय शिल्प वाणिज्य का नाश करना इस युद्ध का प्रधान उद्देश्य है। इसी युद्ध में दिन-दिन हमारा धन-बल कम हुआ जाता है। अकाल हमारा रोज़ का साथी हो गया है। अस्थि-पिंजर देश भर में भर गए हैं।"[2]

2. "शरीर-युद्ध में भारतवासियों का बाहुबल और वाणिज्य-युद्ध में उनका धन-बल हरण करके ही अंग्रेज़ शान्त नहीं हुए। कारण हमारे वैदेशिक शासकगण केवल हमारे बाहु-बल और धन-बल से ही नहीं डरते हैं। बुद्धि-बल से तो मनुष्य बहुतेरी असाध्य बातों को साध सकता है। ...... इस युद्ध से पराधीन जाति का मनरूपी खेत, जीतने वालों के हाथ में पूरी तरह से चला जाता है। अति दुर्बल जाति में मति-भ्रम उत्पन्न करने और मन की दृढ़ता का नाश करने का बड़े-बड़े राजनीति-विशारदों के मत से यही संग्राम अमोघ अस्त्र है। ...... अंग्रेज़ों के चलाए इस नए युद्ध के फल से भारतवासियों की चिन्ता-तरंगिणी अंग्रेज़ों की दिखाई राह पे बहने लगी, स्वदेश, स्वसमाज और स्वकीय पूर्वपुरुषों पर से लोगों की भक्ति श्रद्धा नष्ट होने और परदेशी सभी बातें हितकर मालूम होने लगीं। इस अवस्था में जो लोग स्वभावतः परदुःख कातर थे, वे बुद्धि-भ्रंश के घोर आवर्तन में पड़ कर भारतीय समाज का आमूल संस्कार कर उसे फिर पाश्चात्य आदर्श पर गढ़ने का दृढ़ संकल्प कर बैठे —इसी में उन सज्जनों ने अपनी विशाल बुद्धि और अमूल्य समय ख़र्च कर डाला।"[3]

उपरोक्त दोनों उद्धरण एक ही पुस्तक से हैं। जहाँ पहला उद्धरण उपनिवेशवाद की सैन्य-राजनीतिक तथा आर्थिक वर्चस्व को रेखांकित करता है, वहीं दूसरा उद्धरण उपनिवेशवाद द्वारा वैचारिक, सांस्कृतिक, ज्ञानात्मक उपकरणों के जरिए आधिपत्य का विश्लेषण करता है। उत्तर-औपनिवेशिक अध्ययनों का यही मुख्य क्षेत्र है। जिसे आज 'औपनिवेशिक विमर्श विश्लेषण' (colonial discourse analysis) कहा जाता है, उसकी अत्यंत प्रारंभिक ध्वनियाँ हम एक शताब्दी पहले के भी कई पाठों में सुन सकते हैं। इसे ही लक्ष्य करके एक शताब्दी बाद पुनः प्रकाशित 'देशेर कथा' के हिन्दी संस्करण की भूमिका में प्रो0 मैनेजर पाण्डेय ने लिखा, "देश की बात का एक अध्याय है 'सम्मोहन : चित्त विजय', जिसमें ब्रिटिश उपनिवेशवाद द्वारा भारतीय मानस को उपनिवेश बनाने की पूरी जटिल प्रक्रिया और उसके परिणामों की बारीकियों का ब्यौरेवार विश्लेषण किया गया है। औपनिवेशिक शासन में रहने वाले लोगों की मानसिकता और उससे मुक्ति की प्रक्रिया का विवेचन 20वीं सदी के उत्तरार्द्ध में फ्रैंज फैनन, एडवर्ड सईद और न्गुगी वा थ्योंगो जैसे विचारकों व लेखकों ने किया है। यह देख कर सुखद आश्चर्य होता है कि देउस्कर 19वीं सदी के अंत और 20वीं सदी के आरंभ में ही इस जटिल समस्या के बारे में इतने सजग हैं और उसका इतनी बारीकी से विश्लेषण करते हैं।"[4]

वास्तव में उपनिवेशवाद और उसके विरोध का इतिहास लगभग एक साथ ही शुरू हुआ। शायद ही ऐसी कोई जगह हो जहाँ लोगों ने औपनिवेशिक आधिपत्य को अत्यन्त प्रारम्भिक अवस्था में भी बग़ैर प्रतिरोध के स्वीकार किया हो। उत्तरी और दक्षिणी अमरीका, मध्यपूर्व, दक्षिण-प्रशान्त, दक्षिण एशिया, दक्षिण-पूर्व एशिया तथा अफ्रीका, हर कहीं योरपीय औपनिवेशिक शासन के विरुद्ध प्रतिरोध और बगावत का लम्बा इतिहास है। उपनिवेशवाद के विभिन्न रूपों और व्यवहारों के जवाब में उपनिवेशवाद विरोधी संघर्षों ने भी अनेक रूप और अनेक प्रकार के प्रतिरोधी व्यवहार विकसित किए। 'थर्ड वर्ल्ड एटलस'।[3] (तीसरी दुनिया का मानचित्र) में एलेन थॉमस और बेन क्रोव ने 1790 ई0 से 1890 ई0 के बीच अफ्रीका, एशिया और अमरीकी इलाकों में योरपीय शासन के ख़िलाफ़ महत्त्वपूर्ण जन उभारों का मानचित्र पेश किया है। आरम्भिक योरपीय विजय अभियानों के ख़िलाफ़ प्रतिरोध (1870 के दशक के ब्रिटिश-जुलु संघर्ष या फिर सुमात्रावासियों के 1873-74 में डचों के विरुद्ध संघर्ष) से ले कर योरपीय शासन के ख़िलाफ़ ढेरों बगावतों (जमायका में मोरांटखाड़ी की बगावत (1865) या फिर भारत में 1857 का गदर) का इस एटलस में शुमार किया गया है। इस एटलस में धार्मिक पुनरुत्थान के तमाम आन्दोलनों, उदाहरण के लिए इंडोनेशिया के दिपो मेगारा विद्रोह (1825-30) या न्यूज़ीलैण्ड का माओरी पाइ मायरे आन्दोलन (1864-67) के साथ-साथ क्रांतिकारी छापामार युद्धों का भी चित्रण किया गया है। लेकिन

जाहिर है, जैसा ख़ुद इस एटलस के रचयिताओं ने स्वीकार किया है कि ढेरों उपनिवेशवाद-विरोधी कार्रवाइयों का जिक्र इस एटलस में आ ही नहीं सका है। उदाहरण के लिए एटलस 1790 ई० से शुरुआत करता है जबकि भारत में अंग्रेज़ों और सिराजुद्दौला के बीच प्लासी का युद्ध 1757 ई० में ही हो चुका था।

19वीं सदी तक योरपीय साम्राज्य दुनिया के नब्बे फीसदी हिस्से पर स्थापित हो चुका था। 19वीं सदी में ही उपनिवेशवाद ने अपनी वैधता के लिए उन नृतत्त्वशास्त्रीय सिद्धांतों/विमर्शों को जन्म दिया जिनके अनुसार उपनिवेशवाद के लोग निम्नतर, बच्चों की तरह अबोध, स्त्रियोचित (अर्थात् कमज़ोर) यानी ख़ुद अपना अच्छा-बुरा समझने, अपना ध्यान रख पाने में अक्षम ठहराए गए। ऐसे में पश्चिम का अभिभावकत्व और पितृवत् शासन उनके लिए आवश्यक बताया गया। जो संस्कृतियाँ, महादेश और लोग पिछले एक हज़ार साल से अपना अच्छा-बुरा समझते आए थे और योरप से कहीं कमतर नहीं थे, अचानक ख़ुद-मुख़्तारी के अयोग्य बताए जाने लगे। उपनिवेशवादी आधिपत्य अधिकांशत: ताकत के बल पर (डॉमिनेशन) तथा गौणत: सहमतिपरक वर्चस्व (हेजेमनी), दोनों ही तरीकों से स्थापित हुआ।

पहले विश्व युद्ध की समाप्ति (1918) के आस-पास से औपनिवेशिक सत्ताओं के ख़िलाफ़ प्रतिरोधों ने सचेतन, संगठित स्वतन्त्रता आन्दोलनों का स्वरूप ग्रहण करना शुरू कर दिया। दूसरे विश्वयुद्ध (1939-45) ने इन स्वतंत्रता आन्दोलनों को और भी उकसा दिया। दूसरे विश्वयुद्ध में योरपीय देशों की आपसी विध्वंसक लड़ाई में कमज़ोर पड़ने तथा दुनिया के शक्ति संतुलन में आमूल बदलाव ने उपनिवेशों की जनता के मुक्तिसंघर्षों को नई ऊँचाई दे दी। दूसरे विश्वयुद्ध की समाप्ति के साथ ही विउपनिवेशीकरण की प्रक्रिया वैश्विक स्तर पर शुरू हुई। इस प्रक्रिया ने ही पहली बार विश्व-स्तर पर उपनिवेशवाद-विरोधी ऐसे विमर्शों को जन्म दिया जो कालान्तर में उत्तर-औपनिवेशिक विमर्शों के आनुशासनिक परिक्षेत्र में संस्थाबद्ध कर लिए गए। फ्रांसीसी उपनिवेश अल्जीरिया के मुक्ति-संग्राम ने हथियारबंद रूप अख़्तियार किया। हिन्द-चीन का फ्रांसीसी उपनिवेश जो बाद में वियतनाम के नाम से जाना गया, हो-ची-मिह्न के क्रांतिकारी नेतृत्व में 1954 में आज़ाद हुआ। अल्जीरिया का मुक्तिसंग्राम लम्बा चला और अल्जीरिया 1962 में जा कर आज़ाद हो पाया। दूसरे विश्व-युद्ध के बाद ही योरप/पश्चिम की आत्मछवि को निर्णायक धक्का लगा। गोरे आदमी की सभ्यतागत श्रेष्ठता की तब धज्जियाँ उड़ गयीं जब गोरे मुल्कों ने एक-दूसरे के ख़िलाफ़ बर्बरता के सारे बाँध तोड़ दिए और पराधीन देशों के सैनिकों को इस युद्ध मे शामिल किया। गोरे आदमी की श्रेष्ठता और पश्चिम की अपराजेयता को खण्डित होते देखने का प्रत्यक्ष अनुभव उपनिवेशों की जनता को पहली बार हुआ। जाहिर है इस बात ने योरपीय ताकतों के आत्मविश्वास और वैचारिक वर्चस्व दोनों को तोड़

दिया लेकिन उससे भी बड़े पैमाने पर उपनिवेशों की जनता के आत्मविश्वास को बढ़ाया। पश्चिम के बौद्धिक विमर्शों में औपनिवेशिक मुखामुखम के चलते पहले भी किंचित परिवर्तन आए थे। भारत के राष्ट्रवादी विमर्श ने आध्यात्मिक विश्व-गुरू के रूप में भारत की जिस आत्मछवि को प्रचारित किया था (हालांकि इस छवि के निर्माण में मैक्समूलर आदि पश्चिमी प्राच्यविदों का महत्त्वपूर्ण योगदान रहा) उसने प्रथम विश्व-युद्ध के संकटग्रस्त दिनों में योरप के बौद्धिक विमर्शों को अवश्य प्रभावित किया, लेकिन इस प्रभाव ने पश्चिम की आत्मछवि को विचलित नहीं किया, उसके भीतर किसी अंतर्विरोध को तीखा नहीं किया। योरप के बौद्धिकों के एक ख़ास हिस्से ने प्रथम विश्व-युद्ध की विनाशलीला को उपनिवेशों के सस्ते श्रम और बाज़ार के लिए पश्चिमी पूँजीवाद की आन्तरिक गलाकाट प्रतियोगिता के रूप में नहीं, बल्कि पश्चिम के ही आध्यात्मिक संकट के रूप में पहचाना था, जिसके संभावित हल के लिए उनमें से कुछ ने पूरब की ओर अपना ध्यान लगाया। योरपीय बौद्धिक और साहित्यिक जगत में रवीन्द्रनाथ टैगोर की मान्यता और 'द वेस्टलैंड' तथा 'फोर क्वार्टेट्स' जैसी कृतियों में इलियट जैसे कवि का पूर्वी आध्यात्म की ओर झुकाव इसी परिघटना की उपज है। भारत के योगियों, साधुओं, गुरुओं की लम्बी शृंखला ने यों भी पश्चिम को 'अद्‌भुत' और 'अपरिचित' के प्रति आकर्षण में एक सदी से भी अधिक समय से लुभाए रखा है। बहरहाल भारत जैसी प्राचीन सभ्यताओं का आध्यात्मीकरण पश्चिम के प्राच्यवादी विमर्शों का ही हिस्सा था जिसे भारत के राष्ट्रवादी विमर्श ने सांस्कृतिक श्रेष्ठता के विमर्श में विकसित किया।

ब्रिटिश और फ्रांसीसी औपनिवेशिक प्रक्रियाओं में भी एक ख़ास अंतर था। जहाँ ब्रिटिश शासकों ने भारत जैसे उपनिवेशों में संवैधानिक और प्रशासनिक सुधारों के जरिए देशी प्रभु-वर्गों को औपनिवेशिक-तंत्र में जगह दी और कई बार राष्ट्रवादी और सामाजिक आंदोलनों की माँगों को कानूनी और प्रशासन तंत्र में समायोजित किया, वहीं अल्जीरिया और वियतनाम जैसे फ्रांसीसी उपनिवेशों में व्यापक सहमति बनाने की अपेक्षा दमन का ही अधिक इस्तेमाल किया गया। उपनिवेशवाद-विरोधी आमूल-परिवर्तनवादी विचारधाराओं ने पश्चिम के बौद्धिक विमर्शों को फ्रांस के रास्ते ही झकझोरा और ख़ुद योरप के भीतर उपनिवेश की मुक्ति का सवाल एक महत्त्वपूर्ण विमर्श बनता चला गया। पश्चिम और ग़ैर-पश्चिम के संबंधों को इन विमर्शों ने उलट दिया। फ्रैंज़ फैनन के शब्दों में "योरप शब्दशः तीसरी दुनिया की उत्पत्ति है। जो सम्पदा योरोप पर बरस रही है वह अविकसित जनता से चुराई गई है।"[6] लेकिन महत्त्वपूर्ण बात यह हुई कि उपनिवेशवाद-विरोधी विमर्श ने ख़ुद योरप के बारे में योरपीय बौद्धिकों की धारणा को बदलना शुरू कर दिया। फ़ैनन की कृति 'द रेचेड ऑफ दि अर्थ' की भूमिका लिखते हुए ज्यां-पॉल-सार्त्र ने लिखा "नस्लवादी मानवतावाद से अधिक सुसंगत कुछ भी नहीं है क्योंकि योरपीय (आदमी) दासों और दैत्यों को पैदा करके ही

मनुष्य बन पाया .... अतीत में हम इतिहास के निर्माता थे आज हमारा इतिहास बनाया जा रहा है।"[7] सार्त्र के शब्दों में हम पहली बार उस योरपीय प्रबोधन और उससे जुड़े मानवतावाद को प्रश्न के घेरे में पाते हैं जिसे बाद में उत्तर-आधुनिक चिन्तकों ने पूरी तरह ख़ारिज किया।

एजाज़ अहमद के अनुसार दूसरे विश्वयुद्ध के बाद के 20 सालों में जो मुल्क आज़ाद हुए उन्होंने अपनी आज़ादी अपने राष्ट्रीय पूँजीपति वर्ग के नेतृत्व में हासिल की। इनमें से कुछ आमूल परिवर्तनवादी थे और कुछ रूढ़िवादी लेकिन इस दौर के नव-स्वतंत्र राष्ट्र-राज्य आधुनिकता के व्यापक सन्दर्भों में पूँजीवादी विश्व-व्यवस्था में ही संग्रथित रहे। जबकि विउपनिवेशीकरण का दूसरा दौर (1965-1975) समाजवादी रुझानों वाले राष्ट्रीय मुक्ति-युद्धों का दौर था। हालांकि इन मुक्ति-युद्धों के गर्भ से निकले नव-स्वतंत्र देशों में वास्तविक समाजवादी पुनर्निर्माण की संभावनाएँ कम ही थीं, क्योंकि वहाँ साम्राज्यवादी विनाशलीला और स्वतंत्रता-पूर्व की आर्थिक दुरावस्था भयावह सीमा तक पहुँच चुकी थी। सन् 1947 से 1965 तक के पहले दौर में स्वतंत्र हुए देशों में भारत, मोरक्को, नाईजीरिया, सेनेगल, जमायका, मलेशिया आदि देश आएंगे। अल्जीरिया हालांकि इसी दौर के स्वतंत्र हुआ लेकिन अपने मुक्तियुद्ध की प्रकृति में वह दूसरे दौर के मुल्कों के ही करीब था। दूसरे दौर (1965-1975) में हिन्दचीन के दो देश वियतनाम और लाओस तथा अफ्रीका के मोजाम्बीक, अंगोला, केप वर्ड और गिनी-बसाऊ जैसे देश माने जा सकते हैं।

एजाज़ अहमद के शब्दों में, "1945 से 1975 के बीच के वर्षों को विउपनिवेशीकरण का महत्त्वपूर्ण काल कहा जा सकता है। इन तीस सालों का प्रथमार्द्ध चीनी क्रांति, कोरियाई युद्ध तथा भारत सहित ढेरों बड़े देशों में मझोले और निम्न पूँजीवादी नेतृत्व में औपनिवेशिक कब्ज़े के अंत का साक्षी रहा। इस दौर में प्रथमार्द्ध का महत्त्वपूर्ण तथ्य यह है कि न तो चीनी क्रांति ने और न ही भारत की आज़ादी ने (पश्चिमी) साहित्यिक बौद्धिक वर्ग को प्रभावित किया। इन घटनाओं ने दूसरे विश्वयुद्ध की विभीषिका से उबरे ब्रिटेन अथवा युद्धोत्तर प्रतिक्रियावादी सिद्धांतों से गुज़रते अमरीका के बौद्धिक वर्ग पर कोई ख़ास प्रभाव नही छोड़ा। लेकिन यह फ्रांस था जो कि हिन्दचीन और उत्तरी अफ्रीका के औपनिवेशिक युद्धों के उन झटकों से गुज़र रहा था जो उसे विश्वयुद्ध के दौरान फ्रांस पर (जर्मन) नाजियों के कब्ज़े के बाद से लगातार लगते आ रहे थे, जहाँ (औपनिवेशिक प्रश्न) पर बौद्धिक वर्ग ध्रुवीकृत हुआ। सार्त्र और कामू के बीच बहुचर्चित विवाद कहीं अधिक व्यापक बौद्धिक ध्रुवीकरण की ख़ास अभिव्यक्ति मात्र था।

ऐंग्लो-अमरीकी अकादमी पर औपनिवेशिक विमर्शों का आमूल परिवर्तनकारी प्रभाव विउपनिवेशीकरण के बाद वाले दौर में महसूस किया गया। यह दौर क्यूबा

की क्रांति (1958-59), अल्जीरिया की मुक्ति (1962) तथा केनेडी प्रशासन द्वारा हिन्दचीन में अमरीकी सेना उतारने के बाद तीसरे हिन्द-चीन युद्ध का दौर था। वियतमान युद्ध निश्चय ही इस दौर की केन्द्रीय परिघटना थी, लेकिन इस दौर के दो ख़ास और केन्द्रीय पहलू थे, एक तो राष्ट्रीय मुक्ति के क्रांतिकारी युद्ध ख़ास तौर पर हिन्द-चीन और दक्षिण अफ्रीकी देशों में और दूसरे, अफ्रीका और एशिया के नए सम्प्रभु देशों का राष्ट्रीय पूँजीवादी नेतृत्व वाले राज्यों के बतौर स्थायित्व ग्रहण करना। विश्व पूँजीवाद की विकासमान गतिकी ने इन देशों के नव-प्रभुवर्गों को अभूतपूर्व विकास और सम्पन्नता मुहैया करायी।''[8]

सन् 1980 के दशक में उत्तर-संरचनावाद और उत्तर-आधुनिकता से कदम मिलाते हुए जिस उत्तर-औपनिवेशिक अकादमिक अनुशासन का विकास हुआ, उसमें एक ख़ास विरोधाभास दिखायी देता है। एक ओर यह विमर्श उपनिवेशवाद-विरोधी राष्ट्रीय मुक्ति संग्रामों में उत्पन्न वैचारिकी, विमर्शों और पारिभाषिक कोटियों का उपयोग करता है, वहीं दूसरी ओर उसके कई बड़े सिद्धांतकारों ने बड़ी शिद्दत से उपनिवेशवाद-विरोधी संघर्षों और विचारधाराओं से मिले उत्तराधिकार को ख़ारिज किया। उन्होंने हर तरह के 'राष्ट्रवाद' को ख़ारिज किया। उपनिवेशवाद-विरोध को सदैव ही देशीवाद, सारतत्त्ववादी, पूर्वजता से ग्रस्त और प्राक्-आधुनिक विचारधाराओं से अनुप्रेरित बताया। वास्तव में उत्तर-औपनिवेशिक विमर्शों से जुड़े कई अत्यंत महत्त्वपूर्ण हस्ताक्षर जैसे फ्रांज़ फ़ैनन, सी.एल.आर. जेम्स और अमिलकार काबराल ऐसे मुक्ति-योद्धा रहे हैं जिन्होंने अपने-अपने देशों के उपनिवेशवाद-विरोधी संघर्षों में प्रत्यक्ष और नेतृत्वकारी भागीदारी निभाई। फ़ैनन ने अल्जीरियाई मुक्ति-संघर्ष में, जेम्स ने त्रिनिडाड की आज़ादी की लड़ाई में और काबराल ने केप वर्ड के स्वतंत्रता संग्राम में महत्त्वपूर्ण भूमिका निभाई। उत्तर-संरचनावाद से प्रेरित उत्तर-औपनिवेशिक सिद्धान्त इनके लेखन को इनकी राजनीतिक सक्रियता और विचारधारात्मक प्रतिबद्धता से काट कर उसे सांस्कृतिक सांकेतिकी में बदलने की कोशिश करता है। उत्तर-औपनिवेशिक विमर्शों की कई आधारभूत संकल्पनाएँ और बीज-शब्द इन उपनिवेशवाद-विरोधी ऐक्टिविस्ट लेखकों की रचनाओं से निःसृत हैं। लियोपोल्ड सैंगोर जिन्होंने नेग्रीट्यूड जैसे महत्त्वपूर्ण उत्तर-औपनिवेशिक विमर्श को जन्म दिया, केवल कवि-लेखक ही नहीं बल्कि बड़े राजनीतिज्ञ थे और अपने देश सेनेगल के राष्ट्रपति थे। उत्तर-औपनिवेशिकता के पूरे विमर्श को सांस्कृतिक संकेतशास्त्र की पाठीयता में बदल देने का परिणाम यह हुआ कि 'औपनिवेशिक प्रश्न' के राजनीतिक, सामाजिक पहलू उत्तर-औपनिवेशिक अध्ययनों से बाहर हो कर समाज-विज्ञान की विशेषज्ञ अध्ययन-सरणियों में अवस्थित कर दिए गए। बेनिटा पैरी के शब्दों में ''यदि किसी अध्येता को औपनिवेशिक इतिहास, उपनिवेशवादी सामाजिक, आर्थिक रूपों और संस्थानों, उपनिवेशवाद के विरुद्ध प्रतिरोध, औपनिवेशिक वर्ग-संबंधों, अंतर्राष्ट्रीय गठबंधनों तथा उत्तर-औपनिवेशिक राजसत्ताओं के वैचारिक रूप से पीछे हटने जैसे

विषयों में दिलचस्पी है तो उसे जल्दी ही पता लग जाएगा कि ऐसे प्रश्नों का अध्ययन उत्तर-औपनिवेशिक अध्ययनों के अंतर्गत नहीं होता।''[9]

'उत्तर-औपनिवेशिक' विमर्शों के ऐतिहासिक-राजनैतिक सन्दर्भों को, उपनिवेशवाद-विरोधी संघर्षों की अनिवार्य पृष्ठभूमि को फिर से रेखांकित करने तथा वर्तमान नव-उपनिवेशवाद विरोधी संघर्षों के लिए उसे प्रासंगिक बनाने का संघर्ष इधर के वर्षों में तेज़ हुआ है। रॉबर्ट यँग की सन् 2001 में प्रकाशित पुस्तक 'पोस्ट कोलोनियलिज़्म : ऐन हिस्टोरिकल इन्ट्रोडक्शन' में ऐसा ही प्रयास परिलक्षित होता है। यंग के अनुसार, ''उत्तर-औपनिवेशिक आलोचना (राजनीतिक) तौर पर क्रियाशील लेखन का ऐसा रूप है जो कि उपनिवेशवाद-विरोधी मुक्ति आन्दोलनों के प्रति राजनीतिक तौर पर प्रतिबद्ध है और उनसे प्रेरणा लेती है।''[10] उत्तर-औपनिवेशिक विमर्शों के जन्मदाताओं में से एक एडवर्ड सईद अल्जीरियाई मुक्ति-संग्राम से ले कर फिलिस्तीनी मुक्ति-संग्राम तक जीवनपर्यन्त उपनिवेशवाद-विरोधी आन्दोलन से राजनीतिक रूप से जुड़े रहे।

नस्लवाद-विरोधी संघर्ष : AFRICA COME BACK

''आ जाओ, मैंने सुन ली तेरे ढोल की तरंग
आ जाओः मस्त हो गई मेरे लहू की ताल
''आ जाओ, अफ्रीका''
आ जाओ, मैंने धूल से माथा उठा लिया
आ जाओ, मैंने छील दी आँखों से गम की छाल
आ जाओ, मैंने दर्द से बाज़ू छुड़ा लिया
आ जाओ, मैंने नोच दिया बेकसी का जाल
''आ जाओ अफ्रीका''
पंजे में हथकड़ी की कड़ी बन गई है गुर्ज़
गर्दन का तौक तोड़ के ढाली है मैंने ढाल
''आ जाओ अफ्रीका''
जलते हैं हर कछार में भालों के मृग-नयन
दुश्मन लहू से रात की कालिख़ हुई है लाल
''आ जाओ अफ्रीका''
धरती धड़क रही है मेरे साथ अफ्रीका
दरिया थिरक रहा है, तो वन दे रहा है ताल
मैं अफ्रीका हूँ, धार लिया मैंने तेरा रूप
मैं तू हूँ, मेरी चाल है तेरी बबर की चाल
'आ जाओ अफ्रीका' आओ बबर की चाल
'आ जाओ अफ्रीका'[11]

फ़ैज़ की उपरोक्त कविता 'अफ्रीका कम बैक' का शीर्षक अफ्रीकी स्वतंत्रता प्रेमियों के नारे से लिया गया है।

उपनिवेशवाद ने रंग-भेद और नस्ल-भेद की विचारधाराओं को जन्म दिया और उन्हें औपनिवेशिक शोषण का अस्त्र बनाया। औपनिवेशिक प्रक्रिया के तहत अफ्रीका महाद्वीप के अश्वेत लोग कई शताब्दियों तक ग़ुलामों के रूप में दुनिया के कई हिस्सों में बसाए गए। उत्तरी और दक्षिणी अमरीका की बहुत बड़ी आबादी अश्वेत लोगों की है जिनके पूर्वज अफ्रीकी महाद्वीप से ग़ुलाम बना कर इन महाद्वीपों के कई देशों में बसाये गये। दूसरी ओर पूरे अफ्रीकी महाद्वीप को उपनिवेशवादियों ने अपनी परियोजना के तहत कृत्रिम तौर पर कई देशों में बाँट दिया। न्गुगी वा थ्योंगो के शब्दों में, ".... जब 1884 में योरप की पूँजीवादी ताकतों ने बर्लिन में बैठकर भाषा, संस्कृति और आबादी की दृष्टि से अत्यंत विविधता से भरे समूचे महाद्वीप को विभिन्न उपनिवेशों का रूप दे कर आपस में बाँट लिया। ऐसा लगता है कि अफ्रीका के भाग्य में यही बदा है कि उसके बारे में पश्चिमी देशों के दिग्गज महानगरों में बैठ कर सम्मेलनों में निर्णय लेते रहें। पहले इन देशों में अपना ख़ुद का शासन था, जिसे बाद में उपनिवेश का दर्जा दे दिया गया और यह फ़ैसला बर्लिन में हुआ। इधर के दिनों में उन्हीं देशों को नव-उपनिवेश बनाने का फ़ैसला भी लंदन, पेरिस, ब्रसेल्स और लिस्बन में सम्मेलन की मेज़ों पर किया गया। बर्लिन सम्मेलन में अफ्रीका का जो विभाजन किया गया और जो आज भी बरकरार है, वह हाथ में बाइबिल लहराते कूटनीतिज्ञों के दावों के बावजूद प्रकट रूप में आर्थिक और राजनीतिक था लेकिन यह सांस्कृतिक भी था। 1884 के बर्लिन ने अफ्रीका का बँटवारा योरपीय शक्तियों की विभिन्न भाषाओं के रूप में देखा। उपनिवेशों के रूप में और आज भी नव-उपनिवेशों के रूप में अफ्रीकी देशों की जो परिभाषा दी गई वह योरोप की भाषाओं के सन्दर्भ में ही थी : अंग्रेज़ीभाषी, फ्रेंचभाषी अथवा पुर्तगालीभाषी अफ्रीकी देश।"[12]

अमरीकी देशों (संयुक्त राज्य अमरीका से ले कर जमायका, त्रिनीडाड आदि कैरेबियन द्वीप समूहों तक) में बसे अफ्रीकी-अमरीकियों ने ग़ुलामी से मुक्ति, स्वाभिमान, नागरिक स्वतंत्रताओं तथा आत्म-निर्णय के अधिकार के अथक संघर्षों और आन्दोलनों को जन्म दिया। ये आन्दोलन 20वीं सदी में 'बैक टू अफ्रीका' की चेतना के तहत अपने अफ्रीकी मूल के साथ और अफ्रीकी देशों के मुक्ति संग्राम के साथ जुड़ गए। ग़ुलामों की मुक्ति, अश्वेतों की मुक्ति, अफ्रीकी राष्ट्रों की औपनिवेशिक जुए से मुक्ति, नस्लवाद से मुक्ति परस्पर गुँथे हुए विमर्शों के रूप में आकार ग्रहण करते गये।

दास प्रथा पश्चिम के इतिहास में बहुत पुरानी परिघटना है—प्राचीन यूनान और रोम में भी दास पाए जाते थे लेकिन औपनिवेशिक अभियान के तहत 'दास' और 'अश्वेत' का समीकरण आधुनिक युग की परिघटना है। कैरेबियन द्वीपसमूह में

जब 1492 में कोलम्बस का पदार्पण हुआ तो वहाँ के स्थानीय एमरिंडियन लोगों के नरसंहार और ग़ुलाम बनाए जाने की प्रक्रिया शुरू हुई। स्थानीय लोगों को ग़ुलाम बनाए जाने से बचाने के लिए बिशप लास कैसास ने प्रस्तावित किया कि स्थानीय श्रम की आपूर्ति के लिए बाहर से अश्वेतों का योजनाबद्ध आयात किया जाना चाहिए (आरम्भ में खदानों में काम करने के लिए)। अटलांटिक तट पर स्पेन और पुर्तगाल के व्यापारी पहले से ही अफ्रीकियों को ग़ुलाम बनाते आ रहे थे। इसी तर्ज पर ब्रिटेन के राजा चार्ल्स पंचम ने सन् 1517 मे एक व्यापारी को प्रतिवर्ष चार हज़ार अश्वेत ग़ुलामों को हिस्पानियोला, क्यूबा और जमायका में आयात करने का ठेका दिया। योरपीय देशों ने इसके बाद से लगभग 300 वर्ष तक अफ्रीकी अश्वेत लोगों को ग़ुलाम के तौर पर ब्राजील, कैरेबियन द्वीप समूहों और आज के संयुक्त राज्य अमेरिका में बसाया। इस दौर में लगभग एक करोड़ बीस लाख अश्वेत जबरन बेड़ियों में बाँध कर जहाज़ों से अटलांटिक सागर के रास्ते इन प्रदेशों मे लाए गए। उत्तरी और दक्षिणी अमरीकी महाद्वीपों में ला कर व्यापारी इन दासों को बेचते थे और बदले में चीनी, नील आदि वस्तुएँ ख़रीद कर वापस योरप भेजते थे। इस तिजारती नीग्रो-दास प्रथा को सोलहवीं सदी के अन्त तक योरपीय शक्तियों ने संस्थाबद्ध रूप दे दिया। कपास, गन्ना, नील, ऊन, चाय आदि के बाग़ानों के लिए श्रम की अंतहीन अपूर्ति में इस नई दासप्रथा का महत्त्वपूर्ण योगदान रहा। ग़ुलाम इस पूरी अर्थव्यवस्था की रीढ़ थे। औद्योगिक क्रांति के फलस्वरूप खड़े हुए टेक्सटाइल उद्योग के लिए कपास, नील और ऊन की आपूर्ति अफ्रीकी दास-श्रम और भारतीय खेतिहरों की लूट से ही सम्पन्न की गई।

दासप्रथा, जैसा कि पहले कहा गया—प्राचीन यूनान, ग्रीक, रोम और कई प्राचीन अफ्रीकी समाजों में रही आयी थी, लेकिन इन प्राचीन समाजों के इन दासों को कुछ मामलों में किंचित स्वतंत्रता प्राप्त थी, उन्हें सामाजिक और पारिवारिक समूहों मे रहने की अनुमति थी और कुछ हद तक उन्हें सत्ता और संपदा प्राप्त करने के भी अवसर मिले। लेकिन औपनिवेशिक दास प्रथा में वे योरपीय विनिमय का माध्यम बना दिए गए और उनके जीवन पर मालिकों का निरपेक्ष आधिपत्य रहा। लाखों मनुष्यों के श्रम के अंतहीन व्यापारिक और औद्योगिक शोषण की ज़रूरत ने नस्लवाद की ख़तरनाक विचारधारा को पैदा किया। नस्लवाद का आधुनिक संस्करण दास प्रथा के औपनिवेशिक रूपों के साथ इस तरह नाभिनालबद्ध है कि उसे अलग किया ही नहीं जा सकता है। सन् 1800 मे अधिकांश योरपीय संसदों ने दासों के व्यापार पर रोक लगाई, दास-प्रथा पर नहीं; (लेकिन इस कानून का भी उल्लंघन ही ज़्यादा होता रहा, परिपालन कम।) 1830 के दशक में फ्रांस और ब्रिटेन ने तथा 1840 के दशक में पुर्तगाल और स्पेन ने दास प्रथा पर रोक लगाई। लेकिन पुर्तगाली जहाज़ों पर ग़ुलामों की तस्करी 19वीं सदी के अंतिम वर्षों तक जारी रही। अमरीकी गृह-युद्ध के पश्चात् 1864 में दास

प्रथा अंततः सारे संयुक्त राज्य अमरीका में ख़त्म हुई। ब्रिटिश उपनिवेशवादियों ने दास प्रथा की समाप्ति के बाद उसके स्थान पर फिजी, मलाया, ऑस्ट्रेलिया के क्वींसलैण्ड और कैरेबियन द्वीप समूहों में भारत और चीन से बंधुआ मजदूरों की आपूर्ति 1830 के दशक से शुरू कर दी।

नस्लीय दास-प्रथा के माध्यम से उपनिवेशवाद ने लगभग 300 वर्षों में अफ्रीकी मूल के अश्वेत लोगों को दुनिया के एक बड़े हिस्से में छितरा दिया। स्वभावतः अश्वेत-मुक्ति के विश्वव्यापी अभियानों ने अखिल अफ्रीकी एकता के आंदोलन का रूप ग्रहण किया। अखिल अफ्रीकी आन्दोलन (Pan African Movement) की पहली कान्फ्रेंस सन् 1900 में लंदन में हुई। वेस्टइंडीज़ के एक वकील हेनरी सिलवेस्टर विलियम ने महज़ 30 लोगों के उस सम्मेलन मे एक बड़े आन्दोलन की नींव रख दी थी। अफ्रीकी एकता की शुरुआत तब एक सपना थी। इसके बाद अफ्रीकी मूल के अमरीकी विद्वान और राजनैतिक कार्यकर्त्ता डी.डब्ल्यू.ई.बी. ड्यू बॉयस ने अगले चार सम्मेलनों की अध्यक्षता की। इंग्लैण्ड के मैनचेस्टर में PAM के पाँचवें सम्मेलन में न केवल अफ्रीकी मूल के अमरीकी और कैरेबियाई लोग शामिल हुए बल्कि ख़ुद अफ्रीका से अनेक प्रतिनिधि आये। पश्चिम के उदारपंथी तत्त्वों और उपनिवेशवादी सरकारों को अर्जियाँ भेजने से आगे बढ़ कर इस सम्मेलन में अफ्रीकी लोगों द्वारा ही अफ्रीका के शासन की, तथा किसी भी कीमत पर स्वतंत्रता हासिल करने की जुझारू माँग उठाई गई। इस सम्मेलन में 'डिकलेरेशन टु दी कोलोनियल एंड सब्जेक्ट पीपुल्स ऑफ दि वर्ल्ड' शीर्षक महत्त्वपूर्ण दस्तावेज़ पारित किया गया। इस दस्तावेज़ को क्वामे नक्रूमाह ने तैयार किया था जो बाद में स्वतंत्र घाना के पहले राष्ट्रपति बने। इस दस्तावेज़ में ऐलान किया गया, "हम उपनिवेशों की जनता के अपनी नियति का ख़ुदमुख़्तार होने के अधिकार का समर्थन करते हैं। सारे उपनिवेश विदेशी साम्राज्यवादी आधिपत्य, चाहे वह आर्थिक हो या राजनैतिक, से मुक्त होने चाहिए। उपनिवेशों की जनता को अपनी सरकारें ख़ुद चुनने का अधिकार होना चाहिए, ऐसी सरकारें जो किसी भी विदेशी ताकत द्वारा पैदा किए गए गतिरोधों से मुक्त हों। हम उपनिवेशों की जनता से कहना चाहते हैं कि उन्हें उपलब्ध हर तरह के साधनों का इस्तेमाल कर इस लक्ष्य को हासिल करना चाहिए।"[13] इस घोषणा पत्र के एक दशक के भीतर अफ्रीका का नक्शा बदल चुका था। जहाँ अधिकांश अफ्रीकी देश 1960 के दशक तक मुक्त हो चुके थे वहीं अपवादस्वरूप दक्षिण अफ्रीका में बसे गोरों का नस्लभेदी निज़ाम कायम रहा जबकि पुर्तगाल के आधिपत्य वाले गायना बिसाऊ, अंगोला और मोजाम्बीक जैसे देशों को आज़ादी के लिए हथियारबंद संघर्षों के दौर से गुज़रना पड़ा। दक्षिण अफ्रीका के नस्लभेद-विरोधी मुक्तिसंग्राम ने विश्व स्तर पर अश्वेत और दूसरे स्वतंत्रता प्रेमियों की चेतना को झकझोरा और उपनिवेशवाद विरोधी संघर्षों को प्रेरित किया। संयुक्त राज्य अमरीका के अश्वेत मुक्ति के

आन्दोलन, दक्षिण अफ्रीका का नस्लभेद विरोधी आन्दोलन तथा अफ्रीकी देशों के स्वतंत्रता संग्राम एक दूसरे से संबल प्राप्त करते रहे, एक-दूसरे को प्रेरित करते रहे। यहाँ यह याद करना अप्रासंगिक न होगा कि महात्मा गाँधी ने दक्षिण अफ्रीका में नस्ल-भेद का विरोध करते हुए ही सत्याग्रह के अस्त्रों को माँजा था, जिनका बाद में उन्होंने भारत के स्वाधीनता आन्दोलन में सफलता के साथ उपयोग किया।

अखिल-अफ्रीकावाद ने सभी महाद्वीपों के अश्वेत लोगों को एक ही अफ्रीकी मूल से जोड़ने का प्रयास किया। आगे चल कर इस अवधारणा में काले अफ्रीकियों के समस्त वंशजों को शामिल माना गया जो कि संयुक्त राज्य अमरीका, कैरेबियन द्वीप समूह, लैटिन अमेरिका और यहाँ तक कि मध्यपूर्व दक्षिण एशिया तक में निवास करते हैं। हाल के दिनों में इस अवधारणा में भारत के द्रविड़ मूल के अश्वेत लोगों, अंडमान द्वीप समूह के निग्रीटो नस्ल के लोगों तथा ऑस्ट्रेलिया, न्यू गायना और मेलावेसिया की अश्वेत आदिम जनजातियों को भी समेट लिया गया है।

अखिल अफ्रीकी आन्दोलन वेस्टइंडीज़ से ही जन्मा था। इसके प्रथम सम्मेलन के आयोजक विलियम वहीं के थे। जमायका के ही अफ्रीकी मूल के मार्कस गार्वी ने किंग्सटन (जमायका) में सन् 1912 में यू.एन.आई.ए. के नाम से दुनिया के सबसे बड़े अखिल-अफ्रीकी संगठन की नींव डाली। 'गार्वीवाद' संयुक्त राज्य अमेरिका में तेज़ी से फैला और गार्वी ने इस विश्वव्यापी संगठन का हेडक्वार्टर 1914 में सबसे बड़ी अश्वेत मलिन बस्ती हार्लेम (न्यूयार्क) में बनाया। मार्कस गार्वी ने अश्वेत मुक्ति के कई ऐसे प्रयास किये जो असफल हुए लेकिन इन असफल प्रयासों ने भी अश्वेत एकता के आंदोलन पर प्रेरणादायी असर डाला। गार्वी ने लाइबेरिया की सरकार से यह समझौता किया कि वह उन अश्वेतों को लाइबेरिया में ज़मीन मुहैया कराये जो कि दुनिया के किसी भी हिस्से से लौट कर, दासता से मुक्त जीवन अपने मातृस्थान अफ्रीका में बिताना चाहें। लाइबेरिया सरकार पहले तो राजी हुई, बाद में उसने हाथ खींच लिया। गार्वी ने अश्वेतों की आर्थिक आत्मनिर्भरता के लिए नीग्रो फ़ैक्ट्रीज़ कारपोरेशन की भी स्थापना की। 1919 में उन्होंने पानी के जहाज़ की एक कम्पनी ब्लैक स्टार लाइन खोली जिसका मकसद था अफ्रीका और वेस्टइंडीज़ से वस्तुओं को निर्यात करना यानी औपनिवेशिक व्यापार के खेल को पलटना। उनकी ये सभी योजनाएँ असफल हुईं। मार्कस गार्वी ने अखिल अफ्रीकी आन्दोलन को तिरंगा झण्डा दिया जिसमें लाल रंग अश्वेतों द्वारा अपनी मुक्ति के लिए बहाए गए रक्त का, हरा रंग उनके मातृस्थान अफ्रीका की लहलहाती हरियाली का और काला रंग ख़ुद अफ्रीकी अश्वेत लोगों की त्वचा के रंग का प्रतीक बना। अखिल अफ्रीकी आन्दोलन का एक और झण्डा लाल, सुनहले और हरे रंगों का बनाया गया था। यह इथियोपिया का झण्डा था जिसमें लाल और हरे रंग तो गार्वी के ही झण्डे की तरह रक्त और हरीतिमा के प्रतीक थे

लेकिन सुनहला रंग इथियोपिया में पाए जाने वाले सोने और खनिज संपदा का प्रतीक था। इथियोपिया के झण्डे का आन्दोलन में महत्त्व इसलिए था क्योंकि लाइबेरिया के अलावा इथियोपिया ही एकमात्र अफ्रीकी देश था जो किसी का ग़ुलाम नहीं बना था।

अश्वेत-मुक्ति के विश्वव्यापी राजनीतिक-बौद्धिक अभियान ने कला, साहित्य और विचारधारा के क्षेत्र में ज़बर्दस्त उभार पैदा किया। न्यूयार्क शहर की हार्लेम बस्ती अश्वेत आन्दोलन का बड़ा केन्द्र बन चुकी थी। इस बस्ती से ही उस हार्लेम पुनर्जागरण (लगभग 1919-1937) का आरम्भ हुआ जिसमें अफ्रीकी मूल के अत्यंत प्रतिभाशाली लेखकों, संगीतकारों, नाटककारों, चित्रकारों और विचारकों ने 'अश्वेत चेतना' के एक रचनात्मक विस्फोट को जन्म दिया। मार्कस गार्वी का नारा 'बैक टू अफ्रीका' (अफ्रीका को वापसी) तथा डब्लू.ई.वी. ड्यूबॉयस द्वारा विकसित 'दोहरी चेतना' की संकल्पना इस दौर की रचनाशीलता के महत्त्वपूर्ण मानक हैं। ड्यूबॉयस जो कि एसोसिएशन फॉर दि एडवांसमेंट ऑफ कलर्ड पीपुल (NAACP) के संस्थापकों में से एक थे, उन्होंने 1903 मे प्रकाशित अपनी पुस्तक 'द सोल्स ऑफ ब्लैक फोक्स' में दोहरी चेतना (डबल कान्शसनेस) को परिभाषित करते हुए लिखा "यह एक अनोखा अनुभव है, यह दोहरी चेतना, यह ख़ुद को हरदम दूसरों की निगाहों से देखना, अपनी आत्मा को एक ऐसी दुनिया के फीते से नापना जो कि आपको एक प्रसन्न हिकारत और दया से देखती है। सदैव एक दोहरेपन का एहसास घेरे रहता है—एक अमरीकी, एक नीग्रो। दो आत्माएँ, दो विचार, दो समाधान रहित संघर्ष, दो युद्धरत आदर्श एक ही शरीर में वास करते हैं जिसकी अप्रतिहत सामर्थ्य ही उसे फट पड़ने से बचाती है।"[14]

कविता, कथा साहित्य, नाटक और निबन्धों में अलगाव, हाशिए पर होने का अहसास, अश्वेत लोकगाथाओं, कहावतों, मुहावरों, गीतों का प्रयोग तथा अभिजन पाठक वर्ग के लिए लिखने की समस्याओं जैसे विषय ख़ास-तौर पर उभरे थे। हार्लेम पुनर्जागरण एक सांस्कृतिक और मनोवैज्ञानिक क्रांति की तरह था, जो कि अश्वेत मुक्ति-संघर्ष के राजनीतिक प्रयासों में आए उभार से सीधे जुड़ा हुआ था। पॉल रॉबसन, मार्कस गार्वी, ड्यूबॉयस आदि कलाकार और लेखक ही नहीं राजनीतिक रूप से सक्रिय कार्यकर्त्ता भी थे। हार्लेम, जिसे एलैम लॉक ने 1925 में अश्वेतों का मक्का कहा, अश्वेत जागरण का ऐसा विश्वकेन्द्र बना जिसने अश्वेत चेतना को आत्म-शंका के धरातल से उठा कर आत्म-गौरव की उँचाइयों तक पहुँचाया। चित्रकार एरोन डगलस, कथाकार और कवि लैंग्सटन ह्यूजेज़, ब्लूज़ गायिका बेसी स्मिथ, नृत्यांगना जोएफिन वेकर और नाटककार-खिलाड़ी-गायक पॉल रॉबसन सहित दर्जनों अश्वेत रचनाकार, कलाकार अश्वेत नवजागरण के प्रतीक बन गये।

संयुक्त राज्य अमरीका में 19वीं सदी के असफल दास-विद्रोहों से ले कर दास-प्रथा के विरुद्ध व्यापक आन्दोलनों तक, बूकर टी. वाशिंगटन द्वारा प्रस्तावित

अश्वेत शिक्षा और आर्थिक बेहतरी के शांतिपूर्ण प्रयासों से ले कर मार्कस गार्वी के 'बैक टू अफ्रीका' जैसे रैडिकल आन्दोलनों तक, वामपंथी ट्रेड यूनियन आंदोलनों से ले कर 1960 के दशक में संयुक्त राज्य अमरीका में चले नागरिक स्वतंत्रता के आन्दोलन तक अश्वेत मुक्ति अभियान ने विविध रूप अख़्तियार किये। संवैधानिक दायरे में न्यायिक हस्तक्षेप, अहिंसक सिविल नाफ़रमानी जैसे तरीकों से रोजा पार्क्स तथा मार्टिन लूथर किंग जूनियर ने 1960 के दशक में अमरीका में अश्वेतों के हक की जो लड़ाई लड़ी, उसका विश्वव्यापी असर हुआ। कू-क्लुक्स क्लान जैसे गोरे आतंकवादी ग्रुपों ने अश्वेत दावेदारी से निपटने के लिए हत्या अभियान चलाया। सन् 1963 से 1970 के बीच अनेक नस्लीय दंगे भड़के। मैल्कम एक्स के उग्र विचारों से प्रभावित ब्लैक पैंथर पार्टी (स्थापना 1966) ने संवैधानिक दायरों से बाहर आत्मरक्षा में गुरिल्ला कार्रवाइयों का रास्ता अपनाया। मार्टिन लूथर किंग तथा मैल्कम एक्स दोनों की ही गोरे आंतकवादियों द्वारा हत्या की गई। दक्षिण अफ्रीका में लम्बे समय तक नस्लभेदी सत्ता बनी रही और 1990 के दशक में ही जा कर नेल्सन मंडेला की रिहाई के बाद वहाँ नस्लभेदी शासन समाप्त हुआ।

आज भी पश्चिमी दुनिया में काले और गोरे की विभाजन-रेखाएँ तमाम लोकतांत्रिक सुधारों के बावजूद गहराई में मौजूद हैं। अमरीका में हाल ही में आए समुद्री तूफान कैटरिना ने अश्वेत और ग़रीब अमरीकियों के प्रति अमरीकी सरकार के अमानवीय रवैये को फिर से बेनकाब किया। नवम्बर 2005 में फ्रांस में नस्लीय दंगों का भड़कना 150 वर्ष पहले के योरोप की याद दिला जाता है जब ऐसे दंगे अक्सर भड़क जाया करते थे।

अश्वेत-मुक्ति के विश्वव्यापी अभियान और अफ्रीकी देशों के उपनिवेशवाद-विरोधी संघर्षों ने विचारधारा, साहित्य, संगीत और कला के तमाम रूपों में एक प्रचंड ऊर्जा को जन्म दिया। इससे निष्पन्न अफ्रीकी, अमरीकी अश्वेत साहित्य और विचारधारा उत्तर-औपनिवेशिक विमर्शों का अक्षय स्रोत है। पश्चिम अफ्रीकी देशों के वोले शोमिंका, चिनुआ अचेबे, ओसमान सेम्बेन, ऑगस्टिनो नेटो, बेन ओकरी तथा पूर्वी अफ्रीकी देशों के न्गुगी वा थ्योंगो, दक्षिण अफ्रीका के म्फाहलेले, नादीम गार्डीमर, डेनिस ब्रुटस, जे. एम. कोएट्ज़ी जैसे अश्वेत लेखक दुनिया के बड़े लेखकों में माने जाते हैं और इनके साहित्य को उत्तर-औपनिवेशिक पाठ्यक्रमों में महत्त्वपूर्ण स्थान प्राप्त है। कैरेबियन मूल के अश्वेत लेखकों में सी.एल.आर. जेम्स, जार्ज लैमिंग, जमायका किनकायद, माइकल क्लिफ़, डेरेक वाल्काट आदि की भी यही स्थिति है। फ्रांसीसी-भाषी अश्वेत लेखकों में फ्रैंज़ फैनन, आइमे सेज़ायर, लियोन डाभास तथा सैकड़ों अफ्रीकी-अमरीकी लेखकों का साहित्य आज उत्तर-औपनिवेशिक अनुशासन और आलोचना सिद्धांत का स्रोत है।

नस्लभेद विरोधी अभियान का भारत के स्वतंत्रता संग्राम पर भी असर पड़ा। महात्मा गाँधी ने दक्षिण अफ्रीका में नस्लवाद का विरोध करते हुए ही अहिंसा और

सत्याग्रह के प्रथम प्रयोग किए। हिन्दी साहित्य पर अश्वेत रचनाशीलता और अफ्रीका के मुक्ति संघर्षों का काफ़ी असर रहा है जिसका ठीक-ठीक मूल्यांकन अभी बाकी है।

उत्तर-औपनिवेशिक राज्य-व्यवस्थाएँ और उनकी विडम्बना

ये दाग़ दाग़ उजाला, ये शब गज़ीदा सहर
वो इंतज़ार था जिसका, ये वो सहर तो नहीं
ये वो सहर तो नहीं जिसकी आरज़ू ले कर
चले थे यार कि मिल जाएगी कहीं ना कहीं

....

सुना है हो भी चुका है फ़िराक-ए-ज़ुल्मत-ए-नूर
सुना है हो भी चुका है विसाल-ए-मंज़िल-ओ-ग़ाम
बदल चुका है बहुत अहल-ए-दर्द का दस्तूर
निशात-ए-वस्ल, हलाल-ओ-अजाब-ए-हिज्रां-ए-हराम
जिगर की आग, नज़र की उमंग, दिल की जलन
किसी पर चारा-ए-हिज्रां का कुछ असर ही नहीं
कहाँ से आई निगार-ए-सबा किधर को गई
अभी चिराग़-ए-सर-ए-राह को कुछ ख़बर ही नहीं
अभी गरानी-ए-शब में कमी नहीं आई
नज़ात-ए-दीद-ओ-दिल की घड़ी नहीं आई
चले चलो कि वो मंज़िल अभी नहीं आई[15]

मशहूर मार्क्सवादी विचारक इक़बाल अहमद ने फ़ैज़ की उपरोक्त नज़्म को उत्तर-औपनिवेशिक राज्य के प्रति मोहभंग को व्यक्त करने वाली पहली रचना की संज्ञा दी है। इतने लंबे समय बाद प्राप्त भारत की आज़ादी देश के विभाजन के साथ आई। आज़ादी के बाद के कुछ वर्षों तक भारत की कम्युनिस्ट पार्टी का नारा था—'देश की जनता भूखी है, ये आज़ादी झूठी है'। लेकिन फ़ैज़ की ये नज़्म कम्युनिस्ट पार्टी के इस नारे का काव्यात्मक तर्ज़ुमा नहीं है। वे आज़ादी के सच को झुठलाते नहीं हैं, बल्कि उसके अधूरेपन, उसके दाग़दार होने, रात की छाया से ग्रस्त सुबह का चित्र खींचते हैं। जिन सरमायादार और ज़मींदार तबकों के हाथ में सत्ता आई, जिन समझौतों के रास्ते आई और जो कीमत अदा करके उसे पाया गया, उसने एक से दो टुकड़े हो कर आज़ाद हुए दोनों मुल्कों की नियति को परिभाषित किया। ग़रीबी, बेकारी, अन्याय, शोषण से मुक्ति नहीं मिली;

उपनिवेशवादी ताकतें चली गईं लेकिन जिस आर्थिक और प्रशासनिक ढाँचे को जिन हाथों में छोड़ गई, वे ढाँचे और वे हाथ उनके स्वार्थों की पूर्ति करते रहे। आज़ादी के ठीक बाद लिखी इस नज़्म में 'नियति से साक्षात्कार' (आज़ादी के अवसर पर पं0 नेहरू के भाषण का प्रसिद्ध जुमला) विडम्बनामय है। फ़ैज़ पूर्व-औपनिवेशिक और उत्तर-औपनिवेशिक स्थितियों में निरंतरता नहीं देखते। वे उस ऐतिहासिक क्षण के उजाले में दाग़ देखते हैं, उस ऐतिहासिक सुबह में रात की परछाईं देखते हैं। उनकी दृष्टि अधिक द्वंद्वात्मक है। ये नज़्म इतिहास की बड़ी घटना को, पराधीन अतीत से एक निर्णायक विच्छेद को छोटा नहीं बनाती, बल्कि विडंबनामय बनाती है। कवि की अंतर्दृष्टि नए विहान को ग्रसने बढ़ रही अतीत की प्रेतछायाओं को भी देख लेती है। 'दाग़ दाग़ उजाला' से मिलती-जुलती अभिव्यक्ति आगे चल कर मुक्तिबोध के 'चाँद का मुँह टेढ़ा है' जैसे शीर्षक में मिलती है। मुक्तिबोध ने आज़ादी के बाद की उत्तर-औपनिवेशिक राजसत्ता की और भी सर्वांगीण आलोचना अपनी कविताओं में विकसित की। निराला ने नेहरू युग की चाँदनी के अंधेरे का साक्षात्कार और भी पहले कर लिया था। आज़ादी के बाद के उनके संग्रहों की कई कविताओं में फैला अवसाद-अंधकार, प्रार्थनामय कातरता सिर्फ़ उनकी मानसिक दशा या व्यक्तिगत निराशा का संकेतन नहीं करती, बल्कि उससे कहीं बड़े सामाजिक-राजनीतिक मोहभंग का रूपक है।

गीत गाने दो मुझे तो
वेदना को रोकने को।

चोट खा कर राह चलते
होश के भी होश छूटे
हाथ जो पाथेय थे, ठग-
ठाकुरों ने रात लूटे,

कंठ रुकता जा रहा है
आ रहा है काल देखो।
भर गया है ज़हर से
संसार जैसे हार खा कर,
देखते हैं लोग लोगों को
सही परिचय न पा कर
बुझ गयी है लौ पृथा की
जल उठो फिर सींचने को।

'अर्चना' संग्रह का यह गीत इस मोहभंग के साफ़ 'पथचिह्न' अंकित करता है। 'हाथ जो पाथेय थे, ठग-ठाकुरों ने रात लूटे' या 'देखते हैं लोग लोगों को सही परिचय न पा कर' जैसी पंक्तियाँ आज़ादी के बाद की सत्ता के छल-बल, ठगी और लूट से उत्पन्न आम लोगों का उससे अलगाव (एलियनेशन) साफ़ तौर पर अंकित करती हैं। अंतिम पंक्ति का आहवान 'बुझ गई है लौ पृथा की, जल उठो फिर सींचने को' फ़ैज़ की ऊपर उद्धृत नज़्म की आख़िरी पंक्ति 'चले चलो कि वो मंज़िल अभी नहीं आई' जैसा ही है। उत्तर-औपनिवेशिक या आज़ादी के बाद की राज़्य-व्यवस्था की आलोचना तमाम नव-स्वतंत्र देशों में औपनिवेशिक कानूनी, प्रशासनिक और आर्थिक ढाँचों को कायम रखने, राष्ट्र के नाम पर क्षेत्रीय, वर्गीय, जातीय, लैंगिक, भाषाई और धार्मिक अल्पसंख्यक अस्मिताओं को कुचलने, सत्ताधारियों के हित में देश के भीतर ही आंतरिक उपनिवेशों का सृजन करने और सबसे बढ़ कर देश की आर्थिक व राजनैतिक सम्प्रभुता को पश्चिमी देशों के नव-औपनिवेशिक हितों के अधीन रखने के आधार पर की जाती है। ये आलोचनाएँ ख़ास तौर पर उन नव-स्वतंत्र देशों पर ज़्यादा लागू होती है जहाँ सत्ता पूँजीपति वर्ग और सामंतों के हाथ में आई। लेकिन वे तमाम उत्तर-औपनिवेशिक राज्य भी असफल हुए जहाँ समाजवादी नेतृत्व में स्वतंत्रता हासिल हुई। इनकी असफलता का स्रोत दूसरा था। एजाज़ अहमद के अनुसार इन देशों में इतने संसाधन व्यय हुए थे, साम्राज्यवादी ताकतों ने इतनी तबाही मचाई थी और ऐतिहासिक रूप से विकास की दृष्टि से इतने पिछड़ चुके थे कि स्वतंत्र होने के बाद इन देशों में वास्तविक समाजवादी निर्माण की संभावना कम ही थी। बहरहाल उत्तर-औपनिवेशिक राज्यों की विफलता से न तो उपनिवेशवाद विरोधी मुक्ति संग्रामों का महत्त्व कम होता है और न ही उनकी स्वतंत्रता-प्राप्ति का। इतना ही नहीं, बल्कि आम जनता की बेहतरी के पैमाने से इन देशों की असफलताओं के बावजूद उनकी कई महत्त्वपूर्ण उपलब्धियाँ भी ज़रूर हैं। अनेक उत्तर-औपनिवेशिक राज्यों ने शीतयुद्ध का फ़ायदा उठा कर कुछ समय तक अपने विकास की अपेक्षया स्वतंत्र परिस्थितियाँ भी हासिल कीं।

उत्तर-औपनिवेशिक राष्ट्र-राज्यों की सफलता और विफलता का आकलन सबसे बेहतर पूँजी और श्रम के विश्वव्यापी अंतर्विरोध की बदलती अवस्थाओं के ही सन्दर्भ में संभव है।

उत्तर-औपनिवेशिक साहित्यिक, सामाजिक और सांस्कृतिक विमर्शों के आकार ग्रहण करने में उत्तर-औपनिवेशिक राजसत्ताओं के अनुभवों ने महत्त्वपूर्ण भूमिका निभाई है। न्गुगी वा थ्योंगो जैसे उपन्यासकार जो कि अपने आरम्भिक लेखन में केन्या के उपनिवेशवाद-विरोधी संघर्षों में मजदूरों और किसानों की भूमिका को रेखांकित करते हैं, वे ही आगे चल कर अपनी अत्यन्त महत्त्वपूर्ण कृति 'पेटल्स ऑफ ब्लड' में केन्या के उत्तर-औपनिवेशिक राज्य से मोहभंग भी व्यक्त करते हैं

और उससे विचारधारा, साहित्य और संस्कृति के लिए महत्त्वपूर्ण निष्कर्ष निकालते हैं। 'भाषा संस्कृति और राष्ट्रीय अस्मिता' की भूमिका में आनन्द स्वरूप वर्मा लिखते हैं, "न्गुगी का अत्यंत महत्त्वपूर्ण उपन्यास पेटल्स ऑफ ब्लड 1977 में प्रकाशित हुआ और इसके प्रकाशन ने साहित्य जगत के साथ-साथ राजनीतिक क्षेत्र में भी उथल-पुथल मचा दी। लगभग 350 पृष्ठों वाले इस उपन्यास में न्गुगी ने उपनिवेशवाद की समाप्ति के बाद केन्या की राजनीतिक और सामाजिक स्थिति का चित्रण किया है और बताया है कि किस तरह उनका देश नव-उपनिवेशवाद के चंगुल में पड़ गया है। इस उपन्यास में हम देखते हैं कि अंग्रेज़ों के ख़िलाफ़ 'माऊ माऊ आंदोलन' नाम से विख्यात किसान आंदोलन के नेताओं और किसान जनता के लिए आज़ाद केन्या में कोई स्थान नहीं है जबकि सत्ता में वे ही लोग बैठे हैं जिन्होंने किसान आंदोलन के नेताओं को पकड़वाने में महत्त्वपूर्ण भूमिका निभाई थी। हम देखते हैं कि एक दलाल वर्ग सत्ता के शिखर पर आसीन है और उसका नेतृत्व जोमो केन्याटा कर रहे हैं जिनके नाम पर एक ज़माने में अंग्रेज़ों के ख़िलाफ़ जनता को संगठित किया जाता था और जिनकी जुझारू और क्रांतिकारी छवि रही है। न्गुगी का मानना है कि राज़नीतिक आज़ादी हासिल करने से ही जनता की मुक्ति नहीं हो जाती।"[17]

सन् 1945 से लगभग 1970 तक चले विउपनिवेशीकरण के दौर में विश्व राजनीति में साथ ही साथ पश्चिमी पूँजीवादी देशों और सोवियत नेतृत्व वाले समाजवादी खेमे के बीच शीतयुद्ध के तहत नव-स्वतंत्र देशों को अपने-अपने पक्ष में खींचने की कोशिश भी लगभग चलती रही। अनेक नव-स्वतंत्र देशों के पूँजीपति वर्गों ने विश्व-पूँजीवादी तंत्र के साथ जुड़ कर अभूतपूर्व समृद्धि हासिल की। औपनिवेशिक पराधीनता की स्थिति में उन्हें ऐसी समृद्धि हासिल नहीं हो सकती थी। उत्तर-औपनिवेशिक राज्य द्वंद्वात्मक रूप से संबद्ध दो तरह की भूमिकाएँ निभा रहा था। एक तो उसके माध्यम से नव-स्वतंत्र देशों पर अतीत के औपनिवेशिक शासकों का आर्थिक दबदबा बना रहा और विश्व-पूँजीवाद की आर्थिक संरचना से ये देश बँधे रहे तो दूसरी ओर, उत्तर-औपनिवेशिक राज्यों की आपेक्षिक स्वायत्तता देशी पूँजीपति वर्ग के लिए पश्चिमी पूँजी के साथ सौदेबाज़ी का भी बेहतर उपकरण साबित हुई। सोवियत रूस की उपस्थिति और समाजवादी दुनिया के प्रसार ने भी उत्तर-औपनिवेशिक राज्यों की इस आपेक्षिक स्वायत्तता और देशी पूँजीपतियों की सौदेबाज़ी की क्षमता को बढ़ाए रखा। समाजवादी परियोजना के साथ जिन मुल्कों ने आज़ादी की लड़ाई लड़ी (अल्जीरिया, घाना, वियतनाम, निकारागुआ आदि) उनकी राजनीतिक ऊर्जा ने भी विश्व-पूँजीवाद को अर्थात् नव-उपनिवेशवादी ताकतों को एक हद तक चुनौती दी। लेकिन 70 के दशक के बाद से ही समाजवादी प्रतिबद्धता वाले सोवियत संघ से नज़दीकी रखने वाले नव-स्वतंत्र देशों में वास्तविक समाजवादी पुनर्निमाण के विकास की समस्याएँ स्पष्ट होने लगीं।

गुटनिरपेक्ष आंदोलन और तीसरी दुनिया की एकता

पुराने उपनिवेशवाद के खात्मे से ले कर नव-उपनिवेशवाद की पूर्ण विजय तक के लगभग पैंतालीस सालों के बीच गुटनिरपेक्षता, तीसरी दुनिया की एकता आदि के प्रयासों ने भी उत्तर-औपनिवेशिक विमर्शों की निर्मिति में महत्त्वपूर्ण भूमिका निभाई। यों उत्तर-संरचनावाद के साथ जुड़ी उत्तर-औपनिवेशिक सैद्धांतिकी, उत्तर-औपनिवेशिक राज्यों की विफलता से ही अपने निष्कर्ष ग्रहण करती है और राष्ट्रों और राज्यों की संरचनाओं को दमनकारी मानती है।

शीतयुद्ध के दौरान क्रमशः संयुक्त राज्य अमरीका और सोवियत संघ के नेतृत्व वाले पूँजीवादी और समाजवादी खेमों को पहली और दूसरी दुनिया तथा बाकी बचे नव-स्वतंत्र, गुटनिरपेक्ष देशों को तीसरी दुनिया कहने का रिवाज चल पड़ा है। फ्रांसीसी क्रांति से पहले फ्रांस की सामाजिक संरचना में प्रथम श्रेणी पुरोहित वर्ग की थी, दूसरी श्रेणी राजन्य वर्ग की और तीसरी श्रेणी (थर्ड एस्टेट) उन सामान्य लोगों की थी जो इन दोनों ऊपरी वर्गों में नहीं आते थे। थर्ड वर्ल्ड या तीसरी दुनिया की संकल्पना इसी थर्ड एस्टेट से जुड़ी सामान्य जन की धारणा से निष्पन्न है।

1955 में अफ्रीका और एशिया के 29 नव-स्थापित राज्यों ने इंडोनेशिया के बांडुंग नगर में एक कान्फ्रेन्स की। इस कान्फ्रेन्स से ही गुट निरपेक्ष आन्दोलन की शुरुआत मानी जाती है। इन देशों ने ख़ुद को एक स्वतंत्र 'शक्ति समूह' के बतौर परिभाषित करते हुए अपनी राजनीतिक, सामाजिक, सांस्कृतिक प्राथमिकताओं को दुनिया के सामने रखने का निर्णय लिया। रॉबर्ट जे.सी. यंग के अनुसार उत्तर-औपनिवेशिकता के आत्मसजग राजनीतिक दर्शन की शुरुआत बांडुंग कान्फ्रेन्स से मानी जानी चाहिए।''[18]

11 वर्ष बाद सन् 1966 में क्यूबा की राजधानी हवाना मे त्रिमहाद्वीपीय सम्मेलन (ट्राई-कान्टिनेंटल कान्फ्रेन्स) आयोजित किया गया जिसमें कैरीबियन द्वीप समूह के देशों सहित लैटिन अमरीका के तमाम देश एशिया और अफ्रीका के नव-स्वतंत्र देशों के साथ एकजुट हुए। रॉबर्ट यंग के शब्दों में, "अनेक अर्थों में 'ट्राई-कान्टिनेंटल' 'उत्तर-औपनिवेशिक' से बेहतर पद है। त्रिमहाद्वीपीय सम्मेलन ने एक पत्रिका की स्थापना की जिसका नाम ही था 'ट्राई-कान्टिनेंटल'। इसी पत्रिका में पहली बार तमाम उत्तर-औपनिवेशिक सिद्धांतकारों और कार्यकर्त्ताओं (अमिलकार काबराल, फ्रांज फैनन, चे ग्वेवारा, हो ची मिह्न, ज्याँ पाल सार्त्र) की रचनाओं को एक मंच पर लाया गया। इन्हें किसी एक राजनैतिक या सैद्धांतिक मत के तहत नहीं इकट्ठा या व्याख्यायित किया गया बल्कि यह जन-जन की मुक्ति के सामान्य लक्ष्य को समर्पित अनेक राष्ट्रों की रचनाशीलता को एक साथ प्रस्तुत करने का उपक्रम था। संयुक्त राज्य अमरीका के बहुतेरे उत्तर-औपनिवेशिक सिद्धांतकार अपनी ही रचनाओं की इस क्रांतिकारी पूर्वपीठिका के प्रति अनजान हैं। अमरीका

द्वारा क्यूबा की नाकेबंदी के चलते यह पत्रिका अमरीका मे आयातित नहीं की जा सकती थी।''[19]

दरअसल यह 'तीसरी दुनिया' की संकल्पना जो बांडुंग सम्मेलन मे उभरी उसका कोई एक अर्थ नहीं था। लेकिन यह 'तीसरी दुनिया' उपनिवेशवाद-विरोधी संघर्षों में मुब्तिला जनता के अर्थ में नहीं, बल्कि नव-स्वतंत्र उत्तर-औपनिवेशिक राज्यों की सम्मिलित शक्ति के रूप में आरम्भ से ही अभिकल्पित थी। एजाज़ अहमद ने अपनी पुस्तक 'इन थियरी' में विस्तार के साथ दिखलाया है कि बांडुंग सम्मेलन और गुटनिरपेक्षता की नीति में सम्मिलित अनेक सरकारें अलग-अलग कारणों से इस मंच पर एकत्रित हुईं थीं। 'तीसरी दुनिया' के राष्ट्रवाद के बड़े नेता नेहरू (भारत), सुकर्णों (इण्डोनेशिया), नासिर (मिस्त्र), और चाऊ-एन-लाई (चीन) इस मँच का उपयोग अलग-अलग लक्ष्यों के लिए कर रहे थे। नेहरू ने इसे कम्युनिस्ट और कम्युनिस्ट-विरोधी दोनों खेमों से अलग एक तीसरे खेमे के रूप में व्याख्यायित किया। नेहरू की व्याख्या इन राज्यों के पूँजीवादी नेतृत्व द्वारा ऐंग्लो अमरीकी और सोवियत, दोनों ही खेमों के साथ सौदेबाज़ी की मंशा को ही व्यक्त करती है। इस व्यवस्था में मिश्रित पूँजीवादी अर्थव्यवस्था और अपने-अपने देशों में कम्युनिज़्म के प्रसार को रोकने की रणनीति भी काम कर रही थी।

दूसरी ओर खुश्चेव ने पूँजीवादी और समाजवादी खेमों के शांतिपूर्ण सहअस्तित्त्व और प्रतिद्वंदिता का सिद्धांत पेश करते हुए नव-स्वतंत्र देशों के पूँजीवादी नेतृत्व को अमरीकी सैन्य छतरी में जाने से रोकने और सोवियत संघ के साथ बेहतर वैदेशिक और आर्थिक संबंध की ओर प्रेरित करने की दिशा में तीसरी दुनिया की अवधारणा को बढ़ावा दिया। स्तालिन के समय से ही विश्व स्तर पर वर्ग संघर्ष को प्रथमतः सोवियत संघ की रक्षा के रूप में सूत्रबद्ध किया गया था। खुश्चेव के नेतृत्व में यह सूत्रीकरण बरकरार रहा जिसके तहत नव-स्वतंत्र देशों के श्रमिक वर्गों का कार्यभार बुर्जुआ नेतृत्व वाले राज्यों पर इस बात का दबाव डालना माना गया कि वह दोनों खेमों के बीच सैन्य दृष्टि से निरपेक्ष रहें और आर्थिक रूप से सोवियत ब्लॉक के साथ सहयोग करें। चीन की सांस्कृतिक क्रांति (1967) ने 'तीसरी दुनिया' की अवधारणा को बिलकुल नया ही रूप दे दिया। उसने अमरीका और सोवियत संघ दोनों को साम्राज्यवादी करार देते हुए 'तीसरी दुनिया' की साम्राज्यवाद विरोधी राष्ट्रों की एकता के मंच के रूप में व्याख्या की । इस तरह 'तीसरी दुनिया' का राष्ट्रवाद एक पेचीदा राजनीति की उपज था। पश्चिमी दुनिया और अमरीका के रैडिकल अकादमिक हलकों में 'तीसरी दुनिया' की चीनी व्याख्या को पर्याप्त लोकप्रियता मिली। अलग-अलग नव-स्वतंत्र देशों के राष्ट्रवादों की वर्गीय अंतर्वस्तु को नज़रअंदाज़ करते हुए उन्हें 'साम्राज्यवाद विरोधी' मानने और सांस्कृतिक राष्ट्रवाद को साम्राज्यवादी संस्कृति का प्रतिरोध मानने का चलन चल पड़ा। एजाज़ अहमद ने इस दौर के विकासक्रम को समेटते हुए लिखा, ''उपनिवेशवाद विरोधी राष्ट्रवाद एक ओर राष्ट्रवादी विचारधाराओं तथा पूँजीवादी

नेतृत्व वाले उत्तर-औपनिवेशिक राज्यों के रूप में, तो दूसरी ओर क्रांतिकारी युद्धों और क्रांति के बाद समाजवादी, वामपंथी राज्यों के रूप में सन् 1970 के दशक के आख़िरी वर्षों तक दुनिया की (राजनैतिक) संरचना का केन्द्रीय संघटक तत्त्व था। ..... सन् 1980 के दशक तक आते-आते विश्व राजनैतिक संरचना में ऐतिहासिक परिवर्तन हो चुका था। उपनिवेशवाद-विरोधी राष्ट्रवाद और समाजवादी ऐतिहासिक प्रवाह से उत्पन्न क्रांति के पश्चात् उभरे राज्यों की घेरेबन्दी पूरी हो चुकी थी और उनकी उत्पादक शक्तियों को निकृष्ट किस्म की जड़ता में फेंक दिया गया था। नए रेडिकलवाद में पैठ बना चुकी कम्युनिस्ट—विरोधी विचारधाराओं का इस्तेमाल यह साबित करने में किया गया कि समाजवाद किसी काम का नहीं है। .....उन उत्तर-औपनिवेशिक राज्यों में, जहाँ राष्ट्रीय पूँजीपति वर्ग के नेतृत्व में पनपे राष्ट्रवाद से हर तरह के चमत्कार की उम्मीद की गई थी, वहाँ एक ओर तो राष्ट्रीय पूँजीपति वर्ग ज़बर्दस्त ढंग से मज़बूत हुआ, जिसने गुटनिरपेक्ष आंदोलन तथा व्यापार की शर्तों को तय करने वाले उत्तर-दक्षिण वार्ताओं पर मज़बूत पकड़ बनाई, वहीं दूसरी ओर इन राज्यों में आंतरिक विकास की अवरुद्धता, पूँजीवाद पर बढ़ती निर्भरता, निरंकुश दमनकारी शासन, धार्मिक कट्टरवाद, राजनीति और समाज के बीच बढ़ती खाई, साम्राज्यवादी अनुदानों, निवेश तथा सरपरस्ती का शिकंजा भी बढ़ता गया। इन राज्यों की उपनिवेशवाद-विरोधी अंतर्वस्तु पहले ही चरितार्थ हो चुकी थी और राष्ट्रवाद का जो कुछ भी अंश बचा रह गया था वह या तो तेज़ी से हवा हो गया या फिर उसने भीषण तबाही मचाई। ..... खुमैनी के नेतृत्व वाली ईरानी क्रांति के बाद धार्मिक फासीवाद पर आधारित जो राज्यसत्ता वहाँ कायम हुई, उसने अंततः पश्चिमी रैडिकल बौद्धिकों का 'तीसरी दुनिया' के सांस्कृतिक राष्ट्रवाद से मोहभंग को अपरिहार्य बना दिया। साम्राज्यवाद के निषेध के रूप में समाजवाद की अवधारणा वहाँ पहले ही ख़ारिज हो चुकी थी और अब राष्ट्रवाद भी नहीं रहा।''[20] इस दोहरे शून्य को पूँजी के पश्चिमी केन्द्रों में पनपे रैडिकल साहित्य सिद्धांतों के क्षेत्र में उत्तर-संरचनावाद ने भरा।

नव-उपनिवेशवाद और भूमण्डलीकरण का विरोध

एजाज़ अहमद ने इस परिदृश्य की पेचीदगी को समझने का बेहतर परिप्रेक्ष्य विकसित किया है। अमरीका के तीसरी शक्ति के रूप में उभार को सन्दर्भित करते हुए अहमद ने लिखा, ''विउपनिवेशीकरण तथा बहुतेरे ग़रीब मुल्कों में समाजवादी आधार के बढ़ने के दोहरे गतिविज्ञान ने उस तीसरे तत्त्व की शक्ति को कई वर्षों तक ढँक कर रखा जिसे अंततः निर्णायक सिद्ध होना था। इस तीसरे तत्त्व ने ही विश्व युद्ध के बाद के वर्षों के वैश्विक अंतर्विरोध को निर्मित किया था और आगे चल कर उसी ने विउपनिवेशीकरण और समाजवादी क्रांतियों के रिश्तों को भी प्रभावित किया, साथ ही साथ उसने कम्युनिस्ट राज्यों और आन्दोलनों के आंतरिक संकट को और विकराल बना दिया। दरअसल इसी दौर मे पूँजीवाद का ऐतिहासिक

तौर पर अभूतपूर्व विकास हुआ, उसका एकीकरण बढ़ा, तकनीकी ताकत बढ़ी, उत्पादन और वितरण के भूमण्डलीय परिपथ निर्मित हुए जिनमें औपनिवेशिक विभाजन नहीं था। यात्रा, यातायात और संचार की तकनीक में ज़बर्दस्त आधुनिकीकरण हुआ जिसने अंतर्राष्ट्रीय श्रम विभाजन को दूर तक प्रभावित किया। बाद के साम्राज्यवादी युद्धों, विनाशलीलाओं तथा पिछड़े क्षेत्रों में विकसित हो रहे समाजवादी राज्यों और आंदोलनों की लम्बी घेरेबन्दी के लायक युद्ध की प्रभावकारी तकनीकों का अभूतपूर्व विकास हुआ। यदि द्वितीय विश्व युद्ध ने उत्पाद क्षमता और बाज़ार में माँग के बीच की खाई की समस्या को दूर किया (यह समस्या ही 1930 की विराट मंदी की जड़ में थी) और यदि विश्वयुद्ध ने ही नई तरह की तकनीकों (कम्प्यूटर, परमाणु ऊर्जा आदि) को जन्म दिया, तो युद्धोत्तर विस्तार ने औद्योगिक पूँजी संचय के ख़ास अमरीकी लक्ष्यों वाले फोर्डवादी ढाँचे को पहले पश्चिम योरप और जापान में और अंततः लैटिन अमरीका और एशिया तक के कुछ इलाकों में पहुँचा दिया।''[21]

स्पष्ट है कि विउपनिवेशीकरण के दौर में औपनिवेशिक अभियान से मुक्ति और समाजवादी अभियान के विस्तार के साथ-साथ जो तीसरी महत्त्वपूर्ण चीज़ घटित हुई, वह थी अमरीका का एक विश्व शक्ति के रूप में अभूतपूर्व उभार। द्वितीय विश्वयुद्ध से पहले, पुराने उपनिवेशवाद के समय, अलग-अलग पश्चिमी देशों ने दुनिया को पूँजी के अलग-अलग बहुधा परस्पर-विरुद्ध प्रभाव क्षेत्रों में बाँट रखा था। लेकिन विश्वयुद्ध के पश्चात् कमज़ोर पड़ी योरपीय ताकतों ने जिस हद तक उपनिवेशों में अपना प्रभाव गँवाया, उस हद तक नव-स्वतंत्र उपनिवेशों के नए शासक वर्गों ने अमरीका द्वारा पूँजी के वैश्विक एकीकरण की परिस्थितियाँ मुहैया कराईं। विश्व शक्ति के रूप में संयुक्त राज्य अमरीका पश्चिमी योरपीय ताकतों और जापान का भी नेता बना। उसने 70 के दशक के आरम्भिक वर्षों तक अपनी ताकत और पूँजी में अगाध वृद्धि की जो अब तक के इतिहास में अभूतपूर्व थी। इस अभूतपूर्व ताकत और पूँजी के बल पर उसने धीरे-धीरे पूँजीवादी नेतृत्व वाले नव-स्वतंत्र देशों पर अपना वर्चस्व स्थापित किया और उन ग़रीब देशों को एक-एक करके संकटग्रस्त किया जिन्होंने ग़ैर-पूँजीवादी (समाजवादी) रास्ते से अपने पुनर्निर्माण का प्रयास आरम्भ किया था। सन् 90 तक आते-आते सोवियत संघ के पतन के साथ ही अमरीका दुनिया की एकछत्र ताकत बना और नव-उपनिवेशवाद की विजय हो गयी। मैनेजर पाण्डेय ने देउस्कर की क्रांतिकारी पुस्तक 'देश की बात' के पुनर्प्रकाशन की भूमिका में अमरीकी नव-साम्राज्यवाद के बारे में लिखा है, ''वैसे तो अमेरिका अपने प्रत्येक सैनिक अभियान को स्वतंत्रता, लोकतंत्र और मानवाधिकार की रक्षा का अभियान कहता है, लेकिन दूसरे महायुद्ध के बाद उसने एशिया, अफ्रीका और लातीनी अमेरिका के देशों में बड़े पैमाने पर सैनिक हस्तक्षेप किया है। उसने चीन (1945-46, 50-53), कोरिया (1950-53),

ग्वाटेमाला (1954, 1967-69), इंडोनेशिया (1958), क्यूबा (1960-61), बेल्जियम कांगो (1964), पेरू (1965), लाओस (1964-73), वियतनाम (1961-73), कंबोडिया (1969-70), ग्रेनाडा (1983), लीबिया (1986), अल-सल्वाडोर (1980), निकारागुआ (1980), पनामा (1989), इराक (1991-99), बोस्निया (1995), सूडान (1998), यूगोस्लाविया (1999), और बाद में अफगानिस्तान तथा इराक पर हमला और बमबारी की है। (अरुंधती रॉय: द अलजेबरा ऑफ इनफाइनाइट जस्टिस, 2001, पृष्ठ, 224) इसके साथ ही अमेरिका ने दूसरे महायुद्ध के बाद दुनिया भर में अनेक देशों के खूंखार सैनिक शासकों, तानाशाहों और स्वतंत्रता के शत्रुओं की दमनकारी सरकारों का लगातार समर्थन किया है। उनमें से कुछ देश हैं निकारागुआ, अल-सल्वाडोर, ग्वाटेमाला, होंडरस, हाइती, डोमिनिकन रिपब्लिक, ब्राजील, अर्जेंटीना, चिली, उरूग्वे, परागुवे, यूनान, तुर्की, इरान, इराक, सउदी अरबिया, जैरे, थाइलैंड, इंडोनेशिया, साउथ कोरिया, फिलिपींस और पाकिस्तान। यही नहीं, अमेरिका ने साम्यवाद के प्रसार को रोकने के लिए अनेक देशों के वामपंथी नेताओं, कार्यकर्त्ताओं और बुद्धिजीवियों की हत्या करवाने में हर तरह की मदद की है। अमेरिका के सहयोग से ही इंडोनेशिया, चिली, मोजांबिक, निकारागुआ, कोलंबिया, वियतनाम, अफगानिस्तान आदि देशों में करोड़ों वामपंथियों की हत्या हुई है। एक ऐसा देश जिसकी सरकारें दूसरे देशों पर आक्रमण करती हैं, खूंखार तानाशाहों का समर्थन करती हैं और विरोधी विचार वालों की हत्या का षड्यंत्र करती हैं, वहाँ के शासक जब स्वतंत्रता, लोकतंत्र और मानवाधिकारों की रक्षा की बात करते हैं, तब वह सब झूठ और पाखंड के विराट प्रदर्शन के अलावा और क्या है!''[22]

लेनिन ने साम्राज्यवाद को पूँजीवाद की चरम अवस्था के बतौर निरूपित किया था। स्वतंत्र घाना के प्रथम राष्ट्रपति क्वामे नक्रूमाह ने 1965 में लिखी अपनी पुस्तक 'नियो कोलोनियलिज़्म : द लास्ट स्टेज ऑफ इम्पीरियलिज़्म' में यह प्रस्तावित किया कि नव-उपनिवेशवाद साम्राज्यवाद की चरम अवस्था है। नव-उपनिवेशवाद से उनका अभिप्राय यह था कि भूतपूर्व औपनिवेशिक ताकतें (योरपीय) तथा नई विश्व महाशक्ति संयुक्त राज्य अमेरिका ने अंतर्राष्ट्रीय मौद्रिक संस्थाओं (विश्व बैंक तथा आई.एम.एफ.) आदि के जरिए विश्व बाज़ार को नियंत्रित करके, बहुराष्ट्रीय निगमों का जाल फैला कर तथा सैकड़ों किस्म की सांस्कृतिक, शैक्षणिक संस्थाओं के नेटवर्क के माध्यम से औपनिवेशिक जुए से आज़ाद हुए मुल्कों को फिर से अपने अधीन कर लिया है। हैरी मैगडॉफ जैसे मार्क्सवादी 1960 के दशक के अंत से ही इस अवस्था को 'उपनिवेश रहित साम्राज्यवाद' की संज्ञा देते आए हैं। जान बेलेमी फॉस्टर ने अमरीका के एक परंपरागत राष्ट्र राज्य से साम्राज्यवादी ताकत में रूपान्तरण को नव-औपनिवेशिक दौर की अभिलक्षक घटना माना है। प्रभात पटनायक ने इसे वित्तीय सट्टा पूँजी की

विश्व व्यवस्था के रूप में व्याख्यायित किया है। वास्तव में नक्रूमाह ने जिसे नव-उपनिवेशवाद कहा था वह प्रक्रिया ही आगे चल कर भूमण्डलीकरण, उदारीकरण और निजीकरण के वर्तमान दौर में विकसित हुई। भूमण्डलीकरण, प्रभात पटनायक के अनुसार, अंतर्राष्ट्रीय वित्तीय पूँजी के हित में राष्ट्र-राज्यों को समाप्त करने की जगह उनकी सम्प्रभुता को ख़त्म करता है और एक नई विश्व व्यवस्था कायम करता है। भूमण्डलीकरण की इस नई विश्व व्यवस्था को बनाने और कायम रखने के लिए अमरीकी महाशक्ति अंतहीन युद्धों का सहारा लेती है। ये युद्ध उसके 'सैन्य औद्योगिक संकुल' के मुनाफ़े को बढ़ाते जाते हैं। द्वितीय विश्वयुद्ध के बाद मंदी (जिसे मार्क्स ने पूँजीवाद का जन्मजात रोग बताया था) से बचने की रणनीति के रूप में पश्चिम ने कीन्स की कल्याणकारी राज्य की धारणा पर अमल करना शुरू किया लेकिन पूर्व उपनिवेशों के अर्थतंत्रों के शोषण की तकनीकें विकसित होती रहीं। 80 के दशक में योरप और अमरीका के विकसित पूँजीवाद को यह अहसास हो चला कि मंदी से निपटने की रणनीति के बतौर कीन्सवाद की संभावनाएँ चुक रही हैं। अमरीकी राष्ट्रपति रीगन और ब्रिटिश प्रधानमंत्री थैचर की पहलकदमी पर 80 के दशक से 'कल्याणकारी राज्य' की अवधारणा को त्याग दिया गया और बहुराष्ट्रीय वित्तीय पूँजी की नई विश्व व्यवस्था का भूमण्डलीकरण शुरू हुआ। 1968 में ही पूँजी के अभूतपूर्व भूमण्डलीय प्रसार की प्रवृत्ति को लक्ष्य करते हुए मैकलूहान ने पूरी दुनिया की परिकल्पना एक 'विश्व ग्राम' के रूप में की। 1990 मे सोवियत संघ और पूर्वी योरप की समाजवादी व्यवस्थाओं के अंत के साथ पूँजी के अर्थतंत्र के वैश्वीकरण की प्रक्रिया के रास्ते की बाधाएँ ख़त्म हो गईं। लेकिन जहाँ नई विश्व व्यवस्था अमरीकी वर्चस्व के एक केन्द्र से संचालित हो रही है, वहीं उसका प्रतिरोध बहुकेन्द्रित हो गया है। 19वीं, 20वीं सदी का उपनिवेशवाद-विरोधी संग्राम अलग-अलग देशों में अलग-अलग औपनिवेशिक ताकतों के ख़िलाफ़ लड़ा गया था। नव-उपनिवेशवाद का प्रतिरोध तीसरी दुनिया के तमाम देशों में अपने ही देश के उन दलाल शासक वर्गों के ख़िलाफ़ निर्देशित है जो कि भूमण्डलीकरण की अर्थनीतियों को अपने देशों में लागू कर रहे हैं। भूमण्डलीकरण के युद्धोन्माद का विरोध स्वयं अमरीका और योरप के नागरिक समाजों में ज़ोर पकड़ता जा रहा है। लैटिन अमरीका के तमाम देशों में 21वीं सदी के आरम्भ से ही लगातार नये किस्म की वामपंथी ताकतें अमरीकी वर्चस्व का विरोध करते हुए सत्तारूढ़ हुई हैं। अमरीका निर्देशित भूमण्डलीकरण के युद्धोन्माद ने अफगानिस्तान, फिलिस्तीन, ईराक जैसे देशों ने बर्बरता की अभूतपूर्व मिसाल कायम की है। लोकतांत्रिक प्रतिरोधों का रास्ता बंद करके भूमण्डलीकरण की ताकतों ने आतंकवाद की वैश्विक परिघटना को जन्म दिया है।

अबाध तकनीकी विकास, सूचना और संचार क्रांति पर सवार भूमण्डलीकरण ने विश्व की संस्कृति को पेचीदा ढंग से बहुस्तरीय, सम्मिश्र और अंतर्ग्रथित बना

दिया है। विचारों के क्षेत्र में भी भूमण्डलीकरण ने अपनी वैधता के नए मुहावरे गढ़े हैं। 'इतिहास का अंत' (फूकोयामा), और 'सभ्यताओं का संघर्ष' (हंटिंग्टन) आदि धारणाएँ इसी की उपज हैं। सांस्कृतिक रूपों और ज्ञानात्मक प्रणालियों की जटिलता, संकरता और अंतर्ग्रथन इस दौर की विशेषताएँ हैं। ('उत्तर' प्रत्यय वाली तमाम सैद्धांतिकी यथा उत्तर-संरचनावाद, उत्तर-आधुनिकतावाद, उत्तर-औपनिवेशिकता, उत्तर-मार्क्सवाद, उत्तर-मानववाद आदि) के उदय को अनेक विद्वान पूँजी की उत्तर अवस्था से जोड़ कर देखते हैं जिसका वैश्विक प्रसार ही भूमण्डलीकरण कहलाता है। भूमण्डलीकरण की राजनीति ने अंधराष्ट्रवाद, धार्मिक कट्टरपन, युद्धोन्माद के जरिए दुनिया को पहले से कहीं अधिक असुरक्षित बनाया है। नव-उपनिवेशवाद और भूमण्डलीकरण का प्रतिरोध साहित्य, संस्कृति के क्षेत्र में हर कहीं दिखाई देता है। दुनिया भर में अमरीकी दादागीरी के विरोध में तमाम देशों के बौद्धिक और संस्कृतिकर्मी एक मंच पर बहुधा एकत्रित होते हैं। वर्ल्ड सोशल फोरम जैसी संस्थाएँ भूमण्डलीकरण के ख़िलाफ़ प्रतिरोधों के एकत्रीकरण के मंच के रूप में सामने आयी है। उत्तर-औपनिवेशिक साहित्य सिद्धान्तों में अफ्रीका और लैटिन अमरीका के जिस समकालीन लेखन की चर्चा होती है उसका बहुविध संबंध नव-औपनिवेशिक परिस्थिति से जुड़ता है। नॉम चाम्सकी से ले कर अरुंधति राय तक तमाम लेखक, बुद्धिजीवी भूमण्डलीकरण विरोधी आंदोलन के अंतर्राष्ट्रीय प्रवक्ता माने जाते हैं। मध्यपूर्व और इस्लाम पर एडवर्ड सईद का विपुल लेखन नव-उपनिवेशवाद के प्रतिरोध में ही आकार ग्रहण करता है। हिन्दी साहित्य में नव-उपनिवेशवाद का विरोध बाज़ारवाद, विस्थापन, रिश्तों के टूटने और सत्ता की दलाल संस्कृति की आलोचना के रूप में एक महत्त्वपूर्ण प्रवृत्ति के बतौर दिखाई देता है।

उत्तर-औपनिवेशिकता के आनुशासनिक स्रोत

उत्तर-औपनिवेशिकता के आनुशासनिक स्रोतों में कॉमनवेल्थ लिटरेचर, सबाल्टर्न स्टडीज़, एफ्रो-एशियाई साहित्य आंदोलन, एफ्रो-अमरीकी अध्ययन, अश्वेत अध्ययन का संक्षिप्त जायजा लिया जा सकता है।

कॉमनवेल्थ लिटरेचर

ऐसे राष्ट्र जो कभी ब्रिटिश साम्राज्य के उपनिवेश रहे, उन्हें उनकी आज़ादी के बाद 'कॉमनवेल्थ' देशों के रूप में संस्थाबद्ध करने का प्रयास किया गया। इन्हीं देशों से पैदा होने वाले अंग्रेज़ी भाषा के साहित्य का अध्ययन कॉमनवेल्थ लिटरेचर के अधीन किया जाता था। हरीश त्रिवेदी ने 1994 में 'इंडियन एसोसिएशन फॉर कॉमनवेल्थ लिटरेचर एंड लैंग्वेज़ स्टडीज़' (IACLALS) के मुखपत्र में 'कॉमनवेल्थ से उत्तर-औपनिवेशिक' (फ्राम कॉमनवेल्थ टू पोस्ट कोलोनियल) नामक संपादकीय में कॉमनवेल्थ साहित्य के उत्तर-औपनिवेशिक साहित्य में बदलने को रेखांकित

किया। त्रिवेदी ने इस रोचक तथ्य की ओर ध्यान दिलाया कि इस संपादकीय के लिखे जाने के समय 'रटलेज विश्वकोश' की एक दशक पहले शुरू की गई 'कॉमनवेल्थ साहित्य विश्वकोश' (दि एनसाइक्लोपिडिया ऑफ कॉमनवेल्थ लिटरेचर) नामक योजना का नाम बदल कर 'अंग्रेज़ी में उत्तर-औपनिवेशिक साहित्यों का विश्वकोश' (दि एनसाइक्लोपिडिया ऑफ पोस्ट-कोलोनियल लिटरेचर इन इंग्लिश) कर दिया गया।[23] 90 के दशक में 'उत्तर-औपनिवेशिक' पद ने पिछले 30 वर्षों से चले आ रहे कॉमनवेल्थ साहित्य को पदच्युत कर दिया। 'कॉमनवेल्थ' की जगह 'उत्तर-औपनिवेशिक' पद, पाठ और सन्दर्भ दोनों ही दृष्टियों से अधिक राजनीतिक आशय लिये हुए था। इसके आलावा 'कॉमनवेल्थ' संज्ञा में निहित खटकने वाली 'आंग्लकेन्द्रिकता' का भी इस नए नामकरण में परिहार हो गया। नामकरण में बदलाव कभी-कभी भले ही नए अकादमिक फ़ैशन का द्योतक होता है, लेकिन कई बार यह बदलाव विमर्शों के बुनियादी सन्दर्भों में आए महत्त्वपूर्ण बदलावों का भी सूचक होता है। नामकरण में परिवर्तन ज्ञानमीमांसा की उन सारणियों के भी पुनर्संयोजन का द्योतक होता है जिनमें कि साहित्यिक कृतियों के पाठ और सन्दर्भ संस्थाबद्ध किए जाते हैं।

60 के दशक की शुरुआत में इंग्लैण्ड के लीड्स विश्वविद्यालय में कॉमनवेल्थ साहित्यों की विधिवत् पढ़ाई आरम्भ हुई। 'द जर्नल ऑफ कॉमनवेल्थ लिटरेचर' नामक पत्रिका यहीं से निकलनी शुरू हुई जिसने इस क्षेत्र में शोध को काफ़ी बढ़ावा दिया। लेकिन भारत, अफ्रीका, वेस्टइंडीज़ जैसे अनेक दृष्टियों से परस्पर भिन्न महाद्वीपों और देशों के अंग्रेज़ी साहित्य के लिए 'कॉमनवेल्थ' जैसी एक समान संज्ञा न तो रचनात्मक थी और न ही किसी सैद्धांतिक अवधारणा पर आधारित थी। इस संज्ञा का उपयोग अध्ययन की सुविधा के लिए ही किया जाता था। 'कॉमनवेल्थ' जैसे नामकरण की सबसे बड़ी समस्या तो यही थी कि इस नामकरण में ऑस्ट्रेलिया, कनाडा, भारत, नाइजीरिया, केन्या, त्रिनिडाड, जमायका, बाराबडोस तथा अन्य देशों के अंग्रेज़ी में लिखे सहित्य को मातृदेश के अदृश्य नाभिनाल से जुड़ा माना जाता था जबकि इस कथित मातृदेश (ब्रिटेन) के साहित्य को इससे बाहर रखा जाता था। इस प्रकार साहित्य के मूल्यांकन के मापदण्ड एक अदृश्य केन्द्र से संचालित होते थे। अदृश्य इसलिए कि इंग्लैण्ड का अंग्रेज़ी साहित्य कॉमनवेल्थ साहित्य का हिस्सा ही नहीं था। सलमान रुश्दी ने 'कॉमनवेल्थ' संज्ञा की भरपूर आलोचना करते हुए लिखा, "इसमें ब्रिटिश साहित्य का शुमार कभी नहीं किया जाएगा जो अपने आप में ही महान और पवित्र है, उसे भला एक नयी बेढब छतरी के नीचे इकट्ठा किये गये इन नौसिखुआ (साहित्यों) के बीच कैसे रखा जा सकता है।"[24] 'उत्तर-औपनिवेशिक' पद 'कॉमनवेल्थ' जैसे पद से बेहतर संज्ञा इसलिए भी थी कि वह इस संज्ञा की 'केन्द्रवादी' अनुगूँजों से मुक्त थी। उत्तर-औपनिवेशिकता में केन्द्र के विस्थापन, बहुलता, संकरता तथा

'आधिकारिकता' के विश्रृंखलित होने की ध्वनि थी। कॉमनवेल्थ साहित्य जो विश्व अंग्रेज़ी सहित्य के ब्रिटिश केन्द्र का हाशिया था, अब वह सगर्व उत्तर-औपनिवेशिकता के वैश्विक दायरे के केन्द्र में जा बैठा।

सबाल्टर्न स्टडीज़

"यह एक दुर्लभ क्षण है जबकि कोई ज्ञान की शाखा चाहे वह इतिहास की हो या अन्य किसी अनुशासन की, जिसका उद्‌गम अतीत में उपनिवेश रह चुके किसी तीसरी दुनिया के देश से हुआ हो, वह पश्चिमी अकादामिक तंत्र का वैसा ध्यान आकर्षित कर पाए जैसा कि सबाल्टर्न शाखा के उन इतिहासकारों ने कर दिखाया था जिनका कार्य भारतीय इतिहास के औपनिवेशिक काल पर केन्द्रित है।[25] पुस्तकाकार सबाल्टर्न स्टडीज़ के अब तक 12 खण्ड प्रकाशित हैं। पहले दस ऑक्सफोर्ड इंडिया प्रेस दिल्ली ने छापे हैं। पहले 6: खण्ड क्रमश: 1982, 1983, 1984, 1986, 1987, और 1989 में रणजीत गुहा के संपादन में छपे। 1992 में छपे सातवें खण्ड का संपादन पार्थ चटर्जी और ज्ञानेंद्र पाण्डेय ने, 1994 में छपे आठवें खण्ड का संपादन डेविड आर्नाल्ड और डेविड हार्डीमान ने, 1996 में छपे नवें खण्ड का संपादन शाहिद अमीन और दीपेश चक्रवर्ती ने, 1999 में छपे दसवें खण्ड का संपादन गौतम भद्र, ज्ञान प्रकाश और सूसी थारू ने किया। सन् 2000 में कोलम्बिया यूनिवर्सिटी प्रेस से छपे ग्यारहवें खण्ड का संपादन पार्थ चटर्जी और प्रदीप जगन्नाथन ने किया। सन् 2005 में परमानेंट ब्लैक तथा रवि दयाल पब्लिशर्स से छपे बारहवें खण्ड का संपादन शैल मायाराम, एम.एस.एस. पाण्डियन तथा अजय स्कारिया ने किया।

सबाल्टर्न स्टडीज़ की परियोजना के आरम्भ के कुछ ही वर्ष बीतते-बीतते एडवर्ड सईद और गायत्री चक्रवर्ती स्पीवाक जैसे नामी उत्तर-औपनिवेशिक चिंतकों ने इस योजना में मज़बूत शिरकत की। भारत के बाहर, ख़ासतौर पर ब्रिटिश और अमेरिकी उच्च अध्ययन संस्थानों में सबाल्टर्न अध्ययन के बारे में आम धारणा यह है कि वह इतिहास लेखन की जगह उत्तर-औपनिवेशिक आलोचना का अंग है। अमरीका में इसे 'सांस्कृतिक अध्ययन' (कल्चरल स्टडीज़) के बतौर भी देखा जाता है। आश्चर्यजनक नहीं कि रणजीत गुहा के संपादन में 1997 में छपी 'अ सर्बाल्टर्न स्टडीज़ रीडर', 1986-1995 (मिनीसोटा विश्वविद्यालय प्रेस, मिनीपोलिस) शीर्षक पुस्तक के अंतिम कवर पर संकलित लेखकों का परिचय ऐसे लोगों के रूप में कराया गया जिन्होंने उत्तर-औपनिवेशिक अध्ययन की 'स्थापना' में भूमिका निभाई। सबाल्टर्न स्टडीज़ के प्रथम 12 खण्डों में करीबन 60 विद्वानों के लेख प्रकाशित हुए हैं जिनमें बहुतेरे ऐसे हैं जिन्हें इतिहासकार नहीं कहा जा सकता है। इन लेखों में सामाजिक व सांस्कृतिक इतिहास, उत्तर-आधुनिक, उत्तर-

औपनिवेशिक, नारीवादी, उत्तर-संरचनावादी, उत्तर-मार्क्सवादी, आदि विभिन्न प्रकार के वैचारिक आनुशासनिक रुझान देखे जा सकते हैं। सुमित सरकार (जो कि स्वयं सबाल्टर्न लेखक-मण्डल के संस्थापक सदस्यों में रहे हैं और जिन्होंने बाद में इस परियोजना से अपना रास्ता अलग कर लिया) के अनुसार सबाल्टर्न शाखा के कुछ इतिहासकारों ने एडवर्ड सईद के दृष्टिकोण को अविचारित ढंग से बड़े पैमाने पर ग्रहण कर लिया।[26] 'सबाल्टर्न शब्द यों तो सैन्य शब्दावली से निकला है जिसे सेना के अत्यंत निचले पायदान पर स्थित छोटे और कमीशन्ड अधिकारी के अर्थ में प्रयोग किया जाता था और अंग्रेज़ी भाषा में इसका प्रयोग 20वीं सदी की पुस्तकों में नहीं के बराबर है, लेकिन रणजीत गुहा ने संभवतः इस शब्द को ग्राम्शी के 'नोट्स ऑन इटैलियन हिस्ट्री' से ग्रहण किया है। गुहा ने सबाल्टर्न स्टडीज़ के प्रथम खण्ड में इस शब्द के प्रयोग का प्रस्ताव दक्षिण एशियाई समाजों की पराधीनता (सबार्डिनेशन) के सामान्य लक्षण को द्योतित करने वाली संज्ञा के रूप में किया है। दक्षिणी एशियाई समाज की अधीनस्थता, मातहती, पराधीनता जो वर्ग, जाति, आयु, लिंग, ओहदे या अन्य किसी भी कोटि में अभिव्यक्त होती हों, उसे सबाल्टर्न शब्द से अभिहित किया जा सकता है। गुहा ने 'ऑन सम आस्पेक्ट्स ऑफ दि हिस्टीरियोग्राफी ऑफ कोलोनियल इंडिया' नामक लेख के अंत में अभिजन (इलीट), जनता (पीपुल) और सबाल्टर्न (निम्नवर्ग) जैसे पदों की व्याख्या की है। 'अभिजन' से उनका अभिप्राय भारत के विदेशी और देशी वर्चस्वशाली तबकों से है। विदेशी 'अभिजनों' में सभी ग़ैर-भारतीय शामिल हैं। इनमें ब्रिटिश औपनिवेशिक शासन के तमाम अधिकारी, विदेशी उद्योगपति, व्यापारी, महाजन, मिशनरी, बाग़ान मालिक और ज़मींदार आते हैं। देशी वर्चस्वशाली समूहों के दो स्तर हैं। अखिल भारतीय स्तर पर बड़े प्रभुत्वशाली सामंत, औद्योगिक और व्यापारिक पूँजीपति वर्ग के महत्त्वपूर्ण प्रतिनिधि तथा प्रशासनिक तंत्र के उच्चपदस्थ देशी अधिकारी आते हैं। क्षेत्रीय और स्थानीय स्तर के देशी प्रभुवर्गों में ऐसे वर्ग आते हैं जो कि या तो अखिल भारतीय वर्चस्वशाली समूहों के प्रतिनिधि थे या फिर सामाजिक श्रेणी विभाजन में अखिल भारतीय प्रभुवर्गों से निचले पायदान पर स्थित थे। वे आमतौर पर अपने सामाजिक अस्तित्व से मेल खाने वाले हितों की जगह अखिल भारतीय प्रभुवर्गों के हितों के लिए क्रियाशील रहा करते थे। क्षेत्रीय, आर्थिक और सामाजिक विकास की असमानता के चलते प्रांतीय और स्थानीय प्रभुवर्गों की श्रेणी वैविध्य और विषमता लिए हुए थी। उनके रुझानों और गठजोड़ों में पर्याप्त अंतर्विरोध और दुविधाएँ दिखाई देती हैं। वे कहीं तो प्रभुतासम्पन्न थे तो कहीं दमित। ख़ास तौर पर ग्रामीण प्रभुवर्गों के निचले स्तरों पर तबाही के शिकार ज़मींदार, धनी किसान और उच्च-मध्यम किसान आदर्श रूप में तो 'जनता' या 'निम्नवर्गों' की श्रेणी में आते थे लेकिन इस आदर्श रूप से ख़ास ऐतिहासिक परिस्थिति में उनके विचलन की प्रकृति और मात्रा के ठोस रूपों का पता लगाना, पहचानना और मापना शोध का विषय है। सबाल्टर्न

या निम्नवर्गों से गुहा का अभिप्राय समग्र भारतीय जनसंख्या के उन हिस्सों से है जो कि उपरोक्त 'अभिजनों' की कोटि से बाहर हैं।

पारिभाषिक महत्त्व के लेख 'ऑन सम आस्पेक्ट्स ऑफ द हिस्टोरियोग्राफी ऑफ कोलोनियल इंडिया' में गुहा ने लिखा, "भारतीय राष्ट्रवाद के इतिहास लेखन पर लम्बे समय से अभिजनवाद का वर्चस्व है। उपनिवेशवादी अभिजनवाद और पूँजीवादी-राष्ट्रवादी अभिजनवाद दोनों का उद्गम भारत में ब्रिटिश उपनिवेशवादी राज के वैचारिक उत्पादों के रूप में हुआ है लेकिन दोनों सत्ता हस्तांतरण के बाद भी बरकरार रहे और क्रमशः ब्रिटेन और भारत के नव-उपनिवेशवादी और नव-राष्ट्रवादी विमर्शों में समाविष्ट कर लिए गए। उपनिवेशवादी और नव-राष्ट्रवादी प्रकार के अभिजनवादी इतिहास-लेखन के प्रमुख कर्त्ता-धर्ता ब्रिटिश लेखक और संस्थाएँ हैं लेकिन इसके नक्काल भारत और दूसरे देशों में भी हैं। राष्ट्रवादी और नवराष्ट्रवादी प्रकार का अभिजनवादी इतिहास लेखन मुख्यतः भारतीय है लेकिन इसकी नकल करने वालों में ब्रिटिश और दूसरी जगहों के उदारवादी इतिहासकारों की कमी नहीं है।"[27]

जाहिर है, जैसा कि गुहा आगे कहते हैं कि ये दोनों प्रकार के इतिहास लेखन भारतीय राष्ट्र के निर्माण और उसकी चेतना (राष्ट्रवाद) के विकास की प्रक्रिया को पूर्णतया या प्रमुखतया अभिजन उपलब्धि मानते हैं। नव-उपनिवेशवादी इतिहास लेखन भारतीय राष्ट्रवाद को ब्रिटिश उत्प्रेरणा (stimulus) की अनुक्रिया (response) सिद्ध करता है। इनके अनुसार भारतीय राष्ट्रवाद, उपनिवेशवाद द्वारा उत्पन्न संस्थानों, अवसरों, संसाधनों आदि के प्रति देशी अभिजनों की एक अनुक्रिया या प्रतिक्रिया थी। देशी अभिजन किसी आदर्शवाद से प्रेरित हो कर नहीं बल्कि औपनिवेशिक शासन द्वारा उत्पन्न संपदा, शक्ति और रुतबे में हिस्सेदारी के लिए ब्रिटिश शासन से और आपस में सहयोग और प्रतिद्वंदिता के रिश्तों में गए। इस इतिहास लेखन में भारतीय राष्ट्रवाद उपनिवेशवादियों से सीखने की एक प्रक्रिया के बतौर अंकित हुआ जिसके तहत भारतीयों ने औपनिवेशिक संस्थानों और उनके समानान्तर खड़े किए गए सांस्कृतिक ढाँचे के साथ मोल-तोल और लेन-देन के तहत राष्ट्रवादी राजनीति का व्यवहार विकसित किया।

दूसरे प्रकार का अभिजनवादी इतिहास लेखन राष्ट्रवादी या नव-राष्ट्रवादी इतिहास लेखन है जिसके अनुसार राष्ट्रवाद प्रमुखतया देशज अभिजनों द्वारा आम जनता को पराधीनता से मुक्ति दिलाने की आदर्शवादी कार्रवाई थी। राष्ट्रवादी आंदोलन के मुख्य प्रेरणा स्रोत कौन-कौन से अभिजन व्यक्ति, संस्थाएँ या संगठन थे, उनमें किनकी भूमिका पर कितना ज़ोर देना है, इस पर विवाद के चलते इस प्रकार के इतिहास लेखन के अनेक रूप या संस्करण मिलते हैं। गुहा के शब्दों में, " भारतीय राष्ट्रवाद का इतिहास भारतीय अभिजन की आध्यात्मिक जीवनी की तरह से लिखा गया है।"[28]

गुहा अभिजनवादी इतिहास लेखन का भी इस्तेमाल मानते हैं। औपनिवेशिक राज्य की संरचना, ख़ास ऐतिहासिक स्थितियों के उसके विभिन्न अंगों की क्रियाएँ, वर्गों के उस गठजोड़ का चरित्र जिसने कि औपनिवेशिक राज्य को टिकाए रखा था, उस युग की वर्चस्वशाली विचारधारा के रूप में अभिजनों की विचारधारा के कुछ पहलू, देशी और विदेशी अभिजनों के बीच गठजोड़ और विरोधों के पेचीदा रिश्ते, कुछ महत्त्वपूर्ण भारतीय और ब्रिटिश व्यक्तित्वों और अभिजन संस्थाओं की भूमिका वग़ैरह को समझने के लिहाज़ से अभिजन इतिहास लेखन उपयोगी है। लेकिन गुहा के शब्दों में वह सर्वाधिक, 'इतिहास लेखन के विचारधारात्मक चरित्र को समझने में मदद' करने की दृष्टि से उपयोगी है।

रणजीत गुहा के अनुसार, अभिजनवादी इतिहास लेखन भारतीय राष्ट्रवाद को समझ पाने में नाकाम सिद्ध हुआ क्योंकि राष्ट्रवाद के निर्माण और विकास में अभिजनों से स्वतंत्र आम जनता की भूमिका को न वह स्वीकार करता है और न उसकी व्याख्या करता है। इस इतिहास लेखन के लिए वे लाखों-लाख आम जन जिन्होंने राष्ट्रवादी आन्दोलन को जन-चरित्र दिया, बेचेहरा भीड़ के अलावा कुछ नहीं हैं। राष्ट्रवाद उनके लिए कुछ महान नेताओं का करिश्मा था और राष्ट्रवादी राजनीति की प्रक्रिया राजसत्ता की संस्थाओं और अभिजन संगठनों के इर्द-गिर्द ही संचालित थी। अभिजन इतिहास-लेखन की कमज़ोरी और नाकामी उसके वर्ग दृष्टिकोण से पैदा हुई है जो कि राजनीति की एक बेहद संकीर्ण और पूर्वाग्राही धारणा से ग्रस्त है। इस अनैतिहासिक इतिहास-लेखन से 'जनता की राजनीति' अनुपस्थित है जिसका कि एक 'स्वायत्त' पसारा था क्योंकि वह न तो अभिजन राजनीति से पैदा हुई थी और न ही उसका अस्तित्व उस पर निर्भर था। 'जनता की राजनीति' के 'स्वायत्त क्षेत्र' की जड़ें समय और समाज में अधिक गहरी थीं।

अभिजन राजनीतिक लामबन्दी का स्वरूप ऊर्ध्वाधर होता था और वह ब्रिटिश संसदीय संस्थानों के औपनिवेशिक रूपान्तरण तथा प्राक्-औपनिवेशिक युग के अवशिष्ट अर्द्ध-सामंती राजनैतिक संस्थानों पर अपेक्षया अधिक निर्भर थी। जबकि जन-राजनैतिक गोलबन्दी क्षैतिज थी और रिश्तेदारियों, स्थानीयता या वर्ग के आधार पर बनी संस्थाओं पर अधिक निर्भर थी। अभिजन राजनीति कानूनी और संवैधानिक दायरों में अधिक नियंत्रित ढंग से चला करती थी जबकि जन-राजनैतिक गोलबंदी अधिक स्वतःस्फूर्त और अपेक्षया हिंसक थी। औपनिवेशिक दौर में जन-राजनैतिक गोलबंदी की समग्रतर अभिव्यक्ति किसान विद्रोहों में दिखाई देती थी जिनके प्रभाव में कई ऐतिहासिक मौकों पर शहरी क्षेत्र की श्रमजीवी और निम्नमध्यवर्गीय जनता भी खिंच आया करती थी। जन-राजनीति के अपेक्षतया स्वायत्त क्षेत्र में विचारधारा किसी ख़ास घटक और ख़ास समय में नेतृत्वकारी तत्त्वों

के दृष्टिकोण और आन्दोलन के सामाजिक संघटन की विविधता को अभिव्यक्त करती थी। जनान्दोलनों के क्षैतिज गठजोड़ कई बार आर्थिक विचलनों और संकीर्ण विभाजनों का भी शिकार हो जाते थे। फिर भी इस राजनीति के सामाजिक संघटक तत्त्वों का निम्नवर्गीय होना उसे अभिजन राजनीति से स्पष्टतया अलग करता था। शोषण और श्रम के अनुभव ने निम्नवर्गीय जन-राजनीति को ऐसे मुहावरे, मान और मूल्य प्रदान किए जो इसे अभिजन राजनीति से अलग करते हैं। राजनीति के इन दो पृथक् परिक्षेत्रों का सह-अस्तित्व एक महत्त्वपूर्ण ऐतिहासिक सत्य की ओर इंगित करता है—वह यह कि भारतीय पूँजीपति वर्ग समग्र राष्ट्र को वाणी देने में असफल साबित हुआ। आम जनता का बहुत बड़ा हिस्सा कभी भी पूँजीपति वर्ग के नेतृत्व में संग्रथित न हो सका। उपनिवेशवाद-विरोधी राजनीति की संरचनागत द्वैधता को लक्ष्य किए बग़ैर कोई भी इतिहास-लेखन इन गलतियों से बच नहीं सकता। ऐसा नहीं कि औपनिवेशिक युग की राजनीति के दोनों परिक्षेत्र निरपेक्ष ढंग से पृथक् थे। इसके विपरीत जनता को अपने नेतृत्व में लाने के प्रयासों के चलते दोनों का साझा परिक्षेत्र भी था। उदाहरण के लिए कई बार अभिजनों द्वारा छेड़े गये आन्दोलनों के दायरे में लामबंद जनता उनके उद्दिश्ट लक्ष्यों की सीमा तोड़ दिया करती थी। फिर भी निम्नवर्गीय जन-राजनीतिक क्षेत्र भी इतना शक्तिशाली नहीं साबित हुआ कि वह राष्ट्रवादी आन्दोलन को पूर्ण राष्ट्रीय मुक्ति के आन्दोलन के बतौर विकसित कर ले जाता। (औद्योगिक) श्रमिक वर्ग अपने सामाजिक अस्तित्व की वस्तुगत स्थितियों के चलते इतना परिपक्व न था कि वह वर्ग चेतना के साथ सक्रिय होता और किसान जनता के साथ मज़बूत गठजोड़ बनाता। इस प्रकार राष्ट्रवादी राजनीति के दोनों दायरे समग्र राष्ट्र की मुक्ति के वाहक न बन सके। इस प्रकार भारत में न तो 19वीं सदी की क्लासिकीय बुर्जुआ क्रांतियों की तरह की कोई क्रांति पूँजीवादी नेतृत्व में सम्पन्न हुई और न ही मजदूरों, किसानों के नेतृत्व में कोई नव-जनवादी क्रांति संभव हुई। गुहा के अनुसार, भारतीय राष्ट्र अपने पूर्ण स्वरूप में उभर ही नहीं सका। इसी ऐतिहासिक असफलता का अध्ययन ही औपनिवेशिक भारत के इतिहास-लेखन की केन्द्रीय समस्या है।

गुहा की इन आरम्भिक प्रस्थापनाओं और प्रतिज्ञाओं ने उत्तर- औपनिवेशिक सिद्धांतकारों को आकर्षित किया हो, यह तो स्वाभाविक है, लेकिन गुहा ठोस रूप से सबाल्टर्न परियोजना को 'इतिहास-लेखन' के क्षेत्र में ही अवस्थित कर रहे थे न कि 'सांस्कृतिक अध्ययन' के क्षेत्र में। गुहा की प्रस्थापनाओं में ज्ञान के क्षेत्र में उत्तर-संरचनावादी क्रांति का कोई अभिनिवेश नहीं है। इतिहास उनके लिए 'वस्तुगत' है। उसे बनाने वाले वास्तविक 'सामाजिक समूह' हैं। इतिहास-लेखन में विचारधारात्मक अवस्थितियों को वे महत्त्वपूर्ण मानते हैं। कुल मिला कर गुहा द्वारा परिभाषित सबाल्टर्न परियोजना में 'उत्तर-आधुनिक' ज्ञान-मीमांसा का भी कोई

प्रभाव नहीं दीखता। सबाल्टर्न परियोजना आरम्भ में उपनिवेशवादी और राष्ट्रवादी इतिहास-लेखन के बरअक्स एक ऐसी धारा के रूप में देखी जाती थी, जो मार्क्सवादी बौद्धिक लेखन पर भी सवाल उठाते हुए अपने 'सामान्यतः समाजवादी और मार्क्सवादी रुख़' को बरकरार रखती थी,[29] फिर भी सबाल्टर्न परियोजना का सिर्फ़ गुहा के इस आरम्भिक लेख से पूरा चित्र नहीं उभरता। मिशेल फूको ने विशृंखलित अतीत के अवशिष्ट अछूते टुकड़ों का उपयोग कर जिस प्रकार लैंगिकता, दंड विधान, जेलख़ानों, मनोरोग के समूचे तंत्र आदि को इतिहास लेखन के उत्तर-आधुनिक प्रकल्प का हिस्सा बनाया, उसका असर निश्चय ही सबाल्टर्न लेखक समूह पर पड़ा था। भाषिकी और साहित्य में संरचनावाद और उत्तर-संरचनावाद के प्रभाव में जो औज़ार विकसित हुए थे, सबाल्टर्न लेखक समूह उनका भी प्रयोग कर रहे थे। गुहा ने आरम्भ में सबाल्टर्न इतिहास लेखन को 'मुख्यतः' भारतीय घोषित किया था लेकिन इसमें दूसरे ऐतिहासिक और भौगोलिक सन्दर्भों से जुड़े अध्ययनों को भी समाहित किया जा रहा है। एक लैटिन अमरीकी सबाल्टर्न समूह ने भारतीय परियोजना से प्रेरणा लेते हुए सन् 1993 में अपना आधार वक्तव्य प्रकाशित किया।[30]

सन् 1988 में ऑक्सफोर्ड यूनिवर्सिटी प्रेस (न्यूयार्क) से रणजीत गुहा व गायत्री चक्रवर्ती स्पीवाक के संपादन में प्रकाशित 'सेलेक्टेड सबाल्टर्न स्टडीज़' नामक पुस्तक प्रकाशित हुई जिसका आमुख एडवर्ड सईद ने लिखा। इस संचयन का प्रकाशन कुछ अध्येताओं के अनुसार उत्तर-औपनिवेशिक सिद्धांत के दायरे में सबाल्टर्न अध्ययनों के आधिकारिक तौर पर समविष्ट किए जाने का द्योतक है।[31] गायत्री चक्रवर्ती ने इस संकलन के आमुख में सबाल्टर्न स्टडीज़ को 'उत्तर-औपनिवेशिक' सैद्धान्तिकी के चौखटे में अवस्थित किया। सबाल्टर्न परियोजना उनके अनुसार 'एक पाठ प्रक्रिया है।'[32] उनके अनुसार सबाल्टर्न परियोजना ने 'संकेत व्यवस्थाओं में आने वाले परिवर्तनों' को थाम कर भारत में उपनिवेशवाद के इतिहास को मार्क्सवादी दायरे से बाहर निकाला। उनके अनुसार मानक मार्क्सवादी अध्ययन 'उत्पादन पद्धति के आख्यान' के चश्मे से भारत के औपनिवेशिक इतिहास की व्याख्या सामंतवाद से पूँजीवाद में संक्रमण के बतौर करता है, जबकि सबाल्टर्न लेखन इस इतिहास को 'संक्रमण' की जगह 'सामना करने' के बतौर रेखांकित करता है। यहाँ हम रणजीत गुहा की आरम्भिक स्थापनाओं (जो कि मार्क्सवादी पद्धति से काफ़ी निकटता रखती हैं) का चक्रवर्ती द्वारा किया गया कायाकल्प स्पष्ट देख सकते हैं। गुहा के लिए सबाल्टर्न परियोजना न तो महज़ 'पाठ प्रक्रिया' थी और न ही उनकी पद्धति 'संकेत व्यवस्थाओं' पर एकांततः आधारित थी। उनका वर्गीय नज़रिया और इतिहास की यथार्थपरक प्रस्तुति में विश्वास उनकी आरम्भिक स्थापनाओं में स्पष्ट है। लेकिन चूँकि इस पुस्तक के संपादकों में स्वयं रणजीत गुहा एक हैं अतः यह मानने में हर्ज नहीं है कि

सबाल्टर्न का चक्रवर्ती द्वारा 'उत्तर-औपनिवेशीकरण' उन्हें मान्य होगा। गायत्री चक्रवर्ती ने उक्त लेख में सबाल्टर्न इतिहास अध्ययन का कार्यभार चेतना या संस्कृति के सिद्धांतों को गढ़ना बताया और उसकी कार्यपद्धति को 'विखण्डन' के नजदीक घोषित किया। चक्रवर्ती को सबाल्टर्न से मानववाद विरोधी आलोचनात्मक शक्ति की दरकार है लेकिन एक ऐसी इतिहास परियोजना जो कि इतिहास के दमित 'वास्तविक कर्त्ताओं' को उनका स्थान दिलाने का उद्देश्य ले कर चली उससे ये दरकार रखना अन्तर्विरोधी है। चक्रवर्ती 'ईमानदार राजनैतिक हित के लिए प्रत्यक्षवादी सारतत्त्ववाद के रणनीतिक इस्तेमाल' की इजाजत सबाल्टर्न परियोजना को देते हुए भी अपनी अपेक्षाओं को बरकरार रखती हैं। उत्तर-संरचनावादी ज्ञानमीमांसा के अनुसार तो 'कर्त्ता' वास्तव में 'पाठ' मात्र है। 'कर्त्ता' राजनीति, विचारधारा, अर्थशास्त्र, इतिहास, लैंगिकता, भाषा आदि की परतों के अपार भंगक्रम संजाल का हिस्सा है। 'कर्त्ता' और उसका 'अभिप्राय' किसी पार्थिव वास्तविकता का हिस्सा नहीं बल्कि पाठ के भीतर के तमाम प्रभावों का उत्पाद है। 'चेतना' या 'इच्छा' स्वयं पाठ की निर्मितियाँ हैं। इनका कोई अपरिवर्तनीय सारतत्त्व नहीं है और न ही वे पार्थिव ढंग से प्रत्यक्ष हैं। उत्तर-संरचनावाद किसी व्यक्तिगत कर्त्ता के विचार का ही विखण्डन करता है जबकि सबाल्टर्न परियोजना इतिहास के वास्तविक कर्त्ताओं को खोजना चाहती है। ऐसे में गायत्री चक्रवर्ती ने सबाल्टर्न पाठों में इतिहास के वास्तविक निम्नवर्गीय कर्त्ताओं की खोज को उत्तर-संरचनावादी भाषा में 'निम्नवर्गीय कर्त्ता प्रभाव' (सबाल्टर्न सब्जेक्ट इफेक्ट) का नाम दिया। अर्थात् वास्तविक जगत में 'कर्त्ता' की अवस्थिति, 'कर्त्ता' के अपरिवर्तनीय एकरूप सारतत्त्व की पूर्वकल्पना करती है, यह कर्त्ता स्वयं किसी भी अन्य के हस्तक्षेप के बग़ैर दुनिया को बदलने और बेहतरी की ओर ले जाने वाले के रूप में कल्पित है। लेकिन उत्तर-संरचनावाद ने प्रत्यक्षवाद (यह धारणा कि यथार्थ उन 'वस्तुओं' से बना है जिन्हें हम इन्द्रियानुभव की मार्फत उपलब्ध करते हैं) पराभौतिक तत्त्ववाद (यह धारणा कि माप्य इन्द्रियानुभव से परे भी ज्ञान संभव है) सारभूतवाद (यह धारणा कि वस्तुओं का ज्ञेय सारतत्त्व होता है, जो कि अपरिवर्तनीय और एकरूप है) तथा मानवतावाद (यह धारणा कि मनुष्य अपने अस्तित्व को स्वयं गढ़ने और उसे अर्थ प्रदान करने में सक्षम है और यह उसका अधिकार है) का विखण्डन किया । ऐसे में जब ये धारणाएँ सबाल्टर्न अध्ययनों में दीखती हैं तो गायत्री उन्हें उपादेय पाठीय रणनीति के बतौर व्याख्यायित करती हैं। गायत्री चक्रवर्ती ने अपने बहुचर्चित लेख 'क्या सबाल्टर्न बोल सकता है?' में इस संभावना को ख़ारिज किया कि निम्नवर्गीय कर्त्ता के वास्तविक स्वर किसी भी अध्ययन के जरिए सुने जा सकते हैं, सबाल्टर्न पाठों में ये स्वर पाठ प्रक्रिया की विनिर्मिति हैं न कि वास्तविक। गायत्री चक्रवर्ती के इन हस्तक्षेपों ने सबाल्टर्न इतिहास को 'संकेतशास्त्रीय' पाठ प्रक्रिया के रूप में परिभाषित किया।

एफ्रो-एशियाई साहित्य

विउपनिवेशीकरण के दौर में एशिया और अफ्रीका के नव-स्वतंत्र देश नज़दीक आये। एक दूसरे के साहित्य और संस्कृति के बारे में साझेदारी ने अनेक सांस्थानिक रूप ग्रहण किये। सोवियत संघ ने इस दौर में इन दो महाद्वीपों के सांस्कृतिक विनिमय में महत्त्वपूर्ण भूमिका निभाई। इसी पृष्ठभूमि में 1958 में ताशकंद में पहली एफ्रो-एशियन राइटर्स कान्फ्रेंस आयोजित की गई। इस सम्मेलन में दोनों महाद्वीपों के महत्त्वपूर्ण लेखक तथा दूसरे अंतर्राष्ट्रीय लेखक समूहों के पर्यवेक्षक मौजूद थे। कान्फ्रेंस में प्रस्ताव पारित किया गया कि अफ्रीकी-एशियाई लेखकों का स्थायी ब्यूरो बनाया जाये 'द परमानेंट ब्यूरो ऑफ एफ्रो-एशियन राइटर्स' नाम से यह ब्यूरो श्रीलंका की राजधानी कोलम्बो में स्थापित किया गया जिसके सदस्यों में भारत के मुल्कराज आनंद, पाकिस्तान के फ़ैज़ अहमद फ़ैज़, दक्षिण अफ्रीका के अलेक्स लागूमा, सोवियत संघ के अनातोनी सोफ्रोवोव तथा मिस्र के मुरसी साद अल दीन शामिल थे। इस सम्मेलन में सज्जाद जहीर को भारत की एफ्रो-एशियन राइटर्स एसोसिएशन का सचिव नियुक्त किया गया। तमाम अफ्रीकी और एशियाई देशों में इसकी राष्ट्रीय इकाइयाँ गठित हो गईं। 1962 में इसका दूसरा सम्मेलन काहिरा में हुआ और यूसुफ अल सबाई इसके अंतर्राष्ट्रीय महासचिव चुने गये। इस सम्मेलन तक ब्यूरो का हेडक्वार्टर भी कोलम्बो से हट कर काहिरा हो गया। इस दूसरे सम्मेलन में ब्यूरो ने 'प्रतिरोध का साहित्य', 'मौखिक साहित्य', 'परंपरा और प्रयोग' आदि विषयों पर सेमिनारों की शृंखला का निर्णय लिया। ब्यूरो की ओर से अरबी, अंग्रेज़ी और फ्रेंच भाषाओं में 'लोटस' पत्रिका का प्रकाशन तथा एशियाई और अफ्रीकी लेखकों के लिए 'लोटस' पुरस्कारों की स्थापना की गई। 'लोटस' पुरस्कार आगे चल कर अत्यंत प्रतिष्ठित माने गए और अफ्रीकी तथा एशियाई मुल्कों के अधिकांश रचनाकार जिनकी कृतियों का शुमार आज उत्तर-औपनिवेशिक अध्ययनों के ज़रूरी पाठों के रूप में किया जाता है, लोटस पुरस्कार से सम्मानित हुए। उदाहरण के लिए दक्षिण अफ्रीका के अलेक्स लागूमा, नाइजीरिया के चिनुअ अचेबे, सेनेगल के ओसमान सेम्बेन, केन्या के न्युगी वा थ्योंगो, फिलिस्तीन के महमूद दरवेश, अल्जीरिया के मालेक हद्दाद, पुर्तगाली उपनिवेशों के अमिलकार काबराल (गिनी बसाऊ), ऑगोस्टिनो नेटो तथा मार्सेलिनो डॉस सैन्टोस सहित सैकड़ों लेखक इस पुरस्कार से सम्मानित हुए।

भारत की अनेक भाषाओं के अधिकांश महत्त्वपूर्ण प्रगतिशील रचनाकार इस पुरस्कार से नवाज़े गए। सज्जाद जहीर के नेतृत्व में एफ्रो-एशियन राइटर्स एसोसिएशन की शाखाएँ बंगाल, उत्तर प्रदेश, आंध्र प्रदेश, पंजाब, राजस्थान और महाराष्ट्र में स्थापित की गईं। एफ्रो-एशियाई साहित्य मुख्यतः आंदोलनात्मक और वैचारिक आयाम ही लिए रहा। वामपंथी उपनिवेशवाद-विरोधी स्वर ही इसका प्रधान स्वर था। अंतर्राष्ट्रीय वाम आंदोलन के प्रभाव में इसकी शाखाएँ पूर्वी योरप के देशों

ख़ास कर पोलैण्ड, पूर्वी जर्मनी, चेकोस्लोवाकिया, हंगरी, बल्गारिया और रोमानिया में भी फ़ैलीं। सोवियत संघ को समाजवादी विचारधारा का केन्द्र मान कर चलना इस आंदोलन की शक्ति भी थी और सीमा भी। 70 के दशक के बाद अनेक अंतर्राष्ट्रीय बदलावों के चलते यह आंदोलन विघटित होता चला गया।

80 के दशक में उत्तर-औपनिवेशिक विमर्शों ने इस आंदोलन के अधिकांश उपनिवेशवाद-विरोधी लेखकों की कृतियों को वामपंथ से अलग करके उत्तर-संरचनावादी आलोचनात्मक सैद्धांतिकी के चौखटे में ढाल कर आत्मसात कर लिया।

अफ्रीकी-अमरीकी अध्ययन

अमरीका में 'अफ्रीकी-अमरीकी अध्ययन' लम्बे दौर से गुज़र कर संस्थाबद्ध हुआ। आरम्भ में इस अनुशासन के तहत अफ्रीकी मूल संस्कृति और अफ्रीकी लोगों द्वारा अपनाए गए इतर समाजों के बीच जटिल रिश्तों के अध्ययन पर बल दिया जाता था। चूंकि अधिकांश अफ्रीकी जन दास प्रथा के तहत विश्व के तमाम भागों में स्थानांतरित किए गए, अत: अमरीका (संयुक्त राज्य और लैटिन अमरीका दोनों), में बसे अफ्रीकी मूल के लोगों की संस्कृति को समझने के लिए साम्राज्यवाद का सन्दर्भ अनिवार्य हो उठा। साम्राज्यवादी दमन और हिंसा के अलावा नव-स्वतंत्र लैटिन अमरीकी समाज, देशांतरित अश्वेतों के आंदोलनों, स्वयं अफ्रीका में चले आधुनिक स्वाधीनता आंदोलनों के बीच जटिल अन्तर्सबंधों का अध्ययन इस अनुशासन के तहत महत्त्व प्राप्त करता गया। अफ्रीकी-अमरीकी अध्ययनों का संयुक्त राज्य अमेरिका के भीतर नस्लभेद की ठोस प्रक्रियाओं के लम्बे इतिहास और उसके जारी प्रभावों से सीधा संबंध था। इस कारण से 'अफ्रीकी-अमरीकी अध्ययनों' ने उन मुद्दों पर भी ज़ोर दिया जो कि 'अफ्रीकी-अमरीकियों' और नस्ल भेद के शिकार दूसरे अमरीकी समूहों (जैसे कि शिकानो समुदायों) के बीच समान थे। इस अध्ययन क्षेत्र का महत्त्व देशज लोगों के स्वाधीनता आंदोलनों के लिए भी कम न था। 'नेटिव अमरीकन इंडियन समुदाय' या इनुइट समुदाय 'अफ्रीकी-अमरीकी समुदाय' की तरह बाहर से ला कर दासों के बतौर अमरीका में नहीं बसाए गए। वे तो वहाँ के मूल निवासी थे जिन्हें आधुनिक अमरीका की बसावट के दौरान एंग्लो-सैक्सन लोगों द्वारा हिंसक सफ़ाए और विस्थापन का शिकार होना पड़ा। इस प्रकार शिकानो लोगों की तरह भाषायी नस्लीय आधार पर भेद-भाव के शिकार अन्य समुदाय जैसे फ्रांसीसी क्रियोल समुदाय, स्पैनिशभाषी अपेक्षाकृत बाद में बसे लोगों की संततियाँ हों या फिर नेटिव इंडियन समुदाय आदि। इन सब की अमरीकी समाज में अवस्थिति और इतिहास जुदा होने के बावजूद उनके साथ बरता जाने वाला भेदभाव मूलक व्यवहार कहीं ना कहीं इन सबको संख्या की दृष्टि से अपेक्षाकृत बड़े अफ्रीकी-अमरीकी समुदाय से

जोड़ता है और प्रकारांतर से अफ्रीकी-अमरीकी अध्ययनों से भी। 'उत्तर-औपनिवेशिक विमर्शों' से प्रेरित अध्ययनों में इन समुदायों की देशांतरित स्थिति, इनका विस्थापन, इनकी अजनबियत के अनुभव, अमरीकी समाज में इनकी हाशिए पर अवस्थिति और अमरीकी समाज में इनकी विषम घुलावट से उत्पन्न संकरता के अनुभवों की पृष्ठभूमि सक्रिय रही है। लेकिन 'अफ्रीकी-अमरीकी अध्ययन', 'नेटिव अमरीकी अध्ययन' या 'शिकानो अध्ययन' शाखाओं को उत्तर-औपनिवेशिक विमर्श पूरी तरह पचा नहीं सके हैं और अलग-अलग अकादमिक अनुशासनों के रूप में उनकी विशिष्टता बनी हुई है।

अश्वेत अध्ययन

उपनिवेशवाद से प्रभावित जन समुदायों के सांस्कृतिक अध्ययनों का आंरम्भिक रूप अश्वेत (ब्लैक) अध्ययनों में मिलता है। उपनिवेशवाद और दास प्रथा के जरिए देशांतरित अफ्रीकी मूल के लोगों पर केंद्रित यह अनुशासन मुख्यत: संयुक्त राज्य अमरीका में पनपा। 19वीं सदी में अश्वेत अमरीकी बुद्धिजीवी जैसे फ्रेडरिक डगलस (1817-1895), बूकर टी वाशिंगटन (1856-1901), तथा डब्लू.ई.वी. ड्यू बायस (1868-1963), आदि जो या तो जन्मजात ग़ुलाम थे या ग़ुलामों की सन्तान थे या फिर मार्कस गार्वी (1827-1940), जैसे सामाजिक नेता जो जमायका से आ कर अमेरिका में बसे, इन सबने मिल कर अश्वेतों के शिक्षण और विकास के लिए तमाम पाठ तैयार किये और संस्थाएँ खड़ी कीं। इनके द्वारा स्थापित एक कॉलेज आगे चल कर हावर्ड विश्वविद्यालय के रूप में विकसित हुआ। इन बुद्धिजीवियों ने अश्वेत अमरीकियों और कैरेबियन समाजों में अफ्रीकी सांस्कृतिक तत्त्वों की विशिष्टता के संधान पर ज़ोर दिया। 1960 के दशक के नागरिक अधिकार आंदोलनों के प्रभाव में अश्वेत अध्ययनों ने ज़ोर पकड़ा। अफ्रीकी नीग्रो देशांतरित समुदायों के जीवन के सभी पहलुओं के अध्ययन अन्वेषण के ताकतवर विमर्श के रूप में अश्वेत अध्ययनों ने संयुक्त राज्य अमरीका में सांस्थानिक रूप धारण किया। अमरीकी तथा कैरेबियन भाषिक और सांस्कृतिक व्यवहारों के अफ्रीकी मूलों के अन्वेषण पर उन्होंने ज़ोर दिया। दूसरी ओर ख़ुद अफ्रीका के सांस्कृतिक जीवन पर अलेक्जेंडर क्रमेल (1819-1898), तथा एडवर्ड ब्लाइडेन (1832-1912), जैसे अमरीकी और कैरेबियन बौद्धिकों के प्रभाव का भी अध्ययन किया गया, जिनका कि 19वीं सदी में (ख़ास तौर पर मुक्त कराए गए दासों की लाइबेरिया और सियरा लियोन में बस्तियाँ बनने के साथ), अफ्रीकी जीवन पर ख़ास असर रहा। फ्रांसीसी उपनिवेशों के नीग्रोवादी आंदोलनों (नेग्रीट्यूड) से अंशत: प्रभावित होने के बावजूद अश्वेत अध्ययन इस आंदोलन से पहले शुरू हुआ था और इस आंदोलन की समाप्ति के बाद भी बना रहा। 1960 के दशक में अश्वेत अध्ययनों पर फ्रेंज़ फैनन और उनके विचारों के

अनुयायी विचारकों का काफ़ी असर रहा। अश्वेत लोगों में दासता और भेदभाव के लम्बे इतिहास के चलते जो नकारात्मक आत्मछवि बनी, उसके निरसन के लिए अश्वेत चेतना के आंदोलन के साथ कदम मिला कर अश्वेत अध्ययन चला।

दुनिया के अन्य हिस्सों में भी अश्वेत चेतना के आंदोलनों के तत्त्वों को ग्रहण किया गया। ऑस्ट्रेलिया के आदिवासी समूहों और न्यूज़ीलैण्ड के माओरी समूहों ने 'अश्वेतता' की धारणा को एक जातीय संकेतक के बतौर अपने आंदोलनों में जगह दी। योरपीय महानगरीय केन्द्रों में भारतीय, अरब तथा अन्य ग़ैर योरपीय काले-भूरे लोगों के लिए भी 'अश्वेत' (ब्लैक) संज्ञा एक नए तरह की जातीयता की पहचान बनी।

उत्तर-औपनिवेशिकता के ज्ञानात्मक स्रोत

उत्तर-औपनिवेशिकता के ज्ञानात्मक स्रोतों में प्रमुख हैं—उत्तर-संरचनावाद और उत्तर-आधुनिकतावाद। निर्भरता सिद्धांत (डिपेंडेंसी थियरी), केन्द्र हाशिया सिद्धांत (सेंटर पेरीपफेरी थियरी), नस्लीय मनोविज्ञान (एथनो साइकॉलॉजी), नारीवाद, मार्क्सवाद, विश्व-व्यवस्थाओं का सिद्धांत (वर्ल्ड सिस्टम्स थियरी), आदि अनेक ज्ञानात्मक प्रणालियों के साथ उत्तर-औपनिवेशिक विमर्शों का संवाद और विवाद का संबंध है (जिनकी यथास्थान हम चर्चा करेंगे)। किन्तु उत्तर-संरचनावाद और उत्तर-औपनिवेशिकता के ज्ञानसिद्धांत के साथ उत्तर-औपनिवेशिकता का मूलगामी संबंध है। अतः यहाँ हम इन्हीं ज्ञानात्मक प्रणालियों की चर्चा करेंगे।

उत्तर-संरचनावाद

उत्तर-संरचनावाद और उत्तर-औपनिवेशिकता के बीच संबंध का आधार यह था कि उत्तर-संरचनावाद पश्चिमी विचार और संस्कृति के विखंडन या विरचना की पद्धति के रूप में ग्रहण किया गया और उसने कृति के वैकल्पिक पाठ का रास्ता निकाला।

पश्चिमी ज्ञान की आधिकारिकता और वैधता पर उसने ज़बर्दस्त प्रहार किया। यह संयोगमात्र नहीं कि उत्तर-संरचनावाद सबसे पहले 'मानविकी' के क्षेत्र में ज्ञानोत्पादन के स्वरूप पर योरपीय बहसों के रूप में, उस समय सामने आया जब कि विउपनिवेशीकरण का तेज़ दौर था और 1960 के दशक का छात्र आन्दोलन पश्चिमी केन्द्रों में ही पश्चिम के उपनिवेशवादी वर्चस्व को चुनौती दे रहा था। उत्तर-संरचनावाद यही चुनौती पश्चिमी ज्ञान की आधारभूत अधिमान्यताओं के सामने उपस्थित कर रहा था। अल्जीरिया के मुक्ति संघर्ष ने ख़ास तौर पर फ्रांस के बौद्धिक जगत को झकझोर दिया था क्योंकि अल्जीरिया फ्रांस का ही उपनिवेश था। फ्रांस में ही उत्तर-संरचनावाद का उदय और उसकी केन्द्रीय शख़्सियत [illegible]

अल्जीरियाई मूल के यहूदी जॉक देरिदा का होना इस सन्दर्भ में प्रतीकात्मक महत्त्व रखता है। कहा जा सकता है कि मानविकी के यूरोकेन्द्रित स्वरूप को चुनौती देने की पद्धति के रूप में ही उत्तर-संरचनावाद उत्तर-औपनिवेशिकता का ज्ञानात्मक स्रोत बना।

ज्ञान के बारे में यह मान्यता कि वह वस्तु संसार को प्रतिबिम्बित करता है, संरचनावाद के उदय के साथ ही प्रश्न के घेरे में ला दी गई। संरचनावाद के परवर्ती विकास ने ज्ञान की निर्दोषता, वस्तुनिष्ठता और सार्वभौम होने के दावों को ख़ारिज कर दिया।

ज्ञानात्मक उत्पादनों के बारे में संरचनावादी समझ ने उस रास्ते को प्रशस्त किया जिस पर चलते हुए ज्ञानोदय के समस्त मूल्यों को प्रश्नांकित करना संभव हुआ। पश्चिमी श्रेष्ठता के तमाम दावे योरपीय पुर्नजागरण और ज्ञानोदय के आधार पर किए जाते हैं। इसी आधार पर उपनिवेशवाद को 'सभ्यता प्रसार' के रूप में प्रचारित कर उसे वैध ठहराया जाता रहा।

उपनिवेशों की जनता ने तो इसे कभी नहीं माना और उपनिवेशवादी ताकतों का जम कर राजनैतिक स्तर पर मुकाबला किया, लेकिन पश्चिमी वर्चस्व के ज्ञानात्मक आधारों को चुनौती पश्चिम से ही मिली, हालांकि उसकी पृष्ठभूमि में उपनिवेशों की जनता का अथक संघर्ष ही था जिसने कि पश्चिम की 'आत्मछवि' और 'आत्मसम्मोहन' को भंग किया और पश्चिमी बौद्धिक हलकों में आत्मालोचन और आमूल परिवर्तनवादी चिंतन को प्रेरित किया।

दूसरी ओर उत्तर-संरचनावाद और उत्तर-आधुनिकता ने ऐसे तमाम मूल्यों को भी धक्का पहुँचाया जो कि भले ही पश्चिमी 'ज्ञानोदय' से निःसृत हैं किन्तु जिनका उपयोग ग़ैर-पश्चिमी समाजों के विकास के लिए भी वांछित था।

पहले हम संरचनावाद को ही लें। संरचनावाद, जैसा कि नाम से ही स्पष्ट है, का संबंध संरचनाओं से है और ख़ास तौर पर उन सामान्य नियमों की तलाश से है जिनके आधार पर वे काम करती हैं। संरचनावाद के अनुसार किसी भी तंत्र की अलग-अलग इकाइयाँ एक दूसरे के साथ संबंधों से ही अर्थवान बनती हैं।

किसी भी तंत्र के तमाम घटक कोई 'तात्त्विक' अर्थ नहीं रखते बल्कि उनका अर्थ संबंधात्मक है। किसी आख्यान के विभिन्न तत्त्वों के बीच समानान्तरता, विरुद्धता, विपर्यय या पर्याय के संबंध हो सकते हैं, लेकिन जहाँ तक आख्यान के भीतर इन संबंधों की संरचना अपरिवर्तित बनी रहती है, वहाँ तक आख्यान के अलग-अलग तत्त्वों को बदल देने से अर्थ में कोई ख़ास परिवर्तन नहीं होगा। संरचनावादी सिद्धांत किसी कृतिं के सांस्कृतिक मूल्य को विशेष महत्त्व नहीं देता। उसकी पद्धति इस बात से निरपेक्ष है कि कोई रचना महान है या नहीं। संरचनावाद की पद्धति विश्लेषणात्मक है, मूल्यपरक नहीं। संरचनावाद किसी रचना के 'स्वाभाविक' अर्थ को नहीं स्वीकार करता बल्कि वह अर्थ के संधान के लिए उन

'गहरी संरचनाओं' की तलाश करता है जो कि सतह पर नहीं दिखाई देतीं। एक तरह से, संरचनावादी पद्धति यह मानती है कि किसी भी आख्यान की संरचना ही उसकी 'अन्तर्वस्तु' है। टेरी इगल्टन के अनुसार, "यह लगभग ये दावा करने जैसा है कि आख्यान अपने ही बारे में होता है, उसकी 'विषय वस्तु' स्वयं उसके भीतरी संबंध हैं, उसकी अर्थप्रक्रिया की विधि है।"[33]

साहित्यिक संरचनावाद सन् 1960 के दशक में शुरू हुआ जबकि आधुनिक संरचनात्मक भाषा विज्ञान के जनक फर्दिनांद दे सस्यूर की पद्धति और अंतर्दृष्टि को साहित्य पर लागू करने के प्रयास शुरू हुए। सस्यूर की कालजयी कृति 'कोर्स इन जनरल लिंग्विस्टिक्स' (1916) में उनकी भाषा संबंधी केन्द्रीय मान्यता मिलती है।

सस्यूर भाषा को संकेतों का तंत्र मानते थे, जिसका अध्ययन समकालिक (synchronic) होना चाहिए अर्थात् उसे समय के एक ही बिंदु पर सम्पूर्ण मान कर पढ़ा जाना चाहिए न कि उसके ऐतिहासिक विकासक्रम (Diachronic) में। हर संकेतचिह्न संकेतक (ध्वनिचित्र, लिपिचिह्न) तथा संकेतित (धारणा या अर्थ) से मिल कर बना होता है। उदाहरण के लिए क,म,ल, ये तीन लिपिचिह्न इसी क्रम में यदि जोड़ कर लिखे जाएँ तो वे किसी हिन्दीभाषी के मस्तिष्क में एक ख़ास किस्म के फूल की धारणा उत्पन्न करेंगे। संकेतक (सिग्निफायर) और संकेतित (सिग्नीफाइड) में जो संबंध है वह यादृच्छिक है, इस संबंध के पीछे कोई अंतनिर्हित तर्क नहीं है। इसका कोई तर्क नहीं है कि क्यों क,म,ल जैसे चिह्न इसी क्रम में एक ख़ास फूल को ही द्योतित करेंगे। इनके बीच का संबंध सांस्कृतिक-ऐतिहासिक रिवाज के कारण है न कि किसी अंतनिर्हित तर्क के चलते। भाषिक तंत्र मे हर संकेतचिह्न का अर्थ उसके भीतर नहीं होता बल्कि दूसरे संकेतचिह्नों से उसकी भिन्नता से उत्पन्न होता है। यानि 'कमल' का अपने आप में कोई अर्थ नहीं। उसका अर्थ इस बात से पैदा होता है कि वह 'कमर' या 'विमल' या 'कबल' नहीं है।

अन्य सभी संकेतकों से उसकी भिन्नता या विभेदात्मकता ही किसी संकेतचिह्न में अर्थ पैदा करती है। जब तक ये विभेदात्मकता बनी रहती है तब तक उस संकेतचिह्न का उच्चारण जैसे भी हो, उसका अर्थ वही बना रहेगा। सस्यूर के अनुसार किसी भी भाषिक तंत्र में सिर्फ़ विभेद होते हैं। अर्थ किसी संकेतचिह्न में रहस्यपूर्ण ढंग से अन्तनिर्हित नहीं होता बल्कि वह 'प्रकार्यात्मक' होता है, दूसरे चिह्नों से उसकी भिन्नता का परिणाम।

सस्यूर की पद्धति वास्तव में बोली जा रही, उच्चरित हो रही भाषा यानी भाषा के उच्चारित रूप (पैरोल) से अलग संकेतचिह्नों की वस्तुगत संरचना (लांग) से संबंध रखती है जिसके बग़ैर कोई उच्चारण संभव नहीं। सस्यूर की पद्धति का वस्तुजगत की उन वस्तुओं से भी कोई संबंध नहीं है, लोग जिनके विषय में भाषा के सहारे बात करते हैं। भाषा का कोई भी प्रभावकारी अध्ययन तभी हो सकता है

जबकि उन वस्तुओं को (जिनका द्योतन भाषा करती है) कोष्ठक में बंद कर दिया जाए। संरचनावाद, सस्यूर के भाषा सिद्धान्त की पद्धति को भाषा के अलावा बहुतेरे क्रियाकलापों और विषयों पर लागू करने का वृहत बौद्धिक प्रयास है। फ्रेंडरिक जेमसन के अनुसार संरचनावाद हर चीज़ पर भाषा विज्ञान की कोटियों में पुनर्विचार करने का प्रयास है। यहाँ हम संरचनावाद के अनेक प्रयोगों, रूसी रूपवाद से ले कर संकेतशास्त्र, साहित्य विज्ञान तथा मानवशास्त्र की तफ़्सीलों में न जा कर 20वीं सदी के बौद्धिक जीवन में इसकी भूमिका पर विचार कर सकते हैं।

संरचनावाद ने यह दावा किया कि साहित्यिक रचना, भाषा के किसी भी अन्य उत्पाद की तरह ही एक निर्मिति है, जिसकी प्रक्रियाओं को किसी भी अन्य विज्ञान के विषयों की तरह ही श्रेणियों में विभाजित और विश्लेषित किया जा सकता है। संरचनावाद ने अर्थ को 'विनिर्मित' बता कर अब तक 'मायने' या 'अर्थ' की सभी पुरानी पद्धतियों पर आघात किया। अब अर्थ न तो निजी अनुभव रह गया और न ही दैवी घटना। 'अर्थ' संकेतन के कतिपय साझे तंत्रों का उत्पाद माना गया। अर्थ की इस धारणा ने उस बुर्जुआ आत्मविश्वास को करारा झटका दिया जिसके अनुसार एकाकी व्यक्तिगत 'कर्त्ता' सारे अर्थों का स्रोत था। भाषा व्यक्ति से पहले है। वह व्यक्ति की उत्पाद नहीं बल्कि व्यक्ति स्वयं भाषा का उत्पाद है। अर्थ 'नैसर्गिक' नहीं रह गया और न ही सदैव के लिए 'सुनिश्चित'। दुनिया की व्याख्या उस भाषा का प्रकार्य है जो कि आपके पास मौजूद है। अर्थ कोई ऐसी चीज़ नहीं रह गई जिसे कि सभी मनुष्य सभी जगह सहजानुभूत ढंग से अनुभव करते हैं और फिर अपनी-अपनी बोलियों और लिपियों में अभिव्यक्त करते हैं। आप किस अर्थ को अभिव्यक्त कर रहे हैं, यह उस बोली या लिपि पर प्रथमतया निर्भर है जिसमें आपका दूसरों के साथ साझा है। अब यह संभव नहीं रहा कि यथार्थ को एक ऐसी 'प्रदत्त' 'सुनिश्चित' वस्तु के रूप में देखा जाए, भाषा जिसका महज़ प्रतिबिम्बन करती है। पहले यह मान्यता रही आई कि शब्द और वस्तु में नैसर्गिक रिश्ता है, दोनों क्षेत्रों में परस्पर संगति है। भाषा विश्व को खोल कर रख देने का माध्यम थी जिस पर कोई सवाल नहीं उठ सकता था। लेकिन सस्यूर ने संकेतक और संकेतित के संबंध को यादृच्छिक बता कर भाषा के तर्कवादी और अनुभववादी दृष्टिकोण को ज़बर्दस्त झटका दिया। ऐसा कोई भी ज्ञानसिद्धान्त जो भाषा और यथार्थ के बीच संगति पर आधारित था, अब मान्य नहीं रहा।

अब यथार्थ भाषा द्वारा प्रतिबिम्बित नहीं बल्कि भाषा से 'व्युत्पन्न' माना गया। यह दुनिया को ख़ास तरह से गढ़ने की कोशिश थी जो कि उपलब्ध संकेत-तंत्रों पर निर्भर थी।

संरचनावाद की उपरोक्त मान्यताओं में अर्थमीमांसा के सामाजिक और ऐतिहासिक बीज छिपे हुए थे लेकिन इन बीजों को पनपने का अवसर ख़ुद संरचनावाद के अन्तर्विरोधों के चलते मिल न सका। वे संकेततंत्र जिनमें 'व्यक्ति'

स्वयं अवस्थित थे, संस्कृतिसापेक्ष थे, लेकिन वे गूढ़ नियम जो कि इन तंत्रों को संचालित करते थे, सार्वभौम माने गए। संरचनावाद के अधिक अतिवादी संस्करणों में भाषा के गूढ़ नियमों को सामूहिक चेतना में निहित सार्वभौम सत्य माना गया जो कि किसी भी ख़ास संस्कृति से ऊपर थे। लेवी स्ट्रॉस जैसे मानवशास्त्री इन नियमों को मानवीय मस्तिष्क की संरचना का हिस्सा मानते थे। संरचनावाद गहरे अर्थों में 'अनैतिहासिक' था।

वह मानव मस्तिष्क की संरचना में निहित ऐसे भाषिक नियमों का प्रवक्ता बन गया जो कि मानवीय इतिहास की ठोस भिन्नताओं से परे थे। संरचनावाद ऐतिहासिक परिवर्तनों के प्रति असहज रहा। सस्यूर ने भाषा के विकास को एक 'समकालिक' तंत्र का स्थान दूसरे 'समकालिक' तंत्र के द्वारा लिए जाने के रूप में देखा। सस्यूर के लिए ऐतिहासिक परिवर्तन भाषा की कुछ इकाइयों को प्रभावित करते थे और सम्पूर्ण तंत्र पर उनका प्रभाव अप्रत्यक्ष रूप में होता था। भाषा अपनी सम्पूर्णता में इन विक्षोभों को आत्मसात करके स्वयं को पुनर्संगठित कर लेती है। टेरी इगल्टन के शब्दों में, "भाषिकी के इस मॉडल में मानवीय समाज के प्रति एक ख़ास दृष्टिकोण झलकता है। परिवर्तन तत्वतः द्वंद्वहीन तंत्र में एक विघ्न या विक्षोभ मात्र है जिसके चलते वह तंत्र थोड़ा-सा डगमगाता है और फिर इस विघ्न को पार कर अपना संतुलन पुनः प्राप्त कर लेता है।"[34]

परंपरागत आलोचना ने बहुधा साहित्यिक कृति को लेखकीय मनोविज्ञान में झाँकने की 'खिड़की' समझा, संरचनावाद ने इसे सार्वभौम मस्तिष्क में झाँकने की खिड़की बना डाला। किसी रचना की सतह उसकी अदृश्य गहराइयों का प्रतिबिम्ब मान ली गई । पाठ की अपनी 'भौतिकता', उसकी विस्तृत भाषिक प्रक्रियाओं की उपेक्षा का ख़तरा उत्पन्न हो गया। रचना की सतह की सभी दृश्यमान विशेषताएँ एक सारतत्त्व में घटा दी गईं। एक केन्द्रीय अर्थ कृति के सभी पक्षों को परिव्याप्त करने वाला समझा गया। लेखक की आत्मा या दैवी चेतना की जगह कृति की 'गूढ़ संरचना' अब सारतत्त्व बन गई। पाठ स्वयं इस गूढ़ संरचना की अनुकृति था और टेरी इगल्टन के शब्दों में, 'संरचनावादी आलोचना इस अनुकृति की अनुकृति है।'

जिस क्षण संरचनावाद ने 'यथार्थ वस्तु' को अपने विश्लेषण से बाहर किया उसी क्षण उसने मानवीय 'कर्त्ता' को भी बहिष्कृत किया। कोई रचना न तो किसी वस्तु को द्योतित करती है (क्योंकि वह तो कुछ गूढ़ नियमों की ही अभिव्यक्ति है) और न ही वह किसी व्यक्तिगत कर्त्ता की कृति है, दोनों रचना से बहिष्कृत हैं। जो कुछ दोनों के बीच हवा में टंगा सा रह जाता है वह है नियमों की एक व्यवस्था।

संरचनावाद ने उच्चरित भाषा (पैरोल) को व्यक्तिगत उच्चारण माना (जबकि लांग सार्वभौम भाषिक नियम है)। क्या 'बोलने की क्रिया सचमुच महज़ वैयक्तिक है? क्या [illegible]ामाजिक' और 'संवादात्मक' नहीं हैं? दरअसल भाषा का उच्चरित

रूप सामाजिक मूल्यों और उद्देश्यों के एक पूरे दायरे में अवस्थित, बोलने और सुननेवाले के बीच का 'संवाद' है। सस्यूर भाषा की सामाजिकता को भाषिक उत्पादन के बिन्दु पर ही ख़ारिज कर देता है, जहाँ वह सबसे महत्त्वपूर्ण तत्त्व है। ठोस सामाजिक व्यक्तियों का बोलना, लिखना, सुनना, पढ़ना भाषा का सामाजिक उत्पादन है।

संरचनावाद से आगे की प्रगति फ्रांसीसी भाषाशास्त्री एमिले बेनवेनिस्टे के द्वारा व्यवहृत पद में कहें तो 'भाषा' से 'विमर्श' की ओर प्रस्थान है। 'भाषा' से यहाँ तात्पर्य 'उच्चरित' या लिखित संकेतश्रृंखला के वस्तुगत रूप से है जिसमें बोलने वाले या लिखने वाले कर्त्ता का शुमार नहीं होता।

जबकि 'विमर्श' से अभिप्राय संवाद से है जिसमें बोलने और लिखने वाले कर्त्ताओं की मान्यता निहित है, अत: पढ़ने और सुनने वालों कि सम्भाव्यता भी। रूसी दार्शनिक व साहित्यशास्त्री मिखाईल बाख़्तिन ने सस्यूर की 'वस्तुगत भाषिकी' और उसके 'व्यक्तिपरक विकल्पों' दोनों की आलोचना की। बाख़्तिन ने लांग के अमूर्त तंत्र की जगह ठोस सामाजिक संदर्भों में व्यक्तियों की मूर्त भाषिक अभिव्यक्तियों पर ध्यान केन्द्रित किया। संकेतचिह्न सिग्नल कि तरह स्थितिशील इकाई नहीं बल्कि वह 'वाक्' का सक्रिय घटक है, जो ख़ास सामाजिक स्थितियों में विभिन्न सामाजिक लहज़ों, मूल्यों और सम्पृक्त अर्थों को समाहित करके 'अर्थ' में परिवर्तित और रूपान्तरित होता है। भाषा में 'संवादधर्मिता' निहित है। अन्य के प्रति उन्मुखता के संदर्भ में भी उसका अर्थ समझा जा सकता है। चूंकि सामाजिक मूल्य और संबद्ध अर्थ लगातार बदलते रहते हैं, और 'भाषाई समुदाय' विभिन्न परस्पर-विरोधी हितों वाला विषम समाज होता है, अत: बाख़्तिन के लिए संकेतचिह्न किसी संरचना के निरपेक्ष तत्त्व नहीं होते बल्कि वे संघर्ष और अंतर्विरोधों का केन्द्र होते हैं। किसी संकेतचिह्न का क्या अर्थ है, इस प्रश्न का उत्तर इतना सीधा नहीं है और न ही प्रश्न पर्याप्त है। किसी संकेतचिह्न के वैविध्यपूर्ण इतिहास का संधान अधिक महत्त्वपूर्ण है क्योंकि परस्पर विरोधी सामाजिक समूह, वर्ग, व्यक्ति और विमर्श उसे आत्मसात करने और अपने-अपने अर्थ उसमें भर देने का अरवरत् संघर्ष चलाते रहते हैं। बाख़्तिन के लिए भाषा वैचारिक संघर्ष का क्षेत्र है न कि एकाश्मी तंत्र। संकेतचिह्न ही विचारधारा का भौतिक माध्यम है जिनके बग़ैर किसी मूल्य या विचार का अस्तित्व कायम नहीं रह सकता। बाख़्तिन भाषा की आपेक्षिक स्वायत्तता का सम्मान करते थे। भाषा सिर्फ़ सामाजिक हितों का प्रतिबिम्बन नहीं है लेकिन बाख़्तिन इस बात पर भी बल देते हैं कि कोई ऐसी भाषा नहीं है जो कि निश्चित सामाजिक संबंधों से असंपृक्त हो और ये सामाजिक संबंध वृहत्तर राजनीतिक, वैचारिक और आर्थिक व्यवस्थाओं का हिस्सा हैं।

शब्द हरदम किसी मनुष्य द्वारा दूसरे मनुष्य के प्रति कहे गए होते हैं, अत: बहुस्तरीय होते हैं। यह व्यावहारिक संदर्भ ही उनके अर्थ को आकार देता और

परिवर्तित करता है। चूंकि सभी संकेतचिह्न भौतिक हैं, उतने ही भौतिक जितने कि इंसान के शरीर या अन्य वस्तुएँ और चूंकि इन भौतिक अस्तित्व रखने वाले शब्दों के बग़ैर कोई मानवीय चेतना संभव नहीं, अत: बाख़्तिन का भाषा सिद्धान्त चेतना के ही भौतिकवादी सिद्धान्त का आधार बनता है। मानवीय चेतना व्यक्ति की 'अन्य' के साथ सक्रिय, भौतिक, सांकेतिक अंत:क्रिया है, न कि इन संबंधों से विरहित कोई बन्द आंतरिक दायरा। चेतना भाषा की ही तरह व्यक्ति या कर्त्ता के 'अन्दर' और 'बाहर' दोनों है। भाषा न तो महज़ 'अभिव्यक्ति' या 'प्रतिबिम्बन' है और न ही कोई अमूर्त व्यवस्था, बल्कि उसे उत्पादन के भौतिक साधन के बतौर देखा जाना चाहिए जिसके तहत संकेतचिह्न का भौतिक आकार सामाजिक संघर्षों और संवादों की प्रक्रिया के जरिए 'अर्थ' में रूपान्तरित होता है।

संरचनावाद से उत्तर-संरचनावाद की ओर संक्रमण सस्यूर के भाषा सिद्धान्त की कुछ मूलभूत विशेषताओं पर सवालिया निशान लगाने से शुरू हुआ। सस्यूर के भाषा चिन्तन में संकेतचिह्न या शब्द, संकेतक और संकेतित की साफ़ सुथरी एकता को व्यक्त करता है। लेकिन उत्तर-संरचनावाद ने अर्थ को संकेतकों के जटिल और अंतहीन खेल के रूप में परिभाषित किया। संरचनावाद अर्थ को एक संकेतक से दूसरे संकेतक की भिन्नता का परिणाम मानता था लेकिन संकेतक और संकेतित की एकता की व्याख्या उसके पास नहीं थी। यदि 'कमल' का अर्थ इस बात से पैदा होता है कि वह 'कलम' से भिन्न है तो 'कलम' का अर्थ 'दलम' या 'कलप' से भिन्न होने से निश्चित होता है। इस तरह भिन्नता या विभेद से अर्थ प्राप्ति की प्रक्रिया अनंत है। हरेक चिह्नविभेदों की अंतहीन शृंखला से बना है। ऐसे में भाषा को एक बंद और स्थिर संरचना नहीं माना जा सकता।

उत्तर-संरचनावाद ने संकेतक और संकेतित के बीच कोई सुनिश्चित अंतर को भी मानने से इनकार कर दिया। उदाहरण के लिए किसी शब्द (चिह्न) का अर्थ जब हम शब्दकोश में देखते हैं तो हमें अर्थ के रूप में दूसरे शब्द (चिह्न) मिलते हैं। वे स्वयं ही संकेतक हैं और फिर उनके द्वारा संकेतित वस्तु की तलाश आगे भी जारी रहती है और अंतत: अनंत है। संकेतक संकेतित में और संकेतित संकेतक में सतत् रूपांतरित होते रहते हैं और हम अंतत: ऐसे किसी अंतिम संकेतित तक नहीं पहुँच सकते जो स्वयं में संकेतक न हो। अर्थ प्रक्रिया की यह प्रकृति भाषा तक सीमित नहीं बल्कि पदार्थमय जगत में भी विद्यमान है। मसलन भिन्नता या विभेद से अर्थ की प्राप्ति का बहुप्रचलित उदाहरण ट्रैफिक सिग्नल का दिया जाता है। यानी ट्रैफिक सिग्नल की लालबत्ती का अर्थ 'रुक जाओ' इसलिए है कि वह हरी या पीली बत्ती नहीं है जिसका अर्थ क्रमश: 'चलो' या 'चलने के लिए तैयार रहो' होता है। इस उदाहरण में ही यह निहित है कि सिग्नल की लाल, हरी या पीली बत्ती संकेतक है जबकि 'रुको', 'चलो' और 'चलने के लिए तैयार रहो' संकेतित हैं। स्पष्ट है कि लाल, हरी या पीली बत्ती शब्द नहीं बल्कि भौतिक वस्तुएँ हैं जो

कि शब्द (चिह्न) न होने के बावजूद संकेतक है। ऐसे में अर्थ प्रक्रिया भाषा और ग़ैर-भाषा दोनों में संचरित है। उत्तर-संरचनावाद के मुताबिक सब कुछ एक पाठ (टेक्स्ट) है, और पाठ के बाहर कुछ नहीं है। गोपीचंद नारंग के शब्दों में, "गरज वैज्ञानिक तन्त्र गठित करने के लिए तथा भाषा के सकारात्मक कर्म निष्पादन का दार्शनिक औचित्य ढूँढ़ने के लिए सस्यूर ने संकेतक/संकेतित की विभेदक संकल्पनाओं मे टाँका लगा कर उनमें अद्वितीयत्व उत्पन्न कर दिया और अपने मूल अन्वीक्षण के संभ्रमकारी निहितार्थों पर नियंत्रण पा लिया। देरिदा एवं सस्यूर की विचारणा में अंतर बस यही है कि सस्यूर ने भाषा के जिस विभेद को वश में करने के लिए संकेत के एकत्व को स्थापित किया था, देरिदा ने अपने तार्किक बल से उसे खण्ड-खण्ड कर दिया और तर्कपूर्ण ढंग से विभेद को स्थैर्य प्रदान कर दिया। दूसरे शब्दों में संकेतक संकेतित के मध्य एकत्व का जो टांका सस्यूर ने लगाया था, देरिदा ने उसे विघटित कर दिया और तर्क की दृढ़ता से सिद्ध कर दिया कि भाषा में संकेतक एवं संकेतित अपने-अपने विभेदों में ही प्रभावकर हैं तथा उनमें पूर्ण एका अशक्य है। ये दोनों अरवरत् अपने स्थान से खिसकते रहते हैं। उदाहरण के लिए, एक संकेतक के संकेतित के निर्धारण हेतु जिन तत्त्वों की आवश्यकता होती है, वे स्वयं भी संकेतित हैं, फिर उनके निर्धारण हेतु दूसरे संकेतक की आवश्यकता होती है, फिर उन दूसरों के लिए दूसरों की और उन दूसरों के लिए और भी दूसरों की और यों यह क्रम कभी समाप्त नहीं होता। अर्थात् अर्थ निरंतर आवर्तन में है और उसको किसी 'केन्द्र' के अंतर्गत नहीं लाया जा सकता।"[35]

उत्तर-संरचनावाद के सबसे प्रभावशाली आचार्य जॉक देरिदा ने प्रस्तावित किया कि अर्थ चिह्न में प्रत्यक्षतः उपस्थित नहीं रहता। चूंकि किसी चिह्न का अर्थ इस बात से प्रकट होता है कि वह चिह्न 'क्या नहीं है', अतः अर्थ एक तरह से चिह्न में 'अनुपस्थित' भी रहता है। अर्थ 'संकेतकों' की एक पूरी श्रृंखला में बिखरा छितराया रहता है, वह कभी भी किसी एक चिह्न में उपस्थित नहीं रहता। 'अर्थ' किसी चिह्न में उपस्थिति और अनुपस्थिति की झिलमिलाती लौ की तरह है। दूसरे, यह कि भाषा एक कालगत प्रक्रिया है। जब हम किसी वाक्य को पढ़ते हैं तो उसका अर्थ सदैव किसी न किसी तरह से स्थगित रहता है, एक ऐसी चीज़ की तरह जो अभी स्थगित है और आगे आनेवाली है। एक संकेतक हमें दूसरे संकेतक तक पहुँचाता है और पिछले अर्थ आगे आनेवाले अर्थों के आलोक में बदलते चले जाते हैं। वाक्य का तो अंत हो जाता है, लेकिन इस भाषिक-प्रक्रिया का कहीं अंत नहीं होता। कोई भी वाक्य सिर्फ़ यांत्रिक ढंग से एक के बाद एक शब्दों को रख देने से नहीं बनता। वाक्य में शब्द एक संयोजन में अर्थवान होते हैं। वाक्य में हरेक शब्द पहले आ चुके शब्दों की झलक लिए रहता है और आगे आने वाले शब्दों की झलक के लिए ख़ुद को खुला रखता है। हरेक संकेतचिह्न तमाम दूसरे संकेतचिह्नों में झिलमिलाती, घूमती-विचरती अर्थ-श्रृंखला में ही सार्थक है। हरेक

संकेतचिह्न का अर्थ बाकी सभी संकेत चिह्नों को ले कर ही बना है। अतः कोई भी चिह्न न तो 'शुद्ध' है, (अर्थात् दूसरे शब्दों की 'छूत' से मुक्त) और व ही 'पूर्णतः अर्थवान' (अर्थात् आगे पीछे के समस्त चिह्नों से स्वतंत्र)। अर्थ प्रक्रिया कभी भी पूर्ण नहीं होती।

किसी संकेतचिह्न में उन चिह्नों की भी 'झलक' होती है जिनसे भिन्नता के आधार पर उसका अर्थ ग्रहण किया जाता है। मसलन 'कमल' इसीलिए 'कमल' है क्योंकि वह 'दलम' या 'कलम' नहीं है अर्थात् 'दलम' या 'कलम' को बहिष्कृत करके ही 'कमल' का अर्थ प्राप्त होता है। देरिदा के भाषा चिन्तन में 'कमल' के 'कमल' होने के लिए जिस 'दलम' या 'कलम' का निषेध या बहिष्कार किया गया, उनकी भी झलक 'कमल' में रह जाती है। गोपीचंद नारंग लिखते हैं, "इस प्रकार सस्यूर की .विचारणा पर नए सिरे से मनन करने और उसकी सर्वाधिक गहरी अंतर्दृष्टि (अर्थात् भाषा विभेदात्मक संबंधों से संयोजित है, बिना किसी विधेयात्मक तत्त्व के) को स्वीकार करने से देरिदा को वह आधार प्राप्त हुआ, जिस पर देरिदा का विभेदात्मक सिद्धान्त (DIFFERENCE) अवलंबित है, जो विरचनावाद का केन्द्रीय नुक्ता है। DIFFERENCE देरिदा का विशेष शब्दबंध है। फ्रांसीसी शब्द DIFFERENCE अंग्रेज़ी शब्दों DIFFERENCE (विभेद) और DIFFERENCE (स्थगन) के मध्य का शब्द है और युगपत् दोनों अभिप्रायों को समेटे हुए है। अर्थात् भाषा-तन्त्र में अर्थ 'भेद' से भी उत्पन्न होते हैं और 'स्थगन' से भी। कहने को यह छोटी-सी बात है, किन्तु इस अवधारणा के निहितार्थ इतने व्यापक एवं दूरगामी हैं कि इसी की सहायता से देरिदा पाश्चात्य पराभौतिकता की उन सारी अवधारणाओं को निर्धारित अर्थ से विस्थापित कर सका, जो वरीयतागत क्रम पर टिकी थीं। देरिदा 'DIFFERANCE' अर्थात् विभेद की संकल्पना को एक संरचना एवं आन्दोलन घोषित करता है, जिसकी तीन विशेषताएँ हैं : प्रथम यह कि उसके अनुसार भाषा के तत्त्वों में विभेद तथा उसके कारण अर्थोत्पत्ति का खेल जारी रहता है। दूसरे यह कि उपस्थित तत्त्व तो अर्थ देते ही हैं, अदृश्य तत्त्व भी, जिनमें विभेद स्थापित होता है, अर्थोत्पत्ति की प्रक्रिया में अपने अदृष्ट से प्रभावकर होते हैं। देरिदा अदृष्ट की अवधारणा को 'ट्रेस' (झलक) कहता है। तीसरे यह कि भाषा के प्रभावकर तत्त्वों के मध्य अंतराल (SPACING) होता है। लेखन हो या वक्तृत्व, इस दूरत्व या विराम या मौन की फांक भी अर्थ के विभेद एवं स्थगन की प्रक्रिया में अत्यंत महत्त्वपूर्ण भूमिका निभाती है।"[36]

अर्थ कभी भी संकेतचिह्न से समरूप नहीं होता। वह सदैव ही विभेद की अनंत प्रक्रिया में संचरित है। वह कभी-कभी 'स्थगित' भी रहता है। 'अर्थ' इस कारण से भी समरूप नहीं रहता क्योंकि संकेतचिह्न सदैव ही दोहराए जा सकते हैं। संकेतचिह्न कोई ऐसा चिह्न नहीं जो सिर्फ़ एक बार अवतरित हुआ हो। इस प्रकार 'दोहराया जाना' किसी भी संकेतचिह्न की पहचान का हिस्सा है, लेकिन यह

दोहराया जाना उसकी पहचान या समरूपता को विभाजित भी करता है क्योंकि वह सदैव ही अलग-अलग संदर्भों में दोहराया जा सकता है और हर संदर्भ में उसका अर्थ बदल जाएगा। किसी संकेतचिह्न का 'आरंभिक' अर्थ क्या है, उसके प्रयोग का 'आरंभिक' संदर्भ क्या था यह जानना मुश्किल है। बावजूद इसके कि अलग-अलग संदर्भों में भी किसी संकेतचिह्न के अर्थ की एक संगति होती है (अन्यथा वह पहचाना ही नहीं जा सकेगा), बदले हुए संदर्भ में दोहराते ही उसका अर्थ निरपेक्षतः वही नहीं होगा, समरूप नहीं होगा, बल्कि बदल जाएगा। टेरी इगल्टन ने उदाहरण देते हुए लिखा है, "अंग्रेज़ी शब्द (CAT) का अर्थ एक रोएंदार चार पैरों वाला जानवर हो सकता है, एक दुष्ट व्यक्ति हो सकता है, गांठदार सोंटा हो सकता है, एक अमरीकी हो सकता है, छः पैरों वाली तिपाई हो सकता है, जहाज़ के लंगर को ऊँचा करने का क्षैतिज दण्ड हो सकता है, एक छोटे आकार की नुकीली छड़ी हो सकता है, आदि लेकिन यदि रोएंदार चार पैरों वाले जानवर का ही अर्थ लिया जाये, तो भी यह अर्थ एक से दूसरे संदर्भ में 'वही' नहीं रह जाएगा। 'संकेतित' संकेतकों की शृंखला में उलझ कर कुछ अलग हो जाएगा।"[37]

संरचनावाद ने भाषा को एक सुव्यवस्थित सुपरिभाषित तंत्र समझा था जिसमें संकेतितों और संकेतकों की प्रतिसम एकता थी, लेकिन उत्तर-संरचनावाद में भाषा पसरते हुए अनंत संजाल की तरह नज़र आने लगी जिसके तत्त्वों में लगातार संचरण और अदला बदली चलती रहती है। कोई भी तत्त्व निरपेक्षतः परिभाषित नहीं है, हर 'तत्त्व' बाकी सब तत्त्वों के साथ गुंथा है और हरेक का अर्थ बाकी की 'झलक' लिए हुए है। उत्तर-संरचनावादी भाषिकी ने यह स्थापित किया कि संकेतचिह्न में कुछ भी पूर्णतया 'उपस्थित' नहीं है। टेरी इगल्टन के शब्दों में, "यदि मैं विश्वास करूँ कि अपने कहे या लिखे के माध्यम से मैं आपके सामने पूर्णतया उपस्थित हूँ तो यह एक भ्रम है, क्योंकि संकेतचिह्नों के प्रयोगमात्र में ही निहित है कि मेरा अर्थ सदैव ही छितरा हुआ और विभाजित होगा और कभी भी ख़ुद से समरूप न होगा। न केवल मेरा (इच्छित) अर्थ बल्कि स्वयं मैं (अर्थ की विभाजक प्रक्रिया से आज़ाद नहीं हूँ) क्योंकि भाषा से मैं स्वयं बना हूँ। भाषा महज़ एक सुविधाजनक औजार नहीं जिसे मैं इस्तेमाल करता हूँ। (अतः) यह विचार कि मैं एक स्थिर, एकरूप इन्सान हूँ, अपने आप में ही एक कल्पना है। न केवल मैं आप के सम्मुख पूर्णतया उपस्थित नहीं हूँ, बल्कि ख़ुद के लिए भी पूर्णतः उपस्थित नहीं हूँ। मुझे अपने ही मस्तिष्क और 'आत्मा' में झाँकन-टटोलने के लिए संकेतचिह्नों के प्रयोग की ज़रूरत होती है, जिसका मतलब यह है कि मैं स्वयं अपने ही साथ 'पूर्ण तादात्म्य' कभी भी अनुभव नहीं कर सकता। ऐसा नहीं कि मेरे पास शुद्ध निष्कलुष अर्थ, इच्छा या अनुभव है जो कि भाषा के ख़राब माध्यम में पड़ कर अपवर्तित या विकृत हो जाता है क्योंकि भाषा वह प्राणवायु है जिसमें मैं

साँस लेता हूँ, (अत:) मेरे पास कभी भी विशुद्ध, निष्कलुष अर्थ या अनुभव नहीं हो सकता।''[38]

जहाँ संरचनावाद ने 'कर्त्ता' को 'पाठ' से महज़ बहिष्कृत किया था, वहीं उत्तर-संरचनावाद ने 'कर्त्ता' को 'स्थिर' 'अखंड' इकाई समझने को ही भ्रम सिद्ध कर दिया। संरचनावाद द्वारा भाषिकी के तंत्र से 'कर्त्ता' को बाहर रखने के कारण पश्चिमी दर्शन की 'वाक् केन्द्रिकता' को कोई चुनौती नहीं मिली। संरचनावाद इस प्रश्न से टकराता ही नहीं। उदाहरण के लिए यदि कोई यह तर्क दे कि लिखने के स्थान पर अपनी आवाज़ ख़ुद सुनने से 'आत्म-तादात्म्य', विशुद्ध, निष्कलुष, स्व इच्छित अर्थ और अनुभव संभव है, तो संरचनावाद के पास इस दावे की कोई काट नहीं है।

''मेरे बोले गए शब्द मेरी चेतना के लिए तत्काल उपस्थित हैं, और मेरी आवाज़ उनका (आत्मीय शब्दों का) स्वत:स्फूर्त माध्यम है। इसके विपरीत लेखन में मेरा (इच्छित) अर्थ मेरे नियंत्रण के बाहर चला जाता है। मेरे विचार मुद्रण के निर्वैयक्तिक माध्यम में पैबस्त हो जाते हैं और चूंकि मुद्रित पाठ का टिकाऊ, भौतिक अस्तित्व होता है अत: उसका वितरण, पुनरुत्पादन, उद्धरण सदैव ही संभव है। किस प्रकार और किन अर्थों के लिए मेरे मुद्रित पाठ का इस्तेमाल होगा इसका न तो मुझे पूर्वाभास हो सकता है और न ही मेरी मंशा का उस पर कोई नियंत्रण रह जाता है। लेखन मेरे अस्तित्व को मुझसे छीन लेता है, वह संप्रेषण का दोयम दर्जे का माध्यम है, वाक् का महज़ एक लिप्यंतरण, अत: सदैव ही मेरी चेतना से किंचित दूर।''[39]

टेरी इगल्टन का उपरोक्त उद्धरण सीधे सरल शब्दों में प्लेटो से ले कर लेवी स्ट्रॉस तक पश्चिमी दार्शनिक परंपरा की वाक् केन्द्रिकता को प्रस्तुत करता है। इस परंपरा में लेखन लगातार एक निर्जीव, अलगाव उत्पन्न करने वाली अभिव्यक्ति के रूप में निंदा का पात्र रहा। इस पूर्वाग्रह के पीछे 'मनुष्य' के बारे में एक निश्चित धारणा काम करती है। धारणा यह है कि मनुष्य अपने इच्छित अर्थ को स्वत: स्फूर्त ढंग से पैदा और अभिव्यक्त करने में सक्षम है, उसे स्वयं पर पूरा अधिकार है और उसे अपने अन्तरतम के पारदर्शी माध्यम के बतौर भाषा पर वर्चस्व हासिल है। लेकिन यह धारणा इस बात को समझने में असफल है कि 'सजीव ध्वनि' मुद्रण की तरह ही भौतिक है, चूंकि बोले गए संकेतक, लिखे गए संकेतकों की तरह भिन्नता और विभेद की प्रक्रिया में ही अर्थवान होते हैं। वक्तृत्व स्वयं उसी तरह लेखन का एक प्रकार माना जा सकता है जैसे कि 'लेखन' को वक्तृत्व का दोयम दर्जे का प्रकार माना जाता है। देरिदा के शब्दों में, 'स्पीच इज़ आलवेज़ आलरेडी रिटेन' (वाक् सदैव ही पहले से ही लिखित है)। गोपीचंद नारंग के शब्दों में, ''पाश्चात्य परंपरा, जो मूलत: ईसाई परंपरा है, उसमें बाइबिल के अनुसार, 'लोगोस' सम्पूर्ण जगत् के अस्तित्व का प्रतिभू है, यह निमित्त है और शेष सब

प्रकटन। यहाँ से देरिदा एक मोड़ लेता है। वह कहता है कि बाइबल में शब्द 'गॉड' यद्यपि लिखा हुआ है किन्तु 'गॉड' वस्तुतः बोला जानेवाला शब्द है। बोला जाने वाला शब्द जिसे एक जीवित शरीर ने बोला है, अपेक्षया एक लिखित शब्द के मूल विचार से निकटतर होता है। देरिदा इससे यह निष्कर्ष निकालता है कि लेखन पर वक्तृत्व की प्राथमिकता (जिसको वह 'ध्वनि केन्द्रत्व' कहता है)—'शब्द केन्द्रत्व' का शास्त्रीय वैशिष्ट्य है।

'ध्वनि केन्द्रत्व' के अनुसार लेखन वस्तुतः वक्तृत्व (वाक्) का वह रूप है जो संभाषण का मिश्रण लिए हुए है। संभाषण सदैव मूल विचार से अधिक निकट होता है। जब हम वक्तृत्व (वाक्) का श्रवण करते हैं तो हम उसे 'उपस्थिति' से संबद्ध करते हैं, जिसकी लेखन में कमी महसूस होती है। किसी भी बड़े वक्ता, अभिनेता अथवा राजनितिज्ञ के वक्तृत्व के संबंध में निरंतर अनुभव होता है कि यह 'उपस्थिति' रखता है। यों भी कहा जा सकता है कि वक्तृत्व वक्ता की आत्मा का मूर्त रूप है। वक्तृता की तुलना में लेखन अशुद्ध है और अपने तंत्र को लेखनगत संकेतों से प्रदूषित करता है, जो निःसंदेह अपेक्षाकृत स्थायी है। लेखन को दोहरा सकते हैं, सुरक्षित कर सकते हैं, बार-बार मुद्रित कर सकते हैं। और यह आवृत्ति, विवृत्ति और पुनर्विवृत्ति के अंतहीन क्रम का मार्ग खोल देती है। वक्तृत्व की भी जब विवृति की जाती है तो सामान्यता ऐसा उसको शब्दबद्ध करके ही संभव है। लेखन के लिए कृतिकार की 'उपस्थिति' आवश्यक नहीं। इसके विपरीत वक्तृता से आशय वक्ता की तात्कालिक 'उपस्थिति' से है। वक्ता का स्वर हवा में विलयित हो जाता है तथा उसका कोई चिह्न शेष नहीं रहता। इसीलिये वक्तृत्व के विचार में मिश्रण का अभिरंजन नहीं जो लेखन में शक्य है। प्राचीन दर्शनविदों ने इसीलिए लेखन का विरोध किया है क्योंकि वे भयभीत थे कि लेखन से दार्शनिक सत्यता की प्रभुता समाप्त हो जायेगी। उनका कहना था कि सत्यता विशुद्ध चिन्तन पर आधृत नहीं है', (तर्क, विचार, दार्शनिक प्रस्थापनाएँ) उनको लेखन से प्रदूषण की आशंका थी। फ्रांसिस बेकन ने परिवाद किया था कि वैज्ञानिक उन्नति में सबसे बड़ा रोध वाग्मिता प्रेम है। लोग शब्दों के महत्त्व एवं आलंकारिकता के पीछे भागते हैं न कि तर्कणा के बल और पदार्थ के महत्त्व के पीछे, तथापि जैसा कि शब्द 'वाग्मिता' से प्रकट है, लेखन की वे विशेषताएँ जिनका बेकन विरोध करता है वस्तुतया वक्तृकों की ही उत्पत्ति हैं, अर्थात् लेखन की वे विशेषताएँ जिनसे विचारों की विशुद्धता को ख़तरा था, मूलतः वक्ताओं के वक्तृत्व के लिए ही निर्मित की गई थीं।

ऊपर की बहस से अंदाज होगा कि लेखन एवं वक्तृत्व का यह युग्म उस 'श्रेणीबद्ध वरीयतापरक क्रम' का दृष्टांत है, जिसको देरिदा हिंसात्मक वरीयतागत क्रम (VIOLENT HIERARCHY) कहता है। वक्तृत्व में 'उपस्थिति' पूर्ण है, जबकि लेखन अप्रधान है और वक्तृत्व में प्रदूषण की आशंका उत्पन्न करता है।

देरिदा कहता है कि पाश्चात्य दर्शन ने इस 'वरीयतागत क्रम' को शेष रखा, इसीलिए कि वह 'उपस्थिति' की रक्षा करना चाहता था। तथापि जैसा कि बेकन के वक्तव्य से स्पष्ट है कि इस वरीयतापरक क्रम को अस्त-व्यस्त भी किया जा सकता है और उलटाया भी जा सकता है। इसको प्रतिलोमित करके कह सकते हैं कि वक्तृता मूलतः लेखन का ही एक रूप है। क्योंकि बोलते समय शब्द बराबर मस्तिष्क में रहता है। महत्त्वपूर्ण दार्शनिक संकल्पनाओं के 'श्रेणीबद्ध वरीयतापरक क्रम' को यों प्रतिवर्तित कर देना देरिदा के 'विरचनावाद' के सिद्धांत का पहला पड़ाव है।''[40]

जिस तरह पश्चिमी दर्शन 'ध्वनि केंद्रित' (सजीव आवाज़ को लिपि के ऊपर महत्त्व देना) है, उसी तरह वह व्यापक अर्थ में 'शब्द केंद्रित' भी है। उसका विश्वास किसी मूलभूत 'शब्द' में है, जो कि उपस्थित है, सारतत्त्व है, सत्य है या यथार्थ है जो कि हमारे समस्त विचार, भाषा और अनुभव का आधार है। पश्चिम के दर्शन ने सदैव ही ऐसे मूलभूत संकेतचिह्न की इच्छा की है जो कि बाकी समस्त चिह्नों को अर्थ प्रदान कर सके। एक ऐसा संकेतचिह्न जो सबसे परे, सबसे ऊपर, सर्वातीत 'संकेतक' हो और ऐसा सर्वातीत 'संकेतित' भी (यानी सबको बाँधने वाला प्रश्नातीत अर्थ) जिसकी ओर समस्त चिह्न इंगित करते हैं। ऐसे अनुभवातीत, लोकोत्तर (TRANSCEDENTAL) 'संकेतक' या 'संकेतित' की भूमिका में समय-समय पर पश्चिमी दर्शन ने जिन धारणाओं को उतारा है, उनमें ईश्वर, प्रत्यय, विश्वचेतना, आत्मा, तत्त्व, पदार्थ आदि आते हैं। चूंकि इनमें से हरेक धारणा हमारे विचार और भाषा के समूचे तंत्र की आधारभूमि मानी जाती है, ऐसे में उस तंत्र से परे उसका अस्तित्व अपरिहार्य हो उठता है। वह भाषिक विभेदों के खेल से उत्पन्न विकारों से सर्वथा मुक्त है। उसे निश्चय ही उन भाषाओं के खेल में शामिल नहीं माना जा सकता जिन्हें वह व्यवस्था प्रदान करती है, एक सूत्र में बाँधती है। वह भाषिक विमर्शों से बाहर और उनकी उत्पत्ति से पहले विद्यमान होनी चाहिए। यह धारणा निश्चित ही अर्थवान होनी चाहिए, लेकिन उसका अर्थ अन्य अर्थों की तरह भिन्नता और विभेद का उत्पाद नहीं है। उसे सभी 'अर्थों का अर्थ' होना चाहिए, सम्पूर्ण विचार तंत्र की धुरी, एक ऐसा संकेतचिह्न होना चाहिए जिसके इर्द-गिर्द बाकी सभी चिह्न चक्कर लगाते हों तथा जिसे सभी चिह्न आज्ञाकारिता के साथ अभिव्यक्त करते हों।

उत्तर-संरचनावादी भाषिकी ने ऐसे किसी भी अनुभवातीत, लोकोत्तर अर्थ को महज़ एक कल्पना माना भले ही वह एक आवश्यक कल्पना हो। कोई धारणा ऐसी नहीं हो सकती जो कि संकेतन के खुले खेल से आज़ाद हो, जो कि दूसरी धारणाओं की 'झलकों' और 'अंशों' से बिद्ध न हो। होता महज़ इतना है कि संकेतकों के खेल से निकले अर्थों में से कुछ ख़ास अर्थों की सामाजिक विचारधाराओं द्वारा विशिष्ट पदोन्नति हो जाती है, इन ख़ास अर्थों को एक ऐसे

केन्द्र के रूप में स्थापित कर दिया जाता है जिनकी ओर बाकी सभी अर्थों को जबरन मुख़ातिब होना पड़ता है। उदाहरण के लिए पश्चिमी समाजों में स्वतंत्रता, परिवार, लोकतंत्र, स्वाधीनता, सत्ता, व्यवस्था आदि धारणाएँ। कई बार इनके अर्थ दूसरे सभी अर्थों के मूल या स्रोत मान लिए जाते हैं। लेकिन उत्तर-संरचनावादी अर्थमीमांसा ने यह दिखलाया कि इन धारणाओं का अर्थ संभव ही नहीं था जब तक कि अन्य संकेतक नहीं होते जिनके साथ अनंत विभेदन की प्रक्रिया में इनके अर्थ निश्चित हुए होंगे। 'मूल', 'आदि' या 'स्रोत' जैसी धारणाओं की समस्या यह भी है कि हर बार उनके भी मूल में जाने की इच्छा होती है यानी मूल की खोज अनंत है और असंभव है। ऐसी केन्द्रवर्ती धारणाओं के सिर्फ़ मूलगामी अर्थ ही स्थिर नहीं किये जाते हैं, कई बार ये धारणाएँ 'लक्ष्य' की तरह परिभाषित की जाती हैं। अन्य सभी 'अर्थों' का ध्येय इस 'अन्तिम अर्थ' तक पहुँचना मान लिया जाता है। जीवनयापन और इतिहास को एक अंतिम 'लक्ष्य' (अर्थ) की ओर उन्मुख मानने की धारणा (TELEOLOGY) महत्त्व की दृष्टि से 'अर्थों' का 'व्यवस्था क्रम' और 'वरीयता क्रम' निर्धारित करती है। लेकिन इतिहास या भाषा का ऐसा एकरेखीय विकासक्रम संकेतचिह्नों के जटिल संजाल के भाषिक मॉडल के सर्वथा विपरीत है जिसमें भाषा के तत्त्व आगे और पीछे, सम्मुख और अगल-बगल तथा उपस्थित और अनुपस्थित के बीच संचरणशील रहते हैं। उत्तर-संरचनावाद ने संकेतचिह्नों के संजाल जैसी जटिलता को ही 'पाठ' का नाम दिया है।

देरिदा ने ऐसी किसी भी विचारधारा को 'तत्त्ववाद' (तत्त्वमीमांसा) कहा जो कि किसी अपरिवर्तनीय आधार पर खड़ी है, किसी प्राथमिक सिद्धांत पर खड़ी है, जिस आधार पर अर्थों का वरीयताक्रम निर्मित किया जा सके। देरिदा यह मानते हैं कि इन प्राथमिक सिद्धांतों (FIRST PRINCIPLES) से बचा नहीं जा सकता क्योंकि पूरी विचार परंपरा में इनकी जड़ें गहरी हैं, लेकिन इनके नज़दीकी परीक्षण से यह दिखाया जा सकता है कि ये स्वयं अर्थों की एक ख़ास संहिता के परिणाम हैं न कि सार्वभौम सत्य। यह दिखलाना ही 'विखण्डन' या 'विरचना' है। 'प्राथमिक सिद्धांत' आम तौर पर उस चीज़ से परिभाषित होता है जिसे वो वर्जित करता है। सारे ही प्राथमिक सिद्धांत 'द्विचर विरोधों' (BINARY OPPOSITION) से परिभाषित हैं। संरचनावाद इस 'द्विचर विरोध' का ही सिद्धान्त है, जबकि उत्तर-संरचनावाद इसे पलटता है। टेरी इगल्टन इस प्रक्रिया को यों समझाते हैं,'' किसी पुरुष वर्चस्व वाले समाज में पुरुष ही आधारभूत हैं और स्त्री उसका निषिद्ध या वर्जित विलोम, और जब तक यह विभेद सख़्ती से बनाये रखा जाता है, तब तक समूचा तंत्र प्रभावशाली ढंग से कार्य करता रहता है। 'विखण्डन' उन आलोचनात्मक क्रियाओं का नाम है जिनके जरिए इन द्विचर विरोधों का अंशतः उच्छेदन किया जाता है या जिनके जरिए पाठ की अर्थ प्रक्रिया के तहत यह दिखलाया जाता है कि कैसे 'द्विचर विरोधों' के दोनों पक्ष एक-दूसरे को उच्छेदित

करके ही अर्थवान बनते हैं। स्त्री-पुरुष का विलोम है, वह पुरुष का 'अन्य' है, वह ग़ैर-पुरुष है, वह अपूर्ण या त्रुटिपूर्ण पुरुष है, अर्थात् पुरुष प्राथमिकता के सिद्धांत के संदर्भ में उसका नकारात्मक मूल्य है। लेकिन साथ ही साथ पुरुष जो कुछ भी है वह इस 'अन्य' या 'विलोम' को अनवरत बहिष्कृत करते रहने के चलते ही है, वह इस 'अन्य' के प्रतिपक्ष के रूप में ख़ुद को परिभाषित करता है। जिस क्षण वह अपने विशिष्ट, स्वयंभू अस्तित्व पर बल देता है, उसी क्षण और उसी भंगिमा में उसकी सम्पूर्ण अस्मिता ख़तरे मे पड़ी दिखाई देती है क्योंकि वह उस अनुपस्थित अपवर्जित 'अन्य' से परिभाषित है। स्त्री सिर्फ़ इस अर्थ में पुरुष का 'अन्य' नहीं कि वह उसके दायरे से बाहर है, बल्कि वह एक ऐसी 'अन्य' है जो 'पुरुष जो नहीं है' की छवि के रूप में सदैव ही उससे घनिष्ट रूप से संबद्ध है। यह छवि 'पुरुष' को 'जो वह है' उसकी याद दिलाती रहती है। जिससे वह दूर भागता है उसी 'अन्य' की उसे ज़रूरत बनी रहती है, वह जिसे नाचीज़ समझता है उसे एक सकारात्मक अस्मिता देने को वह बाध्य है। सिर्फ़ इतना नहीं कि पुरुष का अस्तित्व परजीवी की तरह स्त्री पर और उसे लगातार अपवर्जित और अधीनस्थ करने कि क्रिया पर निर्भर है, बल्कि जिस कारण यह अपवर्जन ज़रूरी हो जाता है, वह यह कि शायद वह सब कुछ के बाद भी पुरुष के उतनी बाहर नहीं है, उतनी 'अन्य' नहीं है। संभवत: वह पुरुष के भीतर ही मौजूद उस चीज़ का संकेतचिह्न है जिसे अपने अस्तित्व से बाहर निकालना, वर्जित करना, दबा देना, या परिभाषा की सीमा के बाहर किसी सुरक्षित बाह्य दायरे में फेक देना पुरुष के 'अपने होने' की ज़रूरत है। संभवत: जो बाहर है वह भीतर भी है, जो अन्य है वही आत्मीय है, कुछ इस तरह कि इन दो क्षेत्रों को अलग करने वाली सीमा पर पुरुष को लगातार चौकसी करनी पड़ती है क्योंकि इस सीमा के अतिक्रमण का भय लगातार बना रहता है, बल्कि वह पहले ही 'अतिक्रमित' है और उतनी निरपेक्ष, उतनी अभेद्य नहीं जितनी दिखती है।[41]

द्विचर विरोधों की प्रणाली जिसके साथ शास्त्रीय संरचनावाद का आसानी से निर्वाह संभव था उसे उत्तर-संरचनावाद ने विचारधाराओं की प्रणाली करार दिया। उसके अनुसार विचारधाराएँ स्वीकार्य और अस्वीकार्य, तार्किकता और अतार्किकता, केन्द्र और हाशिए, सतह और गहराई, आत्म और 'ग़ैर-आत्म', सच और झूठ आदि के बीच मज़बूत दीवारें खींचती हैं। उत्तर-संरचनावाद 'द्विचर विरोधों' की इस 'तत्त्ववादी' विचारणा को अपनी आलोचनात्मक प्रकियाओं के माध्यम से खोलता है और यह दिखा कर कि किस प्रकार द्विचर विरोधों के दोनों परस्पर विरुद्ध तत्त्व एक दूसरे मे वास करते हैं, 'द्विचर विरोधों' का विखण्डन करता है। जहाँ संरचनावाद उच्च/निम्न, प्रकाश/अंधकार, प्रकृति/संस्कृति जैसे विरोधी युग्मों में किसी पाठ को पढ़ने में संतुष्ट रहता था, वहीं 'विखण्डन' ने दिखलाया कि ये 'विरोधी युग्म' किस प्रकार परस्पर विरोध के आधार पर 'स्वपरिभाषा' की प्रक्रिया

में ही इस विरोधात्मक संबंध को उलट देते हैं या एक दूसरे में समा जाते हैं। पाठ में हाशिए पर पड़े कुछ अवांतर या 'ग़ैर-महत्त्वपूर्ण' तत्त्व भी कभी-कभी पूरी रचना के ढाँचे को कँपा देते हैं और उन विरोधों को ध्वस्त कर देते हैं जिन पर कि पूरा ढाँचा खड़ा है। विखण्डनात्मक आलोचना की रणनीति यह दिखाने में है कि पाठ स्वयं अपनी तर्कप्रणाली के अन्तर्विरोधों को उजागर कर देता है। पाठ की अर्थगत अनिश्चितता उसे संकटग्रस्त कर देती है। 'लेखन' सभी तर्कपद्धतियों और सभी व्यवस्थाओं के बंधनों को तोड़ देता है। अर्थ का बिखरना, टिमटिमाना, छितराना इस तरह जारी रहता है कि उसे किसी भी संरचनात्मक कोटि में बाँधना असंभव होता है। भाषा में, पाठ में हरदम निश्चित अर्थ के अलावा, 'अतिरिक्त' अर्थ होते हैं जो कि सदैव ही नियंत्रित करने वाली कोटियों से बच निकलते हैं। संरचना किसी केन्द्र, निश्चित सिद्धांत, अर्थों के वरीयताक्रम और मज़बूत नींव या आधार की पूर्वकल्पना करती है जबकि 'लेखन' अर्थ की अनंत विभेदकता और स्थगन के चलते इन समस्त धारणाओं पर सवालिया निशान लगाता है। यहीं संरचनावाद का अंत और उत्तर-संरचनावाद का आरम्भ है। देरिदा का विखण्डन, फ्रांसीसी इतिहासकार मिशेल फूको, फ्रांसीसी मनोविश्लेषक जैक लाकां और नारीवादी दार्शनिक जूलिया क्रिस्टेवा का उत्तर-संरचनावाद को निर्मित करने में महत्त्वपूर्ण योगदान है।[42]

उत्तर-संरचनावाद ने अर्थ प्रक्रिया की अनंत विभेदात्मकता और 'विखण्डन' की अनंत संभावनाएँ खोल कर वास्तव में समस्त ज्ञान की धारणा बदल दी। अर्थ की विभेदात्मकता को जब सांस्कृतिक राजनीति के क्षेत्र मे लागू किया गया, तो उसने उत्तर-औपनिवेशिक विमर्शों को प्रेरित किया। 'वाक् केन्द्रिकता' पर उत्तर-संरचनावाद ने जो चोट की उसने ज्ञान से 'सार्वभौम सत्य' होने के दावे को भ्रम सिद्ध कर दिया। आधुनिक समय में 'ज्ञानमात्र' पर पश्चिम का वर्चस्व रहा है। लिहाजा ज्ञान के सार्वभौम सत्य होने के दावों का अंत ज्ञान की 'यूरोकेन्द्रिकता' पर भी प्रहार था। अर्थ को संकेतचिह्नों का खेल मानने से पढ़ने वाले को ऐसी अबाध स्वाधीनता प्राप्त हुई थी कि किसी भी पाठ को पढ़ना एक नया पाठ तैयार करने की कार्रवाई जैसा था। ऐसे में पूरब के बारे में पश्चिम-प्रसूत तमाम ज्ञान का विखण्डन संभव हुआ। परस्पर अपवर्जी द्वैत का विखण्डन उत्तर-औपनिवेशिकता में उपनिवेशक/उपनिवेशित के संदर्भों में भारी महत्त्व रखता है। उत्तर-संरचनावाद ने परस्पर विरोधी युग्म के रूप में अवधारणाओं को खोलते हुए 'एकत्व' की ओर नहीं बल्कि 'बहुत्व' की ओर यात्रा की। बहुसांस्कृतिकता और अर्थ की बहुलता ने पश्चिमी ज्ञान द्वारा दमित और हाशिए पर फेंके गए तमाम ग़ैर-पश्चिमी तत्त्वों का पाठ प्रक्रिया के दौरान पुनराविष्कार किया। उत्तर-संरचनावाद के अनुसार भाषा के अपने ही गुप्त नियमों ने 'कर्त्ता' की एकीकृत स्थिर धारणा को भी विखण्डित किया। पश्चिमी कृतियों में पूरब के पात्रों के चित्रण का कोई लेना-देना 'यथार्थ' से

नहीं था बल्कि पूरब की 'अन्यता' और 'भिन्नता' की निर्मिति था। 'पश्चिम' की स्वपरिभाषा पूरब की 'अन्यता' या 'भिन्नता' पर अवस्थित थी या यों कहें कि पूरब का चित्रण 'जो पश्चिम नहीं है' के बतौर हुआ। 'राष्ट्रवाद' सहित तमाम पश्चिमी धारणाएँ अर्थ की विभेदात्मकता की अनंत प्रक्रिया की मार्फ़त प्रश्नांकित हुई। पार्थ चटर्जी ने 'उत्तर-औपनिवेशिक' दृष्टि बिंदु से 'राष्ट्र' की विडम्बना को इन शब्दों में व्यक्त किया है, ''राष्ट्रवाद .... स्वयं को ज्ञानोदय की छवि में प्रस्तुत करना चाहता है, लेकिन असफल होता है क्योंकि 'ज्ञानोदय' को एक सार्वभौम आदर्श के रूप में, अपनी सम्प्रभुता के दावे के लिए 'अन्य' की अपेक्षा है। यदि 'ज्ञानोदय' सचमुच एक सार्वभौम तथ्य के रूप में वास्तविक दुनिया में क्रियाशील हो तो वह ख़ुद को नष्ट कर लेगा।''

उत्तर-संरचनावादी अर्थप्रक्रिया ने केन्द्र/हाशिए, बहुसंख्यक/ अल्पसंख्यक, पश्चिम/पूरब की तमाम धारणाओं को 'विभेदात्मक' अर्थ प्रक्रिया का उत्पाद दिखला कर उनकी सत्यता और यथार्थता के दावे को तो चुनौती दी ही, साथ ही परस्पर अपवर्जी युग्मों में एक दूसरे की 'झलक' और फिर इनमें से प्रत्येक के भीतर तमाम अन्य, 'झलकों' के निहित होने की धारणा पेश करके एकांतिक और निरपेक्ष पृथकता की जगह 'संकरता' की धारणा को संभव किया। 'उपनिवेशक' अपने भीतर के किन्हीं अर्थों का दमन करके ही एक साथ 'अपनी' और 'उपनिवेशित' की धारणा पैदा करता है। दोनों धारणाएँ अर्थगत विभेद की प्रक्रिया का परिणाम हैं। उत्तर-संरचनावाद ने 'यूरोकेन्द्रिकता' को दो प्रमुख क्षेत्रों में प्रश्नांकित किया। एक था, मानवतावाद की सार्वभौमता और दूसरा था, चित्रण या निरूपण की पद्धतियाँ। होमी के. भाभा के अनुसार, ''मानववाद की सार्वभौमता की उत्तर-संरचनावादी आलोचना को उत्तर-औपनिवेशिकता ने सांस्कृतिक विभेद के ठोस औपनिवेशिक 'क्षण' में अवस्थित किया। यह क्षण 'उपनिवेशवाद की संस्कृति' का था। भाभा के अनुसार, 18वीं शताब्दी के अंत और 19वीं सदी के प्रारम्भिक वर्षों में सांस्कृतिक भिन्नता के सवाल औपनिवेशिक कृतियों में उठ रहे थे। ठीक इसी समय पश्चिमी आधुनिकता को 'सभ्यता' के बतौर परिभाषित किया जा रहा था। उपनिवेशों की जनता के भारी प्रतिरोध की परिस्थिति में उपनिवेशवाद की वैधता की युक्ति के बतौर 'सभ्यता प्रसार' की विचारधारा उत्पन्न हुई। आधुनिकता का राजनैतिक और सैद्धांतिक उद्‌गम 'सभ्यता' के विचार में ही नहीं बल्कि औपनिवेशिक इतिहास में निहित है, ईश्वर और मानव के शब्द, यानी ईसाइयत और अंग्रेज़ी भाषा के प्रति उपनिवेशों की जनता के प्रतिरोध में निहित है।

उत्तर-आधुनिकतावाद

उत्तर-आधुनिकतावाद और उत्तर-संरचनावाद के परिक्षेत्र अंतःव्यापी है। इन्हें हम जुड़वा सैद्धांतिकी भी कह सकते हैं। उत्तर-आधुनिकता ने जीवन रूपों को सापेक्ष,

जड़विहीन, स्वपोषित, सांस्कृतिक परंपराओं और व्यवहारों से निर्मित तथा किसी भी आरंभिक मूल अथवा अंतिम लक्ष्य से विहीन बताया। मानवीय क्रिया-व्यापार महज़ तर्क से संचालित नहीं। प्राक्-तार्किक सत्ता, आस्था, हित या इच्छाओं के संदर्भ भी उनमें उतने ही निहित है। मानव जीवन का कोई स्थिर केन्द्र नहीं। कोई भी सम्पूर्णता या सार्वभौम तार्किकता उसकी अनंत विविधता को समेट नहीं सकती। संस्कृतियों और आख्यानों की बहुलता को वरीयता क्रम में व्यवस्थित नहीं किया जा सकता है। 'अन्यता' या 'भिन्नता' को समरूपता में अँटाया नहीं जा सकता। ज्ञान स्वयं सांस्कृतिक संदर्भों के सापेक्ष है। 'सत्य' व्याख्या का उत्पाद है, तथ्य विमर्शों की निर्मितियाँ हैं, 'वस्तुगतता' शक्तिशाली व्याख्या व्यवस्थाओं का दावा मात्र है। मानवीय कर्त्ता स्वयं एक बिखरी हुई, आत्मविभाजित इकाई है जिसका न कोई स्थिर स्वभाव है और न ही कोई सार.तत्त्व। उत्तर-आधुनिकता ने पश्चिमी ज्ञानोदय के तमाम महावृत्तान्तों.सत्य, तर्क, विज्ञान, प्रगति, सार्वभौम मुक्ति, मानववाद, इहलौकिकता आदि के दावों को ख़ारिज किया। उत्तर-आधुनिकता की राजनीति सत्य, समरूपता, सम्पूर्णता, सार्वभौमता, जड़ या आधार की धारणा, सामूहिक परिवर्तनकारी कर्त्ता की धारणा और महावृत्तान्तों का सफाया चाहती है ताकि (उसके अनुसार) ईमानदार, प्रभावी, आमूल परिवर्तनवादी राजनीति का उदय हो सके। पश्चिमी सांस्कृतिक और ज्ञानात्मक प्रतिमानों को प्रश्नांकित करके, उनके प्रति गहरी शंका उत्पन्न करके उत्तर आधुनिकता ने हाशिए पर ठेले गए समूह, उनकी दबाई गई पहचान, उनके अलग किस्म के अनुभवों और इतिहासों की संभावना पर बल दिया जो उत्तर-औपनिवेशिकता के ख़ास विषय हैं। देरिदा द्वारा पश्चिमी तत्त्वमीमांसा में 'उपस्थित' के प्रति मनोग्रस्ति को चुनौती, फूको द्वारा विमर्श, ज्ञान और सत्ता की सहापराधिता की जाँच परख, वैट्टिमों द्वारा प्रतिपादित विडम्बनात्मक रूप से प्रबल 'कमज़ोर विचारों' की अवधारणा, ल्योतार द्वारा वैधीकरण और मुक्ति के महाकृत्तांतों को चुनौती, इन सभी दार्शनिक प्रयासों ने अब तक चले आ रहे विमर्शों को समस्याग्रस्त बनाया। इन सभी प्रयासों में ज्ञान में निहित व्यवस्था और अनुशासन पैदा करने वाली विधियों के प्रति शंका मिलती है। यों ख़ुद उत्तर-आधुनिकों में 'उत्तर-आधुनिकता' की धारणा को ले कर कोई एकता शुरू से नहीं रही। हैबरमास और ल्योतार दोनों ही इस बात पर तो सहमत थे कि 'आधुनिकता' को एकत्व और सार्वभौमिकता की उन धारणाओं से अलग नहीं किया जा सकता है जिन्हें ल्योतार ने 'महावृत्तान्त' कहा। लेकिन जहाँ हैबरमास ये मानते हैं कि 'ज्ञानोदय की तार्किकता' के संदर्भ से जुड़ी आधुनिकता का प्रकल्प अभी भी पूरा नहीं हुआ है (जिसे पूरा किया जाना है), वहीं ल्योतार ने इसे नकारते हुए प्रस्तावित किया कि इतिहास ने आधुनिकता के दावों का अंत कर दिया। आधुनिकता से अविभाज्य इतिहास की धारणा की त्रासद परिणति नात्सियों के यातनागृहों में हुई। पूँजीवादी तकनीकी क्रांति ने ज्ञान की सारी ज्ञानोदय प्रसूत अवधारणाओं को तोड़ कर 'आधुनिकता' की वैधता को अंतिम चोट पहुँचाई। अतः

ल्योतार के मुताबिक उत्तर-आधुनिकता सर्वसमावेशी महाख्यानों की जगह लघु और बहुल आख्यानों से बनी है, जिन्हें सार्वभौम स्थिरता और वैधता की ज़रूरत ही नहीं है। फ्रेडरिक जेमसन ने उत्तर-आधुनिकता की आलोचना करते हुए उसे एकाधिकारवादी पूँजीवाद का सहजीवी बताया। 1984 में लिखे उनके महत्त्वपूर्ण लेख का शीर्षक ही था 'उत्तर-आधुनिकता, या उत्तरजीवी पूँजीवाद का सांस्कृतिक तर्क'। कुछ विचारक उत्तर-आधुनिकता को उत्तर-आधुनिक स्थिति से पृथक् मानने पर ज़ोर देते हैं। लिंडा हचेन के शब्दों में, "हैबरमास, ल्योतार और जेमसन, सभी ने अलग-अलग दृष्टिकोण से उत्तर-आधुनिक समाजार्थिक स्थितियों में ही उत्तर-आधुनिकता की दार्शनिक अवस्थिति के महत्त्वपूर्ण सवाल को उठाया है। लेकिन संस्कृति और उसके (भौतिक) आधार में सीधा संबंध नहीं होता। भौतिक आधार के साथ संस्कृति मुकाबला भी करती है। वह उसके भीतर से प्रतिरोध भी करने की संभावना रखती है।"[43]

उत्तर-आधुनिकता की जिन मूलभूत धारणाओं को उत्तर-औपनिवेशिकता ने आत्मसात किया, उनमें सबसे महत्त्वपूर्ण है 'केन्द्र' का अपकेन्द्रण, समरूपतावादी और सर्वसमावेशी महावृत्तान्तों का विरोध तथा ज्ञान और सत्ता की सहापराधिता की धारणाएँ। अभिव्यक्ति और संकेत की प्रणालियों तथा आख्यान की तकनीकों में उसने जो परिवर्तन लाए उनमें से कुछ उत्तर-संरचनावाद के दायरे में आते हैं जिनमें से कई की चर्चा हम शोध प्रबंध के अन्य हिस्सों में यथास्थान करेंगे।

ज्ञान और सत्ता का जो समीकरण मिशेल फूको ने विकसित किया, वह उत्तर-औपनिवेशिकता के विकास में महत्त्वपूर्ण साबित हुआ। फूको ने 'इतिहास' के ज्ञानात्मक व्यवहार से अलग ज्ञान की 'पुरातात्विक' समझ (ARCHEOLOGY OF KNOWLEDGE) विकसित की। इतिहासकार निरंतरताओं की व्याख्या करते हुए विच्छिन्नताओं, असंबद्धताओं को विकास और प्रगति के वृहत्तर चौखटे में जड़ देता है। जबकि फूको की दिलचस्पी इन्हीं अंतरालों, असंबद्धताओं, व्यतिक्रमों और अन्तर्विरोधों में है। ज्ञानोदयप्रसूत प्रगति की विकासवादी धारणा ने इतिहास की 'सर्वसमावेशी' पद्धति को जन्म दिया जिसमें अतीत की हर विसंगति को तराश कर साफ़-सुथरे विकासवादी ढाँचे में अँटा दिया जाता था। इतिहास और उसके लेखन में निरंतरता की धारणा को चुनौती देना ज्ञान की सम्पूर्णतावादी धारणा को ही चुनौती देना है। अब कारणता और सादृश्य की समरूपता की जगह, फूको के अनुसार इतिहासकार मुक्त हो कर उन वैविध्यपूर्ण, परस्पर भिन्न विमर्शों की छितराती, बिखरती अन्योन्य क्रिया के रूप में इतिहास को समझ सकता था जिसमें अतीत और अतीत के हमारे ज्ञान की अनिश्चयता का स्वीकार निहित है। फूको के हस्तक्षेप से इतिहास के एकत्ववादी, परिसीमित और विकासवादी आख्यानों की जगह इतिहास की बहुवचनीयता की धारणा को प्रश्रय मिला। इतिहास अनेक हो

सकते हैं। विजेताओं और हारे हुओं के अलग-अलग इतिहास संभव थे, केन्द्र और हाशिए, स्त्री और पुरुष, उपनिवेशक और उपनिवेशित, सबके अलग और परस्पर विरोधी इतिहास संभव थे। अतीत की घटनाएँ स्वयं हमारे सामने नहीं होती हैं, उनके आख्यान ही होते हैं जो कि निर्मित किए जाते हैं, उनकी ज्ञानात्मक व्यवस्था स्वतः नहीं बनती, बल्कि बनाई जाती है। टुकड़ों और कतरों में विभाजित अतीत को इतिहास, विमर्श के किसी परिक्षेत्र में व्यवस्थित करता है और विमर्शों में कुछ ख़ास सामाजिक और वैचारिक संदर्भ उत्कीर्ण होते हैं। (इतिहास से आख्यान बनाने की प्रक्रिया, घटनाक्रम को कथानक में ढालने की प्रक्रिया पर उत्तर-आधुनिक कथा समीक्षा इसीलिए अधिक ज़ोर देती है।) इतिहास का 'अर्थ' अब अधिक अस्थिर, संदर्भगत, संबंधात्मक और कामचलाऊ माना जाने लगा। इतिहास की इस उत्तर-आधुनिक अवधारणा से उत्तर-औपनिवेशिकों ने बहुत कुछ लिया है। रॉबर्ट यंग ने उत्तर-आधुनिकता को प्राच्यवाद का द्वंद्वात्मक विपर्यय कहा है। रॉबर्ट यंग के अनुसार उत्तर-आधुनिकता की 'अपकेन्द्रण' की राजनीति इस बात का संकेत है कि योरपीय संस्कृति को इस बात का बोध हो चला है कि अब वह विश्व का प्रश्नातीत और वर्चस्वशाली केन्द्र नहीं बनी रह सकती है।[44] योरपीय संस्कृति के इस उत्तर-आधुनिकता बोध को एडवर्ड सईद आधुनिकता की प्रतिक्रिया बताते हैं। सईद के अनुसार, योरपीय साहित्य में 'योरप' के उन विभिन्न 'अन्यों' का अचानक विक्षोभकारी प्रकटोकरण हुआ जिनका उद्गम स्थल उपनिवेशों में था। ईलियट, कोनार्ड, मान, प्रूस्त, वूल्फ, पाउंड, लारेंस, जॉयस, फॉर्स्टर की कृतियों में 'अन्यता' और 'विभेदकता' व्यवस्थित रूप में 'अजनबियों' से जुड़ी दिखाई देती है जिनकी इन कृतियों में अवस्थिति की शिनाख़्त और रेखांकन पश्चिमी केन्द्रों के स्थायी इतिहासों, रूपों और विचार पद्धतियों का प्रतिरोध करता है, उन्हें चुनौती देता है। इस चुनौती और प्रतिरोध का सैद्धांतीकरण ही उत्तर-आधुनिकता के विशिष्ट 'अपकेन्द्री' मिशन का उत्स है। सईद के शब्दों में "अपवंचित और अपनी निर्मिति में भिन्न तत्त्वों ने अचानक उद्वेलनवादी अभिव्यक्ति ग्रहण कर ली जिन्हें अब पहले की तरह योरपीय संस्कृति ख़ामोश नहीं कर सकती थी"।[45] गायत्री स्पीवाक के अनुसार, सम्राज्यवादी 'कर्त्ता' और मानववाद के 'कर्त्ता' में रिश्ता है। जहाँ उत्तर-औपनिवेशिकता इस साम्राज्यवादी 'कर्त्ता' को अपनी आलोचना के निशाने पर रखती है, वहीं उत्तर-आधुनिकता 'मानववाद' के कर्त्ता को। नारीवाद, 'कर्त्ता' की दोनों धारणाओं के पितृसत्तात्मक अन्तर्य को उद्घाटित करता है। इस प्रकार 'मानवीय कर्त्ता' की धारणा पर प्रश्नचिह्न लगाना उत्तर-आधुनिकता, उत्तर-औपनिवेशिकता और नारीवाद तीनों में सामान्य है। इतिहास का 'कर्त्ता' वह 'मानव' था जिसकी अवधारणा स्थिर, अखण्ड और चीज़ों के परे थी। (उत्तर-संरचनावाद ने मानवीय 'कर्त्ता' की अवधारणा का खण्डन किया) फूको ने 'कर्त्ता' के दायरे से बाहर जा कर ज्ञान को सत्ता से जोड़ कर देखा। सत्ता हर कहीं है, वह न तो व्यक्तियों में केन्द्रित है और न ही सामाजिक वर्गों में, बल्कि संरचनाओं और

व्यवस्थाओं के रूप में व्याप्त है। 'कर्त्ता' स्वयं बाहर संचरित विमर्शों, सत्ता संरचनाओं और इच्छाओं से निर्मित है। फूको ने अपनी पुस्तक 'दि आर्डर ऑफ थिंग्स' में प्रतिपादित किया कि एक सुसंगत, सत्य, स्वयंभू और मुक्त 'कर्त्ता' स्वयं ऐतिहासिक निर्मिति है। किसी भी ज्ञान को विमर्श के किसी ख़ास परिक्षेत्र में अवस्थित मानने और फिर उसके शक्तिसंबंधों का विश्लेषण करने की पद्धति ने पश्चिमी ज्ञानात्मक उत्पादों के विखण्डन को सम्भव बनाया जो कि उत्तर-औपनिवेशिक ज्ञान सिद्धांत और व्यवहार का प्रमुख क्षेत्र है।

उत्तर-आधुनिकता और उत्तर-संरचनावाद की मार्फ़त ही उत्तर-औपनिवेशिक विमर्शों का वह रूप उभरा जिसमें राजनैतिक-ऐतिहासिक भौतिकता के स्थान पर सांस्कृतिक-संकेतशास्त्रीय पाठीयता पर बल था। उत्तर-आधुनिकता ने इतिहास के मानवीय कर्त्ता (व्यक्तिगत और सामूहिक) के आधुनिकतावादी दावों का विखंडन किया। उसने ज्ञानोदय के प्रगति, तर्क, विज्ञान आदि विचारों-मूल्यों को मिथक कहा और उनके सार्वभौम सत्य होने के दावों को झटका दिया। उत्तर-आधुनिकता के प्रति आलोचनात्मक दृष्टिकोण रखने वाले कुछ विचारकों ने यह इंगित किया है कि 'कर्त्ता' की एक ख़ास आधुनिकतावादी धारणा का विरोध करते-करते उत्तर-आधुनिकता ने 'कर्त्ता' को ही पूर्णतः अदृश्य या समाप्त मान लिया, ठीक वैसे ही जैसे कि उसने आधुनिकता के सार्वभौम सत्य के दावों का विरोध करते-करते 'सत्य' की ही मृत्यु मान ली।[46] पूँजीवादी मानववाद का विरोध तमाम तरह की अंतवादी घोषणाओं में अभिव्यक्त हुआ—इतिहास का अंत, विचारधारा का अंत, कर्त्ता का अंत, सत्य का अंत। इस अंतवाद का नतीजा यह हुआ कि दुनिया को बदलने और बनाने की वास्तविक क्रियाओं (राजनीति) का निषेध ही मानो 'उत्तर' वादी तमाम सैद्धांतिकी का केन्द्रबिन्दु बन गया। एक ही राजनीति बच गई और वह थी पाठ की राजनीति। चूंकि ये 'उत्तर' वादी सिद्धांत दमित और हाशिए के स्वरों के ही सिद्धांत हैं अतः इनके कारण जिन तबकों के राजनीतिक कर्तृत्व को नुकसान पहुँचा वे दमित तबके ही थे। शासक जमातों के लिए 'उत्तर' वादी वैचारिकी ऐसे प्रतिरोध की तरह थी जिससे वास्तविक दुनिया में उन पर कोई आँच भी नहीं आती थी और वास्तविक राजनैतिक विरोध की संभावना को एक निष्परिणामी बौद्धिक-सांस्कृतिक दिशा में मोड़ देने की सुविधा भी थी। उत्तर-औपनिवेशिक विमर्शों में जब अमिलकार काबराल और फ्रैंज़ फैनन जैसे मुक्ति-योद्धाओं की वास्तविक राजनीति को परे हटा कर उनके विचारों को महज़ पाठ में बदला जाता है तो यह उत्तर-संरचनावादी, उत्तर-आधुनिक वैचारिकी का ही चमत्कार है। बीतती बीसवीं सदी में भूमण्डलीकरण की शक्ल में पूँजी के विस्तार के दौर में उत्तर-आधुनिक विचारों को पश्चिमी अकादमी ने काफ़ी सुविधाजनक स्थिति में रख रखा था- 'निंदक नियरे राखिए, आँगन कुटी छवाय'। इतिहास के किसी भी दौर में शासक जमातों का अपने निंदकों से इतना सुंदर संबंध नहीं रहा।

संदर्भ सूची

1. Lenin,V.I.— Imperialism, the Highest Stage of Capitalism, (Lenin: selected works), Progress Publishers, Moscow, 1968
2. सखाराम गणेश देउस्करः देश की बात, अनुवाद : बाबूराव विष्णु पराड़कर, भूमिका एवं पुनर्प्रस्तुतिः मैनेजर पाण्डेय, नेशनल बुक ट्रस्ट, इण्डिया, 2005(1904), पृ० 19-20
3. वही, पृ० 261-262 ('सम्मोहनः चित्त विजय' शीर्षक अध्याय से)
4. वही, पृ० 22, ('एक आंदोलनकारी किताब की कहानी' शीर्षक मैनेजर पाण्डेय लिखित भूमिका से)
5. Shivanandan, Tamara— Anticolonialism, National liberation, Post Colonial Nation Formation, Post Colonial Literary Studies, (ed. Neil Lazarus), Cambridge University Press, 2004, Chennai, pg.43-44.
6. Fanon, Qtd. Ibid. pg. 45
7. Sartra, Jean Paul— Preface: The Wretched of the Earth, Penguin, 1974 (1961), Great Britain, pg. 23-24
8. Ahmad, Aijaz. 'Literature Among the Signs of Our Times,' In Theory, OUP, Delhi, 1995 (1992), pg. 39-40
9. Parry, Benita— 'The Institutionalization of Postcolonial Studies', Post Colonial Literary Studies, (ed.) Neil Lazarus, Cambridge University Press, 2004, Chennai, pg.77
10. Ibid. pg.78
11. फ़ैज़ अहमद फ़ैज़ : प्रतिनिधि कविताएँ, राजकमल प्रकाशन, नई दिल्ली, 1998 (1984) पृ० 113-114
12. न्गुगी वा थ्योंगो : भाषा, संस्कृति और राष्ट्रीय अस्मिता, संपादन-अनुवादः आनन्द स्वरूप वर्मा, सारांश प्रकाशन, दिल्ली 1999, पृ० 13-14 ('अफ्रीकी साहित्य की भाषा' शीर्षक लेख से)
13. Qtd from 'Colonial and Coloured Unity: A History of Pan African Congress', (ed.) George Padmore, http/www.etext.org/politics/MIM/countries/panafrican/Pac l 1963.pdf
14. http//ncarta.msn.com/ncyclopedia—761568380/W.B.B.Du.Bois.html

15. फ़ैज़ अहमद फ़ैज़ : 'अगस्त 1947, सुबह-ए-आज़ादी', सारे सुखन हमारे, राजकमल प्रकाशन, दिल्ली 2006 (1987), पृ0 165
16. निराला : राग विराग, सं0 रामविलास शर्मा, लोकभारती प्रकाशन, इलाहाबाद, 2000, पृ0 171
17. न्गुगी वा थ्योंगो : भाषा, संस्कृति और राष्ट्रीय अस्मिता, संपादन अनुवाद : आनन्द स्वरूप वर्मा, सारांश प्रकाशन, दिल्ली, 1999, पृ0 5-6 'भूमिका' से
18. Young, Robert J.C.— Postcolonialism, A Very Short Introduction, OUP, Delhi, 2006 (2003), pg. 17
19. Ibid. pg. 17
20. Ahmad, Aijaz— 'Literature Among the Signs of our Times,' In Theory, OUP, Delhi, 1995 (1992), pg. 30-34
21. Ibid. pg.20
22. सखाराम गणेश देउस्करः देश की बात, अनुवाद : बाबूराव विष्णु पराड़कर, भूमिका एवं पुनर्प्रस्तुति : मैनेजर पाण्डेय, नेशनल बुक ट्रस्ट, इण्डिया, 2005 (1904), पृ0 29-30
23. Trivedi, Harish— Interrogating Post colonialism,Theory,Text and Context, (ed.) Harish Trivedi, Meenakshi Mukherjee, IIAS, Shimla, 2000 (1996), pg.5
24. Ibid. pg.6
25. Lal, Vinay— The History of History, OUP, Delhi, 2006, (Qtd in the chapter titled 'Subalterns in the Academy: The Hegemony of the History'), pg. 186
26. Sarkar, Sumit— Orientalism Revisited: Saidian Frameworks in the Writing of Modern Indian History, Oxford Literary Review 16, No 1-2, 1994, pg. 205-206
27. Guha, Ranajit— 'Of Some Aspects of the Historiography of Colonial India,' Subaltern Studies, Vol. 1, OUP, Delhi, 1982, pg. 1-8
28. Ibid. pg. 2
29. Sarkar, Sumit— 'The Decline of Subaltern in Subaltern Studies'(1996) in Mapping Subaltern and the Postcolonials, (ed.) Vinayak Chaturvedi, Verso, London and New York, 2000, pg. 301

30. Latin American Subaltern Studies Group : Founding Statements, Boundart 2:20, No.3 (1993), pg.110-121

31. Spivak, Gayatri Chakravorti— 'Subaltern Studies: Deconstructing Historiography,' Selected Subaltern Studies, (ed.) Guha and Spivak, New York and London, OUP, Pg.3-34, qtd in Priyamvada Gopal : Reading Subaltern History, Post Colonial Literary Studies, (ed.) Neil Lazarus Cambridge University Press, 2004, Chennai, pg.146

32. Ibid

33. Eagleton, Terry— 'Structuralism and Semiotics', Literary Theory, Maya Blackwell, Doaba Publications, 2000 (1983), pg.83

34. Ibid. pg.96

35. गोपीचंद नारंग : संरचनावाद, उत्तर संरचनावाद एवं प्राच्य काव्यशास्त्र (अनु. देवेश) साहित्य अकादेमी दिल्ली, 2004 (2000), पृ० 175

36. वहीं, पृ० 176

37. Eagleton, Terry— 'Structuralism and Semiotics', Literary Theory, Maya Blackwell, Doaba Publications, 2000 (1983), pg.112

38. Ibid. pg.112-113

39. Ibid. pg.113

40. गोपीचंद नारंग : संरचनावाद, उत्तर संरचनावाद एवं प्राच्य काव्यशास्त्र (अनु. देवेश) साहित्य अकादेमी दिल्ली, 2004 (2000), पृ० 163-164

41. Eagleton, Terry— 'Structuralism and Semiotics', Literary Theory, Maya Blackwell, Doaba Publications, 2000 (1983), pg.115

42. Chatterjee, Partha— qtd in Homi. K. Bhabha, 'Dissemination',The Location of Culture, Routledge, London, 1998 (1994), pg.141

43. Hutcheon, Linda— 'Representing the Postmodern,' The Politics of Postmodernism, Routledge, London and New York, 2002, pg. 24

44. Young, Robert— Qtd. Ibid. pg.175

45. Said, Edward W.— Qtd. Ibid. pg.175

46. Eagleton, Terry : Capitalism, Modernism and Postmodernism, Modern Criticism and Theory, A Reader, ed. David Lodge, Longman, London and NewYork, 1991 (1988), pg. 395

●●●

अध्याय तीन

प्रमुख उत्तर-औपनिवेशिक चिंतक और उनके विमर्श

पिछले अध्याय में ही हम चर्चा कर आए हैं कि उत्तर-औपनिवेशिकता कोई एक विमर्श नहीं है। यह अनेक विमर्शों के बीच रस्साकशी की जगह है। उत्तर-औपनिवेशिक विमर्शों को ऐतिहासिक-राजनीतिक परिस्थितियों के अलावा उनके सैद्धांतीकरण की विभिन्न प्रणालियों ने संभव किया। मोटे तौर पर हम उपनिवेशवाद-विरोधी चिंतकों, उपनिवेश और साम्राज्य के प्रश्नों का उत्तर-संरचनावादी पाठ विकसित करने वाले चिंतकों और इन्हीं विषयों पर मार्क्सवादी चिंतकों में से कुछ के विमर्शों का परिचयात्मक उल्लेख यहाँ कर सकते हैं। जाहिर है कि चुनिंदा तरीके से ऐसा करने में अनेक महत्त्वपूर्ण चिंतक छूट जाएँगे, फिर भी मोटे तौर पर उपरोक्त तीनों धाराओं का प्रतिनिधित्व हो सकेगा। उपनिवेशवाद-विरोधी चिंतकों में सबसे बड़ा नाम फ्रैंज़ फैनन का है। आइमे सिज़ायर, सेंगोर, अमिलकार काबराल जैसे बड़े चिंतक भी इसी कोटि में आते हैं। इसी तरह उत्तर-संरचनावादी चिंतकों में एडवर्ड सईद का मुकाम सबसे ऊँचा है और गायत्री चक्रवर्ती स्पीवाक तथा होमी के. भाभा की चर्चा सर्वाधिक है। इस कोटि के अन्य महत्त्वपूर्ण चिंतकों में रॉबर्ट जे.सी. यंग, ज्ञानप्रकाश तथा अब्दुल जॉन मोहम्मद का काम भी भारी महत्त्व रखता है। मार्क्सवादियों में फ्रेडरिक जेमसन, एजाज़ अहमद, टेरी इगल्टन, कुमकुम संगारी आदि का महत्त्वपूर्ण योगदान है। बहरहाल, इन तीनों धाराओं के प्रतिनिधि जिन विचारकों की हम यहाँ चर्चा करेंगे, वे हैं—फ्रैंज़ फैनन, एडवर्ड सईद, गायत्री चक्रवर्ती स्पीवाक, होमी के. भाभा, फ्रेडरिक जेमसन तथा एजाज़ अहमद।

फ्रैंज़ फैनन

उत्तर-औपनिवेशिक विमर्शों में अल्जीरियन क्रांतिकारी, दार्शनिक, समाज-विज्ञानी और मनोचिकित्सक फ्रैंज़ फैनन के चिंतन का महत्त्वपूर्ण स्थान है। उनके उठाए प्रश्नों ने अनेक राजनीतिक परिस्थितियों और अकादमिक अनुशासनों पर असर डाला। उनकी लिखी पुस्तकों में 'ब्लैक स्किन, ''वाइट मास्क्स' (1952) (काली त्वचा, सफ़ेद मुखौटे), 'ए डाइंग कोलोनियलिज़्म' (1953) (म्रियमाण

उपनिवेशवाद), 'टुवर्ड्स द अफ्रीकन रिवोल्यूशन' (1964) (अफ्रीकी क्रांति की ओर), तथा 'द रेचेड ऑफ़ द अर्थ' (1967) (धरती के अभागे) प्रमुख हैं। फैनन के योगदान को समझने के लिए उनके जीवन के बारे में थोड़ी जानकारी अपेक्षित है। फैनन का जन्म सन् 1925 में मार्टिनीक द्वीप, जो उस समय फ्रांसीसी उपनिवेश था, में हुआ था। माँ-बाप की आठ संतानों में वे पाँचवें थे। जब वे 17 वर्ष के हुए तब मार्टिनीक पर नात्ज़ियों का कब्ज़ा हो गया। युवा फैनन भाग कर डोमिनीक पहुँचे जहाँ उन्होंने जर्मनी के विरुद्ध मित्र राष्ट्रों की सेना में दाख़िल होने के लिए 6 महीने का प्रशिक्षण लिया। दूसरे विश्वयुद्ध के दौरान जर्मन नात्ज़ियों के ख़िलाफ़ उत्तर-अफ्रीका और योरप में लड़ते हुए फैनन ने जिस वीरता का प्रदर्शन किया उसके लिए उन्हें युद्ध के नायकों में माना गया और सम्मानित किया गया। लेकिन युद्ध से लौटने पर फैनन की स्मृति में सिर्फ़ युद्ध की विभीषिका ही नहीं बल्कि अश्वेत होने के चलते फ्रांसीसी सेना के भीतर नस्लीय अपमान के अनुभव भी थे। नात्ज़ियों पर विजय प्राप्त होने के बाद जब उसके उत्सव मनाए जा रहे थे और फ्रांसीसी योद्धाओं को सम्मानित किया जा रहा था, उस समय भी सामूहिक नृत्यों से ले कर भोज तक में अश्वेत सैनिकों का अलगाव स्पष्ट था। फैनन को एक फ्रांसीसी के रूप में अपनी पहचान पर गम्भीर शंका उत्पन्न हो गई। युद्ध से लौटने के बाद उन्हें एक स्कॉलरशिप मिली जिसके जरिए उन्होंने लियोन जा कर मनोचिकित्सा का अध्ययन किया। सन् 1953 में वे अल्जीरिया की राजधानी अल्जियर्स के ब्लाइडा - ज्वाइनविले अस्पताल के प्रमुख बन कर आए। उसके बाद वे एक मनोचिकित्सक के बतौर अफ्रीका में काम करने लगे। यहाँ उन्होंने मनोचिकित्सा की मानवीय तकनीकों के अनेक प्रयोग किए और साथ ही साथ नस्लवाद और उपनिवेशवाद के परिप्रेक्ष्य में मानवीय मनोविज्ञान के अध्ययन की अनेक महत्त्वपूर्ण अवधारणाओं का विकास किया। इसी दौरान अल्जीरिया का मुक्तिसंग्राम ज़ोर पकड़ने लगा और फैनन उनके साथ जुड़ गए। मनोचिकित्सा का एक दूसरा ही परिप्रेक्ष्य उनके सामने खुल गया, जब उन्होंने अल्जीरिया के मुक्तियोद्धाओं को आपातकालिक चिकित्सा और पकड़े जाने पर दी जाने वाली यंत्रणाओं से निपटने के मनोवैज्ञानिक तौर-तरीकों में प्रशिक्षित करना शुरू किया। विश्वयुद्ध के सैनिक के बतौर अपने अनुभवों का उपयोग करते हुए उन्होंने युद्ध तकनीक में भी मुक्ति-योद्धाओं को प्रशिक्षित करना शुरू किया। सन् 1956 के बाद से वे अल्जीरियाई मुक्तिसंग्राम के प्रमुख सिद्धांतकार बन गए। इस दौरान उनकी हत्या के कई प्रयास हुए। लेकिन इसी दौर में उन्होंने अपनी सबसे महत्त्वपूर्ण कृतियों की रचना भी की। वे घाना में अल्जीरिया के राजदूत रहे और ट्यूनिस में अनेक संगठनों से जुड़े रहे। अश्वेत लेखकों के अंतर्राष्ट्रीय सम्मेलन को इसी दौर में उन्होंने संबोधित किया। अल्जीरिया की मुक्ति जब निकट आने लगी तब उन्होंने क्यूबा में अल्जीरिया के प्रतिनिधि के बतौर जाने की इच्छा प्रकट की किन्तु इसी समय उन्हें रक्त कैंसर का पता चला। रक्त कैंसर से जूझते हुए उन्होंने महज़ 10

हफ़्तों में अपनी मशहूर पुस्तक 'द रेचेड ऑफ़ द अर्थ' समाप्त की जिसकी भूमिका ज्यां पॉल सार्त्र ने लिखी। रोम में सार्त्र से उनकी लगभग 72 घंटे बातचीत हुई, जिसका सिमोन द बोउआ ने वर्णन किया है। बोउआ ने लिखा है कि जब उन्होंने फैनन से यह कहा कि सार्त्र को कुछ आराम चाहिए तो उन्होंने यह जवाब दिया कि ऐसे लोग मुझे पसंद नहीं जो अपनी ऊर्जा बचा कर रखते हैं। उसके बाद से फैनन की हालत बिगड़ती गई और वे इलाज़ के लिए सोवियत यूनियन भेजे गए जहाँ उन्हें चिकित्सकों ने अमरीका के मेरीलैण्ड में जा कर इलाज़ कराने की सलाह दी। वहाँ उन दिनों रक्त कैंसर के इलाज़ की सर्वोत्तम सुविधाएँ उपलब्ध थीं। फैनन नहीं जाना चाहते थे क्योंकि उनके अनुसार वे 'क्रूर हत्यारों के देश में' नहीं मरना चाहते थे। फिर भी शायद उनका वश नहीं चला और दुर्भाग्य यह कि उन्हें अमरीका ले जाए जाने का प्रबन्ध सी.आई.ए. ने किया। अमरीका पहुँच कर उन्हें 10 दिन तक बिना किसी इलाज़ के एक होटल में रखा गया और उनसे सघन पूछताछ की गई। जब तक वे अस्पताल में लाए गए, रोग बहुत बढ़ चुका था। अंतिम दिनों में उन्होंने यह कहा कि अस्पताल के कमरे में सड़ने की अपेक्षा उन्हें युद्ध में लड़ते हुए मरना पसंद था। 6 दिसंबर 1961 के दिन निमोनिया से 36 वर्ष की उम्र में उनकी मृत्यु हुई।[1] फैनन के विचारों से प्रेरणा लेने वालों में फिदेल कास्त्रे, चे ग्वेवारा, ह्यू न्यूटन, पाउलो फेरे जैसे क्रांतिकारी चिन्तकों से ले कर एडवर्ड सईद, होमी के. भाभा, अब्दुल जॉन मोहम्मद, गायत्री स्पीवाक, बैनिटा पैरी, हेनरी लुई गेट्स जूनियर, सेड्रिक रॉबिन्सन, रॉबर्ट जे.सी. यंग इत्यादि अकादमिक बुद्धिजीवी रहे हैं।

फैनन का चिंतन विश्वव्यापी अश्वेत आंदोलन और उपनिवेशवाद-विरोधी संघर्षों का हिस्सा है। फैनन ने पश्चिमी सभ्यता के सारे ही मूल्यों के सार्वभौम दावों को अश्वेत अनुभवों के आलोक में ख़ारिज किया। उन्होंने सभ्यता को मूलतः अश्वेत-विरोधी माना। फैनन ने उपनिवेशवाद की राजनैतिक-आर्थिक व्याख्या तो की ही, लेकिन उनके चिंतन का सर्वाधिक महत्त्व इस बात में है कि उन्होंने उपनिवेशवाद को एक ख़ास सभ्यता-संस्कृति और ज्ञानमीमांसा के रूप में परिभाषित किया जिसने कि सब कुछ को उपनिवेशक और उपनिवेशित के शाश्वत् द्वैत में (मैनीकियनवा) विभाजित कर रखा था। फैनन ने उस सभ्यता के विरुद्ध हिंसक विद्रोह को मुक्तिकामी बताया —"व्यक्तियों के स्तर पर हिंसा एक परिशोधक शक्ति है। वह देशी इन्सान को हीनताग्रंथि, भय और अकर्मण्यता से मुक्त करती है। वह उसे निडर बनाती है और उसके आत्मसम्मान को बहाल करती है"[2] फैनन हिंसा के सौन्दर्यशास्त्र को उपनिवेशवाद की राजनीति, इतिहास, संस्कृति और मनोविज्ञान के भीतर सतत् पनपता हुआ दिखाते हैं। उपनिवेशवाद की प्रक्रिया के वे सबसे बड़े सिद्धांतकार हैं. "औपनिवेशिक दुनिया दो हिस्सों में बँटी रहती है। पुलिस स्टेशन और बैरक इस विभाजन रेखा के चिह्न हैं। उपनिवेशों में

पुलिस वाले और सैनिक ही औपनिवेशिक शासकों और उनके शासनतंत्र के प्रवक्ता हैं। .... विकसित पूँजीवादी समाजों में शिक्षणतंत्र, चाहे सामान्य हो या धार्मिक : पीढ़ी दर पीढ़ी पिता से पुत्र को हस्तांतरित होता नैतिक आचरणों का ढाँचा, श्रमिकों की उदाहरणीय ईमानदारी और 50 साल की अच्छी और वफ़ादार सेवाओं के बदले दिए जाने वाले मेडल, सद्भावपूर्ण संबंध और अच्छे व्यवहार के लिए उन्हें दिया जाने वाला स्नेह-व्यवस्था के प्रति सम्मान की ये सारी सौन्दर्यात्मक अभिव्यक्तियाँ शोषित व्यक्ति के इर्द-गिर्द अधीनता और अवरोध का एक ऐसा माहौल रच देती हैं जिसके चलते उन्हें बलपूर्वक नियंत्रित करने का कार्यभार घट जाता है। .... औपनिवेशिक देशों में पुलिसवाले और सैनिक ..... राइफ़ल बट और नापाम बमों के माध्यम से देशियों के साथ संपर्क और सलाह का संबंध रखते हैं। .... ये बिचौलिये देशियों के घर और दिमाग़ में हिंसा ले आते हैं। .... उपनिवेशक द्वारा देशी आदमी को पुलिस और सेना की मदद से भौतिक रूप से परिसीमित कर देना ही पर्याप्त नहीं है ...... उपनिवेशक, देशी (इन्सान) को बुराई के सारतत्त्व के रूप में परिभाषित करता है। देशी समाज सिर्फ़ मूल्यविहीन नहीं बताया जाता। उपनिवेशक के लिए इतना ही पर्याप्त नहीं कि वह यह कह कर रुक जाए कि देशी समाजों से मूल्य ख़त्म हो गए या कभी भी इनमें वे मूल्य थे ही नहीं, बल्कि उनके अनुसार देशी किसी भी नैतिकता के प्रति असंवेदनशील है .... वह मूल्यों का दुश्मन है, अतः निरपेक्ष बुराई है। वह क्षयकारी तत्त्व है, जो कुछ नज़दीक आए उसे नष्ट करने वाला, उसे विकृत करने वाला, सौन्दर्य और नैतिकता से संबंध रखने वाली हर चीज़ को विरूपित करने वाला। वह दुष्ट ताकतों का अक्षय कोश है, अंधी शक्तियों का अचेतन और असुधार्य उपकरण है।"[3]

फैनन उपनिवेशों की जनता की हिंसा को उपनिवेशवाद के अनुभव से जोड़ कर देखते हैं। औपनिवेशिक प्रक्रिया के दौरान—"एक देशी व्यक्ति जो पहली चीज़ सीखता है, वह है अपनी हद में रहना, ख़ास सीमाओं के बाहर कतई न जाना। इसीलिए उसके सपने हमेशा माँसपेशियों की ताकत को अभिव्यक्त करते हैं (उसके सपने गतिशील क्रिया और आक्रामकता के सपने होते हैं। सपने में मैं देखता हूँ कि मैं कूद रहा हूँ, तैर रहा हूँ, दौड़ रहा हूँ, चढ़ाई चढ़ रहा हूँ, ठहाके लगा रहा हूँ, एक डग में नदी पार कर रहा हूँ, मेरा पीछा कर रही ढेरों मोटर-कारें मुझे पकड़ नहीं पा रही हैं। औपनिवेशीकरण के दौर में देशी आदमी रात 9 बजे से सुबह 6 बजे के बीच अपनी इस आज़ादी को प्राप्त करने की क्रिया को कभी रोकता नहीं .... उपनिवेशित व्यक्ति अपनी हड्डियों में समाहित आक्रामकता को सबसे पहले अपने ही लोगों के विरुद्ध अभिव्यक्त करता है। ये ऐसा समय होता है जब नीग्रो एक-दूसरे के साथ मारपीट करते हैं और उत्तरी अफ्रीका में आश्चर्यजनक रूप से बढ़ते अपराधों का न्याय करने बैठी पुलिस और मजिस्ट्रेट समझ नहीं पाते कि किसका पक्ष लें। .... कबीलाई झगड़े स्मृति में गहरे दबे

असंतोषों को ही दृढ़ता प्रदान करते हैं। अपनी पूरी ताकत के साथ जब देशी लोग एक दूसरे के प्रति घृणा में कूद पड़ते हैं तो वे स्वयं को समझा रहे होते हैं कि उपनिवेशवाद अस्तित्व में नहीं है, कि सब कुछ पहले जैसा ही है, कि इतिहास जारी है। सामुदायिक संगठनों के स्तर पर हम परिवर्जन (या बचने) के सुपरिचित व्यवहार को देखते हैं, मानो आपसी ख़ूनी लड़ाइयों ने उन्हें (वास्तविक बाधाओं) को नज़रअंदाज़ करने और उपनिवेशवाद के ख़िलाफ़ अपरिहार्य सशस्त्र संघर्ष के चुनाव को टाल देने का मौका दे दिया हो। इस प्रकार सामूहिक आत्मविनाश उन तरीकों में से एक है जिनसे देशियों की माँसपेशियों का तनाव मुक्त होता है। इस तरह के व्यवहार ख़तरे की स्थिति में मृत्यु की प्रतिक्रिया है, एक आत्मघाती व्यवहार .... जो कि उपनिवेशक को यह विश्वास दिलाता है कि ये तर्क और बुद्धि से रहित लोग हैं .... इसी तरह देशी मनुष्य उपनिवेशक को परिवर्जित करने के क्रम में नियतिवाद की शरण लेता है जहाँ दुर्भाग्य और ग़रीबी ईश्वर प्रदत्त मान ली जाती है...... जिसके जरिए वह उपनिवेशक के सामने सिर झुका कर आंतरिक संतुलन प्राप्त करता है और पहाड़-सी ख़ामोशी अख़्तियार कर लेता है।''[4]
उपनिवेशवादी शासनतंत्र जहाँ उपनिवेशितों में अपनी हरकतों के प्रति तीव्र असंतोष जगाता है वहीं इस असंतोष को दबाए रखने की मजबूरी भी पैदा करता है। फ्रैंज़ फैनन अविकसित औपनिवेशिक देशों में मिथकों और जादू-टोने की भूमिका का एक अलग ही परिप्रेक्ष्य प्रस्तुत करते हैं। ''अपनी आक्रामकता पर काबू पाने के लिए खड़े किए गए मानसिक अवरोधों की मज़बूती उसे उन डरावने मिथकों से मिलती है जो कि अविकसित समुदायों में पाए जाते हैं। वे दानवी आत्माएँ जो हर ग़लत कदम पर हस्तक्षेप करती हैं, सर्पमानव, चीतामानव, छः पैरों वाले कुत्तों, अजदहों तथा जानवरों और राक्षसों की एक पूरी शृंखला देशियों के इर्द-गिर्द अवरोधों, निषेधों और बाड़ों की ऐसी दुनिया निर्मित करती है जो कि उपनिवेशकों की वास्तविक दुनिया से भी ज़्यादा आतंककारी होती है। ...... मिथक और जादू का माहौल मुझे डरा कर मेरे ज़िले या मेरी जनजाति की परंपराओं और इतिहास से मुझे जोड़ता है, वह मुझे आश्वस्त करता है, मुझे एक ओहदा देता है मानो कि वह पहचानपत्र हो। अविकसित देशों में तंत्र-मंत्र का दायरा पूरी तरह से सामुदायिक है और जादुई अधिकार-क्षेत्र में आता है। इस जटिल संजाल में जहाँ क्रियाएँ ठोस अपरिहार्यता के साथ दोहराई जाती हैं, उसमें फँस कर मैं पाता हूँ कि यह अनंत विश्व मेरा है और इन क्रियाओं की निरंतरता इस विश्वास को पुख़्ता करती है।''[5]

कहना न होगा कि फ्रैंज़ फैनन ने औपनिवेशिक संबंधों की मनोरचनाओं का जैसा तलस्पर्शी विवेचन किया है, वह इराक़ जैसे नव-औपनिवेशिक आधिपत्य में जकड़े देशों और भारत जैसे उत्तर-औपनिवेशिक समाजों के हाशिए पर रहने वालों के जीवन व्यवहार और मनोरचना को समझने में अत्यंत प्रासंगिक है।

जहाँ उपनिवेशवाद, उपनिवेशक और उपनिवेशित की परस्पर अपवर्जी दुनियाओं का निर्माण करता है, वहीं उसके वास्तविक क्रियाकलाप महज़ इस द्वैत पर आधारित नहीं होते। फैनन ने उपनिवेशवाद को देशी तत्त्वों की उपनिवेशकों के साथ सह-अपराधिता के जटिल संजाल के रूप में समझने की प्रस्तावना की है। यह संजाल उपनिवेशक और उपनिवेशितों की व्यापक कोटियों के अंतर्गत विभिन्न हिस्सों के विषम आंतरिक शक्तिसंबंधों से निर्मित होते हैं। फैनन जहाँ उपनिवेशवाद के ख़िलाफ़ लड़ाई में राष्ट्रवाद को उपयोगी पाते हैं, वहीं उसकी कमज़ोरियों की सटीक व्याख्या भी प्रस्तुत करते हैं। औपनिवेशिक दौर के राष्ट्रवादी नेताओं द्वारा आज़ादी के बाद मजदूर तबकों के साथ दग़ाबाज़ी की परिघटना को व्यक्त करते हुए वे लिखते हैं—"आज़ादी से पहले, नेता जनता की आज़ादी की चाहत, राजनीतिक मुक्ति और राष्ट्रीय आत्मसम्मान की रहनुमाई करता है लेकिन जैसे ही आज़ादी की घोषणा होती है वह जनता की ठोस ज़रूरतों—रोज़ी-रोटी और ज़मीन तथा जनता के पवित्र हाथों में देश की कमान सौंपने की जगह वह अपने आन्तरिक उद्देश्यों का ख़ुलासा करना शुरू करता है। वह लाभ कमाने वालों की कंपनी का अध्यक्ष बनना चाहता है जो कि अपने मुनाफ़ों के लिए अधीर हो रहे हैं। यही मुनाफ़ाख़ोरों का तबका राष्ट्रीय पूँजीपति वर्ग का निर्माण करता है।"[6]

फैनन ने नस्लवादी व्यवहार के तमाम रूपों का विवेचन किया है। उपनिवेशितों और अश्वेतों को बालसुलभ मानते हुए संरक्षण और सहायता की मुद्रा (इन्फेंटिलाइजेशन), उन्हें बदनाम करना (मसलन किसी जिप्सी को चोर मान लेना, यहूदी को बेईमान या फिर अश्वेत को निकम्मा मानना), संदिग्ध मानना (जिस तरह बिना गिने पैसा ख़र्च करने वाला यहूदी संदिग्ध है, वैसे ही मान्टेस्क्यू को उद्धृत करने वाले अश्वेत पर भी निगाह रखनी चाहिए),[7] हँसी उड़ाना (उन्हें बच्चों या बेढब वयस्कों की तरह हँसी का पात्र मानना। फैनन ने 1930 और 40 के दशक की हॉलीवुड की फिल्मों में अश्वेत घरेलू नौकरों को हँसी को आलंबन के रूप में पेश करने का ज़िक्र किया है।), अलगाव में डालना, अदृश्य बनाना (पश्चिमी संस्कृति सर्वव्यापी है और काली त्वचा के पीछे का सारा संसार अदृश्य है। उनकी सारी अभिव्यक्तियों-संस्कृति, इतिहास और कलाओं को सामाजिक ज्ञान से ओझल कर देना), बलि का बकरा बनाना (उदाहरण के लिए विश्वव्यापी मंदी की विभीषिका के लिए यहूदियों के अदृश्य संचारतंत्र को ज़िम्मेदार मानना या अमरीका के भीतरी शहरों के पतन के लिए अश्वेत बस्तियों को ज़िम्मेदार ठहराना) तथा हिंसा (ख़ुफ़िया तंत्र, पुलिस और सैन्य बल, जेल में उत्पीड़न, कानूनी तंत्र के जरिए। आज भी अमरीकी जेलों में अधिसंख्य कैदी अश्वेत हैं) आदि।

फैनन ने प्रकृतवाद, चेतना के अनुभव की हेगेलीय धारणा, फ्रायडीय मनोविश्लेषण तथा घटना-क्रिया विज्ञान (फेनामिनॉलॉज़ी) अर्थात् पश्चिमी ज्ञानमीमांसा द्वारा मानवी अस्तित्व के विज्ञान का दावा करने वाले दर्शनों के सम्मुख

अश्वेतता या कालेपन के तथ्य को उपस्थित करके उन्हें समस्याग्रस्त बना दिया। फैनन ने अश्वेत अस्तित्व, उसके अनुभव और उसकी चेतना के पेचीदा सवाल उठा कर पश्चिमी ज्ञानमीमांसा की सार्वभौमता के दावों को तगड़ा झटका दिया। अश्वेत होना महज़ अपने आप में होना नहीं है बल्कि एक अश्वेत विरोधी दुनिया में अश्वेत होना है। अश्वेत मनुष्य गोरी योरपीय दुनिया द्वारा अतिनिर्धारित है। अश्वेत-विरोधी दुनिया में एक काला शरीर मानवीय उपस्थिति का विलोम अर्थात् अनुपस्थिति की तरह है। फैनन लिखते हैं—"मैं बाहर से अतिनिर्धारित हूँ। मैं उन 'विचारों' का दास नहीं हूँ जो दूसरे मेरे बारे में रखते हैं बल्कि अपनी प्रतीति (रंग-रूप) का दास हूँ। मैं दुनिया में सिकुड़ कर चलता हूँ, इस बात से अभ्यस्त कि मुझे दिखना नहीं चाहिए। मैं रेंग कर चलता हूँ। पहले ही गोरी निगाहें जो एकमात्र निग़ाहें हैं, मेरी चीर-फाड़ कर रही हैं। मैं जड़ दिया गया हूँ। अपने सूक्ष्म नश्तर तेज़ करके वे वस्तुगत रूप से मेरे यथार्थ के टुकड़े कर रहे हैं। मुझे उघाड़ दिया गया है। मैं महसूस करता हूँ, देखता हूँ, उन गोरी निग़ाहों में कि वह जिसने प्रवेश किया है, वह नया मनुष्य नहीं है बल्कि नए तरह का मनुष्य है, एक नई प्रजाति। क्यों? क्योंकि वह नीग्रो है।"[8] अतिनिर्धारण चेतना को शरीर में ही निहित बना कर उसे वस्तु का रूप दे देता है। अश्वेत शरीर अनस्तित्व के अनुभव को जीता है। शरीर की चेतना एक नकारात्मक गतिविधि है क्योंकि वह दूसरों की निग़ाह से निर्धारित वस्तु की चेतना है। दूसरों की निग़ाह से (और यह दूसरे अनिवार्यतः गोरे हैं और उनकी निगाह अश्वेत के विरुद्ध है) बिंधा अश्वेत शरीर एक नस्लीय त्वचामूलक आकृति में बदला जाता है। अश्वेत शरीर बेनाम हो जाते हैं। यों नामहीन होना बाकी सबकी तरह होना है, मानवीय उपस्थिति का सार्वभौमरूप होना है लेकिन यह तो तब वांछनीय है जबकि सार्वभौम मानवीय उपस्थिति का नियम सभी मनुष्यों पर लागू हो। किन्तु यदि नामहीन होना अन्य सभी के स्थान पर होना है तो यह धारणा अश्वेत पर लागू नहीं होती क्योंकि वह (गोरे) मनुष्य का समस्थानी नहीं है। फैनन ने नीग्रो मनोविकृति को भाषा और शिक्षणतंत्र के माध्यम से किए जाने वाले समावेशन और संस्कृतिकरण की प्रक्रिया से उत्पन्न माना है। एक अश्वेत के 'जिए गए अनुभव' और 'गोरेपन की शिक्षा' के बीच द्वंद्व इस मनोविकृति का कारण है। फैनन ने लिखा—"पत्रिकाओं में भेड़िया, राक्षस, बुरी आत्माएँ, शैतान और जंगली, नीग्रो या इंडियन के रूप में प्रस्तुत किए जाते हैं। चूंकि तादात्म्य सदैव ही ज़ीतने वाले के साथ होता है इसलिए एक नीग्रो बच्चा गोरे बच्चे की ही तरह ख़ुद को अन्वेषक, साहसी नायक और धर्मदूत के रूप से ही तादात्म्य स्थापित करता है। .... ये नायक जो कि शैतान नीग्रो द्वारा खा लिए जाने का ख़तरा उठा कर भी अपना उद्यम जारी रखते हैं, वे गोरे हैं और आक्रामक।"[9] एक अश्वेत बच्चे में धीरे-धीरे सोचने और देखने का एक ढंग विकसित होता है जो मूलतः गोरों का दृष्टिकोण है। इस दृष्टिकोण का उसके जीवनगत अनुभवों से टकराव होता है और मनोरोग उत्पन्न होता है। कार्ल युंग की

सामूहिक अवचेतन की अवधारणा में संशोधन करते हुए फैनन प्रस्तावित करते हैं कि सामूहिक अवचेतन मस्तिष्कीय उत्तराधिकार पर निर्भर नहीं बल्कि अविचारित सांस्कृतिक आरोपण पर निर्भर है।

फैनन ने अमूर्त मानववाद की सार्वभौमता में विलीन हो जाने के रास्ते को अश्वेत अस्मिता के लिए अवरुद्ध पाया। नई मानवता के लिए उन्होंने बहुत कुछ नीत्शे के ही सदृश असंतोष-जनित विद्रोह को आवश्यक माना। सार्त्र ने नीग्रो अस्मिता के कवियों के संग्रह 'ब्लैक ऑर्फ़ियस' की भूमिका में नेग्रीट्यूड के मिथकीय काव्यशास्त्र को उस द्वंद्वात्मक गति का एक ज़रूरी कदम माना था जो कि अंततः एक वर्ग-विहीन, नस्ल-विहीन समाज में श्वेतों और अश्वेतों को एक साथ ला खड़ा करेगा। उन्होंने लिखा- "नीग्रो चेतना (नेग्रीट्यूड) द्वंद्वात्मक अग्रगति की एक कमज़ोर अवस्था है ...... गौरांग श्रेष्ठता की सैद्धांतिक और व्यावहारिक अभिपुष्टि, इस द्वंद्व का पक्ष (थीसिस) है—नीग्रो चेतना नकार के क्षण का प्रतिपक्षी (एंटी थीसिस) मूल्य है। किन्तु नकार का यह क्षण अपने आप में पर्याप्त नहीं और जो अश्वेत इसका इस्तेमाल कर रहे हैं, वे इसे अच्छी तरह जान रहे हैं—वे जानते हैं कि (ये प्रतिपक्ष) उस संपक्ष (सिंथेसिस) का मार्ग प्रशस्त करता है जो कि नस्लवादविहीन मानव समाज को चरितार्थ करेगा। इस प्रकार नीग्रो चेतना स्वयं अपने को नष्ट करने के प्रति समर्पित है, वह साधन है न कि चरम साध्य।"[10]

फैनन ने सार्त्र की इस प्रस्तावना पर तीखी प्रतिक्रिया की। 'ब्लैक स्किन, 'वाइट मास्क्स' में फैनन ने लिखा—"जब मैंने इस पन्ने को पढ़ा तो मैंने महसूस किया कि मेरा अंतिम मौका मुझसे छीन लिया गया है। मैंने अपने दोस्तों से कहा, 'युवा अश्वेत कवियों की पीढ़ी को एक ऐसा झटका दिया गया है जिसे माफ़ नहीं किया जा सकता।' रंगयुक्त त्वचा वाले लोगों के एक दोस्त से सहायता माँगी गई और उस दोस्त के पास यह बताने से बेहतर कोई उत्तर न था कि वे जो कर रहे थे, वह सापेक्ष था .... वह द्वंद्वात्मकता जो मेरे स्वातंत्र्य के आधार में नियति (नेसेसिटी) को दाख़िल करती है, वह खींच कर मुझे मुझसे बाहर निकाल देती है। वह मेरी अनिरूपित अवस्थिति को नष्ट कर देती है फिर भी चेतना के संदर्भ में, मेरी अश्वेत चेतना अपनी नज़र में अंतर्भूत है। मैं किसी चीज़ की संभावना नहीं हूँ, मैं सम्पूर्णतः वही हूँ, जो मैं हूँ। मुझे सार्वभौम की दरकार नहीं। मुझमें संभाव्यता का कोई स्थान नहीं है। मेरी नीग्रो चेतना ख़ुद में कोई कमी नहीं मानती। वह है। वह ख़ुद का अनुसरण करती है।"[11]

फैनन ने सार्त्र के वक्तव्य में अश्वेत होने के अनुभव के अमूर्तन को लक्ष्य किया था। चूंकि पश्चिम का सार्वभौम मानववाद ठोस स्थितियों में सार्वभौम है ही नहीं, वह जीवित अश्वेत अनुभवों के नकार और विलोम की तरह है, अतः नीग्रो चेतना का वह लक्ष्य नहीं हो सकता, नीग्रो चेतना ख़ुद को उसमें विलीन नहीं कर सकती। फैनन आगे चल कर अपनी इसी पुस्तक में रंगयुक्त लोगों के अतीत से

ही प्रेरणा लेने से इंकार करते हैं और बाद में 'द रेचेड ऑफ़ दि अर्थ' में भी वे राष्ट्रीय चेतना के ख़तरों में अतीतोन्मुखता को रेखांकित करते हैं। फिर भी मानववाद की पश्चिमी परिकल्पना से उनका विरोध मूलगामी था और एक नई मनुष्यता में ही वे उपनिवेशितों और अश्वेतों की मुक्ति देखते थे।

एडवर्ड सईद

एडवर्ड सईद का जन्म जेरूशलम (अब इस्राइल) में 1935 में हुआ। उनका आरंभिक जीवन जेरूशलम, मिस्र और लेबनान में बीता। दूसरे विश्वयुद्ध के बाद 1947-48 में जब इस्राइल से फ़िलिस्तीनियों को खदेड़ा गया तो उनका परिवार भी उजड़ कर जार्डन और लेबनान में बस गया। 1951 में वे अध्ययन के लिए अमेरिका गए। 1963 से उन्होंने वहीं अध्यापन कार्य शुरू किया। 1967 के अरब-इस्राइल युद्ध ने उन्हें अरब दुनिया और फ़िलिस्तीन की समस्याओं की ओर आकर्षित किया और जीवन भर वे फ़िलिस्तीन के मुक्तिसंघर्ष से एक बुद्धिजीवी के बतौर जुड़े रहे। जीवन की इस पृष्ठभूमि ने भी उन तमाम अवधारणाओं को सईद के भीतर अंकुरित किया जिनके लिए वे जाने जाते हैं। अपने वतन और लोगों से उखड़ कर, विस्थापित हो कर अमेरिका जैसी महाशक्ति के केन्द्र में बसे बुद्धिजीवी के बतौर उन्होंने एक ओर तो देशांतरण और विस्थापन के दंश को महसूस करते हुए उसे उपनिवेशवाद और साम्राज्यवाद द्वारा बड़े पैमाने पर किये गये जनसंख्याओं के विस्थापन की सैद्धांतिकी से जोड़ा तो दूसरी ओर आधुनिक महानगरीय पश्चिमी साम्राज्यवादी केन्द्रों से उत्पन्न उन वैचारिक निर्मितियों और विमर्शों के प्रति आलोचनात्मक व्यवहार विकसित करने का अवसर ख़ुद के लिए खोज निकाला। सईद के वाङ्मय का बड़ा हिस्सा सांस्कृतिक साम्राज्यवाद से अनवरत संघर्ष है।[12]

सईद की कालजयी पुस्तक 'प्राच्यवाद' (ओरियन्टलिज़्म) 1978 में प्रकाशित हुई। इस पुस्तक को उत्तर-औपनिवेशिक अध्ययनों के आधार ग्रन्थों में से माना जाता है। प्राच्यवाद को परिभाषित करते हुए सईद ने लिखा—"प्राच्यवाद पूरब के बारे में वक्तव्य जारी करने, उसके प्रति दृष्टिकोण निर्मित करने, उसकी व्याख्या करने, उसके बारे में शिक्षित करने, उसे बसाने और उस पर शासन करने का एक पूँजीवादी संस्थान है; संक्षेप में प्राच्यवाद पूरब पर आधिपत्य ज़माने और उसकी पुनर्रचना करने की पाश्चात्य शैली .... प्राच्यवाद की ऐसी वर्चस्वशाली स्थिति रही कि कोई भी व्यक्ति जो पूरब के बारे में लिखता, सोचता या सक्रिय रहता रहा है वह अपने विचारों और क्रियाकलाप पर प्राच्यवाद द्वारा थोपी गई सीमाओं को ध्यान में रखे बग़ैर सक्रिय नहीं रह सकता। ऐसा नहीं कि प्राच्यवाद, पूरब के बारे में जो कुछ भी कहा सुना जाता है, उसे एकतरफ़ा ढंग से निर्धारित करता है। लेकिन वह

(पश्चिमी) हितों का ऐसा संजाल है जो पूरब का प्रश्न उठने पर अनिवार्यतः असर डालता है।''

सईद ने अपनी पुस्तक में विशेष रूप से अरब-इस्लाम और मध्यपूर्व के बारे में इंग्लैंड, फ्रांस और अमेरिका में चलाए जा रहे अकादमिक, राजनीतिक और साहित्यिक विमर्शों में अंतर्निहित शक्तिसंबंधों का ख़ुलासा किया। आर्थर जेम्स बॉलफ़ोर, चॉसर, शेक्सपियर, बायरन, दांते से ले कर हेनरी किसिंजर तक के लिखित और उद्धृत कथनों की समीक्षा करते हुए पहले ही अध्याय में सईद ने दिखलाया कि जीवन और साहित्य के विभिन्न क्षेत्रों से आने वाले इन पश्चिमी व्यक्तित्वों ने पूरब का निरूपण करते हुए उसे 'अन्य' और 'कमतर' दर्शाया है। प्राच्यवादी विमर्श एक देश से दूसरे देश, राजनैतिक नेताओं से ले कर साहित्यकारों तक फैलते गए। मध्य-पूर्व और इस्लाम की जो छवि (असभ्य, बर्बर, कट्टर, अविकसित, कामुक आदि) पश्चिम में चलन में है, वह महज़ समकालीन अरब-इस्राइल संघर्ष या तेल संकट का प्रतिबिंबन नहीं है, बल्कि सईद ने दिखाया कि किस प्रकार पिछली दसियों शताब्दियों से फ्रेंच और ब्रिटिश लेखकों और यात्रियों ने मध्यपूर्व की एक जादुई, पतनशील, इंद्रियों की दासता से ग्रस्त, कट्टर, योरप से प्रजातिगत रूप से भिन्न छवि बनाई। आज जब अमेरिकी स्टेट डिपार्टमेंट द्वारा स्वीकृत और अनुमोदित लेखक तथा टिप्पणीकार इस्लामिक दुनिया, इस्लामिक इतिहास आदि के बारे में लिखते पढ़ते हैं तो वह एक 200 सालों से चले आ रहे प्राच्यवादी संस्थान की ताकत और विचारधारा में ही एक नई कड़ी जोड़ते हैं। पेंटागन का युद्ध उद्योग, तेल कंपनियों के मालिक और अमरीकी राजनीतिज्ञों का अपवित्र गठबंधन एक ऐसा राजनीतिक तथ्य है जो इस्लाम और मध्यपूर्व के बारे में तमाम पश्चिमी लेखन को इन हितों के राजनीतिक विज्ञापन में बदल देता है।

सईद की ज्ञानपद्धति मिशेल फूको के ज्ञान-शक्ति समीकरण पर आधारित है। फूको यह मानते हैं कि हर विमर्श में शक्तिसंबंध अंतर्निहित होते हैं। फूको के अनुसार ज्ञानात्मक निर्मितियाँ ऐसे वक्तव्यों की तरह हैं जो सत्य होने का दावा करती हैं ताकि वे अपने को मनवा सकें, सत्य होती नहीं। सत्य निरपेक्ष नहीं होता और न ह्री पहले से उपस्थित। वह रणनीतिक उद्देश्यों के साथ विमर्श के क्षेत्र में चलने वाली लड़ाइयों में उत्पन्न होता है। शक्ति संबंध विमर्शों में अंतर्भूत होते हैं।

एडवर्ड सईद प्राच्यवाद की निर्मिति की कई अवस्थाओं और स्तरों को रेखांकित करते हैं। पूरब के बारे में नृतत्वविज्ञान, समाजशास्त्र, भाषा विज्ञान, इतिहास आदि अकादमिक अनुशासनों की सैद्धांतिकी इसका एक स्तर है। दूसरे स्तर पर प्राच्यवाद विचार की एक शैली है जो पूरब और पश्चिम के बीच ज्ञानमीमांसात्मक (एपिस्टेमोलॉजिकल) और अस्तित्वपरक (ऑन्टोलॉजिकल) विभेद पर आधारित है। दार्शनिकों, लेखकों, कवियों, उपन्यासकारों, राजनीतिक

सिद्धांतकारों, अर्थशास्त्रियों और प्रशासकों ने पूरब के लोगों, उनके रिवाज़ों, उनके मस्तिष्क और उनकी नियति को पश्चिम से भिन्न और 'अन्य' मान कर ही उनका निरूपण किया है। पूरब के बारे में ज्ञानात्मक निर्मितियों के इन दोनों स्तरों के बीच आदान-प्रदान को पश्चिमी साम्राज्यवादी आधिपत्य के संस्थान का रूप दे दिया गया।

'संस्कृति और साम्राज्यवाद' (कल्चर एंड इम्पिरियलिज़्म, 1993) शीर्षक अपनी पुस्तक में सईद ने साहित्य में पूरब के आख्यान के साम्राज्यवादी आशयों और निहितार्थों का पाठकेन्द्रित अध्ययन किया है। जोसेफ़ कोनरॉड की 'हार्ट ऑफ़ डार्कनेस', जेन ऑस्टिन के 'मैन्सफ़ील्ड पार्क', अल्बेयर कामू के 'अज़नबी' (द स्ट्रेंजर) और वर्दी के 'आइदा' की समीक्षा करते हुए सईद ने यह रेखांकित किया है कि इन लेखकों के चाहे-अनचाहे उनकी कृतियों में पश्चिम की सांस्कृतिक कल्पनाएँ अंतर्निहित थीं। इन सांस्कृतिक कल्पनाओं में 19वीं और 20वीं सदी के साम्राज्य निर्माण को न्याय और तर्क संगत बनाने के बीज छिपे हुए हैं। सईद ने यह भी दिखलाया कि किस प्रकार डब्ल्यू. बी. यीट्स, सलमान रूश्दी, आइमे सेजायर और चिनुआ अचेबे आदि रचनाकार साहित्य में साम्राज्यपरक दृष्टिकोण के विरुद्ध पूरब की ख़ुदमुख़्तारी के दावे और उसके सांस्कृतिक स्रोतों का प्रतिरोधी विमर्श तैयार करते हैं।

सईद की धारणाओं के अन्यथाकरण और ख़ास उद्देश्यों के लिए उपयोग के प्रयासों के प्रति सचेत रहते हुए सईद ने 1994 में 'प्राच्यवाद' पुस्तक के नए संस्करण के अंत में उसकी आलोचनाओं और अन्यथाकरणों का जायज़ा लिया और अपनी धारणाओं के विषय में स्पष्टीकरण दिए। सईद ने यह साफ़ किया कि उनकी पुस्तक और धारणाओं से यह सीख लेना ग़लत होगा कि जिस तरह पश्चिम ने आधिपत्य के लिए पूरब की एक छवि निर्मित की, उसी तरह पूरब वालों को बदले में पश्चिम की कोई ख़ास छवि गढ़नी चाहिए। उन्होंने सन् 2003 के एक भाषण में ज़ोर दे कर कहा कि उनका बौदिक अभियान मानवतावाद के लक्ष्य को ही समर्पित है। सईद ने इस्लामिक चरमपंथियों द्वारा उनकी धारणाओं के इस्तेमाल को एक सजग बुद्धिजीवी की तरह बारंबार निरस्त किया।

उत्तर-औपनिवेशिक सैद्धांतिकी के लिए सईद की अन्य रचनाओं का काफ़ी महत्त्व है। 'द वर्ल्ड, द टेक्स्ट एंड द क्रिटिक' (1983) नामक ग्रन्थ में सईद ने दूसरे विश्वयुद्ध के दौरान नात्ज़ी जर्मनी से देशनिकाला पाए बुद्धिजीवी एरिक आयरबाख़ के लेखन में पश्चिमी बौद्धिक परंपराओं के प्रति बिडंबनात्मक परिप्रेक्ष्य की उपस्थिति को उनके देशनिकाले-विस्थापन और गृहविहीनता से जोड़ कर देखा। देशनिकाले की स्थिति में आयरबाख़ ने अपना महाग्रन्थ 'माइमेसिस' लिखा।[13] योरपीय यथार्थवाद और तर्कवाद को प्राचीन ग्रीक परंपरा से ले कर आधुनिकतावादी क्षण तक रेखांकित कर आयरबाख़ ने योरपीय साहित्य की

मानवतावादी परंपरा का एक ऐसे समय वृहत आख्यान प्रस्तुत किया जब उन्हें लग रहा था कि यह परंपरा ही समाप्त होने वाली है। एजाज़ अहमद के अनुसार 'प्राच्यवाद' जैसी कृति के पीछे सईद की यह महत्त्वाकांक्षा भी झलकती है कि वे 'माइमेसिस' के बरअक़्स योरपीय मानवतावाद का एक प्रति-इतिहास (काउन्टर हिस्ट्री) लिख सकें। सईद के मन में (आयरबाख़ की) अपने देश से विस्थापित बुद्धिजीवी की आदर्श छवि गहरे खिंच गई। सईद यह रेखांकित करते हैं कि आयरबाख़ एक पश्चिमी केन्द्र (जर्मनी) से विस्थापित हो कर इस्तान्बुल जैसे एक पूर्वी क्षेत्र (परिधि) में पहुँचे। उनकी इस विस्थापित अवस्थिति ने ही उन्हें पश्चिमी ज्ञानात्मक निर्मितियों से वह स्वतंत्रता और स्वायत्तता दी जिससे वे पश्चिमी सांस्कृतिक परंपरा के प्रति गहरी संसक्ति के बावजूद उसके प्रति अपेक्षया तटस्थ दृष्टिकोण विकसित कर सके। उत्तर-औपनिवेशिक विमर्शों में बेघर-पन, विस्थापन, देशांतरण आदि के जरिए देश-दुनिया को देखने और निरूपित करने की अपेक्षया नई और स्वायत्त दृष्टि को रेखांकित किया गया है। आग्रह यह है कि अपने स्वाभाविक देश-परिवेश से उखड़ कर कहीं और बसे बौद्धिक को एक दोहरी दृष्टि प्राप्त होती है जो उसे अधिक पूर्वाग्रह रहित और रचनात्मक बनाती है। देश से उखड़े हुए बौद्धिक की निग़ाह में वे चीज़ें भी होती हैं जो छूट गई होती हैं और वे भी जो तत्काल उपस्थित हैं। यह आधी संलिप्तता और आधी निर्लिप्तता का सफ़र बुद्धिजीवी को पहली और तीसरी दुनिया को जोड़ने वाले एक मध्यस्थ की स्थिति प्रदान कर देता है। सईद ने इस धारणा के प्रति भी सावधानी बरतने की ज़रूरत अपने लेखों और भाषणों में बताई है।

सईद ने एक ऐसी पाठ-पद्धति का विकास किया जो कि लगातार पाठ के साथ एक प्रतितोलक सुर-संगति में चलती है। सईद ने संगीत की पद्धति के सादृश्य पर इस पाठ पद्धति को विकसित किया है। इस पद्धति में पाठ के भीतर से वे दबे हुए स्वर उभारे जाते हैं जो बिना इस पाठ प्रक्रिया के, अनसुने ही रह जाते। यह पाठ प्रक्रिया, पाठ में अंतर्निहित विसंवादी स्वरों के सह-अस्तित्व और संवाद को उभार देती है। उदाहरण के लिए सईद ने जेन ऑस्टिन के 'मैन्सफील्ड पार्क' का पाठ करते हुए उस बिन्दु पर ज़ोर दिया जिसमें ब्रिटिश उच्चवर्गों का सम्पन्न जीवन वेस्टइंडीज़ के बाग़ानों से हो रहे मुनाफ़ों पर निर्भर था। आलोचक द्वारा इस ख़ास बिंदु पर ज़ोर देते ही पाठ के वे तमाम सह-संबंध उभर आए जो कि एक ख़ास औपनिवेशिक, सामाजिक और सांस्कृतिक यथार्थ से उस कृति के उत्पन्न होने की व्याख्या करते हैं। इस कृति का सामान्य पाठ औपनिवेशिक यथार्थ से उसके संबंध को स्थापित नहीं कर सकता। कृति के भीतर विसंवादी और दबे हुए सुरों को आलोचक द्वारा संगति प्रदान करना 'कॉन्ट्रापंटल रीडिंग' जैसे आलोचनात्मक पद से जाना जाता है। पाठ प्रक्रिया के बतौर इसका इस्तेमाल उत्तर-औपनिवेशिक आलोचनात्मक व्यवहारों में बहुप्रयुक्त है।

सईद का वाङ्मय अनेक दृष्टियों से सिर्फ़ उत्तर-औपनिवेशिक विमर्शों के लिए ही नहीं बल्कि आज के नव-साम्राज्यवाद के विरुद्ध तीसरी दुनिया के देशों में चलने वाले बहुविध संघर्षों के लिए अत्यंत प्रासंगिक है।

गायत्री चक्रवर्ती स्पीवाक

गायत्री चक्रवर्ती स्पीवाक ने जब 1976 में देरिदा की 1967 में लिखी पुस्तक का 'ऑफ़ ग्रामेटोलॉजी' शीर्षक से अंग्रेज़ी अनुवाद प्रकाशित कराया तब से स्पीवाक विखंडन की पाठीय रणनीति की महत्त्वपूर्ण सिद्धांतकार के रूप में दुनिया भर में जानी जाती हैं। फ्रॉयड के मनोविश्लेषण और मार्क्सवादी विचारधारा का नारीवादी और उत्तर-संरचनावादी पाठ उनकी महत्त्वपूर्ण उपलब्धियों में माना जाता है। स्पीवाक अमरीकी अकादमी में इस विचार की प्रवक्ता रही हैं कि सुविधासंपन्न लोगों को अपनी सुविधाओं को भुलाना या विस्मृत (अनलर्न) करना चाहिए, साथ ही यह महसूस करना चाहिए कि उनकी सुविधाओं ने उन्हें अन्य किस्म के ज्ञान से वंचित कर दिया है। अंतर्राष्ट्रीय श्रम-विभाजन, ज्ञान और संस्कृति के उनके विमर्श में एक केन्द्रीय नुक्ता है। नस्ल, वर्ग, राष्ट्रीयता, लिंग, शिक्षा के अवसर, नागरिकता आदि किसी भी आधार पर जो विशेषाधिकार-संपन्न हैं, वे अपनी सुविधाजनक स्थिति के चलते ही दूसरे लोगों या दूसरे ज्ञानों को समझने में असफल होते हैं और यह उनका अभाव है। सुविधा को अभाव के रूप में देखना और सुविधा को अपठित (अनलर्न) करते जाना उस नैतिक जिम्मेदारी को जन्म देता है जो विउपनिवेशीकरण की अग्रगति के लिए आवश्यक है। अन्य उत्तर-संरचनावादियों की तरह स्पीवाक भी उपनिवेश को महज़ ऐतिहासिक-राजनैतिक चिह्न नहीं मानतीं बल्कि उपनिवेशीकरण को एक ऐसे संबंध के संकेतचिह्न के बतौर बरतती हैं जो कि तमाम विषमताओं (जाति, नस्ल, राष्ट्र, लिंग, अभिव्यक्ति आदि) का संकेतक है। विखंडन उनके लिए एक ऐसा क्रांतिकारी दर्शन है जो पाठ और पुनर्पाठ के जरिए संबंधों की औपनिवेशिकता को पलटता है। स्पीवाक पाठ की राजनीति को नैतिक ज़िम्मेदारी के रूप में परिभाषित करती हैं। यह नैतिक ज़िम्मेदारी ज्ञान की समस्या नहीं है बल्कि 'अन्य' के साथ संबंध स्थापित करने की पुकार है। यह एक ऐसी नैतिक मुद्रा है जो दूसरों के अस्तित्व के लिए विमर्शगत जगह बनाती है। संबंधों की औपनिवेशिकता 'अन्य' का अपवर्जन या अवमूल्यन करती है या फिर उस पर दया दिखाती है। बहुधा 'अन्य' को अपनी ही छवि में आत्मरत्यात्मक ढंग से उत्पादित करने की कोशिशें होती हैं। इसके विपरीत विखंडनवादी पाठ की राजनीति एक ऐसे नैतिक संबंध या ज़िम्मेदारी का प्रस्ताव करती है जिनमें 'अन्य' के साथ भिन्नता, दया अथवा अपनी ही छवि आरोपित करने का संबंध नहीं रह जाता बल्कि एक 'गले लगाने या प्रेम का संबंध' विकसित किया जाता है जो कि संबंध की इस औपनिवेशिकता का अतिक्रमण करता है। मुश्किल यह है कि यह नैतिक ज़िम्मेदारी या संबंध विमर्श की ज़मीन पर संभव

होता है क्योंकि उत्तर-संरचनावाद पार्थिव, वस्तुगत, ऐतिहासिक सुनिश्चितताओं, सारभूत अस्मिताओं को नहीं मानता। सारी अस्मिताएँ, आत्म और अन्य की वैमर्शिक निर्मितियाँ हैं अत: कोई भी बदलाव या क्रांति, पाठ-प्रक्रिया के जरिए विमर्श को बदलने में ही निहित है। यों स्पीवाक इस बात को ले कर सचेत हैं कि विखंडन को वास्तविकता का विलोम या स्थानापन्न न समझा जाए। उनके अनुसार, "विखंडन यह नहीं कहता कि कोई कर्ता नहीं होता, कोई सत्य नहीं होता, कोई इतिहास नहीं होता। वह महज़ किसी अस्मिता को सत्य का विशेषाधिकार दिए जाने को प्रश्नांकित करता है।"[14] स्पीवाक 'उत्पत्ति के अर्थ में अस्मिता' का विखंडन अनुभवों को नकार कर नहीं, बल्कि व्यक्तिगत अनुभवों को नैसर्गिक मान लेने या सामान्य सत्य का दर्ज़ा देने की प्रक्रियाओं के विश्लेषण के जरिए सम्पन्न किया जाना मानती हैं। 'सबाल्टर्न बोल नहीं सकता' से उनका अभिप्राय यह है कि वह आत्मरूप में पहली या तीसरी दुनिया के किसी भी विशेषाधिकार सम्पन्न व्यक्ति द्वारा सुना नहीं जा सकता। दमित (सबाल्टर्न) का 'स्व' या 'आत्म' सदैव ही विनिर्मित है। वह अपने आप में कैसा है, अर्थात् अपनी उत्पत्ति या सार में कैसा है, इसे पाठ ही मध्यस्थता के बग़ैर नहीं जाना जा सकता क्योंकि कोई भी अस्मिता अपनी उत्पत्ति की परिस्थितियों में न्यूनीकृत नहीं की जा सकती। दूसरी ओर यदि दमितों की अभिव्यक्ति उन समुदायों से आने वाले आवयविक बुद्धिजीवियों या प्रवक्ताओं के जरिए होती है तो दमित के रूप में उनकी अवस्थिति बदल जाती है, यानी वे दमित नहीं रह जाते। इसी अर्थ में स्पीवाक सर्वाधिक शोषित और अदृश्यप्राय समूहों का अंत चाहती हैं। अर्थात् जो बोल नहीं सकता उसका बोलना सम्भव करना, उसके दमित होने का अंत है। लेकिन यह पारम्परिक क्रांतिकारी तरीकों से संभव नहीं। यह उन बुद्धिजीवियों द्वारा भी संभव नहीं जो दबाए गए अल्पसंख्यकों की ओर से बोलने का प्रयास करते हैं या ऐसा दिखाते हैं मानों वे दमितों को आत्माभिव्यक्ति का अवसर प्रदान कर रहे हैं। स्पीवाक 'दमित' (सबाल्टर्न) का मूलतत्ववादी अर्थ ग्रहण करने के प्रति सावधान करती हैं। अस्मिताएँ कल्पित होती हैं और उनके निर्माण का क्षेत्र विमर्शगत सौदेबाज़ी का क्षेत्र है। श्रमिक, स्त्री या अन्य कोई अस्मिता शब्दश: वस्तुजगत में अस्तित्वमान किसी व्यक्ति का संकेतन नहीं करती। दूसरे शब्दों में कहें तो साहित्य या नाटक का पात्र किसी वास्तविक व्यक्ति का स्थानापन्न नहीं हो सकता। कुल मिला कर अस्मिताएँ चाहे दमित हों या मुख़र वे वास्तविकताएँ नहीं हैं, भले ही वे वास्तविकताओं पर सीधा असर डालती हों। अस्मिताएँ विमर्शों की निर्मितियाँ हैं जिनका पाठ-प्रक्रिया के जरिए विखंडन संभव है।

स्पीवाक ने मार्क्सवादी विचारधारा के साथ बहुविध पाठीय संवाद किए हैं। 'फेमिनिज़्म एंड क्रिटिकल थियरी' (1985) नामक अपने लेख में वे दर्शाती हैं कि मार्क्स द्वारा निरूपित अलगाव (एलियनेशन) का सिद्धांत अपर्याप्त साक्ष्यों पर आधारित है क्योंकि वह अपने श्रम से उत्पादित वस्तुओं से श्रमिकों के अलगाव

की व्याख्या करते हुए 'गर्भ की कार्यशाला' (वर्कशॉप ऑफ़ द वूम) को विश्लेषण का हिस्सा नहीं बनाते। बच्चे को जन्म देने के श्रम के उत्पाद से स्त्री के अलगाव तथा स्त्री द्वारा बग़ैर पारिश्रमिक के किए जाने वाले घरेलू श्रम से उस का अलगाव उनके विश्लेषण का हिस्सा नहीं बनता। इसी तरह वे फ्रायड द्वारा स्त्रीत्व के मुख्य निर्धारक के बतौर 'शिश्न ईर्ष्या' के सिद्धांत को प्रश्नांकित करते हुए वहाँ भी गर्भ के उत्पादन-क्षेत्र की अवहेलना को रेखांकित करती हैं। उनके अनुसार, फ्रायड 'गर्भ-ईर्ष्या' के 'शिश्न-ईर्ष्या' का संवादी परिपूरक होने की संभावना का सामना नहीं कर पाते। अतः स्पीवाक, मार्क्स और फ्रायड दोनों के पाठों को उनकी सीमा से परे जा कर नारीवादी पुनर्पाठ के जरिए समझने का प्रस्ताव करती हैं। विकसित देशों के नारीवाद के भीतर तीसरी दुनिया की स्त्रियों के श्रम के बहुराष्ट्रीय शोषण के असंख्य रूपों का प्रश्न उठा कर वे नारीवाद के विमर्श का भी विखंडन करती हैं। साहित्य शिक्षण के क्षेत्र में वे पहली दुनिया और तीसरी दुनिया, केन्द्र और परिधि आदि द्वैतों को चुनौती देने वाली पाठ प्रक्रिया का प्रस्ताव करती हैं। उनके अनुसार, किसी कृति का पाठ करते हुए उन ज्ञानमीमांसीय प्रक्रियाओं का आरेखन आवश्यक है जिनके जरिए तीसरी दुनिया का दुनियापन गढ़ा गया। इस प्रक्रिया के रेखांकन में विभिन्न तरह की कृतियों के अंतर्पाठ की आवश्यकता पड़ती है। आवश्यक नहीं कि तीसरी दुनिया के दुनियापन के निर्माण की प्रक्रिया किसी तीसरी दुनिया की ही कृति में नज़र आती हो। 'थ्री विमेन्स टेक्स्ट एंड ए क्रिटिक ऑफ़ इम्पीरियलिज़्म' शीर्षक लेख में स्पीवाक लिखती हैं, "19वीं सदी के ब्रिटिश साहित्य को पढ़ना इस बात को याद रखने के बग़ैर संभव नहीं कि साम्राज्यवाद, जिसे इंग्लैण्ड का सामाजिक मिशन समझा जाता था, वह इंग्लैण्ड के लिए भी इंग्लैण्ड के सांस्कृतिक निरूपण का महत्त्वपूर्ण हिस्सा था। सांस्कृतिक प्रतीकन के उत्पादन में साहित्य की भूमिका की अवहेलना नहीं की जा सकती। 19वीं सदी के ब्रिटिश साहित्य के पाठ में इन दो सामान्य तथ्यों की लगातार अवहेलना की जाती रही है। यह ख़ुद में साम्राज्यवादी अभियान की सतत् सफलता को दिखलाता है जो कि अधिक आधुनिक रूप में विस्थापित और छितरी हुई है।"[15]

गायत्री स्पीवाक द्वारा मार्क्स, फ्रायड, लाकाँ, देरिदा, फूको आदि के पाठ और पुनर्पाठ के अलावा ढेरों साहित्यिक कृतियों के पाठ के जरिए उनकी नारीवादी और उत्तर-औपनिवेशिक अन्तर्दृष्टियाँ और सिद्धांत उभरते हैं। स्पीवाक ने बांग्ला लेखिका महाश्वेता देवी के साहित्य के साथ गहरी अंतर्क्रिया विकसित करते हुए भारतीय भाषाओं के साहित्य के नारीवादी उत्तर-औपनिवेशिक पाठ का एक नमूना पेश किया है। उन्होंने महाश्वेता देवी की कहानियों का अनुवाद भी किया।

होमी के. भाभा

होमी के. भाभा संस्कृति के उत्तर-संरचनावादी सिद्धांतकार हैं जिन्हें सीमांतों का विचारक कहा जा सकता है। उत्तर-संरचनावाद, उत्तर-आधुनिकतावाद और उत्तर-

नारीवाद आदि 'उत्तर' वादी सिद्धांतों में 'उत्तर' पद भाभा के लिए देश-काल और ज्ञानमीमांसा की ऐसी सीमारेखा है जो महज़ विभाजन नहीं करती बल्कि एक सचल संधिरेखा है जिसमें विभाजन के दोनों ओर का सतत् आवागमन बना रहता है। उदाहरण के लिए उत्तर-औपनिवेशिकता का अर्थ औपनिवेशिकता से 'परे' इस अर्थ में नहीं है कि यहाँ आ कर औपनिवेशिकता ख़तम हो जाती है। 'उत्तर' या 'परे' का अर्थ किसी नए क्षितिज का खुल जाना या अतीत को पीछे छोड़ देना नहीं है। यह पारगमन और संक्रमण का ऐसा क्षण है जिसमें अस्मिता और विभेद, अतीत और वर्तमान, भीतर और बाहर, आत्मसातन और अपवर्जन सतत् चलते रहते हैं। उत्तर-औपनिवेशिक विमर्शों के आकार ग्रहण करने से बहुत पहले हिन्दी आलोचक विजयदेव नारायण साही ने 'सीमारेखा की सचेत जागरूकता' (frontier-conciousness) की चर्चा की थी। साही ने लिखा था, "विचारों की सीमा, कल्पना की सीमा, बिम्बों की सीमा, मनोभूमि की सीमा (frontiers of thoughts, concepts, images, sensibility, culture) आदि से हमारा तात्पर्य इतना ही नहीं होता कि इनमें क्या चीज़ें शामिल नहीं हैं, बल्कि साथ ही साथ यह भी कि इनका फैलाव कहाँ तक है।"[16] भाभा के लिए नस्ल, लिंग, राष्ट्र, पीढ़ी, जाति आदि की अस्मिताएँ सांस्कृतिक संकेतन का प्रकार्य हैं। वे प्रदत्त सच्चाइयाँ नहीं बल्कि सांस्कृतिक संकेतन की अनंत प्रक्रियाओं में उपजने वाली निर्मितियाँ हैं। भाभा ने इस प्रक्रिया को अभिव्यक्ति देने के लिए अनेक ऐसे पारिभाषिक पदों का व्यवहार किया है जो कि परस्पर अपवर्जी द्वैत और यहाँ तक कि द्वंद्ववाद से भिन्न सापेक्षतावादी, अनेकान्तवादी ज्ञानमीमांसा का द्योतन करते हैं। इन पदों में देश, काल, ज्ञान, अनुभव और अस्मिता की सुनिश्चितताओं का विखंडन मिलता है। उनके द्वारा बहुप्रयुक्त पद है—लिमिनैलिटी'। ये शब्द 'लिमेन' से बना है, जिसका अर्थ है दहलीज़। यानी वह बिंदु जो अंदर और बाहर दोनों है, दोनों का सीमांत और संधिरेखा एक साथ है और दोनों को एक साथ अभिव्यक्त करता है। मनोविज्ञान में इस शब्द का इस्तेमाल ऐसे संवेदनों के लिए किया जाता है जो इंद्रियग्राह्य और इंद्रियातीत की संधि पर उपस्थित संवेदन हैं। भाभा ने इस पद का प्रयोग एक ऐसे परिक्षेत्र के रूप में किया है जहाँ सांस्कृतिक परिवर्तन होते हैं, जहाँ अवस्थाएँ सतत् बदलाव की प्रक्रिया में होती हैं और नये-नये संयोजन ग्रहण करती हैं। यह परिक्षेत्र संकेतन और प्रतीकन का क्षेत्र है, विमर्श का क्षेत्र है जिसमें सांस्कृतिक अस्मिताओं का सतत् उत्पादन और पुनरुत्पादन नये-नये संयोजनों में होता रहता है। भाभा ने रेनी ग्रीन की एक उपमा का इस्तेमाल करते हुए 'लिमिनल' स्पेस को एक चक्करदार सीढ़ी की तरह बताया है जो ऊँचे और नीचे तलों के बीच सतत् आवाजाही का माध्यम है। इन दो तलों पर कालेपन और गोरेपन का संकेत करने वाली पट्टियाँ लगी हुई हैं। आशय यह है कि यह चक्करदार सीढ़ी गुज़रने वालों की पहचान को ऊँचे और नीचे, काले और गोरे में ध्रुवीकृत नहीं होने देती। उत्तर-औपनिवेशिकता भी दहलीज़ का ऐसा ही विमर्श है जो उपनिवेशक और

उपनिवेशित में ध्रुवीकरण का अतिक्रमण है। अनंत विभेदन की अर्थ प्रक्रिया की उत्तर-संरचनावादी भाषिकी ने भाभा के सांस्कृतिक मॉडलों को संभव किया है। यहाँ किसी भी चीज़ का कोई सुनिश्चित निर्धारित अर्थ नहीं। हर अर्थ में उसकी झलक (ट्रेस) बरकरार होती है जिसे अपवर्जित कर वह अर्थ निर्मित होता है, लिहाज़ा उपनिवेशक में उपनिवेशित की झलक, पुरुष में स्त्री की झलक, गोरे में काले की झलक इन सारी पहचानों को संकर बनाती है। यह संकरता (हाइब्रिडिटी) भाभा के शब्दकोश में बहुप्रयुक्त पद है। हर अर्थ में अपवर्जित, दबे हुए या हाशिए पर फेंके हुए अर्थ को उभार देना, विखंडन की पाठीय रणनीति का प्रमुख अंग है, जिसमें अर्थ का वरीयताक्रम भंग होता है, दमित अर्थ का पुनरुद्धार होता है। उत्तर-औपनिवेशिक विमर्शों में सांस्कृतिक बहुलतावाद, अतः सांस्कृतिक विनिमय, सांस्कृतिक सहक्रिया के अर्थ में इस पद का इस्तेमाल होता है। इस पद का सकारात्मक प्रयोग करने वाले विचारक इसमें सांस्कृतिक श्रेष्ठताक्रम, वरीयता या प्रभुत्व का विखंडन देखते हैं, वहीं एजाज़ अहमद, बेनिटा पैरी, चंद्रा तलपड़े मोहन्ती आदि आलोचक इस पद में प्रतिरोध का अवमूल्यन लक्षित करते हैं। उपनिवेशवाद की प्रक्रिया को ठोस इतिहास-भूगोल और भाषिक संदर्भों से काट कर उसे संकेतशास्त्र की पाठीयता में बदलने के भाभा के प्रयासों की आलोचना भी कम नहीं हुई है। भाभा ने औपनिवेशिक संदर्भों में मनोविश्लेषण के एक पद 'एम्बिवैलेंस' का प्रयोग किया है। मनोविश्लेषण के इस पद का प्रयोग मानसिक द्वंद की ऐसी अवस्था के लिए किया गया है जो कि किसी चीज़ को चाहने और साथ ही साथ उसकी विरोधी चीज़ को चाहने के बीच का संघर्ष है। औपनिवेशिक संबंधों में इस पद का प्रयोग भाभा उपनिवेशक और उपनिवेशित के बीच आ-विकर्षण भाव के बतौर करते हैं। हिन्दी साहित्य के विद्यार्थियों के लिए यह सुनी हुई चीज़ लग सकती है क्योंकि भारतेन्दु युग के लेखकों में राजभक्ति और राष्ट्रभक्ति के द्वंद को एक आ-विकर्षण के भाव के रूप में समझा गया। यों भाभा का प्रयोग अधिक मनोवैज्ञानिक और प्रतीकात्मक छायाएँ लिए हुए है। अनेक अस्मिताओं में यह बात देखी जाती है कि वे जिसका विरोध करते हैं उसी की तरह बन जाना चाहते हैं। थोड़ा सरल करके कहें तो स्त्री का पुरुष से विरोध इसलिए है कि वह पुरुष जैसा बनना चाहती है पर बन नहीं पा रही है। वह पुरुष के विरोध में अपने भीतर ही दमित पुरुष का आह्वान कर रही है। औपनिवेशिक दौर में राष्ट्रीय पूँजीपति वर्ग विदेशी शासकों का इसलिए विरोध करता है क्योंकि वह उनकी जगह लेना चाहता है। अन्य वर्गों के साथ वर्चस्व की लड़ाई में वह विदेशी शासकों का साथ भी देता है। बहरहाल ठोस और ऐतिहासिक औपनिवेशिक संदर्भों में प्रेमचंद के देवीदीन खटिक से ले कर भगत सिंह तक, भूरे या काले साहबों की बात जब करते हैं तो यह शासक वर्ग की एक संकर प्रजाति की ओर ही इशारा होता है। किन्तु भाभा द्वारा जिन सांस्कृतिक-मनोवैज्ञानिक और प्रतीकात्मक अर्थों में 'संकरता' की धारणा आती है वह ठोस यथार्थवादी संदर्भों से नहीं बल्कि उत्तर-संरचनावादी अर्थमीमांसा

से आती है जिसमें वस्तुगत ऐतिहासिक-सामाजिक संदर्भों का निषेध निहित है। भाभा जब उभयमुखता या एंबीवैलेंस को उपनिवेशित की उस मानसिकता के रूप में चिह्नित करते हैं जो उपनिवेशक के साथ सहयोग और विरोध दोनों का संबंध रखती है तो वे किसी ख़ास वर्ग या ख़ास ऐतिहासिक स्थिति की बात नहीं कर रहे होते हैं बल्कि वैमर्शिक-प्रतीकात्मक-सांकेतिक कोटि में अपनी बात कह रहे होते हैं। भाभा के औपनिवेशिक विमर्श में नकलचीपन (मिमिक्री) की आख्यान-युक्ति का भी बहुत प्रयोग होता है। उपनिवेशक उपनिवेशित को अपनी छवि या प्रतिलिपि में बदलना चाहता है किन्तु उपनिवेशित उसकी नकल (मिमिक्री) करने के क्रम में उसका उपहास (मॉकरी) भी करता है। हिन्दी में 'नकल करना' और 'नकल उतारना' इन दो अभिव्यक्तियों का बारीक फ़र्क स्मरण रखने योग्य है। औपनिवेशिक दौर में प्रहसन और व्यंग्यात्मक निबंध; भाषा-शिल्प, विधा और अंतर्वस्तु के स्तर पर 'मिमिक्री' के 'मॉकरी' में रूपान्तरित होने के बेहतर उदाहरण हैं। भारतेन्दु हरिश्चंद के 'अंधेर नगरी' नाटक और बालमुकुंद गुप्त के 'शिवशंभु के चिट्ठे' में इस युक्ति का आभास पाया जा सकता है।[17]

भाभा ने राष्ट्र (नेशन) को आख्यान (नरेशन) के रूप में परिभाषित करने का प्रयास किया है। एंडरसन की 'काल्पनिक समुदायों' (इमैजिन्ड कम्युनिटीज़) की धारणा इसी कोटि की है। भाभा ने राष्ट्र की संकल्पनात्मक निर्मिति में एंडरसन की तर्ज़ पर काल के दो स्तरों, अत: दोहरी दृष्टि को सक्रिय पाया है। एक ओर तो राष्ट्र सुनिश्चित उद्देश्यों की ओर बढ़ता हुआ, कार्य-कारण शृंखला से बँधा, प्रगति का समरूप ऐतिहासिक आख्यान है वहीं दूसरी ओर राष्ट्र की छवि कालातीत प्रतीकों में की जाती है जिनका न कोई आदि है न कोई अंत। एंडरसन ने यह सवाल उठाया है कि राष्ट्र-राज्य की आधुनिक परिघटना के संदर्भ में राष्ट्रीय कल्पना क्यों उसके यौवन का उत्सव नहीं मनाती बल्कि उसकी सनातनता के गीत गाती है? भाभा राष्ट्र की आख्यानक निर्मिति को औपनिवेशिक वर्तमान के क्रमभंग, टूटन, अलगाव, दमन और हाशियाकरण की उत्पत्ति के बतौर देखते हैं। औपनिवेशिक वर्तमान से निर्वासित कल्पना सनातनता के राष्ट्रवादी रूप रचती है। भाभा राष्ट्र या जनता को दोहरे काल की निर्मितियाँ मानते हैं—"हमारे सामने एक प्रतिद्वंदी सांस्कृतिक परिक्षेत्र है जहाँ जनता की परिकल्पना एक दोहरे समय में की जाती है—जनता राष्ट्रवादी शिक्षण-प्रशिक्षण का ऐतिहासिक विषय है, जिसमें विमर्श को पूर्वप्रदत्त या निर्मित ऐतिहासिक आरंभ या घटना की आधिकारिकता प्रदान कर दी जाती है। जनता संकेतन की प्रक्रिया की 'कर्ता' भी है जो कि राष्ट्र और जनता की किसी पूर्वनिश्चित मौलिक उपस्थिति को मिटाती है। ('कर्ता' के रूप में जनता का प्रतीकन) जनता के जीवन्त सिद्धांत को एक ऐसी सतत् प्रक्रिया के रूप में (परिभाषित) करता है जिसमें राष्ट्रीय जीवन के बारंबार पुनरुत्पादन को संकेतित किया जाता है। दैनन्दिन जीवन के टुकड़े, 'धब्बे और चिथड़े' राष्ट्रीय

संस्कृति के संकेत-चिह्नों में रूपान्तरित होते हैं, जबकि आख्यानक प्रस्तुति की क्रिया राष्ट्रीय कर्ताओं के स्फ़ीयमान वृत्त को प्रश्नांकित करती है। राष्ट्र का आख्यान के रूप में उत्पादन, शिक्षण (पेडागॉजिकल) की निरंतरतावादी, संचयवादी कालवाचिकता तथा क्रियात्मक निष्पादकता (परफ़ॉरमेटिव) की दोहराव भरी पुनरावर्तक रणनीति के बीच के विभाजन का द्योतन करता है।''

भाभा उत्तर-संरचनावाद, उत्तर-आधुनिकता और उत्तर-औपनिवेशिकता के गहरे अंतर्संबंधों को व्यक्त करने वाले विचारक हैं। पश्चिमी महानगरीय केन्द्रों में अपनी जड़ों से उखड़े बुद्धिजीवी वर्ग के वे सबसे बेहतर प्रतिनिधि हैं। भूमंडलीकृत दुनिया में उनके विचार प्रतिरोध-संघर्ष में मुब्तिला जनसमूह के लिए न केवल दुरूह बल्कि अप्रासंगिक भी हैं क्योंकि जिन जीवन स्थितियों से उनकी सैद्धांतिकी का संबंध है, वह उन लोगों से काफ़ी अलग है जिन्हें लंबे इतिहास का दंश भोगना पड़ रहा है।

फ्रेडरिक जेमसन

मार्क्सवादी आलोचक और संस्कृतिवेत्ता फ्रेडरिक जेमसन पिछले चार दशकों से पश्चिमी दुनिया में उपजे साहित्य और संस्कृतियों के सिद्धांतों के प्रखर आलोचक हैं। उनके आरंभिक ग्रन्थों में 'सार्त्र : द ओरिजिन्स ऑफ़ ए स्टाइल' (1961), 'मार्क्सिज़्म एंड फ़ार्म : ट्वैंटियथ सेंचुरी डाइलेक्टिकल थियरीज़ ऑफ़ लिटरेचर' (1971), 'द प्रिज़न हाउज़ ऑफ़ लैंग्वेज़' (1972) आदि हैं। टेरी इगल्टन के अलावा जेमसन पश्चिमी दुनिया के अभी भी रचनारत उन मार्क्सवादी चिंतकों में से हैं जो सांस्कृतिक आलोचना को मार्क्सवादी सिद्धांत का अनिवार्य अंग मानते हैं। पश्चिमी मार्क्सवादी सांस्कृतिक चिंतकों में लूकाच, रेमंड विलियम्स, ब्लॉख, एडोर्नो, मारक्यूजे, अल्थ्यूसर और सार्त्र की परंपरा में आने वाले जेमसन ने अपने इन महान पूर्ववर्तियों के अवदान पर गम्भीर शोध किया। संरचनावाद से ले कर उत्तर-आधुनिकतावाद तक ऐसे तमाम समकालीन सिद्धांत जिनका साहित्य और संस्कृति के विमर्शों पर गम्भीर असर रहा है, उनके साथ अंतःक्रिया करते हुए उन्होंने अपने सांस्कृतिक सिद्धांतों को विकसित किया। जेमसन की आलोचनाओं से उत्तर-आधुनिकता को द्वंद्वात्मक नज़रिए से समझने में मदद मिलती है। 'न्यू लेफ़्ट रिव्यू' में छपे उनके मशहूर लेख 'पोस्ट-माडर्निज़्म ऑर द कल्चरल लॉजिक ऑफ़ लेट कैपिटलिज़्म' (1984) ने ज़बर्दस्त बहस को जन्म दिया। बाद में उन्होंने इस लेख को पुस्तक का रूप दिया। जेमसन ने उत्तर-आधुनिकता के महावृत्तान्तों के प्रति संदेह को पूँजीवादी उत्पादन पद्धति की उत्तर अवस्था की अनुभव पद्धति के रूप में समझने का प्रयास किया है। जेमसन ने उत्तर-आधुनिकता की ऐतिहासिक अवस्थिति को रेखांकित किया। उनके अनुसार, ''जिसे हम उत्तर-आधुनिक (या बहुराष्ट्रीय) क्षेत्र कहते हैं, वह महज़ सांस्कृतिक विचारधारा या फंतासी नहीं है बल्कि उसका संबंध उस ऐतिहासिक (तथा समाजार्थिक) सच्चाई से है जिसे

पूँजीवाद का तीसरा महान और मौलिक विश्व-विस्तार कहा जा सकता है। (उसका पहला विस्तार राष्ट्रीय बाज़ार के रूप में तथा दूसरा पुरानी साम्राज्यवादी व्यवस्था के रूप में था। विस्तार की इन दोनों अवस्थाओं की अलग सांस्कृतिक विशेषताएँ थीं जिन्होंने उन अवस्थाओं के गतिविज्ञान के अनुरूप नए प्रकार के (सांस्कृतिक परिक्षेत्रों) को जन्म दिया था)''[18] इस प्रकार जेमसन उत्तर-आधुनिकता को बहुराष्ट्रीय पूँजी के भूमंडलीय प्रसार के युग की सांस्कृतिक अभिव्यक्ति मानते हैं। 'उत्तर' संज्ञा वाले सिद्धांतों को उन्होंने अंतवादी घोषणाओं (विचारधारा का अंत, इतिहास का अंत आदि) में अभिव्यक्त मानते हुए उसे शताब्दी के आधुनिकतावादी आंदोलन की आलोचना के रूप में ग्रहण किया। किन्तु जेमसन 'उत्तर-आधुनिकता' जैसी संज्ञा में निहित विच्छेदन के भाव को अपरिहार्य नहीं मानते। 'उत्तर-आधुनिकता' पद आधुनिकता या उच्च आधुनिकता के विलोपन के जिस भाव को व्यक्त करता है वे उसे पूरी तरह तर्कसंगत नहीं पाते।

उत्तर-औपनिवेशिक विमर्शों के संदर्भ में उनके जिस लेख की सर्वाधिक चर्चा रही है वह है 'थर्ड वर्ल्ड लिटरेचर इन द एरा ऑफ़ मल्टीनेशनल कैपिटल'। इस लेख में जेमसन ने तीसरी दुनिया की कृतियों का पाठ राष्ट्रीय रूपक के बतौर किए जाने की सिफ़ारिश की। यहाँ यह ध्यान रखना होगा कि यह सिफ़ारिश उन्होंने पश्चिमी पाठक और आलोचक को संबोधित करते हुए की। जेमसन ने लिखा, ''तीसरी दुनिया की सभी कृतियाँ मेरे तर्क से अनिवार्यतः रूपकात्मक हैं, वह भी एक अत्यंत विशिष्ट ढंग से; उन्हें राष्ट्रीय रूपकों की तरह पढ़ा जाना चाहिए भले ही वे उपन्यास जैसे साहित्य रूप हों, जो मुख्यतः निरूपण के पश्चिमी ढाँचे का इस्तेमाल करते हों। थोड़ा अतिसरलीकरण करते हुए मैं अपनी बात को और स्पष्ट करना चाहूँगा : पश्चिमी यथार्थवादी और आधुनिकतावादी उपन्यासों की संस्कृति या पूँजीवादी संस्कृति के निर्धारकों में से एक है वह रेडिकल विभाजन जो निजी और सार्वजनिक, काव्यात्मक और राजनीतिक, एक ओर लैंगिकता और अचेतन तो दूसरी ओर आर्थिक वर्ग और ऐहिक राजनीतिक सत्ता, दूसरे शब्दों में फ्रायड बनाम मार्क्स के बीच दिखाई पड़ता है। हमने इस महान विभाजन को पाटने के जितने भी सैद्धांतिक प्रयास किए हैं, वे हमारे व्यक्तिगत और सामूहिक जीवन को आकार देने में इस विभाजन को भूमिका और अस्तित्व को और परिपुष्ट ही करते गए हैं। हम इस गहरे सांस्कृतिक विश्वास में दीक्षित हुए हैं कि हमारे निजी अस्तित्व के 'जिए हुए अनुभव' वैज्ञानिक, आर्थिक और राजनीतिक गतिकी के सामान्यीकरणों के साथ बेमेल हैं। हमारे उपन्यासों में राजनीति स्टेंधाल के शब्दों में, 'एक संगीत सम्मेलन के बीच पिस्तौल से चलाई गई गोली' की तरह है। ...... तीसरी दुनिया की कृतियाँ, यहाँ तक कि वे भी जो निजी और ठीक-ठीक कामवृत्ति की गतिकी से संचालित हैं—अनिवार्यतः राष्ट्रीय रूपक के आकार में एक राजनीतिक आयाम को प्रक्षेपित करती हैं: निजी व्यक्तिगत नियति की कहानी भी सदैव तीसरी दुनिया की

संस्कृति और समाज की सार्वजनिक संघर्षरत स्थिति का रूपक बन कर प्रकट होती है।''[19] अपनी बात के उदाहरणस्वरूप जेमसन लूशुन की कृति 'एक पागल की डायरी' (1918) और 'आ क्यू की सच्ची कहानी' शीर्षक कहानी का गम्भीर विश्लेषण करते हैं। इसी तरह वे सैनेगल के उपन्यासकार ऑसमान सेम्बेने के उपन्यास 'ज़ाला' का भी विश्लेषण करते हैं। पहली और तीसरी दुनिया के बीच के संबंध को वे हेगेल के मशहूर 'स्वामी-दास द्वंद' के रूपक में समझाने का प्रयास करते हैं। यहाँ स्वामी का सत्य 'दास' है जबकि दास का सत्य 'स्वामी' है। अर्थात् वस्तुस्थिति की सच्ची भौतिक चेतना सिर्फ़ दास के पास हो सकती है जबकि स्वामी के पास यथार्थ की चेतना का अभाव होता है। जेमसन का यह लेख अमरीकन बहुराष्ट्रीय संस्कृति की संकीर्णता और आत्मरति की सर्वांग आलोचना है। तीसरी दुनिया की कृतियों के साहित्य के ज्ञानात्मक-सौन्दर्यशास्त्रीय सिद्धांत के निरूपण के माध्यम से जेमसन साहित्य में 'यथार्थवाद के उत्तर-आधुनिक विरोध' के बरअक्स राजनीतिक-सामाजिक यथार्थ के प्रतिमान की पुनर्प्रतिष्ठा करते हैं।

जेमसन की तीसरी दुनिया के साहित्य की धारणा की समग्र आलोचना एजाज़ अहमद ने की है। वे तीसरी दुनिया की अवधारणा से ले कर जेमसन की द्वंद्वात्मक पद्धति तक पर महत्त्वपूर्ण सवाल उठाते हैं। अहमद यह सवाल भी उठाते हैं कि ख़ुद जेमसन का यह लेख किस चीज़ का रूपक है? जेमसन स्वयं पहली दुनिया (अमरीका) के नागरिक और बुद्धिजीवी हैं, दूसरी ओर वे समाजवादी-मार्क्सवादी चिंतक हैं (जिसका संबंध दूसरी दुनिया से है) और तीसरे, उनकी सहानुभूति तीसरी दुनिया के साथ है। ऐसे में ख़ुद उनकी कृति (यह लेख) किस दुनिया का रूपक है, पहली, दूसरी या तीसरी? अहमद ने जेमसन की द्वंद्वात्मक पद्धति में किसी परिघटना को एकमात्र निर्धारक से परिभाषित करने की कमज़ोरी को लक्ष्य किया है। तीसरी दुनिया के साहित्य की संश्लिष्ट प्रक्रियाएँ अकेले राष्ट्रवाद से या राष्ट्रीय चेतना से निर्धारित नहीं हैं। जेमसन की धारणाओं के साथ एजाज़ अहमद की बहस को हम इसी अध्याय में एजाज़ अहमद पर चर्चा करते हुए अधिक विस्तार से देखेंगे।

एजाज़ अहमद

मार्क्सवादी चिंतक और आलोचक एजाज़ अहमद की पुस्तक 'इन थियरी' (1992) उत्तर-संरचनावाद, उत्तर-आधुनिकतावाद और उत्तर-औपनिवेशिकता के सैद्धांतिक आधारों और उनके मुख्य विषयों के साथ एक महत्त्वपूर्ण बहस के रूप में सामने आई। दूसरे विश्वयुद्ध के बाद पश्चिमी महानगरीय केन्द्रों के विश्वविद्यालयों में पढ़ने और पढ़ाने वालों में ग़ैर-योरपीय मूल के लोगों की संख्या में वृद्धि तथा 1960 के दशक के छात्र आंदोलनों ने असहमति और विरोध के एक रेडिकल माहौल को जन्म दिया। इस माहौल ने बौद्धिक अन्वेषण के बने बनाए

तरीकों, व्याख्या की पद्धतियों और सांस्कृतिक व्यवहारों के प्रतीकन की प्रणालियों के प्रति एक असंतोष के सैद्धांतीकरण को जन्म दिया लेकिन 60 के दशक के आंदोलनों के समाप्त होते-होते सांस्कृतिक असंतोष तथा राजनैतिक असहमति के तमाम रूपों को संस्थाबद्ध रूपों से अनुकूलित कर नखदंतविहीन बना लिया गया। एजाज़ अहमद असंतोष को अनुकूलन में बदलने के इसी बिंदु को आज के तमाम 'उत्तरवादी सिद्धांतों का मूल मानते हैं जिसके तहत राजनैतिक-सांस्कृतिक सक्रियता की संस्कृति को पाठ की संस्कृति में बदला गया और वे प्रश्न जो मार्क्सवादी राजनीति से सीधे जुड़े थे उनका उत्तर-आधुनिक दिशा में पुनर्संयोजन किया गया। इसी प्रक्रिया में तमाम नये-नये सिद्धातों का विस्फोट हुआ। विभिन्न किस्म के सैद्धांतिक और विषयगत संयोजनों में पश्चिमी ज्ञान के विविध किस्म के विकासमान रूपों को संग्रथित करने के प्रयास हुए। बैंजामिन, फ्रैंकफर्ट स्कूल, लुकाच, भाषाविज्ञान, व्याख्याविज्ञान (हर्मिन्यूटिक्स), दृश्यप्रपंचविज्ञान (फेनॉमिनॉलॉजी), संरचनावाद, उत्तर-संरचनावाद, रूसी रूपवाद, ग्राम्शी, फ्रायड, लाकां, आदि के विचारों के विविध किस्म के संयोजन सिद्धांतों के रूप में प्रकट हुए।

एजाज़ अहमद ने इस व्यापक अकादमिक परिप्रेक्ष्य में साम्राज्य, उपनिवेश, राष्ट्र, देशांतरण, उत्तर-औपनिवेशिकता आदि प्रश्नों को केन्द्रित कर विकसित किए गए साहित्य सिद्धांतों पर ही अपनी आलोचना को केन्द्रित किया। उन्होंने 1960 के बाद विकसित तीसरी दुनिया के राष्ट्रवाद के सिद्धांत से ले कर राष्ट्र और राष्ट्रवाद जैसी कोटियों के उत्तर-संरचनावादी विखंडन तक की सैद्धांतिकी को मार्क्सवादी दृष्टिबिंदु से प्रश्नांकित किया। इन नए सिद्धांतों ने ख़ुद मार्क्सवाद का कैसा निरूपण किया यह भी अहमद की चिन्ता का केन्द्रीय विषय है। अहमद यह रेखांकित करते हैं कि उपनिवेश और साम्राज्य के प्रश्नों पर मार्क्सवादी दृष्टिकोण बहुधा तीसरी दुनिया के राष्ट्रवादों की मुख्य प्रेरणा रहा। संरचनावाद का पश्चिमी अकादमी पर जो आरंभिक असर था, ख़ास तौर पर ब्रिटेन में, उसका अल्थ्यूसर मार्का मार्क्सवाद से गहरा संबंध था। उत्तर-संरचनावाद तक आते-आते मार्क्सवाद को उत्पादन पद्धति के आख्यान, विधेयवाद, इतिहासवाद, अनुभववाद और यहाँ तक कि प्राच्यवाद से ग्रस्त सिद्धांत के रूप में परिभाषित करने का चलन चल पड़ा। दूसरी ओर मार्क्सवाद की कुछ अवधारणाओं और वक्तव्यों को उसके राजनैतिक व्यवहार से काट कर उसे पढ़त सिद्धांत या पाठ विश्लेषण की पद्धति के रूप में बदलने की कोशिशें हुईं। एजाज़ अहमद ने इस पूरी प्रक्रिया में अंतर्निहित दक्षिणपंथी रुझानों को रेखांकित किया।

राष्ट्रवाद के सवाल पर भी इन नए सिद्धांतों की कमज़ोरियों पर उन्होंने उँगली रखी। तीसरी दुनिया के राष्ट्रवाद जैसी संकल्पनाओं ने राष्ट्रवाद को एक सैद्धांतिक [illegible]र्तन में बदले जाने की आलोचना करते हुए अहमद ने रेखांकित किया कि

राष्ट्रवाद कोई एक चीज़ नहीं है। अनेक तरह की विचारधाराएँ और राजनैतिक व्यवहार राष्ट्रवादी दावे करते हैं। राष्ट्रवाद के अलग-अलग ख़ास अनुभवों के विश्लेषण से ही प्रगतिशील और प्रतिक्रियावादी राष्ट्रवादों को अलगाया जा सकता है। अहमद ने राष्ट्रवाद और संस्कृति की कोटियों को एक में मिला कर सांस्कृतिक राष्ट्रवाद जैसी साझा कोटि या अवधारणा बनाए जाने की आलोचना करते हुए यह रेखांकित किया कि सांस्कृतिक राष्ट्रवाद की विचारधारा एकरूपीकरण की प्रवृत्ति लिए रहती है जिसके चलते क्षेत्रीय संकीर्णता, उलट नस्लवाद तथा देशी रूढ़िवाद के लिए इसका इस्तेमाल आसान हो जाता है। इसके माध्यम से निम्न पूँजीपति वर्ग अपने सांस्कृतिक व्यवहारों और आकांक्षाओं को अखंड राष्ट्रीय संस्कृति के प्रतीकों के रूप में स्थापित करने का अवसर पाता है। अहमद ने यह रेखांकित किया कि—"राज्य की राजनैतिक कोटि, कानून के नियमन और दमन की कोटि, राजनीतिक पार्टियाँ या वर्गीय संगठनों जैसी संस्थागत प्रक्रियाओं की अपेक्षा संस्कृति और साहित्यिक/सौन्दर्यात्मक दायरा उन अधिरचनाओं में से है जो अर्थव्यवस्था से अपेक्षतया अधिक दूरी पर स्थित हैं। इसीलिए यह दायरा आदर्शीकरण और सैद्धांतिक स्खलन के लिए अधिक मुफ़ीद पड़ता है।"[20]

अहमद ने ज़ोर दे कर कहा—"मैं राष्ट्रवाद को साम्राज्यवाद का सुनिश्चित द्वंद्वात्मक निषेध मानने को तैयार नहीं हूँ। यह द्वंद्वात्मक स्थिति सिर्फ़ समाजवाद की हो सकती है ..... कोई भी राष्ट्रवाद क्या भूमिका निभाएगा, यह वर्गीय ताकतों के विन्यास तथा उन सामाजिक-राजनीतिक व्यवहारों से तय होता है जो कि उस शक्तिसंरचना को संगठित करते हैं जिसके भीतर कोई ख़ास राष्ट्रवादी पहलकदमियाँ ऐतिहासिक रूप से प्रभावकारी बनती हैं .... अत: कोई भी संघर्ष राष्ट्र और राज्यमात्र के ख़िलाफ़ नहीं बल्कि वर्ग, राष्ट्र और राज्य की विभिन्न ठोस अभिव्यक्तियों के ख़िलाफ़ संचालित होता है।"[21]

अहमद ने अपनी पुस्तक 'इन थियरी' में जेमसन की तीसरी दुनिया के राष्ट्रवाद की धारणा पर आधारित तीसरी दुनिया के साहित्य को राष्ट्रीय रूपक के बतौर पढ़े जाने की प्रस्तावना तथा एडवर्ड सईद की चिंतनपद्धति के अंतर्विरोधों की आलोचना की है। 'जेमसंस रेटॉरिक ऑफ़ अदरनेस एण्ड द नेशनल एलेगरी' शीर्षक तीसरे अध्याय में उन्होंने 'तीसरी दुनिया के साहित्य के ज्ञानात्मक सौन्दर्यशास्त्रीय सिद्धांत' रचने की जेमसन की कोशिशों की समीक्षा की। जेमसन की यह धारणा उनके प्रसिद्ध लेख 'बहुराष्ट्रीय पूँजी के युग में तीसरी दुनिया का साहित्य' (थर्ड वर्ल्ड लिटरेचर इन द एरा ऑफ़ मल्टीनेशनल कैपिटल) में अभिव्यक्त हुई। सबसे पहले अहमद ने तीसरी दुनिया की अवधारणा की ही सैद्धांतिक स्थिति को अमान्य करते हुए उसे वाद-विवाद के लिए ही उपयोगी संकल्पना बताया। उन्होंने तीसरी दुनिया के ढेरों देशों की सैकड़ों भाषाओं के साहित्य के लिए कोई एक ज्ञानात्मक सौन्दर्यशास्त्रीय सिद्धांत बनाने की आकांक्षा

को प्रश्नांकित करते हुए यह कहा कि ऐसा करना बेबर के मॉडल पर आदर्श प्रारूप (आइडियल टाइप) बना कर ही संभव है। ऐसा करना प्राच्यवादी अध्येताओं की ऐतिहासिक रूप से अपनायी गयी उन पाठ-प्रक्रियाओं का ही दोहराव है जिनके तहत वे 'इस्लामिक सभ्यता' या 'भारतीय सभ्यता' जैसी एकरूप निर्मितियों को खड़ा करते थे। उदाहरण के लिए भारत के बारे में प्राच्यवादी विद्वानों ने कुछ ख़ास कृतियों के पाठ के आधार पर जो धारणाएँ बनाईं, उन्हें भारतीय संस्कृति का नाम दे दिया। ये आमतौर पर वेद, उपनिषद्, पुराण आदि उच्च संस्कृति के मानक ग्रन्थ थे। इसी प्रकार सैकड़ों भाषाओं में लिखा तीसरी दुनिया का साहित्य जो बहुरंगी और वैविध्यपूर्ण है, उसके अनुवादों की पश्चिम में अनुपलब्धता कुछ ख़ास योरपीय भाषाओं में रचे तीसरी दुनिया के साहित्य को ही प्रातिनिधिक माने जाने की स्थिति पैदा करता है। इन्हीं के आधार पर तीसरी दुनिया के साहित्य का ज्ञानात्मक सौन्दर्यशास्त्रीय सिद्धांत यदि खड़ा किया जाना है तो वह वैसा ही एकांगी और अवास्तविक होगा जैसा कि प्राच्यवाद।

एजाज़ अहमद के अनुसार, 'तीसरी दुनिया का साहित्य' जैसी ऐसी कोई चीज़ नहीं है जिसे कि सैद्धांतिक ज्ञान के आंतरिक तौर पर सुसंगठित विषय के रूप में निर्मित किया जा सके। काल निर्धारण, सामाजिक और भाषिक ढाँचे, राजनैतिक और वैचारिक संघर्ष जो कि साहित्यिक उत्पादन के क्षेत्र में संचालित होते हैं, ऐसे बुनियादी मुद्दे हैं जिन्हें 'तीसरी दुनिया के साहित्य' जैसी सामान्य संज्ञा के भीतर समेटा नहीं जा सकता।

एजाज़ अहमद की एक महत्त्वपूर्ण आपत्ति यह भी है कि जेमसन के लिए पहली दुनिया और दूसरी दुनिया उत्पादन-तंत्र (क्रमशः पूँजीवाद और समाजवाद) के संदर्भ में व्याख्यायित हैं जबकि तीसरी दुनिया की परिभाषा उस दुनिया के बाहर से थोपी गई एक परिघटना (साम्राज्यवाद / उपनिवेशवाद) के आधार पर की गई है। एजाज़ अहमद यह आरोप लगाते हैं कि दरअसल तीन दुनियाओं की यह परिभाषा वैचारिक रूप से विश्व को दो हिस्सों में बाँटती है —एक वे लोग जो इतिहास के निर्माता हैं (पहली और दूसरी दुनिया के लोग) और एक वे (तीसरी दुनिया के लोग) जो कि इतिहास के विषय (ऑब्जेक्ट) हैं। अहमद के अनुसार, हीगल के बहुचर्चित 'स्वामी दास' के संबंध को ही यहाँ पहली और तीसरी दुनिया के बीच अंतर्विरोध को समझने का मुख्य प्रत्यय बना दिया गया है। तीसरी दुनिया के तमाम देशों का उत्पादन तंत्र क्या है? क्या वे प्राक्-पूँजीवादी हैं? या वे संक्रमण की अवस्था में हैं? यदि वे संक्रमणकालीन अवस्था में हैं, तो ये संक्रमण किस अवस्था से किस अवस्था कीं ओर हो रहा है? इन सब प्रश्नों के अलावा इन तीन दुनियाओं में से प्रत्येक दुनिया के अलग-अलग देशों की अवस्था क्या एव ही है? क्या भारत, ब्राज़ील, अर्जेंटीना, नमीबिया, नाइज़ीरिया, मेक्सिको वियतनाम के उत्पादन तंत्रों की अवस्था एक ही है या अलग-अलग? दरअसल

जेमसन पहली दुनिया को पूँजीवादी और तीसरी दुनिया को प्राक्-पूँजीवादी या ग़ैर पूँजीवादी मान कर चले हैं। यहाँ एजाज़ अहमद ने भारत का उदाहरण प्रस्तुत करते हुए रोचक प्रश्न उठाए हैं। भारत में एक पूँजीवादी देश की सारी विशेषताएँ मिलती हैं—विशाल बाज़ार के लिए उत्पादन, कृषि और उद्योग के बीच तथा विभिन्न उद्योगों के बीच लगातार तीव्र गति से बढ़ता विनिमय, फ्रांस और जर्मनी मिला कर जितने तकनीशियन हैं, उससे ज़्यादा बड़ा तकनीकी समूह भारत के पास है, भारत की कई बहुराष्ट्रीय कम्पनियाँ दुनिया की सबसे बड़ी बहुराष्ट्रीय कम्पनियों में शुमार हैं, सन् 1947 से ले कर अब तक भारत में पूँजीवादी लोकतंत्र की निरंतरता बनी हुई है जो कि पुर्तगाल और स्पेन जैसे सबसे पुराने उपनिवेशवादी देशों में भी नहीं बनी रह पाई है, आदि-आदि। लेकिन भारत का यह पूँजीवादी लोकतंत्र उन तमाम तरह की अराजकताओं और हिंसा को लिए हुए है जिसकी कल्पना (गुण और परिमाण दोनों ही दृष्टियों से) पश्चिमी योरप या जापान जैसे देशों के संदर्भ में नहीं की जा सकती जहाँ बुर्जुआ राजनीतिक आत्मवत्ता आम जनता के स्तर पर निर्मित की जा चुकी है। भारत के बुर्जुआ लोकतंत्र की आधी आबादी की माली हालत एंगेल्स की 1845 ई. में प्रकाशित पुस्तक 'द कंडीशन ऑफ़ दि व कग क्लास इन इंग्लैंड' में वार्णित दशा से भी गई-बीती है। ऐसे में भारत पहली दुनिया (पूँजीवादी ढाँचा) का हिस्सा है या ग़रीबी, बेकारी, भुख़मरी जैसी विशेषताएँ लिए हुए तीसरी दुनिया (प्राक्-पूँजीवादी संरचना) का हिस्सा है?

यदि तीसरी दुनिया को 'उपनिवेशवाद और साम्राज्यवाद के अनुभव' के ही संदर्भों में परिभाषित किया जाना है, तो प्राथमिक विचारधारात्मक संरचना जिसमें ये विमर्श संचालित होना है वह 'राष्ट्रवाद' ही ठहरेगी। ज़ाहिर है कि जब ऐसा मान ही लिया जाए तो कोई भी साहित्य की दुनिया में उसी निष्कर्ष पर पहुँचेगा जिस पर जेमसन पहुँचते हैं अर्थात् 'तीसरी दुनिया के सभी साहित्यिक उत्पादन (टेक्स्ट) अनिवार्यतः राष्ट्रीय रूपक हैं।' जेमसन की योजना में 'तीसरी दुनिया? के लोगों के चुनने के लिए दो ही विकल्प हैं—या तो उनके अपने 'राष्ट्रवाद' या फिर 'भूमण्डलीय अमरीकी उत्तर-आधुनिक संस्कृति'। एजाज़ अहमद ये प्रश्न करते हैं कि क्या उनके लिए कोई अन्य विकल्प सचमुच नहीं है? क्या वे दूसरी दुनिया (समाजवादी ब्लाक) में शुमार नहीं हो सकते? वास्तव में जेमसन जिस दौर में ये विकल्प प्रस्तावित कर रहे हैं वह सोवियत संघ के ढहने के बाद का समय है। अहमद प्रश्न करते हैं—"कभी एक मार्क्सवादी विमर्श भी हुआ करता था, एक चीज़ थी जिसे 'समाजवादी और / या कम्युनिस्ट संस्कृति' कहा जाता था जो न राष्ट्रवादी था, न उत्तर-आधुनिक। क्या वो हमारे विमर्श से पूरी तरह गायब हो चुकी है, यहाँ तक कि एक चाहत के तौर पर?"[22]

जेमसन यहाँ (राष्ट्रवाद / उत्तर-आधुनिकतावाद की) ऐतिहासिक परिघटनाओं को जिस तरह परस्पर-विरोधी द्वित्व के भीतर पूरी तरह समेट लेने की जल्दबाज़ी

करते हैं, उससे इस तथ्य के लिए कोई जगह नहीं बच जाती कि तथाकथित तीसरी दुनिया के 'राष्ट्रवादों' में सिर्फ़ वे राष्ट्रवाद ही अमरीकी सांस्कृतिक दबावों का प्रतिरोध कर सके या वास्तविक विकल्प पैदा कर सके जो कि पहले ही व्यापक समाजवादी राजनीतिक व्यवहार में समाहित और अभिव्यक्त हो रहे थे। इनके अलावा जो भी राष्ट्रवाद बचे, उन्हें 'भूमण्डलीय अमरीकी उत्तर-आधुनिक संस्कृति' के साथ अपना तालमेल बैठाने में कोई परेशानी नहीं हुई। ईरानी राष्ट्रवाद (खुमैनी के नेतृत्व वाला इस्लामी राष्ट्रवाद) कट्टर कम्युनिस्ट-विरोधी था और उसने सामाजिक पुनरुज्जीवन नहीं बल्कि फासीवाद को जन्म दिया। अहमद लिखते हैं, "इस बात का न तो कोई सैद्धांतिक आधार है और न ही व्यावहारिक प्रमाण कि तथाकथित तीसरी दुनिया के पूँजीवादी राष्ट्रवादों को उत्तर-आधुनिकता से कोई परहेज़ होगा। वे तो उसे चाहते हैं।..... यदि समाजों की परिभाषा उत्पादन-संबंधों के आधार पर न हो कर अंतर्राष्ट्रीय संबंधों के आधार पर होगी, यदि वे सदा के लिए पूँजीवाद (पहली दुनिया) और समाजवाद (दूसरी दुनिया) के बीच लड़ाई के बाहर ही लटके रहेंगे, यदि इतिहास की प्रचालक शक्ति वर्ग निर्माण, वर्ग संघर्ष या फिर वर्ग, लिंग, राष्ट्र, नस्ल, क्षेत्र आदि की एक-दूसरे को काटती रेखाओं के अंतर्विरोध नहीं हैं, बल्कि राष्ट्रीय शोषण के एकात्म अनुभव हैं.... तब भला राष्ट्रीय दमन के अलावा किस अन्य बात की कहानी कही जा सकती है?"[23]

जेमसन ने पूँजीवादी पहली दुनिया और पिछड़ी हुई तीसरी दुनिया को एक-दूसरे का अन्य मान कर एक परस्पर विरोधी द्वित्व के आधार पर तीसरी दुनिया के साहित्य का एकात्म सौंदर्यशास्त्र रचने का प्रयास किया। लेकिन दुनिया जिसमें सभी रहते हैं, वह एक ही है। यह एकता किसी विचार पर आधारित नहीं है बल्कि उत्पादन के एक ही पूँजीवादी ढाँचे की विश्वव्यापी गतिकी से निर्धारित है। यह ढाँचा दुनिया के अलग-अलग हिस्सों में असमान रूप से गतिशील है और इसके प्रति उठने वाला विरोध भी। पूँजीवादी ढाँचा परस्परव्यापी विविधताओं से युक्त एक अंतर्विरोधी एकता के रूप में विद्यमान है। उसे अपवर्जी युग्म के रूप में नहीं देखा जा सकता।

सईद के 'प्राच्यवाद' शीर्षक ग्रन्थ की आलोचना करते हुए एजाज़ अहमद ने उसे सारसंग्रहवादी बताया है। अहमद 'प्राच्यवाद' की पाठ-पद्धति को फूको की विमर्श की धारणा से प्रेरित बताते हैं। फूको ने 16वीं शताब्दी से पहले किसी भरे-पूरे विमर्श की बात नहीं की। विमर्श की उनकी धारणा मध्यकाल के बाद पैदा हुए तर्कवाद, राजसत्ता के आधुनिक रूपों, आधुनिक संस्थाओं, वस्तुरूप में आर्थिक उत्पादन तथा तर्कयुक्त योजनाओं के आधुनिक रूपों के अस्तित्व की सहवर्ती स्थितियों को मान कर चलती है। किन्तु फूको की विमर्श की धारणा को स्वघोषित तौर पर इस्तेमाल करने वाले सईद पश्चिमी ज्ञानात्मक उत्पादों में प्राच्यवादी विमर्श को प्राचीन यूनान से ले कर नितांत समकाल तक जारी मानते हैं। फूको की विमर्श

की धारणा की परीक्षा को अलग विषय मानते हुए अहमद, सईद द्वारा उसके इस्तेमाल के अंतर्विरोधों को रेखांकित करते हैं। फूको पश्चिमी ज्ञानमीमांसा को 16वीं से 18वीं शताब्दी के बीच योरप के ऐतिहासिक विकास में ही अवस्थित करते हैं। मार्क्सवादी शब्दावली में इसे पूँजी के आदिम संचय से ले कर औद्योगिक क्रांति तक पूँजी के विकास का दौर कह सकते हैं। एक ओर तो फूको से प्रभावित पाठ-पद्धति के दबाव में सईद प्राच्यवाद को उपनिवेशवाद से संबद्ध आधुनिक विमर्श के रूप में प्रस्तावित करते हैं तो दूसरी ओर उसे वे प्राचीन यूनानी सभ्यता से ले कर अब तक चली आ रही एक मानसिकता के रूप में व्याख्यायित करते हैं। इस प्रकार वे प्राच्यवाद की तीन परिभाषाएँ देते हैं। एक परिभाषा के अनुसार, प्राच्यवाद अकादमिक ज्ञान का अंत:अनुशासनिक क्षेत्र है जो नृतत्वशास्त्र, समाजशास्त्र, इतिहास आदि आधुनिक अनुशासनों में अंतर्व्याप्त है। दूसरी परिभाषा के अनुसार, वह अनेक शताब्दियों से चली आ रही पूरब के बारे में एक पश्चिमी मानसिकता है जो पूरब और पश्चिम के आस्तित्विक और ज्ञानमीमांसीय विभेद पर आधारित है। इस परिभाषा में सईद एशाइलस से ले कर मार्क्स तक को समेट लेते हैं। तीसरी परिभाषा के अनुसार, वे प्राच्यवाद का आरंभ 18वीं सदी के अंत से मानते हैं। एजाज़ अहमद चुटकी लेते हुए लिखते हैं—".... यह समझना मुश्किल है कि प्राच्यवादी विमर्श उत्तर ज्ञानोदय युग में शुरू हुआ या कि योरोपीय सभ्यता के उदय के साथ, प्लासी की लड़ाई के युग में शुरू हुआ या ट्रॉय के युद्ध के समय।"[24] अहमद के अनुसार, फूको का विमर्श सिद्धांत अपने आप में चाहे जैसा हो किन्तु वह सुपरिभाषित है और एक विमर्श और दूसरे विमर्श के बीच घालमेल नहीं करता। अहमद के अनुसार फूको की पद्धति को स्वघोषित रूप से अपनाने वाले सईद तुलनात्मक साहित्य और भाषाशास्त्र की उच्च मानववादी परंपरा (हाई ह्यूमनिस्ट ट्रेडीशन) की पद्धति अपनाते दिखते हैं जो कि फूको की मानववाद-विरोधी (एंटी ह्यूमनिस्ट) पद्धति के ठीक विपरीत है। सईद की आख्यान पद्धति और कृतियों का चुनाव, दोनों ही एक वैकल्पिक मानववादी परंपरा की धारणा से संचालित हैं। इस धारणा के अनुसार, एक एकीकृत योरोपीय पश्चिमी अस्मिता, इतिहास के आरंभ से ही विद्यमान है जिसने अपने विचारों और कृतियों के माध्यम से इस इतिहास को आकार दिया है; प्राचीन ग्रीस से ले कर 20वीं सदी तक योरोपीय अस्मिता और विचारधारा का एकीकृत अखंड इतिहास कुछ ख़ास मूल्यों और आस्थाओं के माध्यम से अभिव्यक्त होता है जो कि सारत: स्थायी हैं; यह इतिहास अपने मानक ग्रन्थों में अंतर्भूत है। सईद उच्च मानववादी परंपरा के इस ढाँचे का प्रतिलोम खड़ा करने के प्रयास में इसी ढाँचे की प्रक्रियाओं का अनुसरण करते दिखाई देते हैं। फूको का विमर्श सिद्धांत कभी भी मानक ग्रन्थों का आधार नहीं ग्रहण करता। फूको का इतिहास-दर्शन इतिहास में निरंतरता नहीं बल्कि विच्छिन्नताओं की खोज करता है। फूको का विमर्श सिद्धांत एक विमर्श को दूसरे में लय नहीं करता। सईद मार्क्स के चिंतन को भी प्राच्यवादी विमर्श का हिस्सा

बताते हैं जबकि फूको उसे राजनीतिक अर्थशास्त्र के विमर्श का हिस्सा मानते हैं। सईद ने समूचे योरोपीय साहित्य को पूरब के अवमूल्यन के इतिहास का सहभागी बना दिया है—एशाइलस से ले कर एडवर्ड लेन तक। योरप के औपनिवेशिक और सांस्कृतिक प्रभुत्व की आलोचना की एक सुविकसित पश्चिमी परंपरा को ज्ञानोदय का इतिहासवाद कह कर ख़ारिज़ करने वाले सईद पश्चिम या योरप की एक समरूप जड़ छवि बनाते हैं जो सारत: एक ऐसे अभियान, कल्पना और इच्छा की अभिव्यक्ति है जिसके जरिए पूरब का अवमूल्यन किया जाता है। सईद प्राच्यवादी विमर्श को परिभाषित करने में कई तरह की पद्धतियों का इस्तेमाल करते हैं। यदि उपनिवेशवाद के शताब्दियों पहले से यानी पश्चिमी सभ्यता के उदय के साथ ही प्राच्यवाद का आरंभ हो गया था तो यह मानना पड़ेगा कि प्राच्यवाद ने ही उपनिवेशवाद को पैदा किया। यदि ऐसा नहीं है तो फिर किसी साम्राज्यवादी प्रभुत्व की इच्छा के बग़ैर पश्चिम, आरंभ से ही पूरब का अवमूल्यन किस लिए करता चला आ रहा था? यहाँ सईद उत्तर-संरचनावादी धारणाओं का सहारा लेते दिखाई देते हैं जिसके अनुसार, अस्मिता का निर्माण अन्यकरण के जरिए होता है अर्थात् पश्चिमी अस्मिता पूरब के अन्यकरण पर आधारित है। इसे मान भी लिया जाए तो 'अन्यकरण' अनिवार्यत: 'अवमूल्यन' में क्यों बदल जाता है? सईद कहीं-कहीं मनोविश्लेषण की जुबान भी बोलते दिखाई देते हैं जिसके अनुसार, पश्चिम अहं की चिन्ता से ग्रस्त हो कर अन्य (पूरब) का आक्रामक वस्तुकरण करता है। एक जगह सईद प्राच्यवाद को पैरानोइया करार देते हैं। एक पूरी सभ्यता को वे मनोरोग से ग्रस्त बता देते हैं। उनके विवेचन से ऐसा जाहिर होता है मानो योरप, ग़ैर-योरप के बारे में सच्चा ज्ञान उत्पन्न करने में अस्तित्वमूलक अर्थों में अक्षम है। सईद इस बात का जिक्र भी नहीं करते कि उपनिवेशों के बुद्धिजीवी तबके ने प्राच्यवादी धारणाओं का किस प्रकार अभिग्रहण किया; उन्हें स्वीकार किया या बदला या चुनौती दी या पुनरुत्पादित किया। सामाजिक कर्ताओं के रूप में उन्होंने वर्ग, जाति, धर्म, क्षेत्र और लिंग की विभिन्न सामाजिक-राजनीतिक अवस्थितियों और अंतर्विरोधों के तहत प्राच्यवाद के साथ कैसी अंत:क्रिया की, यह सईद के विश्लेषण में कहीं भी दिखलाई नहीं पड़ता। एजाज़ अहमद ने सईद के पद्धतिगत सारसंग्रहवाद को रेखांकित करते हुए प्राच्यवाद की उनकी धारणा को असमाधेय अंतर्विरोधों से ग्रस्त दिखलाया।

'इन थियरी' नामक पुस्तक में एजाज़ अहमद ने देशांतरित बुद्धिजीवी की धारणा में अंतर्निहित वैचारिक दुविधा की व्याख्या करते हुए यह स्थापित किया कि देशांतरित बुद्धिजीवी भले ही उन देशों से आते हों जो साम्राज्यवादी व्यवस्था के तहत एक अधीनस्थ स्थिति में हों किन्तु वे बहुधा इन अधीनस्थ देशों के वर्चस्वशाली तबके से आते हैं और पश्चिमी महानगरीय केन्द्रों में पहुँच कर श्रमिक वर्ग का हिस्सा नहीं बनते बल्कि पेशेवर मध्यवर्ग का हिस्सा बनते हैं। देशांतरित

बुद्धिजीवी की यह अवस्थिति ही देशांतरण को एक अस्तित्वगत स्थिति के रूप में परिभाषित किए जाने का कारण बनती है जिसमें वर्गीय प्रश्न विलीन हो जाते हैं।

इस अध्याय में हमने अत्यंत संक्षिप्त रूप में उत्तर-औपनिवेशिक सैद्धांतिकी के कुछ ख़ास विमर्शों के प्रतिनिधि चिन्तकों का परिचय दिया है, यों इन चिन्तकों और विमर्शों के संदर्भ पूरे शोधप्रबंध के अनेक अध्यायों में आए हैं, जिनका दोहराव इस अध्याय में नहीं किया गया है।

संदर्भ सूची

1. Gordon, R. Lewis. Sharpley. T. Denean and White, Renee T : Fanon: A Critical Reader, Blackwell Publishers, 1996, pg. 4-5
2. Fanon, Frantz : Concerning Violence, The Wretched of the Earth, Penguin, Middlesex, England, 1974 (1961), pg. 74
3. Ibid, pg. 31-32
4. Ibid, pg. 41-42
5. Ibid, pg. 43
6. Fanon, Frantz : Pitfall of the National Conciousness, The Wretched of the Earth, Penguin, Middlesex, England, 1974(1961), pg. 133
7. Fanon, Frantz : Black Skin White Masks 35, Grove Press, 1967, USA, pg. 27
8. Ibid 116, pg. 93
9. Ibid 146-147, pg. 119-20
10. Sartre, Jean Paul : Introduction, Black Orphens, Gallimard, Paris, 1976, pg. 59-60
11. Fanon, Frantz : Black Skin White Masks 30-40, Grove Press, 1967, USA
12. Said, Edward W : Introduction, Orientalism, Random House, Penguin Books, US and England, 1995 (1978), pg. 3
13. Ahmad, Aijaz : Orientalism and After, In Theory, OUP Delhi, 1995 (1992), pg. 163
14. Spivak, Gayatri Chakravorty. The Spivak Reader, (eds.) Doma Landry and Gerald Maclean, Routledge, NewYork, pg. 9 (Qtd. in Introduction)

15. Spivak, Gayatri Chakravorty : Three Women's Texts and a Critique of Imperialism, in Critical Inquiry 12(1) 1985, Text report in The Post-Colonial Studies Reader, ed. Bill Ashcroft, Gareth Griffiths and Helen Tiffin, pg. 269
16. विजयदेवनारायण साही : 'लघुमानव के बहाने हिन्दी कविता पर एक बहस' (नयी कविता : अंक 5-6, 1960-61), नयी कविता : सैद्धांतिक पक्ष (खण्ड एक), सं. जगदीश गुप्त, रामस्वरूप चतुर्वेदी, विजयदेव नारायण साही, लोकभारती प्रकाशन, इलाहाबाद, 2000, पृ0 200 से उद्धृत
17. Bhabha, Homi K. : Narrative and the Margins of the Modern Nation, Nation and Narration, ed. Homi K. Bhabha, Routledge, London and NewYork, 1990, pg. 297
18. Jameson, Fredrick : Post-Modernism or the Cultural Logic of Late Capitalism, Chapter 1, Section 6, 1991, Qtd. from www.marxist.org.
19. Jameson, Fredrick : Third World Literature in the Era of Multinational Capital, Social Text, No. 15, Autumn, 1986, pg. 69
20. Ahmad, Aijaz : Introduction : Literature among the Signs of Our Time, In Theory, OUP Delhi, 1995 (1992), pg. 8
21. Ibid, pg. 11
22. Ibid, Jameson's Rhetoric of Otherness, pg. 101
23. Ibid, pg. 102
24. Ibid, Orientalism and After, pg. 181

●●●

अध्याय चार

हिन्दी आलोचना में 'औपनिवेशिक' का रेखांकन

विउपनिवेशीकरण की प्रक्रिया ने औपनिवेशिक परिस्थिति और अनुभव के प्रति जिस आलोचनात्मक दृष्टिपात को सम्भव किया, वह एक वैश्विक परिघटना है। 'औपनिवेशिक' का रेखांकन, विश्लेषण और सैद्धांतीकरण अनेक सन्दर्भों और विविध विमर्शों के परिक्षेत्र में होता रहा है। इसकी विपुल बहुलता को शायद ही 'उत्तर-औपनिवेशिकता' की किसी एक सैद्धान्तिकी में समेटा जा सके। 'औपनिवेशिक' के रेखांकन की इस विपुल बहुलता ने 'उत्तर-औपनिवेशिक' सैद्धांतिक विमर्शों में भी तमाम अंतर्विरोधों और बिखरावों को जन्म दिया है। 'उत्तर-औपनिवेशिक' सैद्धांतिकी जितना अधिक योरोपीय भाषाओं और सांस्कृतिक रूपों से बाहर निकल कर अन्य सांस्कृतिक अनुभवों को समेटने की कोशिश करती है, उतनी ही अधिक समस्याग्रस्त होती चली जाती है। भारतीय भाषाओं के साहित्य पर काम करने वाले आलोचकों ने 'उत्तर-औपनिवेशिक' सैद्धांतिकी की तमाम कठिनाइयों की ओर इंगित किया है जिनका पिछले अध्यायों में किंचित् उल्लेख हुआ है।

हिन्दी साहित्य में 'औपनिवेशिक' के रेखांकन के मोटे तौर पर तीन प्रतिरूप विकसित हुए। ये तीनों ही स्वातंत्र्योत्तर साहित्य चिंतन का परिणाम हैं। पहला और सर्वाधिक स्वीकार्य प्रतिरूप वह है जो कि राजनैतिक-ऐतिहासिक धुरी पर केन्द्रित है तथा जिसके संवर्ग समाजार्थिक हैं। यह आधुनिक हिन्दी साहित्य को समाजवादी प्रेरणा वाले उपनिवेशवाद-विरोधी राष्ट्रीय जागरण के साहित्य के रूप में पढ़े जाने का हिमायती है। मानववाद, वैज्ञानिकता, प्रगति और विकास, इहलौकिकता, स्वतंत्रता, आर्थिक-सामाजिक बराबरी आदि तमाम मूल्यों को वह पश्चिमी निर्मितियों के बतौर नहीं, बल्कि सार्वभौम मूल्य मान कर चलता है। रामविलास शर्मा इस धारा के पहले प्रतिनिधि आलोचक हैं। आज़ादी के बाद के अपने आलोचनात्मक लेखन में उन्होंने 'साम्राज्यवाद-विरोध' और 'सामंतवाद-विरोध' को साहित्यिक मूल्यांकन का निकष बनाया। भारतीय मार्क्सवादी यह मानते हैं कि भारत में औपनिवेशिक पूँजीवाद ने सामंतवाद के साथ समझौता किया और वह बाकायदा ग्रामीण भारत में साम्राज्यवादी

शोषण का प्रमुख स्तम्भ बना रहा। आज़ाद भारत में भी देशी प्रभुओं ने मज़बूत सामंती अवशेषों का पोषण ही किया। अतः 'साम्राज्यवाद' और 'सामंतवाद' दोनों भारतीय परिस्थितियों में परस्परावलम्बन के रिश्ते में बँधे हुए हैं और दोनों का समेकित विरोध सच्ची राष्ट्रीय चेतना के लिए ज़रूरी है। यहाँ उपनिवेशवाद-विरोधी राष्ट्रवाद नवजागरण के मुहावरे में अभिव्यक्ति पाता है।

'औपनिवेशिक' के रेखांकन का दूसरा प्रतिरूप आधुनिक हिन्दी साहित्य को पूरब और पश्चिम की सांस्कृतिक टकराहटों और समन्वय की अभिव्यक्ति के रूप में विश्लेषित करता है। औपनिवेशिक अनुभव वह स्थल है जहाँ यह टकराहट और संश्लेषण सम्भव होता है। इसकी धुरी 'राजनैतिक-ऐतिहासिक' न हो कर सांस्कृतिक है। यहाँ पश्चिम का नकार नहीं है लेकिन भारतीयता की निरन्तरता और समन्वयवादी धारणा पर यहाँ बल है। डा0 रामस्वरूप चतुर्वेदी इसके प्रतिनिधि आलोचक माने जा सकते हैं।

'औपनिवेशिक' की पहचान और रेखांकन का तीसरा प्रतिरूप ख़ास तौर पर निर्मल वर्मा के साहित्य चिंतन में उभरता है जहाँ पश्चिमी ज्ञानोदय के मूल्यों पर गम्भीर प्रश्न उठाए गए हैं और उसकी दार्शनिक अधिमान्यताओं को भी प्रश्नांकित किया गया है। यहाँ नवजागरण या पुर्नजागरण के प्रति कोई सम्मोहन नहीं है। समन्वय की कोई चेष्टा नहीं है। यहाँ औपनिवेशिकता मुख्यतः एक 'खण्डित चेतना' को जन्म देने वाली परिघटना है और औपनिवेशिकता का निषेध 'अखण्ड चेतना' की पुनर्प्राप्ति के रूप में परिकल्पित है। यह 'अखण्ड चेतना' जीवित परम्परा का ही दूसरा नाम है। पश्चिम उनके लिए एक गहरी उलझन और गाँठ है।

इन तीनों प्रतिरूपों में टकराव और आवाजाही भी है। तीनों ही पहले के रचनात्मक साहित्य और आलोचना को अपनी सैद्धांतिकी में संश्लेषित करने का प्रयास करते हैं। उदाहरण के लिए रामचंद्र शुक्ल के आलोचनात्मक लेखन को जहाँ उपनिवेशवाद-विरोधी राष्ट्रीय जागरण की राजनैतिक-ऐतिहासिक धुरी पर रामविलास शर्मा द्वारा अवस्थित किया जाता है, वहीं रामस्वरूप चतुर्वेदी 'विरुद्धों के सामंजस्य' जैसे उनके आलोचनात्मक प्रत्यय को पश्चिम-पूरब की टकराहट और समन्वय की सांस्कृतिक धुरी पर अवस्थित करते हैं। ठीक इसी तरह अज्ञेय के चिंतन की अवस्थिति दूसरे और तीसरे, दोनों ही प्रतिरूपों में देखी जा सकती है। हिन्दी आलोचना ने उत्तर-औपनिवेशिक अंतर्दृष्टियों का इस्तेमाल हाल के वर्षों में अवश्य किया है लेकिन 'उत्तर-औपनिवेशिक' आलोचना जैसी कोई चीज़ हिन्दी में अभी तक नहीं दिखाई देती। आज़ादी के बाद लिखे गए साहित्य के लिए 'स्वातंत्र्योत्तर' पद का इस्तेमाल होता रहा है और प्रायः इसके अन्तर्गत राजनैतिक-सामाजिक सन्दर्भ ही प्रधान रहे हैं। हिन्दी क्षेत्र में 1980 और 1990 के दशक में दलित-पिछड़ा उभार और स्त्री सशक्तीकरण के सांस्थानिक प्रयासों ने 'अस्मितावादी' विमर्शों की ढेरों रचनाओं को जन्म तो दिया, लेकिन उत्तर-औपनिवेशिक 'अस्मिता' और 'अन्यता' के सैद्धांतिक ढाँचे में इनका

अध्ययन नहीं किया जाता। साहित्य के सन्दर्भ में 'उत्तर-औपनिवेशिक' आलोचनात्मक व्यवहार उन अध्येताओं के कामों में अधिक दिखता है जिन्होंने हिन्दी साहित्य पर हाल के वर्षों में अंग्रेज़ी में काम किया है। हालांकि इस कोटि में आने वाले आलोचकों का 'उत्तर-औपनिवेशिक' साहित्य सिद्धांतों के साथ संवाद और विवाद दोनों ही है। इंग्लैण्ड और अमरीका के उच्च अध्ययन संस्थानों में दक्षिण एशियाई अध्ययनों के क्रम में हिन्दी-उर्दू भाषा विवाद, साहित्यिक प्रवृत्तियों और रचनाओं में दिलचस्पी बनी है। पॉल ब्रास, क्रिस्टोफ़र किंग, सी.ए. बायली, वसुधा डालमिया, फ्रेंचेस्का ओरसिनी के अध्ययन इस कोटि में आते हैं। कुमकुम संगारी, जयदेव, मीनाक्षी मुखर्जी, हरीश नारंग, जसबीर जैन, हरीश त्रिवेदी, पंकज के. सिंह, सुकृत पॉल कुमार आदि ने आधुनिक हिन्दी-उर्दू रचनाओं के अध्ययन क्रम में उत्तर-औपनिवेशिक विमर्शों को उपादेय तो पाया है, लेकिन उनकी अपर्याप्तता और उनमें वांछित संशोधनों को भी रेखांकित किया है।

भारतीय भाषाओं के साहित्य के वे अध्येता जो कि 'उत्तर-औपनिवेशिक' सैद्धांतिकी के संवर्गों से वाकिफ़ हैं, वे लगातार इस सैद्धांतिकी की अपर्याप्तता की चर्चा करते हैं (भले ही वे इन 'संवर्गों' के साथ संवाद भी करते हों)। हरीश त्रिवेदी ने हाल ही में (हंस, जनवरी, 1999) के 'भारतीय अंग्रेज़ी उपन्यासः हिन्दी की दृष्टि में' शीर्षक लेख में 'विस्थापन' और 'निर्वासन' के उत्तर-औपनिवेशिक विमर्श पर तीखा प्रहार करते हुए लिखा "..... विश्व तो भारत का हाल पूछने हमारे पास आएगा नहीं, तो हमारे यही स्व-निर्वाचित बिचौलिए दुनिया भर में जा-जा कर भारत की एवं स्वयं अपनी दुंदुभि बजा रहे हैं। आजकल वैसे भी साहित्यिक और बौद्धिक जगह में विस्थापितों और निर्वासित प्रवासियों का बोलबाला है। .... इस माहौल में जो छोड़ कर चला गया वह आगे बढ़ गया, जो घर में रह गया वह सचमुच ही रह गया। जो जड़ों से जुड़ा है वह अवश्य ही जड़ है, जो मौका पाते ही चल निकला वही चेतन है। आजकल घर, राष्ट्र और अस्मिता इत्यादि अवधारणाओं का अर्थ ही संदिग्ध हो चला है, अपितु महिमा है संकरत्व, दोगलेपन या 'हाइब्रिडिटी' की .... अब इस सबके घोर विपरीत है हमारी हिन्दी जिसका कोई मतलब है तो बस यही कि वह देश के बहुसंख्यकों की भाषा है, ऐसे बहुसंख्यकों की जो देश के विस्तृत भू-भाग के दूर-दराज़ कोनों में जहाँ जन्मे, वहीं रहते चले आ रहे हैं, जो आगे बढ़ने के साधन व सूत्र नहीं पा रहे हैं, जो दीन-हीन हैं, विपन्न हैं, 'बैकवर्ड' हैं।"[1]

जसबीर जैन ने 'उत्तर-औपनिवेशिक' सैद्धांतिकी से असन्तोष व्यक्त करते हुए लिखा, "उत्तर-औपनिवेशिक पद को (अ) अंग्रेज़ी भाषा लेखन और (ब) प्रवासीकरण के साहित्य के साथ अपने वर्चस्वशाली सम्बन्धों से मुक्त होना चाहिए।"[2]

'उत्तर-औपनिवेशिकता' सामान्यतः उपनिवेशवादी मान्यताओं और व्यवहारों के अस्वीकार के रूप में ग्रहण की जाती है। लेकिन औपनिवेशिक पराधीनता और उसके बाद भी व्यापक तौर पर ऐसी रचनाएँ लिखी गई हैं जिन्होंने औपनिवेशिक दबाव की

प्रत्यक्ष उपस्थिति दर्ज नहीं की, राष्ट्रीय चेतना या राष्ट्रीय अनुभव की अपेक्षा सामाजिक, नैतिक, क्षेत्रीय, लैंगिक, आर्थिक अनुभवों को अभिव्यक्त किया जिनमें औपनिवेशिक परिस्थिति के प्रति राष्ट्रीय प्रतिक्रिया अप्रत्यक्ष, गौण या दबी हुई है। एजाज़ अहमद ने जेमसन की धारणाओं से टकराते हुए 19वीं सदी और 20वीं सदी के उर्दू उपन्यासों के हवाले से इस प्रवृत्ति को लक्ष्य किया है। हिन्दी लेखन को केन्द्र करके दूसरे सन्दर्भों में यही बात जसबीर जैन ने उठाई है। औपनिवेशिक दबावों के बावजूद देशज परम्पराओं की निरन्तरता (जिसे कुछ चिन्तकों ने 'भारतीयता' के रूप में भी परिभाषित किया है) की, 'उत्तर-औपनिवेशिक' सैद्धांतिकी के उपकरणों, कोटियों, संवर्गों में व्याख्या नहीं की जा सकती। अज्ञेय के दो संवत्सर व्याख्यानों 'स्मृति और काल' तथा 'स्मृति और देश' के सन्दर्भ में 'उत्तर-औपनिवेशिक' सैद्धांतिकी की अपर्याप्तता दर्शाते हुए जसबीर जैन लिखती हैं, "भारतीय लेखन में उत्तर-औपनिवेशिकता शुरू से ही उधार लिया हुआ पद है, जिसे आलोचकों ने ग्रहण किया या हाशिए के लोगों ने उसका इस्तेमाल किया या कुछ समय के लिए उसे अपनाया भी। लेकिन यह पद (भारतीय) भाषाओं के बीच साहित्यिक परम्पराओं की निरन्तरता को प्रतिबिम्बित करने में असफल रहा। .... विरोध सदैव ही 'अन्योन्मुखी' नहीं होता, वह प्रायः यथार्थ की पुनर्निर्मिति और 'अस्मिता' का पुनर्रूपायन होता है। 'जातीयता' (एथनिसिटी) के दबाव लेखक का लगातार ध्यान नहीं खींचते और पश्चिमी मानक सदैव वर्तमान उपस्थिति के रूप में नहीं रहते।"[3]

होमी के. भाभा जैसे उत्तर-औपनिवेशिक सिद्धांतकारों ने 'संकरता' (हाइब्रिडिटी) की जो धारणा प्रस्तावित की है उससे भिन्न अनेक भारतीय लेखकों ने 'खण्डित चेतना' की धारणा से ख़ुद को अधिक नज़दीक पाया है। निर्मल वर्मा ने इसे अनेकशः परिभाषित किया है, "..... हमारी आत्मा में एक गहरी दरार खिंच जाती है जिसने आज भारतीय यथार्थ को दो पहलुओं में खण्डित कर दिया है। जीवन का व्यवहार, जिसका समग्रता से कोई सम्बन्ध नहीं और आध्यात्मिक समग्रता का भाव, जिसका हमारे दैनिक कार्यकलाप से कोई लेना-देना नहीं। आज एक आधुनिक भारतीय की चेतना न केवल भारतीय जीवन के बीच खिंची इस दरार को प्रतिबिम्बित करती है, बल्कि स्वतंत्रता के बाद जो सबसे भयानक बात हुई है वह यह कि हमारी शासन सत्ता ने विभाजन के इन टुकड़ों को ऐतिहासिक रूप से अनिवार्य मान लिया है। .... मेरे व्यक्तित्व का जो सबसे मूल्यवान और महत्त्वपूर्ण अंश है, उसी से मैं अपने को विच्छिन्न पाता हूँ। जबकि दूसरी तरफ़ मुझे एक ऐसी राष्ट्रीय और भौगोलिक अस्मिता के साथ प्रतिबद्ध होना पड़ता है जिससे मेरा कोई आध्यात्मिक और सांस्कृतिक लगाव नहीं है।"[4] अंग्रेज़ी में लिखने वाले कई भारतीय लेखकों ने भी 'खण्डित चेतना' की बात उठाई है। यू. आर. अनंतमूर्ति, नयनतारा सहगल, अमिताभ घोष तथा कई अन्य नाम लिये जा सकते हैं। नयनतारा सहगल के अनुसार, भारतीय लेखक का मन और उसकी संवेदना एक ओर तो सतह के नीचे किसी ख़ास संस्तर में मज़बूती के साथ

जड़ जमाये हुये है, वहीं सतह के ऊपर उसकी अस्मिता अधिक अनिश्चित और अस्थायी है जो किसी भी साँचे में आसानी से नहीं अँटती। दोनों में लगातार तनाव और खिंचाव रहता है। इस प्रकार ये भारतीय लेखक परम्परा में अपनी जड़ों तथा अपने उच्छेदित आधुनिक व्यवहार और अनुभवों के बीच तनाव को लगातार झेलते हैं। इनमें से अधिकांश 'प्रतिरोपण' या 'सम्मिश्रण' के अर्थ में संकरता की धारणा को स्वीकार नहीं करते।

उत्तर-औपनिवेशिक सैद्धांतिकी में 'विस्थापन' के अनुभवों का महत्त्व निर्विवाद है। इनका सन्दर्भ बँधुवा मजदूरों के ज़बरन प्रवासन, राजनैतिक निर्वासन, स्वेच्छया किये गये देशांतरण या शरणार्थी जीवन से अधिक ग्रहण किया जाता है। लेकिन भारतीय उपमहाद्वीप के राजनैतिक विभाजन ने जिस विराट विस्थापन को अंजाम दिया या फिर हमारे उपमहाद्वीप के दूसरे तमाम उपद्रवों के चलते जो विस्थापन अनवरत चला करता है उसकी सैद्धांतिकी जसबीर जैन के अनुसार पर्याप्त विकसित नहीं है। राही मासूम रज़ा (आधा गाँव), यशपाल (झूठा सच) मुमताज शाहनवाज़, अतिया हुसैन, इंतज़ार हुसैन, मंज़ूर एहतेशाम और अब्दुस्समद जैसे रचनाकारों की कृतियों का विश्लेषण करते हुए जसबीर जैन रेखांकित करती हैं कि इन लेखकों के यहाँ विस्थापन एक लगातार होने वाली घटना की तरह है जो सारी ही तक़लीफ़ों की सतत् याद दिलाती रहती है। 'विस्थापन' के सन्दर्भ में उन्होंने भारत-विभाजन के अनुभव के हवाले से महत्त्वपूर्ण प्रश्न उठाया है। वे लिखती हैं "क्या होता है जबकि विस्थापन किसी बाहरी हस्तक्षेप से होता है? क्या होता है जबकि ये विस्थापन अपने ही भाई, बहन, नाते-रिश्तदारों, पड़ोसियों, विस्तारित परिवारों और हमवतनों से बिछुड़ने के रूप में होता है?"[6]

देश विभाजन की त्रासदी से बच कर कोई भारतीय उत्तर-औपनिवेशिक सैद्धांतिकी सम्भव नहीं। निर्मल वर्मा भले ही 'हिन्दू अस्मिता' के निर्माण में 'अन्य' की अपेक्षा नहीं करते लेकिन देश विभाजन की त्रासदी और आज़ाद भारत मे लगभग सूखे और बाढ़ की तरह हर वर्ष घटित होने वाले साम्प्रदायिक दंगों और नरसंहारों ने 'अस्मिता' और 'अन्यता' के उसी समीकरण की बारम्बार पुष्टि की है जिसे निर्मल वर्मा पश्चिमी मानते हैं। पारम्परिक अस्मिताएँ भले ही अन्यापेक्षी न रही हों, लेकिन आधुनिक अस्मिताएँ इतिहासबिद्ध हैं।

हिन्दी में नामवर सिंह, मैनेजर पाण्डेय, वीरभारत तलवार, परमानन्द श्रीवास्तव, रमेशचन्द्र शाह, नन्दकिशोर आचार्य, कैलाश बाजपेई जैसे आलोचकों ने उत्तर-औपनिवेशिक अंतर्दृष्टियों का अपने हाल के आलोचना-कर्म में अत्यन्त सावधान संज्ञान लिया है। हिन्दी में 'पूर्वग्रह स्कूल' के आलोचक 'औपनिवेशिकता' की जो चर्चा करते रहे हैं उसका सम्बन्ध औपनिवेशिकता की उस धारणा से है जिसके प्रतिनिधि निर्मल वर्मा हैं। हिन्दी में वैसा कोई स्वघोषित उत्तर-औपनिवेशिक आलोचक नहीं है जैसे कि श्री सुधीश पचौरी स्वघोषित तौर पर 'उत्तर-आधुनिक' आलोचक हैं। हिन्दी कथा

साहित्य में मनोहरश्याम जोशी, उदय प्रकाश, अलका सरावगी जैसे कथा लेखकों में उत्तर-औपनिवेशिक विमर्शों और आख्यान की रणनीतियों के प्रति विशेष सजगता दिखती है जिसकी चर्चा इस शोध प्रबन्ध में अन्यत्र होगी।

हिन्दी में हमें उत्तर-औपनिवेशिकता की प्राथमिक और सरलतम परिभाषा से काम चलाना पड़ेगा क्योंकि पश्चिमी अकादमी में पला बढ़ा 'उत्तर-औपनिवेशिक' सिद्धांत जिस उत्तर-संरचनावादी और उत्तर-आधुनिक मुहावरे में गढ़ा गया है, जिस तक़नीकी दक्षता और विशेषज्ञता के साथ उसका व्यवहार किया जाता है, उसका हमारे आलोचना-कर्म में प्रतिरोपण न तो काम्य है और न ही प्रासंगिक। हिन्दी में 'औपनिवेशिक' के रेखांकन की किंचित विस्तृत चर्चा में जाने से पहले हमें उत्तर-औपनिवेशिकता की (भारतीय सन्दर्भों में) कुछ प्रासंगिक परिभाषाओं को देख लेना होगा। जयदेव के शब्दों में, "अपने सच्चे मुक्तिकामी रूप में उत्तर-औपनिवेशिकता, औपनिवेशिकता की आधारभूत मान्यताओं और व्यवहारों के नकार का द्योतन है, उसे होना चाहिए। उसे अपने दुश्मन के प्रति इसीलिए सच्चे अर्थों में प्रतिरोधी और उससे श्रेष्ठ होना चाहिए। राष्ट्रों और उनके लोगों के लिए उसे एक लम्बा, मुश्किल, नैतिक अभियान होना चाहिए।"[7]

जसबीर जैन लिखती हैं, "उत्तर-औपनिवेशिकता, मेरी समझ में, औपनिवेशिक अतीत के प्रति अपनी अवस्थिति को परिभाषित करने का उपक्रम है। यह महज़ काल का प्रश्न नहीं है, उपनिवेशवाद के परिणामों का प्रश्न नहीं, बल्कि अभिवृत्ति का प्रश्न है जो कि उपनिवेशवाद का सामना करने से आगे, उससे परे जाने का प्रयास है, उसके प्रभाव चौखटे से बाहर निकल कर अपने लिए एक स्वायत्त और मुक्त अस्मिता की पुनर्प्राप्ति का प्रयास है।"[8]

दोनों परिभाषाएँ हिन्दी साहित्य में 'औपनिवेशिकता' की शिनाख़्त और सैद्धांतिकी के दो रूपों से जुड़ती हैं। जहाँ जयदेव 'उपनिवेशवाद से सामना और उसके प्रतिरोध' को रेखांकित करते हैं वहीं जसबीर जैन की परिभाषा में 'उसके परे जाने' पर बल है। हम पहले ही देख चुके हैं कि ये दोनों ही प्रतिरूप हिन्दी की आलोचना परम्परा में मौजूद हैं।

अंग्रेज़ी राज और नवजागरण पर 'रस्साकशी'

(क) उपनिवेशवाद—विरोध और मार्क्सवाद (सन्दर्भ : रामविलास शर्मा)— रामविलास शर्मा हिन्दी के पहले आलोचक हैं जिन्होंने साहित्य के मूल्यांकन के ऐसे मापदण्ड अपनाए जो कि प्रत्यक्षतः राजनैतिक-ऐतिहासिक थे। आचार्य शुक्ल ने राजनैतिक, ऐतिहासिक, आर्थिक, सामाजिक को पृष्ठभूमि मान कर साहित्य के भीतर से ही उसके मानक विकसित करने का प्रयास किया था। लेकिन रामविलास शर्मा के लिए आधुनिक साहित्य राष्ट्रीय नवजागरण की महज़ अभिव्यक्ति नहीं, उसका अंग है। वह राष्ट्रीय चेतना का संघटक तत्त्व है। उपनिवेशवाद-विरोध का राजनैतिक-ऐतिहासिक

परिक्षेत्र साहित्य के बाहर भी है, भीतर भी। साहित्य और राजनीति आत्यंतिक कोटियाँ नहीं हैं। वे उपनिवेशवाद-विरोधी प्रतिरोध और राष्ट्र निर्माण के दो रूप हैं।

रामविलास शर्मा का समूचा लेखन उपनिवेशवाद-विरोधी लेखन है जो कि औपनिवेशिक अतीत का सामना करते हुए उसके पार जाने का वृहद् प्रयास है। भाषा, संस्कृति और इतिहास पर उनका विपुल लेखन मार्क्सवाद के सहारे औपनिवेशिकता का सुदीर्घ प्रत्याख्यान और भारतीयता की प्रामाणिक, स्वायत्त और मुक्तिधर्मी खोज की तरह है। रामविलास शर्मा के इस वृहद् अभियान ने हिन्दी जगत में ज़बर्दस्त बहसों को जन्म दिया।

एक आलोचक के रूप में रामविलास शर्मा की भंगिमा विउपनिवेशीकरण के दौर के एक उपनिवेशवाद-विरोधी बौद्धिक की है जो कि अपने देश के इतिहास, समाज, संस्कृति में 'औपनिवेशिकता' की दुर्लंघ्य दरार को पाट देना चाहता है। इस महत् अभियान में कुछ पूर्वाग्रह हों, कुछ अंतविरोध हों, विवादास्पद ज्ञान-पद्धति हो, तो आश्चर्य की कोई बात नहीं, महत्त्वपूर्ण है इस अभियान की ज़रूरत, उसकी दिशा जो कि अपने देश के इतिहास, संस्कृति और समाज की पेचीदगियों को समझने और हल करने की ज़िम्मेदारी उठाती है, जो इस काम में दुनिया के महानतम क्रांतिकारी बुद्धिजीवियों से सीखती तो है, लेकिन अन्ततः इसे अपनी ही ज़िम्मेदारी मानती है।

हिन्दी साहित्य में रामविलास शर्मा ऐसे साहित्य चिंतक हैं जिन्होंने उपनिवेशवाद-विरोध को आधुनिक हिन्दी साहित्येतिहास और आलोचना का दुर्निवार निकष बना दिया। साहित्य के धरातल पर हिन्दी नवजागरण की उनकी धारणा के केन्द्र में 1857 का प्रथम स्वाधीनता संग्राम इतनी मज़बूती के साथ उपस्थित है कि औपनिवेशिक इतिहास, राजनीति और समाजशास्त्र की गंभीर बहसें हिदी आलोचना का अनिवार्य सन्दर्भ बन गईं। इससे साहित्य का भला हुआ या बुरा, साहित्य की स्वायत्तता, उसकी रचना प्रक्रिया, काव्यभाषा, अलग-अलग रचनाओं, रचनाकारों और प्रवृत्तियों के वैशिष्ट्य निरूपण को क्षति पहुँची या नहीं, इसका आकलन प्रस्तुत प्रबन्ध के दायरे में नहीं आता, यद्यपि कि इन प्रश्नों पर प्रभूत बहस हिन्दी में चल चुकी है।

रामविलास शर्मा द्वारा प्रस्तावित हिन्दी नवजागरण और हिन्दी जाति की संकल्पनाएँ विमर्श के जिस क्षेत्र में अवस्थित हैं, वह है उपनिवेशवाद-विरोध का विमर्श और रामविलास शर्मा के लिए भारत के सन्दर्भ में इस विमर्श का केन्द्र है 1857। मार्क्स के भारत सम्बन्धी लेखन में ही सबसे पहले 1857 को सैनिक विद्रोह या गदर से बढ़ कर भारतीय राष्ट्रीयता की अभिव्यक्ति के रूप में पहचाना गया। यह लेखन अख़बारी होते हुए भी बेहद संश्लिष्ट था और इतना विवादास्पद कि उसने ख़ुद मार्क्सवादियों से ले कर उत्तर-औपनिवेशिक सिद्धांतकारों तक के बीच गंभीर बहसों को जन्म दिया।[9] 1857 के विप्लव के 150 साल होने को आए और उस पर विभिन्न दृष्टिकोणों से बहस थमती नज़र नहीं आती। हंस के जून 2006 के अंक का सम्पादकीय और समकालीन जनमत का नवम्बर 2006 का विशेषांक 1857 पर ही

केन्द्रित था। उद्‌भावना सहित तमाम दूसरी साहित्यिक पत्रिकाओं ने 1857 पर अपने अंक निकाले।

रामविलास शर्मा ने मार्क्स की भारत सम्बन्धी टिप्पणियों में अंग्रेज़ी राज की भर्त्सना और भारतीय प्रतिरोध के प्रति उनकी सहानुभूति को ग्रहण किया लेकिन अंग्रेज़ी उपनिवेशवाद की किसी प्रगतिशील भूमिका को मानने को वे तैयार न थे। इसी के प्रत्याख्यान में उन्होंने भाषा, संस्कृति और इतिहास सम्बन्धी विपुल लेखन किया जिसमें उन्होने द्वंद्वात्मक भौतिकवादी पद्धति से भारत के प्राक्-औपनिवेशिक इतिहास और संस्कृति में उन तत्त्वों की शिनाख़्त की जो कि भारत को औपनिवेशिक हस्तक्षेप के बग़ैर भी आधुनिक राष्ट्र बना सकते थे।

भारत के बारे में मार्क्स की टिप्पणियों का स्पष्टीकरण इसलिए आवश्यक है कि हिन्दी में रामविलास शर्मा के उपनिवेशवाद-विरोधी लेखन पर बहस का वे अनिवार्य सन्दर्भ बनती हैं। बीमारी और ग़रीबी के दिनों में मित्र एंगेल्स के कहने पर मार्क्स ने 'न्यूयार्क ट्रिब्यून' में भारत सम्बन्धी 33 टिप्पणीनुमा लेख प्रकाशित कराए। 12 लेख 1853 में, 15 लेख 1857 में और 6 लेख 1858 में। मार्क्स के इन लेखों को काफ़ी कचारा-निचोड़ा गया है और विद्वानों ने उनके भारत सम्बन्धी विचारों के विकास तथा उनके अन्य गंभीर लेखन के समानांतर इन अख़बारी लेखों को रख कर गंभीर अध्ययन किये हैं। आज भारत के मार्क्सवादी बौद्धिक जानते हैं कि जब मार्क्स भारत के बारे में लिख रहे थे तो पूरब के बारे में पश्चिमी ज्ञान अत्यंत सीमित था, कि भारत के विशृंखलित, आत्मनिर्भर गाँवों की छवि मार्क्स ने हेगेल से शब्दशः ग्रहण की थी, कि एशिया की परिवर्तनहीन, गतिरुद्ध छवि 19वीं सदी के योरोप को हॉब्स और मान्टेस्क्यू जैसे ज्ञानोदय के अग्रदूतों से विरासत में मिली थी, कि प्राक्-औपनिवेशिक भारत की कृषि अर्थव्यवस्था उतनी परिवर्तनहीन और स्वायत्त ग्राम-समुदायों वाली न हो कर विनियम और विनियोजन (एप्रोप्रियेशन) के कहीं बड़े संचारतंत्र के साथ जुड़ी हुई थी, कि कृषि तकनीक शताब्दियों से वैसी गतिरुद्ध न थी, जैसी मार्क्स ने समझा था, कि स्वायत्त ग्राम इकाइयों को केन्द्रीय स्तर पर जल-प्रबन्धन से जोड़ने वाले निरंकुश राजतंत्र (हाइड्रॉलिक स्टेट) की धारणा गलत थी, बल्कि छोटे बाँध, उथले कुएँ, स्थानीय तालाब जो कि पारिवारिक और सामूहिक श्रम से तैयार किए जाते थे, उनकी सिंचाई में उतनी ही महत्त्वपूर्ण भूमिका थी जितनी कि केन्द्रीय स्तर पर नियोजित जल-प्रबन्धन की, कि भू-सम्पत्ति का वैसा अभाव न था जैसा मार्क्स ने समझा था और किसानों के अलग-अलग तबकों का अस्तित्व काफ़ी पहले से था, कि एशियाटिक मोड ऑफ़ प्रोडक्शन की धारणा भारत के सन्दर्भ में 'अप्रामाणिक' है, आदि। महत्त्वपूर्ण बात यह है कि भारतीय समाज के बारे में ये समझ रामविलास शर्मा सन् 1957 में लिखी अपनी पुस्तक 'सन् सत्तावन की राज्य क्रांति और मार्क्सवाद' में ही पूर्वाशित करते हैं। ये अलग बात है कि रामविलास जी 18वीं सदी में भारतीय समाज के उस संकट की अनदेखी करते हैं जो कि तकनीक और उत्पादन के अवरुद्ध होने

तथा क्षेत्रीय और राजवंशों के बीच चलने वाले अनवरत विनाशकारी युद्धों में अभिव्यक्त हुआ जिसके चलते तेज़ी से बढ़ती आ रही औपनिवेशिक ताकत के ख़िलाफ़ कोई कारगर मोर्चा नहीं बन सका। उपनिवेशवाद के इतिहास को देखते हुए आज ये स्पष्ट है कि उसने भारतीय समाज के संकट का ग़ैर-क्रांतिकारी और पश्चगामी समाधान ही किया।[10] मार्क्स ने 22 जुलाई 1853 की टिप्पणी में लिखा, "अंग्रेज़ पूँजीपति जो भी करने को बाध्य हो, वह न तो आम जनता की सामाजिक स्थितियों में कोई भौतिक सुधार लाएगा और न ही उन्हें मुक्त करेगा। भारतीय लोग ब्रिटिश बूर्जुआ के द्वारा उनके समाज में बिखेरे गए नये बीजों के फल नहीं प्राप्त कर सकेंगे, जब तक कि ख़ुद ब्रिटेन में नये शासक वर्गों को औद्योगिक सर्वहारा पदच्युत करके उनकी जगह न ले ले। या जब तक कि हिन्दू स्वयं इतने मज़बूत नहीं हो जाते कि वे ब्रिटिश जुए को पूरी तरह उतार फेकें।"[11] रामविलास शर्मा अंग्रेज़ी राज द्वारा बिखेरे गए 'नये बीजों' की भी चर्चा नहीं करते, जिन्हें फलित करने की कोई गुंजाइश मार्क्स अंग्रेज़ पूँजीपति वर्ग में नहीं देखते थे। डा० वीरभारत तलवार ने ब्रिटिश राज और 1857 पर रामविलास शर्मा के विचारों पर प्रश्नचिह्न लगाते हुए लिखा है, "डा० शर्मा एक मार्क्सवादी आलोचक के रूप में मशहूर हैं लेकिन वे मार्क्स के इस विचार से सहमत नहीं लगते हैं कि भारत में ब्रिटिश शासन भले ही अपने निकृष्ट स्वार्थों से प्रेरित था लेकिन भारत में एक सामाजिक क्रांति लाने का वह एक माध्यम बन गया। डा० शर्मा ब्रिटिश शासन के निकृष्ट स्वार्थों से प्रेरित होने की बात को सच मानते हैं लेकिन सामाजिक क्रांति में उसके माध्यम होने की बात को नहीं। वे किसी भी द्वंद्वात्मक प्रक्रिया को एक सपाट प्रक्रिया बना कर ही उसे मान पाते हैं। विरोधी तत्त्वों की उनकी धारणा में एक ओर ब्रिटिश शासन के निकृष्ट स्वार्थ हैं, दूसरी ओर है भारतीय जनता का प्रतिरोध। ख़ुद ब्रिटिश शासन की भूमिका के अंदर कोई द्वंद्वात्मकता उन्हें नहीं दिखाई देती। वे ब्रिटिश शासन की कल्पना एक ऐसे बर्बर हमले के रूप में करते हैं जिससे लड़ कर भारतीयों ने आधुनिकता हासिल की। अगर ब्रिटिश शासन एक सपाट बर्बर हमला भर था, उसके अंदर और कोई विरोधी प्रक्रिया (उसकी सृजनात्मक भूमिका) नहीं थी तो विरोध करने के क्रम में आधुनिकता कैसे पैदा हो गई? डा० शर्मा ऐसे प्रश्नों की चिन्ता नहीं करते।"[12] मार्क्स के अनुसार, ग्राम समाजों का विध्वंस 'सामाजिक क्रांति' थी, इसी लिहाज़ से उन्होंने ब्रिटिश राज को 'इतिहास का अचेत उपकरण' कहा था। रामविलास शर्मा जानते थे कि ब्रिटिश-पूर्व भारत आत्मनिर्भर ग्राम समाजों का समूहमात्र न था। (देखें 'सन् सत्तावन की राज्य क्रान्ति और मार्क्सवाद' नामक ग्रंथ में 'ग्राम समाज और सामंती अराजकता' शीर्षक अध्याय) जो था ही नहीं, उसका विध्वंस कैसा? ऐसे में यदि वे ब्रिटिश राज को 'इतिहास का अचेतन औज़ार' या 'सामाजिक क्रांति का उपकरण' नहीं मानते, तो इसमें ग़लत क्या है। 'रामविलास शर्मा जब ये लिख रहे थे (1957) तब भारतीय मार्क्सवादी इतिहास लेखन का उदय (डी.डी. कोसांबी को छोड़ कर) नहीं हुआ था। लेकिन क्या परवर्ती मार्क्सवादी इतिहास लेखन ने ब्रिटिश-पूर्व भारतीय समाज के बारे में उनकी समझ (कि

वह स्वायत्त ग्राम समाजों का समुच्चयमात्र न था) को ग़लत साबित किया' एजाज़ अहमद ने लिखा है, "अब उस इतिहास के अनुभव के बाद जो ब्रिटेन ने बनाया, उस तरह के 'अचेतन औज़ार' की कामना भला कौन कर सकता है।"[13]

अंग्रेज़ी राज की प्रगतिशील भूमिका यदि सामंतवाद के खात्मे के प्रसंग में बताई जाती है तो उस पर रामविलास शर्मा की टिप्पणी ध्यान देने योग्य है "....यह बताइए कि सन् 57 में भारतीय पक्ष की विजय का वस्तुगत परिणाम क्या होता? अनेक इतिहासकार बेझिझक उत्तर देंगे : भारत में सामंतवाद बहाल हो जाता। यद्यपि मार्क्स के ग्राम समाज जहाँ होंगे, वहाँ सामंतवाद ही न होगा, बहाल कहाँ से होगा?"[14] हालांकि रामविलास जी इतने से ही सन्तुष्ट नहीं हुए और उन्होंने स्थापित किया कि 1857 तक ब्रिटेन में स्वयं बूर्जुआ लोकतंत्र स्थापित नहीं हो सका था। औद्योगिक क्रांति हो जाने के बाद भी राजसत्ता उद्योगपतियों के हाथ में नहीं आई बल्कि उस पर एक नये भू-स्वामी वर्ग का कब्ज़ा हुआ जो स्वयं पूँजीपति बनने की ओर संक्रमणशील था। इसे आधार बना कर रामविलास शर्मा अंग्रेज़ी राज की लोकतांत्रिक भूमिका को ख़ारिज करते हैं क्योंकि जिस इंग्लैण्ड में अभी तक शासन-सत्ता के स्तर पर मज़बूत सामंती दबदबा था उससे भारत के सामंतवाद के ख़ात्मे की भला क्या उम्मीद की जा सकती थी? दरअसल इस मसले का समाधान इतना सीधा नहीं है कि रामविलास शर्मा की धारणाओं की सुसंगति या असंगति पर विचार करके इसे ख़त्म मान लिया जाए। सन् 1981 में हरबंस मुखिया ने सवाल उठाया, 'क्या भारतीय इतिहास में फ्युडलिज़्म रहा है?"[15] इसी शीर्षक से उनका लेख 'दि जर्नल आफ़ पेज़ेंट स्टडीज़' में छपा। बात यों उलझ जाती है कि 18वीं-19वीं सदी के भारत के सन्दर्भ में जो भारतीय मार्क्सवादी इतिहासकार 'एशियाटिक मोड आफ़ प्रोडक्शन' को प्रासंगिक नहीं पाते (रामविलास शर्मा के मत को भी इससे मिला लें) उनके बीच 'भारतीय सामंतवाद' जैसी चीज़ के अस्तित्व पर भी ज़र्बदस्त बहस है। विस्तारभय से इस बहस को यहाँ उद्धृत नहीं किया जा सकता। इतना ही उल्लेख करना पर्याप्त है कि मुखिया ने सैद्धांतिक और अनुभवगत दोनों आधारों पर भारत के सन्दर्भ में फ्युडलिज़्म (जिसकी विशेषता एक उत्पादन पद्धति के रूप में ग़ैर-आर्थिक दमन है) की प्रासंगिकता पर आपत्ति की है। मुखिया ने इस निबन्ध में भारत में फ्युडलिज़्म के बदले 'स्वतंत्र कृषक उत्पादन' की मान्यता प्रस्तावित की है। इससे भी बढ़ कर मुखिया की आपत्ति यह थी कि मार्क्सवाद के अनुसार, सही मायने में एक वैश्विक उत्पादन पद्धति पूँजीवाद ही है, फिर पूँजीवाद के पहले की उत्पादन पद्धतियों की क्रमवार योजना और विशेषताएँ सभी देशों में समरूप कैसे मानी जा सकती हैं? वास्तव में 'लुई बोनापार्ट की 18वीं ब्रूमेयर' तथा 'प्राक्-आधुनिक आर्थिक ढाँचे' जैसे मार्क्स के आरम्भिक अध्ययनों में सभी उत्पादन पद्धतियों के व्यवस्थित, सर्वदेशीय इतिहास की कल्पना मिलती है। 'कैपिटल' तक आते-आते मार्क्स को यह एहसास था कि जिस एकमात्र उत्पादन पद्धति के वैश्विक या सार्वदेशिक इतिहास के बारे में वे सैद्धांतिकी विकसित कर

सकते थे, वह पूँजीवाद ही था।[16] रामविलास शर्मा 'मार्क्सवाद और पिछड़े हुए समाज' शीर्षक ग्रन्थ में प्राचीन और मध्यकालीन भारत में पगार प्रथा का अस्तित्व दिखला कर उसे सौदागरी पूँजी की ऐसी अवस्था के बतौर परिभाषित करते हैं जिसका पूँजीवादी उत्पादन प्रणाली में संक्रमण सम्भाव्य था। वीरभारत तलवार ने 'रामविलास शर्मा की विवेचन पद्धति और मार्क्सवाद—III' शीर्षक लेख में शर्मा जी की धारणाओं की सारगर्भित आलोचना करते हुए उनकी सौदागरी पूँजी की धारणा की कमज़ोरियों का तर्कसंगत प्रत्याख्यान किया है, "सच बात तो यह है कि व्यापारिक पूँजी के विकास का पूँजीवादी उत्पादन प्रणाली से कोई विशेष सम्बन्ध तो दूर रहा, उत्पादन की प्रणाली मात्र से भी कोई अनिवार्य सम्बन्ध नहीं होता। बिकाऊ माल का उत्पादन किस प्रणाली से हुआ है, इससे व्यापारिक पूँजी का कोई अनिवार्य सम्बन्ध नहीं होता है। उसका सम्बन्ध तो उत्पादन हो जाने के बाद अस्तित्व में आए माल से होता है। इसीलिए यह ज़रा भी ज़रूरी नहीं है कि अगर व्यापारिक पूँजी का विकास हो रहा है तो उसके फलस्वरूप उत्पादन की प्रणाली में भी कोई विकास हो रहा हो। व्यापारिक पूँजी सिर्फ़ बने हुए माल को ख़रीदने-बेचने का काम करती है, उसकी सारी गतिशीलता इन्हीं के बीच होती है। इसीलिए कभी-कभी उत्पादन प्रणाली तो बहुत ही पिछड़ी हुई बनी रहती है, उसमें कुछ भी फ़र्क नहीं आता, लेकिन व्यापार का विकास होता रहता है। इस सिलसिले में मार्क्स ने लिखा कि व्यापारी पूँजी का विकास उत्पादन के विकास की मात्रा के ठीक उल्टे क्रम में भी होता है।"[17] इस प्रकरण में यहाँ चर्चा का औचित्य यह है कि रामविलास शर्मा, हरबंस मुखिया जैसे इतिहासकारों की तरह 'अर्थव्यवस्था और समाज' को परिभाषित करने वाली, सार्वभौम कोटियों पर प्रश्नचिह्न नहीं लगाते लेकिन वे भारतीय समाज को ठीक-ठीक योरोपीय फ्युडलिज़्म की तर्ज पर 'सामंतवाद' समझे जाने को ले कर उतने आश्वस्त नहीं हैं। दरअसल प्राक्-औपनिवेशिक समाजों के विकासक्रम को शास्त्रीय मार्क्सवादी कोटियों में परिभाषित करने को ले कर अनेक उपनिवेशवाद-विरोधी बुद्धिजीवियों ने उलझन महसूस की है। कम्युनिस्ट मेनीफ़ेस्टो में मार्क्स ने लिखा कि 'अब तक अस्तित्वमान सभी समाजों का इतिहास वर्ग संघर्ष का इतिहास है'। ऐसे में वे तमाम आदिम समाज जिनमें वर्ग निर्माण की कोई उल्लेखनीय प्रक्रिया दृष्टिगत नहीं होती, वे इतिहास के बाहर मान लिए गए। इस वक्तव्य की ख़ामी और उससे ग़लत निष्कर्ष तक पहुँचने की सम्भावना का अनुमान करते हुए एंगेल्स ने मेनीफेस्टो के 1888 के संस्करण में उक्त वक्तव्य में 'इतिहास' शब्द से पहले 'लिखित' जोड़ कर पढ़ने का प्रस्ताव किया। गायना बिसाउ के मुक्तियोद्धा अमिलकार काबराल ने सन् 1966 में हवाना में हुए त्रिमहाद्वीपीय सम्मेलन में कहा, "हम यह मानने से इनकार करते हैं कि अफ्रीका, एशिया और दक्षिण अफ्रीका के विभिन्न मानव समुदाय उस क्षण तक इतिहास के बग़ैर या इतिहास के बाहर रह रहे थे जिस क्षण तक वे साम्राज्यवाद के जुए तले जोत न दिए गये।[18] दरअसल, 19वीं सदी के मध्य में जब मार्क्स अपने भारत सम्बन्धी लेख लिख रहे थे, तो उनके सामने योरोप और संयुक्त राज्य अमरीका . पूँजीवा

द्वारा सामंतवाद और अन्य पिछड़ी हुई उत्पादन पद्धतियों के ख़ात्मे का दृष्टांत था। इसी आधार पर पूँजीवाद के औपनिवेशिक प्रसार में भी उन्होंने उसकी प्रगतिशील भूमिका देखी। आज डेढ़ शताब्दी बाद मार्क्सवाद के भीतर ही पूँजीवाद की प्रगतिशील भूमिका को ले कर चले विवादों और औपनिवेशिक प्रश्न पर मार्क्सवादी दृष्टिकोण के विकासक्रम को हम अधिक वस्तुगत ढंग से विश्लेषित कर सकते हैं।[19] इस क्रम में हम काबराल, फैनन या रामविलास शर्मा जैसे उपनिवेशवाद-विरोधी बुद्धिजीवियों द्वारा औपनिवेशिक शासन की प्रगतिशील भूमिका के नकार को बेहतर समझ सकते हैं।

उपनिवेशवाद-विरोधी बौद्धिकों में हेगेल के इतिहास दर्शन के यूरो-केन्द्रिक होने को ले कर उसके प्रति तीव्र विरोध मिलता है। यहाँ भी रामविलास शर्मा और उन तमाम अश्वेत लेखकों में समानता देखी जा सकती है जिन्होंने हेगेल के इतिहास दर्शन को यूरो-केन्द्रिक, नस्लवादी और ग़ैर-योरोपीय समाजों के प्रति पूर्वाग्रह से ग्रस्त पाया। मार्क्स के आरम्भिक लेखन में ग़ैर-योरोपीय पिछड़े हुए समाजों की छवि पर हेगेल की धारणाओं का असर उपनिवेशवाद-विरोधी मार्क्सवादी बुद्धिजीवियों के लिए भी उलझन पैदा करता रहा है। वीरभारत तलवार ने 'रामविलास शर्मा की विवेचन पद्धति और मार्क्सवाद—II' शीर्षक लेख में लिखा, "रामविलास शर्मा ने मार्क्स की भारत सम्बन्धी 'स्थापनाओं' के सन्दर्भ में हेगेल के भारत सम्बन्धी कुछ विचारों की चर्चा की और दोनों की समानता को अपने लिए एक समस्या के रूप में पाया।"[20] वीरभारत तलवार ने इस लेख में हेगेल के इतिहास दर्शन के सार तत्त्व को छोड़ कर बिलकुल गौण पक्षों को उभारने, हेगेल के उस क्रांतिकारी पक्ष का अवमूल्यन करने जिसे मार्क्सवाद ने अपनाया था और उनके रूढ़िवादी पक्षों पर केन्द्रित करके मार्क्सवाद के साथ हेगेलीय दर्शन के द्वंद्वात्मक सम्बन्ध के विरूपण का रामविलास जी को दोषी ठहराया है। यह लेख रामविलास जी की विवेचन पद्धति के अतिरेकों पर मार्क्सवादी दृष्टिकोण से बिलकुल सही प्रश्न उठाता है और हेगेलीय दर्शन और मार्क्सवाद के सम्बन्ध को सही परिप्रेक्ष्य में रखता है। लेकिन उपनिवेशवाद-विरोध के दृष्टिबिन्दु से दरअसल हेगेल के उक्त पक्ष की अवहेलना की ही नहीं जा सकती। हेगेल के इतिहास दर्शन की यूरोकेन्द्रिकता को रामविलास जी की ही तरह तमाम उपनिवेशवाद-विरोधी चिंतकों ने लक्ष्य किया। अमिलकार काबराल, फ्रेंज़ फैनन, सी.एल.आर.जेम्स, एरिक विलियम्स, एम.एन.राय. आइमे सेजायर आदि के सामने मार्क्स और हेगेल का अन्तर भी साफ़ था। ऐसे में यह हम पर है कि हम रामविलास शर्मा द्वारा हेगेलीय दर्शन को मार्क्सवाद से अलगाने की भंगिमा को उपनिवेशवाद-विरोधी प्रस्थान बिन्दु से समझने की कोशिश करें या कि मार्क्सवादी दृष्टि बिन्दु से। हमारी समझ से रामविलास शर्मा की मूल चिन्ता मार्क्स के भारत सम्बन्धी लेखन के नुक्ते से पिछड़े हुए औपनिवेशिक समाजों के बारे में हेगेल की धारणाओं से उसे मुक्त कर उपनिवेशों की जनता की मुक्ति के लिए मार्क्सवाद के सार्वभौम, क्रांतिकारी मानवतावादी सार की प्रासंगिकता को रेखांकित करना ही है। इसे तब हम और शिद्दत से महसूस कर सकते हैं जब हम

उत्तर-औपनिवेशिक सिद्धांतकारों के कुछ निष्कर्षों पर नज़र डालें। इनके अनुसार इतिहास के हेगेलीय ढाँचे में योरोपीय इतिहास की केन्द्रीयता औपनिवेशिक जनता के 'अन्यकरण' पर निर्भर है। उपनिवेशित 'अन्य' को 'नाचीज़' मान कर ही योरोपीय उपनिवेशवाद की लालच और औपनिवेशिक नस्लवाद, सभ्यतागत अहंकार आदि को आरोप मुक्त किया जाता है। उत्तर-औपनिवेशिक विमर्शों में इस बात पर काफ़ी ज़ोर दिया गया है कि औपनिवेशिक वर्चस्व का क्षण ही स्वतंत्रता और तार्किकता के ज्ञानोदयी मूल्यों को परिभाषित करने का भी क्षण है। तात्पर्य यह है कि जिस समय (18वीं-19वीं सदी) योरोपीय उपनिवेशवाद ग़ैर-योरोपीय समाजों में मानवीय स्वतंत्रता और समानता का गला घोट रहा था, ठीक उसी समय योरोप में मानवीय स्वतंत्रता को सभ्यता के सार्वभौम मूल्य का दर्जा दिया जा रहा था। ज्ञानोदय के सार्वभौम मूल्यों का पश्चिम में आरेखन हो रहा था। मानववाद, प्रगति, विकास, समता, स्वतंत्रता, नई रोशनी, नागरिक अधिकार आदि सभ्यता के सार्वभौम मूल्य बताए जा रहे थे, वास्तव में इन मूल्यों का सृजन औपनिवेशिक 'अन्य' के बरअक्स हुआ था। यह 'अन्यता' ज्ञानोदयी मूल्यों का विलोम थी। हेगेल का इतिहास दर्शन, उसका द्वंद्ववाद (जो विलोमों की ही गति है) तथा इतिहास का क्रम निर्धारण, कहें तो इतिहासवाद ही इन सिद्धांतकारों के लिए औपनिवेशिक 'अन्य' की अन्तर्निहित मान्यता पर आधारित है। हेगेल का उत्तर-औपनिवेशिक पाठ द्वंद्ववाद और मार्क्सवाद को भी अपने लपेटे में ले लेता है। राबर्ट जे.सी. यंग या फिर एडवर्ड सईद जैसे उत्तर-औपनिवेशिक सिद्धांतकारों ने इसी बिन्दु पर मार्क्सवाद विरोधी रुख़ अख़्तियार किया।[21]

उत्तर-औपनिवेशिक विमर्शों में हेगेल के 'स्वामी-दास द्वंद्व' (मास्टर-स्लेव डायलेक्टिक) की धारणा के अलग-अलग पाठ मिलते हैं। जहाँ तक मार्क्स की बात है तो उनके यहाँ सर्वहारा चेतना को सत्य चेतना मानने की धारणा हेगेल की 'फेनॉमेनॉलॉज़ी' में 'स्वामी-दास द्वंद्व' की धारणा से ही तर्कशः निःसृत है। हेगेल यहाँ तर्क करते हैं कि दास सदैव ही अपने बारे में और साथ ही साथ स्वामी के बारे में अधिक जानता है। अतः वह समाज के बारे में भी अधिक जानता है क्योंकि उसे न केवल अपने बारे में जानने की ज़रूरत होती है बल्कि अपनी दासता की समूची परिस्थिति को जानने की ज़रूरत होती है जिसमें स्वामी का चरित्र और व्यवहार भी शामिल है। दूसरी ओर स्वामी को दास के बारे में कुछ भी जानने की ज़रूरत नहीं होती है सिवाय इस तथ्य के कि वह उसके लिए काम करता है। दास स्वामी से अधिक जानता है अतः वह समाज के बारे में भी अधिक जानता है। उसका अधिक जानना ही उसकी चेतना को सत्यनिष्ठ बनाता है और इतिहास बदलने के काबिल भी। स्वामी सत्य से आँखें मूँद सकता है और फिर भी उसका काम चल सकता है। किंतु दास के लिए सत्य के साक्षात्कार के अलावा कोई चारा नहीं है। उत्तर-औपनिवेशिक चिंतन में 'स्वामी-दास द्वंद्व' को 'अन्यता' के रूपक और मुक्ति के रूपक दोनों तरीकों से पढ़ा गया है। इस परिप्रेक्ष्य में रामविलास शर्मा द्वारा हेगेलीय दर्शन में

यूरोकेन्द्रीयता, नस्लवाद, प्रतिक्रियावाद, नियतिवाद का आरोप सिक्के का एक ही पहलू है। ढेरों अश्वेत लेखकों ने हेगेल के इतिहास दर्शन को इसी रूप में देखा।[22] जेमसन ने हेगेल के 'स्वामी-दास द्वंद्व' को पहली दुनिया और तीसरी दुनिया के सम्बन्ध के रूपक के बतौर ग्रहण किया है। दरअसल इस रूपक के भिन्न-भिन्न पाठ इस बात को ले कर है कि इतिहास कौन बनाता है? इतिहास का कर्त्ता कौन है? स्वामी या दास? औपनिवेशिक सन्दर्भों में शोषक और शोषित, गोरे और काले, उपनिवेशक और उपनिवेशित, शक्तिशाली और शक्तिविहीन के बहुविध द्वंद्वों के सन्दर्भ में इस रूपक का पाठ सम्भव है। इस रूपक से पराधीनता और स्वाधीनता दोनों के अर्थ ग्रहण किए जाते हैं।

रामविलास शर्मा द्वारा औपनिवेशिक का रेखांकन मार्क्सवाद और उपनिवेशवाद-विरोध के विमर्शों के बीच मैत्री और दरार दोनों को व्यक्त करता है। रामविलास शर्मा ने भारतीय समाज, संस्कृति और इतिहास का एक उपनिवेशवाद-विरोधी भाष्य तैयार करने की अनवरत कोशिश की। इस प्रयास में उनसे अतिरेक भी हुए और उससे भी कहीं ज़्यादा उनकी धारणाओं की अतिरेकवादी समीक्षाएँ हुईं।

भारत के योरोपीय भाष्य को चुनौती देते हुए वे ऋग्वेद तक गए जहाँ उन्होंने आर्यों के मूल स्थान को भारत में ही माना (जिसके चलते उन पर अंधराष्ट्रवादी होने का आरोप लगाया गया) वहीं उन्होंने आर्यों को नस्ल न मान कर कोसाम्बी और रोमिला थापर जैसे इतिहासकारों की तर्ज पर भाषाई समुदाय माना। वेदों को उन्होंने अपौरुषेय नहीं बल्कि इंसानों की रचना बताया और उसका अध्ययन इहलौकिक और भौतिकवादी दृष्टिकोण से करने की कोशिश की। दिग्विजयी, अश्वारोही, रक्तशुद्ध आर्यों की प्राच्यवादी छवि उनके विवेचन में बुरी तरह खंडित होती है। उनके आर्य कविता करने, गीत गाने और आग जला कर नाचने में मगन, कलाप्रेमी कबीले की छवि प्रस्तुत करते हैं। उनके इस भाष्य की अलग-अलग कोणों से आलोचना हुई है, हो सकती है, लेकिन 'इतिहास दर्शन' नामक अपनी पुस्तक के प्रथम अध्याय में उन्होंने अपने मूल प्रस्थान बिन्दु को स्पष्ट करते हुए लिखा है, "भारत, पश्चिम एशिया और योरोप के भाषाई और सांस्कृतिक इतिहास को समझने में सबसे बड़ी बाधा भारत पर आर्यों के आक्रमण का अवैज्ञानिक सिद्धांत है। यह सिद्धांत उस ऐतिहासिक भाषा विज्ञान की देन है जिसका विकास उन्नीसवीं सदी में योरोपियन जातियों के साम्राज्यवादी प्रसार के दौर में हुआ था। .... योरोप की हमलावर जातियों ने उत्तरी, मध्य और दक्षिणी अमरीका की विकसित संस्कृतियों का नाश किया, मूल निवासियों का सामुदायिक संहार करके उनकी भूमि छीन ली, उस पर स्वयं बस गए, बचे हुए आदिवासियों को जंगलों और पहाड़ों में खदेड़ दिया। अपने कारनामों का यह नक्शा उन्होंने प्राचीन भारत के इतिहास पर चिपका दिया।"[23] 'भारत के प्राचीन भाषा परिवार और हिन्दी' शीर्षक उनके वृहद् ग्रंथ के तीन खण्ड 1970, 80 और 81 में क्रमशः छपे। इस ग्रंथ में उन्होंने ऐतिहासिक भाषा विज्ञान जैसे अनुशासन का निषेध

करते हुए यह प्रस्तावित किया कि इन्डो-योरोपियन जैसी कोई आदिभाषा नहीं थी। उन्होंने आद्यभाषा या मूलभाषा की अवधारणा को निरस्त करते हुए प्रस्तावित किया कि अनेक कबीलों द्वारा अनेक स्रोतों से प्राप्त भाषातत्त्व गण-समाज में जा कर स्थिरता प्राप्त करते हैं। आर्य और द्रविड़ समुदाय के भाषिक तत्त्व मूलतः किस समुदाय के हैं, यह तय करना मुश्किल है। सुदीप्त कविराज के अनुसार किसी जाति की आत्मछवि या अस्मिता का बुनियादी कार्य है उस जाति द्वारा स्वयं को एक इतिहास देना। रामविलास शर्मा साहित्य और इतिहास दोनों ही माध्यमों से दरअसल यही कार्यभार सम्पादित करने की कोशिश जीवन भर करते रहे।

(ख) नवजागरण पर 'रस्साकशी'–'महावीर प्रसाद द्विवेदी और हिन्दी नवजागरण' (1977) नामक पुस्तक में रामविलास शर्मा ने हिन्दी नवजागरण की संकल्पना पेश की। उन्होंने सन् 1857 के स्वाधीनता संग्राम को हिन्दी प्रदेश के नवजागरण की पहली मंजिल कहा, 'भारतेन्दु युग' को उसकी दूसरी मंजिल और 'द्विवेदी युग' को उसकी तीसरी मंजिल बताया। उन्होंने हिन्दी नवजागरण को हिन्दी जाति के गठन से जोड़ कर देखा। जातीय गठन को पूँजीवादी विकास का सहवर्ती मानते हुए उन्होंने इसकी शुरुआत 12वीं सदी से मानी। और चूँकि जातीय भाषा और साहित्य का निर्माण काल आधुनिक काल है, अतः हिन्दी साहित्य का आधुनिक काल भी उनकी योजना में 12वीं सदी से माना जाना चाहिए। इसी समय को वे हिन्दी क्षेत्र के जनजागरण की शुरुआत मानते हैं। प्लासी की लड़ाई से 1857 तक के समय को वे हिन्दी जाति के जनजागरण का दूसरा दौर मानते हैं। यह दूसरा दौर ही नवजागरण है जिसकी विशेषता है—साम्राज्यवाद का विरोध। हिन्दी नवजागरण और उसके साहित्य की जिन विशेषताओं को रामविलास शर्मा ने रेखांकित किया, वे हैं—सामंतवाद-विरोधी और साम्राज्यवाद-विरोधी चेतना, इतिहास और परम्परा का नया मूल्यांकन, रूढ़िवाद का विरोध, अभिव्यक्ति की स्वतंत्रता के लिए संघर्ष, खड़ी बोली हिन्दी का जातीय भाषा के रूप में विकास, आधुनिक बुद्धिवादी दृष्टिकोण का विकास, वैज्ञानिक चेतना का प्रसार, साहित्य में रीतिवाद विरोध, वस्तुवादी चिंतन का विकास, स्वच्छंदतावादी और यथार्थवादी रचना प्रवृत्तियों का विकास आदि।

मैनेजर पाण्डेय ने अपनी पुस्तक 'साहित्य और इतिहास दृष्टि' में रामविलास जी की धारणाओं से असहमति व्यक्त करते हुए कुछ महत्त्वपूर्ण बातें कहीं। उन्होंने सौदागरी पूँजी के साथ लघु जातियों के गठन का सम्बन्ध जोड़ा जबकि राष्ट्र या महा जाति को औद्योगिक पूँजीवाद से जुड़ा बताया। मैनेजर पाण्डेय ने रामविलास शर्मा से बहस करते हुए यह रेखांकित किया कि सन् 1955 के बाद उनके लेखन में जातीय निर्माण और जातीय भाषा के विकास में सामंतवाद की महत्त्वपूर्ण भूमिका बताई गई है, साथ ही साथ सामाजिक विकास में उत्पादन पद्धति के बदले व्यापार और बाज़ार

की भूमिका को निर्णायक माना गया है। पाण्डेय जी ने लेनिन और स्तालिन के हवाले से जातीय भाषाओं का विकास पूँजीवाद के उदय के साथ होना बताया है। हिन्दी साहित्य के लगभग 900 वर्षों को रामविलास शर्मा द्वारा आधुनिक काल का अखंड प्रवाह बना देने पर भी उन्होंने आपत्ति जाहिर की। मैनेजर पाण्डेय के अनुसार, रामविलास शर्मा द्वारा हिन्दी जाति की संस्कृति और जातीय साहित्य की जो व्याख्या हुई है उसमें वर्गीय और वैचारिक अन्तर्विरोधों की, परम्परा की रक्षा की भावना के कारण अवहेलना हुई है। मैनेजर पाण्डेय ने लिखा, "भारत में 12वीं सदी से आरम्भ होने वाले पूँजीवाद का विकास सफल नहीं हुआ, बाद में अवरुद्ध हो कर निष्फ़ल हो गया। समाज का सामंती आधार और उससे निर्मित सांस्कृतिक ढाँचा एक बार कमज़ोर होने के बावजूद कायम रहा। यही कारण है कि भक्तिकाल के बाद रीतिकाल आया। भक्ति-आंदोलन सामंती समाज में विकसित सौदागरी पूँजीवाद और जातीय निर्माण के फलस्वरूप उत्पन्न सामाजिक सम्बन्धों की सांस्कृतिक अभिव्यक्ति है, रीतिकाल का साहित्य सामन्त-विरोधी सामाजिक सम्बन्ध (सम्बन्धों) और सांस्कृतिक चेतना के अवरुद्ध होने का परिणाम तथा प्रमाण है।"[24] मैनेजर पाण्डेय के अनुसार, नवजागरण की जो धारणा रामविलास शर्मा ने प्रस्तुत की उसमें नवजागरण की कमज़ोरियों का स्रोत उन्होंने हिन्दी क्षेत्र के बाहर माना; उदाहरण के लिये नवरहस्यवाद का सम्बन्ध उन्होंने रवींद्रनाथ और बंगाल से जोड़ा और विज्ञान और औद्योगीकरण के विरोध को उन्होंने गाँधी जी के चिंतन और गुजरात से जोड़ दिया। हिन्दी नवजागरण के विवेचन में छायावाद तक पहुँच कर ठहर जाना, प्रगतिशील साहित्य की समस्याओं पर विचार करते हुए भी हिन्दी साहित्य की जातीय विशेषताओं पर ही मुख्य बल देना, हिन्दी नवजागरण और उसके साहित्य को प्रगतिशील सिद्ध करने के लिए वर्गीय और विचारधारात्मक अंतर्विरोधों की उपेक्षा करना आदि कमज़ोरियाँ मैनेजर पाण्डेय को रामविलास शर्मा के विवेचन में नज़र आईं। रामविलास शर्मा ने सन् 1984 में 'भारतेन्दु हरिश्चंद्र और हिन्दी नवजागरण की समस्याएँ' नामक पुस्तक (जो सन् 53 में भारतेंदु पर लिखी हुई उनकी पुस्तक का परिवर्द्धित तीसरा संस्करण था) में मैनेजर पाण्डेय की आपत्तियों का उत्तर दिया। सौदागरी पूँजी के साथ महाजातियों के उदय के सम्बन्ध पर वे डटे रहे। 900 वर्षों के आधुनिक काल को उन्होंने विशेष समस्या न मानते हुए प्रवृत्तियों के अनुसार यथावश्यक विभाग बना देने का प्रस्ताव किया।

व्यापारिक पूँजीवाद के तहत मुख्य अंतर्विरोध सामंतों और किसानों, कारीगरों के बीच मानते हुए उन्होंने रीतिकाल के साहित्य में सामंतवाद-विरोधी सामाजिक सम्बन्धों तथा सामाजिक चेतना के अवरुद्ध होने को पूँजीवादी विकास के अवरुद्ध होने का पर्याय नहीं माना। उन्होंने इस बात से भी इनकार किया कि वे हिन्दी नवजागरण के भीतर कोई कमज़ोरी नहीं मानते और सारी कमज़ोरियों का स्रोत हिन्दी क्षेत्र के बाहर से आया मानते हैं। मैनेजर पाण्डेय को दिए गए जवाब के क्रम में उन्होंने अपनी

धारणाओं के समर्थन में तमाम उदाहरण पेश किए। व्यापारिक पूँजीवाद को आधारभूत मानते हुए रामविलास शर्मा जातीय विकास, भाषा, साहित्य और संस्कृति के विकास को उसी से जुड़ा मान कर अपनी मान्यताओं को प्रस्तुत करते हैं। हम पहले ही देख आए हैं कि व्यापारिक पूँजी के सम्बन्ध में रामविलास शर्मा की धारणाओं की असंगतियाँ क्या थीं? ('रामविलास शर्मा की विवेचन पद्धति और मार्क्सवाद— III': वीर भारत तलवार)

हिन्दी नवजागरण की अवधारणा पर गहरा विवाद हिन्दी साहित्य में चलता रहा। जुलाई-सितम्बर, 1987 की 'आलोचना' के अंक में शिवकुमार मिश्र ने 'नवजागरण कालीन साहित्य के चरित्र का एक विशिष्ट पहलू' शीर्षक से एक लेख लिखा। हिन्दी नवजागरण जैसी संकल्पना को स्वीकार करते हुए भी शिवकुमार मिश्र ने 1857 के मुक्ति संग्राम से भारतेंदु युग के सम्बन्ध स्थापन को प्रमुख विचारणीय समस्या माना। शिवकुमार मिश्र लिखते हैं, "राजभक्ति और राष्ट्रभक्ति दोनों के स्वर भारतेंदु में सामानांतर सुनाई पड़ते हैं। एक मरणशील है दूसरा क्रमशः उद्दीप्त होते रहने वाला, किंतु एक लंबे अरसे तक, लगभग आख़िर तक, भारतेन्दु दोनों को ढोते हैं, अपने समय के तमाम दूसरे लोगों की तरह। गुज़ारिश है कि हम उनकी राष्ट्रभक्ति की इस क्रमशः प्रकट होने वाली उर्जस्वित सच्चाई को पहचानें, उसका विश्लेषण करें, उन्हें 1857 की उस क्रांतिकारी चेतना से बलात् न जोड़े, जिसका लक्ष्य अंग्रेज़ों की राजनीतिक सत्ता का उन्मूलन था।"[25] शिवकुमार मिश्र 1857 की क्रांति के ग़ैर-सांप्रदायिक रूप को भी 20वीं सदी के तीसरे-चौथे दशक से ही जोड़ पाते हैं। भारतेंदु के भीतर वे संस्कार और विवेक की कशमकश और हिन्दू धर्मपरक चेतना की सीमित मानसिकता से उबरते हुए धार्मिक सहिष्णुता के व्यापक मंच तक पहुँचने के लिए आत्मसंघर्ष को रेखांकित करते हुए भी सन् 1857 की सेकुलर विरासत को 20वीं सदी के तीसरे-चौथे दशक में ही संकल्प का रूप ग्रहण करते हुए दिखाते हैं। जाहिर है कि शिवकुमार मिश्र 'भारतेंदु युग' और 'द्विवेदी युग' दोनों में 1857 की ग़ैर-सांप्रदायिक विरासत फलित होते नहीं देखते। भारतेंदु युग की राजभक्ति और राष्ट्रभक्ति की मिली-जुली ज़मीन के प्रति सहानुभूतिपरक रवैया रखते हुए भी वे प्रतापनारायण मिश्र द्वारा भारतीयों को 'सनातन राजभक्त' बताए जाने और 1857 को 'चंद अदूरदर्शियों द्वारा अंजाम दिया गया बलवा' कहे जाने को रेखांकित करते हैं। द्विवेदी युग में बाबू श्यामसुंदर दास, राय देवीप्रसाद पूर्ण, मैथिलीशरण गुप्त और स्वयं महावीरप्रसाद द्विवेदी की रचनाओं से राजभक्ति के उद्धरण देते हुए शिवकुमार मिश्र इन उद्धरणों को उनके लेखकों की मूलवर्ती चेतना का अंग नहीं मानते। फिर भी यह रेखांकित करते हैं कि द्विवेदी युग में भारतेंदु युग की ही मिली-जुली राजभक्ति-राष्ट्रभक्ति वाली चेतना का विकास अन्तर्विरोधों से गुज़रते हुए देश की वस्तुगत परिस्थितियों के अनुरूप हुआ।

शिवकुमार मिश्र लिखते हैं "क्या कारण है कि जिस बंगाल को रहस्यवाद को दूसरे प्रदेशों में निर्यात करने का दोषी कहा जाता है, सामन्तवाद-विरोधी अभियान में कमज़ोर माना जाता है, उसी बंगाल में नारी-जागरण के स्वर पूरे ज़ोर से मुखरित होते हैं और आगे चल कर वही बंगाल जनवादी-वामपन्थी आन्दोलन की जमीन बनता है, ... जिस गुजरात को गाँधीवादी और इस नाते औद्योगीकरण-विरोधी कहा जाता है वही गुजरात आगे चल कर देश का एक बड़ा औद्योगिक केन्द्र बनता है। जिस महाराष्ट्र को हिन्दू पुनरुत्थानवाद को पनपाने का दोषी माना जाता है, उसी महाराष्ट्र में नारी और दलित जातियों की यातना को ले कर बड़े-बड़े आन्दोलन खड़े होते हैं, वहीं महात्मा फुले और अम्बेडकर जैसे दलितों के नेताओं का जन्म होता है, वहीं दलित साहित्य जन्मता और विकास पाता है, आदि-आदि। और वह हिन्दी प्रदेश, हमें जिसके नवजागरण के सकारात्मक पक्षों से, उसके बुद्धिवाद से, विज्ञानवाद से, सामन्त-विरोधी चेतना से, ग़ैर-साम्प्रदायिक मानसिकता से, परिचित कराया जाता है, वहाँ इस पूरे दौर में कोई विराट सामाजिक-सांस्कृतिक आन्दोलन और समान पाये का नेतृत्व नहीं उभरता, जो न केवल उद्योग-धन्धों में, वरन सामाजिक आचार-विचार के सारे आयामों पर, नारी-यातना, हरिजन, हिन्दू-मुस्लिम सद्भाव, इन सारे मोर्चों पर सबसे अधिक गया-गुज़रा और सबसे अधिक सामन्ती है। अस्पृश्यता, हरिजन तथा नारी-शोषण, जातिवाद, साम्प्रदायिकता, मध्यकालीन आचार-विचार, धार्मिक अन्धविश्वास, अज्ञान, अशिक्षा, रूढ़िवाद सबमें, जो शायद सबसे बड़े कीर्तिमान बनाये हुए हैं।..... हम अपनी अस्मिता के अमूर्त बोध पर आत्ममुग्ध हो लें, अपने लेखकों पर गर्व कर लें परन्तु जब भी हमारी निगाह इस विशाल हिन्दी प्रदेश पर जायेगी, हमें भारतेंदु के ये स्वर ही दुहराने होंगे कि हाय, पश्चिमोत्तर प्रदेश के लोगों, तुम्हें क्या हुआ है, तुम कब जागोगे, आदि-आदि। हैरत होती है कि इसी धरती पर सन् 1857 ई. का महासंग्राम लड़ा गया था, और यही वह प्रदेश है जिसकी साम्प्रदायिक उठान ने देश-विभाजन में सबसे महत्त्वपूर्ण भूमिका अदा की है।"[26] कुल मिला कर शिवकुमार मिश्र, 1857 के महासंग्राम को हिन्दी नवजागरण का गोमुख मानने से जो असमाधेय अंतर्विरोध पैदा होते हैं, उन्हें रेखांकित करते हुए रामविलास शर्मा से यह उम्मीद करते हैं कि वे इस धारणा पर पुनर्विचार करेंगे।

'हिन्दी नवजागरण : अध्ययन की समस्याएँ' शीर्षक लेख (1993) में वीरभारत तलवार ने रामविलास शर्मा की हिन्दी नवजागरण की धारणा पर सवालिया निशान लगाते हुए हिन्दी-उर्दू क्षेत्र की इस काल की सामाजिक और साहित्यिक हलचलों के बारे में भी कई गंभीर जिज्ञासाएँ सामने रखीं—1857 के गदर से हिन्दी नवजागरण की परम्परा का कोई सम्बन्ध है या नहीं?, हिन्दी प्रदेश के मुसलमानों के बीच नई रोशनी के आंदोलन और उर्दू भाषा साहित्य से हिन्दी नवजागरण का सम्बन्ध है या नहीं? हिन्दी जाति क्या सिर्फ़ हिन्दुओं तक सिमट कर नहीं रह जाती है? हिन्दी प्रदेश के शिक्षित मध्यवर्ग का हिन्दी भाषा के प्रति क्या रवैया था? जिस हिन्दी क्षेत्र में

नवजागरण हुआ बताया जाता है, वह राष्ट्रीय आंदोलन के समय से अब तक सांप्रदायिक विचारधारा का गढ़ क्यों बना हुआ है? महाराष्ट्र की तर्ज पर हिन्दी नवजागरण ने वर्णव्यवस्था और जाति प्रथा को कोई गंभीर चुनौती क्यों नहीं दी और इसका कारण क्या है? क्या बांग्ला पुनर्जागरण साम्राज्यवाद की ओर झुका हुआ था, और भारतेंदु का नवजागरण साम्राज्यवाद विरोधी समग्र नवजागरण था?, आदि प्रश्न वीरभारत तलवार ने इस लेख में गंभीरता से उठाए। लेख के अंतिम हिस्से में उन्होंने सात सवाल अलग से सूत्रबद्ध किए हैं। उन्हीं के शब्दों में—"1. भारत के दूसरे प्रदेशों की तुलना में हिन्दी नवजागरण की स्थिति कैसी थी? 2. हिन्दी नवजागरण की अभिव्यक्ति के क्षेत्र कौन-कौन से हैं? हिन्दी लेखकों ने नवजागरण की चेतना को सिर्फ़ हिन्दी साहित्य में ही खोजने की कोशिश की। डॉ. बच्चन सिंह ने बहुत चलताऊ ढंग से ख़याल गायकी के क्षेत्र में इसका ज़िक्र किया जिससे कुछ भी स्पष्ट नहीं होता। चित्रकला में इसकी क्या स्थिति थी? 3. धार्मिक-सांस्कृतिक और सामाजिक-सुधार के आंदोलन के प्रभाव में कौन-कौन वर्ण और वर्ग आए और क्यों आए? इसमें प्रभाव-क्षेत्र का भी विश्लेषण करना ज़रूरी है। जैसे आर्यसमाज का आंदोलन कलकत्ता या बंबई को क्यों प्रभावित नहीं कर पाया जहाँ पहले से नवजागरण चल रहा था? पंजाब में इसका प्रभाव ख़ास कर पड़ा, इसकी वजह क्या है? क्यों हिन्दी प्रदेश में भी इसने जैसा प्रभाव पंजाब से सटे पश्चिमी उत्तर प्रदेश पर डाला, वैसा पूर्वी उत्तर प्रदेश पर नहीं? फिर अतीत की जिन चीज़ों से ये प्रेरणा लेते हैं, जैसे वेद, वेदांत या बौद्ध धर्म से, उसका सामाजिक, सांस्कृतिक और राजनीतिक परिणाम क्या निकला? 4. उपनिवेशिक प्रभुओं के साथ नवजागरण के नेताओं के सम्बन्ध किस प्रकार के थे? किसानों, मजदूरों, अछूतों और स्त्रियों के आंदोलन के प्रति उनका रवैया क्या था? 5. हिन्दी नवजागरण के अंदर क्या एक से अधिक धाराएँ थीं? 6. हिन्दी नवजागरण क्या सिर्फ़ शहरों के शिक्षित मध्यवर्ग तक सीमित रहा या समाज के देहाती इलाकों और निम्नवर्गों में भी यह पहुँचा? 7. हिन्दी नवजागरण की क्या कोई ऐसी परम्परा या परम्पराएँ भी हैं जो शिक्षित मध्यवर्ग से बाहर निम्न वर्गों की रही हों और जो शिक्षित मध्यवर्गीय नवजागरण की परम्परा से भिन्न और स्वतंत्र रही हों? आख़िर में एक सवाल हिन्दी नवजागरण की धारणा और ढाँचे (मॉडेल) का भी है। हिन्दी नवजागरण से क्या मतलब है? क्या इसका मतलब हिन्दी भाषा के माध्यम से हुए नवजागरण से है या हिन्दी साहित्य में हुए नवजागरण से है? अथवा इसका मतलब पूरे हिन्दी प्रदेश में हुए नवजागरण से है या तथाकथित हिन्दी जाति के नवजागरण से है? उसके अध्ययन के ढाँचे को किस आधार पर तय किया जाए? इसका सम्बन्ध युरोपीय पुनर्जागरण से और बंगाल या महाराष्ट्र के नवजागरण की धारणा और उनके अध्ययन के ढाँचे से किस तरह का होगा?"[27] इन सब सवालों का जवाब खोजते हुए वीरभारत तलवार ने 'रस्साकशी : 19वीं सदी का नवजागरण और पश्चिमोत्तर प्रांत' शीर्षक पुस्तक में हिन्दी में नवजागरण की प्रचलित अवधारणाओं को प्रश्नांकित करते हुए हिन्दी क्षेत्र के नवजागरण पर अपना मत रखा। वीरभारत तलवार की इस पुस्तक

में तमाम ऐसी सामग्री का भी उपयोग हुआ जो अब तक उपलब्ध नहीं थी तथा जिनसे औपनिवेशिक शिक्षा के प्रति भारतेंदु के दृष्टिकोण, हिन्दी-उर्दू विवाद, सांप्रदायिकता आदि पर नई रोशनी पड़ती है।

औपनिवेशिक शासन के दौरान हुए पुनर्जागरण या नवजागरण के लिए 'रस्साकशी' एक ज़बरदस्त रूपक है। यह रूपक ख़ुद ही मूल्यों, विचारों के अलावा वर्गों, भाषाओं, जातियों, धर्मों आदि के बीच छिड़े ज़बरदस्त द्वंद्व को अभिव्यक्त करता है। 'रस्साकशी' वह प्रक्रिया है जिसमें हिन्दी नवजागरण (असहमत होते हुए भी प्रचलित अर्थ में स्वयं तलवार इस संज्ञा का प्रयोग करते हैं) आकार लेता है। हंटर आयोग के सामने भारतेंदु के बयान पर आधारित 'रस्साकशी' का प्रथम अध्याय इस दौर के हिन्दू-मुस्लिम बौद्धिकों की शिक्षा विषयक समझ को सामने लाता है। भारतेंदु ने इस बयान में शिक्षा के लिए औपनिवेशिक पहल और नियंत्रण ज़रूरी माना। परम्परागत देशी शिक्षण संस्थाओं का उन्होंने बेहद निराशाजनक चित्र हंटर आयोग के सामने खींचा। चूँकि भारतेंदु ने शिक्षा संस्थाओं पर भारतीय नियंत्रण और संचालन की अपेक्षा औपनिवेशिक नियंत्रण को ज़रूरी माना, अतः इस दृष्टि से वीरभारत तलवार के शब्दों में, "वे भारतीय नवजागरण की सामान्य धारा से कटे हुए थे।"[28] वीरभारत तलवार का यह निष्कर्ष थोड़ी ज़ल्दबाज़ी में निकाला गया लगता है। पार्थ चटर्जी ने लिखा है, "सामाजिक सुधार दो दौरों में सम्पन्न हुआ। पहले दौर में भारतीय सुधारकों ने पारम्परिक संस्थाओं और रीतिरिवाजों में सुधार लाने के निमित्त, राज्य के हस्तक्षेप के लिए औपनिवेशिक प्रशासकों की ओर देखा। दूसरे दौर में, भले ही सुधार की ज़रूरत पर कोई विवाद न था, किंतु 'राष्ट्रीय संस्कृति' के मसलों में औपनिवेशिक राज्य के हस्तक्षेप के प्रति भारी विरोध दिखाई पड़ता है। ये दूसरा दौर, मेरे तर्क से, राष्ट्रवाद का दौर था।"[29] हिन्दी क्षेत्र में बांग्ला पुनर्जागरण के दोनों दौरों का प्रभाव देर से, किंतु एक ही समय में दिखाई देता है। भारतेंदु द्वारा शिक्षा पर औपनिवेशिक नियंत्रण की हिमायत बांग्ला पुनर्जागरण के पहले दौर में राममोहन राय के प्रयासों के ही सदृश है। दूसरी ओर स्त्री शिक्षा के सन्दर्भ में नैतिक चरित्र, घरेलू प्रबन्ध और धर्म सम्बन्धी शिक्षा पर उनका ज़ोर 'पश्चिमी' स्त्री से भिन्न किंतु आधुनिक 'भारतीय स्त्री' की उसी संकल्पना के निकट है जिसे बांग्ला पुनर्जागरण द्वारा आविष्कृत नयी पितृसत्ता कह सकते हैं। यह अलग बात है कि भारतेंदु के यहाँ आधुनिकता की अपेक्षा पारम्परिकता का पलड़ा (स्त्री शिक्षा के सन्दर्भ में) भारी है। वीरभारत तलवार ने भारतेंदु के बयान के बरअक्स बंगाल, महाराष्ट्र या पंजाब के भद्रवर्ग द्वारा देशी प्रयासों से स्कूल-कॉलेज खोलने की व्यापक परिघटना का जायजा लेते हुए 19वीं सदी में हिन्दी-उर्दू प्रदेश के पिछड़ेपन को रेखांकित किया। इसी तरह स्त्री-शिक्षा पर भारतेंदु के दृष्टिकोण की तुलना बंगाल, महाराष्ट्र और पंजाब में ईश्वरचंद विद्यासागर, ज्योतिबा फुले, दयानंद सरस्वती सहित अन्य प्रांतों के तमाम नवजागरणकालीन व्यक्तित्वों की स्त्री-शिक्षा विषयक मान्यताओं से करते हुए वीरभारत तलवार ने यह स्थापित किया कि

अन्य प्रांतों में होने वाले प्रयासों के मुकाबले हिन्दी प्रांत फिसड्डी था। इस प्रकार हंटर आयोग के सामने भारतेंदु के बयान को वीरभारत तलवार ने भारतीय पुनर्जागरण के अंतर्गत हिन्दी नवजागरण के पिछड़ेपन के संकेतचिह्न की तरह स्थापित किया। 'इतिहास का खलनायक और हिन्दी की नई चाल' शीर्षक दूसरे अध्याय में वीरभारत तलवार ने भारतेंदु हरिश्चंद्र के एक वाक्य 'हिन्दी नयी चाल में ढली : 1873 ई0' को आधार बना कर हिन्दी-उर्दू विवाद तथा शिवप्रसाद सितारेहिन्द की भूमिका के विषय में हिन्दी साहित्य में प्रचलित आम धारणा को ध्वस्त किया। हिन्दी-उर्दू विवाद की पृष्ठभूमि में सक्रिय सांप्रदायिक विभाजन का शिकार शिवप्रसाद सितारेहिन्द और भारतेंदु को समान रूप से मानते हुए भी हिन्दी को नई चाल मे ढालने का श्रेय वीरभारत तलवार शिवप्रसाद सितारेहिन्द को देते हैं। राधाकृष्ण दास के एक बयान के हवाले से वीरभारत तलवार उस प्रवृत्ति पर उँगली रखते हैं जिसके तहत खड़ी बोली को मुसलमानों द्वारा उर्दू बना कर ग्रहण कर लिए जाने के कारण हिन्दू लेखकों का विशेष आग्रह ब्रजभाषा की ओर बताया गया। शिवप्रसाद 'सितारेहिन्द' को उर्दूपरस्त साबित करने की शुरुआत भारतेंदु ने की जो बाद में हिन्दी साहित्य की आम धारणा के रूप में स्वीकृत हुई। शिवप्रसाद ने उस प्रवृत्ति का लगातार विरोध किया जो हिन्दा-उर्दू का अलगाव दूर करने की बजाय उसे और बढ़ावा दे रही थी। भारतेंदु का झुकाव हमेशा से कुछ-कुछ पूरबी उच्चारण वाले जनपदीय प्रयोगों के साथ संस्कृतनिष्ठ हिन्दी लेखन की ओर रहा जिसमें अरबी-फ़ारसी के शब्द कम से कम होते थे। देवकीनंदन खत्री और अयोध्याप्रसाद खत्री ने भारतेंदु की संस्कृतनिष्ठ हिन्दी का खुल कर विरोध किया। देवकीनंदन खत्री के शब्दों में, "यदि राजा शिवप्रसादी हिन्दी प्रकट न हुई होती तो सरकारी पाठशालाओं में हिन्दी के चंद्रमा की चाँदनी मुश्किल से पहुँचती।"[30] आम बोलचाल के निकट प्रवाहपूर्ण खड़ी बोली गद्यभाषा शिवप्रसाद सितारेहिन्द के 'इतिहास तिमिरनाशक', 'विद्यांकुर' 'भूगोल हस्तामलक' आदि उनकी लिखी पाठ्य पुस्तकों में पहले-पहल दिखाई पड़ती है। राजा शिवप्रसाद सितारेहिन्द को उर्दूपरस्त और अंग्रेज़परस्त साबित करने के अभियान को वीरभारत तलवार ने भाषा और सांप्रदायिकता के सन्दर्भ में व्याख्यायित किया है। दरअसल उर्दूविरोधी हिन्दी आंदोलन का समर्थन न करने के चलते हिन्दी आंदोलनकारियों ने शिवप्रसाद को राजभक्त कहा जबकि राजभक्ति उस ज़माने में भारतेंदु सहित तमाम लोगों में समान रूप से विद्यमान थी। 'इतिहास तिमिरनाशक' जैसे इतिहास ग्रंथ में मुस्लिम विरोध का प्रबल स्वर रखने वाले राजा शिवप्रसाद ने सरकारी नौकरी में रहते हुए अदालतों में फ़ारसी की जगह नागरी लिपि को जगह देने की वकालत की। तलवार लिखते हैं, "अदालतों में फ़ारसी लिपि की जगह नागरी लिपि लागू करने की माँग करके उन्होंने ब्रिटिश प्रशासन में हिन्दू-मुस्लिम भद्रवर्ग के बीच चले आ रहे शक्ति समीकरण को हिन्दुओं के पक्ष में बदलने की पहली गंभीर कोशिश की।"[31] हिन्दी आंदोलन का सम्बन्ध हिन्दू जाति से जुड़ा और लगातार जिसे हिन्दी नवजागरण कहा जाता है उसमें पुनरुत्थानवाद का स्वर प्रबल होता गया। वीरभारत तलवार के अनुसार जिसे हिन्दी नवजागरण कहा जाता है

उसकी शुरुआत 1868 के इसी मेमोरेन्डम से हुई थी। वीरभारत तलवार यह मानते हैं कि यदि शिवप्रसाद द्वारा चलाए गए देवनागरी लिपि के आंदोलन को भाषा का आंदोलन न बनाया जाता तो हिन्दी-उर्दू के बीच जो ऐतिहासिक खाई उत्पन्न हुई, वह न होती। राजा शिवप्रसाद के बारे मे मूल्यांकन पर पुनर्विचार दरअसल समूचे नवजागरण की संकल्पना के पुनर्विचार से जुड़ जाता है। इस अध्याय के निष्कर्ष में वीरभारत तलवार लिखते हैं, "अगर हिन्दी-उर्दू को दो भाषाएँ न मान कर सिर्फ़ इनकी लिपि एक करने की लड़ाई लड़ी जाती तो आज हिन्दी भाषा से बहुत से प्रचलित अरबी-फ़ारसी शब्द उस तरह ग़ायब नहीं होते, जैसे ख़ुद मुसलमान हमारे मुहल्लों से ग़ायब हो गए ...... यही हाल उर्दू लिखने वालों का है जो अपनी लिखित भाषा में मामूली हिन्दी शब्दों से भी बचते हैं ..... हमें अंग्रेज़ी शब्दावली को सामने रख कर संस्कृत धातुओं के आधार पर उनके तथाकथित हिन्दी प्रतिरूप गढ़ने नहीं पड़ते। इस मामले में राजा शिवप्रसाद आज भी प्रासंगिक हैं ..... यह उनकी बदनसीबी थी कि उनकी बदनामी ने उनकी उपलब्धियों को ढँक लिया।"[32]

'धर्म और समाज सुधार' शीर्षक तीसरे अध्याय तथा 'हिन्दी, नागरी और गोरक्षा' सम्बन्धी चौथे अध्याय में हिन्दी नवजागरण के चरित्र के बारे में वीरभारत तलवार अपनी धारणाओं को और स्पष्ट करते हैं। उपसंहार में अंततः हिन्दी नवजागरण पर अपने विचारों का वे निचोड़ प्रस्तुत करते हैं। उन्हीं के शब्दों में, "...भारतीय नवजागरण बंगाल में 1820 के दशक में शुरू हुआ और महाराष्ट्र में 1830 के दशक में। करीब 50 सालों तक यह नवजागरण इन दोनों प्रांतों के भद्रवर्गीय प्रबुद्ध समाज में हलचल मचाता रहा। 1870 का दशक पूरा होते-होते इस नवजागरण की पहली ऊँची लहर जो धर्म और समाज को सुधारने के महान साहसिक प्रयासों के रूप में भी थी, करीब-करीब ख़त्म हो चली थी। 1880 से उसके ख़िलाफ़ हिन्दू प्रतिक्रिया की शक्तियाँ प्रबल रूप से उठ खड़ी हुई थीं। प्रतिक्रिया की ये शक्तियाँ बंगाल में बंकिम और भूदेव मुखर्जी के नेतृत्व में और महाराष्ट्र में कई चितपावन ब्राह्मणों समेत तिलक के नेतृत्व में उभरी थीं। नवजागरण का पहले जैसा तेज़ बुझ चला। पश्चिमोत्तर प्रांत में जो भी और जैसा भी नवजागरण आया, दुर्भाग्य से वह इसी दौर में आया। ... इस प्रांत में आर्यसमाज अपने उग्र धार्मिक सुधारों का स्वर मंद करने और ऐसे लोकप्रिय मुद्दे उठाने को मज़बूर हुआ जिसका सम्बन्ध उसके बुनियादी सुधारों से उतना नहीं था। ये मुद्दे मुख्य रूप से हिन्दी-नागरी और गोरक्षा के थे जिन्हें सनातनी नेता पहले से उठा रहे थे। इसलिए इन पर उनसे विरोध की सम्भावना नहीं थी। ये मुद्दे हिन्दू भद्रवर्ग के साथ हो रहे अन्याय का प्रतिवाद करने के लिए उठाए गए थे। ये तीनों मुद्दे लोकतांत्रिक माँगें थीं पर हिन्दू भद्रवर्ग ने इन लोकतांत्रिक माँगों को भी सांप्रदायिक ढंग से उठाया। इन माँगों के पीछे लोगों को एकजुट करने के लिए हिन्दुत्व का सहारा लिया गया और हिन्दुओं में मुस्लिम विरोधी भावनाएँ भड़कायी गईं। .... हिन्दी नवजागरण एक भ्रामक नाम है .....वह दरअसल ब्राह्मोसमाज और ख़ास

कर आर्यसमाज के धार्मिक सुधारों के ख़िलाफ़ उनकी प्रतिक्रिया में हुआ सनातनी बुद्धिजीवियों का आंदोलन था .... हिन्दी नवजागरण का .... सामाजिक सुधारों के मामले में सबसे प्रधान मुद्दे स्त्री-प्रश्न पर नज़रिया पिछड़ा हुआ और दुविधाग्रस्त था। .... आर्यसमाज या ब्रह्मोसमाज की तरह उन्होंने स्त्रीशिक्षा का उत्साहपूर्ण आंदोलन कभी नहीं चलाया। बाल विवाह का विरोध करते हुए भी उन्होंने इसके ख़िलाफ़ कोई प्रभावशाली प्रचार नहीं चलाया। विधवा विवाह के प्रश्न पर एकाध अपवाद को छोड़ कर या तो वे इसके विरोधी रहे या दुविधाग्रस्त रहे। उन्होंने स्त्रीचेतना की दृष्टि से किसी नये आधार को प्रोत्साहित नहीं किया। यही वज़ह है कि उन्नीसवीं सदी के तथाकथित हिन्दी नवजागरण में स्त्री-चेतना की दृष्टि से ऐसी कोई महत्त्वपूर्ण हिन्दी लेखिका नहीं हुई जिसकी तुलना उसी दौर की बंगाली या मराठी लेखिका से की जा सके। वास्तव में हिन्दी नवजागरण की बजाय इसका सही नाम हिन्दी आंदोलन होना चाहिए .... हिन्दू-मुस्लिम भद्रवर्ग के बीच होड़ के मुद्दों ने, जिनकी अभिव्यक्ति तथाकथित हिन्दी नवजागरण में हुई, यहाँ धार्मिक सामाजिक सुधारों के सवालों को गौण बना दिया .... पश्चिमोत्तर प्रांत में हुए नवजागरण की एक विशेषता सुधारों के लिए विभिन्न जाति सभाओं का बनना था।.... अपने कड़े विरोध के बावजूद पश्चिमोत्तर प्रांत में नवजागरण की सबसे प्रमुख शक्ति आर्यसमाज ही रहा ..... परम्परावादियों के विरोध के कारण उसे सफ़लता नहीं मिली ..... 1940 के दशक में उसके बहुत से कार्यकर्ता राष्ट्रीय स्वयंसेवक संघ में शामिल होते गए और आर्यसमाज के मंदिरों-दफ़्तरों में संघ की शाखाएँ लगने लगीं .... भारतीय नवजागरण की सबसे मुख्य और प्रभावशाली विचारधारा की यह परिणति एक कटुसत्य है ..... जो समस्याएँ आज इतनी विकराल बन कर हमें आतंकित कर रही है—सांप्रदायिक धार्मिक फंडामेंटलिज़्म, मुस्लिम अलगाववाद और हिन्दी-उर्दू विवाद, इन सब का जन्म 19वीं सदी के नवजागरण के दौर में हुआ था। ..... लेकिन इस नकारात्मक पक्ष के साथ एक और पक्ष भी है जो इसका अंतर्विरोधी है। वह है धर्म और परम्पराओं के प्रति नवजागरण का तीव्र आलोचनात्मक रवैया, जो इन दिनों इतना दुर्लभ हो गया है।"[33]

जाहिर है कि वीरभारत तलवार ने नवजागरण की धारणा को वैसा निरापद नहीं रहने दिया जैसा रामविलास शर्मा ने इसे गढ़ा था। उन्होंने उसके भद्रवर्गीय आधार, सनातनी विचारधारा, स्त्री और दलित प्रथा पर चुप्पी और सांप्रदायिकता से प्रभावित होने को रेखांकित करते हुए हिन्दी क्षेत्र की समकालीन वास्तविकता से उसके सम्बन्ध को निरूपित किया। इसमें 1857 कहीं नहीं है; वह प्रस्थान बिन्दु जिसे रामविलास शर्मा ने मज़बूती से स्थापित किया था। वीरभारत तलवार के विवेचन ने हिन्दी नवजागरण की बहस को और भी उकसा दिया है। कर्मेंदु शिशिर, शंभुनाथ, श्रीनारायण पाण्डे सहित तमाम नये-पुराने लेखक नये सिरे से हिन्दी नवजागरण की पेचीदगियों से उलझ रहे हैं। कहना न होगा कि औपनिवेशिक दौर की इस महत्त्वपूर्ण साहित्यिक-सांस्कृतिक परिघटना पर नये-नये शोध और दृष्टिकोण आज की

वास्तविकता से जुड़ कर प्रकाश में आते रहेंगे। वीरभारत तलवार का नवजागरण सम्बन्धी विवेचन उसका अंतिम पाठ नहीं है। लेकिन श्री तलवार के विरोधी भी उनके द्वारा प्रस्तुत आज के नवजागरण के कार्यक्रम से अपनी सहमति ज़रूर व्यक्त करेंगे। 'रस्साकशी' के उपसहार का अंतिम पैराग्राफ़ इस दृष्टि से उल्लेखनीय है, "आज शहरी भद्रवर्गीय नवजागरण के बजाय दलितों और मेहनतकशों की दृष्टि से नवजागरण लाने की ज़रूरत है, ख़ास कर औद्योगिक मजदूर वर्ग और देहात के ग़रीब किसानों में। ऐसा नवजागरण जो साधारण जन की सृजनशीलता और व्यक्तित्व को उन्मुक्त कर दे—जिसकी एक झलक 1970-80 के दशक में शंकरगुहा नियोगी के नेतृत्व में छत्तीसगढ़ के मजदूर-किसानों में दिखाई पड़ी थी। ऐसा नवजागरण 19वीं सदी के ग़ैर-भद्रवर्गीय यानी दलित-शूद्रों और आदिवासियों के बीच हुए नवजागरण की कुछ स्थानीय धाराओं की (जैसे महाराष्ट्र में फुले, छत्तीसगढ़ में गुरु घासीदास और केरल में श्रीनारायण) अगली नई मंज़िल होगा। जो दलितों और मेहनतकशों में सामाजिक चेतना और आत्मसम्मान का भाव जगाने के लिए डॉ. अम्बेडकर के जाति उन्मूलन आंदोलन को अपना सबसे मुख्य कार्यक्रम बनाएगा। अपने चरित्र में ग़ैर-भद्रवर्गीय होते हुए भी यह 19वीं सदी के भद्रवर्गीय नवजागरण के सकारात्मक पक्षों जैसे बुद्धि-विवेकशीलता और धार्मिक प्रथाओं की निर्भीक आलोचना को अपने अंदर समेट कर आगे बढ़ेगा। पितृसत्तात्मक ढाँचे को तोड़ कर स्त्री-पुरुषों की पूरी बराबरी के सम्बन्धों पर परिवार और समाज को कायम करना इसका एक ख़ास मकसद होगा। यह नवजागरण देश के विभिन्न हिस्सों में उभरे विज्ञान-शिक्षण आंदोलनों, विकास के नाम पर विनाश करनेवाली नीतियों के ख़िलाफ़ चल रहे संघर्षों और जल, ज़मीन तथा जंगल की रक्षा के लिए पर्यावरण की चेतना से अपने सम्बन्ध जोड़ेगा। ऐसे नवजागरण से भूमंडलीकरण, उदारीकरण और बाज़ारवाद के शोषण के ख़िलाफ़ लड़नेवालों की सांस्कृतिक चेतना विकसित और मज़बूत होगी। ऐसी चेतना बहुराष्ट्रीय कंपनियों और टी.वी. चैनलों द्वारा फैलाई जा रही संस्कृति का मुकाबला करने में समर्थ होगी। ऐसा नवजागरण स्वदेशी की किसी संकीर्ण विचारधारा पर आधारित होने के बजाय एक ऐसी वैकल्पिक अंतर्राष्ट्रीयता की भावना पर आधारित होगा जो व्यापक मानवता का आदर्श हैं।"[34]

नवजागरण या पुनर्जागरण

"पुनर्जागरण दो जातीय संस्कृतियों की टकराहट से उत्पन्न रचनात्मक ऊर्जा है ....भारत के सन्दर्भ में पुनर्जागरण 19वीं सदी से आरम्भ माना जाता है। नई योरोपीय वैज्ञानिक संस्कृति और पुरानी भारतीय धार्मिक संस्कृति की टकराहट के फलस्वरूप। ..... पुनर्जागरण का एक चिह्न यदि दो जातीय संस्कृतियों की टकराहट है तो दूसरा चिह्न यह भी कहा जाएगा कि वह मनुष्य के सम्पूर्ण तथा संश्लिष्ट रूप की खोज और उसका परिष्कार करना चाहता है ....समग्र और सम्पूर्ण मनुष्य की यह परिकल्पना

भारतीय पुनर्जागरण चेतना के केन्द्र में है। ... 'विरुद्धों का सामंजस्य' जिसे हमने भारतीय मानस की एक प्रमुख विशेषता कहा है, उसका व्यावहारिक निदर्शन इस अवधि में बहुत अच्छे ढंग से किया जा सकता है।''[35]

रामस्वरूप चतुर्वेदी का उपरोक्त उद्धरण योरोपीय पुनर्जागरण के मॉडल को ध्यान में रख कर भारतीय पुनर्जागरण की परिकल्पना पेश करता है। इस परिकल्पना की धुरी सांस्कृतिक है न कि राजनैतिक-ऐतिहासिक, जबकि रामविलास शर्मा से ले कर वीरभारत तलवार तक हम नवजागरण की जिस परिकल्पना का जायजा ले चुके हैं वह मूलतः राजनैतिक-ऐतिहासिक-सामाजिक धुरी पर केंद्रित है। रामस्वरूप चतुर्वेदी संस्कृति के इस क्षेत्र को अपेक्षतया स्वायत्त मान कर चले हैं, लिहाज़ा साम्राज्यवाद-विरोध अथवा सामंतवाद-विरोध जैसे निकष की जगह उनके यहाँ परस्पर आदान-प्रदान, सामंजस्य और समन्वय के पक्ष की प्रधानता है। उत्तर-औपनिवेशिक सैद्धांतिकी में भी राजनैतिक-ऐतिहासिक धुरी और सांस्कृतिक धुरी के तनाव स्पष्ट हैं। जहाँ राजनैतिक-ऐतिहासिक धुरी पर अवस्थित चिंतक संस्कृति के प्रश्नों का भी राजनीतीकरण और ऐतिहासिकीकरण करते हैं, वहीं सांस्कृतिक धुरी पर अवस्थित चिंतक और लेखक राजनैतिक-ऐतिहासिक प्रश्नों को भी संस्कृति में ही विलीन कर देते हैं। एक के लिए 'प्रतिरोध' प्रधान हो उठता है, तो दूसरे के लिए 'संकरता' या 'हाइब्रिडिटी' पर हमें यह नहीं भूलना चाहिए कि हिन्दी आलोचना में 'औपनिवेशिक' का रेखांकन उत्तर-संरचनावादी ज्ञानमीमांसा से प्रभावित नहीं है। संस्कृति और राजनीति के सम्बन्ध को पुनर्जागरण के सन्दर्भ में रामस्वरूप चतुर्वेदी ने इस प्रकार प्रस्तुत किया है, "पुनर्जागरण ने आध्यात्म को लोकसेवा से जोड़ा और फिर लोकसेवा को राष्ट्रीयता से। कुछ समय तक तो राष्ट्रीयता का सांस्कृतिक आधार पुष्ट रहा। पर ज्यों-ज्यों उसके स्वरूप में राजनीति प्रवेश करती गई त्यों-त्यों न्यस्त स्वार्थ प्रबल होते गये। ..... संस्कृति एकीकरण करती है, राजनीति विभाजन, यह भारतीय पुनर्जागरण और उसके बाद के काल में अच्छी तरह देखा जा सकता है। भारतीय प्रक्रिया संस्कृति से राजनीति की ओर उन्मुख हुई, जबकि अमरीकी मनीषी एडम्स की नीति थी कि पहले राजनीति और रणनीति को पढ़ लिया जाय, तब धीरे-धीरे संस्कृति की ओर अग्रसर होना उचित है। पुनर्जागरण प्रक्रिया के दोनों उदाहरण हमारे सामने हैं। किसके परिणाम इतिहास में अधिक स्थायी होंगे इसकी भविष्यवाणी इतनी जल्दी मुनासिब नहीं।''[36] चतुर्वेदी जी की यह प्रस्थापना कि 'भारतीय (पुनर्जागरण) प्रक्रिया संस्कृति से राजनीति की ओर उन्मुख हुई' पार्थ चटर्जी के इस वक्तव्य में भी परिलक्षित होती है जिसमें वे कहते हैं, "मेरे अपने पाठ में, उपनिवेशवाद-विरोधी राष्ट्रवाद साम्राज्यवादी सत्ता से राजनैतिक संघर्ष में जाने से पहले ही औपनिवेशिक समाज में अपनी स्वायत्तता का एक क्षेत्र रच लेता है।''[37] स्वायत्तता का यह क्षेत्र सांस्कृतिक है जिसकी रचना उपनिवेशवाद-विरोधी राष्ट्रवाद सामाजिक संस्थाओं और व्यवहारों को दो हिस्से में बाँट कर करता है। भौतिक दायरा बाहरी है और आध्यात्मिक दायरा भीतरी है। भौतिक दायरे में अर्थव्यवस्था,

राजकाज, विज्ञान, तकनीक आदि आते हैं जिनमें पश्चिम की श्रेष्ठता स्वीकार्य है, जिसे पश्चिम से सीख कर दक्ष बनना है। दूसरी ओर आध्यात्मिक दायरा भीतरी है, जो कि जाति की सांस्कृतिक अस्मिता का क्षेत्र है। जैसे-जैसे भौतिक दायरे में दक्षता बढ़ती है, वैसे-वैसे भीतरी दायरे के वैशिष्ट्य की रक्षा की ज़रूरत और भी बढ़ जाती है। सार्वजनिक और निजी, बाहरी और भीतरी, भौतिक और आध्यात्मिक में 'विभेदित' सामंजस्य का यह रूप ही भारतीय पुनर्जागरण है। चटर्जी के शब्दों में, ''यहाँ राष्ट्रवाद अपना सर्वाधिक शक्तिशाली, रचनात्मक और ऐतिहासिक दृष्टि से महत्त्वपूर्ण अभियान शुरू करता है—एक 'आधुनिक' राष्ट्रीय संस्कृति का अभियान जो कि 'पश्चिमी' नहीं है।''[38] 'आधुनिक किंतु ग़ैर-पश्चिमी' राष्ट्रीय संस्कृति के निर्माण में एक राष्ट्रीय पहचान आकार लेती है जो धर्म, भाषा, कलारूप, शिक्षा और परिवार के क्षेत्रों को औपनिवेशिक राज्य के लिए अस्पृश्य अर्थात् उसके हस्तक्षेप के दायरे से परे सांस्कृतिक स्वायत्तता के क्षेत्र के बतौर परिभाषित करते हुए उन्हें रूपान्तरित करती है। इनके आधुनिकीकरण में 'पश्चिम' से विभेद की प्रक्रिया चलती रहती है।

चतुर्वेदी जी के विश्लेषण में संस्कृति और राजनीति अलग-अलग और यहाँ तक कि परस्पर-विरुद्ध दिखाई देने वाली प्रक्रियाएँ हैं। (संस्कृति एकीकरण करती है, राजनीति विभाजन), वहीं चटर्जी के यहाँ संस्कृति के क्षेत्र को पश्चिम से पृथक् और स्वायत्त 'राष्ट्रीय पहचान' के क्षेत्र में विकसित करने की प्रक्रिया उपनिवेशवाद-विरोधी राष्ट्रवाद का अभिलक्षण है। (अर्थात् मूलतः राष्ट्रवादी राजनीति का अंग है) चतुर्वेदी जी के अनुसार, 'पुनर्जागरण ने आध्यात्म को लोकसेवा से जोड़ा और फिर लोकसेवा को राष्ट्रीयता से', जबकि पार्थ चटर्जी पुनर्जागरण की सांस्कृतिक प्रक्रिया को राष्ट्रीयता का ही प्रकार्य मानते हैं। सांस्कृतिक 'विभेदन' या 'स्वायत्तता' राष्ट्रीयता की राजनीति का ही अंग है। 'आधुनिक किन्तु ग़ैर-पश्चिमी' की प्रक्रिया जिन विश्लेषणात्मक कोटियों में समझी जा सकती है, वह भले ही चतुर्वेदी जी के यहाँ स्पष्ट नहीं है, किंतु इस प्रत्यय ही मूल संवेदना से वे परिचित लगते हैं। उपन्यास विधा के आरम्भ का उनका वर्णन-विश्लेषण इस धारणा के नज़दीक है। चतुर्वेदी जी के शब्दों में, ''यह संयोग से कुछ अधिक है कि हिन्दी का प्रथम मौलिक उपन्यास लाला श्रीनिवासदास का 'परीक्षा गुरु' (1882) सांस्कृतिक और जातीय संघर्ष की कथा-वस्तु को उठाता है। .... 'अंग्रेज़ी ढंग का उपन्यास' कहने से स्पष्ट है कि आचार्य शुक्ल चरित्र-चित्रण प्रधान संश्लिष्ट कथानक पर आधारित कृति की ओर संकेत कर रहे हैं जो 'परीक्षा गुरु' मूलतः है। यह निरा संयोग नहीं कि यह रचना स्वयं भारतीय और अंग्रेज़ी संस्कृतियों के संघर्ष को अपना उपजीव्य बना कर चलती है। ..... हिन्दी साहित्य में उपन्यास का आगमन स्वयं एक विदेशी प्रयास के रूप में देखा गया। घड़ी, फाउन्टेन पेन, कैमरा जैसी उस युग की स्थूल उपकरणात्मक 'विलायती' वस्तुओं की तरह ही, जहाँ एक ओर आकर्षण और लोकप्रियता थी, वहीं कुछ क्षेत्रों में उसका तीव्र विरोध भी था।''[39] चतुर्वेदी जी ने विभिन्न आलोचकों, सम्पादकों, उपन्यासकारों के बीच, भारतेंदु युग

और द्विवेदी युग के दौरान उपन्यास के स्वरूप पर चली बहस का बेहद व्यंजक चित्र खींचा है जिसकी मूल भावना उपन्यास के पश्चिमी ढाँचे को ग्रहण करते हुए उसमे अपनी जातीय-सांस्कृतिक अस्मिता की अंतर्वस्तु का निवेश करना है। इस प्रक्रिया में एक विधा के रूप में उपन्यास 'आधुनिक, किन्तु ग़ैर-पश्चिमी' (भारतीय) बनता चला जाता है।

सांस्कृतिक धरातल पर 'विरुद्धों के सामंजस्य' जैसे प्रत्यय के सहारे रामस्वरूप चतुर्वेदी कुछ परिघटनाओं की महत्त्वपूर्ण व्याख्या करते हैं। जबकि दूसरे अनेक प्रश्न उनके विमर्श के परिक्षेत्र में दख़ल नहीं बना पाते। उदाहरण के लिए ब्रह्मोसमाज, प्रार्थनासमाज, आर्यसमाज आदि के नामकरण में समाज पर जो ज़ोर है, उसे उन्होंने हिन्दू जाति की एकांतिक भावना का निरसन करके उसे एक समाज के रूप में गठित किए जाने की पुनर्जागरण आंदोलन की मुख्य प्रतिज्ञा के रूप में देखा है। हिन्दू आराधना शैली की पारम्परिक एकांतिक पद्धति छोड़ कर योरोपीय चर्च का संगठन, जिसमें पूजन की सामूहिक पद्धति प्रचलित थी, का स्वीकार दो संस्कृतियों के लेन-देन का फल था। चतुर्वेदी जी की यह बात आकर्षक तो लगती है लेकिन सवाल यह उठता है कि हिन्दू आराधना पद्धति जैसी कोई एक पद्धति पहले से चली आ रही थी या कि विभिन्न मतों, सम्प्रदायों की उपासना पद्धतियाँ भिन्न-भिन्न थीं? यदि एक ही पद्धति चली आ रही थी, तो भी क्या वह एकांतिक थी? तमाम पुराणों में सामूहिक कथ -श्रवण के न जाने कितने प्रसंग आते हैं। सामूहिक वेदपाठ से ले कर रामलीला आदि रूपों का सामाजिक आयाम परम्परागत है। तीर्थस्थानों पर मेले और तमाम कर्मकांड अपनी प्रकृति में सामुदायिक ही थे। ऐसे में आराधना की कोई एकांतिक हिन्दू पद्धति रही भी हो तो क्या उसका निरसन परम्परागत सामूहिक धर्माचरण में नहीं हो जाता था? दूसरी ओर मध्यकाल में इस्लाम धर्म की सामूहिक उपासना पद्धति का भी अस्तित्व था। वास्तव में प्रार्थनासमाज, ब्रह्मोसमाज आदि में, 'समाज' पद का जो आशय है वह आधुनिक नागरिक समाज (सिविल सोसाइटी) की छवि लिए हुए है जिसकी भिन्नता 'समाज' की मध्यकालीन धारणा से थी, न कि हिन्दुओं की एकांतिक उपासना पद्धति से।

चतुर्वेदी जी बहुत सारी ऐसी मान्यताओं को ले कर चले हैं जिन्हें उत्तर-औपनिवेशिकता प्राच्यवादी निर्मिति ही मानेगी। भक्तिकाल के उदय की व्याख्या के सन्दर्भ में वे द्विवेदी जी द्वारा प्रस्तावित 'शास्त्र और लोक के द्वंद्व' के स्थान पर शुक्ल जी द्वारा प्रस्तावित इस्लाम की प्रतिक्रिया वाले सिद्धान्त को तवज्जो देते हैं। सवाल यह है कि मध्यकाल तक हिन्दू और मुसलमान जैसी एकीकृत, संगठित अस्मिताएँ थीं भी या नहीं? रूहेले, बुंदेले, सतनामी, जाट, गुज्जर, जैन, तुर्क, पठान, मंगोल, वहाबी, श्रावक, जुगी, अवधूत आदि तमाम जातीय, क्षेत्रीय और सांप्रदायिक अस्मिताएँ क्या हिन्दू और मुस्लिम जैसे विराट एकीकृत धार्मिक समुदायों में विलीन हो गई थीं? क्या मध्यकाल का इतिहास भी हिन्दू-मुस्लिम जैसी सामुदायिक कोटियों के माध्यम से

समझा जा सकता है? सामान्य जनता भी यह जानती है कि इब्राहिम लोदी से लड़ने के लिए बाबर और राणा साँगा एक साथ मोर्चा बना सकते थे और हुमायूँ और शेरशाह के बीच लड़ाई को इस्लाम की एकीकृत धारणा से नहीं रोका जा सकता था। राज्य के लिए युद्ध धर्मयुद्ध नहीं थे, भले ही राजाओं की प्रशंसा पुरोहित वर्ग धार्मिक मुहावरों में करता रहा हो। एक ऐसा समाज जो कि संचार के आधुनिक माध्यमों से जुड़ा ही न था तथा अलग-अलग स्थानीय इकाइयों में रहा करता था उसकी तमाम स्थानीय देशज विशिष्टताओं के ऊपर सुनिश्चित सिद्धांतों वाली किसी एक शास्त्रीय धार्मिक अस्मिता का आरोपण क्या सम्भव था? क्या जिन्हें हम आज हिन्दू और मुस्लिम राष्ट्रीय समुदाय कहते हैं, जिनके आधार पर आज समाज, इतिहास, राजनीति और संस्कृति सब की व्याख्या होती है, वे आधुनिक राष्ट्र के जन्म के पहले से ही राष्ट्रीय थे? दरअसल ऐतिहासीकरण से गुज़रे बग़ैर संस्कृति का कोई भी विमर्श उन संकल्पनात्मक कोटियों को प्रश्नांकित नहीं कर पाता जिन्हें निकट इतिहास ने पैदा किया है। राष्ट्र की कोटि भी ऐसी ही है। एण्डरसन ने कल्पित समुदायों की अपनी मशहूर धारणा में उस विडंबना को चिह्नित किया है जिसके तहत राष्ट्र स्वयं, तथा नस्लीय और धार्मिक आधारों वाले राष्ट्रीय समुदाय, जो आधुनिक उत्पाद हैं, उन्हें अतीत के मुहावरे में परिकल्पित किया जाता है। आश्चर्य की बात है कि राष्ट्र की संकल्पना का उदय तो रामस्वरूप चतुर्वेदी आधुनिक काल में मानते हैं लेकिन हिन्दू व मुस्लिम जातीयता / राष्ट्रीयता की धारणा को वे मध्यकाल में अवस्थित पाते हैं। रामस्वरूप चतुर्वेदी ने जनवरी-मार्च 1987 की आलोचना में 'साहित्य और देश' शीर्षक लेख में लिखा है, ''.... देशभक्ति एक विषय के रूप में हमारे साहित्य क्षेत्र में स्वीकृति पाती है, 19वीं शताब्दी में। इसके पहले देश-प्रेम का सहज भाव मिलेगा जो माँ से ले कर धरती में लाक्षणिक रूप में प्रक्षिप्त हुआ है, व्यक्ति का अपनी मातृभूमि से नैसर्गिक सम्बन्ध। भक्ति में लगाव प्रेम की अपेक्षा फैलता है, हमारी अपनी भक्ति में और जन भी शामिल हों, यह स्वाभाविक प्रेरणा होती है। इस रूप में देशभक्ति भारतेंदु के पहले नहीं उभरती।''[40]

पार्थ चटर्जी के शब्दों में, ''यह विचार कि 'भारतीय राष्ट्रवाद', 'हिन्दू राष्ट्रवाद' का पर्यायवाची है, किसी प्राक्-आधुनिक धारणा का अवशेष नहीं है। यह पूरी तरह आधुनिक, तार्किक और इतिहासवादी विचार है। दूसरी आधुनिक विचारधाराओं की तरह, वह समाज के आधुनिकीकरण में राजसत्ता की केन्द्रीय भूमिका को मान्यता देता है और राजसत्ता की एकता और सम्प्रभुता का मज़बूती से बचाव करता है। ....वास्तव में 'हिन्दुत्व' का विचार इस ऐतिहासिक संकल्पना में किसी भी धार्मिक मानदण्ड से परिभाषित नहीं है, न ही उसे ऐसा परिभाषित किया जाना चाहिए।''[41] हिन्दू और मुस्लिम जैसे राजनीतिक राष्ट्रीय समुदायों की निर्मिति में औपनिवेशिक शासन की भूमिका पर अब तमाम शोधपरक सामग्री उपलब्ध है। भारतीय जनजीवन और इतिहास के प्रति पश्चिमी प्रशासकों, अध्येताओं और प्राच्यविदों के अज्ञान की कोई सीमा न

थी। इन्होंने व्यावहारिक दृष्टि से यह अंदाज़ लगाया कि सैकड़ों वर्षों का मुग़ल शासन इसीलिए कायम रहा, कि उसने हिन्दू सामाजिक-धार्मिक संस्थाओं से छेड़छाड़ नहीं की, लेकिन यह व्यावहारिक निष्कर्ष उन्हें मुग़लों की अपेक्षा अपनी सत्ता की वैधता का आधार मुहैया नहीं कराता था। इसी चुनौती को हल करने के क्रम में उन्होंने हिन्दुओं को उत्पीड़ित, मुसलमानों को उत्पीड़क और स्वयं (अंग्रेज़ों) को मुस्लिम शासन के कथित अत्याचारों से हिन्दुओं के मुक्तिदाता के रूप में प्रस्तुत किया। इस विमर्श को फ्रांसीसी रोमन-कैथोलिक मिशनरी एब्बे आई.ए. ड्यूब्वाएस की पुस्तक 'हिन्दू मैनर्स, कस्टम्स एण्ड सेरेमनीज़' में विस्तार से देखा जा सकता है। इस पुस्तक को लार्ड विलियम बेंटिंक ने 1807 ई0 में ईस्ट इंडिया कंपनी की ओर से ख़रीद कर लगभग प्रशासनिक हैंडबुक का दर्जा दे दिया था। भारत आए बग़ैर ही जेम्स मिल ने भारत का जो इतिहास लिखा, उसमें इस पुस्तक का भी इस्तेमाल किया गया था। ड्यूब्वाएस के अनुसार स्वाभाविक रूप से 'भीरू' हिन्दुओं की 'अविश्वसनीयता, चालाकी और दुहरापन' मुस्लिम शासन के दौरान अत्याचारों से मुकाबला करने के कारण पैदा हुई चारित्रिक दुर्बलताएँ थीं। 1825 में लिखे स्टीवर्ट के 'हिस्टारिकल एनेकडोट्स' में बताया गया कि हिन्दुओं के प्रति ब्रिटिश उदारता की नीति मुसलमानों के प्रति हिन्दुओं के शत्रुतापूर्ण सम्बन्ध की मान्यता पर आधारित थी। इस ब्रिटिश नीति के अब सैकड़ों प्रमाण दस्तावेज़ों की शक्ल में उपलब्ध हैं। लेकिन 1857 के स्वाधीनता संग्राम ने इस पूरे सांप्रदायिक विमर्श को तार-तार कर दिया। पूरी बग़ावत के दौरान अंग्रेज़ों की लाख कोशिशों के बावजूद दंगे नहीं हुए। 1857 के बाद अंग्रेज़ों के सांप्रदायिक अभियान में और तेजी आई। इलियट और डाउसन ने 1867-1877 के बीच आठ खण्डों में प्रकाशित 'हिस्ट्री ऑफ़ इंडिया ऐज टोल्ड बाई इट्स ओन हिस्टोरियन्स' में हिन्दू-मुसलमान टकराव के किस्सों को संकलित किया और इन्हें ही भारत का इतिहास करार दिया। भूमिका में ही उन्होंने स्पष्ट किया कि वे हिन्दुओं को यह बताना चाहते हैं कि कैसे वे मुसलमानों द्वारा उत्पीड़ित ही रहे। ब्रिटिश राज ने पहली बार उन्हें मुक्त किया। भूमिका में ही उन्होंने इस झुंझलाहट को भी व्यक्त किया कि किसी भी हिन्दू इतिहासकार ने अपनी जाति पर हो रहे अत्याचारों की सुध न ली।

विदेशी चिंतकों, प्रशासकों और इतिहासकारों ने भारतीय समाज और जनजीवन की जिस छवि को गढ़ा उसे औपनिवेशिक परिस्थितियों में रह रहे बौद्धिकों और लेखकों तथा सामान्यजन भी आम चेतना के स्तर पर ग्रहण कर लें तो यह बात समझ से परे नहीं है, किंतु औपनिवेशिक काल से एक दूरी पर स्थित किसी बौद्धिक को यह फ़ायदा अवश्य है कि वह इन प्रयासों को वस्तुगत रूप से प्रश्नांकित कर सके। दो संस्कृतियों की टकराहट में सिर्फ़ सर्जनात्मक ऊर्जा ही निष्पन्न नहीं होती, ख़ास कर तब जब उनके बीच पराधीनता का सम्बन्ध हो। इस टकराहट में वर्चस्वशाली संस्कृति अधीनस्थ संस्कृति का विरूपण और उन्मूलन भी करती है। औपनिवेशिक समय में सिर्फ़ इतना ही नहीं हुआ कि भारतीय समाज, इतिहास, और संस्कृति की प्राच्यवादी

धारणाएँ सामने आईं बल्कि जितने बड़े पैमाने पर अकाल, जनसंहार और उत्पादक शक्तियों की तबाही हुई, वह भारत के इतिहास में अभूतपूर्व थी। साहित्य और संस्कृति का कोई भी इतिहास इसे संज्ञान में लिए बग़ैर सिर्फ़ सृजन पक्ष पर बल देता है तो वह एकांगी ही सिद्ध होगा।

चतुर्वेदी जी ने भारतेंदु की राजभक्ति और राष्ट्रभक्ति के द्वैत, खड़ी बोली और ब्रजभाषा में विभाजित उनकी रचनाधर्मिता तथा एक ओर भक्ति-रीति के संस्कार तो दूसरी ओर आधुनिक विचार के बीच द्वैत की व्याख्या की है। राजभक्ति और राष्ट्रभक्ति के प्रसंग में वे लिखते हैं ..... "मुसलमान शासकों के टूटते-बिखरते राज की अव्यवस्थाओं को देखते अंग्रेज़ी शासन की नई व्यवस्था निश्चय ही सराहनीय थी, पर इस तरह का कठोर आर्थिक शोषण इसके पहले कभी नहीं हुआ यह बात भी उस युग के मनीषियों के सामने बहुत स्पष्ट थी। अंग्रेज़ों के प्रति आ-विकर्षण भाव का सूत्र यहीं मिलता है जो आगे चल कर भी भारतीय मानस को बराबर बाँटे रहा।"[42] यह व्याख्या अपने आप में अपूर्ण न होती यदि अंग्रेज़ी राज के और उसके ख़िलाफ़ प्रतिरोध के अतीत और भविष्य के प्रसंग में रख कर इसे देखा जाता। क्या कारण है कि भारतेन्दु के जन्म के महज़ 7 साल बाद मुसलमान शासकों के टूटते-बिखरते राज की अव्यवस्था के बावजूद 1857 के विराट जनसमर के नेताओं ने मुग़ल बादशाह को ही उसका नेता बना दिया? क्या कारण है कि जिस बग़ावत को अंग्रेज़ों ने भी अपने अभिलेखों में जनविद्रोह कहा, उसमें भाग लेने वाली जनता ने कंपनी बहादुर के व्यवस्थित शासन को स्वीकार करने की अपेक्षा उसके क्रूर आर्थिक शोषण के ख़िलाफ़ बग़ावत करना उचित समझा? अंग्रेज़ी शासन के प्रति आ-विकर्षण भाव किसी ख़ास तबके का भाव था या कि आम जनता का? अतीत के सन्दर्भ को छोड़ भी दें तो बाद में भी अंग्रेज़ी राज का क्या असर रहा, इस सम्बन्ध में भी अंग्रेज़ों के प्रति आ-विकर्षण भाव को समझने की कोशिश हो सकती है। अंग्रेज़ी राज की समीक्षा करते हुए एजाज़ अहमद ने लिखा, "..... तकनीक और उत्पादन की वास्तविक जड़ता जो 18वीं सदी में अभिव्यक्त हुई, साथ ही साथ क्षेत्रीय और राजवंशों के लगातार चलने वाले विनाशकारी युद्धों ने बढ़ती चली आ रही औपनिवेशिक ताकत के विरुद्ध किसी व्यावहारिक संश्रय का बनना असम्भव बना दिया। उपनिवेशवाद ने हमारे समाज के इस संकट का एक ग़ैर-क्रांतिकारी और पतनोन्मुख समाधान प्रस्तुत किया।"[43] अंग्रेज़ी राज के प्रभावों के विषय में चतुर्वेदी जी और एजाज़ अहमद की टिप्पणियों की अगर तुलना करें तो जहाँ चतुर्वेदी जी भारतीय समाज के संकट (मुसलमानी शासकों के टूटते-बिखरते राज की अव्यवस्था) के प्रसंग में भारतेंदु युग को ध्यान में रखते हुए अंग्रेज़ी शासन व्यवस्था के सराहनीय होने को रेखांकित करते हैं वहीं अहमद भारतीय समाज के संकट के अंग्रेज़ी राज द्वारा किए गए समाधान को पतनोन्मुख या पश्चगामी मानते हैं। यदि चतुर्वेदी जी यह भी रेखांकित करते कि यह तत्कालीन शिक्षित भद्रलोक का बोध था (भले ही यह उस दौर के राष्ट्रीय नेतृत्व का भी बोध रहा हो) और ब्रिटिश

शासन की परिणतियों के प्रसंग में इस बोध की समीक्षा करते तो शायद (साहित्य के) इतिहासकार के रूप में उनकी बात अधिक मुकम्मल होती।

रामस्वरूप जी द्वारा पुनर्जागरण का जो स्वरूप वर्णित है, उसके प्रति उनका दृष्टिकोण अनुमोदन का है; वे उसके प्रति किसी आलोचनात्मक रवैये का प्रदर्शन नहीं करते जैसा कि उत्तर-औपनिवेशिक चिंतन में दिखलाई पड़ता है। निर्मल वर्मा ने भारतीय पुनर्जागरण में आत्मचेतना और आत्मखंडन दोनों का उत्स माना। उन्हीं के शब्दों में, "योरोप ने भारतीय चेतना में जो दरार उत्पन्न की थी—एक हिस्सा परम्परा में डूबा हुआ और दूसरा अपने को योरोपीय मनुष्य की छवि में ढालने में लीन—उसने एक ऐसी आत्मछलना को जन्म दिया जो हिन्दू परम्परावादियों और नव्य हिन्दुओं—दोनों के अंतःकरण को कुतरने लगी। परम्परावादी अपने को यूरोपियों के विरुद्ध स्थापित करना चाहते थे, अपने अतीत को आदर्शीकृत करके, इसके लिए भले ही उन्हें अपने इतिहास के कुछ अंशों का मिथ्याकरण करना पड़ा हो, जैसे कि बंकिमचन्द्र चटर्जी ने अपने ऐतिहासिक उपन्यासों में किया था। दूसरी तरफ़, 'हिन्दू आधुनिकताकार', अपनी आत्मछलना से पीछा छुड़ाने के लिए यूरोपियों से बढ़ कर योरोपीय हो गया, भारतीय योरोपीय की एक ऐसी नस्ल जो बाद में भारतीय राष्ट्रीय आंदोलन में बेहद प्रभावशाली रही और जिसने स्वतंत्रता के बाद भारत पर शासन किया। आख़िरकार नेहरू उतने ही हिन्दू-योरोपीय थे जितने भारतीय पुनर्जागरण की आरम्भिक अवस्था के राजा राममोहन राय। योरोप से प्रतिश्रुत होने पर भारतीय मानस में जो फाँक आई वह आईने की उस दरार की तरह थी जिसके एक भाग में उस अतीत का आदर्शीकृत प्रतिबिंब था जो हमेशा के लिए खो चुका था और दूसरे भाग में योरोप की वह विकृत छवि थी जो भारत के भावी निर्माण के लिए एक मॉडल की तरह उपयोग में लाई जानेवाली थी। भारतीय पुनर्जागरण जहाँ एक ओर आधुनिक हिन्दुओं को आत्मसाक्षात्कार करने का अवसर प्रदान करता था, वहाँ दूसरी ओर स्वयं अपने आत्म से खंडित होने के लिए विवश भी करता था—आत्मचेतना और आत्मखंडन दोनों का उत्स पुनर्जागरण में निहित था।"[44]

चतुर्वेदी जी पुनर्जागरण की प्रक्रिया की जटिलताओं में प्रवृत्त नहीं होते। भारतीय पुनर्जागरण के गति-विज्ञान को समझने के लिए उस राष्ट्रवाद की गति को समझना ज़रूरी है जिसे उन्नीसवीं सदी के भारतीय अभिजन अंजाम दे रहे थे। रामस्वरूप जी जिस 'विरुद्धों के सामंजस्य' की अवधारणा को ले कर चलते हैं, उसमें 'सामंजस्य' के पक्ष और तरीके बदलते रहे, लेकिन इस बदलाव का आरेखन उनके यहाँ नहीं मिलता।

जो भी हो, रामस्वरूप चतुर्वेदी ने भारतेंदु युग से छायावाद युग तक की विकास-यात्रा को पुनर्जागरण के जिस फ्रेम में रख कर परखा है, वह हिन्दी साहित्य के पहले के इतिहासों में एक नया आयाम ज़रूर जोड़ती है। रामचंद्र शुक्ल द्वारा लिखित इतिहास की अंतर्दृष्टियों की नई व्याख्या के साथ-साथ चतुर्वेदी जी 'पुनर्जागरण' के प्रत्यय से उस की कुछ कमियों की क्षतिपूर्ति भी करते चले हैं, उदाहरण के लिए

छायावाद की 'शक्ति-काव्य' के रूप में पहचान। दूसरी ओर हिन्दी साहित्य के पिछले इतिहासों के कई पूर्वाग्रह इस इतिहास में भी बरकरार दिखते हैं जो कि औपनिवेशिक वैचारिक निर्मितियों के प्रति पर्याप्त आलोचनात्मक दृष्टिकोण के अभाव में बने रह जाते हैं।

औपनिवेशिकता और काल : सनातन में समय का हस्तक्षेप

अज्ञेय और निर्मल वर्मा के संस्कृति चिंतन में 'औपनिवेशिक' का रेखांकन काल की संकल्पना के इर्द-गिर्द हुआ। पश्चिम या योरोप की संस्कृति से भिन्नता को ये दोनों ही साहित्य चिंतक काल की अवधारणा की भिन्नता में केंद्रित करते हैं। निर्मल वर्मा ने लिखा "भारत में अंग्रेज़ी राज का सबसे अधिक दुखदायी प्रभाव यह नहीं था कि हम आर्थिक और राजनीतिक रूप से ग़ुलाम हुए बल्कि यह कि इतिहास ने हमारी चेतना को पहली बार अतीत, वर्तमान और भविष्य जैसे कटघरों में परिभाषित किया।"[45] निर्मल वर्मा इतिहास को स्मृति या परम्परा का विलोम मानते हैं। स्मृति या परम्परा एक शाश्वत वर्तमानता है जिसमें अतीत, वर्तमान और भविष्य का विभाजन नहीं रहता। अतीत वर्तमान में जीवित रहता है, व्यतीत नहीं होता। ठीक उसी तरह भविष्य भी वर्तमानता से अलग कोई सत्ता नहीं रखता। समय की यह अखण्डता या सम्पूर्णता स्मृति से पैदा होती है जो कला का उद्‌गम है। 'स्मृति और काल' शीर्षक अपने व्याख्यान में अज्ञेय ने भी लगभग यही स्थापित किया है। इस व्याख्यान में अज्ञेय ने उन दिनों इक्कीसवीं सदी के बारे में राजनीतिक हलकों मे चल रही बातों को लक्ष्य करते हुए यह सवाल उठाया कि इक्कीसवीं सदी कब से मानी जाये? ईस्वी सन् और विक्रमी संवत् में 57 वर्षों का फ़र्क है। अज्ञेय कहते हैं कि यदि विक्रमी संवत् के अनुसार इक्कीसवीं सदी का आरम्भ स्थिर किया जाये तो वह स्वाधीनता के युग के आरम्भ के साथ जुड़ जाएगा। अज्ञेय के शब्दों में, "विक्रम संवत् से हमने जब इक्कीसवीं सदी में प्रवेश किया तब देश में 'भारत छोड़ो' का नारा गूँज रहा था।"[46] अज्ञेय ईस्वी सन् और विक्रमी संवत् के दो कैलेन्डरों की तुलना से स्मृति के अलग-अलग परिदृश्य की धारणा तक पहुँचते हैं। अनादि और अनंत काल की गणना के लिये कोई एक बिन्दु चुनना होता है। इस आदि बिन्दु से पहले घटी कुछ घटनाओं को तो इतिहास की परिधि में रख लिया जाता है और बाकी को मिथक या पुराण मान लिया जाता है, मिथक और पुराण यथार्थ और कल्पना के धुंधलके में रहते हैं, लेकिन स्मृति में इस बात का फ़र्क नहीं कि क्या प्रागैतिहासिक है क्या पौराणिक, क्या यथार्थ है और क्या अयथार्थ। साहित्य का यथार्थ आनुभविक है जिसका रचनात्मक संगठन स्मृति करती है। अज्ञेय के शब्दों में, "स्मृति ही वह गतिशील सर्जनात्मक तत्त्व है, जो काल, इतिहास, साहित्य और, हाँ, भाषा के नये परिदृश्य रचती चलती है।"[47] अज्ञेय एक ओर तो पश्चिमी और भारतीय कैलेन्डर के बीच भिन्नता को रेखांकित करते हुए यह बताते हैं कि किस प्रकार इनका व्यवहार स्मृति के अलग-अलग परिदृश्य रचता

है, दूसरी ओर वे घड़ी और कैलेन्डर से मापे जाने वाले समय, यानी ऐतिहासिक काल को स्मृति की अपेक्षा सीमित, संकुचित और विभाजित मानते हैं। काल की गणना का आदि बिन्दु अलग-अलग संस्कृतियों में अलग-अलग रहा करता है जिससे स्मृति के अलग-अलग परिदृश्य निर्मित होते हैं। हो सकता है कि किसी एक कैलेन्डर के अनुसार जो कुछ प्रागैतिहासिक हो वह दूसरे कैलेन्डर के मुताबिक इतिहास का हिस्सा हो। दूसरी ओर कैलेन्डर चाहे जो भी हो, वह अंततः एक आदि बिन्दु के पहले घटी घटनाओं को अनिवार्यतः यथार्थ और इतिहास से बेदख़ल करता है। 'स्मृति और देश' शीर्षक अपने दूसरे व्याख्यान में अज्ञेय ने काल की ही तरह देश को भी आनुभविक यथार्थ या स्मृति का अंश माना। काल की निरन्तरता का जैसा सहज बोध होता है उसी तरह दिक्सातत्य अथवा विस्तार भी सहजबोध का ही अंग है, अज्ञेय के शब्दों में, "कालसातत्य में हमारा टिकाव है, दिक्सातत्य हमारी पहुँच है ....जिस तरह काल की प्रतीति को हम जिस ढाँचे में रखते हैं ......वह हमारे सारे इतिहास को और अपनी ऐतिहासिक स्थिति की समझ को प्रभावित करता है। उसी प्रकार दिक् की जिस संरचना में हम अपने को रखते हैं उसी से हमारा सारा भूगोल निर्धारित होता है और फलतः दिक्काल सातत्य में हमारी अवस्थिति भी निर्धारित और निरूपित होती है"[48] अज्ञेय मानसिक, मनोवैज्ञानिक देश की अवधारणा प्रस्तुत करते हैं जो सांस्कृतिक है, महज़ भौतिक नहीं। उन्हीं के शब्दों में, "पक्षी घोंसला बनाते हैं तो स्थूल सीमाओं के घेरे के भीतर चक्कर काट-काट कर एक सूक्ष्म दिग्विस्तार की रचना कर लेते हैं और शायद यह सूक्ष्म संरचना ही पक्षी का असली घोंसला होता है। .....एक सूक्ष्म देश रचना की इस प्रवृत्ति का एक पक्ष होता है, जो समूची मानव जाति को व्यापता है, दूसरा पक्ष विभिन्न संस्कृतियों से अलग-अलग ढंग से प्रभावित होता है और जो रचना है उसे हम सांस्कृतिक देश अथवा दिक् कह सकते हैं। .....सांस्कृतिक अथवा पौराणिक देश के लिये युद्ध लड़े जाते हैं .....स्थूल भू-विस्तार तो एक निमित्त बना जाता है। दूसरी ओर, देश छोड़ने को बाध्य हो गयी जातियाँ नये देश में अपनी पुरानी सांस्कृतिक दिक्-संरचना की पुनः प्रतिष्ठा कर लेती हैं—एक ओर अयोध्या अथवा काशी बन जाती है, एक नया कैलाश पर्वत अथवा वृंदावन बन जाता है—और इस प्रकार अपने विस्थापन में अपने को फिर से स्थापित कर लेती हैं, अपनी 'ज़मीन' से अपने को उखड़ने नहीं देतीं ..... अस्मिता की यह पुनः प्रतिष्ठा सत्ता-बोध के साथ जुड़ी है, और स्मृति ही उसका आधार है।"[49]

स्मृति के दिक्काल की यह अवधारणा प्रवासन, देशांतरण और विस्थापन की उन अनुभव-संरचनाओं को समझने में अत्यंत कारगर है जिन्हें आज के उत्तर-औपनिवेशिक साहित्य में काफ़ी महत्त्व प्राप्त है।

अज्ञेय और निर्मल वर्मा औपनिवेशिकता की सूक्ष्मतर पड़ताल करते हैं। उनके लिये अनुभव और भाव की संरचनाएँ, काल के प्रत्यय, सभ्यता, संस्कृति और अस्मिता का बोध—इतिहास, राजनीति अथवा समाज के धरातल पर हुई वास्तविक

मुठभेड़ों से अधिक महत्त्व रखते हैं। उदाहरण के लिये अज्ञेय जब यह कहते हैं कि पश्चिम की दृष्टि से भारत के इतिहास को देखने का एक परिणाम यह भी हुआ है कि यहाँ होने वाले आंदोलनों की ज़मीन भी हम यहाँ न खोज कर पश्चिम में खोजते हैं, तो वे ज्ञान और अवबोध की सरणियों में ही औपनिवेशिकता को अवस्थित कर रहे होते हैं। सच कहा जाये तो हिन्दी में उत्तर-औपनिवेशिक चिंतन का ज्ञान-मीमांसात्मक और संकल्पनात्मक रूप अज्ञेय और निर्मल वर्मा के ही संस्कृति चिन्तन में मिलता है।

हाइडलबर्ग विश्वविद्यालय के दक्षिण एशिया संस्थान द्वारा आयोजित, निर्मल वर्मा का 'भारत और योरोप : प्रतिश्रुति के क्षेत्र की खोज' हिन्दी में उत्तर-औपनिवेशिक चिंतन का सबसे प्रामाणिक दस्तावेज़ है। इस व्याख्यान में निर्मल वर्मा कहते हैं, "योरोप का भारतीयों को एक अधिक सुसंगत और संयत बोध हुआ होता, अगर वे सीधे-सीधे उसकी संस्कृति के सम्पर्क में आए होते, ब्रिटिश उपनिवेशवाद की विकृत छवि के माध्यम से नहीं। यह विकृति उस ऐतिहासिक सन्दर्भ के कारण और भी गहरी हुई जिसमें उन्हें योरोप को समझना और उसका सामना करना पड़ रहा था। यह सन्दर्भ उन्हें उनकी परम्परा से प्राप्त नहीं था, वह उन्हें ज्ञान, विज्ञान और दर्शन की योरोपीय श्रेणियों के आधार पर प्राप्त हुआ था। भारतीयों को योरोप से उस भाषा में प्रतिश्रुत होना था जो उनकी अपनी नहीं थी, विचार की उन श्रेणियों में, जो योरोपीय थीं, उस सामाजिक परिवेश में जो औपनिवेशिक था। यह आश्चर्यजनक नहीं है कि ऐसी स्थिति में भारत ने योरोप की जो छवि अपने लिए बनाई वह उतनी ही खंडित और पूर्वग्रहग्रस्त थी, जितनी भारत के विषय में बनाई गई योरोपीय अवधारणाएँ।"[50]

इस व्याख्यान में निर्मल वर्मा ने भारतीय और योरोपीय सन्दर्भ में 'आत्म' और 'अन्य' के सम्बन्ध की भिन्नता की व्याख्या की। निर्मल वर्मा के अनुसार, भारतीयों के लिये अपनी अस्मिता को परिभाषित करने का सन्दर्भ कभी 'अन्य' रहा ही नहीं। जबकि हेगेल से सार्त्र तक, अस्मिता को परिभाषित करने के लिये योरोपीय मनुष्य को अपने से बाहर और अलग एक ऐसे 'अन्य' की आवश्यकता थी जो कि आतंक का स्रोत और आकांक्षा की वस्तु एक साथ था, जिसे या तो अधिगृहीत किया जाना था या फिर नष्ट किया जाना था।

निर्मल वर्मा के अनुसार योरोप और भारत के औपनिवेशिक सम्बन्ध ने असली भारत और योरोप को एक-दूसरे के लिये अदृश्य बना दिया। हेगेल से ले कर मैक्समूलर तक के लिये वास्तविक भारत केवल अतीत में ही वास करता था। आस्थाओं, मिथकों और अनुष्ठानों के माध्यम से वह अतीत, अतीत न हो कर वर्तमान में करोड़ों भारतवासियों को स्पंदित कर रहा था, इसे भारतीय परम्परा के प्रति संवेदनशील पश्चिमी प्राच्यवेत्ता नहीं समझ सके। निर्मल वर्मा के शब्दों में, "भारत का अतीत मिस्र और यूनान के उस अतीत की तरह नहीं था जिसकी प्राचीन स्मृति के टुकड़ों को विस्मृति की धूल से बचाने की आवश्यकता पड़ती, इस अतीत को खोद कर इसलिये नहीं निकाला जा सकता था क्योंकि इसे कभी दफ़नाया ही नहीं गया था।

भारत का अतीत सनातन रूप से समकालीन था, उसी तरह—जैसे अतीत के विश्वासों और संस्कारों में वर्तमान सनातन रूप से अनुबंधित था, अपने धर्म में स्थित जो अनादि अनंत है।''[51]

भारत की इसी सनातन वर्तमानता को न समझने के चलते हेगेल से ले कर हुर्सल और हाइडेगर तक ने योरोप में ही भारतीय अतीत का अनुकूलन और पुनर्जन्म सम्भव माना। निर्मल वर्मा मैक्समूलर आदि द्वारा भारतीय सभ्यता को अतीत की ही वस्तु मान लेने की आलोचना करते हुए भी प्राच्यवादी विद्वानों के प्रति कृतज्ञता महसूस करते हैं। निर्मल वर्मा के शब्दों में, ''...... एडवर्ड सईद जैसे आलोचक इसका सारा दोष योरोपीय 'इंडोलॉजिस्ट्स' पर थोप कर अपने को निष्कंटक महसूस करते हैं। वे यह भूल जाते हैं कि एशिया के अधिकांश देशों के 'औपनिवेशिक' बुद्धिजीवियों और पश्चिमी शिक्षित भारतीयों ने अपनी सांस्कृतिक धरोहर की पहचान इन्हीं पाश्चात्य विद्वानों के अनुसंधानों और अनुवादों द्वारा की थी। यह एक कड़ुवा सत्य है जिसकी ओर से आँखें मूँदना अपने को धोखा देना होगा।''[52]

निर्मल वर्मा योरोपीय पुनर्जागरण में भी सिर्फ़ उल्लास नहीं, बल्कि अवसाद भी देखते हैं। वे योरोपीय ताकतों द्वारा उपनिवेशों को ग़ुलाम बनाए जाने को योरोपीय सभ्यता द्वारा प्रकृति को ग़ुलाम बनाए जाने का ही विस्तार मानते हैं। एक अहंकेंद्रित सभ्यता के लिए 'अन्य' पहले प्रकृति थी और बाद में 'ग़ैर-योरोपीय' मनुष्य स्वयं। यह तर्क-आधारित मनुष्य-केन्द्रित सभ्यता प्रकृति को उजाड़ कर स्वयं उजाड़ बन गई। निर्मल वर्मा के शब्दों में, ''हम जानते हैं कि पंद्रहवी-सोलहवीं शताब्दी का योरोपीय पुनर्जागरण महज़ यूनानी अंतश्चेतना (प्रकृति से लयबद्ध होने की अंतश्चेतना) का पुनरुत्थान-भर नहीं था। उसमें एक तरह का संशय और अवसाद भी था जो यूनानी संस्कृति के आत्मविश्वास से बहुत दूर की चीज़ थी। ..... अपनी समूची भौतिक समृद्धि और वैभव के बाद भी योरोप आंतरिक उजाड़ की उस 'वेस्टलैंड अनुभूति' से आक्रांत लगता है—जो उसके काव्य और कला में मुखरित हुई—जिसे आगे चल कर हाईडेगर ने 'बेघरपन' की अनुभूति कहा था।''[53]

निर्मल वर्मा योरोपीय पुनर्जागरण (ज्ञानोदय) के तमाम आधुनिकतावादी मूल्यों पर ठेठ उत्तर-आधुनिकों की तरह प्रश्नचिह्न लगाते हैं क्योंकि पश्चिम की पहचान इन्हीं मूल्यों के आधार पर की जाती है। निर्मल वर्मा के संस्कृति चिंतन में हम 'उत्तर-आधुनिकता' और 'उत्तर-औपनिवेशिकता' की सहजीविता का बेहतर आभास पा सकते हैं।

निर्मल वर्मा भारतीय पुनर्जागरण की भी निर्मम समीक्षा करते हैं। वे राजाराम मोहन राय, बंकिम और विवेकानंद तक, भारतीय पुनर्जागरण के तमाम बड़े चिंतकों द्वारा 'हिन्दू अस्मिता' के पुनराविष्कार की प्रक्रिया में पश्चिमाक्रांत होने को लक्ष्य करते हैं, उनके प्रति अत्यंत आदर भाव रखने के बावजूद। बांग्ला पुनर्जागरण की छवि को उन्होंने इन शब्दों में आँका है, ''मुझे लगता है कि उन्नीसवीं सदी के बंगाली

बुद्धिजीवियों में सबसे अधिक सचेत और प्रखर बंकिमचंद्र चटर्जी ने योरोप पर भारत की प्रतिक्रिया को बहुत सटीक ढंग से संक्षेपित किया, जब उन्होंने कहा, 'आज तक विश्व ने ऐसी भौतिक समृद्धि के दर्शन नहीं किए जैसे आधुनिक योरोप की सभ्यता ने किए है। यह प्रगति अभूतपूर्व और आशातीत है।' ..... हम बंगाल के पुनर्जागरण जैसी विलक्षण सांस्कृतिक संघटना को कैसे समझ सकेंगे जो हिन्दुओं की ओर से योरोप से प्रतिकृत होने का एक विशाल बौद्धिक अभियान था ताकि वे अपने अतीत को पुनर्परिभाषित कर सकें और अपनी राष्ट्रीय अस्मिता की पड़ताल कर सकें? यह प्रक्रिया हर जगह एक-सी नहीं थी, बल्कि वह एक ओर पंडित भूदेव मुखोपाध्याय और राधाकांत देव जैसे पारम्परिक पंडितों से ले कर दूसरी ओर राजा राममोहन राय और देवेन्द्रनाथ ठाकुर जैसे पश्चिमीकृत बौद्धिकों तक अनेक समूहों में भिन्न-भिन्न ढंग से फैली थी। इन लोगों के जो भी निजी पूर्वग्रह रहे हों, लेकिन वे बौद्धिक क्षेत्र के प्रकांड विद्वान् थे जो योरोप की विचार-सरणियों के सन्दर्भ में भारतीय 'आत्म' और 'अस्मिता' को परिभाषित करने की चेष्टा कर रहे थे। उनमें से हर हिन्दू बुद्धिजीवी ने योरोप का इस तरह सामना किया कि वह उसकी संस्कृति में से वह चुन सके जिसे वह पहले से ही अपने हृदय में सँजोए था—एक परम्परावादी अपने अतीत को गौरवान्वित करने, एक देशभक्त अपनी राष्ट्रीयता को पुष्ट करने, एक राष्ट्रवादी बौद्धिक अपनी वैदिक धरोहर के धर्मनिरपेक्ष स्वभाव को रेखांकित करने की चेष्टा करता था। एक ही हिन्दू के घर में गैरीबाल्डी और मैजिनी के चित्र तथा मिल और बेंथम की पुस्तकें, उपनिषद् और भगवद्गीता की पोथियाँ एक साथ देखी जा सकती थीं। यह एक ऐसी सांस्कृतिक उथल-पुथल का दौर था जिसे भारत में पहले कभी नहीं देखा गया। भारतीय बौद्धिकों को पहली बार इतने खुले रूप में एक पराई सभ्यता का सामना करना पड़ रहा था। शहरी मध्यवर्ग के मानस पर कितना गहरा प्रभाव था, यह इस बात से समझा जा सकता है कि एक आरम्भिक 'ज्ञानोदित' बंगाली पत्रिका ने अपने को उन लोगों की पत्रिका बताया था जो 'जन्म से हिन्दू और शिक्षा से योरोपीय थे।' ....योरोप के विषय में भारतीयों के चाहे जितने भी विविध विचार रहे हों लेकिन सभी ऑगस्त कॉम्ते द्वारा प्रस्तावित इतिहास के उस विधेयवादी (पॉजिटिविस्ट) दर्शन के प्रति उत्साही थे, जिसके अनुसार, मनुष्यता धर्मशास्त्रीय और आधिभौतिक अवस्था से विकसित होती हुई पश्चिमी सभ्यता की वैज्ञानिक अवस्था में अपनी वयस्कता को प्राप्त करती है। आज हमें यह दृष्टि बचकानी और बासी लग सकती है, लेकिन यह तो पश्चात्-बुद्धि होगी। राजा राममोहन राय से ले कर विवेकानंद जैसे ज्ञानोदित भारतीयों के लिए इस तरह के ऐतिहासिक गल्प में केवल आस्था ही नहीं थी, बल्कि वे सोचते थे कि यह आस्था उन्हें ऐसे अंधविश्वासों से मुक्ति दिलवा देगी जिनने भारत को शताब्दियों से अंधकार में फेंके रखा था।''[54]

निर्मल वर्मा भारतीय पुनर्जागरण की उस चेतना की आलोचना करते हैं जो भारतीय आध्यात्म और योरोपीय भौतिक समृद्धि का मणिकांचन योग चाहती थी,

विवेकानंद जिसके सबसे मेधावी प्रतिनिधि थे। निर्मल वर्मा अपना आदर्श गाँधी जी को बनाते हैं क्योंकि "गाँधी जी की आधुनिकता 'योरोपीय आधुनिकता' से भिन्न थी .... यहाँ गाँधी एक सच्चे आधुनिक की तरह एक साथ दो स्तरों पर भारतीय और योरोपीय संस्कृतियों का आत्मालोचन कर रहे हैं, किसी एक संस्कृति का पक्षधर हो कर नहीं बल्कि दोनों को सबक सिखाते हुए कि अपनी परम्परा मे रहते हुए कैसे अपनी संस्कृति, समाज और धर्मव्यवस्था की आलोचना की जा सकती है। एक स्तर पर वे योरोपीय-ईसाई चेतना के एक प्रतिनिधि की तरह निजी अंतःकरण ....की अवधारणा को सनातन हिन्दू धर्म की निर्वैयक्तिक संहिता में समाविष्ट करते हैं और दूसरे स्तर पर धर्म की हिन्दू अवधारणा को एक ऐसे ढाँचे की तरह इस्तेमाल करते हैं जिसके भीतर ही व्यक्ति-स्वातंत्र्य की पश्चिमी अवधारणा नैतिक मान्यता पा सके। .... गाँधी जी ने अन्य के माध्यम से 'स्वयं' को जानने की योरोपीय पद्धति को उलट कर दूसरे को जान सकने की उस पद्धति को प्रतिष्ठित किया जहाँ स्वयं अपने से यह प्रश्न किया जाता है कि 'मैं कौन हूँ' और इसी के सहारे दूसरे को जानने की चेष्टा की जाती है।"[55]

निर्मल वर्मा अलगाव या निर्वासन की एक सांस्कृतिक या साभ्यतिक व्याख्या करते हैं। उनके अनुसार, पश्चिम का 'आत्मनिर्वासन' या अलगाव 'मानवीय संसार का ग़ैर-मानवीय संसार' से अलगाव है। ग़ैर-मानवीय संसार ही प्रकृति है। औपनिवेशिक समय में भारतीय मानस का भी ऐसा ही अलगाव हुआ, फिर भी पूरी तरह से नहीं। मिथकीय दिक्काल मानवीय और ग़ैर-मानवीय संसार के बीच सम्बन्ध की कुंजी है जिससे प्राक्-औपनिवेशिक भारत सदैव ही जुड़ा रहा जबकि योरोप, ज्ञानोदय के समय से ही इस मिथकीय चेतना से विरहित हो गया।

प्रकृति मनुष्य के भीतर भी है (स्व-भाव के रूप में) और बाहर भी। प्रकृति का आभ्यंतरीकरण बाहर स्थित प्रकृति को आतंक का हेतु नहीं रहने देता। मिथक मनुष्य और प्रकृति के सम्बन्ध की जीवित स्मृति तो है ही, साथ ही अवचेतन का स्वप्न भी है। यदि भारत योरोप की दृष्टि में 'निद्राग्रस्त सभ्यता' थी तो मिथक उस निद्रारत संस्कृति का स्वप्न था। जागा हुआ योरोप 'अवचेतन के इस स्वप्न' को खो बैठा और 'इतिहास के दुःस्वप्न' में जा पड़ा।

निर्मल वर्मा भारत और पश्चिम के सीधे-सपाट खाँचों में विरोध और सामंजस्य की प्रक्रिया को नहीं देखते। योरोप के भीतर रूमानी परम्परा तर्कणावाद, विधेयवाद और वैज्ञानिक प्रगतिवाद का विरोध करती है। इसी रूमानी परम्परा से गाँधी जी थोरो और टॉलस्टॉय के माध्यम से अपना सम्बन्ध जोड़ते हैं। जबकि पश्चिमी शिक्षित लिबरल भारतीय और विवेकानन्द जैसे हिन्दू रोमांटिक "प्रगति और तर्कणावाद के उन विधेयवादी आदर्शों से अधिक सम्मोहित हुए जिन्हें समकालीन, योरोपीय रोमांटिकों ने तीव्रता से नकारा था।"[56]

निर्मल वर्मा दो सभ्यताओं के द्वंद्व की जगह अधिक जटिल प्रक्रिया को रेखांकित करते हैं, "..... अब यह, भारतीय और योरोपीय, दो सभ्यताओं के बीच का परस्पर द्वंद्व नहीं रह गया था, जो दो भिन्न आदर्शों का प्रतिनिधित्व करती थीं, बल्कि उसे भारत और योरोप की सभ्यताओं द्वारा आभ्यंतरीकृत कर लिया गया, जहाँ पश्चिमी सभ्यता का एक पहलू रोमांटिसिज़्म उसी के दूसरे पहलू वैज्ञानिक प्रगतिवाद और पॉजिटिविज़्म से टकराता था, जैसा कि भारतीय सभ्यता का परम्परावाद उसी के दूसरे पहलू उदारवादी पश्चिमी विकासधारा का विरोध करता था।"[57]

निर्मल वर्मा के लिए भाषा का प्रश्न भी दिक्काल के बोध से जुड़ा प्रश्न है। उनके अनुसार, "शब्दों की दुनिया एक तरह से अनुभवी जीवन-दृष्टि के समानांतर चलती है। एक समाज की धार्मिक संवेदनाएँ और मिथकीय चेतना उसकी भाषा में भी अपने स्मृति चिह्न, अपनी अनुगूँज छोड़ जाती है।" निर्मल वर्मा की निगाह में भारतीय संस्कृति की काल प्रतीति ऐतिहासिक काल-क्रम की पश्चिमी अवधारणा से बहुत अलग रही है, जिसका असर भारतीय भाषाओं पर पड़ा है। रूपकात्मकता और मिथकीयता उनके अनुसार भारतीय भाषाओं का स्वभाव रही है। काल-बोध के अलावा प्रकृति के साथ मनुष्य का सम्बन्ध भी भाषा के स्वभाव को निर्मित करता है—"यह एक नृतत्त्वीय सत्य है कि जिन समाजों में मनुष्य और प्रकृति दो विरोधी सत्ताएँ नहीं हैं, जहाँ उनके परस्पर सम्बन्ध अधिक आत्मीय, निकट और नैसर्गिक होते हैं, वहाँ अनुभूति और चिन्तन की भाषा में अंतराल अधिक नहीं होता है और उसकी मिथकीय संवेदनाएँ अधिक समृद्ध होती हैं। ऐसे समाजों में भाषा अपने मूल-स्वभाव में रूपकात्मक (मैटाफोरिकल) .... होती है। .....यदि भारतीय भाषाओं का विकास बिंबों और प्रतीकों के प्रभामंडल में हुआ तो इसका बड़ा कारण मनुष्य और प्रकृति के बीच का वह पवित्र सम्बन्ध रहा है जो आधुनिकता के आक्रमण से पहले शताब्दियों तक अक्षुण्ण रहा था।"[59]

साहित्य के क्षेत्र में अज्ञेय ने कविता की भाषा को ले कर तथा निर्मल वर्मा ने उपन्यास की संरचना को ले कर मिथकीय कालप्रतीति और ऐतिहासिक कालबोध के अंतर को स्पष्ट किया है। अज्ञेय की अंतिम डायरी के एक अंश को निर्मल वर्मा उद्धृत करते हैं—"ऐतिहासिक काल को पूरी तरह मान लेने से भाषा में, वाक्य की अन्विति में एक जड़ता, लचीलेपन की कमी, बल्कि उसका परित्याग आया है। आवर्तीकाल के बोध के साथ हमारी भाषा में भी एक लचीलापन था, जिसे छोड़ने को हम लाचार हो गए....।"[60]

निर्मल वर्मा और अज्ञेय दोनों के लिए औपनिवेशिक शासन भारतीय परम्परा में इतिहास का, सनातन में समय का हस्तक्षेप है। दोनों इसी केन्द्रीय नुक्ते से औपनिवेशिक प्रक्रिया और भारतीय पुनर्जागरण की व्याख्या करते हुए हिन्दी का 'उत्तर-औपनिवेशिक' अध्याय रचते हैं। दोनों ही पूरी योरोपीय परम्परा की यात्रा करते हुए 'भारतीय अस्मिता' तक पहुँचते हैं। अज्ञेय को याद करते हुए निर्मल वर्मा ने

लिखा, "अज्ञेय अपने आरम्भिक लेखन में आधुनिक योरोपीय साहित्य से बहुत प्रभावित रहे, जिसके लिए वे उन आलोचकों की निंदा का शिकार हुए जिन्होंने उनकी इन आरम्भिक रचनाओं में बहुत कुछ ऐसा पाया, जो अभारतीय था। यह विचित्र विडंबना है कि इन्हीं आलोचकों को उनकी बाद की कृतियों पर हिन्दू परम्परावाद की छाया भी दिखाई दी। एक ही लेखक की ज़िन्दगी के पश्चिमीकरण से ले कर उसकी भारतीयता के इस विचित्र विकास को कैसे समझा जा सकता है? क्या यह यात्रा सिर्फ़ अज्ञेय के सन्दर्भ में सही है या यह किन्हीं अर्थों में भारतीय स्थिति का प्रतीक भी है, जहाँ उपनिवेशवाद के कारण उत्पन्न हुए उन्मूलन में एक भारतीय लेखक को कायांतरण की तमाम अवस्थाओं से गुज़र कर ही अपना विश्वसनीय 'आत्म' हासिल हो पाता है। मैं अक्सर सोचता हूँ कि अज्ञेय पर अपने ही समकालीन भारतीय दार्शनिक की इस बात की क्या प्रतिक्रिया रही होती जिन्होंने कहा था कि 'पूर्व में हमारे लिए कोई दूसरा रास्ता खुला नहीं है सिवाय योरोपीयकरण के साथ चलते हुए और उससे परे निकल जाने के। विदेश और विचित्र की इस यात्रा से गुज़र कर ही हमें उसी चीज़ तक पहुँचने के लिए, जो हमारे बेहद समीप है, एक बहुत लंबा रास्ता पार करना होगा।' (जड़ावलाल मेहता)।"[61] स्वयं अज्ञेय ने इस प्रक्रिया को यों समझाया है, "....कभी-कभी तो ऐसा लगता है कि आज की परिस्थितियों में वास्तव में भारतीयता की भावना विदेश जाने पर ही जागती है—उन्हीं लोगों में जागी है जो विदेश हो आये हैं या विदेश में रहे हैं, उन्हीं लोगों के द्वारा चर्चित हुई है और होती रही है जो लम्बे अरसे तक प्रवासी रहे हैं और जिन्हें बार-बार अस्मिता की चुनौती का सामना करना पड़ा है—ऐसी चुनौती का जिसका सम्बन्ध धर्म-विश्वास से नहीं बल्कि संस्कृति से है—उन संस्कारों के समूह से जो हमारे सारे कर्म-व्यापार और हमारे चिंतन को निरूपित.....करते हैं।"[62]

अज्ञेय या निर्मल वर्मा के लिए 'बेघरपन' कोई उत्सव मनाने की चीज़ नहीं, जैसा कि उदाहरण के लिए सलमान रुश्दी जैसे चर्चित उत्तर-औपनिवेशिक उपन्यासकार के लिए। 'घर' चाहे सूक्ष्म चैतन्य के स्तर पर हो या फिर स्थूल पार्थिव स्तर पर, दोनों ही स्थितियों में वह एक ऐसा स्थिर बिन्दु है जिससे अज्ञेय या निर्मल ख़ुद को जुड़ा पाते हैं। दूसरी ओर सलमान रुश्दी का बयान देखें—"हमें गुरुत्वाकर्षण शक्ति के बारे में तो मालूम है, पर इसकी पैदाइश के बारे में नहीं; और अपनी पैदाइश की जगहों से अपने जुड़ाव का ख़ुलासा करते हुए हम नाटक करते हैं अपने दरख़्त होने का और जड़ों की बात करते हैं। ज़रा अपने पैरों तले देखिए। आपको अपने तलवों से उगती हुई गाँठ-दार चीज़ दिखाई नहीं देगी। कभी-कभी मैं सोचता हूँ जड़ें एक रूढ़िवादी मिथक हैं, हमें हमारी जगहों तक महदूद रखने के लिए गढ़ी गईं। .... गुरुत्वाकर्षण और जुड़ाव के अहसास के ख़िलाफ़-मिथकों का एक ही नाम : उड़ान। प्रवास (संज्ञा), उड़ कर एक से दूसरी जगह जाना। उड़ना और भागना : दोनों ही आज़ादी ढूँढ़ने के तरीके हैं........ जो लोग अपने मादरे-वतन से उखड़ आते हैं वो प्रवासी

कहलाते हैं। पर जब यही काम मुल्क (बांग्लादेश) करते हैं तो उस काम को अलगाव कहते हैं। प्रवासी लोगों और टूटे हुए मुल्कों के बारे में सबसे अच्छी बात क्या है? मेरे ख़्याल से उनकी उम्मीद-परस्ती। ....हम ज़मीन के अलावा और भी बहुत कुछ से उखड़ कर आए हैं। हम इतिहास से, याद से, समय से ऊपर उठ कर तैरे हैं।''[63]

दरअसल अज्ञेय और निर्मल वर्मा तथा सलमान रुश्दी में फ़र्क सिर्फ़ पीढ़ी का नहीं हैं, बल्कि विमर्श के परिक्षेत्र का भी है। निर्मल वर्मा संरचनावादी ज्ञान-मीमांसा से अपनी धारणाओं के पक्ष में प्रमाण लाते हैं, उनकी पुष्टि करते हैं। उदाहरण के लिए 'मिथकीय चेतना' के प्रसंग में वे नॉर्थ्राप फ्राई से ले कर लेवी स्ट्रॉस तक के उद्धरण देते हैं। संरचनावाद में केन्द्र, सारतत्त्व, जड़, मूल, भित्ति या आधार की धारणा बरकरार है जबकि उत्तर-संरचनावाद इसका उन्मूलन करता है। हिन्दी में निर्मल वर्मा जिस 'उत्तर-औपनिवेशिक' अध्याय की रचना करते हैं वह संरचनावाद के अपनी निर्मिति के तत्त्व ग्रहण करता है, जबकि पिछली सदी के 90 के दशक में पश्चिमी केन्द्रों में उत्तर-संरचनावाद का ही ज़ोर रहा। प्रवासन, निर्वासन, सीमान्त अनुभव स्वयं में ही मूल्यवान और अर्थवान बताए जाते हैं जबकि अज्ञेय या निर्मल वर्मा में ये साधन के रूप में हैं। साध्य 'अस्मिता की खोज' है, जो कि 'घर की खोज' ही है जहाँ सुरक्षा है, आत्मीयता है, आश्वासन है।

अज्ञेय और निर्मल वर्मा का 'काल-चिंतन' मिथकीय काल और ऐतिहासिक काल, दूसरे शब्दों में, भारतीय काल-बोध और योरोपीय काल-बोध में अंतर करता है। इस अंतर या 'भिन्नता' या 'अन्यता' की व्याख्या वे प्राक्-आधुनिक और आधुनिक, प्राक्-औपनिवेशिक और औपनिवेशिक की भिन्नता के स्तर पर भी करते हैं। अज्ञेय तमाम संकल्पनाओं की भिन्नता को भी इन स्तरों पर लगातार रेखांकित करते हैं। उदाहरण के लिए वे पश्चिम के शब्द 'हिस्ट्री' में सिर्फ़ मानव-केन्द्रिकता का भाव पाते हैं, जबकि 'इतिहास' या 'कि ऐसा होता आया है' में वे 'मानव को केन्द्र में रखती हुई उसके अपने को अपने परिवेश के साथ सर्जनात्मक रूप से जोड़ने के उद्यमों का परिप्रेक्ष्य' प्रस्तुत करने वाली संकल्पना विद्यमान पाते हैं। अर्थात् हिस्ट्री सिर्फ़ मानव का इतिहास है, जबकि 'इतिहास' सृष्टि का इतिहास है, मानवीय और ग़ैर-मानवीय सृष्टि के बीच संवाद का इतिहास है। इसी तरह 'संस्कृति' शब्द जिस अँग्रेज़ी शब्द 'कल्चर' का अनुवाद है, उसमें वे मानव प्राणी को 'दिया हुआ' मान कर, उसे मनोनुकूल पौधे के रूप में विकसित किये जाने का भाव देखते हैं। यह मानव प्राणी को किसी पूर्व निश्चित आदर्श के अनुरूप ढालने की प्रक्रिया है। जबकि ''आधुनिक-पूर्व युग में भी आदर्श तो थे, लेकिन उन्हें 'सांस्कृतिक' आदर्श नहीं कहा जाता था क्योंकि संस्कृति की वैसी अलग अवधारणा इस देश में नहीं की जाती थी। मानव चरित्र के विकास को दिशा देने वाले आदर्शों और संकेतों को 'संस्कृति' नाम देने की आवश्यकता नहीं थी क्योंकि वे सब 'धर्म' का ही अंग थे—धर्म की जैसी व्यापक परिकल्पना यहाँ थी ..... वैसी अवधारणा संसार के इतिहास में अन्यत्र कहीं नहीं हुई।''[64] वे संस्कृति की

परिभाषा 'सृष्टि-दर्शन' के रूप में करते हैं जो कि धर्म के नज़दीक पड़ती है। इसी तरह वे 'धर्म' और 'रिलीज़न' शब्दों का भेद भी निरूपित करते हैं। धर्म जीवन-दृष्टि है जबकि रिलीज़न मत-विश्वास। धर्म में जीवन-दृष्टि के अनुकूल आचरण पर बल है, जबकि मत-विश्वास एकान्ततः व्यक्तिगत चीज़ मानी गयी है।

अज्ञेय 'इतिहास' और 'संस्कृति' जैसे शब्दों का व्यवहार करते हुए उनमें 'हिस्ट्री' या 'कल्चर' के अनूदित अर्थों का निरसन करते हैं। भाषिक अर्थ-प्रक्रिया स्वयं 'भिन्नता' या 'अन्यता' के निरूपण का क्षेत्र बन जाती है। (संरचनावाद और उत्तर-संरचनावाद की भाषिकी का मॉडल अर्थ के इसी 'विभेद' या 'भिन्नता' के आधार पर विकसित हुआ)।

काल की 'अन्यता' या 'सापेक्षता' की धारणा को संरचनावादी भाषिकी के उस मॉडल से काफ़ी बल मिला जिसमें भाषिक तंत्र या संरचना समकालिक (synchronic) मानी गई, कालक्रमिक (diachronic) नहीं। संरचनावाद का असर नृतत्त्वशास्त्र, संकेतविज्ञान और संस्कृतिशास्त्र पर भी पड़ा। 'ग़ैर-योरोपीय', 'प्राक्-आधुनिक' काल संस्कृतियों की संरचनागत 'भिन्नता' की व्याख्या का औज़ार तो बना, लेकिन 'मिथकीय काल' हो या 'सनातनता' की अवधारणा, वह उस काल का स्थानापन्न नहीं बन सकती जिसमें घटनाएँ घटती हैं, अवस्थाएँ परिवर्तित होती हैं, जिसमें सभी मानवीय सभ्यताएँ भौतिक रूप से रहती और रूपांतरित होती हैं। परम्परा में इतिहास का, सनातन में समय का हस्तक्षेप, सांस्कृतिक 'भिन्नता' का रूपक तो हो सकता है, महसूस करने की प्रणालियों की भिन्नता की व्याख्या तो कर सकता है, किन्तु विकास या परिवर्तन की भौतिक वास्तविकता का स्थानापन्न नहीं हो सकता क्योंकि परम्परा या सनातनता स्वयं विकास या परिवर्तन से मुक्त नहीं है। काल की अनेक अवधारणाएँ हो सकती हैं, उसे महसूस करने की अनेक प्रणालियाँ हो सकती हैं, लेकिन जिस काल में भौतिक परिवर्तन हुआ करते हैं, वह समरूप शून्य समय (homogenous empty time) है, जिसे इसी तरह महसूस करना अवश्य ही आधुनिक बोध है जो 'शाश्वत वर्तमानता' के मध्यकालीन बोध से भिन्न है। उसकी अर्थवत्ता या मूल्यवत्ता का निरूपण ही संस्कृति सापेक्ष हो सकता है। उदाहरण के लिए कोई कह सकता है कि हम लगातार उन्नति नहीं कर रहे, बल्कि अवनति की ओर जा रहे हैं। हमारा उत्थान नहीं, पतन हो रहा है, हम 18वीं सदी के मनुष्य से आज की तारीख़ में अधिक सुखी नहीं हैं, आदि। लेकिन उन्नति, अवनति, उत्थान, पतन, सुख, दुःख आदि काल में घट रहे सतत् परिवर्तन को महसूस करने की, व्याख्या करने की अवधारणात्मक कोटियाँ हैं, स्वयं 'काल' नहीं। तथाकथित 'सभ्यता' के प्रभावों से काफ़ी हद तक अछूती कई अफ्रीकी जनजातियाँ और योरोप, अमरीका की 'सभ्यता' आज 21वीं सदी में साथ-साथ वर्तमान हैं। यह एक ही काल है जिनमें वे रह रही हैं, भले ही दोनों का काल-बोध नितांत भिन्न हो। कहने का तात्पर्य यह कि काल की 'अन्यता' या 'सापेक्षता' भले ही हेगेल के सार्वभौम, वर्चस्वशाली (यूरोकेन्द्रिक) क्रमिक

इतिहासवाद का प्रत्याख्यान हो, किंतु जिस सापेक्षतावादी ज्ञान-मीमांसा की वो उपज है वह स्वयं प्रश्नों से परे नहीं।

अज्ञेय और ख़ास तौर पर निर्मल वर्मा 'प्राच्यवाद' को ले कर एक दुविधात्मक रवैया रखते हैं। एक ओर निर्मल वर्मा ये मानते हैं कि मैक्समूलर प्रभृति प्राच्यवादियों ने भारतीय अतीत को व्यतीत मान कर उसे प्रथाओं, उत्सवों, रीतिरिवाज़ों में जीवित परम्परा से काट कर देखा, किंतु भारतीय अतीत की इस खोज के लिए उनके प्रति वे आभार भी महसूस करते हैं। एडवर्ड सईद जैसे चिन्तकों द्वारा 'प्राच्यवादियों' पर दोष मढ़ने की जगह वे इसे देशी बौद्धिकों का दोष मानते हैं कि उन्होंने उनके कार्यों को ज्यों का त्यों स्वीकार कर लिया। अज्ञेय और निर्मल वर्मा अपनी तमाम धारणाओं के लिए प्राच्यवादियों द्वारा निर्मित 'उच्च पाठीयता' की परम्परा (high textualist tradition) का ही सहारा लेते हैं। पुराण, उपनिषद्, रामायण, महाभारत, भगवद्गीता आदि के सहारे ही वे आवर्ती काल या मिथकीय संवेदना की धारणाओं को समझते समझाते हैं। भारत की बहुकेन्द्रिक सांस्कृतिक-धार्मिक मान्यताओं और लोक परम्पराओं का वे उल्लेख तो करते हैं किंतु उन्हें अपने अध्ययन-विश्लेषण का स्त्रोत नहीं बनाते। केन्या के न्गुगी वा थ्योंगो अफ्रीकी काव्य और नाटक की भाषा में आवर्ती लय को किसानों की जीवन पद्धति से जोड़ कर देखते हैं। भाषा पर काल के भिन्न प्रत्यय का असर वे भी मानते हैं, लेकिन वे उसके सामाजिक आधार को भी रेखांकित करते हैं। अज्ञेय और निर्मल वर्मा के सांस्कृतिक चितंन में सामाजिक वास्तविकताओं और उनके अंतर्विरोधों के लिए पर्याप्त अवकाश नहीं है। यही कारण है कि उच्च संस्कृत पाठों पर आधारित उनकी 'भारतीयता' में पितृसत्ता, जाति-प्रथा और नस्लीय-धार्मिक सम्मिश्रण के विमर्शों का कोई महत्त्वपूर्ण स्थान नहीं है। हजारीप्रसाद द्विवेदी की तरह मध्यकालीन बोध के स्वरूप में उनकी गहरी पैठ नहीं है और न ही बहुल सांस्कृतिक प्रणालियों के गतिविज्ञान, शास्त्र और लोक के द्वंद्व का वैसा आरेखन।

भारतीय नवजागरण का एक सहउत्पाद हिन्दू और मुस्लिम राष्ट्रीयता का विमर्श भी था जिसने राष्ट्रीय आंदोलन को और अंततः राष्ट्र को विभाजित किया और आज के समय में भी वह नित नये रूपाकारों में सक्रिय है। ख़ुद हिन्दी साहित्य के इतिहास में भी ये विमर्श सामान्यबोध की तरह सक्रिय रहा। गार्सां-द-तासी ने जब हिन्दी-हिन्दुस्तानी भाषा का पहला इतिहास लिखा, तभी उनकी निगाह में हिन्दी हिन्दुओं की और हिन्दोस्तानी मुसलमानों की भाषा थी। क्रियापद एक होने पर भी, व्याकरणिक ढाँचा एक होने पर भी, संज्ञापदों और लिपि की भिन्नता को सांस्कृतिक भिन्नता तक खींच ले जाने के चलते खड़ी बोली हिन्दी के दो रूपों—हिन्दी और उर्दू के साहित्येतिहास अलग-अलग हैं। प्राच्यवादी विमर्श ने उच्च संस्कृत पाठों के आधार पर प्राचीन भारत की जो छवि खींची, उसमें मध्यकाल की सांस्कृतिक विरासत का निषेध अन्तर्निहित था। सामी धर्मों (ईसाइयत और इस्लाम) को हिन्दुत्व के विमर्श में धीरे-

धीरे 'अभारतीय' या 'अन्य' की कोटि में डाल दिया गया और जैन, बौद्ध आदि मतों को हिन्दुत्व में ही 'आत्मसात' कर लिया गया। इस पूरी परियोजना में सर्वाधिक नुकसान उन परम्पराओं का हुआ जो कि या तो हिन्दू-मुस्लिम मतों के परस्पर और दूसरी देशज परम्पराओं के साथ मेल से बनी थीं या फिर 'ना हिन्दू, ना मुसलमान' की श्रेणी में ख़ुद को रखती थीं। सूफ़ी मत, कबीरपंथ आदि भारतीयता की 'साभ्यतिक' स्मृति से ख़ारिज हो गए। अवैदिक, नास्तिक और भौतिकवादी दर्शन भी इस योजना में कुछ ख़ास महत्त्व नहीं प्राप्त कर सके। प्राचीन नदी घाटी सभ्यताओं (सिन्धु नदी, दज़ला-फ़रात और नील नदी घाटी की सभ्यताएँ) के बीच सदियों के आदान-प्रदान की स्मृति के संकेतचिह्न भारत की प्राच्यवादी खोज में कहीं दिखाई नहीं देते और न ही उन पर खड़ी की गई भव्य विचारधारात्मक इमारतों में उनका कुछ अता-पता चलता है।

बांग्ला पुनर्जागरण में राष्ट्रीय अतीत और हिन्दू अतीत के समीकरण तथा उसके आधार पर लिखे गए इतिहासों के प्रसंग में पार्थ चैटर्जी ने 'हिन्दुत्व' के विमर्श की रूपरेखा का उल्लेख करते हुए लिखा, "....'हिन्दुत्व' की धारणा, इस ऐतिहासिक अवधारणा के तहत धार्मिक मानकों से परिभाषित नहीं की जा सकती, न की जानी चाहिए। कोई भी ऐसी ख़ास आस्थाएँ या आचरण नहीं हैं जो कि इस 'हिन्दू' की अभिलक्षक हों तथा हिन्दुओं में मतों और सम्प्रदायों की भिन्नताएँ इस अवधारणा के लिए अप्रासंगिक हैं। यहाँ तक कि बौद्ध और जैन जैसे वेद-विरोधी, ब्राह्मण-विरोधी धर्म भी यहाँ 'हिन्दुत्व' में ही परिगणित हैं। इसी तरह ब्राह्मण धर्म और जातिगत समाज के बाहर स्थित जन भी हिन्दू जाति में ही मान लिए गए। लेकिन इस हिन्दू जाति के साफ़ तौर पर बाहर हैं ईसाइयत और इस्लाम। पर समावेशन और अपवर्जन के मानदण्ड क्या हैं? ये मानदण्ड ऐतिहासिक उत्पत्ति से सम्बन्ध रखते हैं। बौद्ध या जैन हिन्दू हैं क्योंकि वे भारत में जन्मे, उन बहसों और आलोचनाओं से जन्मे जो हिन्दू धर्म के भीतर ही संचालित रही हैं। और 'भारत' यहाँ सामान्य जातिगत इकाई है, पारिभाषिक तौर पर स्थिर, क्षेत्रीय इकाई जो कि जाति के इतिहास का स्थायी कार्यक्षेत्र है।

हम पूछ सकते हैं कि इस 'राष्ट्र' से अपवर्जित भारत के निवासियों का इस (योजना) में क्या स्थान है? इस इतिहास-लेखन में इस प्रश्न के कई उत्तर प्रस्तावित हैं। एक उत्तर, जो कि राष्ट्रीय जीवन में आधुनिक राजसत्ता की केन्द्रीयता को मान कर चलता है, वह खुले रूप में 'बहुसंख्यकवादी' है। बहुसंख्यक 'समुदाय' हिन्दू है, अन्य 'अल्पसंख्यक' हैं। अतः राज्य की नीतियों में उनकी बहुसंख्या परिलक्षित होनी चाहिए और अल्पसंख्यकों को बहुसंख्यकों का नेतृत्व और संरक्षण स्वीकार करना चाहिए। यह मत, जो कि उत्तर-औपनिवेशिक भारत में इतनी हठधर्मिता के साथ हिन्दू-अतिवाद की राजनीति द्वारा प्रचारित किया जा रहा है, वास्तव में आज से 100 साल पहले, उसी समय पैदा हुआ था जब भारतीय राष्ट्रवाद का जन्म हुआ था।"[65]

आश्चर्य है कि निर्मल वर्मा पिछली शताब्दी के ढलते वर्षों में जब औपनिवेशिकता पर विचार करते हैं, इतनी बरीकी से प्राक्-औपनिवेशिक और औपनिवेशिक, प्राक्-आधुनिक और आधुनिक, सनातनता और समय के बीच विवेक का आरेखन कर रहे होते हैं, तो उस समय वे ख़ुद एक ऐसी धारणा का अनालोचनात्मक पिष्ट-पेषण कर रहे होते हैं जो कि औपनिवेशिकता की ही उपज है। निर्मल जी लिखते हैं—"बौद्ध चिंतन ने एक ऐसी चुनौती प्रस्तुत की थी जो अपने स्रोतों और दार्शनिक आशयों में 'सेमेटिक' परम्पराओं से नितांत भिन्न थी। अगर हिन्दू शास्त्रियों और विद्वानों को अपने बौद्ध समतुल्यों से उत्तेजक जिरह करना अपरिहार्य जान पड़ा तो वह ठीक इसलिए कि बौद्ध 'अन्य' होते हुए भी हिन्दुओं की तमाम बुनियादी अवधारणाओं में साझा करते थे, चाहे वह मोक्ष और निर्वाण का प्रश्न हो या आत्म और शून्यता का। अगर इस्लाम और ईसाइयत ऐसी जिज्ञासा जागृत नहीं कर सके तो इसलिए क्योंकि वह पूरी तरह 'अन्य' थे। जिस हद तक ईसाई-यहूदी धर्म अपने को मीमांसात्मक आशयों से ख़ाली करते गए उसी हद तक हिन्दू परम्परावादियों का उनके प्रति आकर्षण और दिलचस्पी कम होती गई। बौद्ध धर्म हिन्दुओं को एक दार्शनिक चुनौती मालूम देता था, जिससे वे निपट सकते थे—वे पराए होते हुए भी अपने थे और अंततः वे बिलकुल अपने हो गए और बौद्ध धर्म भारत में लुप्त नहीं, लीन हो गया। दूसरी और इस्लाम ओर ईसाई धर्म अपने असंदिग्ध पराएपन के कारण आज तक संस्थाबद्ध रूप में भारत में अस्तित्ववान हैं।"[66]

अद्‌भुत है यह तर्कप्रणाली जो बहुसांस्कृतिकता की बार-बार कसमें खाने के बाद, अपनी अंतिम परिणति में चुने हुए 'अन्यों' के प्रति घातक रूप से असहिष्णु है। पश्चिम पर तो आरोप है कि वह 'अन्य' को अधिगृहीत किए बग़ैर, उसे मिटाए बग़ैर 'आत्म' को नहीं पा सकता, दूसरी ओर पाखंड यह कि 'अन्य' (धर्मों) से यह अपेक्षा की जा रही है कि वह ख़ुद ही भारतीयता (हिन्दुत्व) में विलीन हो जाएँ। निर्मल वर्मा का भारतीय 'आत्म' पश्चिमी 'आत्म' से इस मामले में भिन्न है कि वह 'अन्य' से यह अपेक्षा करता है कि वह ख़ुद को नष्ट कर ले जबकि पश्चिम 'अन्य' से ऐसी अपेक्षा अथवा अपील न करके उसे मिटाने में जुट जाता है। निर्मल वर्मा यह नहीं बताते कि वे 'अन्य' जो हिन्दुत्व की महाधारा में लीन होने से इनकार करते हैं, उनके साथ हिन्दू 'आत्म' का सम्बन्ध या संवाद कैसा होगा। निर्मल वर्मा साहित्यकार हैं, लिहाजा वे इस प्रश्न के जवाब का ज़िम्मा सम्भवतः राजनीतिक हिन्दुत्व पर छोड़ते हैं, जिसने हाल के वर्षों में इस जवाब के बारे में शायद ही कोई संशय रहने दिया है। भारतीयता का एक ऐसा विमर्श तैयार हुआ है जो कि 'उत्तर-औपनिवेशिक' सांस्कृतिक चिन्तन में भी अपनी जगह बनाए हुए है, जिसमें इस्लाम की अनेक परम्पराओं (शिया, सुन्नी, वहाबी, सूफ़ी, महदी), मुसलमानों की अनेक जातियों-सम्प्रदायों (तुर्क, मंगोल, पठान) को 'अन्यता' के एक ही खाँचे में 'समरूप' बना दिया गया। 'अन्य' के साथ-साथ 'आत्म' को भी एक ही 'हिन्दू' समरूपता में परिभाषित किया गया। दूसरी ओर इस्लाम

के नाम पर बना देश (पाकिस्तान) भाषायी अस्मिता के दमन के चलते अपनी सम्प्रभुता अक्षुण्ण नहीं रख सका और विभाजित हुआ, 1971 में बांग्लादेश बना। आज भी पाकिस्तान में सिंधियों और पंजाबियों के मुकाबले उत्तर भारत के मुसलमान 'मोहाज़िर' के रूप में दूसरे दर्ज़े के नागरिक माने जाते हैं जबकि अफ़गानिस्तान की सीमा पर बलूच सहित तमाम जनजातियाँ इस्लामिक राज्य की सार्वभौम सत्ता से लगातार बग़ावत करती रहती हैं।

औपनिवेशिक विरासत का मुकाबला करते हुए उससे परे जाने की उत्तर-औपनिवेशिक परियोजना, जिसकी चर्चा इस अध्याय के आरम्भ में हमने जयदेव के एक उद्धरण के हवाले से की थी, वह भारतीय पुनर्जागरण के अमृत और हलाहल को अलगाए बग़ैर, उसके प्रति समुचित आलोचनात्मक दृष्टिकोण पैदा किए बग़ैर सम्भव नहीं।

उत्तर-औपनिवेशिक या स्वातंत्र्योत्तर

हिन्दी आलोचना द्वारा व्यवहार किया जाने वाला 'स्वातंत्र्योत्तर' पद कालवाची अर्थ में 'उत्तर-औपनिवेशिक' पद के नज़दीक पड़ता है, हालांकि ज्ञान-मीमांसा, पाठ की रणनीति और संकल्पनात्मक धरातल पर ऐसा नहीं है। हिन्दी में 'स्वातंत्र्योत्तर' साहित्य का परिदृश्य एक ओर प्रगतिवाद-यथार्थवाद तो दूसरी ओर नयी कविता-कलावाद की तीखी बहसों के बीच निर्मित हुआ। 'स्वातंत्र्योत्तर' से क्या अभीष्ट था, इसे ले कर वामपंथी आलोचकों के बीच भी बहस कम न थी। 1965 में शिवदान सिंह चौहान ने 'आलोचना' के चार अंकों में स्वातंत्र्योत्तर हिन्दी साहित्य का इतिहास लिखवाने का आयोजन किया था। पहले अंक के सम्पादकीय में उन्होंने स्वतंत्रता-प्राप्ति के बाद के पंद्रह-सोलह वर्षों को 'नेहरू युग' कहा। 'नेहरू युग' कहने में ही 'एक व्यक्ति एक युग' की धारणा के आधार पर जो नायकोन्मुख इतिहास-दृष्टि झलकती है, वह स्वातंत्र्योत्तर परिदृश्य की जटिलता का सरलीकरण है। यद्यपि कि नेहरू का व्यक्तित्व इस दौर की राजनीति के केन्द्र में था। 1949 में अज्ञेय ने 'नेहरू अभिनन्दन ग्रन्थ' का सम्पादन किया। स्वतंत्रता की पच्चीसवीं वर्षगांठ के अवसर पर 'इण्डियन लिटरेचर-सिंस इण्डिपेंडेंस' शीर्षक से भारत की विभिन्न भाषाओं में साहित्यिक प्रगति का एक सर्वेक्षण साहित्य अकादमी ने अंग्रेज़ी में प्रकाशित कराया। इस ग्रन्थ के लिए हिन्दी का सर्वेक्षण किया नामवर सिंह ने। 1973 में लिखे इस लेख में नामवर सिंह ने भी आज़ादी के बाद के डेढ़ दशक के साहित्य के विषय में लिखा, " ..... ऐसा प्रतीत होता है कि इस दौर के साहित्यकारों को राष्ट्र नेता जवाहरलाल नेहरू द्वारा दिए गए समाजवाद के आश्वासन में काफ़ी आस्था थी और वे राष्ट्र-निर्माण के प्रति आशावान थे।"[67] नामवर सिंह ने आज़ादी के बाद सन् पचास के दशक को हिन्दी साहित्य की दृष्टि से नव-रोमांटिक उत्थान का दौर कहा। जबकि 60 के दशक को उन्होंने 'मोहभंग का दौर' बताया। नामवर सिंह ने लिखा, "राष्ट्रीय मुक्ति संघर्ष के पहले दौर के समान इस नये दौर में भी आरम्भिक तीन-चार वर्षों के संक्रांति-काल के

बाद देश में एक सांस्कृतिक पुनर्जागरण की लहर आई जिसका प्रभाव साहित्य में एक प्रकार के नव-रोमांटिक उत्थान के रूप में प्रकट हुआ।"[68] मैनेजर पाण्डेय ने आलोचना के जनवरी-मार्च 1979 के अंक में 'स्वातंत्र्योत्तर हिन्दी साहित्य के इतिहास लेखन की समस्याएँ' शीर्षक से एक लेख प्रकाशित कराया जिसमें 'स्वातंत्र्योत्तर' की एक बिलकुल भिन्न समझ परिलक्षित होती है। इस लेख में मैनेजर पाण्डेय ने नामवर सिंह द्वारा प्रस्तावित यह अवधारणा कि आज़ादी के आरम्भिक तीन-चार वर्षों के बाद देश में सांस्कृतिक नवजागरण की लहर आयी, का खण्डन करते हुए लिखा, "विचारणीय यह है कि इस तथाकथित सांस्कृतिक नवजागरण की पृष्ठभूमि क्या है? इस कालखण्ड में देश का बँटवारा हुआ, अभूतपूर्व साम्प्रदायिक दंगों के भीषण हत्याकाण्ड में देश डूब गया, गाँधी की हत्या हुई, प्रगतिशील आंदोलन से जुड़े कलाकारों, साहित्यकारों, पत्रकारों, रंगकर्मियों, पत्र-पत्रिकाओं आदि का कठोर दमन किया गया, तेलंगाना के हज़ारों क्रांतिकारियों की निर्मम हत्या हुई, राजनीति और साहित्य में क्रांतिकारी शक्तियों का विघटन और बिखराव हुआ, शोषकवर्ग की सत्ता क्रमशः मज़बूत होती गयी। सांस्कृतिक मोर्चे पर नयी सत्ता से प्राप्त सुविधाओं के लोभ और वर्गीय सहानुभूति के कारण नया वर्ग-सन्तुलन स्थापित होने लगा। देश की जनता निराशा, पस्ती और क्षोभ की मनोदशा में जी रही थी। क्या इस सामाजिक, राजनीतिक और सांस्कृतिक परिवेश में किसी सांस्कृतिक नवजागरण की सम्भावना है? प्रायः सांस्कृतिक नवजागरण में जनता की सामाजिक-राजनीतिक आकांक्षाओं की अभिव्यक्ति होती है। तथाकथित सांस्कृतिक नवजागरण में जनता की किन सामाजिक-राजनीतिक आकांक्षाओं की अभिव्यक्ति हुई थी? सवाल यह है कि, इन सबके बावजूद डॉ0 नामवर सिंह नयी कविता और नयी कहानी के आंदोलन के पीछे एक सांस्कृतिक नवजागरण की कल्पना क्यों करते हैं? ....दुनिया-भर में रोमाण्टिसिज़्म के पीछे नवजागरण की चेतना सक्रिय दिखायी देती है तो यहाँ भी उसे होना ही चाहिए। सम्भवतः यही कारण है कि डॉ0 नामवर सिंह को स्वाधीनता के तीन-चार वर्षों के बाद एक सांस्कृतिक नव-जागरण की लहर दिखायी देती है।"[69] नामवर सिंह ने आज़ादी के बाद के पच्चीस वर्षों के साहित्य को 'मोह' और 'मोहभंग' के मुहावरे में परिभाषित किया, जबकि मैनेजर पाण्डेय ने इस दौर में स्वातंत्र्योत्तर राजसत्ता के दमनात्मक चरित्र को उभार कर, दमन और प्रतिरोध के मुहावरे में 'स्वातंत्र्योत्तर' साहित्य की प्रवृत्तियों की पहचान की है। नामवर जी ने पचास के दशक के नव-रोमांटिक उत्थान को परिभाषित करते हुए लिखा, ".....यह नव-रोमांटिक काव्य-प्रवृत्ति छायावादी रूमानियत से इस बात में भिन्न है कि इसका प्रकृति-सौन्दर्य वायवी और सामान्य नहीं बल्कि यथार्थ और विशेष है। ...ये कविताएँ रागात्मक होते हुए भी भावोच्छ्वासित नहीं हैं, बल्कि आत्मसजगता से नियंत्रित और संयमित हैं। .....इस गीतात्मकता का प्राण है 'अनुभूति की प्रामाणिकता' जो इस दौर की काव्य-चर्चा की प्रमुख साहित्यिक अवधारणा बन गई। ....उपन्यास और कहानी में यह नव-रोमांटिक उत्थान मुख्यतः आंचलिकता के रूप में प्रकट हुआ। ....इस दौर के उपन्यासों की रूमानियत इस बात

में भी है कि प्रायः सभी सुखांत हैं। पुनर्जागरण के नवोन्मेष के साथ अतीत के पुनरुत्थानवादी तत्त्व इस नव-रोमांटिक उत्थान के साथ भी संलग्न थे जो यथार्थ से अतिक्रमण के नाम पर अध्यात्मवाद और रहस्यवाद के रूप में अभिव्यक्त हुए। ....इस तरह का रहस्यवाद राष्ट्रीय मुक्ति-संघर्ष कालीन छायावादी कविता में भी दृष्टिगत हुआ था, किन्तु उसकी तुलना में यह रहस्यवाद कम तेजस्वी और अधिक साम्प्रदायिक प्रतीत होता है। ....उल्लेखनीय है कि इस दौर की यह आध्यात्मिकता आधुनिक विज्ञान और टेक्नालॉजी के अधूरेपन को दूर करने के लिए जुटाई गई। सम्भव है इसके मूल में पश्चिम के विरुद्ध अपनी भारतीय अस्मिता की स्थापना का आग्रह भी रहा हो। यदि इस आध्यात्मिकता के सामाजिक पक्ष की खोज की जाय तो यह तथ्य अलक्षित नहीं जा सकता कि पाकिस्तान के रूप में इस्लामी राज्य बनने के बाद भारत अपनी धर्मनिरपेक्षता-सम्बन्धी घोषणाओं के बावजूद किसी न किसी स्तर पर अपने हिन्दुत्व का आन्तरिक दबाव महसूस करता रहा, जिसकी अभिव्यक्ति राजकीय समारोहों में वेद-पाठ तथा शंख-ध्वनि के रूप में आज भी प्राप्त होती है। उल्लेखनीय है कि इस दौर के हिन्दी कथासाहित्य से मुसलमान चरित्र एकदम ग़ायब हो गए। राष्ट्रीय मुक्ति-संघर्ष के दौरान जिस साहित्य के हिन्दू लेखकों की कृतियाँ मुस्लिम जीवन और पात्रों की जीती-जागती तस्वीर से आबाद थी उसी साहित्य का एकदम हिन्दू जीवन तक सिमट रहना अविचारणीय नहीं है।"[70]

नामवर सिंह ने सन् 1947 तक प्रगतिशील चेतना से ओत-प्रोत साहित्य के आज़ादी के बाद के प्रथम दशक में असामाजिक प्रवृत्तियों के गिरफ़्त में जाने की व्याख्या करते हुए लिखा, "इसमें कोई शक नहीं कि स्वाधीनता-प्राप्ति के समय कम्युनिस्ट पार्टी ने काँग्रेस से सहयोग की नीति छोड़ कर संघर्षों की नीति अपनायी थी और संघर्षों की उस नीति में तीखा वामपंथी रुझान था, इसलिए कम्युनिस्ट पार्टी से सम्बद्ध प्रगतिशील लेखक भी उस समय काँग्रेस सरकार के समझौतावादी रवैये की उग्र आलोचना कर रहे थे। ..... जैसा कि बाद के इतिहास से प्रमाणित होता है, राजनीतिक परिवर्तनों के मूल्यांकन को ले कर लेखक अलग-अलग शिविरों में विभक्त हो गए और इस तरह बहुत से ग़ैर-कम्युनिस्ट लेखक कट्टर कम्युनिस्ट-विरोधी बन बैठे। दरअसल उस समय आज़ादी के जश्न से कम्युनिस्ट ही दूर न थे, बल्कि स्वयं राष्ट्रपिता गाँधी भी अलग थे। ......मध्यवर्ग के जिन लेखकों के लिए स्वाधीनता व्यक्तिगत उत्कर्ष की चीज़ थी और अभीष्ट की प्राप्ति न होने पर वही आलोच्य हो गई, उनसे स्वातंत्र्योत्तर वर्ग-संघर्ष में सहयोग की क्या आशा की जा सकती है? स्वाधीनता-प्राप्ति के बाद इन मध्यवर्गीय मनोवृत्ति वाले लेखकों के मानसिक विकास का ग्राफ़ द्रष्टव्य है। आरम्भ में उन्होंने मार्क्सवाद और कम्युनिज़्म की संकीर्णता के विरुद्ध व्यापक मानववाद और आन्तरिक सामाजिकता का नारा दिया, फिर राजनीति की एकांगिता के विरुद्ध संस्कृति को खड़ा किया और वह भी काफ़ी न लगा तो साहित्य के लिए हर तरह के 'वाद' या सिद्धांतवाद से मुक्त हो कर शुद्ध 'अनुभूति की

प्रामाणिकता' पर बल दिया। ...इस प्रकार स्वातंत्र्योत्तर हिन्दी साहित्य में प्रगतिशील साहित्य-धारा के विरुद्ध एक ऐसा आत्मनिष्ठ सौन्दर्यवादी रुझान विकसित हुआ जो भद्र वर्ग के हितों और रुचियों के सर्वथा अनुकूल है। निस्सन्देह इसमें राज्य सत्ता की आलोचना के साथ नगर-जीवन की अमानवीयता और व्यक्ति के अकेलेपन तथा अजनबीपन का रोदन भी शामिल है किन्तु ऐसा कोई तत्त्व नहीं है जिससे साधारण जन अपनी वास्तविक स्थिति को पहचान कर उसे बदलने की दिशा में प्रवृत्त हो सकें। ....इस प्रवृत्ति के व्यापक प्रभाव के कारण स्वातंत्र्योत्तर हिन्दी साहित्य आरम्भ के लगभग एक दशक तक समग्र यथार्थ के साक्षात्कार से वंचित रहा। इस दौर के उपन्यासों की 'अधूरे साक्षात्कार' की संज्ञा इस तथ्य से पुष्ट होती है।''[71]

नामवर सिंह ने लक्ष्य किया कि आज़ादी के पहले दशक में असामाजिक प्रवृत्तियों से संघर्षरत साहित्यकारों में मुक्तिबोध अग्रणी थे। उनके अलावा 'इस रोमांटिक दौर के प्रचलित भ्रमों को अनावृत करने वाले' दूसरे साहित्यकार थे हरिशंकर परसाई। धर्मवीर भारती के 'अंधा युग' को उन्होंने इस दशक के मोह और मोहभंग दोनों का तीखा नाटकीय दस्तावेज़ बताया। स्वातंत्र्योत्तर परिस्थिति और साहित्य के उसके साथ सम्बन्ध की नामवर सिंह ने जैसी व्याख्या की, उससे बहस करते हुए मैनेजर पाण्डेय ने न केवल परिस्थिति का भिन्न मूल्यांकन प्रस्तुत किया, बल्कि साहित्य पर उसके प्रभाव को भी अलग ढंग से विश्लेषित किया। मैनेजर पाण्डेय एक तो स्वातंत्र्योत्तर नव-रूमान को किसी नवजागरण की अभिव्यक्ति नहीं मानते, दूसरे वे रूमानियत को भी इतना व्यापक नहीं मानते कि पचास के दशक की समग्र रचनाशीलता की पहचान इसी एक संज्ञा से हो जाती हो। पाण्डेय जी ने लिखा, "1951 के बाद हिन्दी साहित्य में रूमानियत की एक लहर आयी—यह अधिकांश आलोचक स्वीकार करते हैं। कविता के क्षेत्र में इसकी उपस्थिति को डॉ० रामविलास शर्मा ने स्वीकार करते हुए नयी कविता को छायावादोत्तर छायावादी कविता कहा है। इस प्रसंग में डॉ० शर्मा और डॉ० नामवर सिंह में फ़र्क यह है कि डॉ० नामवर सिंह इस काल के रोमांटिसिज़्म को इतना व्यापक मानते हैं कि उसके अन्तर्गत उस काल की सम्पूर्ण रचनाशीलता को समेट लेते हैं जबकि डॉ० शर्मा रूमानियत को नयी कविता की अनेक प्रवृत्तियों में से एक प्रवृत्ति मानते हैं। डॉ० नामवर सिंह इस नवरोमांटिक उत्थान की व्यापकता सिद्ध करने के लिए नागार्जुन और केदारनाथ अग्रवाल की कविताओं में भी रोमांटिक प्रभाव खोज लेते हैं। नयी कविता के दौर में उसकी रूमानी, कलावादी और आधुनिकतावादी प्रवृत्तियों के विरुद्ध संघर्ष करने वालों में नागार्जुन, केदारनाथ अग्रवाल, त्रिलोचन और मुक्तिबोध मुख्य हैं।''[72] डॉ० रामविलास शर्मा ने स्वातंत्र्योत्तर साहित्यिक प्रवृत्तियों, ख़ास तौर पर सन् सैंतालिस से ले कर पचास के पूरे दशक तक की प्रवृत्तियों की शिनाख़्त करते हुए सामाजिक दायित्व से बचने (पंत के रहस्यवाद, भारतभूषण अग्रवाल आदि के प्रयोगवाद), साहित्य को सामाजिक हलचल के गर्द-गुबार से दूर रख कर 'कला के लिए कला' का प्रतिपादन, प्रगतिशील साहित्य में संकीर्णतावाद

तथा साम्राज्यवाद के सांस्कृतिक प्रभाव के बतौर नयी कविता में अस्तित्ववाद को रेखांकित किया था। मैनेजर पाण्डेय न तो रामविलास शर्मा की तरह इस दौर को सिर्फ़ नकारात्मकता में देखते हैं और न ही 'नेहरू युग' के मोह से उत्पन्न नव-रूमान की सर्वव्यापकता में। वे इस दौर के साहित्य में यथार्थवादी और यथार्थ-विरोधी प्रवृत्तियों का संघर्ष देखते हैं। उन्हीं के शब्दों में, "1951-52 से 1960-61 तक के साहित्य पर अगर विचार किया जाये तो कविता, कहानी, उपन्यास, नाटक और आलोचना में कुछ समान प्रवृत्तियाँ मौजूद दिखायी देती हैं। एक बात स्पष्ट रूप से जाहिर होती है कि इस दौर में भी यथार्थवादी और यथार्थ-विरोधी प्रवृत्तियों का संघर्ष चल रहा था। इस काल की प्रधान प्रवृत्ति वैयक्तिकता और आत्मनिष्ठता की थी जो कविता, कहानी, उपन्यास, नाटक और आलोचना में मौजूद थी। इनके विपरीत यथार्थवाद की प्रवृत्ति भी थी जो कविता, कहानी, उपन्यास और आलोचना में वैयक्तिकता और आत्मनिष्ठता के ख़िलाफ़ संघर्ष कर रही थी। नयी कविता की व्यक्तिवादी प्रवृत्ति विचारधारा के स्तर पर अस्तित्ववाद से जुड़ी हुई थी, उसकी दूसरी अभिव्यक्ति रूमानियत में भी हो रही थी। इस काल की कविता में जो रूमानी प्रवृत्ति है उसे रोमांटिसिज़्म कहना उचित नहीं लगता, क्योंकि दुनिया-भर के रोमांटिसिज़्म में विद्रोह की जो चेतना रही है वह नयी कविता की रूमानियत में नहीं है। .....वास्तव में नयी कविता की रूमानियत का सम्बन्ध छायावादी रोमांटिसिज़्म की स्वतंत्रता की चेतना और विद्रोह-भावना से नहीं है, उसका सम्बन्ध तो तीसरे दशक के छायावादोत्तर कवियों—बच्चन, भगवतीचरण वर्मा, अंचल आदि-की भोगवादी मनोवृत्ति और रुग्ण मानसिकता से है।"[73]

नामवर सिंह ने 1962 के आस-पास मोहयुग का अंत और मोहभंग की शुरुआत मानी। उन्होंने लिखा, "स्वातंत्र्योत्तर हिन्दी साहित्य के प्रथम दशक में ऐसे ही जागरुक लेखकों के प्रयास से उस दशक के अंतर्विरोध तीव्र हुए और 1962 के आस-पास विगत मोहयुग का अन्त हुआ। 1962 से स्वातंत्र्योत्तर हिन्दी साहित्य का जो दूसरा दशक आरम्भ हुआ उसे मोहभंग का काल कह सकते हैं। चीन के हाथों देश की पराजय राष्ट्रीय अपमान ही नहीं बल्कि एक तीखा स्वप्नभंग भी था। आँखों के आगे नंगा यथार्थ खड़ा था। स्पष्टतः इस सन्दर्भ में किसी भी प्रकार के रोमांटिक उत्थान की गुंजाइश न थी। वातावरण था तो एक नये यथार्थवाद के विकास का। साहित्य में वह युवा पीढ़ी सर्जनोन्मुख हुई जिसने न तो राष्ट्रीय मुक्ति-संघर्ष में हिस्सा लिया था और न जिसने स्वराज का कोई स्वप्न ही देखा था। इस पीढ़ी के युवा साहित्यकार भी अधिकांशतः मध्यवर्ग के ही थे और देर से आने के कारण स्वातंत्र्योत्तर युग के प्रथम चरण में उपलब्ध सुविधाओं से वंचित रह गए थे। मनःस्थिति स्वभावतः तीव्र असन्तोष ही नहीं बल्कि उग्र आक्रोश की थी। संयोग से इसी समय भारत में अमरीकी बीट कवियों की रचनाएँ बहुतायत से आ पहुँचीं। इस उत्प्रेरक ने हिन्दी में आक्रोशपूर्ण भावाविष्ट रचनाओं की आँधी उड़ा दी। कविता की जगह 'अकविता' और कहानी की जगह 'अकहानी' का फैशन चल पड़ा। सैक्स और राजनीति गड्ड-मड्ड हो गई।

भाषा की भद्रता ही नहीं टूटी, व्याकरण के भी परखचे उड़ गए। कविता में यह 'देह की राजनीति' थी जिसे अन्ततः राजकमल चौधरी ने साक्षात् मृत्यु का सामना करके 'मुक्ति प्रसंग' (1967) जैसी सशक्त काव्य कृति का रूप दिया। .....एक बात निश्चित है कि कविता अब अधिक निर्मम हो गई है और उसने पूर्ववर्ती गीतात्मकता और भावुकता को जैसे विदा दे दी है। ...इस दशक की कहानियों को ले कर पहले जैसा शोर-शराबा तो नहीं हुआ, किन्तु सचाई यह है कि कहानियों ने कविता से कहीं ज़्यादा मूलगामी परिवर्तन किए और इस बात के लिए इस दौर के साहसी कहानीकारों की सराहना करनी चाहिए कि उन्होंने 'नयी कहानी' के 'भोगे हुए यथार्थ' के मायावरण को ही नहीं उघाड़ा बल्कि व्यावसायिकता के दबाव के बावजूद कहानी के क्षेत्र में यथार्थ की रक्षा की और गद्य की नई सम्भावनाएँ खोजीं। .....उपन्यासों की दृष्टि से यह दशक प्रायः विपन्न है। .....ले-देकर इस बीच श्रीलाल शुक्ल का उपन्यास एक 'राग़दरबारी' (1968) ही ऐसा है जो आंचलिक उपन्यास की पैरोडी होने के कारण ध्यान आकृष्ट करता है। इस दौर के दिशाहीन मोहभंग की मध्यवर्गीय मनोवृत्ति का ऐसा पूँजीभूत प्रदर्शन अन्यत्र दुर्लभ है। ....इस दशक की सबसे महत्त्वपूर्ण साहित्यिक घटना है हिन्दी में सार्थक रंगमंच से सम्बद्ध नाट्य-रचना की प्रवृत्ति। ....इन प्रतिभाओं में सबसे उल्लेखनीय मोहन राकेश हैं। ....आलोचना, जो शुरू से ही आधुनिक हिन्दी साहित्य की समर्थ पार्श्व शक्ति रही है, इन पच्चीस वर्षों में रचना के समानान्तर व्याख्या विश्लेषण के नये औज़ारों के निर्माण और मूल्यांकन के उपयुक्त नई अवधारणाओं के विकास में अग्रसर रही है। .....पिछले दशक की आलोचना के इस नवोन्मेष का प्रतिनिधि दस्तावेज़ स्व0 देवीशंकर अवस्थी द्वारा सम्पादित 'विवेक के रंग' (1965) है, जिसमें उस दशक के साहित्य की श्रेष्ठ समीक्षाएँ संकलित हैं। ......इस दौर की आलोचना ने समकालीन साहित्य के मूल्यांकन के साथ अपनी प्राचीन परम्परा का पुनर्मूल्यांकन भी किया। इस प्रसंग में अमृत राय कृत 'कलम का सिपाही प्रेमचन्द' (1964) और रामविलास शर्मा कृत 'निराला की साहित्य साधना' (1969) नामक दो बड़े ग्रंथ भी उल्लेखनीय हैं जो मुख्यतः जीवनी होते हुए भी समालोचना के लिए मूल्यवान हैं। ....हिन्दी प्रदेश में प्रतिगामी शक्तियों के बढ़ते हुए प्रभाव और अपेक्षाकृत क्षीणबल जनवादी तत्त्वों की स्थिति को देखते हुए हिन्दी साहित्य की सामाजिक जागरुकता सराहनीय मानी जायेगी। हिन्दी साहित्यकारों की सर्जनात्मक स्वाधीनता का सबसे बड़ा प्रमाण और क्या होगा कि उन्होंने राजकीय और प्रशासनिक दबावों के नीचे निष्प्राण होती हुई भाषा-हिन्दी को ले कर सार्थक साहित्य का सृजन किया और इस सृजन के द्वारा भरसक उस भाषा को ज़िन्दा रखा।''[74]

मैनेजर पाण्डेय ने नामवर सिंह द्वारा प्रयुक्त मोह और मोहभंग की शब्दावली और धारणा तथा उसके उत्प्रेरक तत्त्वों की पहचान के प्रति बुनियादी मतभेद प्रकट किया। उन्होंने लिखा, ''यहीं इस सवाल पर भी विचार करना ज़रूरी है कि क्या 1962 के भारत-चीन सीमा संघर्ष के कारण हिन्दी साहित्य में कोई बुनियादी परिवर्तन हुआ था?

.........मुझे ऐसा लगता है कि इस घटना का हिन्दी साहित्य पर कोई निर्णायक प्रभाव नहीं पड़ा और 1962 को हिन्दी साहित्य का कोई ऐतिहासिक मोड़ नहीं कहा जा सकता। .... यही कारण है कि इस घटना से प्रेरित एक भी रचना स्वातंत्र्योत्तर हिन्दी साहित्य के इतिहास में उल्लेखनीय नहीं है। कहा जाता है कि इस घटना से इस देश के बुद्धिजीवियों का स्वप्नभंग हुआ। सवाल यह है कि इस काल में स्वप्न, भ्रम और मोह के शिकार कौन लोग थे? नागार्जुन, केदारनाथ अग्रवाल, मुक्तिबोध, यशपाल, अमरकांत आदि के साहित्य से यही सिद्ध होता है कि जनता के जीवन और समस्याओं से जुड़े हुए रचनाकार उस दौर में स्वप्न, भ्रम या मोह के शिकार न थे। तो क्या उन नयी कवितावादियों का मोह भंग हुआ था जो निरन्तर साहित्य को राजनीति से अलग रखने की वकालत करते हुए शासक वर्ग के असली रूप को व्यक्ति-स्वातंत्र्य, विवेक, मानवमूल्य, दायित्व, मर्यादा, आत्मान्वेषण, व्यक्तित्व की खोज और आत्मपरक ईमानदारी आदि के रंगीन पर्दे से ढँकने की कोशिश करते थे?"[75] मोह और मोहभंग की धारणाओं से असहमत होते हुए मैनेजर पाण्डेय साठ के दशक से शासक वर्ग के वादों और असलियत के बीच का भेद खुलने को रेखांकित करते हैं। इस दौर में उनके अनुसार, "नयी कविता और नयी कहानी का रंगीन रोमानी कुहासा फट रहा था। साठोत्तरी पीढ़ी के रचनाकार राजनीतिक स्तर पर विकल्पहीनता की स्थिति और साहित्य में दिशाहीनता की स्थिति का सामना कर रहे थे। ....इस काल के हिन्दी साहित्य में आक्रोश और अस्वीकृति की जो अभिव्यक्ति हो रही थी वह हिन्दी क्षेत्र तक ही सीमित न थी। बँगला, मराठी, तेलुगु में भी इस प्रकार का साहित्य लिखा जा रहा था। हिन्दी की भूखी-नंग क्रुद्ध, बिटनिक पीढ़ियों पर बँगला की समानधर्मा प्रवृत्तियों का गहरा प्रभाव था। ......अराजकता इस दौर के साहित्यिक और राजनीतिक दृष्टिकोण की मुख्य विशेषता थी।"[76] साठोत्तरी पीढ़ी के नयी कविता और नयी कहानी से सम्बन्ध के सिलसिले में मैनेजर पाण्डेय, नामवर सिंह के उस वक्तव्य से सहमति व्यक्त करते हैं जिसके अनुसार, "इस प्रवृत्ति की नींव उसी दिन पड़ गयी थी जब साहित्य में शीतयुद्ध का व्यक्ति-स्वातंत्र्यवादी नारा बुलन्द किया गया, और इतिहास ने प्रमाणित कर दिया कि अन्ध कम्युनिस्ट-विरोध क्रमशः किस प्रकार राजनीति-विरोध, विचारधारा-विरोध की सीढ़ियाँ उतरता हुआ कोरे अनुभववाद के सहारे अन्ततः देह की राजनीति में समाहित हो जाता है।"[77] मैनेजर पाण्डेय ने स्वातंत्र्योत्तर हिन्दी साहित्य के एक अत्यंत महत्त्वपूर्ण ऐतिहासिक मोड़ को रेखांकित किया जिसे नामवर सिंह ने अपने सर्वेक्षण में लक्ष्य नहीं किया था। मैनेजर पाण्डेय ने लिखा, "स्वातंत्र्योत्तर हिन्दी साहित्य के विकास में दूसरा ऐतिहासिक मोड़ 1967 में आया। ....1967 तक आते-आते जनता शोषक वर्ग के भ्रमों से मुक्त हो रही थी, वह सामंतवाद, पूँजीवाद और साम्राज्यवाद के शोषण से कराह रही थी। ......जनता परिवर्तन के लिए बेचैन थी परन्तु उसके सामने विकल्प बहुत स्पष्ट नहीं थे। जाग्रत जन-चेतना की सामाजिक-राजनीतिक परिवर्तन की आकांक्षा 1967 में दो रूपों में व्यक्त हुई—एक तो 1967 के आम चुनाव में और दूसरे नक्सलबाड़ी की कृषि-क्रांति

की शुरुआत में। .....समाज में जब क्रांतिकारी परिवर्तन की भूमिका तैयार होने लगती है और जन-चेतना में क्रांतिकारी उभार आता है तो साहित्य में भी उसके प्रभाव परिलक्षित होते हैं। 1967 की व्यापक जन-जागृति का स्वातंत्र्योत्तर हिन्दी साहित्य पर एक प्रभाव तो यह पड़ा कि साठोत्तरी पीढ़ी के ऐसे अनेक लेखक और कवि जो 'जाँघों के जंगल में पिकनिक' मना रहे थे वे भी इस नये राजनीतिक-सामाजिक वातावरण के प्रति सजग-सचेत हुए। धूमिल, श्रीराम शुक्ल, मुद्राराक्षस, लीलाधर जगूड़ी आदि अस्वीकार के रेगिस्तान से निकल कर समकालीन राजनीतिक-सामाजिक यथार्थ की हलचलों को पहचानने लगे। सन्' 67 की इस जन-जागृति का दूसरा परिणाम यह हुआ है कि नये सिरे से सारे देश में प्रगतिशील आंदोलन पुनःसंगठित होने लगा। हिन्दी, बँगला, मराठी, तेलुगु, पंजाबी आदि भाषाओं में प्रगतिशील और क्रांतिकारी लेखकों के संगठन बनने लगे। एक बार फिर यथार्थवादी रचना-दृष्टि का प्रभाव बढ़ा। लगभग दो दशकों के बाद हिन्दी साहित्य शहरी मध्यवर्गीय दायरे से निकल कर किसानों-मजदूरों की चिन्ता करने लगा। कविता, कहानी, उपन्यास के क्षेत्र में यथार्थविरोधी प्रवृत्तियाँ कमज़ोर हुईं और यथार्थवाद के विभिन्न रूपों का विकास होने लगा। ..... इस देश का शोषक शासक वर्ग जनचेतना के इस नये उभार और उसकी क्रांतिकारी अभिव्यक्ति से भयभीत हो कर एक बार फिर निर्ममतापूर्वक किसानों-मजदूरों के क्रूर दमन पर उतारू हो गया। लोकतंत्र और स्वतन्त्रता की पवित्र पोशाक उतार कर वह नंगे रूप में सामने आया। 1967 से 1972 के बीच हज़ारों क्रांतिकारियों को जेलों में ठूँस दिया गया और हज़ारों की निर्मम हत्या की गयी। सन् 72 में बंगाल में चुनाव का जो नाटक हुआ उसको देख कर नागार्जुन ने लिखा था— 'अब तो बन्द करो हे देवी यह चुनाव का प्रहसन।' शासक वर्ग का आर्थिक संकट क्रमशः गहरा होता गया और सत्ता की कठोर दमनकारी नीति के बावजूद जब किसानों और मजदूरों का मुक्ति संघर्ष न रुका तो 1975 में आपातकाल की घोषणा करके लोकतंत्र के नाटक का पर्दा गिरा दिया गया।''[78]

ऊपर हमने कुछ प्रतिनिधि लेखों के आधार पर मुख्यतः मार्क्सवादी आलोचकों के बीच 'स्वातंत्र्योत्तर' की पहचान को ले कर चले वाद-विवाद का जायज़ा लिया किन्तु इस विषय पर बहस का एक दूसरा पक्ष भी था, जो नयी कविता और उसके आलोचकों का था। अज्ञेय तीस के दशक के अंतिम वर्षों से ही प्रगतिवाद से अपनी दूरी प्रकट कर रहे थे। लेकिन आज़ादी के पहले तक स्पष्ट रूप से दो खेमे नहीं बने थे। 'तार सप्तक' (1943) में रामविलास शर्मा, मुक्तिबोध सहित कई प्रगतिवादी कवि शामिल थे। 1947 में 'प्रतीक' का प्रकाशन शुरू हुआ। 1951 में 'दूसरा सप्तक' निकला। 1952 में अज्ञेय ने नयी कविता नामकरण के भीतर प्रयोगवाद को समाविष्ट कर लिया। 'नयी कविता' पत्रिका का प्रकाशन 1954 में शुरू हुआ। 1957 में अज्ञेय ने साहित्य एकेडमी की पत्रिका 'समकालीन भारतीय साहित्य' में 'व्यक्तित्व की खोज' को स्वातंत्र्योत्तर दौर की संवेदना का केन्द्रीय तत्त्व माना। अज्ञेय ने 'काँग्रेस फॉर

कल्चरल फ्रीडम' का भारत में संगठन-आयोजन इसी दौर में किया। यह संस्था या आंदोलन साहित्य के पश्चिमी केन्द्रों से संचालित प्रगतिवाद और मार्क्सवाद के प्रतिपक्ष में व्यक्ति-स्वातंत्र्य को विचारधारा के स्तर पर प्रतिष्ठित करने की मुहिम की अभिव्यक्ति था। 1959 में 'तीसरा सप्तक' निकला। पचास के दशक में ये सारे प्रयास साहित्य में प्रगतिवाद के बरअक्स एक नयी सैद्धांतिकी विकसित करने का उपक्रम थे। रामस्वरूप चतुर्वेदी ने नयी कविता की सैद्धांतिकी को 'पुनर्जागरण' की अपनी प्रिय अवधारणा के तहत ही परिभाषित किया है, "नयी कविता में मनुष्य और उसके समग्र अनुभव को पकड़ने का यत्न हुआ है। ....पुनर्जागरण का प्रधान बल समग्र मनुष्य ('होल मैन') की धारणा पर था, और आधुनिक हिन्दी कवि भी कहता है कि जाति, वर्ण, संस्कृति, समाज से 'मूल व्यक्ति' को फिर से चाल कर निकाला जाए। .....पर नयी कविता में समग्र मनुष्य की बात ही नहीं कही गई, वरन् मनुष्य के समग्र अनुभव-खंडों को संयोजित किया गया है। यह स्मरणीय है कि नयी कविता युग का साहित्य पहली बार स्वाधीन और प्रजातांत्रिक देश में रचा गया है। ....उन्नीसवीं-बीसवीं शती के भारतीय पुनर्जागरण ने सामान्य और तिरस्कृत चरित्रों को विशिष्टता दी—मेघनाद, कैकेयी, उर्मिला, एकलव्य और कर्ण को इस प्रक्रिया में महत्त्व मिला। आधुनिक साहित्य तक आते-आते चक्र पूरा घूम जाता है। अब साधारण चरित्र के वैशिष्ट्य को नहीं, उसके साधारण जीवन को ही रेखांकित करने का प्रयत्न है। ....नयी कविता सम्पूर्ण जीवन की कविता है, केवल महिमाशाली अंशों तक वह अपने को सीमित नहीं रखती।"[79] विजयदेवनारायण साही ने अपने बहुचर्चित निबन्ध 'लघुमानव के बहाने हिन्दी कविता पर एक बहस' में नयी कविता की संवेदना को तीसरे दशक के कवियों की चेतना और अनुभूति के साथ आत्मीय ढंग से जोड़ते हुए, देश के सांस्कृतिक पुनर्जागरण के सन्दर्भ में, छायावाद से अज्ञेय तक के रचना-काल का जायज़ा लिया है। साही ने गाँधी के मूल्यों और विचारों में देश की आंतरिक लय का साक्षात्कार करते हुए कलाकार के व्यक्तित्व में कला और मनुष्य की पूर्णता की तलाश की कोशिश की। इस पूर्णता की तलाश में स्वाधीनता कालबद्ध भी है और कालातीत भी। (राष्ट्र की आख्यानक निर्मिति की प्रक्रिया में ऐतिहासिक और कल्पनात्मक के बीच की सीमा रेखा का धूमिल किया जाना उत्तर-औपनिवेशिक विमर्शों में बहुचर्चित है।) इस लेख में साही ने लिखा, "गाँधी जी ने सत्य और स्वाधीनता की कुछ परिभाषाएँ दीं और उन तक पहुँचने का रास्ता बताया। ..... गाँधी जी की 'स्वाधीनता' का एक आयाम इतिहास के बाहर, देश-काल से परे भी है। उनकी स्वाधीनता उस सत्याग्रही क़ो सहज ही उपलब्ध हो जाती है, जो उस आन्तरिक परिवर्तन की सीमारेखा को पार कर जाता है, जो उसे ग़ुलाम बनाए हुए है। फिर इतिहास के चौखटे में वह ग़ुलाम है, इसका कोई मतलब ही नहीं रह जाता। क्योंकि उसका एक आयाम उस चौखटे के बाहर है और ज़रूरत पड़ने पर चौखटे के बाहर वाला आयाम ही सब कुछ माना जा सकता है। उपन्यासकार की कलाकृति की तरह गाँधी जी का मनुष्य इतिहास के भीतर भी है, इतिहास के बाहर भी; कार. [illegible] भी है,

कालातीत भी। ...सत्य को अंतर्ध्वनित होते हुए पकड़ना—यह शैली भी गाँधी जी की विशेषतः विख्यात है। सत्य को उसके मूल चारूत्व में आत्मा की संकल्पात्मक अनुभूति से ग्रहण कर लेना लगभग वैसी ही शैली है। अधिक विशिष्ट बात यह है कि अंतर्ध्वनित यह सत्य जो बारम्बार देश-काल के बाहर से आता हुआ अनुभूत होता है, उसी अनुपात में इतिहास का सत्य भी बन जाता है। यह चरम विश्वास कि दोनों में व्यवधान होगा ही नहीं—सत्याग्रह युग में मानवीय आस्था की रीढ़ है।''[८०]

'स्वातंत्र्योत्तर' को परिभाषित करने और उसके साहित्य के स्वरूप को पहचानने के हिन्दी आलोचना में जो भी प्रयत्न हुए, उनमें वाद-विवाद-संवाद का गंभीर रिश्ता रहा है। शीतयुद्ध की राजनीति का तो इस बहस पर असर है ही, साथ ही इसके तमाम पक्षों में 'औपनिवेशिकता' का सामना करते हुए उसके पार जाने की भंगिमा भी असंदिग्ध रूप से पहचानी जा सकती है। प्रगतिवादी साहित्य और आलोचना ने जहाँ स्वातंत्र्योत्तर राजसत्ता के चरित्र और उसके ख़िलाफ़ संघर्ष को महत्त्व देते हुए साम्राज्यवाद-विरोध और सामंतवाद-विरोध के निकष को नई परिस्थिति में माँजने की भंगिमा अपनायी, वहीं नई कविता ने देश की स्वतंत्रता में औपनिवेशिक 'आत्म' में पड़ी दरार को रचनाकार के व्यक्तित्व और कला की अद्वितीयता के धरातल पर पाटते हुए समग्र और सम्पूर्ण मनुष्यता को उपलब्ध करने का सपना देखा। इस पूरी बहस में हम स्वातंत्र्योत्तर भारतीय लोकतंत्र के यथार्थ और स्वप्न की परिणतियों की गंभीर पड़ताल देख सकते हैं। स्वातंत्र्योत्तर साहित्य की बहसों ने अनिर्वायतः समूचे औपनिवेशिक अनुभव, स्वतंत्रता-संग्राम और सांस्कृतिक पुनर्जागरण की आलोचनात्मक पुनर्परिभाषा को सम्भव बनाया।

आज स्वतंत्रता प्राप्ति के लगभग 60 साल बाद जबकि शीतयुद्ध के अंत के बाद अमरीकी नव-साम्राज्यवाद के नेतृत्व में भूमंडलीकरण, निजीकरण और उदारीकरण की आँधी चल रही है, भारत में साम्प्रदायिक फासीवादी राजनीति का एक दौर चल चुका है, उत्तर-आधुनिकता 1990 के दशक में अपने चरमोत्कर्ष पर पहुँच कर नई विश्वदृष्टि का दावा खो चुकी है, लैटिन अमरीका के देशों में नव-साम्राज्यवाद के ख़िलाफ़ ज़बर्दस्त उभार दिख रहा है, युद्धोन्माद की प्रतिक्रिया में वैश्विक धरातल पर आतंकवाद की नई परिघटना सामने आ चुकी है और योरोपीय केन्द्रों में भी अमरीकी युद्धोन्माद के विरुद्ध व्यापक जनमत का निर्माण हो रहा है, तब हम पाते हैं कि वे परिस्थितियाँ मूलभूत रूप से बदल गई हैं जिनमें आज़ादी के बाद के पच्चीस वर्षों में चली इन महत्त्वपूर्ण बहसों ने सांस ली थी। आज के युवा रचनाकारों और आलोचकों के सामने चुनौती यह है कि इन बहसों की अंतर्दृष्टियों को बदले हुए परिदृश्य में अपनी रचनाशीलता के साथ किस तरह जोड़ें। समय की क्षिप्र गति, साहित्यिक और सामाजिक परिप्रेक्ष्यों की बहुलता तथा साहित्य रचना में दलित, स्त्री और अल्पसंख्यक तबकों की महत्त्वपूर्ण उपस्थिति को समझने के क्रम में समकालीन हिन्दी आलोचना दशक की कालगत इकाई को ले कर चलने लगी है। ज़रूरत है तो इस बात की कि

'स्वातंत्र्योत्तर' आलोचना की समृद्ध बहसों में जितने विराट परिक्षेत्र को समाहित किया गया था, जितने बड़े प्रश्नों को हाथ में लिया गया था, संस्कृति और सभ्यता की जितनी गहरी और व्यापक समीक्षा की गई थी, उसकी विरासत से आज 21वीं सदी का हिन्दी साहित्य एक द्वंद्वात्मक आलोचनात्मक रिश्ता कायम कर सके।

सन्दर्भ सूची

1. हरीश त्रिवेदी : हंस, जनवरी, 1999 (सं: राजेन्द्र यादव) के 'भारतीय अंग्रेज़ी उपन्यासः हिन्दी की दृष्टि में' शीर्षक लेख से, पृ0 95
2. Jain, Jasbir : Resisting the empire, Beyond Postcolonialism, Rawat Publishers, New Delhi, 2006, pg. 22
3. Ibid, pg. 40
4. निर्मल वर्माः 'शताब्दी के ढलते वर्षों में', पत्थर और बहता पानी, वाग्देवी प्रकाशन, बीकानेर, 2000, पृ0 68-69
5. Sahgal, Nayantara, Qtd. in Jasbir Jain : 'Resisting the empire', Beyond Postcolonialism, Rawat Publishers, New Delhi, 2006, pg. 39
6. Jain, Jasbir: From the Personal to The Political, Ibid, Pg. 17
7. Jaidev: 'Na aane wala postcolonialism', Interrogating Post-Colonialism, Ed. Meenakshi Mukherjee and Harish Trivedi, IIAS, Shimla, 2000 {1996}, Pg. 177
8. Jain, Jasbir : 'Post-colonial Realities : Women Writing History', Ibid, Pg. 161
9. देखें Aijaz Ahmad द्वारा लिखित, 'Orientalism and After : Ambivalence and Metropolitan Location in the Work of Edward Said' तथा 'Marx on India : A Clarification' नामक अध्याय.In Theory, OUP, Delhi, 1995 {1992}
10. Ahmad, Aijaz : 'Marx on India : A Clarification', In Theory, OUP, Delhi, 1995 {1992}, Pg. 224
11. Ibid, pg. 236
12. वीरभारत तलवारः 'हिन्दी नवजागरणः अध्ययन की समस्याएँ', शीर्षक लेख, सामना, वाणी प्रकाशन, दिल्ली, 2005, पृ0 254
13. Ahmad, Aijaz: 'Marx on India : A Clarification', In Theory, OUP, Delhi, 1995 {1992}, Pg. 225
14. रामविलास शर्मा : 'सन् सत्तावन की राज्य क्रांति और मार्क्सवाद', लोकभारती प्रकाशन, इलाहाबाद, 1990 (1957), पृ0 12

15. हरबंस मुखिया (सं0) : प्रस्तावना, फ्यूडलिज़्म और ग़ैरयूरोपीय समाज, ग्रंथशिल्पी, नई दिल्ली, 1998, पृ0 vii
16. पूँजीवादी समाज पर अपने विचारों के स्पष्टीकरण के लिए उन्हें ज़रूरी लगा कि वे उन समाजों पर भी नज़र डालें जो पूँजीवादी नहीं थे। हेगेल ने इतिहास को समग्रता में देखने पर ज़ोर दिया था। समग्रता से उनका तात्पर्य ऐतिहासिक क्रमों की समग्रता से था। इतिहास क्रमिक है, यह उनकी धारणा थी। एक के बाद दूसरा क्रम, फिर तीसरा क्रम - इन क्रमों की निरन्तरता ही इतिहास की समग्रता की हेगेलीय धारणा थी। "सुदीप्त कविराज ने लिखा है कि मार्क्स ने इसी ढंग से ऐतिहासिक क्रमों का अध्ययन किया और उन क्रमों की सामाजिक संरचना को नाम भी दिया। मार्क्स ने कहीं इतिहास में तीन क्रम दिखाए कहीं पाँच और कहीं इनसे भी अधिक। हेगेल ने इतिहास में जो क्रम दिखलाए, मार्क्स के क्रमों के निर्धारण की कसौटी उससे भिन्न थी। मार्क्स ने विशेष रूप से इतिहास के उस क्रम का अध्ययन किया जिसमें पूँजीवाद का जन्म और विकास हुआ। मार्क्स ने इसी क्रम का कैपिटल लिखा, दूसरे क्रमों का नहीं। पूँजीवाद के अभ्युदय के लिए आम शर्तें क्या हैं जिनके पूरे हुए बिना पूँजीवाद उत्पन्न नहीं हुआ? दूसरे ऐतिहासिक क्रम क्यों पूँजीवादी संरचना को जन्म न दे सके? इसी के उत्तर की खोज में उन्होंने उन पूर्व-क्रमों पर, प्राक्-पूँजीवादी समाजों पर निगाह डाली। उन्होंने सिद्धांत मुख्यतः पूँजीवादी समाज के लिए स्थिर किए, प्राक्-पूँजीवादी समाजों के लिए नहीं।" (वीरभारत तलवार : रामविलास शर्मा की विवेचन पद्धति और मार्क्सवाद-II शीर्षक लेख में उद्धृत, सामना, वाणी प्रकाशन, दिल्ली, 2005, पृ0 42)
17. वीरभारत तलवारः 'रामविलास शर्मा की विवेचन पद्धति और मार्क्सवाद-III शीर्षक लेख, सामना, वाणी प्रकाशन, दिल्ली, 2005, पृ0 92
18. Cabral, Amilcar : Unity and Struggle, Heinemann, London, 1980, pg. 124-25
19. मार्क्सवाद में पूँजीपति वर्ग की क्रांतिकारी भूमिका उसके द्वारा सामंतवाद के ख़ात्मे के सन्दर्भ में निश्चित की जाती है। कम्युनिस्ट मेनीफेस्टो के प्रकाशन के 150 वर्ष होने पर बूर्जुआ वर्ग की क्रांतिकारी भूमिका की धारणा की व्याख्या करते हुए एजाज़ अहमद ने लिखा, "मेनीफेस्टो में पूँजीपति वर्ग को दो बुनियादी रूप से भिन्न अर्थों में क्रांतिकारी वर्ग बतलाया गया है। दोनों का सम्बन्ध ब्रिटेन और फ्रांस के दो भिन्न ऐतिहासिक अनुभवों से है। एक ओर पूँजीपति वर्ग की वस्तुगत क्रांतिकारी भूमिका है जिसका सम्बन्ध मुख्यतः आर्थिक जगत और सामाजिक सम्बन्धों से है। यहाँ मार्क्स ब्रिटिश पूँजीपति वर्ग के अनुभवों को आधार बनाते हैं जहाँ मुख्य ज़ोर इस बात पर है कि पूँजीपति

वर्ग उत्पादन की शक्तियों और सम्बन्धों में लगातार क्रांतिकारी परिवर्तन करता चला जाता है। ..... दूसरी ओर बूर्जुआ वर्ग की आत्मगत क्रांतिकारी भूमिका का सम्बन्ध राजनीतिक क्षेत्र से है, जिसका प्रमुख आधार फ्रांसीसी क्रांति और उसके बाद 19वीं सदी के मध्य तक फ्रांस सहित योरोप के विभिन्न हिस्सों में होने वाले क्रांतिकारी उभार हैं। जहाँ आधुनिक ब्रिटिश राजसत्ता नये पूँजीपति वर्ग और पुराने कुलीन वर्ग के बीच वर्ग सहयोग पर आधारित थी जिसमें पुराना अभिजात वर्ग ख़ुद को (कृषि क्षेत्र के) पूँजीपति वर्ग में रूपांतरित कर रहा था............वहीं यह फ्रांसीसी क्रांति ही थी जिसमें जैकोबिन, यहाँ तक कि कम्युनिस्ट तत्त्व भी थे, जिसने प्राचीन राजसत्ता और उसके सामाजिक स्थापत्य को पूरी तरह नष्ट किया। A world to win, (1999) Leftworld Books, New Delhi, pg. 27.28) फ्रांस और ब्रिटेन के पूँजीवाद के दो आख्यानों को मार्क्स ने पूँजीवादी उत्पादन पद्धति के एक ही सामान्यीकृत आख्यान में समाहित कर लिया जिससे पूँजीवाद की क्रांतिकारी भूमिका के उपरोक्त दो तरह के अनुभवों की अलग-अलग विशिष्टता पृष्ठभूमि में चली गई और (उपनिवेशवाद सहित) अनेक सन्दर्भों में इस धारणा के इस्तेमाल में दिक्कतें पैदा हुईं। रामविलास शर्मा ने तत्कालीन ब्रिटिश पूँजीपति वर्ग द्वारा भू-स्वामी वर्ग के साथ सहयोग को रेखांकित करते हुए उसे भारत में सामंतवाद के ख़ात्मे की प्रगतिशील भूमिका के अयोग्य पाया। रामविलास शर्मा भी ब्रिटिश उपनिवेशवाद की प्रगतिशील भूमिका को नकारते समय यह स्पष्ट नहीं करते कि पूँजीवाद की प्रगतिशील भूमिका के उपरोक्त दोनों आशयों में से कौन-सा आशय वे ग्रहण करते हैं - उत्पादन-पद्धति के पूँजीवादी रूपान्तरण का आशय या बूर्जुआ राजनीतिक सुधारों का आशय, या फिर दोनों। वास्तव में नागरिक अधिकार और न्यायिक समानता फ्रांसीसी पूँजीपति वर्ग ने स्थापित की थी। ब्रिटेन ने इसे न तो 18वीं सदी के मध्य तक ब्रिटेन के भीतर ही स्थापित किया था, न ही कभी भी उपनिवेशों में।

बूर्जुआ वर्ग की क्रांतिकारी भूमिका की धारणा को मार्क्स-एंगेल्स के आरम्भिक लेखन में उपनिवेशों के प्रसंग में भी मान लिया गया। वहीं ख़ुद योरोप के प्रसंग में एंटोनियो ग्राम्शी ने इस धारणा पर गंभीर पुनर्विचार की ज़रूरत को रेखांकित किया। ग्राम्शी के अनुसार, फ्रांसीसी क्रांति के समय से ही पूँजीपति वर्ग को सर्वहारा का भय सताता रहा है। प्राचीन राज्य व्यवस्था के ख़िलाफ़ संघर्ष में पूँजीपति वर्ग ने सर्वहारा को संगठित तो किया लेकिन निजी सम्पत्ति के ख़ात्मे, शासन प्रशासन के पूर्ण लोकतांत्रीकरण तथा समानता की माँग को ले कर आंदोलित जनता के दमन को ले कर उसने कोई कोताही न की। ग्राम्शी के अनुसार, फ्रांसीसी राज्यक्रांति के अनुभवों से सीखते हुए योरोपीय पूँजीपति वर्ग ने सदैव ही निजी सम्पत्ति की रक्षा में भू-स्वामी वर्ग से समझौते

किए। ग्राम्शी पूँजीपति निज़ामों के प्रतिक्रियावादी चरित्र को 19वीं सदी के योरोप में, ख़ास तौर पर जर्मनी और इटली के अपने अध्ययन के आधार पर रेखांकित करते हैं। ख़ुद योरोप के भीतर पूँजीपति वर्ग की क्रांतिकारी भूमिका कब से ख़त्म मानी जाय, इसे ले कर गंभीर बहसें मार्क्सवाद के भीतर ही संचालित रही हैं। कहने का तात्पर्य यह है कि यह धारणा ख़ुद योरोप के प्रसंग मे निर्विवाद नहीं रही। ऐसे में रामविलास शर्मा यदि भारत जैसे उपनिवेश के सन्दर्भ में ब्रिटिश राज की प्रगतिशील भूमिका को ख़ारिज करते हैं तो यह कोई ग़ैर-मार्क्सवादी बात नहीं है। उपनिवेशों के प्रसंग में तो यह धारणा निश्चय ही और भी संदिग्ध हो जाती है। यों भी औपनिवेशिक प्रश्न मार्क्सवाद के भीतर सदैव ही एक खुला प्रश्न रहा है। इस सन्दर्भ में कम्युनिस्ट मेनीफेस्टो के प्रकाशन के 150 वर्ष पूरे होने पर लिखे प्रभात पटनायक के एक महत्त्वपूर्ण लेख का यह उद्धरण दृष्टव्य है "मार्क्सवादी सिद्धांत दूसरे शब्दों में किसी 'बंद व्यवस्था' को द्योतित नहीं करता बल्कि वह पुनर्निर्माण की सतत् प्रक्रिया की अभिव्यक्ति है। पुनर्निर्मिति की यह सतत् प्रक्रिया समय के किसी ख़ास बिन्दु पर सिद्धांत को अनिवार्यतः परिपूर्ण नहीं बनाती। महत्त्वपूर्ण अपूर्णताएँ लंबे समय तक बनी रहती हैं। एक उदाहरण से इसको समझा जा सकता है- तमाम पुनर्निर्मितियों के बावजूद साम्राज्यवाद की सैद्धांतिकी को ले कर मार्क्सवादी सिद्धांत अभी भी गम्भीर रूप से अपूर्ण है। लेनिन ने उपनिवेशवाद और साम्राज्यवाद में भेद किया। साम्राज्यवाद को उन्होंने पूँजीवाद के इज़ारेदारी के दौर से जोड़ते हुए उसे पहले से चले आ रहे औपनिवेशिक सम्बन्धों का इस्तेमाल करते हुए उन पर अध्यारोपित परिघटना बताया लेकिन स्वयं लेनिन भी इन औपनिवेशिक सम्बन्धों के स्वरूप तथा पूँजी के पुनरुत्पादन की प्रक्रिया में उनकी भूमिका की व्याख्या प्रस्तुत नहीं करते। चूंकि मार्क्स का विश्लेषण न केवल मेनीफेस्टो में बल्कि 'पूँजी' में भी मुख्यतः पूँजीवादी अर्थतंत्र की एक 'बंद' व्यवस्था की व्याख्या तक ही केंद्रित है अतः पूँजीवाद और उपनिवेशों के बीच अन्तर्सम्बन्ध मार्क्सवादी सिद्धांत के लिए ख़ामोशी का क्षेत्र है (लक्ज़ेमबर्ग के अकेले और अपूर्ण प्रयास को छोड़ कर) समस्या यह नहीं है कि इतिहास में क्या हुआ इस पर मार्क्सवादी इतिहासकारों ख़ास तौर पर तीसरी दुनिया के इतिहासकारों ने बहुमूल्य कार्य किया। समस्या है इसे मार्क्सवादी सिद्धांत के मूल में समाहित करने की।" (A world to Win, 1999, Leftworld Nooks, New Delhi pg. 76-77) रामविलास शर्मा के मार्क्सवादी लेखन के अन्तर्विरोधों पर तो विचार हो, किंतु औपनिवेशिक प्रश्न पर मार्क्सवादी सिद्धांत की अपूर्णता के प्रसंग में उसके महत्त्व की अवहेलना भी नहीं की जानी चाहिए।

20. वीरभारत तलवार : 'रामविलास शर्मा की विवेचन पद्धति और मार्क्सवाद-II शीर्षक लेख, सामना, वाणी प्रकाशन, दिल्ली, 2005, पृ0 40

21. उत्तर-आधुनिक विमर्शों में (ख़ास कर फूको के यहाँ) मार्क्सवाद को 'पश्चिमी ज्ञान मीमांसा' और ज्ञानोदय से निकला एक महावृत्तांत माना गया जिसका विखण्डन किया जाना उत्तर-आधुनिकों के अनुसार तथाकथित उत्तर-आधुनिकतावादी रैडिकल राजनीति का रास्ता साफ़ करेगा। मार्क्सवाद उत्तर-आधुनिक शब्दावली में 'उत्पाद पद्धति का आख्यान है' और उपनिवेशवाद से उसका विरोध 'प्रगति के मिथक' के विधेयवाद में डूबा हुआ है। न्यूयार्क ट्रिब्यून में 1853 में 'भारत में ब्रिटिश राज' तथा 'भारत में ब्रिटिश राज के भावी परिणाम' शीर्षक से प्रकाशित दो टिप्पणियों से उद्धरण दे कर उन्हें ही 'उपनिवेशवाद' के बारे में मार्क्स के चिंतन का दर्जा दे कर, मार्क्स को 'प्राच्यवादी' खाँचे में डाल देने का उपक्रम कुछ उत्तर-औपनिवेशिक सिद्धांतकारों ने किया है। एडवर्ड सईद जैसे 'ऐक्टिविस्ट' चिंतक ने उत्तर-आधुनिक पद्धति पर मार्क्स की उक्त टिप्पणियों को 'प्राच्यवादी' विमर्श का हिस्सा बताया। एजाज़ अहमद ने सईद द्वारा फूको की 'डिस्कोर्स एनालिसिस' को सामान्यतः औपनिवेशिक सन्दर्भों में और विशेषतः भारत पर मार्क्स के लेखन पर लागू किए जाने में की गई तमाम पद्धतिगत गड़बड़ियों पर उँगली रखी है। आश्चर्य है कि सईद ने अपनी पुस्तक 'प्राच्यवाद' के जिस खण्ड में मार्क्स के बारे में अपनी धारणा रखी, वह खण्ड उन अंग्रेज़ी और फ्रांसीसी साहित्यिक यात्रियों के लेखन पर केन्द्रित था, जिनका दावा पूरब को प्रत्यक्षतः जानने का था। मार्क्स का ऐसा कोई दावा न था, फ्रांस के दक्षिण वे कहीं गए भी न थे। मार्क्स की भारत सम्बन्धी इन दो टिप्पणियों को अपनी-अपनी धारणाओं की पुष्टि के लिए इस्तेमाल करनेवालों में सईद अकेले न थे। इन टिप्पणियों का इस्तेमाल औपनिवेशिक सन्दर्भों में मार्क्सवाद को अप्रासंगिक बताने के लिए किया जाता है। इन का इस्तेमाल अंधराष्ट्रवादी ताकतें मार्क्स को भारत विरोधी सिद्ध करने के लिए करती है। हाल ही में हंस (जून, 2006) के सम्पादकीय में इन्हीं टिप्पणियों का इस्तेमाल 'हंस' सम्पादक ने भारत में अंग्रेज़ी राज के स्तुतिगान के लिए किया। राजेन्द्र यादव ने इन टिप्पणियों का प्रयोग 1857 के गदर को प्रतिक्रियावादी सिद्ध करने के लिए किया। शायद मार्क्स की भारत सम्बन्धी टिप्पणियों के इन्हीं अन्यथाकरणों को ध्यान में रखते हुए एजाज़ अहमद ने सईद के बहाने ही सही, इनका स्पष्टीकरण देना आवश्यक समझा। 'इन थियरी' में एजाज़ अहमद ने एक पूरा अध्याय ही मार्क्स की भारत सम्बन्धी टिप्पणियों के स्पष्टीकरण के लिए लिखा। इस अध्याय में हमने अनेकशः अहमद लिखित उक्त अध्याय की मदद ली है।

मार्क्स ने जब भारत के बारे में लिखा तो उस समय भारत के बारे में कोई ख़ास प्रामाणिक लेखन मौजूद नहीं था। भारत के आत्मनिर्भर ग्राम समुदायों की छवि मार्क्स ने शब्दशः हेगेल से ग्रहण कर ली थी। भारतीय गाँवों की समाज व्यवस्था (जाति प्रथा) और जादू टोने, अंधविश्वास भरे तंग दिमाग़ों के बारे में

मार्क्स का बयान योरोपीय किसानों के 'मूर्खतापूर्ण' ग्रामीण जीवन के उनके बयानों के मेल में ही है। भारत के प्राक्-औपनिवेशिक समाज के मुकाबले ख़ुद योरोप के सांमती अतीत, उसकी निरंकुश राजशाहियों या फिर जर्मन बर्गर्स के बारे में मार्क्स की टिप्पणियाँ कम कठोर नहीं हैं। इससे इतना तो स्पष्ट ही है कि उन्होंने पूरब के प्रति कोई 'प्राच्यवादी' धारणा नहीं पाल रखी थी।

22. हेगेल द्वारा 'द फिलॉसॉफ़ी ऑफ़ हिस्ट्री' की भूमिका में अफ्रीका के विषय में जो कुछ कहा गया है, उसे पढ़ कर कोई भी उन अश्वेत लेखकों की भावनाओं को समझ सकता है, जो हेगेल को नस्लवादी मानते हैं। हेगेल के निम्नलिखित उद्धरण को देखें—"इतिहास जहाँ तक पीछे जाता है वहाँ तक देखने पर पता चलता है कि अफ्रीका बाकी दुनिया से कटा, अपने में बंद रहा। वह स्वयं में संघनित स्वर्णभूमि है—(मनुष्यता) की शैशवभूमि, जो की स्व-चेतन इतिहास के दिन के प्रकाश से परे, रात की स्याही में घिरी हुई ..... नीग्रो, जैसा कि पहले बताया गया, पूर्णतः जंगली और असभ्य अवस्था का आदिम मनुष्य है। हमें आदर और नैतिकता के विचारों को परे हटा कर, जिसे संवेदना कहा जाता है, उसे परे हटा कर उसे ठीक ढंग से समझना है तो हम यही पाएँगे कि इस तरह के चरित्र (नीग्रो) में ऐसा कुछ भी नहीं है जिसका मनुष्यता के साथ सामंजस्य हो ...... इस बिन्दु पर हम अफ्रीका को छोड़ते हैं और आगे उसका कोई उल्लेख नहीं करेंगे, क्योंकि वह विश्व का ऐतिहासिक हिस्सा है ही नहीं, उसमें विकास का कोई क्षण ही नहीं है जिसका उद्घाटन किया जाए। उसके उत्तरी हिस्से में ऐतिहासिक विकास के जो चिह्न दिखते हैं वे एशियाई या योरोपीय दुनिया से सम्बन्ध रखते हैं ...... अफ्रीका से ख़ास तौर पर जो हम समझते हैं— वह है अनैतिहासिक और अविकसित चेतना—जो कि महज़ प्रकृत अवस्था में घिरी हुई है जिसे विश्व के इतिहास की दहलीज़ पर ही आया हुआ समझा जा सकता है। .... विश्व का इतिहास पूरब से पश्चिम की ओर चलता है, क्योंकि योरोप पूर्णतः इतिहास का अंत है, एशिया उसका आरम्भ।" ; (George Lamming: The Occasion For Speaking, The Post-Colonial Studies Reader, Ed.Bill Ashcroft & Others, Routledge, London & New York, pg.15½

23. रामविलास शर्मा, ऋग्वेदिक आर्य और उनका परिवेश, इतिहास दर्शन, वाणी प्रकाशन, दिल्ली, 1995, पृ0 13

24. मैनेजर पाण्डेय : साहित्य और इतिहास दृष्टि, वाणी प्रकाशन, नई दिल्ली, 1981 पृष्ठ 31

25. शिवकुमार मिश्र : 'नवजागरणकालीन साहित्य के चरित्र का एक विशिष्ट पहलू' शीर्षक लेख, आलोचना, जुलाई-सितंबर, 1987, पृ0 52

26. वही, पृ0 55-56

27. वीरभारत तलवारः 'हिन्दी नवजागरण : अध्ययन की समस्याएँ' शीर्षक लेख, सामना, वाणी प्रकाशन, दिल्ली, 2005, पृ0 257-258
28. वीरभारत तलवार : 'शिक्षा पर औपनिवेशिक राज्य का नियंत्रण और स्त्री शिक्षा' शीर्षक अध्याय, रस्साकशी : 19वीं सदी का नवजागरण और पश्चिमोत्तर प्रांत, सारांश प्रकाशन, दिल्ली-हैदराबाद, 2002, पृ0 32
29. Chatterjee, Partha : 'Whose Imagined Community?', The Nation and its Fragments (Colonial and Postcolonial Histories) OUP, New Delhi, 2001 (1993), Pg. 6
30. देवकीनंदन खत्री : उद्धृत, वीरभारत तलवार : 'इतिहास का खलनायक और हिन्दी की नई चाल' शीर्षक अध्याय, रस्साकशी-19वीं सदी का नवजागरण और पश्चिमोत्तर प्रांत, सारांश, दिल्ली-हैदराबाद, 2002, पृ0 81
31. वही, पृ0 68
32. वही, पृ0 129-130
33. वही, उपसंहार, पृ0 396-404
34. वही, पृ0 404-405
35. रामस्वरूप चतुर्वेदी : हिन्दी साहित्य और संवदेना का विकास, लोकभारती प्रकाशन, इलाहाबाद, 2000 (1986) पृ0 79-80
36. वही, पृ0 87
37. Chatterjee, Partha : 'Whose Imagined Community?' The Nation and its Fragments (Colonial and Postcolonial Histories) OUP, New Delhi, 2001 (1993), pg. 6
37. Ibid
39. रामस्वरूप चतुर्वेदी : हिन्दी साहित्य और संवदेना का विकास, लोकभारती प्रकाशन, इलाहाबाद, 2000 (1986) पृ0 136-137
40. रामस्वरूप चतुर्वेदी : 'साहित्य और देश' शीर्षक लेख, आलोचना, जनवरी-मार्च 1987, पृ0 65
40. Chatterjee, Partha : 'Histories and Nations', The Nation and its Fragments (Colonial and Post colonial Histories) OUP, New Delhi, 2001 (1993), pg. 110
42. रामस्वरूप चतुर्वेदी : हिन्दी साहित्य और संवदेना का विकास, लोकभारती प्रकाशन, इलाहाबाद, 2000 (1986) पृ0 86
43. Ahmad, Aijaz : 'Marx on India', In Theory, OUP, Delhi, 1995 (1992), pg. 224
44. निर्मल वर्माः 'भारत और योरोप : प्रतिश्रुति के क्षेत्र की खोज', पत्थर और बहता पानी, वाग्देवी प्रकाशन, बीकानेर, 2000, पृ0 154-155

45. निर्मल वर्मा : 'शताब्दी के ढलते वर्षों में', पत्थर और बहता पानी, वाग्देवी प्रकाशन, बीकानेर, 2000, पृ0, 65
46. अज्ञेय : 'स्मृति और काल' शीर्षक लेख, खुले में खड़ा पेड़, (सं0 नंदकिशोर आचार्य), वाग्देवी प्रकाशन, बीकानेर, 1999, पृ0 14
47. वही, पृ0 26
48. वही, 'स्मृति और देश' शीर्षक लेख, पृ0 33-35
49. वही, पृ0 37-39
50. निर्मल वर्मा : 'भारत और योरोप : प्रतिश्रुति के क्षेत्र की खोज', पत्थर और बहता पानी, वाग्देवी प्रकाशन, बीकानेर, 2000, पृ0 136
51. वही, पृ0 132
52. वही, पृ0 100-101
53. वही, पृ0 155-156
54. वही, पृ0 134-141
55. वही, पृ0 158-160
56. वही, पृ0 146
57. वही
58. वही, 'भाषा और राष्ट्रीय अस्मिता' शीर्षक निबन्ध, पृ0 101-102
59. वही, पृ0 103-104
60. वही, पृ0 102
61. वही, 'भारत और योरोप : प्रतिश्रुति के क्षेत्र की खोज', शीर्षक निबन्ध, पृ0 124-125
62. अज्ञेय : 'संस्कृति की चेतना' शीर्षक लेख, खुले में खड़ा पेड़, (सं0 नंदकिशोर आचार्य), वाग्देवी प्रकाशन, बीकानेर, 1999, पृ0 70
63. सलमान रुश्दी : शरम, अनुवाद-ललित कार्तिकेय, वाणी प्रकाशन, 2004 (1983), पृ0 88
64. अज्ञेय : 'संस्कृति की चेतना' शीर्षक लेख, खुले में खड़ा पेड़, (सं0 नंदकिशोर आचार्य), वाग्देवी प्रकाशन, बीकानेर, 1999, पृ0 58
65. Chatterjee, Partha : 'Histories and Nations', The Nation and its Fragments (Colonial and Post colonial Histories) OUP, New Delhi, 2001 (1993), pg. 110
66. निर्मल वर्मा : 'भारत और योरोप : प्रतिश्रुति के क्षेत्र की खोज', पत्थर और बहता पानी, वाग्देवी प्रकाशन, बीकानेर, 2000, पृ0 128-129

67. नामवर सिंह : हिन्दी साहित्य के पच्चीस वर्ष, आलोचना, जनवरी-मार्च 1974, पृ0 68
68. वही, पृ0 66
69. मैनेजर पाण्डेय : 'स्वातंत्र्योत्तर हिन्दी साहित्य के इतिहास लेखन की समस्याएँ' शीर्षक लेख, आलोचना, जनवरी-मार्च 1979, पृ0 42-43
70. नामवर सिंह : हिन्दी साहित्य के पच्चीस वर्ष, आलोचना, जनवरी-मार्च 1974, पृ0 66-69
71. वही, पृ0 69-70
72. मैनेजर पाण्डेय : 'स्वातंत्र्योत्तर हिन्दी साहित्य के इतिहास लेखन की समस्याएँ' शीर्षक लेख, आलोचना, जनवरी-मार्च 1979, पृ0 43
73. वही, पृ0 44
74. नामवर सिंह : हिन्दी साहित्य के पच्चीस वर्ष, आलोचना, जनवरी-मार्च 1974, पृ0 70-73
75. मैनेजर पाण्डेय : 'स्वातंत्र्योत्तर हिन्दी साहित्य के इतिहास लेखन की समस्याएँ' शीर्षक लेख, आलोचना, जनवरी-मार्च 1979, पृ0 46
76. वही
77. वही, पृ0 42 (नामवर सिंह - 'आलोचना', अप्रैल-जून-1967 से उद्धृत)
78. वही,पृ0 47-48।
79. रामस्वरूप चतुर्वेदी : हिन्दी साहित्य और संवेदना का विकास, लोकभारती, इलाहाबाद, 2000 (1986) पृ0 234-236
80. विजयदेवनारायण साही : 'लघुमानव के बहाने हिन्दी कविता पर एक बहस? (नयी कविता : अंक 5-6,1960-61),नयी कविता : सैद्धांतिक पक्ष (खण्ड एक), सं0 जगदीश गुप्त रामस्वरूप चतुर्वेदी, विजयदेवनारायण साही, लोकभारती प्रकाशन, इलाहाबाद, 2000, पृ0 189 से उद्धृत

●●●

अध्याय पाँच

भारतीयता और हिन्दी उपन्यास

साहित्य में जो विधा उत्तर-औपनिवेशिक विमर्शों में सर्वाधिक महत्त्वपूर्ण समझी गई वह है उपन्यास। पहले से ही उपन्यास आधुनिक चेतना की अभिव्यक्ति के कलात्मक माध्यम के रूप में समझा जाता रहा है। हेगेल ने उपन्यास को 'आधुनिक युग का महाकाव्य' कहा था। उपन्यास के उदय और विकास की परिस्थितियों पर प्रकाश डालते हुए डॉ0 मैनेजर पाण्डेय ने लिखा है—"उपन्यास के उदय और विकास के लिए अर्थात् उसके अस्तित्व के लिए कुछ ऐसे भौतिक और विचारधारात्मक आधारों की ज़रूरत थी, जो आधुनिक युग में ही विकसित हुए। उपन्यास के अस्तित्व के लिए अनिवार्य प्रेस, प्रकाशन और पत्र-पत्रिका आधुनिक युग के वैज्ञानिक विकास की देन हैं तो उसके लेखक और पाठक के रूप में क्रियाशील मध्यवर्ग पूँजीवादी सामाजिक संरचना का परिणाम है। इन भौतिक आधारों के साथ-साथ विचारधारा के स्तर पर व्यक्तिवाद, धर्मनिरपेक्ष जीवनदृष्टि और यथार्थवादी विश्वदृष्टि की ज़रूरत थी, जो आधुनिक युग की विवेकवादी चेतना की उपज है। उपन्यास की रचनादृष्टि में मनुष्य की स्वतंत्रता, व्यक्ति की महत्ता और मानवीय सम्बन्धों की गरिमा को तभी केन्द्रीय महत्त्व मिला, जब आधुनिक मानस अपने अनुभव और तर्क के अलावा किसी अलौकिक शक्ति की सत्ता को स्वीकार करने के लिए तैयार न था। यह मध्ययुग में सम्भव न था। उपन्यास मध्ययुगीनता के विरुद्ध आधुनिकता के विद्रोह की अभिव्यक्ति करने वाला साहित्य रूप है।"[1]

'उपन्यास का समाजशास्त्र' शीर्षक अपने लेख में ही मैनेजर पाण्डेय ने यह दिखलाया है कि नई ऐतिहासिक चेतना और समाजशास्त्रीय अन्वेषण की दृष्टि जिस आधुनिक युग के भौतिक और वैचारिक परिवेश की उपज है, उसी की उपज उपन्यास भी है। ऐसे में यह स्वाभाविक ही है कि साहित्य के समाजशास्त्रीय अध्ययन के केन्द्र में उपन्यास ही रहे। उत्तर-औपनिवेशिक विमर्शों में ख़ास तौर पर उपन्यास को राष्ट्रीय चेतना से जोड़ कर देखने पर बल है। साहित्य अकादमी ने फरवरी 1999 में 'राष्ट्र' की खोज में उपन्यास' (द नॉवेल इन सर्च ऑफ़ नेशन) विषय पर राष्ट्रीय सेमिनार आयोजित किया। इसमें पढ़े गए पर्चों का संकलन पुस्तक रूप में साहित्य एकेडमी ने सन् 2005 में प्रकाशित करवाया। संकलन की भूमिका में इस सेमिनार के विषय पर

प्रकाश डालते हुए ई0वी0 रामकृष्णन् ने लिखा "विभिन्न भारतीय भाषाओं में आज़ादी के पहले और बाद में लिखे गए उपन्यास भारतीय राष्ट्र की समग्र जटिलता, विविधता और बहुलता का बयान करते हैं। वे उपमहाद्वीप का अनौपचारिक इतिहास निर्मित करते हैं जिसमें घटनाओं के प्रति जनता का दृष्टिकोण चित्रित हुआ है। उपन्यास यह दर्शाते हैं कि विभिन्न सामाजिक अवस्थितियों से राष्ट्र कल्पित और पुनः कल्पित हुआ। राष्ट्र के नैतिक द्वंद्व और उसकी असफलताएँ जितने साफ़ ढंग से पिछली शताब्दी के श्रेष्ठतम् भारतीय उपन्यासों मे व्यक्त हुई हैं, वैसा अन्यत्र कहीं भी अभिलिखित नहीं है ...... राष्ट्र और राष्ट्रवाद के साथ उपन्यास का सहजीवी सम्बन्ध पिछले दो दशकों से गहन आलोचनात्मक अन्वेषण का विषय रहा है।"[2] साहित्य एकेडमी ने ही मार्च 2000 में केरल विश्वविद्यालय के तुलनात्मक साहित्य केन्द्र के साथ मिल कर तिरुवनंतपुरम् में 'भारत के आरम्भिक उपन्यास' (अर्ली नॉवेल्स इन इंडिया) विषय पर सेमिनार आयोजित किया। इस सेमिनार के पर्चों को शामिल करते हुए सन् 2002 में साहित्य अकादमी द्वारा इसी शीर्षक से प्रकाशित पुस्तक की भूमिका में मीनाक्षी मुखर्जी ने लिखा— "भारत में उपन्यास को एक उधार ली गई विधा, ब्रिटिश शासकों द्वारा 19वीं सदी में शुरू की गई अंग्रेज़ी शिक्षा का परिणाम मानने की धारणा लंबे समय तक प्रश्न के घेरे में नहीं लाई गई। इस पुस्तक के उद्देश्यों में इस तरह की बनी-बनाई पिष्ठपेषित धारणाओं का परीक्षण करते हुए उपन्यास की स्थानीय तथा अन्य संस्कृतियों से उपार्जित बहुरंगी विरासत के जटिल प्रश्न को सम्बोधित करने का प्रयास है। इस उपक्रम में उन दूसरे नियामकों की बहुलता पर भी ध्यान केन्द्रित किया गया है जिनकी अंतःक्रिया और सामंजस्य ने भारत में उपन्यास की साहित्यिक विधा के उदय की उलझी हुई प्रक्रिया को अंजाम दिया।"[3] साहित्य एकेडमी के उपरोक्त दोनों सेमिनारों के उद्घाटन वक्तव्य हिन्दी साहित्यकारों द्वारा दिए गए। जहाँ सन् 1999 के सेमिनार का उद्घाटन निर्मल वर्मा ने किया, वहीं सन् 2000 में हुए सेमिनार का उद्घाटन नामवर सिंह ने किया। दोनों ने ही उपन्यास के पश्चिमी मॉडल पर प्रश्नचिह्न लगाते हुए भारतीय उपन्यासों के अलग अनुभव, परम्परा और ढाँचे की बात उठाई। स्पष्ट है कि हिन्दी साहित्य चिंतन और आलोचना में उपन्यास को ले कर समकालीन उत्तर-औपनिवेशिक विमर्शों के प्रति सजगता विद्यमान है। सन् 1999 के अपने उद्घाटन भाषण में निर्मल वर्मा ने कहा कि उपन्यास के पश्चिमी रूप ने बहुस्तरीय भारतीय यथार्थ की अभिव्यक्ति को परिसीमित और क्षतिग्रस्त किया। 18वीं और 19वीं सदी के योरोपीय उपन्यास व्यक्तिकृत चेतना की स्वायत्त संवेदना से निर्मित हुए जबकि भारत में जिस समय उपन्यास एक पहले से ही उपलब्ध विधा के रूप में गृहीत हुआ, उस समय तक भारतीय समाज में व्यक्तिकरण की प्रक्रिया योरोप जैसी अवस्था में नहीं पहुँची थी। निर्मल वर्मा के अनुसार भारतीय नैतिक द्वंद्वों के भिन्न किस्म के आख्यान की आवश्यकता थी। भले ही महाकाव्य विधा के रूप में समाप्त हो गया रहा हो किन्तु महाकाव्यात्मक संवेदना मृत नहीं हुई थी।[4] यह विडम्बना ही है कि निर्मल जी योरोपीय नावेल की व्यक्तिकृत चेतना के बरअक्स जिस सामूहिक नैतिक

महाकाव्यात्मक चेतना को भारतीय बता रहे हैं, उसके प्रति सजगता साहित्य के क्षेत्र में मिथ और आद्यबिम्बों पर योरोपीय चिंतन का ही परिणाम है।

निर्मल वर्मा के विचार अनेक प्रश्नों को जन्म देते हैं—क्या उपन्यास के उदय का सम्बन्ध हमारी संवेदना के खंडित होने से जुड़ता है? कहानी कहने की देशज परम्पराएँ किस प्रकार हमारे औपन्यासिक आख्यानों को अधिक सर्जनात्मक बनाती हैं? क्या सामाजिक यथार्थवादी उपन्यास भारतीय यथार्थ की अभिव्यक्ति को संकुचित करते हैं? स्पष्ट है कि राष्ट्र के संधान में उपन्यास को अपना ही पुनराविष्कार करना पड़ा। 'भारत में आरम्भिक उपन्यास' शीर्षक सेमिनार के बीजवक्तव्य में नामवर जी की अद्यतन उत्तर-औपनिवेशिक आलोचनात्मक विमर्शों के प्रति सजगता दिखाई देती है। आरम्भ में ही नामवर सिंह योरोप के मुकाबले भारत में उपन्यास विधा के देर से आने को बहुत महत्त्व नहीं देते हैं। लैटिन अमेरिका का उदाहरण देते हुए वे कहते हैं कि उपन्यास विधा का उदय वहाँ हाल फ़िलहाल की परिघटना है, फिर भी लैटिन अमरीका से ही मार्खेज जैसे उपन्यासकार की कालजयी कृति 'वन हंड्रेड ईयर्स ऑफ़ सालीट्यूड' निकली। नामवर जी ने यह रेखांकित किया कि जहाँ लैटिन अमरीका के देशों में कहानी कहने की वाचिक परम्परा ही विद्यमान थी, वहीं भारत में इसकी लंबी लिखित परम्परा भी चलती रही है। संस्कृत से भी अधिक उन्होंने पालि और प्राकृत की लिखित कथा परम्परा पर बल दिया। लेकिन यह परम्परा 9वीं शताब्दी पर आ कर रुक जाती है और लगभग 1000 वर्ष बाद 19वीं सदी में कथा के औपन्यासिक रूप का विकास होता है। आख्यान की परम्परा में इस 1000 साल के व्यवधान या इन एक हज़ार वर्षों में लिखित (यदि हों तो) गद्य आख्यानों की अनुपलब्धता के ऐतिहासिक कारणों को शोध का विषय मानते हुए नामवर जी सीधे 19वीं सदी के उपन्यासों के बारे में वक्तव्य देते हैं। उन्हीं के शब्दों में "विधा के रूप में उपन्यास की हमारी धारणा मूलतः औपनिवेशिक है। ब्रिटिश अध्येताओं ने भारतीय उपन्यास को पश्चिम की नकल बताया। चूंकि वे इसे पश्चिम से प्रतिरोपित मानते थे लिहाजा हमने भी प्रारम्भिक उपन्यासों के बारे में थोड़ा क्षमाप्रार्थी होते हुए उसी धारणा को अपना लिया। ...... उपन्यास को मूलतः एक उपार्जित (derivative) विधा मानने के विचार की पुनर्परीक्षा ज़रूरी है। सम्भवतः हम बंकिमचंद्र चटर्जी से शुरू कर सकते हैं। उन्होंने उपन्यासकार के रूप में पहले पहल अंग्रेज़ी ढंग का उपन्यास अंग्रेज़ी भाषा में ही लिखा। लेकिन उनकी पहली मौलिक कृति 'कपाल कुंडला' थी जिसकी संरचना (उपन्यास की अपेक्षा) कादंबरी के अधिक निकट है और उसके संघटक तत्त्व अनुकरणात्मक (imitative) नहीं हैं। आज तक भी हमारे कई महत्त्वपूर्ण उपन्यासों की संरचना एकरेखीय नहीं है। उदाहरण के लिए उड़िया में लिखे गोपीनाथ मोहंती के उपन्यास, बांग्ला में लिखे ताराशंकर बंदोपाध्याय के उपन्यास और हिन्दी में फणीश्वरनाथ रेणु के उपन्यास। मलयालम में भी जब आरम्भिक उपन्यास पर चर्चा होगी तो सम्भवतः मार्तण्ड वर्मा (के उपन्यासों) को 'इंदुलेखा' की अपेक्षा अधिक

महत्त्व मिलेगा, हालांकि 'इंदुलेखा' का परिगणन मानक ग्रंथों में होता है क्योंकि उसका ढाँचा उपन्यास के पश्चिमी चौखटे के नज़दीक है।"[5]

नामवर जी ने अपने वक्तव्य में कहा "चूंकि हमने यथार्थवाद को उपन्यास का संकेतचिह्न मान लिया, कुछ कृतियाँ हमारे दृष्टि-पटल से ओझल हो गई हैं। मैं यहाँ ख़ुद को हिन्दी तक ही सीमित रखूँगा, हालांकि मैं दूसरी भाषाओं में भी ऐसे उदाहरणों से अवगत हूँ। आचार्य रामचंद्र शुक्ल ने लाला श्रीनिवास दास के 'परीक्षा गुरू' (1885) को अंग्रेज़ी ढंग से लिखा हिन्दी का पहला उपन्यास बताया। उन्होंने उसे इसलिए रेखांकित किया कि वह समकालीन यथार्थ को यथार्थवादी शैली में प्रस्तुत करने वाला उपन्यास है। इस उपन्यास की चर्चा करने से ठीक पहले उन्होंने जगमोहन सिंह के उपन्यास 'श्यामा स्वप्न' (1885) की भूरि-भूरि प्रशंसा की लेकिन उसे उपन्यास का दर्जा नहीं दिया क्योंकि वह उपन्यास की विधागत अपेक्षाओं पर खरा नहीं उतरता। 'श्यामा स्वप्न' ने यथार्थवाद का इस्तेमाल नहीं किया। वह कादम्बरी शैली का पुराने रोमांसों की तरह का ऐसा उपन्यास है जिसमें स्वप्न और फंतासी का समावेश किया गया है।"[6]

नामवर जी का यह कथन पूरी तरह सही नहीं है। यह सच है कि आचार्य शुक्ल ने परीक्षा गुरु को ही अंग्रेज़ी ढंग का पहला मौलिक उपन्यास माना। शुक्ल जी के शब्द हैं "...... अंग्रेज़ी ढंग का मौलिक उपन्यास पहले पहल हिन्दी में लाला श्रीनिवास दास का परीक्षा गुरु ही निकला था।"[7] अंग्रेज़ी ढंग का मौलिक उपन्यास कहने में ध्वनि यह है कि दूसरे ढंगों के उपन्यास भी शुक्ल जी के लिए अकल्पनीय नहीं थे। वास्तव में हिन्दी में आरम्भिक अनूदित उपन्यास बांग्ला से अनूदित हो रहे थे। और जैसा कि नामवर जी ने अपने इसी भाषण में इंगित किया है, बांग्ला के भी बहुतेरे उपन्यास (नामवर जी ने 'कपाल कुंडला' का उदाहरण दिया है) ठीक-ठीक योरोपीय तर्ज पर नहीं लिखे जा रहे थे।

यह सच है कि शुक्ल जी ने "नये ढंग से उपन्यासों" को ख़ास रेखांकन के योग्य समझा। यथार्थवाद को वे कहीं न कहीं उपन्यास की ही नहीं वरन् आधुनिक साहित्य की कसौटी मानते थे। उपन्यास के विषय में उनके अनेक वक्तव्य इस ओर इंगित करते हैं। उदाहरण के लिए "इन उपन्यासों में देश के सर्वसामान्य जीवन के बड़े मार्मिक चित्र रहते थे।"[8] या "वर्तमान जगत में उपन्यासों की बड़ी शक्ति है समाज जो रूप पकड़ रहा है, उसके भिन्न-भिन्न वर्गों में जो प्रवृतियाँ उत्पन्न हो रही हैं, उपन्यास उनका विस्तृत प्रत्यक्षीकरण ही नहीं करते, आवश्यकतानुसार उनके ठीक विन्यास, सुधार अथवा निराकरण की प्रवृत्ति भी उत्पन्न कर सकते हैं। .... द्वितीय उत्थान के भीतर बांग्ला से अनूदित अथवा उनके आदर्श पर लिखे गए उपन्यासों में देश की सामान्य जनता के गार्हस्थ्य और पारिवारिक जीवन के बड़े मार्मिक और सच्चे चित्र रहा करते थे। प्रेमचंद जी के उपन्यासों में भी निम्न और मध्यम श्रेणी के गृहस्थों का बहुत सच्चा स्वरूप मिलता रहा.....उपन्यासों के भीतर लंबे-लंबे दृश्य वर्णनों तथा

धाराप्रवाह भाव व्यंजनापूर्ण भाषण की जो प्रथा पहले थी, वह योरोप में बहुत कुछ छाँट दी गई, अर्थात् वहाँ उपन्यासों से काव्य का रंग बहुत-कुछ हटा दिया गया। यह बात वहाँ नाटक और उपन्यास के क्षेत्र में "यथातथ्यवाद" प्रवृत्ति के साथ-साथ हुई। इससे उपन्यास कला की अपनी निज की विशिष्टता निखर कर झलकी, इसमें कोई संदेह नहीं।"[9]

लेकिन यथार्थवाद से अलग औपन्यासिक परम्परा को शुक्ल जी ने न वर्जित किया, न निषिद्ध। उन्होंने उपन्यास में प्रातिनिधिक और प्रतीकात्मक दोनों तरह की अभिव्यक्तियों में गहरे पार्थक्य को ठीक नहीं माना। वे उपन्यास के अनुकरणात्मक (mimetic) और सांकेतिक, प्रतीकात्मक या रूपकात्मक (non-mimetic, allegorical) दोनों ही अभिव्यक्ति शैलियों को स्वीकार करते हैं। काव्यात्मकता, कल्पना, स्मृति और स्वप्न उनके लिए उपन्यास के ढाँचे में निषिद्ध नहीं थे। जबकि यूरोप में काव्यत्व को उपन्यास से बाहर रखने की प्रवृत्ति बढ़ रही थी। शुक्ल जी ने लिखा—"उपन्यास और नाटक दोनों से काव्यत्व का अवयव बहुत कुछ निकलने की प्रवृति किस प्रकार योरोप मे हुई है, और दृश्य वर्णन, प्रगल्भ भावव्यंजना, आलंकारिक चमत्कार आदि किस प्रकार हटाए जाने लगे हैं, इसका उल्लेख अभी कर आए हैं। उनके अनुसार इस तृतीय उत्थान में हमारे उपन्यासों के ढाँचे में भी कुछ परिवर्तन हुआ। परिच्छेदों के आरम्भ में लंबे-लंबे काव्यमय दृश्य वर्णन, जो पहले रहा करते थे बहुत कम हो गए, पात्रों के भाषण का ढंग भी कुछ अधिक स्वाभाविक और व्यावहारिक हुआ। उपन्यासों को काव्य के निकट रखने वाला पुराना ढाँचा भी कुछ अधिक स्वाभाविक और व्यावहारिक हुआ। उपन्यासों को काव्य के निकट रखने वाला ढाँचा एकबारगी छोड़ नहीं दिया गया है। छोड़ा क्यों जाय? उसके भीतर हमारे भारतीय कथात्मक गद्यप्रबन्धों (जैसे कादंबरी, हर्षचरित) के स्वरूप की परम्परा छिपी हुई है। योरोप उसे छोड़ रहा है, छोड़ दे। यह कुछ आवश्यक नहीं कि हम हर एक कदम उसी के पीछे-पीछे रखें। अब यह आदत छोड़नी चाहिए कि कहीं हार्डी का कोई उपन्यास पढ़ा और उसमें अवसाद या 'दुःखवाद' की गंभीर छाया देखी तो चट बोल उठे कि अभी हिन्दी के उपन्यासों को यहाँ तक पहुँचने में बहुत देर है। बौद्धों के दुःखवाद का संस्कार किस प्रकार जर्मनी के शोपनहावर से होता हुआ हार्डी तक पहुँचा, यह भी जानना चाहिए।"[10]

शुक्ल जी ने आख्यान की देशज परम्परा और आधुनिक उपन्यासों का भेद स्पष्ट करते हुए लिखा, "जिस प्रकार गीत गाना और सुनना मनुष्य के स्वभाव के अंतर्गत है उसी प्रकार कथा कहानी कहना और सुनना भी। कहानियों का चलन सभ्य-असभ्य सब जातियों में चला आ रहा है। सब जगह उसका समावेश शिष्ट साहित्य के भीतर भी हुआ है। घटना प्रधान और मार्मिक, उनके ये दो स्थूल भेद भी बहुत पुराने हैं और इनका मिश्रण भी। वृहत्कथा, वैतालपचीसी, सिंहासनबत्तीसी, इत्यादि घटनाचक्र में रमाने वाली कथाओं की पुरानी पोथियाँ हैं। कादम्बरी, माधवानल कामकंदला, सीत

बसंत, इत्यादि वृत्त वैचित्र्यपूर्ण होते हुए भी कथा के मार्मिक स्थलों में रमाने वाला भाव प्रधान आख्यान है। इन दोनों कोटि की कहानियों में एक बड़ा भारी भेद तो यह दिखाई देता है कि प्रथम में इतिवृत्त का प्रवाहमात्र अपेक्षित होता है; पर दूसरी कोटि की कहानियों में भिन्न-भिन्न स्थितियों का चित्रण या प्रत्यक्षीकरण भी पाया जाता है।

आधुनिक ढंग के उपन्यासों और कहानियों के स्वरूप का विकास इसी भेद के आधार पर क्रमशः हुआ है। इस स्वरूप के विकास के लिये कुछ बातें नाटकों की ली गई हैं जैसे, कथोपकथन, घटनाओं का विन्यास वैचित्र्य, वाह्य और आभ्यंतर परिस्थिति का चित्रण तथा उसके अनुरूप भावव्यंजना। इतिवृत्त का प्रवाह तो उसका मूल रूप था ही; वह तो बना ही रहेगा। उनमें अंतर इतना ही पड़ा कि पुराने ढंग की कथा कहानियों में कथा का प्रवाह अखंड गति से एक ओर चला चलता था जिसमें घटना पूर्वापर क्रम से जुड़ती सीधी चली जाती थीं। पर योरोप में जो नये ढंग के कथानक नावेल के नाम से चले और बंगभाषा में आ कर 'उपन्यास' कहलाए (मराठी में वे 'कांदबरी' कहलाने लगे) वे कथा के भीतर की कोई भी परिस्थिति आरम्भ में रख कर चल सकते हैं और उसमें घटनाओं की शृंखला लगातार सीधी न जा कर इधर-उधर और शृंखलाओं से गुंफित होती चलती हैं और अंत में जा कर सबका समाहार हो जाता है। घटनाओं के विन्यास की यह वक्रता या वैचित्र्य उपन्यासों और आधुनिक कहानियों की वह प्रत्यक्ष विशेषता है जो उन्हें पुराने ढंग की कथा कहानियों से अलग करत्ती है।''[11]

उनके लिए कथा की विभिन्न परम्पराओं मे जो भेद था, वह परम्परा/आधुनिकता के द्वैत को अधिक रेखांकित करता है, योरोप/ग़ैर-योरोप के द्वैत को कम। भगवतीचरण वर्मा के ग़ैर-यथार्थवादी उपन्यास 'चित्रलेखा' का स्वागत करते हुए शुक्ल जी ने लिखा, ''लोक की सामयिक परिस्थितियों तक ही न रह कर जीवन के नित्य स्वरूप की विषमताएँ और उलझनें सामने रखने वाले उपन्यास भी योरोप में लिखे गए हैं और लिखे जा रहे हैं। जीवन में कुछ बातों का जो मूल्य चिरकाल से निर्धारित चला आ रहा है—जैसे पाप और पुण्य का- उनकी मीमांसा में भी उपन्यास प्रवृत्त हुआ है। इस प्रकार उपन्यासों का लक्ष्य वहाँ क्रमशः ऊँचा होता गया जिसने जीवन के नित्य स्वरूप का चिंतन और अनुभव करने वाले बड़े-बड़े कवि इधर उपन्यास के क्षेत्र में भी काम करते दिखाई देते हैं। बड़े हर्ष की बात है कि हमारे हिन्दी साहित्य में भी बाबू भगवतीचरण वर्मा ने 'चित्रलेखा' नाम का इस ढंग का एक सुंदर उपन्यास प्रस्तुत किया है।''[12]

नामवर जी ने अपने वक्तव्य में भले ही देशज आख्यान परम्पराओं का ज़िक्र किया लेकिन उनका मुख्य बल उपन्यास को राष्ट्रीय रूपक के बतौर पढ़ने पर ही है, जो कि फ्रेडरिक जेम्सन की तीसरी दुनिया के उपन्यासों के बारे में महत्त्वपूर्ण धारणा है। हालांकि साहित्य की प्रतीकवादी समझ और व्याख्या का इतिहास और भी पुराना है, ख़ास तौर पर नई समीक्षा के समय से। नई समीक्षा ने साहित्य को सामाजिक

व्यवहार की अपेक्षा सौंदर्यात्मक अभिव्यक्ति मानने पर बल दिया। प्राक् संरचनावादी नॉर्थ्राप फ्राई ने तो साहित्य को उसके बाहर स्थित किसी यथार्थ को जानने का साधन मानने की धारणा का निषेध किया है। फ्राई के लिए साहित्य एक सामूहिक आदर्शात्मक (utopian) स्वप्न-प्रक्रिया है जो कि इतिहास में सतत् चलती रहती है। साहित्य उन मूलभूत मानवीय इंच्छाओं की अभिव्यक्ति है जिन्होंने सभ्यता को जन्म दिया पर कभी भी पूर्ण नहीं हो सकीं। साहित्य व्यक्ति के रूप में रचनाकार की कृति न हो कर मानव जाति की सामूहिक चेतना की सार्वभौम अभिव्यक्ति मानी गई। आगे चल कर मिथ और आद्यबिम्बों की संरचना के साथ साहित्य की समानता को ले कर चले अध्ययनों ने ख़ास देशकाल के यथार्थ की अभिव्यक्ति के रूप में साहित्य को पढ़ने-समझने की धारणा को चुनौती दी। सस्यूर के भाषा चिंतन ने साहित्य को भाषिक संकेतचिह्नों की व्यवस्था के रूप में देखा। रूसी रूपवादियों और संरचनावादियों ने हरेक पाठ को एक संकेत व्यवस्था के बतौर परिभाषित किया। उत्तर-संरचनावाद तक पहुँचते-पहुँचते बाहरी यथार्थ की संकल्पना ही साहित्य के सन्दर्भ से ख़ारिज हो गई। भाषा से बाहर कोई यथार्थ न रहा। भाषा यथार्थ की अभिव्यक्ति का माध्यम नहीं रहीं बल्कि स्वयं यथार्थ और 'मानवीय कर्ता' भाषा की निर्मिति माने गए। साहित्य चिंतन की इस पूरी विकासयात्रा में 'यथार्थवाद' साहित्य का निकष नहीं रहा और चूँकि उपन्यास एक विधा के रूप में सर्वाधिक यथार्थवादी माना गया था, अतः उपन्यास की संरचना और अभिव्यक्ति शैली ही इस रस्साकशी का केन्द्र बन गई।

नामवर जी के वक्तव्य में यह बात तो ठीक है कि शुक्ल जी ने यथार्थवादी पद्धति के उपन्यासों को वरीयता दी किन्तु यह बात ग़लत है कि उन्होंने सांकेतिक या रूपकात्मक शैली के उपन्यासों तथा देशज गद्य आख्यान परम्पराओं का निषेध किया। नामवर जी के वक्तव्य में जो मूल ध्वनि है, वह उपन्यास की एक वैकल्पिक अवधारणा की खोज से सम्बन्ध रखती है।

नामवर जी ने लेस्ली फ़ीडलर की एक टिप्पणी को उद्धृत किया है, जिसमें उन्होंने उत्तर अमरीकी उपन्यासों के बारे में चर्चा करते हुए देश और उपन्यास का जन्म एक साथ बतलाया है। उपन्यास को आधुनिकता, मध्यवर्ग, लोकजीवन, यथार्थवाद आदि के ही सन्दर्भ मे परिभाषित किया जाता रहा है, लेकिन उत्तरोत्तर राष्ट्र तथा राष्ट्रवाद के साथ उपन्यास के सम्बन्ध को महत्त्व दिया जाने लगा। उत्तर-औपनिवेशिक विमर्शों ने उपन्यास के उदय और विकास को विशिष्ट औपनिवेशिक सन्दर्भों में रख कर देखने का प्रयास किया। ख़ास तौर पर एशिया, अफ्रीका और लैटिन अमेरिका के उपन्यासों मे राष्ट्र की निर्मिति और राष्ट्रीयता के स्वर का संधान प्रमुख रहा। उपन्यास राष्ट्र निर्माण के घटक समझे गए। बेनेडिक्ट एण्डरसन ने राष्ट्र को एक ऐसा कल्पित समुदाय बताया जो कि प्रथमतः कल्पना है और बाद में वास्तविकता का रूप धारण करता है। राष्ट्र यदि एक कल्पना है तो उपन्यास इस कल्पना की निर्मिति का

महत्त्वपूर्ण (सम्भवतः आवश्यक) घटक है। नामवर जी ने अपने वक्तव्य में यह कहा कि 1857 का प्रथम स्वाधीनता संग्राम भारतीय राष्ट्रीयता की पहली अभिव्यक्ति थी अतः आश्चर्य नहीं कि उपन्यास का उदय भारत में इस घटना के ठीक बाद हुआ। नामवर जी ने अपने इस वक्तव्य में लैटिन अमरीका, अफ्रीका और एशिया के साथ-साथ रूस में भी उपन्यास के उदय को राष्ट्रीयता से जुड़ा बताया। नामवर जी ने उपन्यास की सैद्धांतिकी के विषय में भी कुछ महत्त्वपूर्ण प्रश्न उठाए। उनके अनुसार रामचंद्र शुक्ल उपन्यास के ढाँचे को आयातित मानते हुए भी उसकी अंतर्वस्तु को भारतीय मानते थे। बाद के साहित्येतिहासकारों ने भारतीय उपन्यास को पश्चिमी ढाँचे और देशज आख्यान परम्पराओं के बीच तनाव से निर्मित माना। इस तरह की सैद्धांतिकी को ग़लत सिद्ध करते हुए उसे उन्होंने 19वीं सदी के विधेयवादी चिंतन का परिणाम बताया। हेडेन वाइट के प्रसिद्ध जुमले "रूप की अन्तर्वस्तु" का सहारा लेते हुए उन्होंने कहा कि जब हम आख्यान के बारे में विचार करते हैं तो यह समझना चाहिए कि रूप अपनी पूर्वनिर्धारित अन्तर्वस्तु के साथ ही आता है। रूप ही अन्तर्वस्तु है। यहाँ नामवर जी का संरचनावादी आग्रह स्पष्ट हो जाता है। नामवर जी की व्याख्या के अनुसार, उपन्यास के विधेयवादी, यथार्थवादी पश्चिमी ढाँचे में भारतीय अन्तर्वस्तु को अँटाया नहीं जा सकता। डॉ0 मैनेजर पाण्डेय ने 'राष्ट्रवाद, उपन्यास और प्रेमचंद' नामक अपने महत्त्वपूर्ण लेख में नामवर जी की इस धारणा पर प्रेमचंद के बहाने प्रश्न चिह्न लगाया है। अपने उक्त निबन्ध में नामवर सिंह के आशय को समेटते हुए मैनेजर पाण्डेय लिखते हैं—"हिन्दी में नामवर सिंह ने बेनेडिक्ट एंडरसन और फ्रेडरिक जेम्सन की मान्यताओं की मदद से भारतीय राष्ट्रवाद और भारतीय उपन्यास के सम्बन्धों की खोज और दोनों की भारतीयता की पहचान का एक प्रयत्न अपने निबन्ध 'अंग्रेज़ी ढंग का नावेल और भारतीय उपन्यास' में किया है। नामवर सिंह के अनुसार, भारतीय राष्ट्रवाद की चिन्ता का केन्द्र था 'कोई असली भारत। मनोवांछित भारत। कल्पना का भारत।' और उसके राष्ट्रीय रूपक हैं बांग्ला के बंकिम, हिन्दी के ठाकुर जगमोहन सिंह तथा हजारीप्रसाद द्विवेदी के कपाल-कुंडला, श्यामा-स्वप्न और बाणभट्ट की आत्मकथा जैसे ऐतिहासिक और व्यक्तिगत रोमांस या रोमांसधर्मी उपन्यास। वे न तो उस राष्ट्रवाद को महत्त्वपूर्ण मानते हैं जिसका आधार था उस समय का वास्तविक भारत, "आँखों के सामने रोज़-रोज़ दिखाई पड़ने वाला भारत" और न उस भारत की पराधीनता के यथार्थ, उसकी स्वाधीनता की आकांक्षा और उसके लिए संघर्ष के प्रयत्नों का चित्रण करने वाले सामाजिक यथार्थवाद के उपन्यासों को, क्योंकि उन्हें वे राष्ट्रीय रूपक नहीं लगते।"[13] मैनेजर पाण्डेय ने उपन्यास के पश्चिमी ढाँचे और भारतीय ढाँचे की बहस से ज़्यादा महत्त्वपूर्ण राष्ट्र की अलग-अलग अवधारणाओं को माना है, जो कि रोमांस शैली और यथार्थवादी शैली के भिन्न-भिन्न उपन्यासों में आकार ग्रहण कर रही थी। जहाँ नामवर सिंह राष्ट्रवाद की धारणागत बहुलता को चिह्नित नहीं करते और राष्ट्रीयता के स्वर को एकवचन में सीमित करते हुए उसकी अभिव्यक्ति कल्पना-प्रधान उपन्यासों में देखते हुए उसे ही देशज परम्परा का विकास

मानते हैं, वहीं मैनेजर पाण्डेय के लिए राष्ट्र स्वयं बहुवचनीय है और वह जितना काल्पनिक, रूपकात्मक शैली के उपन्यासों मे मुखरित है, उतना ही सामाजिक यथार्थवादी उपन्यासों में। शुक्ल जी की तरह मैनेजर पाण्डेय भी यथार्थवाद के प्रचलित रूपों को छोड़ कर अमूर्तन का भी इस्तेमाल करते हुए समय और समाज की धड़कती हुई वास्तविकता के चित्रण को न तो असंगत मानते हैं और न ही निषिद्ध मानते हैं। 'हंस' के उपन्यास केन्द्रित अंक में वे लिखते हैं, "यथार्थवाद के प्रचलित भेदों से चिपके रहने के कारण ही अनेक आलोचक न तो उस प्रकार के यथार्थ दृष्टिकोण को समझ पाते हैं, जिसे जादुई यथार्थवाद कहा जाता है, और न वे उपन्यास में यथार्थ से अमूर्तन के रचनात्मक सम्बन्ध की पहचान कर पाते हैं, यथार्थ और अमूर्तन को परस्पर विरोधी मानने के कारण ही जार्ज लुकाच काफ़्का की प्रायः निंदा किया करते थे।"[14]
पाण्डेय जी का उपरोक्त वक्तव्य सचेत ढंग से अमूर्तन का प्रयोग करने वाले उन उपन्यासकारों को ध्यान में रख कर दिया गया लगता है जो यथार्थ की जटिल परतों के उद्घाटन के लिए तथा समग्रतर यथार्थ को सामने लाने के लिए इस प्रविधि का इस्तेमाल करते हैं। काफ़्का से ले कर मार्खेज तक इसी कोटि में आते हैं। लेकिन आरम्भिक भारतीय उपन्यासों के उदय का भिन्न परिप्रेक्ष्य स्पष्ट करते हुए उन्होंने लिखा, "जब भारत में उपन्यास का उदय हो रहा था, तब देश ग़ुलाम था। उस समय अंग्रेज़ी राज के अत्याचारों से भरे हुए असह्य वर्तमान से मुक्ति की तलाश भारतीय जनता को थी और रचनाकारों को भी। रचनाकारों के सामने मुक्ति के दो मार्ग थे। एक अतीत या भविष्य के मायालोक में ले जाने वाला था। दूसरा था वर्तमान के यथार्थ के बोध और प्रतिरोध की ओर पहुँचने वाला। रोमांस के रचनाकार पहले मार्ग पर चल रहे थे और सामाजिक यथार्थवाद के उपन्यासकार दूसरे पर। केवल यही दूसरा मार्ग जनता क़ो भी उपलब्ध था इसलिए सामाजिक यथार्थवाद के लेखक वर्तमान के बोध और प्रतिरोध के मार्ग पर चलने की प्रक्रिया में साधारण जनता के साथ थे।"[15]
वे बेनेडिक्ट एंडरसन द्वारा परिभाषित राष्ट्र की अवधारणा को प्रश्नांकित करते हुए उपन्यास के साथ उसके सम्बन्ध को एकांगी मानते हैं। उन्हीं के शब्दों में, "जब राष्ट्रवाद से उपन्यास के सम्बन्ध पर विचार के आरम्भ में ही यह मान लिया जाता है कि उपन्यास आधुनिक राष्ट्र का आख्यान है, वह एक कल्पित समुदाय के रूप में राष्ट्र का निर्माता है या कि वह राष्ट्र की उपज है, तब राष्ट्र और राष्ट्रवाद से उपन्यास के सम्बन्ध की खोज का एकतरफ़ा रास्ता सामने रह जाता है, जिस पर चल कर यह साबित करना सरल होता है कि राष्ट्र की कल्पना और राष्ट्रवाद की निर्मिति में उपन्यास की क्या भूमिका होती है? इसी विचार-प्रक्रिया के कारण उपन्यास को राष्ट्र का संकेत, प्रतीक और रूपक (मेटाफ़र और अलेगरी) कहा जाता है लेकिन उपन्यास ऐसी विधा है जिसमें अपनी और दूसरों क़ी आलोचना की अपार क्षमता होती है। वह सभी सामाजिक शक्तियों, भौतिक परिस्थितियों और विचारधाराओं का सशक्त प्रतिरोधक और आलोचक रहा है जो उसके उदय, विकास और रूप के निर्माण के कारण रहे हैं। इसीलिए वह राष्ट्रवाद का जितना पोषक है, उससे अधिक उसका आलोचक है।"[16]

निर्मल वर्मा ने उपन्यास के सन्दर्भ में पश्चिमी मॉडल की आलोचना करते हुए भारतीय यथार्थ के लिए महाकाव्यात्मक संवेदना को महत्त्वपूर्ण माना था, "हमने अपने कथात्मक गद्य के लिए उपन्यास जैसी 'विधा' को चुना जो (पश्चिम के) नितांत भिन्न सांस्कृतिक अनुभव क्षेत्र में पनपी और विकसित हुई थी .... प्रेमचंद से ले कर अधुनातन उपन्यासकारों ने कभी उपन्यास की विधा पर शंका प्रकट नहीं की, अपने अनुभव के सन्दर्भ में पुनः परीक्षा तो दूर की बात थी।"[17] निर्मल वर्मा लंबे समय से भारतीयता के एक विशिष्ट स्वरूप को स्मृति और परम्पराओं के सहारे अर्जित करने को ले कर चिंतित रहे। उपन्यास की अपेक्षा भारतीयता को वे महाकाव्य की संवदेना से अधिक घनिष्ट रूप से जुड़ा हुआ मानते हैं। यहाँ अवसर नहीं कि हम उनकी भारतीयता की धारणा का विवेचन करें किन्तु उपन्यास के सन्दर्भ में इस नुक़्ते से वे जो सैद्धांतिक विधागत प्रश्न उठाते रहे उसका अधिक सुलझा हुआ विवेचन मैनेजर पाण्डेय के इस लेख में व्यक्त हुआ है, "उपन्यास आधुनिक युग का महाकाव्य कहा जाता है, इसीलिए वह राष्ट्र की पुरानी स्मृति का आधुनिक उत्तराधिकारी है। लेकिन उपन्यास का स्वभाव महाकाव्य से भिन्न होता है। महाकाव्य में जातीय जीवन के अतीत का गौरव गान होता रहा है। जबकि उपन्यास का सम्बन्ध समकालीन सामजिक प्रक्रियाओं से होता है और वे सामाजिक प्रक्रियाएँ राष्ट्र के शासक वर्ग की विचारधारा की एकान्विति और एकस्वरता का खण्डन करती हैं। यही नहीं, वह राष्ट्र की कल्पित सामूहिकता के समक्ष विभिन्न समुदायों, वर्गों और अस्मिताओं को प्रस्तुत करता हुआ राष्ट्रवाद की समग्रतावादी विचारधारा के एकाधिपत्य को तोड़ता है।

दुनिया-भर के उपन्यास के इतिहास से यह साबित होता है कि उपन्यास का रूप अत्यन्त लचीला, गतिशील, बहुआयामी और प्रयोगधर्मी होता है, इसीलिए मिखाइल बाख्तिन ने उपन्यास के सिद्धान्तकारों को चेतावनी देते हुए कहा था कि उपन्यास का वह प्रत्येक सिद्धान्त उलझाव का शिकार होता है जो उसे कुछ स्थायी विशेषताओं और विचारधारात्मक बन्धनों में बाँधना चाहता है। राष्ट्रवाद भी एक विचारधारा है, जिसके बन्धनों में बँधना उपन्यास स्वीकार नहीं करता।"[18] मैनेजर पाण्डेय ने न केवल राष्ट्रवाद को एकवचनीय मानने के प्रति सावधान किया बल्कि उसके साथ उपन्यास के सम्बन्ध को भी वैविध्यपूर्ण माना है— "ऐतिहासिक और व्यक्तिगत रोमांस के उपन्यास जिस तरह के राष्ट्रवाद के पोषक होते हैं, वैसे राष्ट्रवाद से सामाजिक यथार्थवाद के उपन्यासों का स्थायी विरोध होता है। रोमांसधर्मी उपन्यासकारों में वर्तमान के बोध की जगह अतीत की स्मृति या भविष्य की कल्पना अधिक होती है। उनकी आख्यान की पूरी संस्कृति पुनरुत्थानवादी राष्ट्रवाद की मदद करती है, जबकि सामाजिक यथार्थवाद के उपन्यास अपने समय और समाज की सच्चाइयों का साक्षात्कार करते हुए मुक्तिधर्मी और अग्रगामी राष्ट्रीय चेतना का निर्माण करते हैं। उनमें जनता की ज़िन्दगी की वास्तविकताओं तथा लोकतांत्रिक आकांक्षाओं की अभिव्यक्ति होती है और राष्ट्रवाद के हाशिये पर रहने वालों की आवाज़ सुनाई देती

है।''[19] मैनेजर पाण्डेय ने इस लेख में यह दिखलाया कि योरोप में उपन्यास का जन्म राष्ट्र-राज्य के साथ हुआ था और वह कभी-कभी उस राष्ट्र-राज्य के उपनिवेशवादी अभियान का सहचर भी बना। एडवर्ड सईद की दो महत्त्वपूर्ण कृतियों—'प्राच्यवाद' तथा 'संस्कृति और साम्राज्यवाद' में इस प्रक्रिया का बेहतर संकेत मिलता है। एशिया, अफ्रीका तथा दक्षिण अफ्रीका के पराधीन देशों के राष्ट्रवादों की चर्चा करते हुए मैनेजर पाण्डेय ने इस लेख में यह उचित ही रेखांकित किया है कि राष्ट्रवाद हमेशा मुक्तिधर्मी और मूलगामी नहीं होता। स्वाधीनता आंदोलन के समय के राष्ट्रवादी विमर्श में बहुधा किसाना, मजदूरों-स्त्रियों और दलितों को राष्ट्रवाद की मुख्यधारा की कल्पना में स्थान नहीं दिया गया था। सबाल्टर्न इतिहास लेखन इसी राष्ट्रवादी विमर्श के प्रतिरोध मे खड़ा हुआ, जिसमें जनता एक बेचेहरा और बेजुबान भीड़ के अलावा कुछ नहीं थी। हिन्दी उपन्यास ने इस उच्चवर्गीय राष्ट्रवादी विमर्श के सुर में सुर नहीं मिलाया बल्कि राष्ट्रनिर्माण में जनता के वास्तविक तबकों की भूमिका को रेखांकित करते हुए प्रभुत्वशाली राष्ट्रवादी विमर्श की खरी आलोचना की। प्रेमचंद के उपन्यास इसकी सर्वोच्च मिसाल हैं। मैनेजर पाण्डेय लिखते हैं—''यद्यपि स्वाधीनता आंदोलन के काल में राष्ट्रवादी विमर्श समूचे भारतीय समाज के बारे मे बोलने का दावा और दिखावा करता था, लेकिन उसमें उच्च वर्गों और उच्च वर्णों की आकांक्षाओं की आवाज़ अधिक सुनाई देती थी। उस राष्ट्रवाद ने जिस मुख्यधारा की कल्पना की थी, उसका देश के ग़रीब किसानों, मजदूरों, स्त्रियों और दलितों के साथ सम्बन्ध उपयोग और उपेक्षा का था। इस स्थिति में स्वाधीनता आंदोलन के काल में जिन उपन्यासों में राष्ट्रवाद की मुख्यधारा से बहिष्कृत बेजुबान और उपेक्षित किसानों, मजदूरों, स्त्रियों और दलितों की पराधीनता की यातना की ऐतिहासिक ट्रेजडी का आख्यान है, उनमें उस राष्ट्रवाद का पोषक कोई रूपक नहीं, उसकी खरी आलोचना है।''[20] जहाँ तक आज़ादी के बाद के राष्ट्रवाद का सवाल है तो हिन्दी उपन्यास उसके सतत् विरोध में ही खड़ा दिखाई देगा। उपन्यास ही क्यों, हिन्दी का अधिकांश काव्य भी। आज़ादी के बाद के प्रभुत्वशाली राष्ट्रवाद की चर्चा करते हुए मैनेजर पाण्डेय ने लिखा, ''आज़ादी के बाद के पचास वर्षों में भारतीय जनता को राष्ट्रवाद का जो अनुभव होता रहा है उससे स्पष्ट है कि राष्ट्रवाद एक बहाना भी है, राजसत्ता को अधिक दमनकारी बनाने का, उच्च वर्गों की हित साधना का, एक समुदाय के वर्चस्व का, हर अस्वीकार के दमन का, देश के भीतर पनपने वाली विभिन्न अस्मिताओं के अस्वीकार का, स्त्रियों की अनेक प्रकार की पराधीनताओं को गौरवान्वित करने का, दलितों की आवाज़ दबाने का और आजकल बहुराष्ट्रीय कम्पनियों के आगे आत्मसमर्पण का। इन सबके लिए उसके अनेक रूप भी दिखाई देते हैं : राजनीतिक, धार्मिक, सांस्कृतिक, साम्प्रदायिक, नस्लवादी और अनन्यतावादी आदि।''[21] मैनेजर पाण्डेय का यह लेख दो हिस्सों मे विभाजित है। पहले हिस्से में राष्ट्रवाद के साथ उपन्यास विधा के सम्बन्ध की सैद्धान्तिकी पर चर्चा है और दूसरे हिस्से में हिन्दी उपन्यास की श्रेष्ठतम उपलब्धि के बतौर प्रेमचंद के उपन्यासों की चर्चा है। राष्ट्रवाद और सामाजिक यथार्थवादी

उपन्यास के बीच के द्वंद्वात्मक सम्बन्ध की श्रेष्ठ उपलब्धि के रूप में प्रेमचंद की प्रस्तुति वास्तव में हिन्दी आलोचना में लंबे समय से प्रेमचंद की कथा परम्परा को विस्थापित करने के प्रयासों का उचित जवाब भी है। लेकिन इस लेख का सैद्धांतिक पक्ष भी उतना ही महत्त्वपूर्ण है। उत्तर-औपनिवेशिक विमर्शों के साथ अनालोचनात्मक-अनुकरणात्मक सम्बन्ध हिन्दी साहित्य को समझने का रास्ता नहीं हो सकता है। मैनेजर पाण्डेय का यह लेख इसकी शक्तिशाली अभिव्यक्ति है। वे बेनेडिक्ट एंडरसन और फ्रेडरिक जेम्सन, दोनों की धारणाओं को समस्याग्रस्त बनाते हैं। लेकिन प्रेमचंद के प्रसंग में फ्रैंज़ फ़ैनन का सकारात्मक उद्धरण देते हैं। फ्रैंज़ फ़ैनन ने लिखा है कि "अगर साम्राज्यवाद विरोधी संघर्ष के समय राष्ट्रीय चेतना को सामाजिक चेतना नहीं बनाया गया तो भविष्य मुक्ति का नहीं, उपनिवेशवाद के बदले हुए रूप का होगा। इसलिए राष्ट्रीय चेतना को सामाजिक और राजनीतिक आवश्यकताओं में रूपांतरित करते हुए उसे अधिक व्यापक और गहरा अर्थात् वास्तविक रूप में मानवीय बनाना ज़रूरी है।"[22] लेख के प्रथम हिस्से का समाहार करते हुए उन्होंने पार्थ चटर्जी के हवाले से बेनेडिक्ट एंडरसन की धारणाओं पर तीखे सवाल उठाए हैं—"पार्थ चटर्जी ने भारत जैसे देशों के राष्ट्रवाद को पश्चिम के राष्ट्रवाद से स्वतंत्र साबित करने के लिए एंडरसन से यह सवाल पूछा है कि राष्ट्र अगर कल्पित समुदाय है, तो वह किसकी कल्पना का समुदाय है। यह सवाल भारतीय राष्ट्रवाद के बारे में भी पूछा जाना चाहिए ताकि उसके सामाजिक आधार, राजनीतिक उद्‌देश्य और विचारधारात्मक अभिप्राय की वास्तविकता सामने आए। एंडरसन कहते हैं कि राष्ट्र में वास्तविक विषमता और शोषण होने के बावजूद राष्ट्रवाद में एक प्रकार के गहरे साहचर्य की कल्पना होती है। लेकिन भारत जैसे देशों मे जहाँ उपनिवेशवाद के विरुद्ध राष्ट्रीय संघर्ष हुए है, वहाँ कुछ ऐसे लेखक भी हैं जो विषमता और शोषण की वास्तविकता की उपेक्षा करने वाले राष्ट्रवाद के बारे में यह प्रश्न पूछते हैं कि राष्ट्र किसकी कल्पना का समुदाय है, सामंतों, पूँजीपतियों और उनके प्रतिनिधियों की कल्पना का या उनके द्वारा शोषित और दलित जनसमुदाय की कल्पना का। प्रेमचंद के साहित्य में ऐसे सवाल उनके द्वारा बार-बार पूछे गए हैं जो राष्ट्रवाद के हाशिए पर थे। स्वयं प्रेमचंद ने भी यह सवाल बार-बार पूछा है और उसका जवाब भी दिया है।"[23] उत्तर-औपनिवेशिक विमर्शों के भीतर ही दरअसल एक महत्त्वपूर्ण तनाव है। इस तनाव को थोड़ा सरलीकृत करके कहें तो वह उत्तर-औपनिवेशिकता के उत्तरसंरचनावादी प्रारूप तथा उपनिवेशवाद-विरोधी संघर्षों से प्राप्त चेतना के बीच है। यूं तो फ्रैंज फ़ैनन का भी उत्तर-संरचनावादी भाष्य तैयार हो गया लेकिन मूलतः वे तथा बहुतेरे अन्य चिंतक जिन्हें आज उत्तर-औपनिवेशिक विमर्शों में बहुमान प्राप्त है, अपने-अपने देशों के मुक्ति-योद्धा थे। मैनेजर पाण्डेय ने उपन्यास और राष्ट्रवाद की चर्चा में प्रेमचंद को केन्द्र में रख कर उत्तर-औपनिवेशिकता के उपनिवेशवाद-विरोधी स्वर को प्रगाढ़ करते हुए उसके संकेतशास्त्रीय, निर्मितिवादी प्रारूप के साथ बहस की है। इस प्रकरण को समाप्त करने से पहले फ्रेडरिक जेम्सन के साथ एजाज़ अहमद की बहस को भी याद लेना

ज़रूरी है। एजाज़ अहमद ने फ्रेडरिक जेम्सन द्वारा तीसरी दुनिया की कृतियों को अनिवार्यतः राष्ट्रीय रूपकों के बतौर पढ़े जाने के प्रस्ताव से सैद्धांतिक रूप से बहस करने के पश्चात् 19वीं, 20वीं सदी के उर्दू साहित्य के हवाले से अपनी बातों को पुष्ट किया है। 1870 के दशक में रतननाथ सरशार के 'फ़साना-ए-आज़ाद' के किश्तों में प्रकाशन से ले कर डिप्टी नज़ीर अहमद के उपन्यासों से होते हुए मीर हादी हसन रुसवा के 'उमरावजान अदा' तक उर्दू उपन्यासों के विवेचन में प्रवृत्त होते हुए एजाज़ अहमद ने इन उपन्यासों में उपनिवेशवाद और साम्राज्यवाद के अनुभवों की अपेक्षा दूसरे तरह के दबावों और विषयों को सक्रिय पाया। यदि कोई इन उपन्यासों को राष्ट्रीय रूपक के बतौर पढ़ना चाहे तो उसे इनमें राष्ट्रीयता का अत्यंत अप्रत्यक्ष स्वर ही मुश्किल से मिलेगा। 1930 के दशक में प्रगतिशील लेखक संघ के दौर में उपनिवेशवाद-विरोध अधिक समग्र, बहुआयामी आत्मालोचना के रूप में ही दिखाई पड़ता है। अपने देश की वर्ग संरचनाएँ पारिवारिक विचारधाराएँ, आदर्शवाद और लैंगिकता के प्रश्न अधिक प्रधान थे। आलोचनात्मक यथार्थवाद यह माँग करता था कि उपनिवेशवाद के देशज आधारों की आलोचना की जाय। एजाज़ अहमद लिखते हैं, "मैं 1935 से 1947 के बीच उर्दू में लिखा कोई एक भी उपन्यास ऐसा नहीं पाता हूँ जिसमें उपनिवेशवाद और साम्राज्यवाद के एकांतिक और प्रत्यक्ष अनुभव प्रमुख हों। उस दौर के जिन उपन्यासों को मैं जानता हूँ उनमें प्रधानतः अलग तरह की चीज़ें हैं : सामंती ज़मींदारों की बर्बरता, ... किसानों और निम्नवर्ग के जीवन पर महाजनों का कसता शिकंजा, स्कूली लड़कियों की सामाजिक और यौन कुंठाएँ आदि। उनमें से कई उपन्यासों में उपनिवेशवाद-विरोध का विषय पिरोया हुआ है लेकिन कहीं भी उस पर एकांतिक बल या केंद्रीय महत्त्व नहीं दिया गया। .... उर्दू साहित्य में 'राष्ट्र' प्राथमिक वैचारिक समस्या के रूप में आज़ादी के समय ही उभर कर आता है क्योंकि हमारी आज़ादी भी अलग किस्म की थी जो कि देश विभाजन के साथ आई। .... 1950 और 1960 के दशक का कथा-साहित्य चाहे वो मंटो, बेदी और इंतेज़ार हुसैन की कहानियाँ हों या कुर्तुल ऐन हैदर, खदीजा मसरूर, अब्दुल्ला हुसैन के उपन्यास, सभी में कहीं भी ख़ुद को एक राष्ट्रीय समुदाय के रूप में नहीं बख्शा गया, उन बातों के लिए जो हम अपनी राजनीति के साथ करते रहे हैं, कर रहे हैं। ...... एक सामान्य अर्थ में इस कथा साहित्य में 'राष्ट्र' का सन्दर्भ है लेकिन राष्ट्रवाद का नहीं। पाकिस्तान में तो एक दूसरी ही शंका व्यक्त की जाती है...... क्या हम राष्ट्र हैं भी? मैं निश्चित तौर पर कह सकता हूँ कि अधिकांश वामपंथ ने इस प्रश्न के उत्तर में कहा— 'नहीं'।"[24] हिन्दी और उर्दू के उपन्यासों पर राष्ट्रवाद के सन्दर्भ में विचार करते हुए मैनेजर पाण्डेय और एजाज़ अहमद ने उच्च उत्तर-औपनिवेशिक सैद्धांतिकी को नाकाफ़ी पाया है। वे उसके महत्त्वपूर्ण आचार्यों से शास्त्रार्थ में उतरे हैं और अपनी ठेठ ज़मीन पर उन्होंने हिन्दी-उर्दू की साहित्यिक अभिव्यक्तियों की संश्लिष्टता को रेखांकित किया है।

उपनिवेशवाद-विरोध और तिलस्मी-ऐयारी उपन्यास

नामवर सिंह ने मार्च 2000 के तिरुवनंतपुरम् के भाषण (जिसका ज़िक्र इस अध्याय के आरम्भ में हुआ है) में कहा कि यह संयोगमात्र नहीं है कि भारतीय उपन्यास का उदय, 1857 के प्रथम स्वाधीनता संग्राम की महत्त्वपूर्ण राजनैतिक घटना के बाद हुआ। 1857 और हिन्दी नवजागरण के बीच सम्बन्ध के विषय में हिन्दी आलोचना में जो वाद-विवाद चले हैं उनका तीसरे अध्याय में हम जायज़ा ले चुके हैं। राजेन्द्र यादव ने आलोचना के अप्रैल-जून, 1980 के अंक में 'दयनीय महानता की दिलचस्प दास्तान : चंद्रकांता' शीर्षक लेख में 1857 के साथ हिन्दी साहित्य, विशेष कर आरम्भिक तिलस्मी-ऐयारी उपन्यासों के सम्बन्ध को समझने का व्यावहारिक आलोचना के धरातल पर प्रथम प्रयास किया। राजेन्द्र यादव ने विधेयवादी ढाँचे से अलग, 'चंद्रकांता' को राष्ट्रीय अवचेतन की अभिव्यक्ति के रूप में पढ़ने की कोशिश की है। यहीं वे 1857 से हिन्दी साहित्य की इस अपने ढंग की अनोखी कृति को जोड़ सके। राजेन्द्र यादव लिखते हैं, "मुझे लगता है कि अपनी पड़ताल को इसी बिन्दु से शुरू करना होगा कि चंद्रकांता की इस अभूतपूर्व और भयानक लोकप्रियता के सामाजिक या मनोवैज्ञानिक कारण क्या रहे हैं? वह कौन-सी मानसिक स्थिति होती है जब समाज इस तरह के मनोरंजन, कौतुक या पलायन चाहने लगता है? अनायास और अनजाने ही लाखों पाठकों या दर्शकों को बाँध लेने वाली किताब या फ़िल्म किसी गहरी अचेतन ज़रूरत को प्रकट और इंगित करती है या नहीं? 1857 के गदर के बाद अंग्रेज़ी शासन ने प्रायः सारे उत्तर भारत को अपने चंगुल में ले लिया था और धीरे-धीरे उसकी प्रशासनिक स्थिति मज़बूत होती चली जा रही थी। राज्यों और प्रान्तों की पुनर्व्यवस्था और पुनर्गठन का कार्य लगभग पूरा हो गया था। अंग्रेज़ों का दबदबा, आतंक इस सिरे से उस सिरे तक छाया हुआ था। नये हथियारों, रणनीतियों और हथकण्डों के साथ-साथ वे अपने उपयोग के नये-नये उपकरण भी ला रहे थे। सब मिला कर असंगठित और गुप्त विरोधों के बावजूद भारतीय समाज ने इस पराजय को अन्तिम रूप से स्वीकार कर लिया था—हाँ, मानसिक और आध्यात्मिक रूप से जन-मन इस स्थिति को कतई स्वीकार नहीं कर पाया था। भौतिक और सामाजिक पराजय के बाद भीतर कहीं यह बोध और कचोट बने रहना बहुत स्वाभाविक है कि जो बाहरी शक्ति से नहीं हो सकता उसे बुद्धि और समझ से किया जा सकता है।"[25] भारतेंदु युग की राजभक्ति और राष्ट्रभक्ति के द्वंद्व पर बहुतेरी चर्चा हुई हैं, किन्तु 1857 के बाद के माहौल में वह कौन-सा अनिश्चय का सन्दर्भ था जिसने इस विभाजित चेतना को जन्म दिया, उसका आभास कराने की कोशिश राजेन्द्र यादव के विश्लेषण में दिखाई पड़ती है—"1857 के सिपाही-विद्रोह की असफलता, नये हुक़्मरानों के शासन के हथकण्डे, अंग्रेज़ी राज का फैलता शिकंजा और बाकी सारे तौर तरीकों से उत्पन्न असुरक्षा में गड़े हुए ख़जानों की किंवदन्तियों या रातों-रात रईस हो जाने के सपनों ने ऐसी ही आपाधापी मचा रखी थी। न जाने कितनों को अपने घर-बार, राज-

पाट छोड़ कर भागना पड़ा था, न जाने कितने राजा, रईस उखड़ कर फिर से जमने में प्रयत्नशील थे, रजवाड़ों का पुनर्गठन हो रहा था उन्हें नये स्वरूप दिये जा रहे थे। अंग्रेज़ों के प्रति किये गये उनके व्यवहारों के आधार पर उन्हें समाप्त या सम्मानित किया जा रहा था। अंग्रेज़ों ने अपनी सुविधा और वर्चस्वता के आधार पर कुछ से मनमाने सम्बन्ध बना लिये थे, कुछ ख़ुद सम्बन्ध बनाने को उत्सुक थे। नये स्वामियों के साथ निष्ठा और स्वामिभक्ति तय करने का माहौल था, ये सारे लोग नये दरबार में स्वीकृति पाना चाहते थे।''[26] उपन्यास के कथानक को खोलने के क्रम में राजेन्द्र यादव यह रेखांकित करते हैं कि पूरे उपन्यास में दौलत को छिपाने, छिपी दौलत को सही और अधिकारी हाथों में पहुँचाने और हथिया लेने के संघर्ष की महागाथा आकार लेती है। राजेन्द्र यादव ने तिलस्म के दारोग़ा विष्णुदत्त शर्मा के चरित्र पर ध्यान टिकाते हुए चौकीदार के मालिक बन बैठने के 'मोटिफ़' को निकट अतीत के वास्तविक इतिहास से जोड़ कर देखा है—''.... इस चौकीदार, संरक्षक का अचानक ही ख़लनायक में बदल जाना, असली मालिक को धकेल कर ख़ुद ही सब कुछ हथिया लेने के सपने देखने लगना, क्या लेखक के अनजाने ही किसी तत्कालीन स्थिति की ओर तो संकेत नहीं करता? ख़ुद अंग्रेज़ों ने भी तो अवध को इसी तरह हड़पा था और पता नहीं कितने ताल्लुके-रजवाड़े थे जिनके राजा ज़मींदार गदर में साथ देने के दौरान अपने स्थानों से अनुपस्थित रहे और जब लौट कर आये तो उनकी गद्दियाँ उन्हें कभी वापस नहीं मिलीं, वजीर, मंत्री या ऐसे ही लोग जिन्हें वे अमानत सौंप गये थे, नये लोगों से साठ-गाँठ करके ख़ुद मालिक बन बैठे थे।''[27] 1857 के बाद भीतरी षड्यंत्रों अथवा अंग्रेज़ों की नीति के चलते बेदख़ल हुए तमाम ख़ानदान वास्तव में अवध क्षेत्र के किसान आंदोलन की दूसरी बड़ी लहर (1919-22) के दौरान किसान आंदोलनकारियों द्वारा कुछ जगहों पर बहाल किए गए। इससे पता चलता है कि किसान जनता के मन में 1857 के बाग़ियों के प्रति कैसा सम्मान था। ये अलग बात है कि 1857 के दमन के बाद राष्ट्रीय नेतृत्व उत्तरोत्तर नये मध्यवर्गों और औद्योगिक अभिजन के हाथों में आता गया, (हालांकि ग्रामीण ज़मींदार और ताल्लुकेदारों का एक तबका भी नई शिक्षा और मोलतोल के जरिए राष्ट्रीय अभिजन वर्ग में 1857 के दमन के बाद भी अपनी जगह बनाए रहा) और साहित्य में इसी वर्ग की राष्ट्रीय चेतना अधिक अभिव्यक्त हुई। यह वर्ग राजनीति के बारे में धीमे स्वरों में बात करता था और सामाजिक सांस्कृतिक प्रश्नों पर अधिक मुखर था। राष्ट्रीय चेतना अपनी राजनीतिक धुरी से हट कर सांस्कृतिक रास्तों को खोज रही थी। राजेन्द्र यादव 'चंद्रकांता' के विश्लेषण मे जिस दमित और कुंठित राष्ट्रीय अवचेतन को रेखांकित करते हैं। वह नये औपनिवेशिक अभिजनों का ही सामूहिक अवचेतन था। किसान जनता 1857 के दमन के बाद राजनीति से तो बाहर थी लेकिन 1857 की स्मृतियाँ उसके लिए कुंठा का विषय नहीं थीं। लोकगीतों और लोकवार्ताओं में 1857 की अकुंठ उपनिवेश-विरोधी चेतना प्रवाहित रही। इतिहासकार ज्ञान पाण्डे ने अवध के किसान आंदोलन के दौरान 1857 के बेदख़ल किए गए परिवारों का नेतृत्व स्वीकार करने की घटनाओं

का जिक्र किया है। ज्ञान पाण्डे ने लिखा है "रायबरेली के एक-दो सिख तालुकेदारों के प्रति जनवरी 1927 के दौरान किसानों की प्रचंड घृणा का कारण यह था कि वे बिचौलिये समझे जाते थे। सरदार अमर सिंह के एस्टेट पर किसानों ने उस राजपूत काश्तकार का नेतृत्व स्थापित कर दिया जिसके (ख़ानदान को) गदर के दौरान बेदख़ल किया गया था। रायबरेली के ही सहगाँव, पच्छिमगाँव के एक छोटे कुर्मी ताल्लुकेदार के एस्टेट पर किसानों ने कब्ज़ा करके उसे एक अन्य कुर्मी बँटाईदार को दे दिया जिसके पुरखे गदर के दौरान बेदख़ल किए गए थे। सलोन के राजा के रूप मे शाह नईम अता की गद्दीनशीनी भी इसी किस्म की भावना की अभिव्यक्ति थी।"[28] उपरोक्त उद्धरण से स्पष्ट है कि ख़ज़ाने और राजगद्दी के लिए जिस आपाधापी और मारकाट का सन्दर्भ 'चंद्रकांता' के कथानक में राजेन्द्र यादव को दिखाई पड़ता है, वह किसानों की चेतना से नहीं जुड़ता जो कि गदर के छः दशक बाद भी एस्टेटों पर कब्ज़ा करके उन्हें अपने पास नहीं रखते बल्कि गदर के विस्थापित रजवाड़ों-सामंतों को ही सौंप देते हैं। राष्ट्रीय चेतना की यह अंतर्धारा किसान चेतना में एक निरन्तरता के साथ प्रवाहमान है यद्यपि की राजनीति की मुख्यधारा से बहिष्कृत है। 19वीं सदी का साहित्य समय के जिस बिन्दु पर रचा जा रहा था उसमें भयानक अस्थिरता थी जो कि राष्ट्रीय नेतृत्व में नये सिरे से दाख़िल होने के लिए पुराने और नये सामंती और व्यापारिक वर्गों की प्रतिस्पर्द्धा का दृश्य भी उपस्थित कर रही थी। बहरहाल, 'चंद्रकांता' जिस चेतना का रूपक है, वह राष्ट्रीय मुख्यधारा में गदर के दमन के बाद शामिल या उसके लिए प्रयासरत वर्गों की ही जटिल और ग्रंथिल चेतना है, उपन्यास में जिसकी शिनाख़्त में राजेन्द्र यादव प्रवृत्त हुए हैं। ये अलग बात है कि अपने विश्लेषण में उन्होंने राजनीति के केन्द्र से विस्थापित किसान चेतना का तुलनात्मक सन्दर्भ नहीं लिया है, जिसके अभाव में उनका विश्लेषण उपन्यास की सामाजिक-मनोवैज्ञानिक पृष्ठभूमि के बारे में निभ्रांत आधिकारिक वक्तव्य नहीं दे पाता। फिर भी उनका यह आलोचनात्मक लेख तिलस्मी-ऐयारी कह कर साहित्य की कोटि से बहिष्कृत किए गए एक अत्यंत महत्त्वपूर्ण साहित्यरूप की एक महत्त्वपूर्ण कृति के विश्लेषण के जरिए राष्ट्रीयता और उपन्यास के सम्बन्ध में एक नई दृष्टि प्रस्तावित करता है और आलोचना की विधेयवादी पद्धति की सीमाओं को उद्घाटित करता है।

उत्तर-औपनिवेशिक विमर्शों में औपनिवेशिक मानस में प्रतिरोध और स्वीकार की दोहरी चेतना का बहुधा उल्लेख हुआ है। राजेन्द्र यादव के विश्लेषण मे यह तत्त्व बख़ूबी उभरता है—"भारतीय मानस की ये सारी विसंगतियाँ और अन्तर्विरोध 'चंद्रकांता' में भी हैं—काफ़ी संश्लिष्ट और उलझे हुए। एक ओर तो प्रतिरोध की इसी जटिल, सूक्ष्म और द्वंद्वात्मक अमूर्त प्रक्रिया ने तिलिस्म को जन्म दिया तो दूसरी ओर ऐयारी में विरोध और स्वीकार का दुहरा रूप भी उभरने लगा। यह कह पाना काफ़ी कठिन है कि प्रतिरोध का स्वर ज़्यादा प्रबल है या स्वीकार की दमित आकांक्षा।"[29] राजेन्द्र यादव ने योरोपीय सभ्यता की आधुनिकता के साथ पारम्परिक भारतीय

मानसिकता के साक्षात्कार में उस संशय, उत्सुकता व चमत्कार को अवस्थित किया है जो कि चंद्रकांता जैसे तिलस्मी-ऐयारी उपन्यासों की रीढ़ है—"उन्नीसवीं शताब्दी यूरोपीय चिन्तन और जीवन-पद्धति को जड़ से बदल डालने वाली शताब्दी है।....... आस्था और विश्वास की जगह ले ली है युक्ति और विज्ञान ने। .....कल-कारख़ाने, रेल-सिनेमा, सभी कुछ आये। और उनमें से कुछ चीज़ें अंग्रेज़ों के जरिए भारत में आ रही थीं, तो कुछ की बातें सुनायी दे रही थीं। अख़बार और छापेख़ाने तो आ ही गये थे। ..... मगर इस सबसे सदियों पुरानी जीवन-पद्धति, सोच तो बिलकुल नहीं बदली, हाँ, शासकों की अनुशासन व्यवस्था के लिए इनके बढ़ते उपयोग से जनता को कुछ सुविधाएँ ज़रूर मिलने लगीं। उन सुविधाओं को स्वीकार करने से पहले एक ख़ास तरह का प्रतिरोध, आशंका और चमत्कार भाव तो आना ही था। संशय, उत्सुकता, चमत्कार, गति यही कुछ तत्त्व चंद्रकांता की रीढ़ है, यानी उस समय का 'साइके' है।"[30]

राजेन्द्र यादव ने यह दिखलाने की भी सफल कोशिश की है कि चंद्रकांता के कृतिकार की इच्छा से बाहर जा कर कृति इन बातों का संकेतन करती है, जो रचनाकार के सचेत उद्देश्य के बाहर है। उत्तर-संरचनावाद कृति या पाठ की इस विशेषता को अर्थ की अनंत विभेदात्मकता और स्थगन का प्रकार्य मानता है लेकिन राजेन्द्र यादव के विश्लेषण में कृति की यह विशेषता ठोस इतिहास के दबाव का सूचक है जो कि लेखकीय इच्छा के बावजूद कृति की दरारों में प्रवेश कर जाता है— "खत्री जी के पहले या उनके समकालीन उपन्यासकारों का एकमात्र सरोकार था पूर्वी और पश्चिमी सभ्यताओं का संघर्ष। उनके लिए सारा भारतीय महान, सर्वश्रेष्ठ और संरक्षणीय था और सारा पश्चिमी तिरस्करणीय। दोनों सभ्यताओं को जानने-परखने या उनका विश्लेषण करने की उन्हें ज़रूरत नहीं थी। उनका तो स्वयंसिद्ध विश्वास ही यह था कि नयी पीढ़ी पश्चिमी सभ्यता के प्रभाव में चरित्रहीन और पथभ्रष्ट हो रही है। जब तक पुराने मूल्यों पर नहीं आयेगी, आत्मघात करेगी। लेकिन इस संघर्ष का चित्रण 'चंद्रकांता' में कहीं नहीं है। खत्री जी भी शायद मानते थे कि पुराने मूल्य इतने अधिक आत्यन्तिक और शाश्वत हैं कि वहाँ किसी तरह की शंका की गुंज़ाइश ही नही हैं। लेकिन लेखक के अनचाहे-अनजाने उन मूल्यों से चिपके नायक ढीले-ढाले और निष्प्राण हो गये हैं। यों होने को उनमें भारतीय संस्कृति के सारे आदर्श गुण हैं, वे सन्ध्या-वन्दन करने वाले, माता-पिता, गुरुओं की आज्ञा शिरोधार्य करने वाले, अदब और क्षमाशीलता के अवतार, न्यायप्रिय और परम पराक्रमी लोग हैं। मगर क्रमशः उनका कद छोटा होता गया है। उपन्यासों के नायकों का क्रम इस प्रकार है : महाराजा सुरेन्द्र सिंह के पुत्र राजा वीरेन्द्र सिंह, उनके लड़के कुमार इन्द्रजीत सिंह, फिर 'भूतनाथ' उपन्यास के नायक, वीरेन्द्र सिंह की फ़ौज के एक सूबेदार या सरदार के पुत्र प्रभाकर सिंह। दूसरी तरफ़ ऐयारों के माध्यम से साधारण लोगों का पूरे दृश्यपटल पर छाते चले जाना, यहाँ तक कि प्रभाकर सिंह के साथ-साथ या बाद में उपन्यास का

नायक बन बैठना—गिरते हुए सामन्ती मूल्यों और सामन्तवाद तथा उठते हुए मध्यवर्ग का ही प्रतीक है। उस समय की ऐतिहासिक सच्चाई तो यही है कि सामन्तवाद अपना प्रभाव और पकड़ छोड़ रहा है और मध्यवर्ग क्रमशः केन्द्र में आता जा रहा है।"[31]

राजेन्द्र यादव ने अपने विश्लेषण में यह लक्ष्य किया है कि 'चंद्रकांता' में विदेशी अनुपस्थित हैं लेकिन फिर भी बेहद उजागर। उत्तर-संरचनावादी मुहावरे में कोई चाहे तो इसे उपस्थित में अनुपस्थित की झलक भी कह सकता है, जिसके बग़ैर उपन्यास की अर्थ-प्रक्रिया सम्भव ही नहीं। राजेन्द्र यादव ने लिखा है, "किसी भी रूप में विदेशी सत्ता की अनुपस्थिति इस उपन्यास-माला में इतनी अधिक उजागर है कि सोचने के लिए बाध्य करती है।"[32] राजेन्द्र यादव अपनी पाठ-प्रक्रिया में अनुपस्थिति का रेखांकन करते हुए उत्तर-संरचनावादी अर्थ-मीमांसा की जगह मनोविश्लेषण का सहारा लेते हैं। ये अलग बात है कि वे वैयक्तिक अवचेतन की अपेक्षा सामूहिक अवचेतन पर बल देते हैं—"मनोविज्ञान का एक मोटा-सा प्रसिद्ध सिद्धान्त है कि जिसे आप चाहने पर भी भौतिक रूप से नष्ट नहीं कर पाते, उसे अपने लिए मानसिक रूप से नष्ट कर डालते हैं। 'भूलने' के पीछे मनोवैज्ञानिक इसी मानसिकता का हाथ बताते हैं। यह 'भूलना' अपने चेतन-अवचेतन मूल में और कुछ नहीं, किसी भी भौतिक स्थिति, या वस्तु का मानसिक अस्वीकार ही है। इस अस्तित्व-नकार के कारण घृणा, अरुचि, उदासीनता, आत्मकेन्द्रित होना या बाकायदा प्रतिरोध कुछ भी हो सकते हैं। यही वजह है कि मुझे 'चंद्रकांता' अपनी स्वायत्तता की स्थापना और किसी भी विदेशी सत्ता के सचेत और निरन्तर नकार की स्वप्नाकांक्षा-भरी कहानी भी लगती है।"[33] स्वप्नाकांक्षा, फंतासी आदि के माध्यम से राष्ट्र का आख्यान विधेयवादी, यथार्थवादी शैली से बिलकुल भिन्न तरह का है। राजेन्द्र यादव का विश्लेषण पहली बार इस महत्त्वपूर्ण नुक्ते को व्यावहारिक आलोचना के धरातल पर विवृत करता है। यहीं राजेन्द्र यादव के विश्लेषण का सम्बन्ध निर्मल वर्मा और नामवर सिंह की उन चिन्ताओं से जुड़ता है जिनके तहत वे भारतीय उपन्यास की वैकल्पिक संकल्पना और यथार्थवादी ढाँचे से इतर लिखी गई कृतियों के महत्त्व के रेखांकन की माँग करते हैं। 'चंद्रकांता' के विश्लेषण में राजेन्द्र यादव पूरब/ पश्चिम, सामंती/ औद्योगिक, पारम्परिक/ आधुनिक के द्वंद्व को उपन्यास के रूप और शिल्प के स्तर पर भी सक्रिय पाते हैं। "..... और यहीं चंद्रकांता अपनी पूर्वज उर्दू दास्तानों से कथ्य और लक्ष्य के स्तर पर ही एकदम अलग नहीं हो गयी है, सारे शिल्प और कथानक में भी बहुत-बहुत दूर जा पहुँची है। .....उर्दू दास्तानें अलग-अलग आख्यानों या प्रसंगों का सिलसिला ले कर चलती हैं, यानी हर आख्यान अपने आप में लगभग इतना सम्पूर्ण है कि दास्तान वहाँ ख़त्म भी हो सकती है—जैसे बैताल पच्चीसी या सिंहासन बत्तीसी ......हाँ, मुख्य पात्र इन सारी कहानियों के चूँकि एक ही हैं इसलिए अगली कहानी भी उसी का हिस्सा और किस्सा बन कर आती है। जैसे एक डोरी है, जिसमें ये स्वतंत्र और स्वयं-सम्पूर्ण प्रसंग पिरो दिये गये हैं। शायद इसका कारण इन कहानियों का

वाचिक होना है। उन्हें प्रायः हर रात श्रोताओं के सामने सुनाया जाता था, इसीलिए एक या दो बैठकों में सम्पूर्ण होने के साथ-साथ महीनों निरन्तर चलने वाले किस्सा-शिल्प की आवश्यकता थी। उर्दू दास्तानों के तो कथानक सम्बन्धी पैटर्न (बनावट) और मोटिव्स भी प्रायः तय ही हैं।"[34]

तिलस्मी-ऐयारी उपन्यासों के दूसरे महत्त्वपूर्ण आलोचक डॉ० प्रदीप सक्सेना तिलस्मी और जासूसी साहित्य और रोमांसों के कल्पनातत्त्व को यथार्थ से ही उद्भूत मानते हैं और इस प्रकार विश्लेषण के औज़ार के रूप में यथार्थवाद को सुरक्षित रखते हैं। सक्सेना लिखते हैं, "यह निष्कर्ष व्याख्येय है—'अपनी निर्बलता का वास्तविक ज्ञान ही तिलिस्म की नींव है। ...यथार्थ सृष्टि का ग़ुलाम कल्पना सृष्टि का बादशाह बन जाता है। यथार्थ की असम्भावनाएँ कल्पना में सम्भावनाएँ बन जाती हैं। ......सूत्र रूप में कहें तो यथार्थ संसार की अपूर्णता तिलिस्मी दुनिया में पूर्णता प्राप्त रूप में मिलती है।' यथार्थ और कल्पना का यह द्वंद्व विविध ज्ञानानुशासनों में विविध रूपों में अभिव्यक्त होता है। क्या बूर्ज्वाजी ने अपनी प्रचण्ड विजय को सुनिश्चित करने के लिए कोई तिलस्म नहीं गढ़ा था? और इससे बड़ी कल्पना क्या होगी कि एक दिन सारा विश्व समाजवादी हो जायेगा? यह सब मान्य है स्वीकार्य है, किस बल पर? यथार्थ के बल पर।"[35] प्रदीप सक्सेना 'चंद्रकांता' और 'भूतनाथ' जैसे तिलस्मी उपन्यासों में हिन्दी जाति की अस्मिता का अत्यंत सघन रूप से दीप्त आख्यान देखते हैं। वे इन कृतियों में उपन्यास के देशज चरित्र को सुरक्षित पाते हैं। प्रदीप सक्सेना मैनेजर पाण्डेय की तरह, यथार्थवाद और रूपकवाद को यथार्थ के बारे में मूलरूप से परस्पर विरोधी दृष्टिकोण नहीं मानते। सक्सेना बंथन की कृति 'दि पिलग्रिम्स प्रोग्रेस' जो कि 1678 से 1684 के बीच लिखा गया अंग्रेज़ी उपन्यास है, उसके बारे में हडसन का एक कथन उदधृत करते हैं। हडसन का कहना है "यह हमारे साहित्य में एकमात्र व्यक्ति है जो एक लंबा दृष्टांत-रूपक गद्य में लिखने तथा उसकी प्रतीकात्मकता को ज़रा भी हानि पहुँचाए बिना उसे आदि से अंत तक एक यथार्थ मानवीय कथा के निमग्नकारी रस से पूर्ण करने में सफल हुआ है।"[36] 'दि पिलग्रिम्स प्रोग्रेस' के बारे में हडसन के विचारों के उदाहरण पर सक्सेना अपनी पद्धति और देवकीनंदन खत्री के मूल्यांकन की राह प्रस्तावित करते हैं—"वस्तुतः देवकीनंदन खत्री का महत्त्व तभी समझ में आ सकता है जब आश्चर्यजनक कल्पना और कल्पनाशून्य युग के अन्तर्तत्त्वों का हमें पता हो। यह निर्बाध और स्वच्छंद कल्पना उस दौर की नवजागरण के प्रथम उन्मेष की लाक्षणिक अभिव्यक्ति है। इसकी तह में सामन्ती चेतना और पूँजीवादी चेतना की महनीय टक्करें निहित हैं। बीच में बाधा केवल लेखक द्वारा उत्पन्न कर दी गयी मिथ्या चेतना ही है।"[37] मैनेजर पाण्डेय ने रोमांसधर्मी उपन्यासों और सामाजिक यथार्थवादी उपन्यासों का राष्ट्रवाद के साथ परस्पर विरोधी सम्बन्ध निरूपित किया है। जहाँ पहले का सम्बन्ध उन्होंने पुनरुत्थानवादी राष्ट्रवाद से जोड़ा है, वहीं दूसरे का सम्बन्ध मुक्तिधर्मी और अग्रगामी चेतना के निर्माण से जोड़ा है।

सक्सेना के विश्लेषण में यथार्थवाद के प्रतिमान को सुरक्षित रखने के बावजूद दोनों तरह के उपन्यासों में वैसा द्वैत या विभाजन स्थापित करने का आग्रह नहीं है। सक्सेना 'चंद्रकांता' के विश्लेषण में राजेन्द्र यादव की तरह प्रतिरोध और स्वीकार के बीच प्राथमिकता के निर्धारण में अनिश्चय नहीं रखते। वे 'चंद्रकांता' में और 'भूतनाथ' में साम्राज्यवाद-विरोध को प्राथमिक मानते हैं। रामचंद शुक्ल ने 'चंद्रकांता' को गंभीर साहित्य की कोटि में न मानते हुए भी हिन्दी भाषा के लोकतांत्रिक प्रसार की दृष्टि से उसके महत्त्व को रेखांकित किया। शुक्ल जी ने लिखा—''हिन्दी साहित्य के इतिहास में बाबू देवकीनंदन का स्मरण इस बात के लिए सदा बना रहेगा कि जितने पाठक उन्होंने उत्पन्न किए उतने और किसी ग्रंथकार ने नहीं। चंद्रकांता पढ़ने के लिए ना जाने कितने उर्दूजीवी लोगों ने हिन्दी सीखी।''[38] प्रदीप सक्सेना ने भाषा के सवाल को चंद्रकांता और देवकीनंदन खत्री के सन्दर्भ में केन्द्रीय महत्त्व का माना है। जातीय निर्माण की प्रक्रिया में भाषा की महत्त्वपूर्ण भूमिका को रेखांकित करते हुए वे देवकीनंदन खत्री की इस चिन्ता को महत्त्व देते हैं कि 'इस भारत भूमि में किसी तरह मातृभाषा का आधिपत्य हो'[39] इस सन्दर्भ मे सक्सेना लिखते हैं—''बहुत बड़ी धारणा थी लेखक के मन में। वह चाहता था मातृ-भाषा का गम्भीर आधिपत्य। यह चाह (भाषा से लगाव) राष्ट्रवाद की प्रथम उत्ताल तरंग की ही अभिव्यक्ति है। उदीयमान बूर्ज्वा वर्ग की पहली सांस्कृतिक टक्कर है। लेकिन लेखक पाता है कि अग्रज सज्जन भाषा का वह प्रसार न कर सके क्योंकि हिन्दी की उनकी समझ बौद्धिक वर्ग, नये नेतृत्व के मध्यवर्गीय संस्तर की सेवा करती थी। लेखक चाहता था विराट जनगण की सेवा करना। अतः वह आलोचना करता है अंग्रेज़ों की। सकारात्मक प्रतिक्रिया करता है और पूछता है 'क्या ऐसे लोगों से भूल नहीं हो सकती? यह कहाँ का नियम है!' 'उनसे भूल हुई तो यही कि प्रचलित शब्दों पर उन्होंने अधिक ध्यान नहीं दिया।' यह भूल आज तक लोग कर रहे हैं। शब्दों की मृतछवियों से चिपके हुए हैं।''[40]

जहाँ राजेन्द्र यादव 'चंद्रकांता' में साम्राज्यवाद का प्रतिरोध और स्वीकार दोनो देखते हैं, वहीं प्रदीप सक्सेना साम्राज्यवाद-विरोध को ही मुख्य मानते हैं—''मूल्य, विचार, घटनाएँ, पात्र, दृश्य, उद्देश्य सब मिल कर उनके विचारों का ढाँचा बनाते हैं। यह ढाँचा साम्राज्यवाद के विरुद्ध एक बड़ी लकीर खींचता है। लेकिन यह ढाँचा विराट् भी है और जटिल भी। इसे जानने के लिए उस राजनीति को समझना बहुत आवश्यक है जो बहुत बड़े सुगठित विद्रोह के रूप में विद्यमान है। उपमाएँ, रूपक, चित्रण तक इस राजनीति से अछूते नहीं है। शुद्ध प्रकृति तक नहीं मिलती यहाँ। मानवीकृत है प्रकृति। सामाजिक संवर्गों की गतिविधियों से लैस।''[41] राजेन्द्र यादव ने चंद्रकांता के टेक्स्ट को देवकीनंदन खत्री की इच्छा से कहीं बड़ा अर्थ देने वाली कृति के रूप में पढ़ते हुए भी लेखक की अपनी विचारधारा को रेखांकित किया है। राजेन्द्र यादव ने खत्री के पुनरुत्थानवादी हिन्दू आग्रहों के बारे में भी स्पष्टतः लिखा लेकिन सक्सेना इसे नहीं मानते। वे लिखते हैं—''लेखक जब 'मुसलमान' और 'हिन्दू' पात्रों

को पेश करता है तो वह पूरे लेखक धर्म का निर्वाह करता है। वह पात्र की मानसिकता उजागर करता है। पूरी ईमानदारी से उसे रचता है लेकिन आलोचक इसे लेखक का विचार मान लेते हैं।''[42] प्रदीप सक्सेना ने राजेन्द्र यादव द्वारा 'भूतनाथ' के महाराजा वीरेंद्र की शरण में जाने को सामंती परम्परा की शरण में जाने के रूप में देखे जाने का प्रत्याख्यान किया है। सक्सेना के शब्दों में—''यहाँ राजा एक आदर्श प्रशासन की परिकल्पना मात्र है। न इससे कुछ अधिक न इससे कम। यहाँ 'रामराज' के स्थापित होने का ख़तरा बहुत बड़ा था। लेकिन कहीं इस शब्द का प्रयोग नहीं है। यहाँ केवल एक सवाल है कैसा राजा? ब्रितानी साम्राज्यवाद के प्रचण्ड दमन और सामन्तों से 1857 के संग्राम के बाद के समझौतों की पृष्ठभूमि में यह सवाल बहुत महत्त्वपूर्ण है। चंद्रकांता व चंद्रकांता सन्तति के अतिरिक्त अन्य छोटी औपन्यासिक कृतियों में यह सवाल बार-बार उठा है। कैसा राजा? यानी कैसी प्रशासन पद्धति? इससे अधिक खुला, गम्भीर और बेलौस सवाल उस युग में दूसरा नहीं है।''[43] राजेन्द्र यादव भी अंतिम विश्लेषण में चंद्रकांता वर्ग के उपन्यासों में द्वंद्वात्मक सांस्कृतिक प्रतिरोध को ही मूलकथ्य मानते हैं और इसके लिए वे देवकीनंदन खत्री के पुत्र, (जिन्होंने देवकीनंदन खत्री के अधूरे उपन्यासों को पूरा किया) द्वारा लिखित 'रक्तमंडल' और 'मृत्युकिरण' जैसे उपन्यासों को आधार बनाते हैं। यादव लिखते हैं—''मूलतः मैं इसी द्वन्द्वात्मक सांस्कृतिक प्रतिरोध को चंद्रकांता वर्ग के उपन्यासों का मूल कथ्य मानता हूँ और इसी का यह तर्कसम्मत विकास है कि दुर्गाप्रसाद खत्री ने प्रतिरोध के इस रूप को आगे चल कर आत्म-सुरक्षात्मक से बढ़ा कर, आक्रामक कर दिया और प्रतिरोध विद्रोह में बदलने लगा। 'रक्तमण्डल', 'मृत्युकिरण' जैसे उपन्यास सारी भारतीय मेधा और प्रतिभा को बाकायदा अंग्रेज़ों के विरोध में ला खड़ा करते हैं। पुराने उपन्यासों के ऐयार ही इन नये उपन्यासों से गुप्त संगठनों के नायक बन कर विदेशी शासकों की सारी वैज्ञानिक और प्रशासनिक योग्यता-क्षमता को चुनौती देते हैं। कहना चाहिए, 'चंद्रकाता' में यह प्रतिरोध अपनी ही अतीत-मुग्ध भाषा में बोलता है, जबकि 'रक्तमंडल' में उन्हीं की ज़बान में उनका जवाब देता है। और सीधे मुठभेड़ की स्थिति लाता है।''[44] प्रदीप सक्सेना ने देवकीनंदन खत्री को जनप्रिय भाषा और साहित्य के जरिए 'भारत के विराट जनगणों के चित्त के राष्ट्रीय संस्कार' का श्रेय दिया है। सक्सेना लिखते हैं—''प्रतिरोध के सैकड़ों रूपों को उन्होंने पाठकों के दिलोदिमाग़ में उतार दिया। जनता द्वारा महानतम् स्वागत का कारण तिलिस्म नहीं था, वह पकड़ थी जिसने उपन्यास में प्रतिरोध के सौन्दर्यशास्त्र की आधारशिला रखी। भले ही वह प्रतिरोध अत्यंत सीमित ही क्यों न था, उसने साम्राज्यवाद के उस दौर में बड़ी गंभीर भूमिका अदा की।''[45] सक्सेना ने लेख के अंत में 'गुप्त गोदना' उपन्यास का एक उद्धरण दिया है—''संध्या होने में कुछ विलंब नहीं है; नियमानुसार पूरब तरफ़ से उमड़ कर क्रमशः घिर आने वाली अंधियारी ने अस्त होते हुए सूर्य भगवान की किरणों द्वारा आकाश के पश्चिमीय खंड में फैली हुई लालिमा पर अपनी स्याह चादर का पर्दा बढ़ाना आरम्भ कर दिया है। समय पर बलवान हो कर विजय पताका लिए

हुए शीघ्रता से बढ़ती हुई अपनी सहायक अंधियारी और उसके डर से अपनी हुकूमत छोड़ कर भागी जाती हुई शत्रु लालिमा की विकल अवस्था देख दो एक बलवान तारे मंद-मंद हँसते हुए आकाश में दिखाई देने लगे हैं।''[46] उपरोक्त उद्धरण में तिरछे छपे शब्द इस प्राकृतिक दृश्य में पिरोए उपनिवेशवाद-विरोध की कल्पना-छवि और स्मृति की अभूतपूर्व व्यंजना है। जासूसी-ऐयारी उपन्यासों में निहित साम्राज्यवाद-विरोधी कल्पना का यह प्रतिनिधि चित्र है।

विउपनिवेशीकरण के बाद आज़ाद हुए मुल्कों में अपनी राष्ट्रीय अस्मिता के दमित पक्षों का पुनराविष्कार करने की जिस चेतना को उत्तर-औपनिवेशिकता ने रेखांकित किया वह उपन्यास और राष्ट्रवाद के सम्बन्ध को ले कर हिन्दी आलोचना की ज़बर्दस्त बहस में बख़ूबी प्रतिफलित हुई है। इस बहस की ख़ूबी यह है कि वह उत्तर-औपनिवेशिक 'जार्गन' में कहीं नहीं फँसती। महत्त्वपूर्ण यह भी है कि राष्ट्रीय अस्मिता के पुनराविष्कार की चेतना को विश्लेषित करने की सैद्धांतिक कोटियाँ या पद आवश्यक नहीं कि उत्तर-औपनिवेशिक विमर्शों से प्रेरित हों।

ऐयारी और तिलिस्म के उपन्यासों का औपनिवेशिक स्थितियों से रिश्ता महज़ 'राष्ट्रवाद' के ही सन्दर्भ से व्याख्यायित नहीं होता है। फ्रेंचेस्का ओरसिनी ने हिन्दी जासूसी उपन्यासों पर किए गए अपने अध्ययन में इस ख़ास औपन्यासिक प्रवृत्ति को 19वीं सदी के उत्तर भारत में बाज़ार और छपाई की नई तकनीक के सन्दर्भ में विकसित एक विशिष्ट साहित्यिक विधा के रूप में दिखलाया है। छापेख़ाने और प्रकाशन उद्योग ने 1830 के दशक में ही हिन्दी क्षेत्र में दस्तक दे रखी थी। लिथो प्रेस 1830 के आस-पास लखनऊ और कानपुर में स्थापित हो गए थे। ब्रिटिश प्रशासनिक नगर और छावनियों जैसे आगरा, कानपुर, मेरठ मे सबसे पहले प्रिंटिग प्रेस लगे। मिशनरी स्कूल बुक सोसायटी और भारतीय अदालतों की ज़रूरतों ने छापेख़ाने को दिल्ली, लखनऊ, बनारस के साथ-साथ छोटे कस्बाई शहरों जैसे मुरादाबाद, अलीगढ़ और बरेली तक पहुँचाया। उत्तर भारत में नवजात छपाई उद्योग काफ़ी समय तक अदालतों, ब्रिटिश प्रशासन और यदा-कदा स्थानीय रईसों के संरक्षण पर टिका था। अख़बारों और पत्रिकाओं की बिक्री बहुत कम थी। बाज़ार की दृष्टि से लखनऊ में 1852 में शुरू हुए मत्बा-ए-मुस्तफ़ाई प्रेस, (जो बाद में कानपुर फिर दिल्ली चला गया) ही सफल हो सका। इस प्रकाशन से छपने वाली फ़ारसी शिक्षण की शास्त्रीय पुस्तकें, किस्से, मसनवियाँ, कैलेण्डर आदि तीन आने में बिकते थे। बाज़ार की दृष्टि से, इनके अलावा वैद्यक, धार्मिक और कानूनी किताबें भी काफ़ी सफल थीं। जाहिर है कि ये सभी पुस्तकें परम्परागत रचनाएँ थीं जिनका छपाई के माध्यम से पुनरुत्पादन किया गया। मत्बा-ए-मुस्तफ़ाई प्रेस ने बाद में हिन्दी में भी पुस्तकें निकाली। बाज़ार की दृष्टि से इस एकमात्र सफल प्रेस के अलावा 1860 के दशक तक प्रकाशन व्यवसाय मुख्यतः रईस संरक्षकों के दिए आर्डरों पर ही चलता रहा। पारम्परिक विद्याएँ ही बाज़ार में किसी हद तक ख़प पाती थीं। 19[illegible] सदी में

उत्तर भारत में प्रकाशन उद्योग ज़्यादातर उर्दू-फ़ारसी की ओर ही झुका रहा। 1860-70 के दशक तक बाज़ार के लिए हिन्दी-उर्दू पुस्तकों का प्रकाशन एक हद तक अपनी जगह बना चुका था। हालांकि मौखिक और पाण्डुलिपि के रूपों में मौजूद कृतियों का ही छपाई के माध्यम से मशीनी पुनरुत्पादन हो रहा था और प्रारम्भिक पुस्तक बाज़ार ऐसी ही कृतियों ने निर्मित किया। 1870 के दशक में भारतेन्दु हरिश्चंद्र की पहलकदमी पर ही 'हिन्दी छपाई संस्कृति' का बनारस में विकास हुआ। प्रेस चलाने वालों को भारतेन्दु ने अपने भाषण, लेख, अनुवाद, पत्रिकाएँ, ऐतिहासिक शोध, नाटक, प्रहसन, रेखाचित्र, भक्तिकाव्य व गीत जैसी विविध सामग्री उपलब्ध कराई। पहली बार भारतेंदु के जरिए ही ऐसी चीज़ें छपाई की सामग्री बनी जिन्हें छपने के लिए ही लिखा गया था। भारतेंदु से पहले तक नागरी में प्रकाशन शिक्षासम्बन्धी और धार्मिक पुस्तकों का ही होता था जो कि बनारस और मथुरा जैसे धार्मिक केन्द्रों की ज़रूरतों की पूर्ति करती थीं। सन् 1884 में रामकृष्ण खत्री ने 'भारत जीवन प्रेस' की बनारस में स्थापना की। सन् 1884 से ले कर 1900 के बीच 'भारत जीवन प्रेस' द्वारा छापी गई 256 पुस्तकों में 119 ब्रजभाषा काव्य के संकलन थे जिनमें अधिकांशतः श्रृंगार रस का काव्य था। इससे उस समय के पाठकों की रुचि का कुछ अंदाज़ा होता है। भारतेंदु से सीखते हुए रामकृष्ण खत्री ने नये साहित्य रूपों की खोज में बांग्ला उपन्यासों के अनुवाद छापने शुरू कर दिये। बांग्ला उपन्यासों में एक नवीनता थी। बांग्ला उपन्यासों ने किस्सों और दास्तानों में रचे बसे सम्भावित पाठक वर्ग को कहानी कहने के नये तौर तरीकों, नई सामाजिक पृष्ठभूमि और नये तरह के चरित्रों से परिचित कराया। यह याद रखना ज़रूरी है कि वे बांग्ला उपन्यास जिनका अनुवाद या रूपान्तर हिन्दी में किया जा रहा था, उनमें से अधिकांश अंग्रेज़ी उपन्यासों का अनुवाद या रूपान्तर थे। अब कहानियाँ सीधा बयान नहीं थीं। घटना प्रवाह निश्चित नहीं था। पहली बार ऐसी कहानियों से पाठक रूबरू हुए थे, जो बीच से शुरू होती थी (medisa res) और पाठक पात्रों के कथोपकथन से ही पहले की कहानी जान पाता था। दूसरे, कहानी के दृश्य किसी पात्र की निगाह से पाठक के सामने मूर्त किए जाते थे (inner focalisation) न कि कथानक से बाहर स्थित सर्वज्ञाता कथावाचक की निग़ाह से। इसके चलते एक बार में पाठक के सम्मुख उतना ही दृश्य मूर्त हो पाता था जितना कि कथानक में उस पात्र की अपनी अवस्थिति के कारण बने दृष्टिपथ में सम्भव होता था। ऐसे में आगे क्या होने वाला है, इसे ले कर अनिश्चितता बनी रहती थी। रहस्य रोमांच वाले बांग्ला उपन्यासों के अनुवादों से ही आगे हिन्दी के मौलिक जासूसी उपन्यास निकले। धीरे-धीरे कथासाहित्य प्रकाशन-उद्योग के बाज़ार के लिए उत्पादन का मुख्य आधार बन गया। छप कर बाज़ार में बिकने के लिए नया उत्पाद उपन्यास ही था। किशोरीलाल गोस्वामी (1865-1932) देवकीनंदन खत्री (1861-1931) गोपालराम गहमरी (1866-1946) हरिकृष्ण जौहर (1880-) आदि के हाथों विकसित जासूसी तिलस्मी उपन्यासों की दुनिया छापेख़ाने और बाज़ार के बग़ैर सम्भव न थी। खत्रियों ने इस उपन्यास व्यवसाय को बढ़ाने में महत्त्वपूर्ण

पहलकदमी ली। 1890 के दशक से कथा मासिक निकलने शुरू हो गए। रेलवे और डाक सेवा के माध्यम से कथा मासिक नियमित समयान्तर पर पाठकों को मिलने लगे। कथा मासिकों ने प्रकाशन व्यवसाय की दो समस्याएँ दूर कीं—एक तो वितरण की और दूसरे अनियमित माँग की। कथा मासिक में छपी उपन्यास की एक किस्त अगली किस्त के लिए पाठक को उत्सुक बना देती थी। ऐसे में लेखक का फ़ायदा, पाठकों का मनोरंजन और नये के प्रति उत्सुकता की पूर्ति सुनिश्चित थी। जासूसी उपन्यास कथा मासिकों के जरिए नियमित माँग और पूर्ति के चक्र को बनाए रखते थे। कई उपन्यासकारों ने अपने उपन्यास मासिक शुरू किए। देवकीनंदन खत्री ने 1894 में 'उपन्यास लहरी', किशोरीलाल गोस्वामी ने 1898 मे 'उपन्यास' मासिक, गोपालराम गहमरी ने 1900 में 'जासूस' मासिक, जयरामदास गुप्त ने 1904 में 'काशी उपन्यास दर्पण' (सम्पादन) तथा 1907 में 'उपन्यास बहार', रामकृष्ण वर्मा ने 1910 में 'हिन्दी दारोग़ा दफ़्तर' आदि कथा मासिक निकाले, जिनमें अधिकांशतः जासूसी-तिलस्मी उपन्यास ही किस्तों में छपा करते थे। फ्रेंचेस्का ओरसिनी ने औपनिवेशिक स्थितियों के साथ जासूसी उपन्यास के सम्बन्धों को महज़ तकनीक और बाज़ार के ही सन्दर्भों तक सीमित नहीं माना। उनके शब्दों में, "जासूसी उपन्यासों के सन्दर्भ में, हम अनुवादों (translations) और रूपान्तरणों (adaptations) को औपनिवेशिक शासन (और कानून) के प्रति दो अलग-अलग प्रतिक्रियाओं के रूप में पढ़ सकते हैं, जिनमें औपनिवेशिक समाज के दो भिन्न रूप अभिव्यक्त हुए हैं। अपराध और उसके नियंत्रण (policing) जैसे मुद्दे अनुवादों और रूपांतरणों की भिन्न-भिन्न प्रक्रियाओं में भिन्न-भिन्न ढंग से निरूपित हुए।"[47]

बांग्ला से आरम्भिक अनुवादों में आकर्षण सिर्फ़ जासूसी रोमांच का ही न था, बल्कि एक नये औपनिवेशिक समाज की नवीन जीवन पद्धति का भी था। इन बांग्ला अनुवादों में ब्रिटिश शासन, उसकी संस्थाओं और नस्लीय वरीयता क्रम को स्वीकार कर चुके औपनिवेशिक समाज का चित्र उभरता है। ब्रिटिश राज्यव्यवस्था और उसका पुलिस तंत्र प्रभावी था और समाज द्वारा स्वीकार किया जा चुका था। इन अनूदित उपन्यासों में अपराध होते ही, स्थानीय थाने की पुलिस हस्तक्षेप करती थी, अपराधी पकड़े जाते थे, न्यायालय में न्यायधीश इन पर फ़ैसला देता था और जेल की सज़ा होती थी। बंगाली जासूस नौकरी के स्थापित ढर्रे में काम करते थे जिसमें सब-इंस्पेक्टर, इंस्पेक्टर और सबसे ऊपर गोरे अधिकारी का श्रेष्ठता क्रम स्थापित था। ये जासूस स्वयं शिक्षित, शहरी मध्यमवर्ग का हिस्सा थे। वे अक्सर कलकत्ता पुलिस के स्पेशल इन्वेस्टिगेशन ब्रांच के अधिकारी होते थे। (कभी-कभी उपन्यासों में ग़ैर-सरकारी प्राइवेट जासूस भी दिखाई देते थे) वे तेज़ तर्रार और तमाम वैज्ञानिक ज्ञान से अवगत होते थे। कुछ तो अपने नाम के आगे बी०ए० भी लगाते थे। वे स्थानीय जनता के बीच औपनिवेशिक व्यवस्था के प्रतिनिधि थे और देशी अभिजन उनका सम्मान करते थे। उनकी गतिशीलता, आधुनिक संचार माध्यमों (रेल, टेलीग्राफ़, समाचार पत्र) की

मदद से सम्भव होती थी। वे बहुधा कलकता से हिन्दुस्तान (उत्तर भारत) की ओर जासूसी मिशन पर निकलते थे और उत्तर भारत में औपनिवेशिक नियंत्रण के वाहकों की तरह लगते थे। ईश्वरी प्रसाद शर्मा, रामलाल वर्मा और किशोरीलाल गोस्वामी द्वारा बांग्ला से अनूदित उपन्यासों में जासूसी के इर्द-गिर्द औपनिवेशिक आधुनिकता की तड़क-भड़क का ताना-बाना बुना होता था जो हिन्दी पाठकों में 'नयेपन' का कौतुक जगाता था।

इन अनुवादों से अलग बांग्ला उपन्यासों के रूपान्तर या मौलिक हिन्दी उपन्यासों में उत्तर भारतीय परिवेश उभरता है, जिसकी औपनिवेशिक आधुनिकता के साथ मुठभेड़ और सम्बन्धों की बुनावट अलग किस्म की थी। यहाँ जासूसी का कार्य किसी एक व्यक्ति-विशेष के कारनामों में केन्द्रित नहीं है। जासूस की पेशेवर दक्षता और प्राधिकार पर परिवार या दोस्तों के प्रति वफ़ादारी भारी पड़ती थी। कई उपन्यासों में जासूस की भूमिका में ऐयार हैं या स्थानीय समुदाय के प्रतिनिधि। जासूसी करने वाले पात्र कथानक में सबसे महत्त्वपूर्ण स्थान रखते हुए भी पारम्परिक कुलीन नायक-नायिकाओं का स्थान नहीं लेते। देवकीनंदन खत्री के उपन्यासों में कहीं पुलिस नहीं है। जासूसी या तो समुदाय के सदस्य करते हैं ('काजर की कोठरी') या फिर जासूस-ऐयार जैसे चरित्र (वीरेन्द्र वीर)। हिन्दी रूपान्तरों और मौलिक जासूसी उपन्यासों में औपनिवेशिक शासनतंत्र ख़ास कर पुलिस और अंग्रेज़ों की उपस्थिति के संकेत प्रायः नहीं मिलते। राजाओं, ज़मींदारों और उनके जासूस तथा दरबारियों का तंत्र एक सामंती समाज का चित्र प्रस्तुत करता है जो कि तत्कालीन (वास्तविक) उत्तर भारतीय समाज के चित्र से कहीं ज़्यादा सामाजिक ढाँचे की प्रचलित धारणा के मेल में है। रूपान्तरों में अधिक देशज औपन्यासिक साँचों की खोज दिखाई देती है जो कि बांग्ला से सीधे अनुवादों से काफ़ी भिन्न हैं।

बांग्ला और हिन्दी के जासूसी उपन्यासों में चोरी, डकैती के अपराधों की जगह सम्पत्ति पर कब्ज़े के लिए ख़ानदान की इकलौती स्त्री वारिस के अपहरण या हत्या की घटनाओं का बोलबाला है। ओरसिनी ने यह नोट किया है कि अपराधों की इस कोटि का सम्बन्ध उत्तर भारतीय औपनिवेशिक समाज के सम्पत्ति के स्वरूप से है, जो कि 'नगद' आधारित नहीं थी, जिसकी चोरी या डकैती होती, बल्कि उत्तराधिकार में मिलने वाली ज़मीन-जायदाद के रूप में थी। सम्पत्ति के लिए किए जा रहे अपराधों का जैसा चित्र इन उपन्यासों में उपस्थित है, उसका सम्बन्ध उत्तराधिकार की पहले से चली आ रही देशज प्रथाओं और कानूनों में औपनिवेशिक हस्तक्षेप और तब्दीलियों से भी है। देवकीनंदन खत्री के उपन्यासों का अध्ययन करते हुए ओरसिनी ने 'साक्ष्य' की देशज और पश्चिमी धारणाओं के टकराव को भी रेखांकित किया है। एक ओर व्यक्ति के शारीरिक, चारित्रिक लक्षणों, रहन-सहन के तरीकों और समाज में उसकी कीर्ति आदि को जहाँ देशज चेतना 'साक्ष्य' के रूप में मान्यता देती है, वहीं औपनिवेशिक कानून 'दस्तावेज़ी' और 'लिखित' को ही साक्ष्य का दर्जा देता है।

ओरसिनी ने अपने अध्ययन का निष्कर्ष प्रस्तुत करते हुए लिखा कि ये जासूसी, तिलस्मी उपन्यास मनोरंजन के लिए लिखे गए और उनके शीर्षक, उप-शीर्षक और विज्ञापन जासूसी और तिलस्मी रहस्य-रोमांच के प्रति पाठक को चौंकाने और उन्मुख करने के लिहाज से सजाए जाते थे। लाइब्रेरियों के रजिस्टर से पता चलता है कि छात्र, व्यापारी, दुकानदार और बाबू जैसे विविध तबकों के लोग इनके पाठक थे, और यह ख़ास विधा 'व्यावसायिक पुस्तक संस्कृति' का हिस्सा थी, जिसने कि साहित्य के लेखन, विक्रय और पाठ के नये चलन का आगाज़ किया। उपभोग और मनोरंजन के लिए लिखे जाने वाले इन उपन्यासों ने कथा साहित्य पढ़ने की आदत और उसकी माँग पैदा करने के लिए लेखन की नई-नई प्रविधियों का प्रयोग किया, जिन्हें आगे आने वाले दशकों के अधिक गंभीर लेखकों ने अधिक कौशल के साथ माँजा। औपनिवेशिक दौर में सांस्कृतिक अनुवाद की प्रक्रिया समझने में इन उपन्यासों से मदद मिल सकती है। जहाँ बांग्ला अनुवादों में पश्चिमी जासूसी उपन्यासों के कथानक और चरित्र कलकत्ता के परिवेश में प्रतिरोपित किए जाते थे और औपनिवेशिक संरचनाओं को स्वीकार करने वाले नगर समाज का चित्र उभरता था, वहीं हिन्दी रूपान्तरणों में एक ऐसे समाज का चित्र उभरता था जिसके ग्रामीण प्रभु वर्ग औपनिवेशिक राज्य के बग़ैर भी अपना काम चला सकते थे। जहाँ बंगाली अनुवादों में जासूस और उनके वैज्ञानिक तरीके आकर्षण पैदा करते थे वहीं हिन्दी रूपान्तरणों में ऐयारों की देशज परम्परा का ही निर्वाह कौतूहल और रहस्य रोमांच का स्रोत थी। जासूसी उपन्यासों में पुश्तैनी जायदाद के लिए होने वाले अपराध मुख्य विषय के रूप में उभरते थे जिनका सीधा सम्बन्ध सम्पत्तिशाली तबकों (ज़मींदार और शहरों के व्यापारी) से था। नये औपनिवेशिक कानूनी तंत्र के साथ सम्पत्ति के मामलों पर टकराव और समायोजन तथा पारम्परिक 'लक्षणों' और नवीन 'लिखित साक्ष्य' आधारित प्रमाणों की औपनिवेशिक व्यवस्था के बीच अंतर्विरोधों को भी इन उपन्यासों में देखा जा सकता है। पारम्परिक लक्षणों और ऐयारों के पुराने मुहावरे को जासूसी उपन्यासों के नये फार्मूले में ढालने के क्रम में हिन्दी लेखक ने अपने और दूसरों के लिए 'नये' को समझने योग्य बनाया और इस प्रक्रिया में अस्मिताओं का पुनर्विन्यास किया जो कि औपनिवेशिक आधुनिकता का प्रमुख लक्षण है।[48]

यथार्थ का अंतराल

उत्तर-औपनिवेशिक सैद्धांतिकी के लेंस से आम तौर पर उन उपन्यासों पर दृष्टि केन्द्रित की जाती है जो कि कथा के बाहर और उससे पहले स्थित यथार्थ की धारणा से परिचालित नहीं हैं। रोमांस, कल्पना, मिथक और स्मृति के माध्यम से निर्मित राष्ट्रीय चेतना का स्थापत्य जिन उपन्यासों में मिलता है, यह सैद्धांतिकी उन पर ही ध्यान केन्द्रित करती है। इस अध्याय के प्रारम्भ में नामवर सिंह और मैनेजर पाण्डेय के बीच की बहस का जायज़ा हम ले आए हैं। आश्चर्य नहीं कि उत्तर-औपनिवेशिक आलोचना सिद्धांत या तो आधुनिक राष्ट्र बनने के शुरुआती दौर के उन आरम्भिक

उपन्यासों की चर्चा करता है जिनमें राष्ट्र या राष्ट्रीय समुदायों की कल्पना आकार ले रही हो या फिर उन उपन्यासों पर जो उत्तर-पूँजीवादी दौर में आधुनिकता की सारी निश्चितताओं के अंत का साक्षात्कार करते हैं और वस्तुवादी आग्रहों से मुक्त हो कर चेतना के निस्सीम मुक्ताकाश में विचरण करते हैं। अतः उत्तर-औपनिवेशिक सैद्धांतिकी में यथार्थवादी उपन्यास एक ऐसे अंतराल की तरह हैं जिनकी चर्चा महज़ इस नुक्ते से होती है कि उनके पार जाना है। लेकिन जैसा कि पहले के अध्यायों में हमने देखा, भारत में उत्तर-औपनिवेशिक आलोचना व्यवहार महानगरीय योरोपीय केन्द्रों में विकसित सैद्धांतिकी से छूट लेता है, उससे बहस करता है क्योंकि भारत और तीसरी दुनिया के देशों के औपनिवेशिक अनुभवों के रूपायन में यथार्थवाद से छुटकारा नहीं। यहाँ हम न तो हिन्दी के यथार्थवादी उपन्यासों के विराट पसारे का सर्वेक्षण कर सकते हैं और न ही वह इस प्रबन्ध का विषय है, किन्तु यथार्थवादी उपन्यास उत्तर-औपनिवेशिक आलोचना व्यवहार के लिए चुनौती अवश्य हैं, महज़ व्यवधान या अंतराल नहीं। यह अकारण नहीं कि प्रेमचंद उपनिवेशवाद-विरोधी राष्ट्रीयता, किसान जीवन और यथार्थवादी साहित्य-दृष्टि के अभी भी मानक बने हुए हैं। प्रेमचंद के पार जाने की छटपटाहट नई कहानी के दौर में बड़े पैमाने पर देखी गई। फिर भी उपन्यास के शिल्प, प्रविधि और दृष्टि में नई-नई प्रवृत्तियों की विशेषता प्रेमचंद के उपन्यासों से उनकी भिन्नता के आधार पर ही स्थापित की गई। उपन्यास के सन्दर्भ में कवि-दृष्टि की बात (अज्ञेय) औपन्यासिक शिल्प और दृष्टि की प्रेमचंदीय संकल्पना (यथार्थवाद) के बरअक़्स प्रतीकात्मक और चेतना-केन्द्रित कथा व्यवहार को परिभाषित करने की ही कोशिश है। यदि रूपक को 'अप्रस्तुत के द्योतन' के अर्थ में न ले कर सामान्यतः 'समग्रता के प्रतिबिंबन' के अर्थ में लें तभी प्रेमचंद के उपन्यास राष्ट्रीय रूपक कहला सकते हैं। यदि रामचंद्र शुक्ल प्रेमचंद के पात्रों में ऐसी विशेषता को लक्षित करते हैं जो कि पाठकों को ये अहसास कराती है कि मानो इन पात्रों को कहीं देखा है, तो यह महज़ उनके यथार्थवाद पर टिप्पणी नहीं है बल्कि औपनिवेशिक भारत के वास्तविक क्रिया-व्यापारों के वास्तविक किरदारों की स्पष्ट पहचान का रेखांकन है। "प्रेमचंद के उपन्यासों में स्वाधीनता आंदोलन का चित्रण इतना स्पष्ट, सच्चा और संकेत युक्त है कि उनके अनेक पात्रों के चरित्र में स्वाधीनता आंदोलन के अनेक नेताओं के प्रतिबिंब दिखाई देते हैं जिनकी पहचान कई आलोचकों ने की है।"[49] प्रेमचंद के उपन्यासों ने स्वाधीनता संग्राम के इतिहास को नेताओं की जीवनी नहीं रहने दिया। भारतीय राष्ट्रवाद को उत्पन्न करने में ख़ास तौर पर किसान जनता, मजदूर, स्त्री और दलित महज़ आंदोलनों की बेचेहरा भीड़ नहीं थे। यह प्रेमचंद को पढ़ कर समझ में आता है न कि राष्ट्रवादी इतिहास लेखन को। राष्ट्रवादी इतिहास लेखन का सबाल्टर्न दृष्टि से विखंडन से काफ़ी पहले प्रेमचंद ने राष्ट्रीय चेतना की आरोपित अखंडता को तार-तार कर दिया था और उसके शक्ति-सम्बन्धों को भी। 'रंगभूमि' के 'सूरदास' की ट्रेजिडी, 'कर्मभूमि' में किसानों के विराट आंदोलन, दमन और प्रतिरोध के साथ नेतृत्वकारी वर्ग का विश्वासघात और शासकों के साथ उनके समझौते प्रेमचंद के सामने स्पष्ट थे। भारतीय

राष्ट्रवाद के वर्ग-चरित्र की पहचान उसके भीतर संचालित वर्ग संघर्ष के जरिए होती है। 'रंगभूमि' के राष्ट्रवादी राजा महेप्रताप सूरदास के संघर्ष को अशांति घोषित करते हैं, 'कर्मभूमि' में अमरकांत का ढुलमुलपन और समझौतापरस्ती, 'गोदान' के राय साहब और खन्ना का ज़मींदारी-पूँजीवादी राष्ट्रवाद, उत्तर-औपनिवेशिक भारत की राजसत्ता के वर्गाधार को पूर्वाशित करता है। 'ग़बन' का देवीदीन खटिक, जो आज़ादी के आंदोलन में अपने दो बेटों को गंवा चुका है, एक राष्ट्रवादी नेता से पूछता है—"साहब सच बताओ जब तुम सुराज का नाम लेते हो तो उसका कौन-सा रूप तुम्हारी आँखों के सामने आता है? तुम भी बड़ी-बड़ी तलब लोगे, तुम भी अंग्रेज़ों की तरह बंगलों में रहोगे, पहाड़ों की हवा खाओगे, अंग्रेज़ी ठाट-बाट बनाए घूमोगे? इस सुराज से देश का क्या कल्याण होगा?"[50] 'गोदान' में मिर्ज़ा खुर्शेद कहते हैं "जिसे हम डेमोक्रेसी कहते हैं वह व्यवहार में बड़े-बड़े व्यापारियों और ज़मीदारों का राज है और कुछ नहीं। चुनाव में वही बाज़ी मार ले जाता है जिसके पास रुपए हैं।"[51] आज के भूमंडलीकरण के दौर में भारत में लाखों किसानों की आत्महत्याओं को यदि कोई आलोचक होरी की मृत्यु से जोड़ कर देखता है तो यह अकारण नहीं है।[52] भूमिपति और पूँजीपति सत्ता द्वारा बाज़ार की किसान-विरोधी प्रवृत्तियों का राष्ट्रीय और वैश्विक सन्दर्भों में पर्दाफ़ाश पहले-पहल प्रेमचंद ने ही किया। प्रेमचंद के यहाँ भारतीयता स्मृत्य और स्वप्नवत् नहीं है। वह जटिल अंतर्विरोधों से गुज़रते हुए राष्ट्र का जीवित चित्र है। हजारी प्रसाद द्विवेदी ने लिखा था, "अगर आप उत्तर भारत की समस्त जनता के आचार-विचार, भाषा-भाव, रहन-सहन, आशा-आकांक्षा, दुःख-सुख और सूझ-बूझ जानना चाहते हैं तो प्रेमचंद से उत्तम परिचायक आपको नहीं मिल सकता।"[53]

स्वातंत्र्योत्तर भारत में सामाजिक यथार्थवादी उपन्यासों की अत्यंत समर्थ परम्परा (अमृतलाल नागर, यशपाल, राहुल सांकृत्यायन, रांगेय राघव, श्रीलाल शुक्ल, भीष्म साहनी, कृष्णा सोबती, मन्नू भंडारी समेत कई अन्य महत्त्वपूर्ण उपन्यासकारों की कृतियों) का जायज़ा लेना यहाँ सम्भव नहीं किन्तु प्रेमचंद की परम्परा की एक ख़ास विशेषता यानी ग्रामीण भारत को उपन्यास के केन्द्र में लाने के नुक्ते से हम रेणु और नागार्जुन के उपन्यासों की कुछ विशेषताओं को दृष्टि में ला सकते हैं। उत्तरी भारत के किसान आंदोलन और असहयोग आंदोलन के दौरान गाँवों की धड़कन को प्रेमचंद ने पकड़ा था। सन् 42 के क्रांतिकारी उफान से ले कर आज़ादी के ठीक बाद ज़मींदारी उन्मूलन और सर्वेक्षण के साथ पहली पंचवर्षीय योजना की शुरुआत के बीच के समकालीन इतिहास की करवट को मानवीय चेतना के भीतर पकड़ने की कोशिश रेणु के प्रारम्भिक उपन्यासों में दिखाई देती है। यह समकालीन यथार्थ गाँव-शहर के विभाजन को तोड़ कर उभरा था। प्रेमचंद तक यह विभाजन बरकरार है जैसा कि 'गोदान' के शिल्प में भी एक चिटकन की तरह दिखता है। रेणु ने प्रेमचंद के बाद के सामाजिक यथार्थ की ताकतवर पहचान की। आज़ादी के बाद देश में जो शक्ति-संतुलन कायम हुआ उसका पूर्वानुमान तो प्रेमचंद ही कर गए थे लेकिन पुरानी

शक्तियों के नये राजनीतिक संयोग ने समाज में किस तरह के अंतर्विरोधों को जन्म दिया और जनता ने उस पर कैसी प्रतिक्रिया की, यह रेणु के यहाँ चरितार्थ हुआ। रेणु के उपन्यास सिर्फ़ प्रेमचंद की यथार्थवादी परम्परा का बढ़ाव मात्र नहीं। सुरेन्द्र चौधरी ने रेणु के आरम्भिक उपन्यासों [मैला आंचल (1954)] और [परती परिकथा (1957)] को तीसरी दुनिया की मुक्ति की विश्व-क्रांतिकारी प्रक्रिया से जोड़ कर देखने की सिफ़ारिश की—"यथार्थवाद कोई देशी, क्षेत्रीय तत्त्व नहीं है, वह एक ऐतिहासिक तत्त्व है और विश्व इतिहास का अंग है .... विकसित होती हुई ग्रामीण वास्तविकता की सम्भावनाएँ अभी तीसरी दुनिया की वास्तविकता को निर्धारित करने वाले तत्त्वों में गिनी जाएंगी—....... व्यवस्था के अंतर्विरोध जिस तेजी से बढ़ते हैं उससे ज़्यादा तेजी से जनता के बीच के अंतर्विरोध बढ़ते हैं। नाटकीयता का एक स्रोत हमारे इस सामाजिक आधार में है .... यह नाटकीयता इतिहास की शक्तियों की टकराहट से उत्पन्न हुई है। वह अतीत की निरन्तरता और वर्तमान अंतर्विरोधों के सन्दर्भ में नाटकीय बनती है। यह इतिहास के भीतर एक तीसरी दुनिया के जन्म की नाटकीयता है .... ये तीसरी दुनिया एक विश्व-क्रांतिकारी प्रक्रिया से जुड़ कर और भी ज़्यादा नाटकीय हो जाती है—वह व्यापक मानवता की मुक्ति का नाटक प्रस्तुत करती है .... मैला आंचल इस दृष्टि से नये देश में खेला जाने वाला एक ऐसा नाटक है जिसमें मानव मुक्ति की व्यापक सम्भावना है। आज़ादी की मुहिम पर वह भारतीय जनगण के जीवन का नाटक है, जिसमें तमाम विद्रूपों और असंगतियों के बावजूद धड़कते हुए जीवन का दबाव है।"[54] सुरेन्द्र चौधरी ने निर्मल वर्मा द्वारा रेणु के उपन्यासों की नाटकीयता की रूपवादी (चौधरी का शब्द है 'आकारिक') व्याख्या से बहस करते हुए इन उपन्यासों की नाटकीयता के सामाजिक-ऐतिहासिक अंतर्य को उद्घाटित करने के क्रम में उपरोक्त व्याख्या प्रस्तुत की। निर्मल वर्मा ने 'ऋणजल धनजल' में लिखा, "एक अद्भुत ड्रामा हुआ! शायद ही किसी हिन्दी उपन्यासकार ने उपन्यास की नैरेटिव परम्परा को झिंझोड़ कर उसे प्रेमचंदीय ढाँचे से बाहर निकाल कर इतना नाटकीय, इतना लचीला, इतना काव्यात्मक बनाया था जितना रेणु ने..... उन्होंने उपन्यास की नैरेटिव परम्परा को तोड़ा, उसे अलग-अलग एपीसोड में बाँटा था, जिन्हें जोड़ने वाला धागा कथासूत्र नहीं, परिवेश का ऐसा लैण्डस्केप है जो अपनी आत्यंतिक लय में उपन्यास को रूप और फ़ॉर्म देता है।"[55] इस दृष्टिकोण से असहमति व्यक्त करते हुए चौधरी लिखते हैं—"रेणु ने जातीय सम्भावनाओं की उपन्यासों में नई तलाश की थी, उसे प्रेमकथाओं, लोककथाओं, किंवदंतियों, विश्वासों और जनश्रुतियों से जोड़ कर एक आकर्षक अंतरंग, और परिचित ह्यूमनस्केप में बदलने का कलात्मक प्रयास किया था। मगर इससे 'आकारिक' प्रयोग के बाहर जाना सम्भव नहीं दिख पाता। रेणु ने समकालीन यथार्थ को इसी प्रक्रिया में एक नया अर्थ भी दिया है। हमारे लिए आकार से अधिक महत्त्व उस अर्थ का है, जिसने समकालीनता को इस अतीत की निरन्तरता से जोड़ा था। निर्मल वर्मा की दृष्टि इस 'नाटकीय साहचर्य' को पकड़ नहीं पाती।"[56] रेणु के उपन्यासों को ले कर निर्मल वर्मा और सुरेन्द्र चौधरी के

दृष्टिकोणों का टकराव हिन्दी में उत्तर-औपनिवेशिक आलोचना व्यवहार के लिए महत्त्वपूर्ण सन्दर्भ-सूत्र उपलब्ध कराता है। इसे मैनेजर पाण्डेय ने उपन्यासों पर चर्चा करते हुए 'यथार्थवाद बनाम रूपकवाद' के बतौर सूत्रबद्ध किया है। सुरेन्द्र चौधरी का स्पष्ट मत है कि "इतिहास के सत्य को रूपक की आवश्यकता शायद नहीं होती। इतिहास के समीकरण के लिए रूपक का जाल फैलाना रेणु को अवश्य ही मैला आंचल में इष्ट नहीं है। अतः मैला आंचल की छोटी-छोटी अतिरंजनाओं को हमें ग्रामीण जीवन के यथार्थ-नाटकीय यथार्थ के रूप में ही ग्रहण करना होगा।"[57] आज़ादी के साथ जनता के वे तमाम सवाल जिनके हल होने की आशा में उसने आज़ादी के लिए क़ुर्बानी दी थी अब नई राजसत्ता के लिए चुनौती बनने लगे। एक विशाल देश वाले राष्ट्र-राज्य की बनावट समरूप नहीं हो सकती थी। तमाम ग्रामीण अंचलों में राष्ट्रीय प्रक्रिया का संचरण एक-सा नहीं था। राष्ट्रीय राजनीति केन्द्रों से बहुत दूर 'मैला आंचल' उपन्यास के मेरीगंज के सबसे पिछड़े हिस्से संथाल टोली तक ने सोशलिस्ट, कम्युनिस्ट आदि नई राजनीतिक शक्तियों और विचारों को ग्रहण करना शुरू कर दिया था। मजदूर किसानों के राज की बात, लाल झंडा, 'ज़मीन जोतने वाले की हो' जैसे नारों को ले कर संथाल गण और कालीचरण, वासुदेव जैसे चरित्र एक नये तरह का ऐतिहासिक स्फुरण महसूस करते हैं। चलित्तर कर्मकार की पार्टी (कम्युनिस्ट पार्टी) भी सामने आ रही है। देश की राजनीति और कांग्रेस पर पूँजीपतियों, महाजनों और भूस्वामियों का शिकंजा कस रहा है और बालदेव तथा बामनदास जैसे लोग गुज़रे वक्त के लोग नज़र आ रहे हैं। बहुस्तरीय संरचना वाले समाज, उसकी राजनीति और अर्थव्यवस्था में विभेदीकरण बढ़ रहा है। पूरा उपन्यास लोकतंत्र, प्रशासनिक ढाँचे, विचारधाराओं और आधुनिकता के अन्य रूपों के साथ एक अंचल का नाटकीय साक्षात्कार प्रस्तुत करता है। 'मैला आंचल' के समाज के अलग-अलग तबके बहुत-सी समान सामुदायिक विशेषताओं को लिए हुए हैं, लेकिन आधुनिक राजसत्ता और दूसरी संरचनाओं के साथ उनका संग्रथन विभेदित है। 'मैला आंचल' में कोई एक समस्या केन्द्रीय नहीं बन पाती और न ही इसके पात्र 'गोदान' के होरी की तरह अकेले पड़ते हैं। कुल मिला कर इस अंचल का अनुभवलोक भविष्यहीन और निःस्वप्न नहीं। आज़ादी के कुछ वर्ष पहले से ले कर कुछ वर्ष बाद तक की संक्रमणकालीन स्थितियाँ और भाव स्थितियाँ एक ग्रामीण अंचल की कथा में पूरी तरह विन्यस्त हैं। 'परती परिकथा', सुरेन्द्र चौधरी के अनुसार 'मैला आंचल' की तरह ग्रामकथा नहीं बल्कि ग्रामांचलों के भूमि-संघर्ष की कथा है। इसकी पृष्ठभूमि आज़ादी के बाद का भारत है। परानपुर पट्टी में पंचायतों का नया ढाँचा खड़ा हुआ है। यहाँ अस्पताल है, हाईस्कूल है, पुस्तकालय है, कोसी परियोजना और प्रखंड विकास योजनाएँ हैं। परानपुर बदल रहा है और इस बदलाव में सब कुछ अच्छा-अच्छा नहीं है। पुराना ज़मींदारी उत्पादन, नये पूँजीपति उत्पादन में बदल रहा है। जाति का पुराना ढाँचा ज़मींदारों और पूँजीपतियों की नई वर्गीय गोलबंदी के काम में लाया जा रहा है। ज़मींदारी ख़त्म हो गई लेकिन भूमिहीनों को ज़मीन नहीं मिली। हदबंदी से

बचने के नये-नये हथकंडे निकल आए। किसान जीवन की हलचल अचानक बढ़ गई। "जिले भर के किसानों और भूमिहीनों में महाभारत मचा हुआ है। भूमिहीन ही नहीं, डेढ़ सौ बीघे के मालिकों ने भी दूसरे बड़े किसानों की ज़मीनों पर दावे किए हैं। हज़ार बीघे वाला भी एक इंच ज़मीन छोड़ने को राजी नहीं है।"[58] राम विलास शर्मा ने लक्षित किया था कि स्वाधीनता आंदोलन के भीतर किसान क्रांति की सम्भावनाओं को कुंठित किया गया था। आज़ादी के बाद गाँव के भीतर सामंती-पूँजीवादी शक्तियों के तालमेल की नई दिशा आज़ादी के आंदोलन से ही निकली थी। 'परती परिकथा' में रेणु भूमि सम्बन्धों में नई शक्तियों के उदय पर विस्तार से प्रकाश डालते हैं। दिक्कत यही है कि पार्टियों, जातियों की बहुलता में ग़रीब किसान और भूमिहीन तो बिखरा हुआ है लेकिन भूमिपति-पूँजीवादी स्वार्थ संगठित हैं और लोकतंत्र की सारी बहुलता स्वार्थों के इसी संगठन को मज़बूत कर रही है। रेणु जिस तरह बदलते-बनते राष्ट्र के स्पंदनों को अंचल विशेष के सीस्मोग्राफ़ में रिकार्ड करते हैं वैसा ही उन्होंने देश विभाजन जैसी विराट परिघटना के साथ भी किया। ऐसा करने से पूरा परिप्रेक्ष्य ही बदल जाता है और नये पहलू उद्घाटित हो जाते हैं। 'जुलूस' (1965) में पाकिस्तान के हिस्से गए पूर्वी बंगाल से उच्छेदित और विस्थापित ग़रीब किसान, मजदूर और कारीगर हिन्दू होते हुए भी पूर्णिया की धरती पर बसने के बाद अजनबी बने रह जाते हैं। ये पिछड़े, अशिक्षित और कुपोषण के शिकार लोग पंजाब के शरणार्थियों की तरह शहरी व्यापारी अथवा बड़े किसानों की पृष्ठभूमि से नहीं थे। इन्हें पूर्वी भारत के जिस हिस्से में शरण मिली वह स्वयं कठोर जाति व्यवस्था और पिछड़ेपन से त्रस्त था। फिर भी दोनों का जातीय अंतर्लयन नहीं हो सका। शायद एक कारण भाषा का व्यवधान भी रहा हो। रेणु ने इस समस्या के सामाजिक और भावनात्मक पक्षों की जटिलता को बख़ूबी उभारा है। 'जुलूस' उपन्यास हमें एक अजीब विडंबना का साक्षात्कार कराता है। शरणार्थी, शरणार्थी ही होते हैं क्योंकि वे चाहे जिस वर्ग के हों सब कुछ खो कर ही आते हैं। फिर भी वह क्या है जो अलग-अलग सामाजिक पृष्ठभूमि के शरणार्थियों के बिलकुल अलग विकासक्रम को सम्भव करता है? क्या कारण है कि समाज, अर्थव्यवस्था और राजनीति में सिंध और पंजाब के शरणार्थियों का न केवल पुनर्वास तेजी से हुआ बल्कि सत्ता और सम्पत्ति में वे लगभग वैसी ही स्थिति में बहाल हुए जैसी कि विभाजन से पहले उन्हें प्राप्त रही होगी? दूसरी ओर पूर्णिया, कटिहार से ले कर उत्तर प्रदेश के तराई क्षेत्रों तक में आ बसे पूर्वी बंगाल के ग़रीब शरणार्थी क्यों आज भी दरिद्रता और बेरोज़ग़ारी से जूझ रहे हैं? 'जुलूस' उपन्यास इस कंट्रास्ट को विकसित कर पाता तो वह महाकाव्यात्मक होता, फिर भी देश विभाजन पर लिखे ढेरों उपन्यासों में अपने अलग परिप्रेक्ष्य के चलते वह विशिष्ट है। सरहद के उस पार मोहाजिरों की स्थिति पर कोई ऐसा ही औपन्यासिक प्रयास रेणु के दृष्टिपथ में आए विभाजन के सत्य को पूर्णता दे सकता है।

नागार्जुन भी ठीक रेणु की तरह आज़ादी के कुछ वर्ष पहले से ले कर आज़ादी

के कुछ वर्ष बाद तक के संक्रमणकाल का ग्राम जीवन के स्तर पर साक्षात्कार करते हैं। उनके उपन्यास छोटे हैं, रेणु की अपेक्षा भाषा, चरित्रांकन आदि में कम रूमानी और अधिक भदेस हैं। उनका पहला उपन्यास 'रतिनाथ की चाची' 1948 में छपा। विधवा समस्या पूरे पुनर्जागरण काल में अत्यंत महत्त्वपूर्ण समस्या रही किन्तु इस पर लिखे तमाम उपन्यास और कविताएँ, लिखने वालों की सहानुभूति के प्रदर्शन में विधवा चरित्रों की आत्मवत्ता को उभार ही नहीं पाते हैं। नागार्जुन युवा विधवा की कथा का एक किशोर की दृष्टि से, रतिनाथ नामक किशोर के माध्यम से वर्णन करते हैं। लेकिन उपन्यास की ख़ूबी यह है कि वैधव्य की समस्या कोई अलग-थलग सामाजिक समस्या नहीं रह जाती बल्कि गाँव के स्तर पर शोषण के समूचे तंत्र के उद्‌घाटन की कुंजी बन जाती है। 'रतिनाथ की चाची' जो युवा विधवा के रूप में एक रात के संसर्ग को जीवन भर निभाती है, वही किसान आंदोलन की हमदर्द भी बन जाती है। उसके चरित्र की सीमा और शक्ति दोनों ही प्रकट होते हैं। वह महज़ सहानुभूति की पात्र नहीं, बल्कि मानवीय कर्ता की गरिमा से युक्त है। परम्परा और आधुनिकता दोनों की छाप लिए हुए है। 'बलचनमा' 1952 में प्रकाशित हुआ। मैथिल प्रदेश के जिला दरभंगा के गाँवों की राजनीतिक-आर्थिक इतिहास-कथा एक चरित्र के माध्यम से उभरती है। कबीरी खिचड़ी भाषा आँचलिकता की सीमा को भंग करती है। आज़ादी के पहले के पुराने ज़मींदारी शोषण और बाद के नव-भूपति बाहुबलियों के शोषण की तफ़सील यहाँ अंकित है। किन्तु यहाँ भी मुख्य पात्र बलचनमा निरीह नहीं बल्कि स्थितियों की आलोचना और उनको बदलने का प्रयास करने वाला युवक है। वह अपने अनुभव से जानता है कि शत्रु कौन है और लड़ाई किस मोर्चे पर लड़ी जानी है, "सच जानो भैया उस वक़्त मेरे मन में यह बात बैठ गई कि जैसे अंग्रेज़ बहादुर से सोराज लेने के लिए बाबू भैया लोग एक हो रहे हैं, हल्ला-गुल्ला और झगड़ा-झंझट मचा रहे हैं, उसी तरह जन बनिहार, कुली मजूर और बाहिया ख़बास लोगों को अपने हक के लिए बाबू भैया से लड़ना पड़ेगा।"[59] यह बात अपनी अंतर्वस्तु में 'ग़बन' (1932) के देबीदीन खटिक की अंतर्दृष्टि के ही निकट है, किन्तु जहाँ देबीदीन की मुद्रा प्रश्नवाचक है, वहीं बलचनमा निष्कर्ष तक पहुँचा हुआ है; जहाँ देबीदीन का सम्बोधन राष्ट्रवादी नेता के प्रति है वहीं बलचनमा का सम्बोधन अपनी तरह के लोगों के प्रति है, क्योंकि वह जानता है कि राष्ट्र के ठेकेदारों से मुख़ातिब होने का न कोई फ़ायदा है, न ही संवाद की सम्भावनाएँ। यह दो पीढ़ियों का फ़र्क है, पात्रों और उनके रचनाकारों की भी। 'बाबा बटेसर नाथ' नामक उपन्यास एक लम्बे कालखंड में सामंतवाद से अंग्रेज़ी उपनिवेशवाद तक की कथा कहने का प्रयास करता है। यह एक बूढ़े बरगद की आत्मकथा है जिसमें एक जनपद के समूचे जीवन को समेट लिया गया है। विजयमोहन सिंह के शब्दों में—"ज़मींदारों के रोंगटे खड़े कर देने वाले नृशंस अत्याचार, भूकंप, अकाल, बाढ़, महामारी, आर्थिकतंत्र, शोषण, व्यभिचार, पाखंड! इन सबको उपन्यास एक वृत्तचित्र की तरह प्रस्तुत करता है। इन सबके विषय में नागार्जुन का 'सामान्य ज्ञान' चमत्कृत करने वाला है : फ़सलें, मौसम,

अनाजों की किस्में, मछलियों और आमों की विभिन्न जातियाँ, इन सबके नाम और जानकारियाँ उनकी उँगलियों की पोरों पर हैं"[60] रेणु और नागार्जुन दोनों ही औपनिवेशिक और उत्तर-औपनिवेशिक की निरन्तरताओं और विभेद के सर्वाधिक सजग कथाकार हैं। प्रेमचंद इनका पूर्वानुमान करते हैं। 'बाबा बटेसरनाथ' में पेड़ बाबा जैकिसुन से कहता है— "और तेरी यह आज़ाद सरकार इन सामंती श्रीमंतों को ज़्यादा से ज़्यादा हर्ज़ाना देने की तिकड़में भिड़ा रही है। व्यक्तिगत सम्पत्ति के वाजिब हकों का दायरा बेहद बढ़ा कर ज़मींदारी प्रथा का यह जो नकली श्राद्ध कांग्रेसी कर रहे हैं, क्या नतीजा निकलेगा इसका?" प्रेमचंद और रेणु जहाँ गाँधीवाद की त्रासदी को पात्रों और परिस्थितियों में उभारते हैं, वहीं नागार्जुन अपने उपन्यासों में गाँधीवाद के प्रति घनघोर आलोचनात्मक और व्यंग्यात्मक रवैया रखते हैं। वे गाँधीवाद की वैचारिक भूमिका को आज़ाद भारत की पूँजीवादी-ज़मींदारी सत्ता संरचना से अनिवार्यतः जुड़ा पाते हैं। नागार्जुन जनपदीय जीवन में ख़ूब रमते हैं लेकिन उपन्यास के शिल्प संघटन का धैर्य उनके पास नहीं है। कविता में उनका यथार्थ अधिक संघटनात्मक रचाव प्राप्त कर सका। लेकिन गाँवों के देश हिन्दुस्तान के जनजीवन की महागाथा का औपनिवेशिक से उत्तर-औपनिवेशिक की ओर संक्रमण यदि समझना है और भूमंडलीकरण के विरुद्ध भारतीय जनगण के मुक्ति युद्ध को बढ़ाना है तो प्रेमचंद, रेणु, नागार्जुन के उपन्यासों से बढ़ कर इस उपक्रम में सहायक अन्य कोई साहित्यिक कृतियाँ नहीं हैं।

देश विभाजन और उपन्यास

भारत का विभाजन और आज़ादी जुड़वाँ घटनाएँ हैं, औपनिवेशिक प्रक्रिया से सीधी जुड़ी हुई। भारतीय इतिहास की इस परिघटना का साहित्य ने मुख्यतः औपन्यासिक पद्धति से साक्षात्कार किया। यों कहानियाँ भी कम नहीं लिखी गईं। मैनेजर पाण्डेय के शब्दों में, "ऐतिहासिक यथार्थ के कुछ ऐसे रूप होते हैं जिनका साक्षात्कार या जिनसे मुठभेड़ जिस तात्कालिकता और समग्रता के साथ उपन्यास करता है, वैसा कविता में सम्भव नहीं है। इसका एक उदाहरण भारत के विभाजन की भयावह त्रासदी की अभिव्यक्ति के प्रसंग में हिन्दी उपन्यास और कविता की भूमिका में देखा जा सकता है। जिस समय भारत का विभाजन हुआ उस समय छायावाद के तीन बड़े कवि जीवित थे—निराला, पंत और महादेवी वर्मा। इनमें से किसी ने भी विभाजन की त्रासदी पर कोई कविता नहीं लिखी। उस काल में हिन्दी के चार बड़े प्रगतिशील कवि भी कविताएँ लिख रहे थे—नागार्जुन, मुक्तिबोध, त्रिलोचन और केदारनाथ अग्रवाल। इन चारों में से भी किसी ने भी विभाजन की त्रासदी पर कोई महत्त्वपूर्ण कविता नहीं लिखी ...... इसके ठीक विपरीत विभाजन की त्रासदी की पूरी भयावहता, उसकी जटिलता और समग्रता को हिन्दी के अनेक उपन्यासकारों ने महत्त्वपूर्ण ढंग से अभिव्यक्त किया है .... मुझे ऐसा लगता है कि यह कवियों और कथाकारों की

मानसिकता से अधिक कविता और कथा साहित्य के स्वभाव की भिन्नता से जुड़ी हुई सच्चाई है।"[62]

औपन्यासिक पद्धति इतिहास लेखन से कितनी भिन्न होती है इसके प्रमाण राही मासूम रज़ा, भीष्म साहनी, यशपाल आदि के विभाजन की त्रासदी पर लिखे उपन्यास हैं। इतिहास लेखन किसी भी घटना को अतीत की घटनाओं की कार्यकारण शृंखला की एक निश्चित परिणति के बतौर निरूपित करने से बच नहीं पाता (यहाँ हम उत्तर-आधुनिक वैकल्पिक इतिहास लेखन (फूको) की बात नहीं कर रहे)। वहीं विभाजन के सच का औपन्यासिक साक्षात्कार एक अचानक हुई कल्पनातीत त्रासदी के रूप में उभरता है। इतिहास लेखन चाहे जिस तरह का हो—उपनिवेशवादी, राष्ट्रवादी, सांप्रदायिक या फिर सबाल्टर्न—वह सरकारी फाइलों, पुलिस रिकार्ड, समाचारपत्र, चिट्ठियाँ, सार्वजनिक भाषण, संस्मरण और रिपोर्टों से जुटाए निर्विवाद जानकारियों के टुकड़ों से ही विभाजन के सच को निर्मित करता है। इतिहास की तिजोरी में तिथियों, घटनाओं और पात्रों का दोहराव भरा सीमित भंडार है। दूसरी ओर विभाजन पर लिखे उपन्यासों में सामान्य समय में आम लोगों के दैनन्दिन अनुभवलोक के आइने में विभाजन के सच का साक्षात्कार है। उपन्यासकारों ने, ख़ास तौर पर वे जो विभाजन के उन भीषण दिनों के प्रत्यक्षदर्शी थे, उन्होंने अपना साक्ष्य अलग प्रस्तुत किया है, जिसके रूप अनेक हैं, उद्देश्य भिन्न हैं। उनके उपन्यास चाहे सांत्वना देते हों या विभाजन के लिए ज़िम्मेदारों पर लानत भेजते हों, या सब कुछ भूल कर जीवन फिर से शुरू करने की उम्मीद जगाते हों, या फिर अतीत के मिले-जुले जीवन की नॉस्टैल्जिक याद दिलाते हुए उत्तर-औपनिवेशिक समय में जीवन की सम्भावनाओं के प्रति कटुता से भरा विडंबनात्मक बोध प्रक्षेपित करते हों, किन्तु उनमें से अधिकांश, इतिहासकारों की तरह हिंसा की भीषण घटनाओं की उद्धरणी से बचते हैं। वे एक ख़ास ऐतिहासिक दौर में समुदाय के सामाजिक और सांस्कृतिक जीवन को सम्पूर्णता में निरूपित करने की कोशिश करते हैं। जहाँ इतिहासकार घटनाओं से एक अपरिहार्य सुनिश्चित अंत की ओर बढ़ता है वहीं उपन्यासकार अपने आख्यान में वह सब कुछ जो आकस्मिक और स्थानीय है, जिसकी जीवित स्मृतियाँ हैं—चाहे किस्सों, उपाख्यानों और मिथकों के रूप में या उल्लसित लोकभावना की तरंग के रूप में, चाहे सुसंगत या फिर अंतर्विरोधों से भरी, उन सब का सहारा लेता है। इतिहास लेखन की तरह उपन्यास किसी एक सुनिश्चित अंत तक नहीं पहुँचते, बल्कि अलग-अलग उपन्यासों के अंत भी अलग-अलग हैं। जहाँ कुछ उपन्यास पागलपन और अपराध के घटाटोप से बाहर निकलने की राह तलाश करते हैं, वहीं कुछ अन्य हमारे समय का भावनात्मक और नैतिक मानचित्र उपस्थित करते हैं, जिस पर चीख़, धुएँ, राख और सदमे से खो गई आवाज़ों के निशानात अमिट रूप से अंकित हैं। कुछ उपन्यास और कहानियाँ पुनरुद्धार के स्वर को सुरक्षित रखती हैं (यशपाल का 'झूठा सच', राही मासूम रज़ा का 'आधा गाँव', भीष्म साहनी का 'तमस', कुर्तुल ऐन हैदर का 'आग का

दरिया' तथा अशफ़ाक अहमद, मोहन राकेश, रजिन्दर सिंह बेदी और इंतज़ार हुसैन की कहानियाँ) वहीं कुछ अन्य कथाकृतियाँ नाउम्मीदी पर ख़त्म होती हैं (कृष्ण बलदेव वैद का 'गुज़रा हुआ ज़माना' और अब्दुलाह हुसैन का 'उदास नस्लें' जैसे उपन्यास तथा मंटो, और ख़्वाजा अहमद अब्बास की कहानियाँ)। किन्तु इन दोनों तरह के कथात्मक स्वरों में उपन्यास की संरचना और थीम के कुछ तत्त्व समान हैं (हिन्दी, उर्दू दोनों में)। पहली बात तो यह कि ये सभी उपन्यास विभाजन-पूर्व के भारत में समुदायों के साझा इतिहास के अस्तित्व को या तो मान कर चलते हैं या फिर छोटी-छोटी स्मृतियों के सहारे उसकी कल्पसृष्टि करते हैं। इस माध्यम से वे विभाजन के परिणामस्वरूप विस्थापन की वेदना और निराशा के मुकाबले में उपमहाद्वीप की ऐसी छवि खड़ी करते हैं जो समुदायों के साझा सद्भावपरक आवास की छवि है। वे गाँवों और कस्बों के जीवन-जगत का ऐसा आख्यान रचते हैं, जिसमें हिन्दू, मुस्लिम और सिख जीवन्त सम्बन्धों में बँधे थे, महज़ इतना नहीं था कि वे दूसरे रीति-रिवाजों और आस्थाओं के प्रति निष्क्रिय सहिष्णुता रखते थे। धार्मिक-सामुदायिक अस्मिताएँ यहाँ मनुष्यों के साथ-साथ रहने-जीने के सामाजिक सम्बन्धों के ताने-बाने से बुनी हुई हैं; वे परस्पर विच्छिन्न अलग-थलग, स्वतः सम्पूर्ण सनातन नहीं हैं। ऐसा नहीं कि सामुदायिक सम्बन्ध तनाव मुक्त हैं। शंका, सन्देह और अस्मिताओं के स्वार्थपूर्ण इस्तेमाल के वाकये उभरते हैं लेकिन समाज में गहरे धँसे जीवन अनुभव इनसे पार पाने के तरीके निकाल लेते हैं। जीवन की विपुल विविधता का संवाद ऐसा है कि इन घटनाओं के बावजूद सामाजिक जीवन कभी भी भयानक रूप से ख़तरे में नहीं पड़ता। इन उपन्यासों और कहानियों में विभाजन को ले कर हक्का-बक्का और किंकर्तव्यविमूढ़ रह जाने का भाव मिलता है। शायद ही ऐसी कोई कथाकृति हो जो विभाजन को हिन्दुओं, मुसलमानों के बीच किसी प्राचीन घृणा के अपरिहार्य परिणाम के रूप में चित्रित करती हो। इनमें से हर एक उपन्यास विभाजन के जनसंहार और अलगाव को किसी भी ऐतिहासिक और सामाजिक तर्क से परे पाता है। विभाजन के ऐतिहासिक-राजनीतिक कर्ताओं की तर्कप्रणाली से बिलकुल भिन्न ये कथाकृतियाँ कभी-कभी तो घर या बस्ती के मलबे में बदल जाने का दृश्य उपस्थित कर चुप हो जाती हैं। साझे रीति-रिवाज़ और परम्पराएँ, गीत और कथाएँ, चिड़ियों और वृक्षों के नामों की स्मृतियाँ सदा के लिए रक्त और धुएँ की गंध में समा जाती हैं।

कृष्णा सोबती का 'ज़िन्दगीनामा' 1920 से 1940 के बीच पश्चिमी पंजाब के उस ग्रामीण जनजीवन का आख्यान है जिसमें सामुदायिक जनसंहारों की किसी भी स्मृति का नामोनिशान नहीं है। यह उपन्यास ठीक-ठीक विभाजन की त्रासदी पर लिखा उपन्यास नहीं है, बल्कि विभाजन के बाद रचे गए इस उपन्यास में विभाजन-पूर्व के पंजाब की स्मृतियों का पुनराख्यान है। बाबा फ़रीद, गुरु नानक और कबीर के गीतोपदेश, हीर-रांझा के किस्से, मियाँ मीर और छज्जू भगत की नीतिकथाओं पर किसी एक समुदाय का ही हक़ नहीं। फ़ारसी, उर्दू, हिन्दी या पंजाबी में लिखे, कहे

इन पाठों में सबका साझा है, वे सबकी थाती हैं। कृष्णा सोबती हिन्दी, पंजाबी और उर्दू को हिन्दू, सिख और मुसलमानों से जोड़ने से इनकार करती हैं। ख़ुद उपन्यास की भाषा इसकी गवाही देती है और उसकी अंतर्वस्तु भी, जो सामान्य जीवन के अभेद्य साझेपन की प्रस्तुति है। उपन्यास में चित्रित जनजीवन ऐसा नहीं कि नैतिकता और शांति का स्वर्ग है बल्कि विषमता और हिंसा के चित्र यहाँ भी हैं किन्तु वह इनसे अभिशप्त नहीं है। इस सामाजिक दायरे में एक संवादधर्मी लचीलापन है जो सभी मनुष्यों की एक-दूसरे के साथ जटिल अंतःक्रियाओं को जगह देता है। यहाँ सामाजिक तनाव ज़मींदारी और ग़रीबी के सन्दर्भों में उभरता है, न कि धार्मिक असहिष्णुता के कारण। हिन्दू, सिख और मुस्लिम किसान शाहों पर 'राह रसूल' की कृपा और अपनी तंगहाली के बारे में एक सी ज़बान में बात करते हैं। मेहर अली कहता है "शाहों की देनदारी में तो हम घुटनों-घुटनों डूबे हैं। कस्सो की वाली ज़मीन शाहों के खूँटे से छूट जाए तो डट कर करें मेहनत और कुछ खाएँ और कुछ बचाएँ ..... जी, जिवियों की मेहनत मजूरी जट्ट किसानों के ज़िम्मे और घुड़चढ़ी निगरानी शाहों के! घोड़े पर चढ़ इधर-उधर ख़ेतों पर नज़र मारी, मशीरी की और हर फ़सल के दाने अपने कोठों में भर लिए! पसीना बहाया तो काम्मियों ने!"[63] लेकिन अल्लारक्खा, मेहर अली को डाँट कर कहता है—"अरे भड्डुवों, की न फिर काम्मी-कमीनों वाली बात! घी, खांड और अनाज शाहों का और उन्हीं की बदखोई हमारे मुँह! ..... सच्च बात तो यह है कि शाह शाह हैं अपने मुकद्दर से! जट्ट जट्ट है अपनी तकदीर से।"[64] दोनों मुस्लिम किसान मेहर अली और अल्लारक्खा शाहों (हिन्दू ज़मींदार) को ले कर कोई एक-सी भावना नहीं रखते। किसानों और ज़मींदारों के अंतर्विरोध अभी तक सांप्रदायिक अस्मिताओं के मुहावरे में नहीं ढले हैं। शाहों के ख़िलाफ़ सिख किसान मैया सिंह का असंतोष मेहर अली जैसा ही है। व्यंग्य के लहज़े में वो कहता है—"मैंने कहा, खेती शाहों की भी होती है, पर दूसरी तरह की। इस खेती में दमड़ों के बीज और दौलत की फ़सलें!"[65] उपन्यास में कहानियाँ एक ख़ास सामाजिक अड्डेबाज़ी की बतकही में आकार लेती हैं। शाम ढलते-ढलते किसी के घर के सामने खाट बिछा कर मर्द बिरादरी गप्प करती है और यहीं किस्से कहानी सुनाए जाते हैं, कविताएँ पढ़ी जाती हैं। काशीनाथ शाह, फ़तेह अली, मौलानादाद, गुरुदत्त सिंह आदि एक ही ज़बान में बोलते हैं, अपने जीवन को समझने के उनके व्यक्तिगत और ऐतिहासिक सन्दर्भ के स्रोत भी साझा हैं और भविष्य की कल्पनाएँ भी, जो अतीत से बहुत भिन्न नहीं हैं। उनकी व्यक्तिगत और सामाजिक जीवन कथाएँ विरासत में मिली दुनिया में गढ़ी जाती हैं। राजनीति, कानून, सांप्रदायिक और राष्ट्रीय संघर्ष उनके जीवन और मानसिक जगत पर सीधा प्रभाव नहीं डाल पाते। मुस्लिम लीग, कम्युनिस्ट पार्टी और हिन्दू राजनीति आदि के बारे में कोई सीधे बात नहीं करता। उपन्यास के अंत में, जैसे ही शाम की मजलिस सजी तभी जहांदाद जी ने तहसीलदार नादिर हुसैन के कत्ल का समाचार सुनाया। इसी समय किसी ने सरकार के जंग फंड के कानून का जिक्र किया। लेकिन कर्मइलाही जी को इन झगड़ों से मतलब नहीं— "बादशाहो, जंग-

लड़ाइयाँ निरे झगड़े तो नहीं न! ये रगड़े हैं। चलते जाएं तो सालों-साल चलते जाएं। शाही मामले!''[66] मियाँ मीर और छज्जू भगत के किस्से ताकतवर लोगों (राजसत्ता) के प्रति अवहेलना और उसकी आलोचना का रूपक बन कर उभरते हैं। ये किस्से एक ख़ास पारम्परिक बोध को प्रकट करते हैं जिसके अनुसार राजनीतिक कारगुज़ारियाँ समुदाय का पोषण करने वाली संस्कृति को दूषित करती हैं। सब कुछ जो सत्ता के इर्द-गिर्द होता है वह न तो मूल्यवान है और न ही विवेकपूर्ण। ये किस्से उपन्यास की उस संवेदना को व्यक्त करते हैं जिसके अनुसार सत्ताधारी इतने आत्मग्रस्त हैं कि वे अपने आस-पास की सरल और अधिक समझदार दुनिया की बातें अनसुनी कर देते हैं। मियाँ मीर और छज्जू भगत के किस्से में एक ऐसा वाकया घटता है जिसमें ध्यानरत मियाँ मीर अचानक छज्जू भगत से मिलने को अधीर हो उठते हैं। भगत जी चौके में अपना भोजन बना रहे हैं। चौका अपवित्र न हो जाए इस भय से मियाँ मीर दरवाज़े से ही अंदर आने की इजाज़त माँगते हैं। बात छज्जू भगत को बुरी लग जाती है। वे मियाँ मीर को लताड़ते हुए याद दिलाते हैं कि पीर-फ़क़ीर की कोई जाति नहीं होती, और इस तरह का ख़्याल उनके मन में आया ही कैसे? मियाँ मीर लज्जित हो कर माफ़ी माँगते हैं। इस पर भगत जी आँखों में आँसू भरके बोले—"मियाँ मीर तुमने एक और ख़ता कर डाली! मेरे दोस्त अंदर आ कर मेरे गले न लग गए तुम! लानत तो मुझ पर है! मुझसे बड़ा मेरा चौका समझ लिया! साँइयाँ, मोहब्बत में यह ग़ुनाह है ग़ुनाह! इस एक लम्हा में तुमने हम दोनों के बीच समुद्र ला बहाया है। अब मैं इधर और तुम उधर।''[67] कहानी के भीतर यह जो कहानी है वह उपन्यास के वर्ण्य कालखंड में आने वाले तफरके का तो संकेत देती ही है, दूसरी ओर इस बात से आग़ाह भी करती है कि सदियों का मेल-जोल ज़रा-सी बात पर कैसे समाप्त हो जाता है, मीर मियाँ और छज्जू भगत जैसे अलमस्त फ़क़ीरों के लिए भी। जहाँदाद जी यह किस्सा सुन कर बोले—"शाह साहिब, दूध मक्खन की तरह दिल के दर्पण में भी बाल आ जाए तो ख़याल मैला हो ही जाता है।''[68] 'ज़िन्दगीनामा' सन् 1920 से 1940 के बीच के पश्चिमी पंजाब के ग्रामीण जनजीवन का ज़िन्दगीनामा है, जिसे आगे आने वाले दशक में हुए भयानक कत्लेआम और विस्थापन की आहट भी नहीं।

भीष्म साहनी जो स्वयं रावलपिंडी और लाहौर में पले-बढ़े, अपने उपन्यास 'तमस' में यह दिखलाते हैं कि पंजाब और दूसरी जगहों में देश विभाजन की माँग के साथ होने वाली भयानक हिंसा के प्रति लोग सजग और तैयार बिलकुल न थे। यह बयान रोंगटे खड़े कर देने वाला है। एक पूरा समाज राजनीति के परिणामों से बेख़बर था। उपन्यास का एक मार्मिक दृश्य वह है जिसमें इंद्र नाम का किशोर एक हिन्दू संगठन में मुस्लिमों के प्रति भीषण घृणा में दीक्षित हो अपनी और हिन्दू कौम की मर्दानगी साबित करने के लिए एक मुसलमान की हत्या को राजी हो जाता है। इंद्र और उसके दोस्त हिन्दू गौरव और देशभक्ति की फंतासियों में डूबे हुए हैं जो किसी भी नैतिक तर्क से परे है। एक दिन जब शहर में दंगों के भय से सन्नाटा पसरा हुआ

था, इंद्र ने गली से गुज़रते एक बूढ़े मुसलमान इत्रफ़रोश का पीछा करना शुरू किया। उसे पीछे-पीछे चलता देख बूढ़े ने समझा कि ये भोला-भाला लड़का रास्ता भटक गया है और उस माहौल में उसे एक बड़ी उम्र के आदमी की सुरक्षा और सहारा चाहिए। वो इंद्र के सर पर हाथ रख कर उसके बारे में पूछता है। बूढ़े की भंगिमा वहाँ की संस्कृति की अपेक्षाओं के अनुरूप ही है। इंद्र को हिन्दू जान कर भी बूढ़े इत्रफ़रोश के पास यह मानने का कोई कारण न था कि वह उसकी हत्या करना चाहता था। ख़तरनाक समय में एक बच्चा जिसे घर पर होना चाहिए, उसकी मदद करना बूढ़े की सहज प्रतिक्रिया थी। बच्चे को भयमुक्त करने के उद्देश्य से बूढ़ा सूनी गलियों में उसके साथ चलते हुए अपने छोटे-मोटे धंधे और जीने के लिए किए जाने वाले रोज़मर्रा के संघर्षों के बारे में बतियाता है। उसकी भलमनसाहत और शिष्टाचार प्रत्यक्ष है। लेकिन बूढ़े की उसके प्रति हमदर्दी ही इंद्र को और दिल कड़ा करने की ओर ले जाती है। इंद्र हत्या के लिए और भी दृढ़ प्रतिज्ञ हो जाता है। भीष्म साहनी का बयान है—"इत्रफ़रोश की बातों के ही कारण इंद्र सँभल गया था और पैर मज़बूती से चल रहे थे और कमानीदार चाकू की मूठ को भी उसने मज़बूती से पकड़ रखा था। उसके मन में एकाग्रता आने लगी थी, उसकी आँखें इत्रफ़रोश की कमर पर टिकने लगी थीं, वही एकाग्र दृष्टि जिससे अर्जुन ने पेड़ पर बैठे पक्षी की आँख को फोड़ा था।"[69] महाभारत से लाई गई उपमा सोद्देश्य है, जो यह दिखाने के लिए लाई गई है कि अपने धर्म के लिए युद्धरत आधुनिक योद्धा (!) न तो नैतिक है और न वीर। इत्रफ़रोश चाकू खाने के बाद भी कुछ क्षण समझ नहीं पाता कि क्या हुआ और न ही इंद्र के प्रति उसके भाव में कोई परिवर्तन हो सका—"इंद्र का निशाना ठीक बैठा था। वार करने के बाद सरदार के आदेशानुसार उसने चाकू को थोड़ा मोड़ भी दिया था और अंतड़ियों के जाल में फँसा भी दिया था। इत्रफ़रोश अभी पूरी तरह से मुड़ नहीं पाया था कि उसने देखा, लड़का पीछे की ओर भागा जा रहा है। उसे फिर भी समझ में नहीं आया कि क्या हुआ। उसकी इच्छा हुई कि लड़के को आवाज़ दे कर बुला ले, लेकिन तभी उसे अपने पैरों पर बहता ख़ून नज़र आया और कमर में कुछ कराहता, कुछ डूबता-सा महसूस हुआ। मीठा-सा दर्द उठा, फिर तेज़ नश्तर-सा दर्द और वह डर के मारे बदहवास हो गया। 'ओ लोको' मार डाला! मुझे मार डाला! ओ लोको. .... एक शिथिल-सी चीख़ उसके होंटों से निकली और उसकी आँखें गली के ऊपर फैले गहरे नीले आसमान के छोटे से टुकड़े पर लग गईं। वहाँ दो तीन चीलें उड़ रही थीं।"[70] भीष्म साहनी का बयान महाकाव्यात्मक है, बूढ़े इत्रफ़रोश की मरने के समय जो भंगिमा और भावना है वह उस पागलपन के दौर का सारा इतिहास कह देती है। इस पूरी त्रासदी के शिकार लोग बिलकुल ही इसके लिए तैयार न थे, वे अचानक ही दरिंदगी से घेर लिए गए थे। मौत के समय भी उन्हें आँखों के सामने घट रहे पर विश्वास न हो रहा था। उन्हें अपनी भावनाओं तक को एडजस्ट करने का मौका न था। इत्रफ़रोश के मरने के समय उपन्यासकार का यह बयान सरल गद्य में संश्लिष्टतम कविता है—"वह कमर में लगे ज़ख़्म से इतना नहीं मर रहा था जितना

त्रास और भय से और भोले बालक द्वारा किए गए हमले से।"[71] यहाँ यह कहे बिना रहा नहीं जा सकता कि भीष्म साहनी ने विभाजन के समय जिस सच का साक्षात्कार किया था उससे हत्या व्यवसायियों ने भी हत्या की रणनीति में कुछ सबक अवश्य लिए थे। सन् 2002 के गुजरात जनसंहार में पुलिस ने उन मुस्लिम बस्तियों में जा कर लोगों को आश्वस्त किया जो कि अगले दिन दंगाई भीड़ द्वारा हत्या, आगजनी, लूटपाट और बलात्कार के हवाले की जाने वाली थीं। सन् 1947 और उसके पहले लोग ख़तरे से असावधान थे, अब उन्हें असावधान किया जाना जनसंहार की रणनीति का अंग है।

राही मासूम रज़ा का उपन्यास 'आधा गाँव' उत्तर प्रदेश के गाजीपुर जिले के शियाबहुल गंगौली गाँव की 1947 के पहले की कथा कहता है। यह उपन्यास एक स्मृति कथा है जो उन लोगों के जीवन के बारे में है जिनका अपने गाँव से नाता उतना ही गहरा था जितना देश और धर्म से। उपन्यास उस दुनिया के खो जाने का सोग़ मनाता है और फिर से जीवन की उस बहुलता और विपुलता को निर्मित करने की उम्मीद बँधाता है। यह ऐसा गाँव है जहाँ भविष्य के 'हिन्दू भारत' में मुसलमानों की असुरक्षा के तर्क पर ज़बर्दस्त बहसें चल रही हैं। लेकिन पाकिस्तान की माँग की अभिव्यक्ति और उसे राजनीतिक रूप से मान लिए जाने के बावजूद वहाँ धार्मिक तनाव नहीं है। ऐसा सिर्फ़ इसलिए नहीं है कि उपन्यास मितकथन के सौन्दर्यशास्त्र का अनुपालन करता है बल्कि इसलिए भी है कि पूरे उपन्यास का तर्क यह है कि भारत उसी तरह मुसलमानों का भी देश है जैसा अन्य सभी लोगों का। 1940 के दशक के आतंक की यहाँ अवहेलना नहीं की गई है लेकिन मज़बूती के साथ जिस सत्य को प्रस्तुत किया गया है वह यह है कि ग़रीब मुसलमानों, चमारों, नाइयों, अहीरों, राजपूतों और भंगियों के साथ-साथ शिया ज़मींदारों के लिए भी गंगौली का जीवनकाल इतना साझा और सामान्य था कि वे सभी गाँव को अपना नैसर्गिक, कालगत और पवित्र आवास मानते थे। यथार्थवाद की माँग के अनुरूप गंगौली को सिर्फ़ शांतिपूर्ण और सहिष्णु लोगों का समुदाय बना कर पेश नहीं किया गया है। गंगौली में जातिद्वेष, धार्मिक अभिमान, अजनबियों के प्रति शंका, परिवर्तन को ले कर दुश्चिंताएँ, स्थानीय दुश्मनियाँ और वफ़ादारियों का भी सच्चा बयान है। लेकिन गंगौली का कोई भी निवासी न तो ख़ुद को विस्थापित अनुभव करता है और न ही न्याय की ऐतिहासिक उम्मीद के लिए किसी और स्थान पर चले जाने की उसकी कोई तमन्ना है। फुन्नन मियाँ को जितना गर्व सैयद होने पर है उतना ही गंगौलीवासी होने पर भी। अलीगढ़ मुस्लिम युनिवर्सिटी के एक छात्र से वे देश की संकल्पना पर बहस करते हैं—

"आदाब चचा!" अनवारुलहसन राकी का लड़का फ़ारुक आ गया।

"काहे भैया, तोरे पाकिस्तान का का हाल है?"

"वह तो बन रहा है।"

"काहे ना बनिहै, भैया। तू कहि रहियो तो ज़रूर बनिये। बाकी ई गंगौली पाकिस्तान में जइहै कि हिन्दुस्तान में रइहै?"

"ई तो हिन्दुस्तान में रहेगी। पाकिस्तान में तो सूबा सरहद, पंजाब, सिंध और बंगाल होगा। और कोशिश कर रहें हम लोग कि मुस्लिम यूनिवर्सिटी भी पाकिस्तान में हो जाए।"

"गंगौली के वास्ते ना न करिहौ कोशिश?"

"गंगौली का क्या सवाल है?"

"सवाल न है त हम्में पाकिस्तान बनने या न बनने से का?"

"एक इस्लामी हुकूमत बन जाएगी।"

"कहीं इस्लामू है कि हुकूमतै बन जइए। ऐ भाई, बाप दादा की कबर हियाँ है, चौक इमामबाड़ा हियाँ है, खेत बाड़ी हियाँ है। हम कोनो बुरबक हैं कि तोरे पाकिस्तान जिंदाबाद में फँस जाएँ!"

"अंग्रेज़ों के जाने के बाद यहाँ हिन्दुओं का राज होगा!"

"हाँ हाँ त हुये बा। तू त ऐसा हिन्दू कहि रहियो जइसे हिन्दुआ सब भुकाऊँ हैं कि काट लीहयन। अरे ठाकुर कुंवरपाल सिंह त हिन्दुए रहे। झिंगुरियौ हिन्दू है। या भाई, ओ परसरमुवा हिन्दुए न है कि जब शहर में सुन्नी लोग हरमजदगी कीहन कि हम हज़रत अली का ताबूत न उठे देंगे, काहे को कि ऊ में शीआ लोग तबर्रा पढ़त हएँ त परसरमुवा ऊधम मचा दीहन कि ई ताबूत उट्ठी और ऊ ताबूत उठा। तोरे जिन्ना साहब हमारा ताबूत उठवाये न आये!"

फ़ारुक हँस दिया।

"असल में इन हिन्दुओं की सिन्सियरिटी मशकूक है।"

"का मशकूक है?"

"सिन्सियरिटी ... मेरा मतलब है कि अरे साहब वह ...यानि कि ..."

"का भाई, बाप-दादा की ज़बानो भूल गयो!"

फ़ारुक़ सिर खुजाने लगा।

"अच्छा मीर साहब, हम चल रहें।" समीउद्दीन ख़ाँ ने कहा।

"हेई ससुर पाकिस्तान के झगड़े में त हम तोहे भूल गए रहे। कहाँ जा रहियो?"[72]

फुन्नन मियाँ की वफ़ादारी इमाम हुसैन के प्रति उतनी ही है जितनी अपने गाँव गंगौली के प्रति या लाठी चलाने की कला सिखाने वाले अपने हिन्दू गुरु के प्रति। फुन्नन मियाँ ग़रीब हैं लेकिन मंदिर के लिए अपनी ज़मीन दे देते हैं और पुजारी को ख़र्चा चलाने के लिए पैसे भी देते हैं। भारत की आज़ादी की लड़ाई में अपने दोनों बेटों को खो चुके फुन्नन मियाँ उनकी शहादत को कर्बला से जोड़ते हैं जिसका सोग़

हर वर्ष मोहर्रम में वो मनाते हैं। फुन्नन मियाँ समझते हैं कि पाकिस्तान की माँग मुसलमानों के वास्तविक शोषण, दमन के फलस्वरूप नहीं बल्कि निजी स्वार्थों के लिए उठाई गई है। फुन्नन मियाँ और रज़ा के विचार और व्यवहार नागरिकता की एक ऐसी धारणा को परिभाषित करते हैं जिसके अनुसार नागरिकता किसी दूसरी ज़मीन पर ख़ुद को स्थानान्तरित करने से हासिल नहीं होती और न ही किसी धार्मिक तत्त्ववाद की शरण में जाने से, ठीक उसी तरह जैसे कि विशालकाय बरगद को बिना काटे दूसरी जगह प्रतिरोपित नहीं किया जा सकता—"विशाल वृक्ष अपनी जगह से नहीं हटते, जब तक कि उन्हें काट न डाला जाए या जब तक कि उनकी जड़ें खोखली न हो जाएं"[73] किसी संत की मजार अपनी प्रसिद्धि आस-पास रहने वाले लोगों की कई पीढ़ियों को आशीष दे कर प्राप्त करती है। गंगौली की नागरिकता किसी प्रशासनिक घोषणा या कानून की मार्फत ऊपर से थोपी नहीं गई बल्कि दैनन्दिन कार्य व्यापार, दोस्ती, बोली-बानी, पूजा-इबादत और प्रार्थनाओं में रची-बसी सहज नागरिकता है। गंगौली फुन्नन मियाँ की धरती है जिसके बारे में वे अपना सारा ज्ञान अपनी अगली पीढ़ियों को सौंप जाना चाहते हैं। उनकी तरह तमाम दूसरे लोग भी नौहा गाते हुए यह मानते हैं कि इमाम हुसैन हर साल मोहर्रम के दस दिनों में गंगौली आते हैं। गंगौली ही उनकी विरासत की एकमात्र धरती है। उपन्यास काल के तीन स्तरों पर रचा गया है। एक ओर कहानी इस्लाम के उदय के प्रारम्भिक दिनों की स्मृति से बुनी गई है तो दूसरी ओर राष्ट्रीय आंदोलन के ऐतिहासिक काल के धागों से। गंगौली के लोगों की मेहनत-मशक्कत की दैनन्दिनी का काल वह तीसरा स्तर है जिसमें कथा प्रवाहित होती रहती है। गंगौली के जीवन को बाँधने वाला केन्द्रीय कर्मकांड है मोहर्रम। उपन्यास दस अध्यायों में विभाजित है और गाँव के दस परिवारों की जीवनियों को ले कर चलता है। इमाम अली, हसन और हुसैन के अंतिम दिनों की याद, कर्बला में उनके साहस, आस्था और शहादत को हर वर्ष मोहर्रम के दस दिनों में याद करते हुए गंगौली के शिया ख़ुद को उस पवित्र दुनिया से जोड़े रहते हैं। इमामबाड़ा की मजलिस, नौहों के गाए जाने और मातम की लय में वे सांसारिक और ऐतिहासिक काल से ऊपर उठ जाते हैं। मोहर्रम के जरिए वे न केवल मुस्लिम बिरादरी के सम्बन्धों को पुनर्नवा करते हैं बल्कि दूसरों के साथ भी अपने सम्बन्धों को मज़बूत करते हैं। गंगौली का अपना कर्बला है और गाँव में किसी को हज के लिए जाने की ज़रूरत महसूस नहीं होती। यहाँ पितृभूमि और पुण्यभूमि (सावरकर की अवधारणा) में कोई भेद नहीं। गंगौली का मोहर्रम गाँव में उनकी जड़ें और गहरी करता जाता है। लेकिन विभाजन के बाद गंगौली की संस्कृति में बदलाव आ रहा है—"इधर कुछ दिनों से गंगौली में गंगौली वालों की संख्या कम होती जा रही है और सुन्नियों, शियों और हिन्दुओं की संख्या बढ़ती जा रही है।"[74] उपन्यास का ऐतिहासिक घटनाक्रम 1931 से 1952 के बीच का है। प्रादेशिक विधानसभाओं के लिए पहले चुनाव से ले कर आज़ाद भारत के पहले आम चुनाव तक उपनिवेशवाद-विरोधी राष्ट्रीय संघर्ष, अलग मुस्लिम राष्ट्र के लिए बढ़ती माँग—मुस्लिम लीग के लाहौर प्रस्ताव, सन्

1942 का भारत छोड़ो आंदोलन, बंगाल का अकाल, दूसरा विश्वयुद्ध और अंततः 1947 के आतंककारी विभाजन के राजनीतिक घटनाक्रम के टेढ़े-मेढ़े रास्तों के बीच उपन्यास की कथा राह बनाती निकलती है। उपन्यास का मूल तर्क यह है कि ऐतिहासिक घटनाक्रम चाहे जो गति और दिशा पकड़ रहा हो, भारत की सांस्कृतिक प्रक्रियाओं में मुसलमानों की महत्त्वपूर्ण भूमिका है और रही आई है। ऐतिहासिक काल का अतिक्रमण और जीवन का पुनर्पवित्रीकरण, जो मोहर्रम के माध्यम से होता है वह इस प्रक्रिया का सांस्कृतिक रूपक बनता है। बाहर से आए, पढ़े-लिखे पाकिस्तान समर्थकों की तर्क पद्धति के ख़िलाफ़ तन्नू के तर्क अकाट्य हैं—"मैं मुसलमान हूँ। लेकिन मुझे इस गाँव से मोहब्बत है। क्योंकि मैं ख़ुद यह गाँव हूँ। मैं नील के इस गोदाम, इस तालाब और इन कच्चे रास्तों से प्यार करता हूँ क्योंकि ये मेरे ही मुख़्तलिफ़ रूप हैं। मैदानेजंग में जब मौत बहुत करीब आ जाती थी तो मुझे अल्लाह ज़रूर याद आता था लेकिन मक्कए-मुअज़्ज़मा या कर्बलाए-मुअल्ला की जगह मुझे गंगौली याद आती थी और मैं यह सोच कर झल्ला जाता था और रोने लगता था कि अब शायद मैं नील के गोदाम पर बैठ कर गन्ना नहीं खा सकूँगा। और शायद अब मुझे आठवीं की मजलिस का हलवा नहीं मिलेगा। अल्लाह तो हर जगह है। फिर गंगौली और मक्का, और नील के गोदाम और काबे, और हमारे पोखरे और आबे-ज़म्ज़म में क्या फ़र्क है?"[75] 'आधा गाँव' सोच-समझ कर देवनागरी में लिखा गया है ताकि हिन्दी और उर्दू को जिस तरह देश की सांप्रदायिक राजनीति में घसीटा गया है उसका प्रतिकार हो सके। गंगौली के लोग भोजपुरी, उर्दू और हिन्दी के मिश्रण से बनी बोली बोलते हैं, हिन्दू और मुस्लिम दोनों। गंगौलीवासी अंग्रेज़ी को तो गिटिर-पिटिर मानते ही हैं, उर्दू और हिन्दी को मुस्लिम और हिन्दू अस्मिताओं से जोड़ने वाले लोगों को उनका स्पष्ट जवाब है ख़ुद उनकी अपनी मिश्रित बोली, जिसे वे इन अस्मिताओं के लिए कुर्बान नहीं कर सकते। अपनी भाषा छोड़ देना जीवन के स्रोत से कट जाना है, उन स्मृतियों से कट जाना है जो जीवन को अर्थ देती हैं। अपनी भाषा छोड़ देना मोहाजिरों की तरह रहना हुआ।

स्वातंत्र्योत्तर हिन्दी उपन्यासों ने देश के बहुस्तरीय आमूल परिवर्तनों को तो दर्ज किया ही साथ ही वे नई राष्ट्रीय अस्मिता के निर्माण में संस्कृति, राष्ट्रीयता, भावात्मक एकता, लोकतंत्र, मानवतावाद और समाजवाद के प्रश्नों को नया संयोजन देने का प्रयास करते हैं। हजारीप्रसाद द्विवेदी, अमृतलाल नागर, नरेन्द्र कोहली, वीरेन्द्र कुमार जैन, कन्हैयालाल ओझा आदि ने उपनिषद्, पुराण, इतिहास, रामकथा, महावीर जैनकथा, नैमिष आंदोलन, सिंधु नदी-घाटी सभ्यता और आर्यों-अनार्यों की युद्धकथा के बहुल स्रोतों से राष्ट्रीय अस्मिता के आख़्यान रचने की कोशिश की। दूसरी ओर इतिहास, भूगोल के बदल जाने की स्थितियों, चुनाव और लोकतंत्र, विकास के मॉडल, जनजीवन में राजनीति और नेतावाद के असर, कमरतोड़ महँगाई और बेकारी की मार, आबादी के बढ़ते बोझ और भ्रष्टाचार आदि के चित्रण में उपन्यासों के

रूपवैविध्य को अभूतपूर्व विस्तार दिया। रेणु, नागार्जुन, भैरव प्रसाद गुप्त, शिवप्रसाद सिंह, रामदरस मिश्र और जगदीश चंद्र के उपन्यास मुख्यतः ग्रामीण समाज के बदलावों और संघर्षों के आख़्यान हैं। राजनीति के ख़ास दौरों या पड़ावों पर केन्द्रित उपन्यास भी कम नहीं हैं। भगवतीचरण वर्मा का 'प्रश्न और मरीचिका' उपन्यास विवादास्पद नेहरू युग का प्रतीकात्मक अंकन करता है तो राही मासूम रज़ा ने 'कटरा बी आरजू' में आपात स्थिति के आतंक भरे जीवन की तस्वीरें पेश की हैं। जैनेन्द्र, अज्ञेय, राजेन्द्र यादव, मोहन राकेश, निर्मल वर्मा, कृष्णा सोबती आदि ने यथार्थ को अवचेतन की संश्लिष्टता से जोड़ने की कोशिश की और स्त्री-पुरुष सम्बन्धों के प्रिज्म में जीवन यथार्थ के बहुरंगेपन को दिखलाने की कोशिश की। आधुनिकता की तमाम मुद्राएँ—अनास्था, अजनबीपन, अस्वीकार, अकेलापन, व्यर्थताबोध, नगरों-महानगरों के जीवन सन्दर्भ में उभरे। गाँधीवादी दर्शन की ओर लौटने के औपन्यासिक उपक्रम भी दिखाई पड़ते हैं। लेकिन इस दर्शन के वाहक आदर्शवादी चरित्र विफल होते हैं। शिवप्रसाद सिंह की कृति 'अलग-अलग वैतरणी' का मुख्य पात्र विपिन, रामदरस मिश्र की कृति 'अपने लोग' का प्रमोद, नरेश मेहता के 'यह पथ बंधु था' का श्रीधर, रमेशचंद्र शाह के 'गोबर गणेश' का विनायक और गोविन्द मिश्र के 'हुज़ूर दरबार' का खरे ऐसे ही पात्र हैं। 80 के दशक के उत्तरार्द्ध से हिन्दी उपन्यास दलित और स्त्री स्वरों के महत्त्वपूर्ण उभार का वाहक बनता है (जिसकी विस्तृत चर्चा दूसरे अध्यायों में की जाएगी) और साथ ही साथ आज़ादी की आधी सदी के बुढ़ापे में पहचान खोते देश और लोकतंत्र की बहुविध छवियाँ और नई पहचान देने की कोशिशें इन उपन्यासों में अंकित हैं। ये भूमंडलीकरण के दौर के उपन्यास हैं और राष्ट्रीय जीवन के विखंडन के प्रति अलग-अलग प्रतिक्रियाएँ करते हैं। गाँधी के जीवन और दर्शन पर लिखा गया गिरिराज किशोर का वृहत उपन्यास 'पहला गिरमिटिया' औपनिवेशिक और उत्तर-औपनिवेशिक स्थितियों के जटिल अंतर्सम्बन्धों को गाँधी के व्यक्तित्व के माध्यम से आकार देता है और बीतती सदी में राष्ट्रीय जीवन की समस्याओं के समाधान के लिए वापस गाँधी के पुनराविष्कार को प्रस्तावित करता है। विकास के नाम पर विनाश और विस्थापन की विभीषिका वीरेन्द्र जैन के उपन्यास 'डूब' में अंकित हुई। विनोद कुमार शुक्ल के उपन्यास मुख्यतः वैकल्पिक ज्ञानमीमांसा और महसूस करने की प्रणालियों के प्रयोग हैं जिनमें महावृत्तान्तों और युगसत्यों को प्रकट करने की कोई महत्त्वाकांक्षा नहीं है; आधुनिकता के तमाम चिह्नित को परे हटा कर महज़ साधारण सादे जीवन की मंथर गति को आँकने का प्रयास दिखता है। अब्दुल बिस्मिल्लाह और असगर वजाहत के उपन्यास स्वातंत्र्योत्तर मुस्लिम जीवन का प्रामाणिक चित्र उपस्थित करते हैं। नासिरा शर्मा के कुछ उपन्यास मध्य-पूर्व और पश्चिमी एशिया के जनजीवन के संवेदनात्मक अंकन के जरिए एशियाई सभ्यताओं के अंतर्प्रवाहों की ऐतिहासिकता को निरूपित करते हैं। दूधनाथ सिंह का उपन्यास 'आख़िरी कलाम' बाबरी मस्जिद गिराए जाने की घटना को केन्द्र कर लिखा गया ऐसा उपन्यास है जो जायसी के 'ट्रेजिक विजन' का समकालीन भारतीय राजनीति पर दृष्टिपात के लिए पुनराविष्कार करता है। गीतांजलि

श्री का उपन्यास 'हमारा शहर उस बरस' समकालीन सांप्रदायिक त्रासदी पर संश्लिष्ट बौद्धिक प्रतिक्रिया करता है। श्रीप्रकाश मिश्र का उपन्यास 'जहाँ बाँस फूलते हैं' उत्तर-पूर्व के मिज़ो विद्रोहियों के जीवन के माध्यम से उत्तर-औपनिवेशिक भारतीय राष्ट्रवाद की संकटग्रस्तता का बयान करता है। हिन्दी उपन्यासों की विराट बहुलता राष्ट्र का आख्यान रचने के बिन्दु पर केन्द्रित नहीं की जा सकती। फिर भी राष्ट्रीयता के बदलते रूपों और विन्यासों को रेखांकित करने में हिन्दी उपन्यास किसी भी अन्य विधा या अनुशासन से अधिक कारगर हैं।

उत्तर-औपनिवेशिकता और उपन्यास : मनोहर श्याम जोशी के उपन्यास (सन्दर्भ : 'क्याप')

मनोहर श्याम जोशी का यों तो पूरा कथा साहित्य ही आज़ादी के बाद के भारतीय मध्यमवर्गों के सबसे संचरणशील हिस्सों के गतिविज्ञान को समझने का प्रिज्म है, किन्तु सन् 2001 में प्रकाशित उनका उपन्यास 'क्याप' सम्भवतः हिन्दी का सबसे ठेठ उत्तर-औपनिवेशिक उपन्यास है। इस उपन्यास के रचे जाने से पहले तक एक उपन्यासकार के रूप में जोशी जी का सफ़रनामा अपनी कुछ ख़ास विशेषताओं को स्थापित कर चुका था। जोशी शुरू से ही यथार्थवादी शिल्प से अपने उपन्यासों को मुक्त रखते आए हैं। उनके उपन्यास न तो समाज का दर्पण हैं और न ही दीपक क्योंकि दर्पण उसे ही प्रतिबिंबित करेगा जो कि प्रत्यक्ष है और दीपक उसे ही आलोकित करेगा जो दृश्यमान है। किन्तु जो मन के अंदर है और बाहर आने से रह गया है, भावनाओं, संस्कारों और स्मृतियों में पैबस्त है या फिर वह जिसकी जड़ें इतिहास और संस्कृति की गहराइयों में तल तक पहुँची हुई हैं उन्हें सिर्फ़ प्रतिबिंबित या आलोकित नहीं किया जा सकता बल्कि प्राथमिक तौर पर उनका उत्खनन ज़रूरी है। जोशी जी के उपन्यास पाठक को बाहर की दुनिया में सीधे नहीं ले जाते (हालांकि पाठक की पाठ से बाहर अवस्थिति के कारण वह इससे बच नहीं सकता) बल्कि कथा की अपनी दुनिया की ओर खींचते हैं। इन उपन्यासों की अंतर्वस्तु इस प्रकार नियोजित है कि वह अपनी किसी भी विशेषता (सत्यता, वैधता, रोचकता, मूल्यवत्ता आदि) के लिए यथार्थ के सादृश्य पर निर्भर नहीं है। कथा की संरचना ही उसकी अंतर्वस्तु है। यह संरचना ही पाठक को लगातार अपनी ओर खींचे रहती है और वह कथा के स्थापत्य में ही खो जाता है। 'हमज़ाद' जैसे उपन्यास में कथा प्याज की पर्तों की तरह उतरती चली जाती है। हर पर्त के नीचे कोई और पर्त है किन्तु अंत में कोई ऐसी गुठली नहीं जिस तक पहुँचने के लिए पर्तें उतारी जा रही हैं। उत्तर-संरचनावाद और उत्तर-आधुनिकता दोनों की अर्थ मीमांसा में आधार, भित्ति या सारतत्त्व का अंतहीन विखंडन होता है। सुनिश्चित अर्थ, या विमर्शों के बाहर किसी स्थिर यथार्थ की यहाँ कोई गुंजाइश ही नहीं है। यों जोशी जी ने बहुधा उपन्यासों के भीतर ही नये-[illegible] साहित्यिक या ज्ञानात्मक वादों के प्रति अपनी चिढ़ जाहिर की है लेकिन इ[illegible] उन[illegible]

कथा-कौशल या युक्ति का हिस्सा समझा जाए तो कुछ ग़लत न होगा। अर्थ-प्रक्रिया की अनिश्चयता का उत्सव हैं उनके उपन्यास। वे अच्छी तरह जानते हैं कि किसी भी ज्ञान-सिद्धांत के प्रति सजगता पाठक को उस अर्थ की अनिश्चितता और हैरानी से महरूम कर देगी जो कि उपन्यास का कथ्य और शिल्प दोनों ही हैं। हिन्दी में जोशी के उपन्यासों में पहली बार कथा साहित्य की वह विशेषता प्रकट होती है जिसे सेल्फ़-रिफ़लेक्सिविटी कहते हैं। जोशी उपन्यास के भीतर ही पाठक को पाठ की रणनीतियाँ बताते चलते हैं, कुछ-कुछ वैसे ही जैसे शतरंज के पुराने खिलाड़ी प्रतिद्वंदी को पूरे आत्मविश्वास के साथ अपनी अगली चाल के प्रति आग़ाह करते चलते हैं। जोशी शुरू से ही लेखन की सोद्देश्यता के ख़िलाफ़ हैं। मूल्य के स्तर पर ही नहीं बल्कि तकनीक के स्तर पर भी उनके उपन्यासों में किसी उद्देश्य की ओर बढ़ती तर्क श्रृंखला में घटनाओं का विन्यास नहीं मिलता। घटनाएँ, पात्र और परिवेश किसी एक रेखा में नहीं बल्कि अनेक दिशाओं में बढ़ते जाते हैं। इनका बढ़ना भी किसी ख़ास गति-लय में नहीं होता। सकेन्द्रक वृत्तों की श्रृंखला या आवर्ती लय उनके पात्रों, घटनाओं और परिवेश की गतिकी का मॉडल नहीं हैं। देश-काल उनके उपन्यासों में समतल नहीं है। बहुधा उनके उपन्यासों में घटनाएँ और पात्र देश-काल के अलग-अलग संस्तरों पर सक्रिय रहते हैं किन्तु वर्णन उन्हें समकालिक बना देता है। जोशी कैरीकेचर, खिंचाई करने और खिलंदड़ेपन के माहिर हैं। ये वो युक्तियाँ हैं जिनसे वे जीवन की तुच्छता, निरूद्देश्यता और बिखराव को किसी तर्कसम्मत और सोद्देश्य ढाँचे में बँधने नहीं देते। 'कसप' उनके आरम्भिक उपन्यासों में से है जिसके पहले ही पृष्ठ पर वे घोषित कर देते हैं कि वे ऐसी किसी भी कथा में विश्वास नहीं करते जिसे ये या वो करना है। जीवन और कथा दोनों में ही किसी चरम उद्देश्य (टेलॉस) की ओर बढ़ना उन्हें स्वीकार्य नहीं! पवित्रता की सारी धारणाओं और मानकों को ध्वस्त करना जोशी के कथाकार के लिए किसी कार्यभार की तरह है। टट्टी, पेशाब, ख़ून, बलगम या दुर्गंध का वर्णन कुछ भी उनके लिए त्याज्य नहीं है। सेक्स के मामले में विक्टोरियाई पाखंड, जीवन की हज़ारहां नीचताओं और तुच्छताओं को वे निरावेग और अनायास ढंग से प्रस्तुत करते हैं। इस प्रस्तुति में न कोई महत उद्देश्य है और न आदर्श की आड़। जीवन की अधमता, वह कितना नीचे गिर सकता है, इसके बयान में वे बेजोड़ हैं। 'हमज़ाद' उपन्यास तो मानवीय अधमता का रूपक ही है, जिसे किसी भी आदर्श से प्रतिसंतुलित नहीं किया गया। 'हमज़ाद' उपन्यास के मुख्य पात्र आज तक के हिन्दी उपन्यासों में अधमतम हैं। 'हमज़ाद' जोशी जी ने उर्दू में लिखी, लिपि भले ही देवनागरी रखी। महावीर प्रसाद द्विवेदी द्वारा मानकीकृत हिन्दी में निहित पवित्रता और नैतिकता के संस्कार इतनी नीचता और अधमपन को वहन ही नहीं कर सकते थे। उर्दू के प्रगतिशील रचनाकारों. मंटो, बेदी, इस्मत चुग़ताई आदि से विरासत में मिली एक भाषा ही जोशी के कथ्य का वहन करने में सक्षम थी। जोशी उस मध्यम वर्ग के कथाकार हैं जो उत्तर-औपनिवेशिक भारत में फैलता गया है। वे उसकी भाव संरचनाओं और उसके सामाजिक विस्थापन के बड़े कथाकार हैं। मध्यमवर्ग कोई एक

वर्ग नहीं है, वह तमाम जातीय, क्षेत्रीय समुदायों तथा ऊँचे-नीचे संस्तरों में विभाजित और सतत् संक्रमणशील वर्ग है। एक स्तर से दूसरे स्तर में दाख़िल होने पर भावनाओं के संसार में क्या कुछ होता है, सम्बन्धों में क्या फ़र्क आते हैं, नज़रिए कैसे बदलते हैं, मानसिक जगत की अंतर्वर्गीयता किन-किन व्यवहारों में औचक प्रकट होती है और किस तरह की विडंबनाओं का सृजन करती है, इस पर जोशी की पकड़ बहुत मज़बूत है। शायद इसी कारण वे हिन्दी का पहला टेलीविजन सोप ऑपेरा 'हम लोग' प्रस्तुत कर सके। जोशी भाषा में ही सामाजिकता को उत्कीर्ण पाते हैं। मध्यमवर्गों की विराट विविधता और सतत् फैलाव ने हिन्दी भाषा के कितने मिश्रित रूप बना डाले हैं, जो कि उसकी पारम्परिक बोलियों से सर्वथा अलग हैं, उन्हें जोशी जी के उपन्यासों में देखा जा सकता है। बंबइया हिन्दी, मारवाड़ियों की हिन्दी, हिंगलिश, पहाड़ियों और पंजाबियों की हिन्दी, पहाड़ी मेट्रो और पहाड़ी कस्बे की हिन्दी के बीच का फ़र्क पूरी बारीकी के साथ जोशी के कथा साहित्य में उभरता है। जोशी के उपन्यासों की अपकेन्द्री भंगिमा के बावजूद उनके कथाकार व्यक्तित्व का एक छिपा हुआ केन्द्र भी अवश्य है—वह है कुमाऊँनी परिवार। पीढ़ी दर पीढ़ी चलने वाली किस्सागोई जिसमें उनकी कुमाऊँनी जाति अपनी हँसी, अपने सपने और दुःख-दर्दों को मिथकों की तरह सुरक्षित रखती है, जोशी के कथाकार की छिपी हुई भित्ति है। मनीऑर्डर इकॉनॉमी पर पलते कुमाऊँ के सूने गाँव और पूरे भारत और यहाँ तक कि विदेशों में छींट दिए गए उसके प्रवासियों का जीवन ही वह कड़ी है जिसे पकड़ कर जोशी भारत के बहुरंगी मध्यमवर्गों के उत्थान-पतन और जटिल भाव संरचनाओं के रूप गढ़ते हैं। कई बार कहानियों के बीच में उन्होंने कठिन परिस्थितियों में जीवन को भरने और जीने योग्य बनाने में कथा की भूमिका को व्याख्यायित किया है। कहने-सुनने के क्रम में एक ही कथा बदल-बदल जाती है और उसमें हैरानी का तत्त्व पैदा होता है। जोशी की कथाओं को मानें तो कहानी वहाँ होती है जहाँ वह हैरान रहती है। उनके एक उपन्यास का शीर्षक ही है 'हरिया हरक्यूलीज़ की हैरानी' (1999)। जोशी के उपन्यासों में न केवल जीवन सतत् विभाजन में ही अर्थ ग्रहण करता है, बल्कि व्यक्तित्व भी। जैसे कथा के कई पाठ हैं वैसे ही कथावाचक के कई रूप। सिजोफ्रेनिया या व्यक्तित्व का विभाजन जो आधुनिकता के विमर्श में अपवाद था, वह उत्तर आधुनिक स्थितियों और विमर्शों का सामान्य अभिलक्षण है। 'कसप' को छोड़ कर उनके सारे ही उपन्यासों में एक व्यक्ति में कई व्यक्तियों की युक्ति मिलती है। आर.एल. स्टीवेंसन के उपन्यास 'डॉक्टर जैकेल एंड मिस्टर हाइड' में विभाजित व्यक्तित्व की जिस धारणा का उदय हुआ था, उसका कथा-युक्ति के रूप में ज़बर्दस्त विकास हुआ। हाल-हाल तक मैट्रिक्स और हैरी पॉटर जैसी कथा-सृष्टियों में इसके जटिलतर होते रूपों को देखा जा सकता है। जोशी जी ने इस धारणा के अनेक प्रयोग किए हैं। कभी एक व्यक्ति के तीन रूप बनाए जैसे कि 'कुरू कुरू स्वाहा' में, तो कभी एक व्यक्ति का दूसरे व्यक्ति का उपनिवेश बन जाने की परिघटना को उभारा (हमज़ाद) या फिर एक काल्पनिक और अनुपस्थित प्रतिरूप की सृष्टि की (हरिया हरक्युलीज़ की हैरानी)।

पारम्परिक भाषा विज्ञान में भाषा का प्राथमिक प्रकार्य था वस्तु को नाम देना। संरचनावाद और उत्तर संरचनावाद ने क्रमशः भाषा को प्रतीक विधान और सतत् विभेदन की अर्थ प्रक्रिया के संचारतंत्र की तरह परिभाषित किया। इस भाषा-चिंतन ने कथाभाषा और कथारूप को यथार्थवाद से पूरी तरह मुक्त कर दिया। कथा में नाम देने या नामकरण की क्रिया ही बदल गई। अब कोई यह नहीं पूछ सकता कि नाम में क्या रखा है? जोशी जी के उपन्यासों में जैसे एक आदमी में कई आदमी होते हैं वैसे ही एक व्यक्ति के कई नाम होते हैं। बल्कि यों कहें कि नामकरण के जरिए ही अनेक खंडों में विभाजित मल्टिपिल व्यक्तित्व की पहचान हो पाती है। नाम ही विखंडित व्यक्तित्व को जोड़ने का काम करता है। जोशी जी के उपन्यासों में ध्वनि, प्रचलन और व्यंग्य सबका उपयोग नामकरण के इस प्रकार्य में होता चलता है। ये नाम सिर्फ़ पहचान का फंक्शन पूरा नहीं करते बल्कि चरित्रों की मिश्रितता या हाइब्रिडिटी तथा उसका विकासक्रम भी द्योतित करते हैं। उदाहरण के लिए 'हरिया हरक्यूलीज़' अथवा 'टटा प्रोफेसर षष्ठी वल्लभ शास्त्री' ये नाम महज़ पहचान नहीं हैं बल्कि चरित्रांकन हैं और सांस्कृतिक आशयों को भी व्यक्त करते हैं। सांकेतिक अर्थप्रक्रिया के लिए नामकरण के उपयोग के उस्ताद हैं सलमान रुश्दी। 'शेम' शीर्षक उपन्यास में 'इस्कन्दर हड़प्पा' या 'आरजूमंद हड़प्पा' जैसे नाम पाकिस्तान जैसे देश की समस्याग्रस्त ऐतिहासिकता का प्रतीकन करते हैं। सन् 47 में एक धार्मिक समुदाय के नाम पर बना देश ख़ुद को ऐतिहासिक तौर पर कैसे परिभाषित करे? एक ऐसा भूखंड जिस पर हड़प्पा और मोहनजोदड़ो की प्राचीनतम सभ्यताओं ने जन्म लिया, उसका इतिहास कहाँ से शुरू माना जाए—हड़प्पा से या सन् 47 से? 'इस्कंदर हड़प्पा' जैसे नामकरण एक आधुनिक राष्ट्र के बतौर पाकिस्तान के वजूद की प्रामाणिकता को ही प्रश्नांकित करते हैं। इन नामों का उपन्यास में बार-बार दोहराया जाना एक विवादी अनुगूँज रचता है जो सन् 47 में अस्तित्व में आए एक मुस्लिम राष्ट्र के बतौर पाकिस्तान की पहचान को उसके लंबे अतीत के सम्मुख छोटा बनाता है। रुश्दी के इसी उपन्यास में एक स्थान का नाम 'मोहनजो' है, जो मोहनजोदड़ो की ध्वनि लिए हुए है। रुश्दी कभी-कभी वैकल्पिक नामकरण के बतौर एक पूरा जुमला ही ले आते हैं। उदाहरण के लिए आरजूमंद हड़प्पा (जो कि बेनजीर भुट्टो का कैरीकेचर मालूम देती है) के विकल्प में 'लौह चड्ढ़ी वाली हसीना'। नामकरण कितने ही ऐसे सामाजिक, ऐतिहासिक और सांस्कृतिक आशयों का संकेतन करता है, जिसका उपयोग आज के समर्थ उपन्यासकार करते दिखाई देते हैं। हालांकि नामकरण के इस उपयोग की परम्परा काफ़ी पहले से चली आ रही है। अमरीकी अश्वेत लेखक रॉल्फ़ वाल्डो एलिसन (1914-1994) के मशहूर उपन्यास 'इनविज़िबिल मैन' (1952) एक नामहीन चरित्र के अस्तित्व की यात्रा बयान करता है। यह नामहीनता अमरीका में अश्वेत व्यक्ति के सामाजिक अस्तित्व का रूपक है। 'क्याप' (2001) उपन्यास में हैरिसन का हरी सिंह और उसके बेटों सैमुअल और मैनुअल का क्रमशः श्याम सिंह और मानसिंह जैसा नामकरण सिर्फ़ अनुप्रास से हास्य पैदा करने की कोशिश नहीं

बल्कि औपनिवेशिक प्रक्रिया का प्रतीकन है। कथावाचक की मृत प्रेमिका का नाम उत्तरा है। जिस नये प्रान्त के लिए कथानायक आंदोलन करता है उसका नाम भी उत्तरा ही प्रस्तावित करता है। किसी भी सामान्य पाठक को प्रेमिका और प्रान्त के नाम की समानता में उत्तराखंड के प्रति कथानायक की भावना के प्रतीकन में शायद ही कोई ग़फ़लत हो। सीधे-सादे दलित जाति के कम्युनिस्ट खीमराम का भतीजा कथानायक है और उसका भतीजा है खुदीराम, जो चाचा-भतीजे की वंशरेखा की ईमानदारी निभाता है। खुदीराम माफ़िया युद्ध में मारा जाता है। 'खुदीराम' नाम युवा आदर्शवाद की स्मृति और नियति दोनों को प्रतीकित करता है। आज़ादी के लिए शहीद हुए खुदीराम बोस और आज़ादी के बाद माफ़ियाओं के हाथ मारे जाने वाले खुदीराम के बीच सम्बन्ध का वाचक यह नाम ही है।

'क्याप' उपन्यास का पहला वाक्य है—"अफ़सोस कि ये कहानी पहले लिखी जा चुकी है।"[76] चूंकि कथावाचक अपने मित्र कूर्मांचली, जिसे कथावाचक ने यह घटना सुनाई थी, द्वारा कहानी के रूप में प्रस्तुत घटना के पाठ से असंतुष्ट है अतः उसे लगता कि उसमें सुधार अपेक्षित है। घटना है बहुचर्चित 'रहस्यमय ढिणमिणाण भैरव कांड'। कथावाचक का कहना है—"अगर कहानी के शीर्षक से मुझे खीझ हुई तो उसकी शैली से मैं तिलमिला उठा। अरे आप मुझे दारू पिला कर जो कुछ सुन ले गए हैं उसे सीधे-सीधे ढंग से और साफ़-साफ़ शब्दों में लिखिए ना। मगर नहीं—कूर्मांचली तो उत्तर-आधुनिक है।"[77] कथावाचक उत्तर-आधुनिकता से ले कर जादुई यथार्थवाद तक जो भी फ़ैशनेबल सिद्धांत या कथा युक्तियाँ हैं उनके हिसाब से कहानी गढ़ने पर लानत भेजता है। कथावाचक ख़ुद को यथार्थवादी ही कहता है— "यथार्थ में विस्मयकारी के अर्थ में जादुई-वादुई कुछ होता है तो यही कि वह आगे-पीछे की तमाम अन्य कहानियों से जुड़ा हुआ होता है और उन सब की एक साथ जानकारी किसी को भी नहीं हो पाती।"[78] बहरहाल घटना यह है कि हिमालयवर्ती जिले वाल्मीकि नगर (कस्तूरीकोट) के फस्कियाधार नामक चोटी के रास्ते में स्थित "ढिणमिणाण यानी लुढ़कते मंदिर के पास एक-दूसरे की जान के प्यासे पुलिस डीआईजी मेधातिथि जोशी और माफ़िया सरगना हरध्यानु बाटलागी की लाशें पड़ी मिलीं। दोनों के ही सीने पर उल्टियों के अवशेष थे। पहला रहस्य यह कि वे दोनों वहाँ क्या कर रहे थे? ..... उल्टियों के अवशेष और आँतों में पड़े भोजन के विश्लेषण से भी किसी विष की उपस्थिति के संकेत नहीं मिले। कोई शराब को ही विष कहता हो तो अलग बात है। .... और सबसे बड़ा रहस्य यह कि ये दो जानी दुश्मन, जो एक अरसे से एक दूसरे को मारने की कोशिश में लगे हुए थे, इकट्ठा कैसे मर गए?"[79] इसी रहस्य को उद्घाटित करने के लिए 'क्याप' की कथा शुरू होती है।

'क्याप' उपन्यास एक रूपक-कथा (एलेगरी) है। जेम्सन तीसरी दुनिया के साहित्यों को जब राष्ट्रीय रूपक के बतौर चिह्नित करते हैं तो वे एक पाठ सिद्धांत या

पढ़त प्रक्रिया प्रस्तावित करते हैं। लेकिन 'क्याप' अपनी संरचना में ही औपनिवेशिकता की रूपक-कथा है। कोई पाठ सिद्धांत उस पर रूपकात्मकता आरोपित नहीं करता। एक रूपक-कथा उसे कहते हैं, जिसके संघटक तत्त्व एक कहीं वृहत्तर कथा का संकेतन करते हैं यानी जिसे समझे जाने के लिए किसी और बड़ी कहानी में प्रवेश करना होता है। 'क्याप' की कहानी एक वृहत्तर आख्यान (उपनिवेशवाद) की संकेतक है। कथा के तमाम तत्त्व एक वृहत्तर आख्यान की पुनर्रचना की माँग करते हैं। उपन्यास एक कोड है जिसके जरिए यह वृहत्तर आख्यान खुलता है। यह रूपकात्मक उपन्यास भारत में औपनिवेशिक और उत्तर-औपनिवेशिक प्रक्रियाओं के उपनिवेशवादी, राष्ट्रवादी और मार्क्सवादी विमर्शों का विखंडन करता है। उपनिवेशवादियों ने दुनिया का नक्शा ही नहीं बनाया बल्कि अपने बनाए गए नक्शे के अनुरूप देशों, संस्कृतियों और लोगों को ढाल दिया। वर्चस्व व आधिपत्य के ये आख्यान या नक्शे यथार्थ पर आधारित नहीं होते बल्कि यथार्थ का उत्पादन करते हैं। फूको का प्रसिद्ध सत्ता-ज्ञान समीकरण यथार्थ को आख्यान से पहले या पूर्वनिश्चित मान कर नहीं चलता बल्कि यथार्थ विमर्श या आख्यान का उत्पादन है। 'क्याप' में अंग्रेज़ पादरी हैरीसन द्वारा कस्तूरीकोट का राजा बनना पहले कहानी में घटित होता है, बाद में यथार्थ बनता है—''तो पहली रात पंडित दिवाकर जोशी ने फस्कियाधार वासियों को अपनी कल्पना के नवीनतम उपहार के रूप में एक कहानी सुनाई, जिसके अनुसार, 'अनेकानेक जन्मों पहले हैरीसन हम लोगों का राजा था और उसका नाम था हरी सिंह। हल्ली तब भी थी और ऐसी ही मानिनी भी थी। राजा इसके प्रेम में पड़ कर कस्तूरीकोट से फस्कियाधार आ गया और फस्कियाधार को ही उसने राजधानी घोषित कर दिया। वह हल्ली से शादी करके यहाँ रहने लगा लेकिन उस बेचारे को यहाँ की ठंड बर्दाश्त नहीं हुई। वह रोज हल्ली से कहता रहा कि कस्तूरी कोट चलो' ...''[४०]

कस्तूरी कोट में हैरीसन का आना और कस्तूरी कोट का शासक बन जाना भारत में औपनिवेशिक शासन की ख़ास प्रक्रिया का रूपक है। 'क्याप' उपन्यास औपनिवेशिक अनुभव की अन्योन्यक्रिया और द्वंद्वात्मक प्रभावों का पाठ है। उपनिवेशक और उपनिवेशित के शक्ति-सम्बन्ध विषम हैं और सांस्कृतिक मुठभेड़ की प्रक्रिया जटिल है। उपनिवेशवादी विमर्शों में उपनिवेशक ही उपनिवेशित को आविष्कृत करता है, खोज निकालने वाला ही खोजी गई वस्तु को मूल्य प्रदान करता है, सर्वेक्षणकर्ता ही सर्वेक्षण में प्राप्त वस्तु की पहचान कराता है। 'क्याप' उपन्यास उपनिवेशक और उपनिवेशित के परस्पर अपवर्जी द्वैत (बाइनरी) का प्रत्याख्यान करता है। 1842 में अफ़ग़ान युद्ध में पराजित ग़ोरी सेना का पादरी हैरीसन जो अब बन्दूक की जगह बाइबिल के भरोसे 'सभ्यता का प्रसार' करने निकला है, मसीही धर्मप्रचार के प्रयास के दौरान रावलपिंडी में पठानों के हाथ पिटने के बाद कस्तूरीकोट में भाग्य आजमाने पहुँचा। वहाँ के हिन्दू राजा को बन्दूक भेंट करके चर्च के लिए थोड़ी-सी जगह की फ़रियाद करता है—''इस बड़ी उपलब्धि के लिए सैण्डहर्स्ट ने बाद में

हैरीसन को शाबाशी दी और कहा कि अब तुम चर्च बनाने के काम में भी जी जान से जुट जाओ। किन्तु हैरीसन बेचारे का जी और जान दोनों ही हल्ली के चीकट सौन्दर्य में उलझे पड़े थे जिसे वह ख़ुशबूदार साबुन से धोना चाहता था। उसे इस सूचना ने और अधिक व्यग्र कर डाला था कि फस्कियाधार वालों की टोली चंद ही दिनों में यहाँ से अपने घर लौट जाएगी। तो वह चर्च के लिए ज़मीन लेने, नक्शानवीश और ठेकेदार बुलवाने की जगह हल्ली को देखने का सुख प्राप्त करने के लिए फस्कियाधार से आई टोली के इर्द-गिर्द मँडराता रहा।"[81] फस्कियाधार की नर्तकी हल्ली के रूप सौन्दर्य की गिरफ़्त मसीही मिशन पर भारी पड़ती है। सभ्यता का प्रसारक असभ्य सौन्दर्य से पराभूत होता है।

राष्ट्रवादी विमर्श भी उपनिवेशक और उपनिवेशित के परस्पर अपवर्जी द्वैत के ही सहारे औपनिवेशिक आधिपत्य की स्थापना में देशी तत्त्वों के सहयोग पर चुप्पी साध लेता है। इतिहास में बदनाम जगत सेठ या मीर जाफ़र जैसे कुछ गद्दारों को अपवादस्वरूप चित्रित कर राष्ट्रवादी विमर्श उस पूरी औपनिवेशिक प्रक्रिया पर पर्दा डालता है जो बग़ैर देशी या स्थानीय सहयोग के प्रचालित नहीं होती। नाड़ी देख कर भविष्य बताने वाले पंडित दिवाकर ज्यू हैरीसन को हल्ली से ले कर राजपाट तक सब कुछ प्राप्त कराते हैं। लेकिन यहाँ भी कोई एक तरफ़ा प्रक्रिया नहीं चलती। दिवाकर ज्यू की कथा में हैरीसन को हरी सिंह बनना पड़ता है। इस आख्यान में औपनिवेशिक इतिहास की उस जटिलता को बुना गया है जिसमें दलाल और बिचौलियों की सहानुभूतियाँ भी दुविधाग्रस्त हैं। उपनिवेशक जिन बिचौलियों की मार्फत आधिपत्य जमाता और मालामाल होता है, उन्हीं के जरिए वो उपनिवेशितों की संस्कृति में एक हद तक ढाला भी जाता है - "हैरीसन ने राजा साहब के प्रति अपना वायदा पूरी तरह निभाया लेकिन सैण्डहर्स्ट के प्रति थोड़ी धोखाधड़ी वह इस अर्थ में कर गया कि उसने फस्कियाधार वालों को ईसाई नहीं बनाया। शुरू में उसने कोशिश ज़रूर की और यह कोशिश हल्ली से ही शुरू की लेकिन हल्ली, जो स्नान न करने के धर्म से स्नान करते रहने के धर्म में ही बहुत मुश्किल से परिवर्तित हो पाई थी, हल्ली से हैलेन में परिवर्तित होने के लिए किसी भाव राजी नहीं हुई। उधर दिवाकर ज्यू ने भी हैरीसन को समझाया कि जब मेरी कल्पनाशीलता की कृपा से हल्ली को आप जन्म-जन्मान्तर के साथी और देवी तथा भैरव के भक्त हरी सिंह के रूप में स्वीकार्य हुए हैं, तब क्यों अपने को ईसा का अनुयायी हैरीसन बता कर सारा गुड़ गोबर करना चाहते हैं? इसलिए हैरीसन ने हल्ली को हैलेन बनाने की बात भुला कर स्वयं को हरी सिंह बना लेना ही बेहतर समझा। हरी सिंह के रूप में वह न केवल फस्कियाधार वालों का दामाद बन सका बल्कि एक तरह से उनका राजा भी बन गया।"[82]

एक तरफ़ तो औपनिवेशिक आधिपत्य की स्थापना में देशी तत्त्वों की सहापराधिता है, तो दूसरी ओर उपनिवेशवादियों द्वारा उपनिवेशितों की संस्कृति को अपनाना। 18वीं सदी के अंत में दिल्ली आ कर बसे ईस्ट इण्डिया कम्पनी के अधिकारियों की

पहली खेप मुग़ल दरबार की उच्च संस्कृति से काफ़ी प्रभावित हो चली थी। फ़िरंगी मुग़लों की एक अलग जमात ही बन गई थी। सर डेविड ऑक्टरलोनी जैसे अधिकारियों के खान-पान, पहनावे-ओढ़ावे और मनोरंजन के भारतीय रंग में रँग जाने के प्रमाण उस दौर के लघुचित्रों में मिलते हैं। भारत में ब्रिटिश कमांडर-इन-चीफ़ की पत्नी लेडी मारिया न्यूजेट का अपने दिल्ली दौरे के दौरान गार्डनर और फ्रेज़र नाम के ऐसे अधिकारियों से साबका पड़ा जो न तो गोमांस खाते थे और न सुअर का माँस। लेडी ने उन्हें जितना क्रिश्चियन उतना ही हिन्दू पाया। दरअसल 'गोइंग नेटिव' अंग्रेज़ी में एक मुहावरा ही है। क्या हैरीसन इसी तरह फस्कियाधार वालों की संस्कृति के रंग में रँग गया? जोशी जी ने हैरीसन के नेटिव बनने की प्रक्रिया को उसकी सहृदयता से नहीं बल्कि लोलुपता से जोड़ा है। अनेक लोग प्राचीन भारतीय सभ्यता की महानता से प्रभावित मैक्समूलर से ले कर विलयम जोंस और हेस्टिंग्स जैसे विद्वानों और शासकों तथा भारतीयों को हेय दृष्टि से देखने वाले मिल और मैकाले जैसे उपनिवेशवादियों के बीच फ़र्क करते दिखाई देते हैं। ऐसे लोगों में निर्मल वर्मा से ले कर हाल ही में 'द लास्ट मुग़ल' के लेखक विलियम डैलरिम्पल तक आते हैं। क्या दोनों विमर्श वास्तव में अलग-अलग हैं? हम इस प्रबन्ध के पिछले अध्यायों में इन दोनों विमर्शों (भारत के अतीत की महानता और भारतीयों का असभ्य और स्वशासन के अयोग्य होने) की अन्योन्याश्रितता का जायज़ा ले चुके हैं। हैरीसन का हल्ली के प्रति आकर्षण और उसके लिए ख़ुद हरीसिंह बन जाना किस कोटि में आता है? जब प्राच्यवादी प्राचीन भारत की भावप्रवण, कल्पनाप्रिय, ग्रहणशील, रहस्यमय स्त्रीछवि गढ़ रहे थे और उसे पश्चिम के बुद्धिवादी, तर्क-कर्कश, आक्रामक, पौरुष के विलोम के रूप में प्रस्तावित कर रहे थे, तब क्या वे जाने-अनजाने एक ऐसा विमर्श नहीं रच रहे थे, जो कि औपनिवेशिक आधिपत्य के अनुकूल था? रॉबर्ट जे.सी. यंग ने प्रस्तावित किया है कि औपनिवेशिक आधिपत्य के विमर्शों में लैंगिकता (सेक्सुएलिटी) आरम्भ से ही परिव्याप्त रही। यह औपनिवेशिक वासना (कोलोनियल डिज़ायर) का विमर्श है जिसमें उपनिवेश बनाया जाना बलात् संगमन, लिंग प्रवेश और गर्भधारण कराने की कल्पनाओं में व्यक्त होता है।[83] पूरब रूपी सुंदरी के सम्मोहक सौन्दर्य के प्रति दुर्दम्य प्राच्यवादी आकर्षण एक रत्यात्मक कल्पना ही है। उसका औपनिवेशिक वासना के विमर्श से गहरा सम्बन्ध है। पवित्रता के घेरे में लिपटी यह रत्यात्मक कल्पना बाद के उस उद्दंड उपनिवेशवादी विमर्श की पूर्वज है जो लैंगिक अतिचार, जातीय सम्मिश्रण के प्रति मनोग्रस्ति तथा अंतःनस्लीय सेक्स की फ़ंतासियों में व्यक्त होता है। हैरीसन हल्ली प्रकरण कोलोनियल डिज़ायर का ही रूपक है। उदय प्रकाश की लंबी कहानी 'वारेन हेस्टिंग्स का साँड़' भी इस 'कोलोनियल डिज़ायर' का रूपक उपस्थित करती है।

हैरीसन द्वारा औपनिवेशिक आधिपत्य को जिन रूपों में स्थापित किया गया वह उपनिवेशितों की सहमति प्राप्त करने की प्रक्रिया का रूपक है—"राजा हरी सिंह की

सम्पन्नता की गंगा से ब्राह्मणों को कई-कई बाल्टी पानी मिल सका तो कुछ बूँदें शेष प्रजा को भी मिलीं। यही नहीं, हैरीसन ने अपनी धन-दौलत के साथ-साथ विलायत का ज्ञान भी इस इलाके के लोगों में बाँटने की बराबर कोशिश की। उसने एक प्राइमरी स्कूल खोला जो जाड़ों में ह्यूपानी घाट में लगा करता था ...... मंगितू ने इस इलाके की वन-सम्पदा का सर्वेक्षण करने में हैरीसन की बहुत मदद की थी और हैरीसन से जितना उसने सीखा था, उतना ही उसे सिखाया भी था..... बताते हैं कि जब देवदारु का वह घना वन लगभग कट गया, कस्तूरी मृग और मुनाल पक्षी लगभग सारे मारे गए तब हैरीसन को यह भय सताने लगा कि मैं दिल में यह अफ़सोस ले कर मरूँगा कि अपनी औलाद के लिए और औलाद जैसी ही प्रजा के लिए आमदनी का कोई जरिया छोड़ कर नहीं जा रहा हूँ। तो उसने बुढ़ापे में खनिजों का व्यापक सर्वेक्षण ख़ुद किया और यहाँ की जड़ी-बूटियों का मंगितूराम की मदद से। आख़िरी बार ख़ाट पकड़ लेने से पहले वह यहाँ से तरह-तरह की वनस्पतिजन्य दवाएँ थोक में निर्यात करने की और मैग्नेसाइट, स्लेट, अबरक, खड़िया वग़ैरह की खानें खोलने की योजनाएँ लगभग बना चुका था।''[84] यह पूरा वृत्तांत औपनिवेशिक प्रक्रिया की संश्लिष्टता का जैसा संघनित बयान करता है वह इतिहास और समाजशास्त्र की भाषा में सम्भव नहीं। इस बयान में वह लोच है जो तथ्य और विश्लेषण की भाषा से अनछुए रह गए पहलुओं को आख्यान की सहजता में बाँध लेता है—''हैरीसन अपनी दी हुई ख़ुशहाली ही नहीं, अपना किया हुआ विकास भी अपने साथ ही ले गया। ..... दिवाकर ज्यू ने हैरीसन का खोला स्कूल बन्द करवा दिया ताकि मंगितू की मास्टरी ख़त्म हो। स्कूल को प्राइमरी से मिडिल बनाने के लिए हैरीसन जो पैसा छोड़ गया था उसे भी उन्होंने लूट लिया। .... हैरीसन के आने से पहले लोग जानते ही नहीं थे कि ख़ुशहाली किस चिड़िया का नाम है और संसार में भोग-विलास के लिए क्या कुछ मौजूद है? उदाहरण के लिए नशे के नाम पर फस्कियाधार वाले जंगली उगने वाले भाँग-गाँजे का ही उपयोग करते आए थे, जिससे अभावपूर्ति कर देने वाली उनकी कल्पनाशीलता को अतिरिक्त बल मिला करता था। हैरीसन ने विलायती ढंग की शराब का चलन करा दिया जिससे उनके भीतर आक्रामक-सी आकांक्षाएँ जागने लगीं। हैरीसन के आने से पहले वे निर्धन ही थे। हैरीसन के चले जाने के बाद वे दरिद्र भी हो गए।''[85] जोशी जी न केवल औपनिवेशिक भौतिक प्रक्रिया बल्कि उसकी चेतनागत प्रक्रिया का भी आख्यान रचते हैं, ''हैरीसन ने हमारे मन में इतना दुर्दम असन्तोष और इतनी उत्कट अभिलाषा जगा दी, इतना योजनाविश्वासी बना दिया हमें कि उसके उठ जाने के बाद हमें हर कहीं निराशा ही निराशा हाथ लगने लगी। ...... हैरीसन ने हमारे स्वर्ग को हमारी कल्पनाओं से निकाल कर हमारी योजनाओं में क्या ला बिठाया, हमें हमेशा के लिए जीते जी नर्क भोगने के लिए अभिशप्त कर दिया। हैरीसन हमसे हमारी नादानी बहुत हद तक छीन ले गया लेकिन अपनी कारस्तानी हमें ठीक से सिखा नहीं पाया ...... बल्कि फस्कियाधार की गाथा में उसके पुत्रों से अधिक महत्त्व उसके मानस पुत्रों का रहा। यहाँ दृष्टव्य है कि जहाँ चौदहवीं शताब्दी के मैदानी

विजेताओं के आने के बाद विशिष्ट महत्त्व उन्हें मिला था जिनकी माताओं को मजबूरन विजेताओं के साथ सोना पड़ा था, वहाँ इस बार उन्हें मिला जिनके पिता बड़ी ख़ुशी से विजेताओं के साथ मनसा सो गए .... हैरीसन के इन आधे-अधूरे वारिसों ने ही उसकी विरासत को आधे-अधूरे ढंग से आगे बढ़ाया। देश के इतिहास में जो कुछ हुआ, उसकी अगर कोई अनुगूँज हमारे दुर्गम और उपेक्षित क्षेत्र में सुनने को मिली तो दिवाकर जोशी और मंगितू राम के वंशजों के माध्यम से ही।''[86] यहाँ आ कर औपनिवेशिक और उत्तर-औपनिवेशिक को जोड़ने वाली कड़ी दिखाई पड़ती है। उत्तर-औपनिवेशिक भारत की राजनीति उपनिवेशवाद के अधकचरे मानसपुत्रों ने अंजाम दी है। उपन्यासकार वास्तविक वंशक्रम को औपनिवेशिक वंशक्रम का रूपक बनाता है। छल-छद्म और तिकड़म के माहिर दिवाकर ज्यू के बेटे शंभू दत्त ने हैरीसन के दम तोड़ते ही उसकी अलमारी के तमाम चीज़ों के साथ जड़ी-बूटी का बहीखाता भी चुरा लिया। शंभूदत्त के बेटे भवानीदत्त ज्यू एक के बाद एक मंगली कन्याओं से विवाह कर दहेज़ और ज़र-ज़मीन प्राप्त करते, फिर हैरीसन के जड़ी-बूटी बहीखाते की कृपा से उन्हें सधवा ही मर जाने का सुख प्रदान कराते और उसके बाद किसी नई मंगली कन्या के कल्याण में जुट जाते। यही भवानीदत्त ज्यू इलाके के बड़े कांग्रेसी नेता हुए और ब्राह्मण-डूम (दलित) राजनीतिक गठजोड़ उनके नेतृत्व में, मंगितु राम के वंशज (कथावाचक के पिता) की सहायता से कायम हुआ। यही भवानीदत्त ज्यू कुशाग्र बुद्धि के डूम बालक (कथावाचक) के संरक्षक बन उसे पढ़ाई के लिए पहले कस्तूरीकोट और फिर लखनऊ भेजते हैं। कुल मिला कर यह पूरा वंशक्रम औपनिवेशिक संरक्षण के ताने-बाने से बुनी हुई कांग्रेसी राजनीति के उत्तर-औपनिवेशिक विस्तार को प्रतीकित करता है जिसमें ब्राह्मण और दलित—यानी वर्णाश्रम के दो विरोधी सिरे एक ही साथ नत्थी हैं। हैरीसन और हल्ली की बाकी संतानों ने तो पश्चिम की राह ली लेकिन छोटा बेटा सैमुअल अंत तक माता-पिता की सेवा करने टिका रहा। हैरीसन के गुज़रने के बाद वह भी विलायत गया जहाँ उसके बेटे हैनरी ने कैम्ब्रिज विश्वविद्यालय में "एक नये मुनि-मसीहा मार्क्स का सन्देश हृदयंगम किया। कम्युनिस्ट बन जाने के बाद उसने अपने कुछ भारतीय सहपाठियों को सुदूर कस्तूरीकोट और फस्कियाधार के भोले-भाले लोगों की प्राकृतिक सम्पदा-रूपी सोने की चिड़िया अपने बाप मैनुअल और दादा हैरीसन द्वारा लूट लिए जाने की दर्द भरी कहानी सुनाई और आँखों में आँसू भर कर उनसे अनुरोध किया कि मुनि-मसीहा मार्क्स का मुक्ति-संदेश फस्कियाधारवासियों तक अवश्य पहुँचा दें।''[87] हैरीसन के वंशक्रम से मार्क्सवाद का सम्बन्ध जोड़ कर उपन्यासकार ने मार्क्सवाद के भी औपनिवेशिक रास्ते से भारत में लाए जाने का संकेत किया है। 'मुनि-मसीहा मार्क्स' जैसा पद मार्क्सवाद के भारतीय अभिग्रहण का सूचक है जहाँ उसे (कथावाचक की व्यंजना के अनुसार) किसी वैज्ञानिक सिद्धांत की जगह पवित्र संदेश की तरह ही ग्रहण किया गया। कथावाचक के चाचा खीमराम मार्क्स का संदेश फस्कियाधार तक ले आए। कथा में आगे डूम नायक का चाचा से प्रभावित हो कम्युनिस्ट बनना, कांग्रेसी विधायक उर्बादत्त ज्यू की बेटी उत्तरा के साथ प्रेम और

उसका ट्रेजिक अंत (यानी ब्राह्मण-दलित राजनीतिक मोर्चा तो बन सकता है लेकिन ब्राह्मणों को दलितों का वोट चाहिए उनसे रोटी-बेटी का रिश्ता नहीं), कम्युनिस्ट पार्टी के इन्फ़ॉर्मर (भेदिया) और कूरियर (संदेशवाहक) तथा उत्तरा के लवर (प्रेमी) की समवेत भूमिका के निर्वाह के अंतर्विरोधों में फँस कर नायक का जेल में टॉर्चर, उत्तरा की आत्महत्या (या हत्या?) का प्रतिकार न कर पाने के चलते नायक की आत्मग्लानि और पागलपन के दौरे आदि का ट्रेजी-कॉमिक वर्णन कम्युनिस्ट राजनीति की विडम्बनाओं के आख्यान का रूप लेता जाता है। यहाँ कथा की भीतरी स्वपूर्णता नहीं रह जाती और वास्तविक इतिहास के पात्रों और घटनाओं का परिवेश के बतौर इस्तेमाल ज़रूरी हो जाता है। रूपक-कथा और यथार्थवादी घटनाक्रम के दोहरे स्तर एक दूसरे से टकराते हैं। जहाँ 19वीं सदी से ले कर आज़ादी तक के कालखंड में घटी औपनिवेशिक प्रक्रिया का हैरीसन-हल्ली आख्यान इतिहास के वास्तविक पात्रों या घटनाओं का कोई सन्दर्भ सामने नहीं लाता और कथा एक स्वपूर्ण वातावरण रचती है, वहीं उत्तर-औपनिवेशिक कथा इतिहास के कई वास्तविक पात्र (रजनी पामदत्त, पूरनचंद जोशी आदि) और कुछ एक घटनाओं का सन्दर्भ लिए चलती है। औपनिवेशिक कथाक्रम का एकमात्र रंगमंच है कस्तूरीकोट और फस्कियाधार जबकि उत्तर-औपनिवेशिक कथाक्रम लखनऊ से चलते हुए वापस कस्तूरीकोट पहुँचता है। औपनिवेशिक कथाक्रम का विन्यास पीढ़ी दर पीढ़ी चलती स्मृति की युक्ति से निर्मित है और कथावाचक कथा के बाहर, कथाकाल से दूर है जबकि उत्तर-औपनिवेशिक कथाक्रम में कथावाचक स्वयं कथा का मुख्य पात्र बन जाता है और कथा में प्रत्यक्ष अनुभव और समकालिकता की विशेषताएँ उभरती हैं। वामपंथी चरित्रों के स्टीरियोटाइप और कैरीकेचर कका खीमराम और लखनऊ विश्वविद्यालय के वामपंथी प्रोफेसर यानी डॉक्साब (जो रामविलास शर्मा का कैरीकेचर जान पड़ते हैं।) के रूप में उभरते हैं। वामपंथी राजनीति की ट्रेजिडी कम पढ़े-लिखे किन्तु प्रतिबद्ध, ग़रीब, स्वाभिमानी, जनता के सम्मान और उपहास दोनों के पात्र कका के संघर्षपूर्ण जीवन और ट्रेजिक मौत में मूर्तिमान होती है। फिर भी भारतीय वामपंथ की मुख्यधारा की जो आलोचना उपन्यास में उभरती है वह एक हद तक आख्यान का हिस्सा नहीं बन पाती। वह कथावाचक के लंबे वक्तव्यों के रूप में आती है। कथा के ढाँचे से उसकी सिर्फ़ इतनी ही संगति है कि चूँकि कथानायक एक बुद्धिजीवी है और वह भी मार्क्सवादी, अतः लंबे आलोचनात्मक वक्तव्य देना या वक्तृता की शैली में चिंतन करना उसकी आदत में शुमार है। मार्क्सवादी विमर्श के विखंडन के प्रयास में जहाँ रूपक-कथा के ढाँचे की टूटन उभर आती है, वहीं उपन्यास अपने एकदम अंतिम हिस्से में रूपक-कथा की संगति फिर पकड़ लेता है। उत्तर-औपनिवेशिक राजनीति के आख्यान में हिन्दुत्व की अनुपस्थिति (यत्र-तत्र थोड़े बहुत संकेतों के बावजूद) पाठक के लिए अनुपेक्षणीय है।

कथानायक दिवंगत प्रेमिका उत्तरा और कका की स्मृति से लगातार संवाद करते हुए इस निष्कर्ष पर पहुँचता है कि उसे विश्वस्त क्रांतिकारी दल संगठित करने के लिए

एक आश्रम खोलना है। इस आश्रम का एक प्रोडक्ट है आईपीएस मेधातिथि जोशी जो कि भवानीदत्त ज्यू के निर्धन ममेरे भाई केदारदत्त ज्यू का लड़का है। आश्रम के अन्य महत्त्वपूर्ण उत्पादों में एक था रामध्यानु बाटलागी और दूसरा था हरक सिंह - दोनों दलित, एक डूम दूसरा खसिया। तीनों चेलों को गाढ़ी दोस्ती के बन्धन में बाँधना गुरू जी के लिए टेढ़ी खीर साबित हो रही थी—"पढ़ाई में होशियार बामण पढ़ाई में फिसड्डी डूम-खसिया को कमअक्ल मानता था और लड़ने-भिड़ने में अव्वल डूम-खसिया लड़ने-भिड़ने में फिसड्डी बामण को कमज़ोर मानते थे।"[88] बहरहाल रामध्यानु ने ख़ूंखार किस्म का छापामार दल और हरकु ने जुझारू किस्म का मजदूर संगठन बना लिया। लेकिन जल्दी ही दोनों जातिवादी माफ़िया गिरोहों में बदल गए - "तो मैं अभी क्रांतिकारी युद्ध शुरू करने की सोच ही रहा था कि मैंने देखा कि वाल्मीकि नगर उर्फ़ कस्तूरीकोट में माफ़िया युद्ध शुरू हो गया है। ग़ैर कानूनी ढंग से जंगल काटने, ख़निज निकालने, जड़ी-बूटियाँ बेंच देने और जंगलात की ज़मीनों पर कब्ज़ा कर लेने का धंधा चल निकला है और आपस में गोलियाँ भी चलने लगी हैं। गोली से खेली जा रही इस होली में रामध्यानु का बड़ा बेटा मारा गया। फिर किसी ने मेधातिथि के बहनोई की हत्या कर दी।...."[89] अब यथार्थ गुरू जी की पकड़ से बाहर होने लगा। अब्दुल्ला सिगरेट के डिब्बे से बनाई गई प्रेयसी की याद की मंजूषा और कका की बदरंग तस्वीर ने दिशानिर्देश देना बन्द कर दिया। गुरू जी के सारे शिष्य दोनों गिरोहों में शामिल हो गए। भतीजा खुदीराम दोनों माफ़ियाओं को लड़ा कर दोनों को मरवाने की कोशिश में ख़ुद मारा गया। दोनों गिरोह उसकी हत्या का आरोप एक दूसरे पर लगाते हुए अंत्येष्टि के समय उसकी मृत्यु को भुनाने पहुँचे। रामध्यानु का साथ दे रहे मेधातिथि ने पाला बदला। गुरू जी की इलाके में इज़्ज़त को अपने-अपने पक्ष में इस्तेमाल की होड़ चली। एक शिष्य ने गुरू जी को गिरफ़्तार कराया तो दूसरे ने पागलख़ाने भिजवाया। रामध्यानु सांसद बना। पुलिस-माफ़िया गठजोड़ चलता रहा और फ़र्ज़ी इन्काउन्टर में दलित मारे जाते रहे। इन घटनाक्रमों का सघन सांकेतिक विन्यास उपन्यास से बाहर प्रस्तुत नहीं किया जा सकता किन्तु उत्तर-औपनिवेशिक भारत की जातिवादी माफ़िया राजनीति का आख्यान एक वृहत्तर आख्यान को ध्वनित करने लगा— "..... मैं फिर से रोने लगा। इस बार ख़ुदिया की मौत के साथ-साथ समूची 20वीं सदी की आदर्शवादिता की मौत पर भी ..... मैंने यह भी पाया कि पवित्र अवशेषों की मंजूषा आज मौन धारण करने की जिद पकड़े हुए है ..... मैंने पाया कि स्मृतिशेष क्रांतिकारी का एक क्रांतिकारी के रूप में मेरी स्मृति तक में शेष हो चुके हैं .... मेरे सामने टँगा चित्र बिलकुल बदरंग नहीं रह गया था पर उसमें कका का नहीं, मेरा चेहरा अंकित था ..... क्रांतिकारिता और आधुनिकता की एक पूरी सदी मेरी आँखों के आगे से गुज़रती चली गई ..... 20वीं सदी के तमाम क्रांतिकारी नारों और फ़तवों की मेरे कानों में न जाने कब से बसी अनुगूँज सहसा ग़ायब हो गई और उसकी जगह लेने लगी कका से सुनी हुई उदास लोक कथाओं की पक्षी योनि में अवतरित नायिकाओं की उदास बोलियाँ....... मेरे माथे पर तनी पिस्तौल मुझसे पूछने

लगी कि क्या मार्क्स ने दास कैपिटल इसलिए लिखी थी कि सारी दुनिया में पूँजीवाद का परचम फहराने लगे? क्या लेनिन ने पहले निर्जन साइबेरिया की ठंड और देशनिकाला भुगत चुकने के बाद सीलबन्द गाड़ी में लौट कर सारे संसार को हिला देने वाले दस दिन इसलिए देखे-दिखाए कि एक दिन रूसी कामरेड अपने ही देश को लूटें और अंतर्राष्ट्रीय मुद्रा कोष से मिली भीख़ को ख़ुद ही हजम कर जाएं? क्या स्तालिन ने महान देशभक्तिपूर्ण युद्ध इसलिए लड़ा था .... कि एक दिन उसके वारिस सोवियत संघ को ही टुकड़े-टुकड़े कर दें? क्या तेलंगाना आंदोलन को ले कर क्रांतिकारी कविताएँ इसलिए लिखी गई थीं कि हैदराबाद का सी० एम० एक दिन का सी.ई.ओ. कहलाने पर ख़ुश हो? क्या मैंने कका से लंबा शास्त्रार्थ करके क्रांति योजना इसलिए बनाई थी कि मेरे प्रिय शिष्य एक दूसरे पर गोलियाँ चलाते हुए मुझे और मेरे संकल्प को छलनी-छलनी कर दें और अपने-अपने घर भरते रहें? क्या हवाट इज़ टु बि डन में कहीं पंक्तियों के बीच किसी ख़ुफ़िया स्याही से यह भी लिखा हुआ था कि आफ़्टर इट हैज बीन डन, इट हैज टु बी टोटली अनडन?''[90] औपनिवेशिक और उत्तर-औपनिवेशिक भारत की रूपक-कथा आधुनिकता के उत्तर-आधुनिकता में बदलने के आख्यान में प्रवेश कर जाती है। क्रांतिकारिता, आधुनिकता और आदर्शवादिता के सारे दावे अपने कैरीकेचर में बदल जाते हैं। उपन्यास में हाहाकार और अट्टहास एकाकार हो जाते हैं और उनकी विभाजक रेखा निराशा की हँसी में उड़ा दी जाती है। 'रहस्यमय ढिणमिणाण भैरव कांड' का रहस्य खोले बग़ैर उपन्यासकार पाठक का साथ छोड़ देता है—"मैं समझता हूँ कि रहस्यमय ढिणमिणाण भैरव कांड के बारे में कूर्मांचली की कहानी में आवश्यक सुधार का मार्ग प्रशस्त करने के लिए मैं इतना कुछ बता चुका हूँ कि शेष उसकी और उसके पाठकों की कल्पना के लिए छोड़ा जा सकता है।''[91] कूर्मांचली की कहानी में आवश्यक सुधार यही है कि 'रहस्यमय ढिणमिणाण भैरव कांड' एक वृहत्तर आख्यान से जुड़ कर अर्थवान बन जाता है। उत्तरा की मृत्यु हत्या थी कि आत्महत्या या भैरव मंदिर पर एक साथ मरे पाए गए दो जानी दुश्मन कैसे मरे और किसने किसको मारा, इसका पता लगाना कथा का न तो उद्देश्य है और न ही इससे कुछ पता चलता है। कथा का अर्थ आगे-पीछे की तमाम अन्य कहानियों से जुड़ कर स्पष्ट होता है, जिनकी एक साथ जानकारी उपलब्ध कराने का अधिकतम प्रयास ही उपन्यास का संघर्ष है।

सन्दर्भ सूची

1. मैनेजर पाण्डेय, : 'उपन्यास का समाजशास्त्र' शीर्षक अध्याय, अनभै साँचा, पूर्वोदय प्रकाशन, दिल्ली, 2002, पृ० 48
2. Ramakrishnan, E. V. (Ed.) : Introduction, Narrating India: The Novel In Search of The Nation, Sahitya Academy, Delhi, 2005, pg. 12

3. Mukharjee, Meenakshi (Ed.) : Introduction, Early Novels In India, Sahitya Academy, 2002, pg. viii
4. Ramakrishnan, E. V. (Ed.) : Introduction, Narrating India: The Novel In Search of The Nation, Sahitya Academy, Delhi, 2005, pg. 12
5. Singh, Namwar : Reformulating The Questions in Minakshi Mukharjee (Ed.), Introduction, Early Novels In India, Sahitya Academy, 2002, pg. 2
6. Ibid, pg. 3
7. आचार्य रामचंद्र शुक्ल, हिन्दी साहित्य का इतिहास, नागरीप्रचारिणी सभा, वाराणसी, 27वाँ संस्करण, संवत् 2050 वि0, पृ0 249
8. वही, पृ0 249
9. वही, पृ0 293-294
10. वही, पृ0 295
11. वही, पृ0 274
12. वही, पृ0 293
13. मैनेजर पाण्डेय, : 'राष्ट्रवाद, उपन्यास और प्रेमचंद' शीर्षक अध्याय, अनभै साँचा, पूर्वोदय प्रकाशन, दिल्ली, 2002, पृ0 146-147
14. मैनेजर पाण्डेय : 'उपन्यास और यथार्थः एक टिप्पणी', हंस, जनवरी, 1999, पृ0 14
15. मैनेजर पाण्डेय, : 'राष्ट्रवाद, उपन्यास और प्रेमचंद' शीर्षक अध्याय, अनभै साँचा, पूर्वोदय प्रकाशन, दिल्ली, 2002, पृ0 147
16. वही, पृ0 147-148
17. निर्मल वर्मा : 'आलोचना', अप्रैल-जून, 1980, पृ0 2, सम्पादकीय में नामवर सिंह द्वारा उद्धृत
18. मैनेजर पाण्डेय, : 'राष्ट्रवाद, उपन्यास और प्रेमचंद' शीर्षक अध्याय, अनभै साँचा, पूर्वोदय प्रकाशन, दिल्ली, 2002, पृ0 148
19. वही, पृ0 148
20. वही, पृ0 149
21. वही, पृ0 149
22. वही, पृ0 153
23. वही, पृ0 150
24. Ahmad, Aijaz : Jameson's Rhetoric of Otherness, In Theory, OUP, Delhi, 1992, pg. 118-119
25. राजेन्द्र यादव : 'दयनीय महानता की दिलचस्प दास्तान : चंद्रकाता', शीर्षक लेख, आलोचना, अप्रैल- जून 1980, पृ0 7-8
26. वही, पृ0 14

27. वही, पृ0 15
28. Pandey, Gyan : Peasent Revolt and Indian Nationalism : The Peasant Movement in Awadh : 1919-1922, Subaltern Studies, Vol I, OUP, Delhi, 1982, pg. 172
29. राजेन्द्र यादव : 'दयनीय महानता की दिलचस्प दास्तान : चंद्रकाता', शीर्षक लेख, आलोचना, अप्रैल-जून 1980, पृ0 19
30. वही, पृ0 18
31. वही, पृ0 22-23
32. वही, पृ0 25
33. वही, पृ0 25-26
34. वही, पृ0 8
35. प्रदीप सक्सेना : तिलस्मी साहित्य का साम्राज्यवादविरोधी चरित्र, आलोचना, अक्टू.—दिसं. 1987, पृ0 80
36. वही, पृ0 81-82
37. वही, पृ0 82
38. आचार्य रामचंद्र शुक्ल, हिन्दी साहित्य का इतिहास, नागरीप्रचारिणी सभा, वाराणसी, 27वाँ संस्करण, संवत् 2050 वि0, पृ0 27.3
39. प्रदीप सक्सेना : तिलस्मी साहित्य का साम्राज्यवादविरोधी चरित्र, आलोचना, अक्टू.-दिसं. 1987, पृ0 83
40. वही, पृ0 83-84
41. वही, पृ0 85
42. वही, पृ0 87
43. वही, पृ0 88
44. राजेन्द्र यादव : 'दयनीय महानता की दिलचस्प दास्तानः चंद्रकाता', शीर्षक लेख, आलोचना, अप्रैल- जून 1980, पृ0 19
45. प्रदीप सक्सेना : तिलस्मी साहित्य का साम्राज्यवादविरोधी चरित्र, आलोचना, अक्टू.-दिसं. 1987, पृ0 89
46. वही, पृ0 89
47. Orsini, Francesca : 'Detective Novels, A Commercial Genre in Nineteenth-Century North India', India's Literary History, Essays on The Nineteenth Century (Ed. Stuart Blackburn and Vasudha Dalmia), Permanent Black, Delhi, 2006, pg. 457
48. Ibid, pg. 476-477
49. मैनेजर पाण्डेय, : 'राष्ट्रवाद, उपन्यास और प्रेमचंद' शीर्षक अध्याय, अनभै साँचा, पूर्वोदय प्रकाशन, दिल्ली, 2002, पृ0 151
50. प्रेमचंद : ग़बन, राजकमल प्रकाशन, दिल्ली, 2004 (1932), पृ0 203

51. प्रेमचंद : गोदान, वाणी प्रकाशन, दिल्ली, 2004 (1936), पृ0 97
52. रविभूषण : 'होरी की मृत्यु और किसानों की आत्महत्या', समकालीन जनमत, वर्ष 25, अंक 1 पृ0 16-18
53. हजारी प्रसाद द्विवेदी, हिन्दी साहित्य : उद्‌भव और विकास, राजकमल प्रकाशन, 1988 (1952), दिल्ली, पृ0 250
54. सुरेन्द्र चौधरी : 'रेणु का कथा साहित्य', फणीश्वर नाथ रेणु, साहित्य अकादमी दिल्ली, 1987, पृ0 68-71
55. निर्मल वर्मा : 'समग्र मानवीय दृष्टि', ऋणजल धनजल, राजकमल प्रकाशन, दिल्ली, 2005 (1977), पृ0 19
56. वही, पृ0 69-70
57. वही, पृ0 73
58. वही, पृ0 92
59. नागार्जुन : बलचनमा, राजकमल प्रकाशन, दिल्ली, 2004 (1952), पृ0 76
60. विजयमोहन सिंह : नागार्जुन के उपन्यास : ग्राम जीवन के अर्द्धविराम, हंस, जनवरी 1999, पृ0 131
61. नागार्जुन : बाबा बटेसरनाथ, राजकमल प्रकाशन, दिल्ली, 2002 (1961), पृ0 41
62. मैनेजर पाण्डेय, उपन्यास और यथार्थ : एक टिप्पणी, हंस , जनवरी 1999, पृ0 15
63. कृष्णा सोबती : ज़िन्दगीनामा, राजकमल प्रकाशन, 2004 (1979), दिल्ली, पृ0 86
64. वही, पृ0 87
65. वही, पृ0 104
66. वही, पृ0 387
67. वही, पृ0 391
68. वही, पृ0 391
69. भीष्म साहनी : तमस, राजकमल प्रकाशन, दिल्ली, 2006 (1972), पृ0 148
70. वही, पृ0 149
71. वही, पृ0 149
72. राही मासूम रज़ा, आधा गाँव, राजकमल प्रकाशन, दिल्ली, 2006 (1966), पृ0 162-63
73. वही, पृ0 13
74. वही, पृ0 13
75. वही, पृ0 261-62

76. मनोहर श्याम जोशी : क्याप, वाणी प्रकाशन, दिल्ली, 2001, पृ० 7
77. वही, पृ० 10
78. वही, पृ० 15
79. वही, पृ० 8
80. वही, पृ० 24
81. वही, पृ० 20
82. वही, पृ० 27
83. Young, Robert : Colonial Desire : Hybridity In Theory, Culture and Race, Routledge, London and New York, 1995
84. मनोहर श्याम जोशी : क्याप, वाणी प्रकाशन, दिल्ली, 2001, पृ० 30
85. वही, पृ० 32
86. वही, पृ० 32-33
87. वही, पृ० 34
88. वही, पृ० 119
89. वही, पृ० 120
90. वही, पृ० 124-144
91. वही, पृ० 150

●●●

अध्याय छः

स्त्री और देश

उत्तर-औपनिवेशिकता और स्त्री प्रश्न

गायत्री चक्रवर्ती स्पीवाक ने निम्नवर्गों (सबाल्टर्न), यानी वे तबके जो समाजों और इतिहासों का हाशिया होते हैं, उनकी अभिव्यक्ति के जटिल प्रश्न को अपने बहुचर्चित लेख 'क्या सबाल्टर्न बोल सकता है?' (कैन दि सबाल्टर्न स्पीक?)[1] में दार्शनिक स्तर पर उठाया। स्पीवाक ने हाशिए पर स्थित तबकों में भी 'ऐतिहासिक रूप से चुप' करा दी गई, बेआवाज़ कर दी गई स्त्री के बोलने के सवाल को बारम्बार सम्बोधित किया। कौन बोल सकता है और किसके लिए? कौन सुनता है? कोई किस तरीके के 'आत्म' और 'अन्य' को प्रस्तुत करता है? जैसे सवाल उत्तर-औपनिवेशिक विमर्शों में ज़र्बदस्त बहस का संचार करते रहे हैं। स्त्री का बोलना एक दबाई गई अभिव्यक्ति का इस तरह प्रकट होना है कि अब तक जो सच के रूप में स्वीकार्य था, उसकी चूलें हिल जाएँ। श्री वीरभारत तलवार ने स्त्री प्रश्न पर लिखे अपने एक लेख का शीर्षक ही दिया, 'बातें जो कही नहीं जातीं'। इस लेख के आरम्भ में उन्होंने वर्षों पहले सुनी एक ग़ज़ल को उद्धृत किया। स्त्री अभिव्यक्ति के प्रश्न की जटिलता और मार्मिकता को व्यक्त करने में यह ग़ज़ल बेजोड़ है—

उनको ये शिकायत है कि हम कुछ नहीं कहते,
अपनी तो ये आदत है कि हम कुछ नहीं कहते।
कुछ कहने से तूफ़ान उठा लेती है दुनिया,
और उसपे कयामत है कि हम कुछ नहीं कहते।
कहने को बहुत कुछ था अगर कहने पे आते,
दुनिया की इनायत है कि हम कुछ नहीं कहते![2]

'अस्मिता' या 'आत्म पहचान' 'अन्य' के बग़ैर नहीं बनती। कोई भी 'अस्मिता' 'अन्य' करण की प्रक्रिया का परिणाम है। हम क्या हैं, यह इससे तय होगा कि 'क्या' हम नहीं है। 'आत्म' और 'अन्य' की विभेदात्मक अर्थप्रक्रिया 'अस्मिता' के सभी विमर्शों के केन्द्र में है। ये 'अस्मिताएँ' राष्ट्रीय, जातीय, नस्लीय, लैंगिक कुछ भी हो सकती हैं। औपनिवेशिक और उत्तर-औपनिवेशिक कृतियों के आलोचनात्मक पाठ और व्याख्या का साहित्यिक अभियान 'स्त्री स्वर' और 'स्त्री दृष्टि' को अत्यंत महत्त्वपूर्ण

मानता है। उत्तर-औपनिवेशिक नारीवादी दृष्टिकोण साहित्य में स्त्रियों के निरूपण का पाठ करते हुए विषय के साथ-साथ अभिव्यक्ति के माध्यम पर भी निगाह रखता है। लैंगिक सम्बन्धों के सन्दर्भ में दुनिया का पाठ और उसकी व्याख्या के लिए ज़रूरी सामान्य आलोचनात्मक साक्षरता को पैदा करना इसका लक्ष्य है। बहुत शुरू से ही स्त्री दृष्टिकोण उत्तर-औपनिवेशिक अध्ययनों के केन्द्र में रहा है। एडवर्ड सईद की कृति 'प्राच्यवाद' में पश्चिम द्वारा 'प्राच्य' या 'पूरब' को स्त्रैण सन्दर्भों में परिभाषित किए जाने को रेखांकित किया गया है। औपनिवेशिक विमर्शों की मुख्यधारा इस परिभाषा का विस्तार सभी देशी और उपनिवेशित लोगों तक कर देती है। सभ्यता प्रसारक की भूमिका में औपनिवेशिक अभियान ने बारम्बार अपनी वैधता के लिए देशी स्त्रियों की स्थिति का इस्तेमाल किया। भारत में सतीप्रथा को ले कर ब्रिटिश हस्तक्षेप को स्पीवाक ने 'गोरे आदमी द्वारा भूरी औरत को भूरे आदमी से बचाने की क्रिया'[3]; के रूप में बयान किया। पार्थ चैटर्जी के अनुसार, उपनिवेशिकों ने "भारतीय स्त्री की दशा को पूरे देश की सम्पूर्ण सांस्कृतिक परम्परा में अंतर्निहित दमनकारी प्रवृत्तियों और उनके स्वातंत्र्यविहीन स्वरूप के संकेतचिह्न में रूपान्तरित कर दिया।"[4] आश्चर्य नहीं कि उपनिवेशवाद-विरोधी राष्ट्रीय संघर्षों ने पलट कर राष्ट्र का प्रतीकन स्त्री रूप में ही किया तथा उपनिवेशवाद से मुक्ति के अभियान में स्त्रियों की महत्त्वपूर्ण भूमिका को रेखांकित किया। मृणालिनी सिन्हा के अनुसार, "एंग्लो इंडियन रणनीति में भारत में स्त्रियों की पराधीनता (दुरावस्था) को राजनीतिक समानता की भारतीय माँग को पीछे ढकेलने का औज़ार बना कर 'स्त्री प्रश्न' को भारतीयों के राजनीतिक अधिकारों के 'रणक्षेत्र' में बदल दिया गया।"[6] ऐनी मैक्लिंटॉक के अनुसार, राष्ट्रवाद आरम्भ से ही लैंगिकीकृत विमर्श रहा है और उसको लैंगिक शक्ति सम्बन्धों के किसी सिद्धांत के बग़ैर समझा ही नहीं जा सकता।[7] अनेक नारीवादी आलोचकों ने नारीवाद और राष्ट्रवाद के अन्तर्सम्बन्धों पर प्रकाश डाला है। उत्तर-औपनिवेशिक स्थितियों में, स्त्रियों की दशा का सवाल उतना ही महत्त्वपूर्ण बना रहा है। आज भूमंडलीकरण के दौर में तो, स्त्रियों की स्थिति कहीं अधिक चिन्ता का विषय है। ऐसे में उत्तर-औपनिवेशिक आलोचनात्मक परियोजना लैंगिक सवालों से अवियोज्य है।

उत्तर-औपनिवेशिक साहित्य-सिद्धांतों और नारीवाद में आपसदारी के साथ-साथ तनाव भी हैं। नारीवादियों की आपत्ति यह है कि उत्तर-औपनिवेशिक अध्ययनों में विउपनिवेशीकरण, साम्राज्यवाद, मुक्ति संघर्षों तथा राष्ट्र निर्माण जैसे प्रश्नों पर अधिक ज़ोर है। राष्ट्रवादी आंदोलनों में भी ज़्यादातर पितृसत्ता के सवाल को राष्ट्रीय मुक्ति के आगे दोयम दर्जे का सवाल माना गया और यह उम्मीद जताई गई कि एक बार उपनिवेशवाद का ख़ात्मा होने पर पितृसत्ता से ख़ुद ब ख़ुद मुक्ति मिल जायेगी। भारत के सन्दर्भ में इस तरह की तर्कप्रणाली गाँधी-अम्बेडकर विवाद की याद दिलाती है, जहाँ राष्ट्रवादी नेतृत्व का यही तर्क था कि राष्ट्रीय-मुक्ति प्राथमिक है और दलित-मुक्ति या तो स्वतंत्रता के साथ ख़ुद-ब-ख़ुद हासिल हो जायेगी अथवा उसे प्राप्त करने के

संघर्ष का समय आज़ादी के बाद ही उपयुक्त होगा। बहरहाल दबाई गई सामाजिक अस्मिताओं का दोहरा सम्बन्ध उपनिवेशवाद-विरोधी राष्ट्रीय आंदोलनों से रहा आया। दूसरी ओर उत्तर-औपनिवेशिक आलोचक मुख्य धारा के पश्चिमी नारीवाद पर अपने विश्लेषण में नस्लभेद के सवाल को शामिल करने में असफल होने का आरोप लगाते हैं। 'तीसरी दुनिया की स्त्री' जैसे अतिसामान्यीकरण वास्तविक स्त्री समुदायों के जिये हुए अनुभवों के साथ न्याय कर पाते हैं या नहीं, यह एक महत्त्वपूर्ण सवाल बना हुआ है। उत्तर-औपनिवेशिक अध्ययनों के बाहर नारीवाद की मुख्यधारा उत्तर-औपनिवेशिक दृष्टिकोणों के तहत नस्ल और जातीय प्रश्नों पर अधिक बल दिए जाने को विश्वव्यापी नारीवादी गठजोड़ के लिए विभाजनकारी मानती है। उत्तर-औपनिवेशिक नारीवादी सिद्धांतकारों के समाने यह समस्या इस रूप में भी आती है कि 'अश्वेत स्त्री (विमेन ऑफ़ कलर) की कोटि' स्थानीयता की राजनीति, विकसित दुनिया में अल्पसंख्यक समुदायों के बीच संघर्ष, विकसित देशों में देशांतरित समुदायों की स्त्रियों के बीच तथा तीसरी दुनिया की स्त्रियों के बीच भिन्नता के चलते विभाजित हो जाती है। उत्तर-औपनिवेशिक नारीवादी अध्ययन यह मान कर चलते हैं कि किसी भी स्थानीय इकाई में स्त्रियों की दशा का अध्ययन अंतर्राष्ट्रीय पहलू लिए हुए हो सकता है। इन अध्ययनों में 'अस्मिता' या 'पहचान' के सवाल को सापेक्ष और ऐतिहासिक माना जाए अथवा मूलगामी और स्थिर, इस बात को ले कर महत्त्वपूर्ण विवाद है। उदाहरण के लिए एक पुस्तक के आमुख में लेखिकाओं ने लिखा, "हम दोनों पंद्रह साल पहले संयुक्त राज्य अमरीका आयीं ..... हमारी पैदाइश अश्वेत स्त्रियों (विमेन ऑफ़ कलर) के बतौर नहीं हुई थी लेकिन हम यहाँ आ कर अश्वेत स्त्रियाँ बन गयीं।"[7] ख़ास सन्दर्भों में तथा विभिन्न समूहों के बीच शक्तिसम्बन्धों की क्रियाओं के बीच 'अस्मिता' कैसे उत्पन्न होती है, इसे ले कर इन अध्ययनों में महत्त्वपूर्ण वाद-विवाद होते रहे हैं।

अंग्रेज़ी पद 'रिप्रेज़ेन्टेशन' के अनेक मायने हैं। राजनीतिक अर्थ में इसका प्रयोग प्रातिनिधिकता के नज़दीक माना जा सकता है अर्थात् 'किसी के लिए' या 'किसी की ओर से' बोलना। साहित्य में इसे सामान्यतः निरूपण के अर्थ में इस्तेमाल किया जाता है, जबकि ज्ञानात्मक तौर पर इसका अर्थ मस्तिष्क में बने प्रत्यय या विचार के बतौर भी लिया जा सकता है। स्पीवाक ने 'रिप्रेज़ेन्टेशन' के (जिसे हम किसी सटीक हिन्दी शब्द के अभाव में प्रतिनिधित्व कह कर काम चला सकते हैं) दो तरीके बताए हैं। एक है किसी के लिए, किसी की ओर से, किसी के स्थान पर स्वयं बोलना (proxy) और दूसरे, किसी के स्थान पर उसका चित्र प्रस्तुत करना (portrait)।[8]

'स्त्री अध्ययन' और उत्तर-औपनिवेशिक अध्ययन जैसे अनुशासनों का उदय अंशतः ऐतिहासिक वृत्तांतों और साहित्यिक इतिहासों में स्त्रियों, नस्लीय अल्पसंख्यकों तथा हाशिए के समुदायों और संस्कृतियों सम्बन्धी परिप्रेक्ष्यों के अभाव या अनुपलब्धता के जवाब में हुआ है। इसे राजनीतिक, आर्थिक और कानूनी क्षेत्रों में उनके प्रतिनिधित्व के अभाव के सामानांतर देखा जा सकता है। ये अस्मिताएँ वर्चस्वशाली विमर्शों में ऐसे

'अन्यों' की तरह हैं जिनका अपनी बनाई गई छवि को बनाने में कोई योगदान नहीं होता। उनकी कोई आवाज़ नहीं होती और उनके लिए या उनके स्थान पर वे ही बोलते हैं जिनके पास प्रभुता होती है या अभिव्यक्ति के संसाधन। 'प्राच्यवाद' शीर्षक ग्रंथ में सईद ने दिखलाया है कि अल्पसंख्यकों और दूसरे दमित समुदायों का चित्रण बहुधा किसी वास्तविकता के अनुरूप नहीं बल्कि उसके बावजूद होता है। सईद के शब्दों में, "लिखित भाषा के किसी भी नमूने में किसी वस्तु की सीधी प्रस्तुति नहीं होती बल्कि पुनर्प्रस्तुति या प्रतिनिधित्व होता है। 'पूरब' के बारे में किसी भी लिखित वक्तव्य का मूल्य, प्रभाव, शक्ति या वैधता वास्तविक पूरब से बहुत कम सम्बन्ध रखती है। वह उस पर निर्भर नहीं है, इसके उलट 'पूरब' के बारे में कोई लिखित वक्तव्य पाठक के सम्मुख एक ऐसी प्रस्तुति है जो कि 'पूरब' जैसी किसी वास्तविक चीज़ के अपवर्जन, विस्थापन या अनावश्यक बनाए जाने की क्रिया का काम है।"[9] प्राच्यवाद पर सईद का अध्ययन यह दिखलाता है कि पाठकों के मन में लोगों या जगहों के बारे में जो विचार किसी कृति के माध्यम से बनाए जाते हैं वे वास्तविकता के अनुरूप हों यह ज़रूरी नहीं। जबकि यह ऐतिहासिक रूप से प्रमाणित है कि वास्तविकता के निषेध पर टिके चित्रण या निरूपण के आधार पर ऐसी नीतियाँ बनाई जाती हैं जो कि वास्तविक लोगों के जीवन पर गहरा असर डालती हैं।

पितृसत्तात्मक व्यवस्थाओं में स्त्रियों की स्थिति का भी ऐसा ही इतिहास है। फूको ने ज्ञान और शक्ति का जो समीकरण प्रतिपादित किया है वह औपनिवेशिक और लैंगिक सम्बन्धों, दोनों पर बराबर लागू होता है। एक विचारधारात्मक उपकरण के रूप में प्रतिनिधित्व या निरूपण की शक्ति का इस्तेमाल उसे एक विवादित विषय बनाता है। शारलॉट ब्रौन्टे के उपन्यास 'जेन एयर' का पाठ करते हुए स्पीवाक ने रेखांकित किया है कि स्त्री के पक्ष से बोलना, ज़रूरी नहीं की दबाई गई अथवा ख़ामोश की गई आवाज़ों को अभिव्यक्ति दे। इस बात का ख़तरा लगातार बना रहता है कि जिस तरह वर्चस्वशाली औपनिवेशिक विमर्शों में 'अन्यकरण' की प्रक्रिया संचालित होती है, उसी प्रकार एक नारीवादी व्यक्तिवादी 'आत्म' भी अपने 'अन्य' (अन्य कोटि की नारियों) के बरअक्स उत्पन्न होता जाए। सईद की चेतावनी यह है कि प्रतिनिधित्व या चित्रण चाहे दूसरों के द्वारा हो, चाहे ख़ुद के द्वारा, उसमें यह ख़तरा बना ही रहता है। यह ख़तरा कुपाठ का भी है। अस्मिता कोई पूर्व निश्चित गुण नहीं है बल्कि अंगीकार किया हुआ गुण है। स्पीवाक के शब्दों में, "(अमुक) की तरह बोलने के प्रश्न में स्वयं से एक दूरी बनाना निहित है। जिस क्षण हमें एक भारतीय अथवा एक स्त्री की तरह बोलने के तरीकों के बारे में सोचना पड़ता है उस समय हमें अपना सामान्यीकरण करना पड़ता है, अपने को एक प्रतिनिधि के रूप में बदलना पड़ता है तथा इस क्रिया में अपने आप से एक दूरी बनानी पड़ती है। किसी भी व्यक्ति को कर्तृत्व की अनेक अवस्थितियों में रहना पड़ सकता है, कोई भी केवल 'एक' वस्तु नहीं होता।"[10] स्पीवाक सहित तमाम उत्तर-औपनिवेशिक और नारीवादी आलोचक यह चेताते हैं कि कर्तृत्व की अवस्थिति विमर्श के भीतर ही निर्मित होती है, विमर्श से पहले विद्यमान

नहीं होती। इस तरह अपने समुदाय के लिए बोलना या फिर रैडिकल आलोचकों द्वारा किसी समुदाय के लिए बोलना, ख़ुद का प्रतिनिधित्व या दूसरों का प्रतिनिधित्व, एक समस्या है। स्पीवाक इसीलिए एक सतत् आलोचना की वकालत करती हैं ताकि 'अन्य' की निर्मिति महज़ ज्ञान के 'विषय' (ऑब्जेक्ट) के रूप में न हो। ऐसा न हो कि वे वास्तविक 'अन्य' छूट जाएँ और उनकी ओर से किया गया प्रतिनिधित्व सिर्फ़ ऐसे लोगों की अभिव्यक्ति बन जाए जिन्हें सार्वजनिक दायरे में प्रवेश प्राप्त हो गया हो। तमाम लोकतांत्रिक व्यवस्थाओं में स्त्रियों, दलितों, अल्पसंख्यकों आदि को नाममात्र का सार्वजनिक प्रतिनिधित्व दे दिया जाता है। ऐसे प्रतीकात्मक प्रतिनिधियों की अभिव्यक्ति को पूरे समुदाय की अभिव्यक्ति मान लिए जाने का ख़तरा बढ़ जाता है। मुख्य धारा के पश्चिमी नारीवादी विमर्शों में अश्वेत स्त्री, तीसरी दुनिया की स्त्रियाँ, आदि ऐसे ही संवर्ग या कोटियाँ हैं जिनकी आलोचना इस बात के लिये होती है कि उनके माध्यम से पश्चिम में अवस्थित अश्वेत या तीसरी दुनिया की स्त्रियाँ जो अभिव्यक्त करती हैं उसका सम्बन्ध वास्तविक अश्वेत या तीसरी दुनिया की स्त्रियों के भोगे हुए यथार्थ से कम ही होता है।

अस्मिताओं को मूलभूत या बुनियादी बना कर पेश करना एक अलग किस्म का ख़तरा है। किसी व्यक्ति, किसी सामाजिक तबके, किसी जातीय या धार्मिक समुदाय अथवा किसी राष्ट्र को अनिवार्य, बुनियादी और आधारभूत विशेषताओं से निर्मित मानना उसे एक कालातीत निंरतरता और स्थानबद्धता प्रदान करने जैसा है। ऐसा करके उस सामाजिक कोटि को आंतरिक रूप से समरूप बना कर उसका बाह्य अथवा 'अन्य' से शाश्वत विभेद स्थापित किया जाता है। ऐसे में इन अस्मिताओं का एक परिवर्तनहीन, स्थिर और फ़ार्मूलाबद्ध निरूपण होता है जो अंततः उनका परिसीमन कर देता है। उपनिवेशवादी विमर्शों में देशियों, अश्वेतों और तमाम दूसरे दमित समुदायों के ऐसे ही फ़ॉर्मूलाबद्ध या रूढ़ प्रतिरूप बनाए जाते हैं। लेकिन समस्या, जैसा कि स्पीवाक ने चेताया, इतनी ही नहीं है कि कोई वर्चस्वशाली विमर्श दमित समुदायों की जड़ीभूत छवि पेश करता है, बल्कि यह समस्या किसी भी तरह के प्रतिनिधित्व या चित्रण में अंतर्निहित होती है। ख़ुद दमित अस्मिताओं के अपने विमर्श भी इस ख़तरे से मुक्त नहीं हैं। स्पीवाक जैववैज्ञानिक नियतिवाद या फ़ॉर्मूलाबद्ध रूढ़ि के ख़तरों से बचते हुए भी एक सचेतन, आधारभूत या बुनियादी अस्मिता की विमर्शगत धारणा के रणनीतिक इस्तेमाल को दमित समुदायों के राजनीतिक हित में आवश्यक बताती हैं। उदाहरण के लिए, जब यह कहा जाता है कि एक दलित ही दलित की व्यथा लिख सकता है या एक स्त्री ही एक स्त्री के दुखों को व्यक्त कर सकती है या समझ सकती है, तब इन कथनों में दलित या स्त्री में किन्हीं आधारभूत या तात्त्विक विशेषताओं की मान्यता निहित नहीं है, किन्तु रणनीतिक रूप से इस तरह के दावों की आवश्यकता और उपादेयता स्पष्ट है? ठोस और सुपरिभाषित सन्दर्भों में सुनिश्चित अस्मिता या पहचान न्यायसंगत है किन्तु इसके साथ-साथ तात्त्विक या आधारभूत पहचान की प्रभुता

के साथ लगातार बहस चलती रहनी चाहिये। उदाहरण के लिए एक संकेतक के रूप में भारतीयता का इस्तेमाल उन विमर्शों के मुकाबले के लिए ज़रूरी हो सकता है जिनमें भारतीयों का 'अन्यकरण' या 'अपवर्जन' होता है लेकिन साथ ही साथ भारतीयता के भीतरी अंतर्विरोधों का भी खुलासा होते रहना चाहिए ताकि इस संकेतक का वर्चस्वशाली और दमनकारी इस्तेमाल न हो सके।

चंद्रा तलपड़े मोहंती ने पश्चिमी नारीवादी सिद्धांतों में एक विमर्शगत औपनिवेशीकरण को रेखांकित किया है। उनके अनुसार, प्रभुत्वशाली पश्चिमी वैदुषिक संस्थानों द्वारा उत्पादित और प्रसारित कृतियों में तीसरी दुनिया की स्त्री की अखण्ड या समरूप परिभाषा उस वृहत्तर सांस्कृतिक और आर्थिक व्यवहार का अंग है जिसमें ग़ैर-पश्चिमी दुनिया का आर्थिक और सांस्कृतिक औपनिवेशीकरण अंतर्निहित है। ये अध्ययन 'विकसित दुनिया' और 'तीसरी दुनिया' के विषम शक्ति संतुलन की ही अभिव्यक्ति हैं जिनमें तीसरी दुनिया की स्त्री, वैज्ञानिक अन्वेषण और सांस्कृतिक बहुलतावाद के मानवीय विमर्श का विषय (ऑब्जेक्ट) है।[11] पश्चिमी नारीवादी विमर्शों में तीसरी दुनिया की स्त्री की अशिक्षित, ग़रीब, पारम्परिक, घरेलू और शोषित छवि उभरती है जो कि समरूप है मानो तीसरी दुनिया की स्त्रियों के अलग-अलग संस्तर और विशेषताएँ होती ही न हों। यह छवि शिक्षित, आधुनिक, अपने बारे में निर्णय लेने में स्वतंत्र, अपने शरीर और यौनिकता पर अधिकार रखने वाली पश्चिमी स्त्री के 'आत्म' निरूपण का ही विलोम है। मोहंती, तीसरी दुनिया की स्त्रियों के जीवनगत वैविध्य पर बल देते हुए एक ऐसे अंतर्सम्बद्ध विश्लेषण की माँग करती हैं जो कि स्त्री की परिभाषा को महज़ लैंगिकता तक सीमित न करे बल्कि सामाजिक, वर्गीय और जातीय निर्धारकों को भी विश्लेषण का हिस्सा बनाए। सारा सुलेरी ने नारीवादी सिद्धांतों को ठोस देशज सन्दर्भों में विकसित किए जाने पर बल देते हुए आत्मकथा की विधा में अभिव्यक्त 'जिये गए आत्मगत अनुभवों' को वस्तुगत सिद्धांत का दर्जा दिए जाने का विरोध किया है। पाकिस्तान व दूसरे इस्लामिक देशों के सन्दर्भ में सुलेरी स्त्री के 'जिये गए अनुभव' का बेहतर निरूपण आत्मकथा के माध्यम की अपेक्षा कानून के आख्यान के विश्लेषण में मानती हैं। उनके अनुसार, कानून और राजसत्ता के विमर्शों का विश्लेषण उन लोगों के जिये गए अनुभवों का बेहतर पाठ उपलब्ध कराता है जिनके शरीर इन कानूनों और राजसत्ताओं से सीधे प्रभावित होते हैं। पाकिस्तानी कानून जिस भयावह और आतंककारी यथार्थवाद के विमर्श को निर्मित करते हैं उसकी कोई भी अभिव्यक्ति उन पश्चिमी नारीवादी आलोचकों में नहीं दिखाई देती जो की तीसरी दुनिया की स्त्री का सैद्धांतीकरण करती हैं।[12] पश्चिमी नारीवादी सिद्धांतों में अधिकारिकता का दावा (उदाहरण के लिए कोई अश्वेत ही अश्वेत के लिए बोल सकता है या कोई नारीवादी ही नारी के लिए बोल सकती है) 'जिये गए अनुभवों' का मिथकीकरण करता है और उन ठोस सामाजिक, ऐतिहासिक सन्दर्भों को मिटाता है जिनका कि जिये गए अनुभवों की निर्मिति में सीधा हस्तक्षेप होता है।[13]

भूमण्डलीकरण के दौर में स्त्री अध्ययन अधिक अंतर्राष्ट्रीय और तुलनात्मक होता गया है। स्थानिकता बनाम भूमण्डलीकरण की बहस इस दौर के नारीवाद का महत्त्वपूर्ण विषय है। लता मणी ने सती प्रथा पर काम करते हुए इस बात को रेखांकित किया है कि हर स्थानीय अवस्थिति का अपना इतिहास है जिसकी वर्तमान पर छाप होती है। मणी का कहना है कि इंग्लैण्ड और अमरीका में उन्नीसवीं सदी के औपनिवेशिक विमर्श के तत्त्व ब्रिटिश नस्लवाद और अमरीकी सांस्कृतिक साम्राज्यवाद की सेवा में सतत् प्रवाहमान हैं। ऐसी जगहों पर और ऐसी स्थितियों में सती प्रथा जैसे विचारों के औपनिवेशिक प्रागैतिहास का पुनरावलोकन को एक राजनीतिक भंगिमा के बतौर भी समझा जा सकता है। इसके विपरीत भारत में कैरेबियन द्वीपों या मध्य अमरीकी देशों की तरह गर्दन पर साम्राज्यवादी जूते का दबाव वैसा प्रत्यक्ष नहीं है बल्कि यहाँ राष्ट्र-राज्य, वर्चस्वशाली सामाजिक और राजनीतिक संस्थाओं तथा विभिन्न किस्म की धार्मिक कट्टरताओं का दबाव अधिक है। लिहाजा भारतीय सन्दर्भ में, एक राजनीतिक रूप से संवेदनशील आलोचना को राष्ट्रवादियों द्वारा स्त्री प्रश्न को सीमित दायरे में प्रस्तुत करने, स्त्रियों के बारे में उन्नीसवीं सदी में चली बहसों में स्वयं स्त्री का हाशिये पर होना और स्त्री प्रश्नों पर चल रही समकालीन बहसों की औपनिवेशिक विरासत जैसे प्रश्नों पर ध्यान केन्द्रित करना चाहिए। इस तरह स्त्री अध्ययन की महत्ता उस सन्दर्भ पर निर्भर है जिसमें उसका अभिग्रहण और इस्तेमाल होता है क्योंकि वह स्थानीय चिन्ताओं को ही अभिव्यक्ति देता है।[14]

भूमण्डलीकरण की सैद्धांतिकी के साथ अंतःक्रिया करते हुए कुछ नारीवादी अध्ययनों में भूमण्डलीय (ग्लोबल) बनाम स्थानीय (लोकल) के अंतर्विरोध को लैंगिक सन्दर्भों में रख कर देखा गया है। पुरुषवादी भूमंडलीय महावृतान्त के बरअक्स स्त्रीवादी स्थानीय आख्यान का समीकरण इन अध्ययनों में उभरता है। इस धारणा को ख़ारिज करते हुए कार्ला फ्रीमैन जैसे चिंतकों ने रेखांकित किया है कि स्थानीय प्रक्रियाएँ और छोटे स्तर पर सक्रिय अभिकर्त्ताओं की भूमिका को भूमण्डलीकरण की बुनावट के भीतर ही समझा जा सकता है। नारीवाद की बहुराष्ट्रीय सैद्धांतिकी के कुछ महत्त्वपूर्ण अंतर्विरोध भी हैं। 'नारीवाद और आलोचनात्मक सिद्धांत' नामक अपने एक लेख में स्पीवाक ने 'मिस' पत्रिका के एक लेख की ओर ध्यान दिलाया है जिसमें कंट्रोल डेटा मैनेजमेन्ट कॉर्पोरेशन द्वारा स्त्रियों के लिए परिवार के प्रति संवेदनशील नीतियों तथा सामाजिक कार्यों के लिए छुट्टियों की व्यवस्था के गुण गाये गए हैं, लेकिन इस लेख में इस कम्पनी द्वारा कोरिया में स्त्रियों के प्रति दमनकारी व्यवहार, स्त्री श्रमिकों और उनके संगठन को विभाजित करने के लिए स्थानीय पुरुष श्रमिक शक्ति के इस्तेमाल का कहीं ज़िक्र नहीं है।[15] पूँजीवादी नारीवादियों का बहुराष्ट्रीय रंगमंच के प्रति अंधापन इस लेख में स्पष्ट दिखता है। भूमण्डलीकरण ने बहुराष्ट्रीय नारीवादी सक्रियता के लिए अभूतपूर्व मौके उपलब्ध कराए हैं, लेकिन इन मौकों का इस्तेमाल नारीवादी एकजुटता और संघर्ष के लिए तभी हो सकता है जब कि स्त्री

अनुभव की ऐतिहासिक व्याख्या हो और उसके स्थानीय रूपों का पर्याप्त सैद्धांतीकरण हो सके।

औपनिवेशिकता, राष्ट्रवाद और स्त्री प्रश्न

19वीं सदी के बांग्ला पुनर्जागरण के दौरान समाज सुधार के आंदोलनों के केन्द्र में स्त्री प्रश्न था। राम मोहन राय द्वारा सती प्रथा का विरोध और विद्यासागर के नेतृत्व में विधवाओं के पुनर्विवाह के पक्ष में और कुलीनों में बहुविवाह के विरुद्ध अभियान इस दौर की पहचान हैं। 19वीं सदी का अंत आते-आते समाज सुधार और स्त्री प्रश्न का राष्ट्रीय एजेंडे से ग़ायब हो जाना इतिहासकारों के बीच महत्त्वपूर्ण बहस का विषय रहा है। पार्थ चटर्जी ने इस विषय पर विचार करते हुए राष्ट्रवाद और स्त्री प्रश्न के समीकरण की व्याख्या की है।[16] उनके अनुसार, राष्ट्रवादी परियोजना ने औपनिवेशिक राज्य के साथ राजनीतिक अधिकारों के लिए संघर्ष और आंदोलन में जाने से काफ़ी पहले ही सांस्कृतिक सम्प्रभुता के एक स्वायत्त क्षेत्र का निर्माण कर लिया था। जहाँ 19वीं सदी के प्रथमार्द्ध में समाज सुधारकों ने धर्म और समाज सुधार के लिए औपनिवेशिक शासकों के कानूनी तंत्र की मदद ली, वहीं 19वीं सदी के अंतिम तीन दशकों में नये मध्यवर्गों से बने राष्ट्रवादी नेतृत्व ने एक ऐसे सांस्कृतिक दायरे का निर्माण किया जो कि औपनिवेशिक शासन के हस्तक्षेप से मुक्त सम्प्रभुता का दायरा था। सामाजिक संस्थाओं और व्यवहारों को राष्ट्रवाद ने दो हिस्सों में बाँटा। उसकी परियोजना में भौतिक दायरा बाहरी है और आध्यात्मिक दायरा भीतरी है। भौतिक दायरे में अर्थव्यवस्था, राज-काज, विज्ञान, तकनीक आदि आते हैं, जिनमें पश्चिम की श्रेष्ठता स्वीकार्य है, जिसे सीख कर दक्ष बनना है ताकि पश्चिम का उसकी ही ज़मीन पर मुकाबला किया जा सके। दूसरी ओर आध्यात्मिक दायरा भीतरी है, जो कि जाति की सांस्कृतिक अस्मिता का क्षेत्र है जहाँ भारत की पश्चिम पर श्रेष्ठता स्वयंसिद्ध है। जैसे-जैसे भौतिक दायरे में दक्षता बढ़ती है, वैसे-वैसे भीतरी दायरे के वैशिष्ट्य की रक्षा की ज़रूरत और भी बढ़ जाती है। स्त्री इस भीतरी सांस्कृतिक दायरे का केन्द्र है। राष्ट्रवाद ने स्त्री प्रश्न का औपनिवेशिक दख़ल से मुक्त सांस्कृतिक अस्मिता के क्षेत्र में समाधान प्रस्तुत करके उसे वाह्य राजनीतिक संघर्ष का मुद्दा नहीं रहने दिया।

ब्रिटिश शासकों ने अपने शासन की वैधता की परिपुष्टि करने के लिए एक ओर तो ब्रिटिश-पूर्व भारतीय राजनीतिक स्थिति को अराजक बताया, वहीं दूसरी ओर भारतीय लोगों के सामाजिक आचार-व्यवहार की 'पतनशीलता और बर्बरता' को समाप्त कर सभ्यता का एक मिशन पूरा करने की अपनी वैचारिक भूमिका को स्थापित किया। उपनिवेशवादी प्रशासकों, विद्वानों, आलोचकों ने भारतीय स्त्री की दुरावस्था को भारतीय सांस्कृतिक परम्पराओं के स्वभावतः दमनकारी और स्वतंत्रता-विरोधी होने का संकेतचिह्न बना लिया। औपनिवेशिक अध्येताओं ने अपने उद्‌देश्यों के लिए अर्थात् भारत में अंग्रेज़ी राज की वैधता को सभ्यता के मिशन के रूप में स्थापित करने के

लिए कुछ चुनिंदा शास्त्रीय कृतियों के अनुवाद और व्याख्या के जरिए यह स्थापित किया कि भारतीय समाज और परम्पराएँ वैसी ही थीं जैसी इन कृतियों में बताई गई थीं। चटर्जी के अनुसार, आरम्भिक 19वीं सदी के भारतीय समाज सुधार के एजेंडे पर स्त्री प्रश्न का सम्बन्ध किन्हीं ख़ास सामाजिक सम्बन्धों के भीतर स्त्रियों की ठोस स्थिति से नहीं था, बल्कि उसका सम्बन्ध औपनिवेशिक राजसत्ता तथा एक पराभूत देश की तथाकथित 'परम्पराओं' के बीच राजनीतिक संघर्ष से था। लता मणी ने सतीदाह के ख़ात्मे पर केन्द्रित अपने अध्ययन में दिखाया है कि किस प्रकार सती प्रथा स्वयं औपनिवेशिक विमर्शों की उत्पत्ति थी।[17] औपनिवेशिक विमर्शों में ब्राह्मणवादी धार्मिक ग्रन्थों की प्रभुता और उनके प्रति सभी हिन्दुओं के समानभाव से समर्पण की मान्यता अंतर्निहित थी। इन्हीं ग्रन्थों के आधार पर उपनिवेशवादियों द्वारा भारतीय परम्परा की परिभाषा रची गई। भारतीय राष्ट्रवाद ने औपनिवेशिक शासन के विरुद्ध अपने राजनीतिक रुख़ को कायम करने की प्रक्रिया में स्त्री प्रश्न को भारतीय परम्परा की ऐसी समस्या के रूप में पाया जिसे उनके सामने पहले से ही निरूपित कर दिया गया था। भौतिक/आध्यात्मिक का द्वैत राष्ट्रवादी मस्तिष्क में घर और बाहर के बीच फ़र्क की तरह निरूपित हुआ। पार्थ चटर्जी के शब्दों में, "बाहरी दुनिया वह थी जिसमें योरोपीय सत्ता ने ग़ैर-योरोपीय लोगों को अपनी श्रेष्ठतर भौतिक संस्कृति से पराभूत कर दिया था। राष्ट्रवादियों ने दावा किया कि भौतिक पराधीनता के बावज़ूद पूरब की आंतरिक सारभूत अस्मिता के औपनिवेशीकरण में योरोप असफल हुआ क्योंकि यह अस्मिता पूरब की विशिष्ट, श्रेष्ठतर आध्यात्मिक संस्कृति पर आधारित थी। पूरब अपनी सांस्कृतिक अस्मिता के क्षेत्र में पराभूत नहीं हुआ। इस क्षेत्र में वह अभी भी ख़ुदमुख़्तार और अपनी नियति का मालिक बना रहा। उपनिवेशित जनता के लिए बाहरी दुनिया दैनंदिन दमन और अपमान का ऐसा क्षेत्र थी, जिसमें उपनिवेशवादियों द्वारा बनाए गए नियमों को मजबूरी में स्वीकार करना पड़ता था। यह एक ऐसा क्षेत्र था जिसमें राष्ट्रीय स्वाधीनता की लड़ाई लड़ी जानी थी। पराधीन जनता को पश्चिम से भौतिक दुनिया के आधुनिक विज्ञानों और कलाओं को सीखना था ताकि उनका मुकाबला किया जा सके और अंततः उन्हें उखाड़ फेंका जाए। किन्तु राष्ट्रीय संघर्ष के पूरे दौर में राष्ट्रीय संस्कृति की अंतर्वस्तु, उसके आध्यात्मिक सारतत्त्व की सुरक्षा और उसे मज़बूत करने की आवश्यकता बनी रही। इस आंतरिक पवित्र दायरे में उपनिवेशकों के किसी भी अतिक्रमण को स्वीकृति नहीं दी जा सकती थी। जहाँ बाहरी दुनिया में पश्चिमी तौर-तरीकों को सीखना और आत्मसात करना एक ज़रूरत थी, वहीं घर में ऐसा करना अपनी अस्मिता को ख़त्म करने के बराबर था। घर और बाहर के इस द्वैत को लैंगिकता की सामाजिक भूमिका के साथ मिला कर देखने पर हमें वह वैचारिक साँचा प्राप्त होता है जिसमें राष्ट्रवाद ने स्त्री प्रश्न का समाधान किया।"[18]

पार्थ चटर्जी ने यह रेखांकित किया कि 19वीं सदी के बंगाली साहित्य की लिखित और वाचिक, दोनों ही परम्पराओं में बंगाली स्त्री के पश्चिमीकरण का विषय ज़ोर-शोर से उठाया गया। उपन्यास, प्रहसन, नाटक, तुकबंदियाँ और पटुआ पर

बनाए गए चित्रों में इस विषय को अभिव्यक्त किया गया। मेम साहब बनने की कोशिश करने वाली बंगाली स्त्री उन सामाजिक प्रहसनों का विषय थी जो इस दौर में बेहद मशहूर हुए और राष्ट्रवाद के वैचारिक प्रचार-प्रसार का कारगर माध्यम बने। आरम्भिक 19वीं सदी के लोक कवि गायकों (कबियाल) से ले कर आधुनिक बांग्ला रंगमंच के माइकल मधुसूदन दत्त, दीनबंधु मित्र, ज्योतिरिन्द्र नाथ टैगोर, उपेन्द्रनाथ दास, अमृतलाल बसु जैसे चर्चित पुरोधाओं ने इसे अपने नाटकों का विषय बनाया। चटर्जी यह रेखांकित करते हैं कि 19वीं सदी के मध्य के कलकत्ता के सबसे पश्चिमीकृत घरों में भी शायद ही ऐसी कोई बंगाली महिला वास्तव में विद्यमान रही हो जैसी कि इन प्रहसनों में दिखाई जाती थी। प्रहसनों में मेम सहब के तौर तरीकों की नकल करने वाली जिस बंगाली स्त्री का मज़ाक उड़ाया जाता था उसका वास्तविक दुनिया में मौजूद बंगाली स्त्री से कम ही सम्बन्ध था। वास्तव में यह प्रहसन पहनावे-ओढ़ावे, बात-व्यवहार, सजने-संवरने और चाल-चलन के पश्चिमी मानकों की आलोचना के निमित्त के तौर पर पश्चिमीकृत स्त्री का रूप खड़ा करते थे। बांग्ला पुनर्जागरण के महत्त्वपूर्ण स्तम्भ भूदेव मुखोपाध्याय ने 'पारिवारिक प्रबन्ध' शीर्षक से एक निबन्ध संग्रह 1882 में प्रकाशित कराया। इन निबन्धों में भौतिक/आध्यात्मिक के द्वैत को पाशव/दैवी विशेषताओं तथा पौरुष/स्त्रीसुलभ गुणों के द्वैत के अनुरूप बताया गया। इस संग्रह के एक निबन्ध में भूदेव ने लिखा "एक ऐसे समाज में जहाँ पुरुष और स्त्री हरदम साथ-साथ मिलते-जुलते, बोलते-बतियाते, खाते-पीते और यात्रा करते रहते हैं उनमें स्त्रियों के तौर-तरीके कुछ-कुछ भौंडे, आध्यात्मिक गुणों से रहित और अपेक्षया पाशववृत्ति लिए होते हैं। इस कारण से मैं नहीं समझता कि ऐसे समाजों के रीति-रिवाज़ ख़ामियों से मुक्त होते हैं। कुछ लोग यह कहते हैं कि स्त्रियों का यह निकट साहचर्य पुरुषों के चरित्र में भी कुछ कोमलता और आध्यात्मिक गुण पैदा करता है। चलिए यह मैं मान भी लूँ, तो भी क्या इस (संग-साहचर्य) से स्त्री-चरित्र में आने वाले भद्देपन और पतन की क्षतिपूर्ति पुरुषों द्वारा अपनाई गई थोड़ी-सी कोमलता से हो सकती है? .... जिन लोगों ने हमारे धार्मिक नियमों को स्थापित किया उन्होंने सर्वाधिक पाशव लक्ष्यों की ओर प्रेरित कार्यों में भी (जो मनुष्यों को करने पड़ते हैं) आन्तरिक आध्यात्मिक गुणों के दर्शन किए जो कि उन कार्यों की पाशव विशेषताओं का निरसन कर देते हैं। यह योरोप में नहीं हुआ। धर्म वहाँ (भौतिक) जीवन से पूर्णतः कटा हुआ है। योरोपीय लोग जीवन के सभी पक्षों का धर्म के आधार पर नियमन नहीं करते, वे इसे पुरोहितवाद कह कर निंदा करते हैं। .... आर्य व्यवस्था में आध्यात्म की प्रधानता है जबकि योरोपीय व्यवस्था में भौतिक सुख प्रधान है। आर्य व्यवस्था में पत्नी देवी है, योरोपीय व्यवस्था में वह साथिन और संगिनी है।"[19] भूदेव मुखोपाध्याय का यह निबन्ध संग्रह राष्ट्रवादी विमर्शों में तैयार की गई नई पितृसत्ता का प्रतिनिधि उदाहरण प्रस्तुत करता है। इन निबन्धों में 'घर' ही राष्ट्रीय संस्कृति की आध्यात्मिक विशेषताओं को अभिव्यक्त करने वाला प्रधान क्षेत्र था और 'स्त्री' पर ही उन विशेषताओं की सुरक्षा, संरक्षा और संवर्द्धन की प्रमुख ज़िम्मेदारी नियत की गई।

भौतिक गतिविधियों के बाहरी क्षेत्र के साथ तालमेल बैठाने का दायित्व पुरुषों का माना गया। इस योजना के अनुसार, स्त्रियों के लिए जीवन की बाह्य परिस्थितियों में चाहे जो भी परिवर्तन घटित हों, उन्हें कभी भी अपने आध्यात्मिक गुणों (स्त्रीत्व) को छोड़ कर पश्चिमी नहीं बनना चाहिए। 'आधुनिक किन्तु ग़ैर पश्चिमी' जैसा राष्ट्रीय मापदंड 'स्त्री' की ही छवि में साकार किया जाना था। घर/बाहर, आध्यात्मिक/भौतिक, स्त्री/पुरुष के द्वैतों का समीकरण आधुनिक स्त्री के वस्त्र, आहार, सलीका, शिक्षा, गृह-प्रबन्ध और घर से बाहर उसकी भूमिका पर बदलती हुई स्थितियों के प्रभाव के सम्बन्ध में कैसे लागू किया जाना है इस पर विवाद 19वीं सदी के मध्य से ले कर आज तक भी थमे नहीं हैं। पार्थ चटर्जी के अनुसार, इस प्रश्न के समाधान के अनेक स्रोत रहे हैं—पुनर्निर्मित क्लासिकीय परम्परा, आधुनिकीकृत लोक-रूप, नौकरशाही और औद्योगिक व्यवहारों के उपयोगितावादी तर्क, उदारवादी-लोकतांत्रिक राज्य में बराबरी का कानूनी विचार आदि। स्त्री प्रश्न के समाधान की अंतर्वस्तु न तो पूर्वनिश्चित है और न ही परिवर्तनहीन, किन्तु उसके रूपाकार की संगति द्वैतों के उसी तंत्र के साथ थी जिन्होंने राष्ट्रीय परियोजना को आकार दिया था।

नई राष्ट्रवादी पितृसत्ता में घर और बाहर की दुनियाओं को जोड़ने वाली सामाजिक व्यवस्था में स्त्री की जगह का सिर्फ़ आधुनिक पश्चिमी समाजों से ही विभेद न था, बल्कि इस नई पितृसत्ता का विभेद उस देशज, परम्परागत पितृसत्ता से भी स्थापित किया गया जिसे उपनिवेशवादियों की चुनौती का सामना करना पड़ रहा था। देशज सांस्कृतिक अस्मिता के चिह्न के बतौर राष्ट्रवाद ने परम्परा के कई तत्त्वों को ग्रहण किया, लेकिन यह परम्परा अब 'क्लासिकीय' थी—सुधरी हुई, पुनर्रचित, बर्बरता और अतार्किकता के सभी आरोपों से सुरक्षित।

नई पितृसत्ता ने उस तत्कालीन सामाजिक और सांस्कृतिक परम्परा से भी अपना विभेद स्थापित किया जिसमें देश के अधिकांश लोग रचते-बसते थे। इस नई पितृसत्ता की 'नई' स्त्री उस 'आम' स्त्री से (जो भोंडी, कर्कश, झगड़ालू, उच्च नैतिक संवेदनाओं से रहित, सेक्स के मामलों में स्वच्छंद और पुरुषों के अमानवीय शारीरिक दमन का शिकार थी) से उलट 'छवि' वाली थी। 19वीं सदी के बांग्ला साहित्य में इस 'नई' आदर्श स्त्री को न केवल पश्चिमीकृत आधुनिकाओं के बरअक्स गढ़ा गया बल्कि उन 'आम' महिलाओं के बरअक्स भी जो मध्यवर्गीय सामाजिक माहौल में प्रकट हुआ करती थीं। इन 'आम' स्त्रियों में घरेलू दाई, धोबिन, नाउन, फेरी लगाने वाली और वेश्या जैसे पात्र आते थे। इस तरह पश्चिमी आधुनिकाओं और निचले तबके की 'आम' स्त्रियों से भिन्न इस 'नई' स्त्री द्वारा अपने ही प्रयासों से श्रेष्ठतर राष्ट्रीय संस्कृति का वाहक बनना, उसकी नव-प्राप्त स्वाधीनता का मुख्य चिह्न था।

स्त्री प्रश्न के ठोस रूप के समाधान किस प्रकार किए गए, इसकी महत्त्वपूर्ण मिसाल है 'स्त्री शिक्षा'। आरम्भ में स्त्रियों को किताबी ज्ञान से अलग रखने पर जो रूढ़िवादी ज़ोर था, वह जल्द ही ख़त्म हो गया। बौद्धिक वर्ग ने अपने प्रयासों से

स्कूल, कॉलेज खोल कर 'स्त्री शिक्षा' को सम्भव बनाया और औपनिवेशिक राज तथा ईसाई मिशनरियों को 'स्त्री शिक्षा' के दायरे से अलग रखा। पाठ्यपुस्तकों, पत्र-पत्रिकाओं और रचनात्मक साहित्य के जरिए बांग्ला भाषा और साहित्य की समृद्धि की एक प्रमुख प्रेरणा यह भी थी कि स्त्रियों की आधुनिक शिक्षा को उस एकमात्र भाषा में सुलभ बनाया जाए जो उन्हें आती थी, यानी उनकी मातृभाषा। पार्थ चटर्जी ने 1850 के दशक से बंगाल में औपचारिक 'स्त्री शिक्षा' के देशी अभियान की ज़बर्दस्त सफलता को आँकड़ों के माध्यम से दर्शाया है। 1863 में लड़कियों के 95 स्कूलों में कुल 2500 लड़कियाँ पढ़ती थीं जबकि 1890 में स्कूलों की संख्या बढ़ कर 2238 हो गई और उनमें पढ़ने वाली लड़कियों की संख्या 80,000 से ज़्यादा हो गई। 1883 में चंद्रमुखी बोस और कादंबिनी गांगुली ने कलकत्ता विश्वविद्यालय से स्नातक उपाधि प्राप्त करके उच्च शिक्षा में स्त्रियों की धमाकेदार उपस्थिति दर्ज की। यह घटना राष्ट्रीय गौरव का प्रतीक बन गई क्योंकि उस समय तक अधिकांश ब्रिटिश विश्वविद्यालयों की परीक्षाएँ लड़कियों के लिए खुली न थीं।[20] औपचारिक शिक्षा नई भद्र महिला के लिए सिर्फ़ स्वीकार्य नहीं हुई बल्कि उसकी भद्रता की ज़रूरत बन गई। स्त्री की मुक्ति और 'आत्म मुक्ति' की राष्ट्रवादी परियोजना में पुरुष और स्त्री दोनों को हिस्सेदारी निभानी थी। 'अनुशासन' के नये बूर्जुआ गुणों मसलन व्यवस्थाप्रियता, किफ़ायत, साफ़-सुथरापन, व्यक्तिगत ज़िम्मेदारी का बोध, साक्षरता, हिसाब-किताब और स्वास्थ्य के व्यावहारिक कौशल, बाहरी दुनिया द्वारा निर्धारित नई भौतिक और आर्थिक स्थितियों के अनुरूप गृह-प्रबन्धन आदि गुण स्त्रियों में विकसित करना 'स्त्री शिक्षा' का मुख्य उद्देश्य था। इसके लिए स्त्री को बाहरी दुनिया को जानना भी ज़रूरी था, लिहाज़ा पर्देदारी के नियमों को शिथिल करके संस्कृति और समाज द्वारा अनुमोदित स्त्री और पुरुष के अलग-अलग आचरणों के मानक तय किए गए। स्त्रीत्व के आध्यात्मिक संकेतचिह्न पहनावे, ख़ान-पान, सामाजिक व्यवहार के तौर-तरीकों और धार्मिकता में परिलक्षित होते थे। एक बार स्त्री का मूलभूत स्त्रीत्व सांस्कृतिक रूप से दृश्यमान आध्यात्मिक गुणों के रूप में परिभाषित हो जाने के बाद, स्त्रियाँ स्कूल जा सकती थीं, सार्वजनिक वाहनों में यात्रा कर सकती थीं, सार्वजनिक मनोरंजन के कार्यक्रमों को देख सकती थीं और यहाँ तक कि घर से बाहर नौकरी कर सकती थीं।

स्त्रीत्व के चिह्न—जैसा कि पहले इंगित किया गया, उसके पहनावे, खान-पान, सलीके और धार्मिक आचरण में परिलक्षित होने आवश्यक थे। पार्थ चटर्जी ने भद्र महिला के पहनावे को ले कर एक दौर तक प्रयोग चलने के बाद अंततः ब्राह्मिका साड़ी को मध्यवर्गीय स्त्री का मानक पहनावा स्वीकार किए जाने का उल्लेख किया है। ब्रह्मसमाजी परिवारों में ब्लाउज, पेटीकोट, और जूते के साथ पहने जाने वाली ब्रह्मिका साड़ी का फ़ैशन था। यह ब्रह्मिका साड़ी एक ओर मेमसाहिब, दूसरी ओर पुरानी पीढ़ी की महिलाओं और साथ ही साथ निम्न वर्ग की महिलाओं के पहनावे से भिन्न थी। पहनावे के इस रूप की स्वीकृति में भी राष्ट्रीय पहचान, सामाजिक मुक्ति और

सांस्कृतिक सुरुचि की दृष्टि से आवश्यक विभेदों और भिन्नताओं के चिह्न स्पष्ट थे। इसी तरह स्त्री के चरित्र की आध्यात्मिकता पर ज़ोर, भौतिक दुनिया के बढ़ते दबावों के सामने पुरुष के मजबूर आत्मसमर्पण को प्रतिसंतुलित करता था। ख़ान-पान, पहनावे, सामाजिक सम्बन्ध और धर्माचरण में पुरुषों के समर्पण की क्षतिपूर्ति स्त्रियों की आध्यात्मिक शुद्धता के दावे से होती थी। राष्ट्रवाद द्वारा प्रस्तावित नई पितृसत्ता ने स्त्री को नई सामाजिक ज़िम्मेदारियों का गौरव प्रदान किया। राष्ट्रवादी अभियान ने स्त्रीमुक्ति के कार्यभार को सम्प्रभु राष्ट्र के निर्माण के ऐतिहासिक लक्ष्य से जोड़ कर स्त्रियों को, सर्वथा नये किन्तु वैध मातहती के सम्बन्ध में बाँध दिया। राष्ट्रवादी अभियान के नेतृत्व में नये मध्यम वर्गों के उदय के साथ देशी साहित्य में स्त्री को राष्ट्र का प्रतीक बना दिए जाने के उपक्रम परिलक्षित होते हैं। देवी या माँ के रूप में परिकल्पित राष्ट्र की स्त्री छवि ने घर के बाहर की दुनिया में स्त्री की यौनिकता को मिटाने का काम किया।

राष्ट्रवादी अभियान ने भौतिक संसार में स्त्री-पुरुष भिन्नता के कोई ठोस संकेतचिह्न स्थापित नहीं किए। पार्थ चटर्जी ने भारत में मध्यवर्गीय पेशों में स्त्रियों के प्रति भेदभाव के आपेक्षिक अभाव को इसी परिप्रेक्ष्य में रेखांकित किया है। मध्यवर्गीय नौकरी-पेशों के लिए जातीय, धार्मिक, भाषायी आधार पर गठित सांस्कृतिक समूहों में तीखी प्रतिद्वंद्विता चली किन्तु राष्ट्रवादी और उत्तर औपनिवेशिक राजनीति में इस क्षेत्र में स्त्री प्रश्न कोई गंभीर मुद्दा नहीं बना। भारत के संविधान में भी मताधिकार को ले कर स्त्री-पुरुष में किसी भेद का कोई मुद्दा ही नहीं उभरा। राष्ट्रवादी विचारधारा ने पुरुष/स्त्री गुणों को भौतिक/आध्यात्मिक द्वैत के फ्रेम में अवस्थित करके नौकरी-चाकरी की भौतिक दुनिया में स्त्री-पुरुष भिन्नता का कोई आधार ही प्रस्तुत नहीं किया।[21] (हालांकि चटर्जी ने इस परिघटना को ज़्यादा जटिल मानते हुए इसे सरसरी तौर पर ही किया गया पर्यवेक्षण माना है)

राष्ट्रवादी आंदोलन की एक शताब्दी के दौरान मध्य वर्ग की स्त्रियों का जीवन राजनीतिक आंदोलनों के बाहरी दायरे से अलग घरेलू दायरे में ही तेज़ी से बदला। इन सौ वर्षों में मध्यवर्गीय महिलाओं की हर पीढ़ी अपनी पिछली पीढ़ी के जीवन से उल्लेखनीय भिन्नता को व्यक्त करती रही है। आज़ादी के बाद ही स्त्री प्रश्न राष्ट्र-राज्य के जीवन का राजनीतिक सवाल बना। आज़ादी के बाद ही स्त्री जीवन में सुधार के लिए विवाह, सम्पत्ति, मताधिकार, अवसरों और तनख़्वाहों में बराबरी सम्बन्धी कानून बनाने की बात सोची गई।[21]

राष्ट्रवादी दौर में स्त्री-समानता और स्त्री-स्वातंत्र्य के स्वायत्त आंदोलनों के प्रकट अभाव को समझने के उपक्रम में पार्थ चटर्जी लिखते हैं, "यदि हम (स्त्री प्रश्न पर) चलने वाले संघर्षों के साक्ष्य राजनीतिक घटनाओं के सार्वजनिक दस्तावेज़ों में ढूँढ़ेंगे तो हम ग़लती करेंगे क्योंकि 19वीं और 20वीं सदी के योरोप और अमेरिका में चले स्त्री आंदोलनों से भिन्न राष्ट्रवाद के युग में स्त्रीत्व की नई परिकल्पना का संघर्ष 'घर' के

दायरे में छेड़ा गया। उस दौर की उन आत्मकथाओं, पारिवारिक इतिहासों, धार्मिक-वृत्तों, साहित्य, नाटक, गीत, चित्रकला और दूसरे सांस्कृतिक शिल्प-तथ्यों के रूप में प्राप्त साक्ष्यों से यही पता चलता है कि यह 'घर' का ही दायरा था जो कि 'स्त्री प्रश्न' का प्रमुख रणक्षेत्र था, जिसके माध्यम से नई राष्ट्रवादी पितृसत्ता की वर्चस्वशाली निर्मिति को स्वीकार्य बनाया गया।[23]

पार्थ चटर्जी ने नई राष्ट्रवादी पितृसत्ता के ढाँचे को अल्पसंख्यकों में भी उसी तरह भीतरी/बाहरी, घर/बाहर, भौतिक/आध्यात्मिक, स्त्रीत्व/पौरुष के समीकरण में ही चरितार्थ होता दिखाया है। चटर्जी ने उस जटिलता को भी रेखांकित किया है जो कि राष्ट्रवाद की असफलता से पैदा हुई। मध्यवर्ग के वे हिस्से जिन्होंने राष्ट्र-निर्माण में ख़ुद को सांस्कृतिक रूप से अपवर्जित पाया, उनमें राष्ट्रवादी सुधार की प्रक्रिया देर से शुरू हुई और आज़ादी तक भी अपने राजनीतिक उद्देश्यों को न पा सकी। आज़ादी के बाद नये राष्ट्र-राज्य के उदय के बरअक्स अल्पसंख्यकों के भीतर सुधार के सवाल पर औपनिवेशिक सम्बन्धों का ही ढाँचा फिर से सक्रिय रहा। राष्ट्र से अपवर्जित समुदाय के रूप में अल्पसंख्यकों के नेतृत्वकारी वर्गों ने यही तय पाया कि वे सुधार जो कि समुदाय की अस्मिता के अंतरतम को स्पर्श करते हैं, वे वैध रूप से समुदाय के भीतर ही संचालित किए जा सकते हैं, राजसत्ता के द्वारा नहीं। चटर्जी इस सन्दर्भ में मुस्लिम देशों में चले उन राष्ट्रवादी सांस्कृतिक सुधारों को रेखांकित करते हैं जो कि उन देशों के सफल स्वतंत्रता आंदोलन और नये राष्ट्र-राज्य के निर्माण का महत्त्वपूर्ण हिस्सा थे। इसकी तुलना में भारतीय मुसलमानों के आज़ादी के बाद के सामाजिक जीवन में बेहद कम संस्थागत परिवर्तन हुए।

चटर्जी ने राष्ट्रवादी अभियान द्वारा निर्मित नई पितृसत्ता का आरेखन करने के बाद तत्कालीन बांग्ला स्त्रियों की चुनिंदा आत्मकथाओं का विश्लेषण करते हुए यह प्रस्तावित किया है कि नई पितृसत्ता की राष्ट्रवादी स्थापना स्वयं स्त्रियों द्वारा निर्विवाद ढंग से स्वीकार नहीं कर ली गई। स्त्रियों के विवादी स्वरों को राष्ट्रवादी पुनर्जागरण के नेताओं द्वारा दबाने की जगह उन्हें मान्यता दे कर जज़्ब कर लेने की भंगिमा दिखती है। इस भंगिमा के पीछे राष्ट्रवादी अभियान द्वारा 'घर की बात घर में ही रहे' के संकल्प से जन्मी उदारता है। ऐसा करके राष्ट्रवादी पितृसत्ता ने अपनी वैधता और वर्चस्व को सहमतिपरक बनाने में सफलता ही हासिल की। राष्ट्रवादी पुरुष स्वर ने निरक्षरों, ग़रीबों, पागलों और स्त्रियों के स्वरों को अपना कर आत्मालोचन और आत्मविडंबना के जरिए अपनी शिक्षित, अभिजनोन्मुख, तार्किक, पितृसत्तात्मक अस्मिता की वैधता को सुरक्षित रखा।

पार्थ चटर्जी ने 'घर' के भीतर स्त्री जीवन की विकास यात्रा के द्वंद्वों को 'स्त्री आत्मकथाओं' के जरिए ही पकड़ने की कोशिश की है क्योंकि वे ही इस 'स्त्री इतिहास' के प्रधान साक्ष्य हैं। बाहरी दुनिया से अदृश्य स्त्री प्रश्न जिस आन्तरिक, घर की दुनिया में अपने समाधान खोज रहा था, उसकी अभिव्यक्ति भी राजनीतिक

इतिहास के घटनात्मक विवरणों की जगह 'स्त्री आत्मकथाओं' में ही दर्ज हो, यह स्वाभाविक है। चटर्जी ने यह दिखलाया है कि 'स्त्री आत्मकथाएँ' अलग विधा का निर्माण करती है। वे पुरुष आत्मकथाओं का ही एक भिन्न प्रकार नहीं हैं, बल्कि स्वतंत्र 'विधा' हैं। 19वीं सदी के मध्य से औपनिवेशिक बंगाल के पुरुष जिन्होंने सार्वजनिक जीवन में नाम पैदा किया, उनकी आत्मकथाएँ अधिकांशतः 'आत्मचरित' कही गईं। 'आत्मचरित' सिर्फ़ अंग्रेज़ी के 'ऑटोबायोग्राफ़ी' का शब्दानुवाद ही नहीं था, बल्कि उसमें बुद्धचरित, हर्षचरित और चैतन्यचरितामृत की तर्ज पर शास्त्रीय और मध्यकालीन 'चरित साहित्य' की छाप भी थी, जिनमें राजाओं और संतों की जीवनियाँ अंकित की गई थीं। जहाँ प्राचीन व मध्यकालीन 'चरितसाहित्य' की ग़ैर-आधुनिक विशेषताएँ जहाँ नहीं थीं, वहीं यशस्वी पुरुष की ज्ञीवनगाथा का स्वरूप इस विधा के आधुनिक उपयोग में सुरक्षित रहा। दूसरी ओर 19वीं सदी की बंगाली महिलाओं की लगभग 20 आत्मकथाओं में किसी को भी 'आत्मचरित' नहीं कहा गया; उन्हें आम तौर पर 'स्मृतिकथा' कहा गया। चटर्जी के शब्दों में, "इन कहानियों को एक आख्यान में बाँधने वाला तथ्य कथावाचक का जीवन इतिहास या उसके 'आत्म' का विकास न हो कर उसके 'समय' का सामाजिक इतिहास था।"[24] इन स्त्री 'आत्मकथाओं' में 'आत्म' का प्रकटीकरण बदलते समय, बदलते रीति-रिवाज़, तौर-तरीकों और मूल्यों के आख्यान के बीच दबा रह गया।

'राष्ट्रवादी' हिन्दू महिला की वंश परम्परा

पार्थ चटर्जी के अध्ययन में राष्ट्रवादी अभियान में स्थापित नई पितृसत्ता में उस नये पहलू को नहीं रेखांकित किया गया जो कि 'हिन्दू राष्ट्रीयता' की निर्मिति में प्रधानतः 'मुस्लिम' का अन्यकरण करने के क्रम में स्त्री प्रश्न के ज़बर्दस्त इस्तेमाल से सम्बन्ध रखता है। राम जन्मभूमि आंदोलन से ले कर गुजरात जनसंहार तक उत्तर-औपनिवेशिक भारत में जिस हिन्दू सांप्रदायिकता का भीषण उभार हुआ, उसने तमाम नारीवादी अध्येताओं को इस परिघटना में स्त्रियों की भूमिका के अध्ययन की ओर प्रेरित किया। इन अध्ययनों में स्वाधीनता आंदोलन के दौरान सांप्रदायिकता के स्त्रीपक्ष की परम्परा को रेखांकित करने की कोशिश की गई। तनिका सरकार ने 1936 में लक्ष्मीबाई केलकर द्वारा स्थापित राष्ट्र सेविका समिति से ले कर दुर्गा वाहिनी तक के इतिहास का गंभीर अध्ययन प्रस्तुत किया।[25] सन् 2002 के गुजरात जनसंहार के दौरान एक ओर तो बड़े पैमाने पर मुस्लिम स्त्रियों के साथ बलात्कार और हत्या की घटनाएँ हुईं, वहीं दूसरी ओर हिन्दुत्व के अभियान में हिन्दू स्त्रियों ने बढ़-चढ़ कर हिस्सा लिया। इस घटना ने स्त्रियों की एकता और बहिनापे की तमाम नारीवादी सदिच्छाओं को क्रूर आघात पहुँचाया। दंगों में महिलाओं की दुर्गति पर नारीवादी अध्येताओं ने काफ़ी कुछ शोधपरक अध्ययन पहले भी प्रस्तुत किए थे किन्तु सांप्रदायिक राष्ट्रवाद के भयानक उभार ने राष्ट्रवाद और स्त्री प्रश्न के सम्बन्ध में नये

सिरे से अध्ययन किए जाने को प्रेरित किया। 'नारीमुक्ति' के विमर्श को पहली बार 'नारी शक्ति' के सांप्रदायिक जयघोष से रूबरू होना पड़ा। राष्ट्र और स्त्री के पेचीदा रिश्तों के इन अध्ययनों में समकालीन उत्तर-औपनिवेशिक भारत के सम्मुख उपस्थित चुनौतियों का एक सर्वथा भिन्न पाठ आकार लेता है।

चारु गुप्ता के शब्दों में, "मैं यह रेखांकित करना चाहती हूँ कि विशेष कर औपनिवेशिक भारत में महिला और सांप्रदायिक राजनीति के चोली-दामन रिश्ते की समझदारी के लिए हम सामूहिक हिंसा और उत्कट घड़ियों पर अपना ज़्यादा ध्यान न लगाएं, बल्कि महिला के प्रिज्म का इस्तेमाल करके रोज़मर्रा की ज़िन्दगी और उसके रिश्तों के बीच हिन्दू सांप्रदायिकता के विकास की खोज करें। औपनिवेशिक उत्तर भारत में हिन्दू प्रचारकों के ज़्यादातर विमर्श हमारी दैनन्दिनी के साथ जुड़े हैं। और वे किसी समुदाय की अभिव्यक्ति, आक्रामकता और द्वंद्व के बेहद महत्त्वपूर्ण संकेतक हैं। .... वास्तव में, यह मेरी मूल मान्यता है कि पितृसत्तात्मक आचार-विचारों के पुनर्गठन की गद्दी पर हिन्दू समुदाय के राज्याभिषेक ने भारतीय पुनर्जागरण और सामाजिक सुधार और इससे महिलाओं की स्थिति में परिवर्तन का उदारवादी प्रकल्प लगभग पलट-सा दिया।"[26]

चारु गुप्ता यह दिखलाती हैं कि उत्तर भारत में, विशेष कर 1920 के बाद के दौर में, आर्यसमाज के संगठन और शुद्धि आंदोलनों के जरिए जो हिन्दू राष्ट्रीयता विकसित हुई उसमें गोरक्षा, मस्जिद तथा अन्य मुद्दों की अपेक्षा हिन्दू महिलाओं के नियंत्रण के मुद्दे पर तमाम जातियों में विभाजित हिन्दू समुदाय एकजुट हुआ। चारु गुप्ता के शब्दों में, "महिलाओं के प्रतीक और मुद्दे एक साथ संकीर्ण, पारम्परिक और सुधारवादी हिन्दुओं, ऊँची और नीची जातियों को समान अपील करते थे। कई कारणों से ये सभी खेमें अतीत को गौरवशाली और वर्तमान को अपने पतन का कारण मानते थे। स्वर्णिम अतीत की तस्वीर बनाने और वर्तमान में सभ्य राष्ट्रीय पहचान पर ज़ोर देने के लिए महिलाएँ एक सशक्त माध्यम बन सकती थीं। ..... आर्य समाज में प्रभावशाली हिन्दू नौकरीपेशा तबके (विशेष कर कायस्थ और खत्री); पुनरुत्थानवाद के बेहद कट्टरपंथी रूपों के वाहक सर्वव्यापी स्थानीय ब्राह्मण और व्यापारी (विशेष कर मारवाड़ी); मध्यवर्गीय और शूद्र जातियों (मुख्यतः अहीर, कुर्मी, गूजर और खटिक) के संगठन जो भिन्न लिए क्षत्रिय वर्ग के उच्चतर दर्जे की माँग कर रहे थे; उच्च जाति के हिन्दुओं से अलग अपनी अलग अस्मिता की तलाश कर रही कुछ अस्पृश्य जातियाँ (जैसे चमार)—ये सभी हिन्दू महिलाओं के भौतिक, सामाजिक, धार्मिक और सार्वजनिक क्षेत्रों के नियंत्रण के मुद्दे पर एक हुए। इन सबके वैचारिक क्षितिज और काम-काज की गति अलग-अलग थी, पर एक आधुनिक हिन्दू पहचान बनाने और पितृसत्ता की नई साँस लेने में ये साथ-साथ थे।"[27] इसके साथ-साथ मुसलमानों के 'अन्यकरण' के जरिए हिन्दू राष्ट्रीय पहचान की निर्मिति में स्त्री-प्रश्न को मुख्य संकेतक के बतौर इस्तेमाल किया गया। चारु गुप्ता लिखती हैं, "मुस्लिमों का अवमल्यन [illegible]

कर महिलापरक शब्दावली में किया गया। मुस्लिम मर्द बहुत बार बलात्कारी या अपहरणकर्ता के रूप में दिखाए जाने लगे। औपनिवेशिक उत्तर भारत में विशेष कर 19वीं शताब्दी के बाद महिलाओं की कद-काठी के इस्तेमाल के जरिए मुस्लिमों की एक ख़ास साँचेदार सांस्कृतिक छवि बनाने की प्रवृत्ति उल्लेखनीय है।''[28] सुधीर चंद्र ने रेखांकित किया है कि कैसे ''भारतेन्दु हरिश्चंद (1850-85), प्रतापनारायण मिश्र (1856-94) और राधाचरण गोस्वामी (1859-1923) जैसे कई प्रमुख हिन्दी लेखक प्रायः मुस्लिमों को हिन्दू महिलाओं के बलात्कारी और अपहरणकर्ता के रूप में चित्रित करते हैं।[29]

मीनाक्षी मुखर्जी ने रेखांकित किया है कि, 1890 के दौर के लोकप्रिय हिन्दी रचनाकारों की पहली पीढ़ी—देवकीनंदन खत्री, किशोरीलाल गोस्वामी और गंगा प्रसाद गुप्त—इन्हीं पूर्वाग्रहों के शिकार हैं। इनमें मुस्लिम मुख्यतः व्यभिचारी, अंध काम-वासना के शिकार धार्मिक कट्टर आदि ही हैं।[30] चारु गुप्ता ने हिन्दी-उर्दू भाषा विवाद की सांप्रदायिक अभिव्यक्तियों में भी स्त्री-रूपक के इस्तेमाल को लक्ष्य किया है, ''यहाँ भाषाओं तक को लिंग की श्रेणी में बाँध दिया गया। हिन्दी को धैर्यवान और सम्मानयोग्य हिन्दू पत्नी के रूप में अथवा एक ब्राह्मण पालक गृहिणी के रूप में चित्रित किया गया जबकि उर्दू का चित्रण एक पत्थर दिल कुलीन, तवायफ़ या आवारा मुस्लिम वेश्या के रूप में किया गया। कुछ नाटकों में रानी देवनागरी की छवि एक नव-मध्यवर्गीय हिन्दू गृहिणी अथवा किसी अन्य रानी के रूप में और बेगम उर्दू असंस्कृत, अनियंत्रित स्त्री के रूप में प्रस्तुत की गई।''[31]

हालांकि गाँधी को इस बात का श्रेय दिया जाता है कि उन्होंने चरखा, खादी व अन्य परम्परागत रूप से स्त्रियोचित प्रतीकों और प्रतिरोध के तरीकों का इस्तेमाल कर राष्ट्रवाद को स्त्रियोचित रूप देने के साथ-साथ व्यापक तौर पर महिलाओं की राजनैतिक गतिविधि को वैधता प्रदान की, लेकिन कांग्रेस के भीतर और बाहर राष्ट्रवाद की एक दूसरी प्रवृत्ति अवश्य मौजूद थी, जो कि एक विशिष्ट, आक्रामक और मर्दाना हिन्दू छवि गढ़ने में व्यस्त थी। 'हिन्दू महासभा' तथा 'आर्य समाज' द्वारा संचालित शुद्धि और संगठन के कार्यक्रम ऊँची जाति वाले आभिजात्य हिन्दुओं की बहुतेरी दुश्चिंताओं और आकांक्षाओं को मूर्तिमान करते थे जो कि ख़िलाफ़त आंदोलन और मालाबार के मोपला विद्रोहों की सफलता से विचलित तथा संगठित और हिंसक मुस्लिम समुदाय की डरावनी कल्पनाओं से आतंकित थे। पंजाब के भूमि पृथक्करण कानून, 1901 ने मुस्लिम किसानों के बड़े हिस्से को फ़ायदा पहुँचाया जबकि शहरी हिन्दुओं के व्यापारिक हितों को इस कानून से चोट पहुँची। ये वो समय था जब कि मुसलमानों के लिए पृथक् निर्वाचन के सिद्धांत (1908-09) को बहस में ला दिया गया था। मान्टेग्यु चेम्सफ़ोर्ड सुधारों (1919) ने ग्रामीण भारत के अभिजनों को मताधिकार प्रदान कर शहरी हिन्दुओं के विशेषाधिकारों के लिए खतरा उत्पन्न किया। साथ ही साथ, हिन्दू समाज निम्न जातियों के उभार और जातिगत टकरावों से भी

गुज़र रहा था। ऐसे समय में राजनीतिक, व्यापारिक, धार्मिक हितों और अस्मिताओं का समीकरण गढ़ा जाने लगा।[32]

जनगणना के औपनिवेशिक वर्गीकरण से प्रकट हिन्दुओं की घटती जनसंख्या का तथ्य भी दुश्चिंताओं को बढ़ा रहा था। इस तथ्य के इर्द-गिर्द ही पौरुषहीन हिन्दुओं की रूढ़ि को गढ़ा गया। घटती हिन्दू जनसंख्या के दृश्य उभारे जाते थे, वहीं हिन्दुओं के लिए 'मरणासन्न नस्ल' का प्रयोग सामान्य बातचीत में प्रचलित होने लगा था। ब्रिटिश सरकार के गृह सचिव एच.एच. रिसले ने जनगणना को इंगित कर यह सवाल उठाया कि कहीं यह आने वाले इस्लामिक या ईसाई पुनरुत्थान का सूचक तो नहीं जो कि हिन्दुत्व के लिए ख़तरा उत्पन्न कर देगा या फिर हिन्दुत्व अपने लंबे अतीत की तरह ही अपने को बचाए रखने में सफल होगा। इस विमर्श ने इतना ज़ोर पकड़ा कि 1920 के सांप्रदायिक रूप से उद्वेलित दशक में लाला लाजपत राय ने मदन मोहन मालवीय को एक पत्र में लिखा कि अंग्रेज़ों की मुख्य उम्मीद हिन्दुओं की संख्या को कम करके उन्हें राजनीतिक रूप से नपुंसक बनाने पर टिकी हुई थी। यू.एन. मुखर्जी की पुस्तक 'हिन्दू : एक मरणासन्न नस्ल' तथा स्वामी श्रद्धानंद की पुस्तक 'हिन्दू संगठन : मरणासन्न नस्ल का उद्धारक', इसके कुछ उदाहरण हैं। शारीरिक दुर्बलता का मिथक इस प्रकार राजनैतिक नपुंसकता और ठहराव के अर्थ में गढ़ा जाने लगा।[33] इस विमर्श में मुसलमानों की तथाकथित 'अति उर्वरता' तथा 'हिंसक प्रवृत्ति' ने उन्हें 'वर्चस्वशाली अन्य' के रूप में स्थापित किया जिसके तहत मुसलमान अंग्रेज़ों से भी ज़्यादा ख़तरनाक और घृणित माने गए। इस विमर्श में मुसलमान का चरित्र-निरूपण उसके 'अतिचारों' से किया जाता था। उदाहरण के लिए उसका कथित 'यौन अतिचार' तथा 'वैवाहिक अतिचार'।

सन् 1924 में एक आर्य समाजी ने 'रंगीला रसूल' शीर्षक से एक उर्दू पुस्तिका का प्रकाशन कराया। इस पुस्तक में हज़रत मोहम्मद साहब के यौन जीवन और रुचियों के कुत्सित और काल्पनिक विवरण दिए गए हैं। यह पुस्तक मुसलमानों के विरुद्ध खण्डन-मण्डन की शैली में चरम मुस्लिम-विरोधी प्रचार का प्रतिनिधित्व करती है। हिन्दू स्त्रियों के मुसलमानों द्वारा अपहरण की विषयवस्तु 1920 के दशक के सांप्रदायिक अभियान में हिन्दू प्रचारकों द्वारा अपने लेखन में बारम्बार दोहरायी गई। चारु गुप्ता ने 'अपहरण' शीर्षक लेख (पैट्रियाट, नेटिव न्यूज़ पेपर रिपोर्टर्स, 24 अक्टूबर 1924), 'चंद मुसलमानों की हरकतें' शीर्षक कविता (रघुबीर दयाल, चंद मुसलमानों की हरकतें, कानपुर 1928,), 'हिन्दू औरतों की लूट' तथा 'हिन्दू स्त्रियों की लूट के कारण' तथा 'स्त्री शिक्षा'(शिव शर्मा महोपदेशक, स्त्री शिक्षा, बरेली, 1927) शीर्षक आर्य समाजी पुस्तकों आदि के उद्धरण दिए हैं।[34]

आर्य समाज, हिन्दू महासभा तथा राष्ट्रीय स्वयंसेवक संघ ने उन बहुप्रचारित मिथकों को गढ़ने का भार अपने ऊपर ले लिया जिनके अनुसार अलाउद्दीन खिलजी के समय से ले कर अब तक मुसलमान हिन्दू औरतों का ज़बरन अपहरण, लूटपाट,

बलात्कार और धर्म-परिवर्तन करते-कराते आए हैं। विधवाओं को ख़ास तौर पर मुस्लिम वासना के शिकार के रूप में दिखाया जाता था। क्योंकि न केवल वे अकेलेपन का जीवन जीने को बाध्य थीं बल्कि उनकी यौन इच्छाएँ भी दमित रह जाती थीं। यहाँ स्पष्ट रूप से हिन्दू स्त्री के बारे में आरम्भिक 19वीं शताब्दी में प्रचलित उन धारणाओं से विच्छेद स्थापित हुआ जिनके अनुसार हिन्दू स्त्री काम वासना से परे, अक्षत और यौन शुचिता की प्रतीक थी और इस्लाम और पश्चिम के भ्रष्ट प्रभावों से अछूती रह जाने वाली अकेली थाती थी। दमित वासना के चलते विधवाओं द्वारा परायों के साथ यौन सम्बन्धों के अपराध में सहभागी होना एक ऐसा भय था जिसके चलते न केवल उनकी सुरक्षा बल्कि उनके अनुशासन और नियंत्रण को भी आवश्यक बताया गया। बलिया के एक प्रचारक ने लिखा, "सभी हिन्दुओं के लिए यह घोर कलियुग है....... हिन्दू नीति की जिस व्यवस्था में विधवा निषेध का आदर्श रखा गया था और जिस अवस्था में यह आदर्श व्यावहारिक धर्म हो गया था, हिन्दू जाति की वह नैतिक अवस्था धन्य थी........ हिन्दू विधवाओं को विवाह करना पड़े इससे बढ़ कर दुःख की बात नहीं हो सकती है। .... पर हिन्दू विधवाओं का .... मुसलमानों का सहवास स्वीकार करना ऐसी निंद्य बात है जिसके सामने विधवा विवाह बहुत अच्छा है।"[35] विधवाओं के पुनर्विवाह के तर्क को मान्यता काफ़ी पहले से मिलने लगी थी और स्वामी दयानंद ने तो उनके लिए नियोग के विकल्प का भी प्रस्ताव किया था क्योंकि इससे एक ओर तो उनकी प्रजनन क्षमता का भी उपयोग हो सकता था, वहीं दूसरी ओर मुसलमानों द्वारा लुभाई जाने और धर्मांतरण की सम्भावनाओं की भी रोकथाम की जा सकती थी। हिन्दुओं की घटती संख्या के परिप्रेक्ष्य में न केवल संख्या बढ़ाने पर बल दिया गया बल्कि जाति की गुणवत्ता में सुधार भी आवश्यक बताया गया। अर्थात् ऐसी बहादुर और निडर संतानों को पैदा करना आवश्यक था जो कि अपनी स्त्री और अपने घर की रक्षा करने में सक्षम हों। इस दृष्टिकोण से स्त्रियाँ महज़ प्रजननकर्ती के रूप में देखी जाने लगीं और उनका शरीर भविष्य के हिन्दू योद्धाओं को वहन करने वाला अक्षयकोश समझा जाने लगा। अब कथित हिन्दू अशक्तता की विषयवस्तु पराजित मानसिकता और आत्मसमर्पण का कारण नहीं रह गई थी बल्कि अब उसके माध्यम से कर्मक्षेत्र में उतरने और दीर्घकालीन भविष्य को प्रभावित करने वाले युद्ध की तैयारी का आह्वान किया जा रहा था। हिन्दू अशक्तता के आरोपों के जवाब में उस आर्य अतीत से पतित होने की कहानियाँ कही जाने लगीं जिस अतीत में प्रचंड रूप से बलवान और तेज़स्वी पुरुष तथा आध्यात्मिक और विदुषी स्त्रियाँ वास करती थीं। (यहाँ यह ध्यान रखना चाहिए कि प्राच्यवादी और उपयोगितावादी दोनों प्रकार के उपनिवेशवादी विमर्शों में भारत को स्त्रैण परिकल्पित किया गया। जहाँ रूमानी प्राच्यवादी भारत को 'नैसर्गिक, स्त्री-रूप, अविभाजित समुदाय' के रूप में प्रस्तुत करते थे और पश्चिमी सभ्यता के 'पौरुषपूर्ण व्यक्तिवादी तथा खंडित प्रकृति' से भिन्न रहस्यमयी प्रेरणा मानते थे, वहीं उपयोगितावादी भारतीय पुरुषों को पौरुषहीन, शरीर से नरम और नाज़ुक तथा ऐन्द्रिय सुखों में डूबा हुआ

प्रस्तुत करते थे। उपनिवेशित समुदाय की स्त्रैणता जहाँ प्राच्यवादियों के लिए पश्चिम की आलोचना का उपकरण थी वहीं उपयोगितावादियों के लिए इसका उपयोग उपनिवेशित समुदाय को पराधीनता का पात्र साबित करने में किया जाता था। देशी इतिहास लेखन, साहित्यिक अभिव्यक्तियों तथा सामाजिक विमर्शों पर इन दोनों ही निर्मितियों का गहरा असर था)[36] एक हिन्दू सैन्य परम्परा विर्निमित हुई जिसके शिवाजी और महाराणा प्रताप नायक थे तथा जिसकी जड़े प्राचीन अतीत में गहरे धँसी थीं। यदि शताब्दियों के मुस्लिम आक्रमण और अंग्रेज़ों के शासन ने हिन्दुओं को पुंसत्वहीन बनाया था तो उस पौरुष को वापस पाने के लिए अंग्रेज़ों से लड़ना और उन्हें पराजित करना तो आवश्यक था ही लेकिन मुसलमानों को पराजित करना उससे भी ज़्यादा महत्त्वपूर्ण।[37] सावित्री देवी नाम की एक योरोपियन स्त्री जो आर्यों की श्रेष्ठता में दृढ़ विश्वास रखती थी और भारत में बस गई थीं, उन्होंने हिन्दुओं को चेतावनी देते हुए लिखा, "ये स्पष्ट से स्पष्टतर होता जा रहा है कि हिन्दुओं को अपनी राष्ट्रीय चेतना के साथ अपने प्राचीन सैन्य गुणों को वापस प्राप्त करने की ज़रूरत है। उन्हें एक सैनिक नस्ल बनने की ज़रूरत है।"[38] शरीर गठन का पंथ मज़बूत होने लगा तथा कुश्ती, लाठी भाँजना और तलवारबाज़ी में हिन्दू पुरुषों का प्रशिक्षण और उनकी शारीरिक क्षमताओं के विकास पर बल दिया जाने लगा।

पुरुषत्व के दो तरह के वर्चस्वशाली आदर्श साफ़ तौर पर देखे जा सकते थे। एक वह आदर्श था जो निम्न वर्ग को उपलब्ध था जिसमें उन्हें या तो हिंसा या फिर यौन शक्ति के माध्यम से अपनी मर्दानगी का निस्संकोच प्रदर्शन करने का अवसर मिलता था।[39] मर्दानगी का दूसरा आदर्श वह था जिसमें पुरुषों से यह आशा की जाती थी कि वे ब्रह्मचर्य और आत्मनियंत्रण के माध्यम से अपनी काम वासना का उदात्तीकरण करें।[40] हिन्दू पुरुषों के लिए पौरुष मुस्लिम पुरुष से छीन लेने वाली वस्तु थी। लोकप्रिय साहित्य, काव्य और प्रचारात्मक लेखन में मुस्लिम पुरुषों की मर्दानी छवि तथा हिन्दू पुरुषों की स्त्रैण और डरपोक छवि को उलट देने का प्रयास दिखता है। अब हिन्दू पुरुष न केवल हिन्दू औरत के लिए यौन आकर्षण की दृष्टि से बल्कि मुस्लिम स्त्रियों की चाहत के भी पात्र दिखाए जाते हैं। हालांकि स्त्रियों की ओर से किए गए प्रेम प्रस्तावों के प्रति सदैव ही पुरुषों द्वारा आत्मसंयम का परिचय दिया जाता था।

लेकिन महिलाओं को सिर्फ़ अलंकरण के रूप में, किसी समुदाय के विभाजन रेखाओं की तरह अथवा उस समुदाय के सामूहिक गौरव और लज्जा के प्रतीक के रूप में सदैव कष्ट सहने वाली कमज़ोर व असुरक्षित, शाश्वत रूप से सताई हुई नहीं दिखना था। इसके विपरीत उनमें आत्मरक्षा की शक्ति और वीरता का निवेश किया जाना था। अस्त्र-शस्त्र से सुसज्जित मुस्लिम आक्रान्ताओं का वध करती नारी की एक नई छवि गढ़ी जाने लगी। 'संगठन का बिगुल' नामक एक प्रचार पुस्तिका में

महिलाओं का उद्‌बोधन इन शब्दों में किया गया है, "क्रांति की फ़ौज में भर्ती होने वाली प्रत्येक बहिन को अपने पास एक चाकू रखना पड़ेगा जिसे वह अवसर पड़ने पर काम में ला सके। ...... संगठन में भर्ती होने वाली देवियों का यह परम धर्म है कि वे सतीत्व रक्षा के लिए शस्त्र धारण करें। .... समय पड़ने पर वे इसका इस्तेमाल उनकी इज़्ज़त से खेलने वाले मुसलमान गुंडों के ख़िलाफ़ आसानी से कर सकती है।"[41]

उग्र हिन्दू राष्ट्रवाद के कार्यक्रम का महिलाएँ किस हद तक हिस्सा बन चुकी थीं इसका सबसे बेहतर प्रतिनिधित्व बंगाल की सरला देवी के व्यक्तित्त्व में दिखाई पड़ता है जो बंगाली पुरुषों में शौर्य का संचार करने के लिए देशभक्तिपूर्ण गीत लिखती थीं। मुस्लिम शासन के विरुद्ध लड़ने वाले स्थानीय नायकों के मिथक गढ़ती थीं और साथ ही उन्होंने एक व्यायामशाला भी खोली थी जिसमें पुरुषों को लाठी भाँजने और तलवारबाज़ी का प्रशिक्षण दिया जाता था। वे एक तरह से वास्तविक जीवन में 'आनंदमठ' की नायिका शान्ति का प्रतिरूप बन गई थी। शांति के आदर्श पर अपने व्यक्तित्व को ढालने वाली सरला देवी ने ठीक शांति की ही तरह विवाहोपरान्त सब कुछ छोड़ दिया। ज्ञातव्य है कि 'आनंदमठ' उपन्यास में शांति भी एक समय तक पुरुषों के साथ कंधे से कंधा मिला कर लड़ती है लेकिन अंततः घर की चौहद्दी में वापस लौट जाती है।[42] आरम्भिक 20 वीं शताब्दी में महिला शिक्षण के रूढ़िवादी ढाँचे में भी प्रत्यक्ष रूप में एक परिवर्तन दिखाई पड़ा। पहले स्त्री-शिक्षा का उद्‌देश्य आदर्श पत्नी और आदर्श माँ उत्पन्न करना था। आर्य समाज द्वारा संचालित कन्या महाविद्यालय की मासिक पत्रिका 'पांचाल पंडिता' के पृष्ठों में स्त्री-शिक्षा के उद्‌देश्यों में आए नये परिवर्तन सर्वाधिक परिलक्षित होते हैं। इस पत्रिका ने 'सुवीरा' (बहादुर स्त्री) नामक एक काल्पनिक नायिका को उभारा। सुवीरा की कहानी एक योद्धा युवती की कहानी है, जो न केवल अपने धार्मिक कार्यों की रक्षा में वीरता का प्रदर्शन करती है बल्कि आधुनिक हथियार चलाना भी जानती है।[43] स्त्री का यह नया आदर्श कोमल, कमनीय, घरेलू हिन्दू स्त्री के अब तक चले आ रहे आदर्श से काफ़ी अलग था। अब स्त्रियों के लिए नियमित और कठोर शारीरिक प्रशिक्षण, युद्ध कौशल और बन्दूक चलाने में दक्षता तथा मज़बूत शारीरिक गठन पर बल दिया जाने लगा। अस्त्र-शस्त्र से सुसज्जित 'काली' और 'शक्ति' आदि पारम्परिक मातृ देवियों के रौद्र रूप का आदर्श उभारने के साथ-साथ 'वीरांगना' और 'झाँसी की रानी' जैसे ऐतिहासिक नायिकाओं की कथा गोपनीय राष्ट्रवादी साहित्य के सर्वाधिक प्रिय विषय थे।

हिन्दू राष्ट्रवादी युद्ध में वीर योद्धा भगिनी के रूप में हिन्दू स्त्री के अवतरण से यह नहीं समझ लेना चाहिए कि माँ और पत्नी की परम्परागत भूमिकाओं की अपेक्षाएँ समाप्त हो गई थीं। इसके विपरीत हिन्दू माँ और पत्नी के रूप में उनकी पृष्ठभूमि ने ही उग्र योद्धा रूप की ओर संक्रमण को सम्भव बनाया। अपने साहस और वीरतापूर्ण कारनामों से वे एक साथ मुसलमानों के दिल में आतंक और हिन्दुओं के हृदय में

अपने प्रति सम्मान और कर्म की प्रेरणा जगाती दीख पड़ती हैं। पत्नियों के रूप में उनकी शूरवीरता पतियों को लज्जित करने और झकझोरने का काम करती थी। उनके पौरुष तथा अपने धर्म और अपनी स्त्रियों की रक्षा करने की क्षमता पर प्रश्नचिह्न लगा कर उनकी आलस्यपूर्ण कायरता से जगाने का काम इन वीर पत्नियों का प्रमुख कार्यभार था। ऐसा प्रतीत होता है कि मानो स्त्री मूल परिचालक शक्ति है जो मुसलमान को अपना शिकार घोषित करके पुरुषों में भी कर्म करने की प्रेरणा जगाती है।

माँ के रूप में उनकी भूमिका बच्चों का पालन-पोषण करते हुए उनमें निडरता, देशभक्ति, राष्ट्र के प्रति समर्पण और मुसलमानों के प्रति घृणा जैसे गुणों को विकसित करने की थी। लेकिन इस भूमिका को सम्पन्न करने में माँ की पारम्परिक छवि का बदला जाना ज़रूरी था। राष्ट्रीय-अंतर्राष्ट्रीय घटनाक्रम से अनजान, चुपचाप रहने वाली, कष्ट सहन करने वाली, कोमल स्त्री के स्थान पर धार्मिक, राजनीतिक और सामाजिक सभी विषयों में दक्ष आत्मविश्वासी स्त्री की छवि की प्रतिष्ठा की जाने लगी।[44] सावित्री देवी ने अफ़सोस व्यक्त करते हुए लिखा, "भारत में राजनीतिक प्रशिक्षण और राष्ट्रवाद का अभाव अंशतः और सम्भवतः मुख्यतः इस तथ्य के कारण है कि हिन्दू स्त्रियों को लंबे समय तक राष्ट्रीय समस्याओं की चिन्ता से दूर रखा गया।"[45] हिन्दू स्त्री के कर्तव्य गिनाते हुए वे लिखती हैं, "सबसे पहले तो हम यह चाहेंगे कि (मुस्लिम नृशंसता की) किसी भी घटना को जानने के बाद हर हिन्दू स्त्री व्यक्तिगत स्तर पर अपमानित महसूस करे कि यह अपमान किसी व्यक्ति विशेष अथवा परिवार का नहीं बल्कि समूची हिन्दू जाति का अपमान है। उन्हें (हिन्दू औरतों को) इस पर लज्जित और क्रोधित होना चाहिए तथा अपने पतियों, भाइयों और पुत्रों को कर्म के लिए प्रेरित करना चाहिए।"[46] सावित्री देवी की यह भी इच्छा थी कि नन्हें हिन्दू बच्चे भारतीय और म्लेच्छ सैनिकों के खिलौने बना कर युद्ध का खेल खेलें तथा छोटी बच्चियाँ दुर्गावती, पद्मावती और लक्ष्मीबाई को अपना आदर्श बना कर उनकी पूजा करें। सावित्री देवी ने अपने लिए जो कार्यभार चुना था वह एक दूसरे कारण से भी दिलचस्प है। उनका व्यक्तित्व उन योरोपीय महिलाओं का प्रतिनिधित्व करता है जो लुप्त हो चुके आर्य गौरव के प्रति मर्मस्पर्शी और रूमानी मोहग्रस्तता से परिचालित थी तथा तात्कालिक राजनीतिक सन्दर्भों में उस लुप्त आर्यगौरव के पुनराविष्कार और अभिनिवेश के लिए सक्रिय थीं।

स्त्रियों की इस सक्रियता को एक ऐसे साँचे में ढाला जाना था जिससे कि परिवार, समुदाय अथवा राष्ट्र के अंतर्वर्ती, पारम्परिक शक्ति-समीकरण और उसकी गति बाधित न हो। महिलाओं की 'इज़्ज़त' की अवधारणा किसी गीत के टेक की तरह बारम्बार इस विमर्श को बाँधती चलती है। समाज के वर्चस्वशाली श्रेणी विभाजन की आलोचना किए बग़ैर, उसे चुनौती दिए बग़ैर, अपनी जाति के पुरुषों को जगाने वाली व स्वयं हथियार उठाने वाली स्त्री-छवि जो 20वीं सदी के सांप्रदायिक हिन्दुत्ववादी

साँचे में गढ़ी गई वही साध्वी ट्टतंभरा और उमा भारती जैसी समकालीन भगवा नायिकाओं में साकार हुई।

स्त्री और देश (सन्दर्भ : हिन्दी साहित्य)

आधुनिक हिन्दी साहित्य का आरम्भ पुनर्जागरण के दौर के समाज सुधार और राष्ट्रीय अस्मिता के विमर्शों की गहरी छाप लिए हुए है। पहले काफ़ी समय तक यह माना जाता रहा कि भारतेन्दु और द्विवेदी युगों में कोई उल्लेखनीय स्त्री लेखन (स्त्रियों द्वारा लिखा साहित्य) देखने में नहीं आता। किन्तु डॉ0 धर्मवीर ने 1882 में रची 'सीमंतनी उपदेश' नामक कृति को प्रकाशित करा कर इस दिशा में नये शोधों को प्रेरित किया। सन् 1988 में जब उन्होंने इसे सम्पादित और प्रकाशित कराया तो उसे एक 'अज्ञात हिन्दू स्त्री' की कृति माना किन्तु जून 1999 के 'हंस' में उन्होंने कयास लगाया है कि इसकी लेखिका का नाम माई भगवती हो सकता है, जो 19वीं सदी के अंतिम दशक में पंजाब में पर्याप्त लोकप्रिय थीं। 'सीमंतनी उपदेश' में "विधवा जीवन की दुर्दशा का मार्मिक वर्णन है, सती प्रथा का ज़ोरदार विरोध है, पतिव्रता तथा सतीत्व सम्बन्धी भ्रामक विचारों का खंडन है, पुरुषों के दोहरे चरित्र की पोल खोली गई है और धर्म के नाम पर स्त्री की ग़ुलामी के लिए फैलाए गए जाल को तर्क की कसौटी पर कस कर छिन्न-भिन्न किया गया है। 'सीमंतनी उपदेश' के प्रत्येक पन्ने से हिन्दू स्त्री की ग़ुलामी की पीड़ा से पैदा हुई चीख़ सुनाई पड़ती है और आज़ादी की दूर तक गूँजने वाली पुकार भी।"[47] 1907 में बंग महिला उर्फ़ राजेन्द्रबाला घोष की कहानी 'दुलाईवाली' अपने दौर की महत्त्वपूर्ण कृति थी और बंग महिला स्वयं एक लोकप्रिय लेखिका थीं। "इस कालखंड की उल्लेखनीय लेखिकाएँ थीं—जानकी देवी, ठकुरानी शिवमोहिनी, गौरा देवी, सुशीला देवी और धनवती देवी। यह राजनीतिक उथल-पुथल और जनजागरण का भी समय था अतः इनके बाद की महिला कथाकारों में हमें राष्ट्रीय चेतना के दर्शन हुए। वनलता देवी, सरस्वती देवी, हेमंत कुमारी और प्रियंवदा देवी ने अपनी कहानियों में राजनीतिक सरोकारों का परिचय दिया। समाज में फैली कुरीतियों, यथा बालविवाह, पर्दा प्रथा और अशिक्षा को विषयवस्तु बना कर मुन्नीदेवी भार्गव, शिवरानी देवी (प्रेमचंद की पत्नी), चंद्रप्रभा देवी मेहरोत्रा, विमलादेवी चौधरानी आदि ने कहानियाँ लिखीं। इन रचनाकारों ने अपने तरीके से यथार्थपरक, समाजोन्मुखी लेखन की नींव रखी।"[48] छायावाद और छायावादोत्तर दौरों में महादेवी वर्मा और सुभद्रा कुमारी चौहान का उदय सही मायनों में आधुनिक हिन्दी साहित्य में आधिकारिक स्त्री स्वर का आगाज़ करता है।

पहले हम राष्ट्रीय अस्मिता की निर्मिति में स्त्री प्रश्न के अभिनिवेश के जिन वैमर्शिक रूपों की चर्चा कर आए हैं, वे आधुनिक हिन्दी साहित्य के निर्माण में आरम्भिक दिनों से ही सक्रिय रहे। 'आधुनिक, किन्तु ग़ैर-पश्चिमी' स्त्रीछवि तथा 'मुसलमानों के अन्यकरण पर आधारित राष्ट्रीयता के संकेत चिह्न के बतौर वीरांगना

स्त्री' की जिन निर्मितियों की हमने चर्चा की है, उन दोनों का सन्निवेश भारतेन्दु लिखित 'नीलदेवी' (1881) शीर्षक गीति-रूपक में देखा जा सकता है। यह गीति-रूपक इतिहास का आभास देने वाली काल्पनिक विषय वस्तु ले कर चलता है। राष्ट्रीय अस्मिता की निर्मिति इतिहास की ही ज़मीन पर होती है। 1880 में जब बंकिमचंद्र ने बंगाल के इतिहास पर केन्द्रित अपने निबन्ध लिखने शुरू किए तो उन्होंने घोषित किया कि बंगाल का कोई इतिहास नहीं है और यदि बांग्ला जाति अपना इतिहास नहीं बनाती है तो उसका कोई भविष्य नहीं है। हमें याद रखना चाहिए कि बंकिम जिस समय यह बात कह रहे थे उसके लगभग तीन चौथाई सदी पहले से ही अंग्रेज़ प्रशासकों, अध्येताओं, प्राच्यविदों ने अंग्रेज़ी राज की वैधता के निमित्त भारतीय इतिहास का एक ख़ास साँचा तैयार करना आरम्भ कर दिया था। इस साँचे में हिन्दू विजित और मुसलमान विजेता थे, जबकि अंग्रेज़ी राज हिन्दुओं का मुक्तिदाता। प्राच्यवादियों के लिए वैदिक हिन्दू अतीत महान था। उपनिवेशवादी इतिहास परियोजना में मुस्लिम मध्यकाल हिन्दू सभ्यता के पतन और पराधीनता का सूचक था। ड्यू ब्वाएस की पुस्तक 'हिन्दू मैनर्स, कस्टम्स एण्ड सेरेमनीज़' (जिसे 1807 में बेंटिंग ने ईस्ट इंडिया कम्पनी की प्रशासनिक हैंडबुक जैसा दर्जा दे दिया था), मिल की 'हिस्ट्री ऑफ़ ब्रिटिश इंडिया' (1817), स्टीवर्ट के 'हिस्टॉरिकल एनेक्डोट्स' (1825) तथा इलियट और डाउसन की 'हिस्ट्री ऑफ़ इंडिया ऐज़ टोल्ड बाई इट्स ओन हिस्टोरियन्स' (1866-1877) जैसे इतिहास लेखन के प्रयासों ने भारत के इतिहास को हिन्दू-मुस्लिम वैमनस्य के आख्यान में बदल दिया था। बंकिम जब 1880 में बांग्ला जाति की अस्मिता के लिए उसके इतिहास की ज़रूरत पर बल दे रहे थे तो उससे पहले स्वयं बांग्ला में इतिहास लेखन के देशज प्रयास शुरू हो चुके थे और साथ ही साथ भारतीय इतिहास के औपनिवेशिक भाष्य शिक्षित समुदाय में अपनी जगह बना चुके थे। बंकिम अंग्रेज़ी में उपलब्ध बांग्ला इतिहास को सच नहीं मानते थे न ही मृत्युंजय विद्यालंकार लिखित 'राजाबलि' जैसे पौराणिक इतिहास लेखन से वे सन्तुष्ट थे। उन्हें ऐसे इतिहास की दरकार थी जो जाति को अपनी पहचान दे सके। यह जाति उनके लिए कभी तो बंगाली थी और कभी भारतवर्षीय। उन्होंने सावधान किया कि 'हिन्दुओं से घृणा करने वाले झूठे मुस्लिम उन्मादियों' के साक्ष्यों को जो भी व्यक्ति अनालोचनात्मक ढंग से इतिहास के बतौर स्वीकार करता है, वह बंगाली नहीं हो सकता।[49] बंकिम के लिए इतिहास जाति की शक्ति (बाहुबल) का इतिहास होना था जिसे उन्होंने अपने निबन्धों में ब्रिटिश-पूर्व सत्ता संघर्ष तक सीमित रखा। राष्ट्रीय अतीत को हिन्दू अतीत मान कर उन्होंने अपने पाठकों को मुस्लिम शासकों के ख़िलाफ़ हिन्दू जाति के संघर्ष के किस्से सुनाए। रणजीत गुहा ने इस इतिहास बोध पर टिप्पणी करते हुए लिखा, "बाहुबल के इतिहास से औपनिवेशिक शासन को बाहर रखना, अर्थात् औपनिवेशिक शासन के इतिहास से बाहुबल को बाहर रखना उस वैकल्पिक इतिहास लेखन के एजेंडा को प्रभाव में लाने में बाधा बना, जिसे इतने उत्साह के साथ सूत्रबद्ध और प्रस्तावित किया गया था।"[50] कहना न होगा कि राष्ट्रीय अस्मिता की इस

इतिहास साधना की छाप आधुनिक हिन्दी साहित्य के निर्माण काल पर असंदिग्ध रूप से स्पष्ट है। 'नीलदेवी' नाटक के आरम्भ में ग्रन्थकर्ता रचनातिथि 25 दिसम्बर 1881 को उपयोग में लाते हुए 'मातृ भगिनी सखी तुल्या आर्य ललना गण!' को सम्बोधित करते हुए लिखता है, "आज बड़ा दिन है। कृस्तान लोगों को इससे बढ़ कर कोई आनंद का दिन नहीं है। ...... जब मुझे अंग्रेज़ी रमणी लोग मेद सिंचित केशराशि, कृत्रिम कुंतल जूट, मिथ्या रत्नाभरण और विविध वर्ण वसन से भूषित क्षीण कटिदेश कसे, निज-निज पतिगण के साथ, प्रसन्न बदन इधर से उधर फर-फर कल की पुतली की भाँति फिरती हुई दिखलाई पड़ती हैं तब इस देश की सीधी-सीधी स्त्रियों की हीन अवस्था मुझको स्मरण आती है......... इससे यह शंका किसी को न हो कि मैं स्वप्न में भी यह इच्छा करता हूँ कि इन गौरांगी युवती समूह की भाँति हमारी कुल लक्ष्मी गणा भी लज्जा को तिलांजलि दे कर अपने पति के साथ घूमें; किन्तु और बातों में जिस भाँति अंग्रेज़ी स्त्रियाँ सावधान होती हैं, पढ़ी-लिखी होती हैं, घर का काम-काज सँभालती हैं, अपने सन्तान गण को शिक्षा देती हैं, अपना स्वत्व पहचानती हैं, अपनी जाति और अपने देश की सम्पत्ति-विपत्ति को समझती हैं, उसमें सहायता देती हैं, और इतने समुन्नत मनुष्य जीवन को व्यर्थ ग्रहदास्य और कलह ही में नहीं खोती उसी भाँति हमारी गृह देवता भी वर्तमान हीनावस्था को उल्लंघन करके कुछ उन्नति प्राप्त करें यही लालसा है।"[51] भारतेन्दु यहाँ आधुनिक किन्तु ग़ैर पश्चिमी गुणों से युक्त देश और जाति की अस्मिता की वाहक भारतीय स्त्री की परिकल्पना आरम्भ में ही रख देते हैं। अंग्रेज़ युवतियों का पहनावा, पुरुषों के साथ लज्जाहीन भ्रमण आदि उन्हें भारतीय युवती में नहीं चाहिए लेकिन पढ़ा-लिखापन, गृहकार्य में दक्षता, आत्म का परिज्ञान तथा देश और जाति की चिन्ता ऐसे गुण हैं जो कि भारतीय स्त्री को बग़ैर मेमसाहब बने प्राप्त करने चाहिए। आर्य ललना गण को सम्बोधित करने के बाद ग्रन्थकर्ता नीलदेवी रूपक के माध्यम से उस राष्ट्रीय या भारतीय स्त्री के चरित्र की कथा सुनाना शुरू करता है। दस दृश्यों वाला नाट्य रूपक शुरू होता है। प्रथम दृश्य में हिमगिरि के शिख़र पर अप्सराएँ 'वीरकन्या, वीरप्रसविनी, वीरवधू' भारत की छत्रानी का गौरवगान करती हैं। दूसरे दृश्य में दिल्ली के बादशाह का सिपहसालार अब्दुश्शरीफ़ ख़ां सूर युद्धस्थल के पास एक शामियाने में अपने मुसाहिबों के साथ पंजाब के राजपूत राजा सूर्यदेव को धोखे से सोते में गिरफ़्तार करने की योजना बनाता है। शरीफ़, राजा सूर्यदेव की वीरता की प्रशंसा करते हुए यह मानता है कि आमने-सामने के युद्ध में सूर्यदेव ही जीतेगा। तीसरे दृश्य में पहाड़ की तराई में राजा सूर्यदेव, रानी नीलदेवी और चार राजपूत, मुसलमानों के द्वारा छल-कपट और धोख़ेबाज़ी के जरिए जंग जीतने के विरुद्ध नीतिसंगत धर्मयुद्ध की योजना बनाते हैं। चौथा दृश्य सराय का है जिसमें भटियारी, चपरगट्ट ख़ां और पीकदान अली (यहाँ नामकरण का उपयोग घृणा मिश्रित उपहास पैदा करने की युक्ति है) जश्न मनाने की योजना बनाते हैं। पीकदान अली बताता है कि कैसे उसने राजपूतों की गिरफ़्त से छूटने के लिए अपने कौम और दीन की ख़ूब बुराई की और हिन्दुओं की तारीफ़ की। यह दृश्य मुस्लिम

चरित्रों के 'दोगलेपन और ऐय्याशी' को दिखलाने के लिए नियोजित है। पाँचवें दृश्य में सूर्यदेव के डेरे पर पहरा देते देवासिंह सिपाही घर, पत्नी और बच्चों की याद करते हुए भी युद्ध में प्राण की बाज़ी लगाने का हौसला व्यक्त करता है, जबकि चौथे दृश्य में चपरगट्ट ख़ां की चिन्ता युद्ध क्षेत्र से भाग कर जान बचाने की है। पाँचवें दृश्य के अंत में यवनों का हमला होता है और देवा सिंह के युद्ध और पतन के साथ पटाक्षेप होता है। छठें दृश्य में अमीर शरीफ़ ख़ां अपने ख़ेमे में सरदारों के साथ राजा की गिरफ़्तारी पर इस्लाम की विजय और कुफ़्र की पराजय की उन्मादी बातचीत में मशगूल दिखाई देता है। सातवाँ दृश्य उस कैदख़ाने का है जिसमे राजा सूर्यदेव कैद हैं। लावनी छंद में देवता का अवधी गीत मूर्छा के बाद होश में आ रहे राजा के कान में सुनाई पड़ता है। गीत में भारत के स्वाधीनता सूर्य के अस्त होने और 'यवन पादुका त्रास' की बात सुन कर वह पुनः मूर्छित हो जाता है। आठवें दृश्य में पागल बना हुआ महाराज सूर्यदेव का नौकर बसंत और मौलवी के भेष में राजपंडित विष्णु शर्मा का संवाद होता है। बसंत, विष्णु शर्मा को बताता है कि लोहे के पिंजड़े में कैद राजा को जब मुसलमान हो जाने के लिए कहा जाता है तो वह अमीर के मुँह पर थूक देता है। इस पर रुष्ट यवन पिंजड़े के भीतर शस्त्र फेंकने लगे। राजा लोहे के पिंजड़े का डंडा उखाड़ लेता है और 27 यवनों को मार कर वीरगति को प्राप्त होता है। विष्णु शर्मा यह वृत्त रानी और राजकुमार को सुनाने चल पड़ता है। नवें दृश्य में रानी नीलदेवी पतिवियोग में विलाप करती हैं और उसके बाद राजपूत सरदार और राजकुमार सोमदेव पुनः युद्ध के लिए सन्नद्ध होते दिखाए जाते हैं। नीलदेवी उनका उत्साहवर्द्धन करती है और पुत्र सोमदेव को कान में कुछ ख़ास निर्देश देती है। दसवें दृश्य में नशे में झूमता अमीर शराब और गवैयों के साथ मजलिस लगाए बैठा है। चंडिका नाम की गायिका के रूप में नीलदेवी समाजियों को ले कर पहुँचती है और दृश्य के अंत में कटार भोंक कर अमीर का वध कर देती है। तंबू फाड़ कर राजकुमार सोमदेव के नेतृत्व में राजपूत सेना प्रवेश करती है और मुसलमानों पर विजय हासिल करती है। भारतवर्ष, आर्यकुल, क्षत्रियवंश, महाराज सूर्यदेव, महारानी नीलदेवी और कुमार सोमदेव के जयघोष के साथ नाट्यरूपक समाप्त होता है।

इतिहास की ज़मीन पर हिन्दू राष्ट्रीय अस्मिता मुसलमानों के साथ संघर्ष में चरितार्थ होती है। वीरांगना नीलदेवी इसकी प्रतीक हैं। बंकिम इतिहास के जिस शक्तिसंघर्ष में राष्ट्रीय अस्मिता की खोज कर रहे थे उसका मॉडल ब्रिटिशराज की अपेक्षा मुस्लिम विरोध पर अधिक आश्रित था। भारतेन्दु इस नाटक में इसी मॉडल को अपनाते हैं। नीलदेवी का चरित्र 'वीरकन्यका, वीरप्रसविनी, वीरवधू, छत्रानी' के रूप में इस अस्मिता का प्रधान संकेत चिह्न और प्रतीक बन जाता है। इस अस्मिता का संघटन मुसलमानों के अन्यकरण के द्वारा हासिल होता है जिसमें मुस्लिम ऐय्याश, अधर्मी, चालबाज़, धूर्त और उन्मादी दिखाए जाते हैं। जबकि हिन्दू शूरवीर, धर्मनिष्ठ, संयमी, और नैतिक रूप से श्रेष्ठ दिखाए जाते हैं। पूरे नाटक में इस सांस्कृतिक विभेद

का भाषा के स्तर पर निर्वाह किया गया है। मुस्लिम पात्र फ़ारसी मिश्रित उर्दू बोलते हैं जबकि हिन्दू पात्र संस्कृतनिष्ठ हिन्दी। सिपाही और नौकर-चाकर आम फ़हम हिन्दी में बात करते हैं। गीतों में भी यही स्थिति है लगभग हर दृश्य में गीत हैं (छठें दृश्य को छोड़ कर)। हिन्दू पात्र ब्रज और अवधी में गाते हैं जबकि मुस्लिम पात्र उर्दू ग़ज़ल या गीत गाते हैं। इस प्रकार इतिहास, संस्कृति और भाषा के स्तर पर मुसलमानों के अन्यकरण पर आधारित हिन्दू राष्ट्रीय अस्मिता को नीलदेवी की स्त्री-छवि में मूर्तिमान किया जाता है।

मुसलमानों के अन्यकरण पर आधारित हिन्दू राष्ट्रीय अस्मिता ही सिर्फ़ स्त्री-छवि में नहीं गढ़ी जाती बल्कि राष्ट्रवादी एजेंडे में मुस्लिम समुदाय के आत्मसातीकरण का रूपक भी स्त्री ही बनती है। सन् 1927 में उग्र का मशहूर उपन्यास 'चंद हसीनों के ख़ुतूत' का प्रकाशन हुआ। यह उपन्यास सांप्रदायिक सद्भाव के घोषित उद्देश्य के साथ लिखा गया। लेकिन इस अत्यंत लोकप्रिय उपन्यास की तमाम ख़ूबियों की चर्चा फ़िलहाल स्थगित रखते हुए हम उसमें हिन्दू-मुस्लिम सद्भाव और मानवमात्र की एकता के विमर्शों के बावजूद मुस्लिम समाज और पात्रों के नकारात्मक स्टीरियोटाइप की निरंतरता को देख सकते हैं जो आधुनिक हिन्दी साहित्य में आरम्भ से ही दिखती है। हिन्दू-मुस्लिम सम्बन्ध के हिन्दू राष्ट्रवादी समाधान में किस प्रकार स्त्रीत्व ही अन्यकरण और आत्मसातीकरण दोनों ही प्रक्रियाओं का रूपक बनता है, इसे 'ख़ुतूत' में अत्यंत लोकप्रिय और नाटकीय ढंग से अंकित किया गया है। उपन्यास के केन्द्र में मुरारी कृष्ण नाम के हिन्दू लड़के और नरगिस नाम की मुस्लिम लड़की की प्रेम कथा है। नायक प्रयाग का रहने वाला है और नायिका लखनऊ की। दोनों कलकत्ता में शिक्षा लेने आए हैं और अलग-अलग हॉस्टलों में रहते हैं। वे अपने-अपने समुदायों के प्रतिनिधि हैं और इसीलिए उन शहरों के भी जिनसे वे आते हैं। प्रयाग आधुनिक हिन्दुओं की शिक्षा का केन्द्र है और लखनऊ मुस्लिम संस्कृति का परम्परागत केन्द्र है। कहानी की शुरुआत नरगिस और मुरारी के बीच एक छोटी-सी रूमानी मुलाकात से होती है। यह मुलाकात एक फुटबाल मैच के दौरान होती है, जिसमें मुरारी ने बेहतरीन खेल का प्रदर्शन किया था, जिस पर नरगिस मोहित हो जाती है। कहानी के खलनायक याकूब का परिचय भी यहीं मिल जाता है। जैसे-जैसे कहानी बढ़ती है, वैसे-वैसे प्रेमियों के रास्ते में आने वाली अनेक बाधाओं से पाठक परिचित होते जाते हैं। इन बाधाओं में सम्बद्ध परिवारों के ऐतराज़ात भी शामिल हैं। नरगिस की भाभी और मुरारी के दोस्त गोविंद को छोड़ सभी इस प्रेम सम्बन्ध के ख़िलाफ़ हैं। कथा अपने चरम पर तब पहुँचती है जब कलकत्ता में हिन्दू-मुस्लिम दंगे भड़क उठते हैं और दंगों के दौरान ही याकूब मुरारी की हत्या करने में सफल हो जाता है। नरगिस अपना धरम छोड़ मुरारी की याद में सच्ची हिन्दू विधवा का जीवन बिताने का संकल्प लेती है। उपन्यास में नरगिस का (हिन्दू) संस्कृतिकरण, एक हिन्दू युवक के साथ प्रेम के साथ-साथ ही चलता है। नरगिस मुरारी से हिन्दी सीखती है और प्रेमचंद, तुलसीदास,

मैथिलीशरण गुप्त और चतुरसेन की पुस्तकें पढ़ती है। आश्चर्य नहीं कि मुसलमानों के बारे में वे तमाम धारणाएँ जो कि राष्ट्रवादी हिन्दू विमर्श में शुरू से ही चली आ रही थीं सिर्फ़ अनेक हिन्दू पात्रों के कथनों में ही अभिव्यक्त नहीं होती बल्कि नरगिस ही, जो स्वयं मुस्लिम पात्र है, मुसलमानों पर चरम आरोप लगाती है। नरगिस नहीं चाहती कि मुरारी उससे मिलने आए—"न आना, न आना ...... आर्य समाजियों के जुलूस पर मुसलमानों ने हमला किया है। यह मुहल्ला मुसलमानों से भरा हुआ है। सभी कट्टर, हज़ारों खूंखार और सैकड़ों बदमाश"[52] उपन्यास के अंत में मुरारी की हत्या का समाचार सुनने के बाद नरगिस न केवल ख़ुद को हिन्दू विधवा घोषित करती है बल्कि उसकी हत्या का बदला लेने के संकल्प के साथ दूसरों को ललकारती है—"चलो मेरे साथ! हम उस शैतानी मज़हब के काले धब्बे को ज़मीन के दामन से मिटा दें, जो आदमी का ख़ून पीना, आदमी का क़त्ल करना सबाब समझता है। ऐसे शैतान और ऐसे नापाक मज़हब के उठ जाने पर ख़ुदा ख़ुश होगा, फ़रिश्ते नाचेंगे, आसमान फूल-फूल हो उठेगा, बरस पड़ेगा।"[53] इस प्रकार एक हिन्दू पुरुष और मुस्लिम स्त्री की प्रेम कहानी अंततः मुस्लिम समुदाय पर हिन्दू समुदाय की अंतिम जीत में बदल जाती है। इसकी ख़ातिर मुसलमानों के चरित्र और नरगिस के चरित्र के स्त्री पक्ष तक को कुर्बान कर दिया जाता है मानो कि पूरा उपन्यास मुरारी की 'गौरवपूर्ण' मृत्यु के बावजूद हिन्दुओं के रूपकात्मक प्रतिशोध का आख्यान हो।[54] राष्ट्र के आख्यान में हिन्दू-मुस्लिम सम्बन्ध के समाधान का जो प्रस्ताव कहानी में व्यंजित है, वह यह कि हिन्दुओं की श्रेष्ठ नैतिक संस्कृति और धर्म में जिस हद तक मुस्लिम समुदाय स्वयं को विलीन कर सकेगा, उसी हद तक वह अपनी चारित्रिक दुर्बलताओं से मुक्त हो सकेगा, आत्म परिष्कार कर सकेगा और राष्ट्र की मुख्य धारा का अंग बन सकेगा। नरगिस का स्त्रीत्व इसी का रूपक है। (हिन्दू राष्ट्रीयता की इस चिर संचित अभिलाषा को हम तीसरे अध्याय में निर्मल वर्मा के उत्तर-औपनिवेशिक चिंतन में लक्ष्य कर आए हैं) इस पूरी योजना में स्त्री की आज़ादी या बराबरी और उसकी स्वतंत्र पहचान का कोई अवकाश ही नहीं है। ऐसा नहीं कि उपन्यास महिला प्रश्नों को ले कर समाज सुधार के आधुनिकतावादी एजेंडे की अवहेलना करता है। नरगिस की भाभी असगरी अपने पति को लिखे एक पत्र में समाज के पितृसत्तात्मक ढाँचे (ख़ास तौर पर मुस्लिम समाज के ढाँचे) पर सवाल उठाती है, "इस मुल्क की औरतों पर आपका 'रिमार्क' एक ही रहा। अपनी औरत की गुस्ताख़ी को माफ़ कीजिएगा, क्या मर्दों के हाथ में औरतों के दिल-दिमाग़ का, दीन-ओ-दुनिया का, बहिस्तो-दोज़ख़ का ठेका है? मर्द जिसे कहे औरत उसी को प्यार करे, उसी के गले पड़े, उसी को अपना बनाए।"[55] ऐसा भी नहीं कि स्त्री प्रश्न को ले कर सनातन धर्म के पाखंड पर उपन्यास में टिप्पणी नहीं की गई है। 'प्रताप' के सम्पादक के नाम गोविंद एक पत्र लिखता है जिसमें वह कहता है कि मुस्लिम वेश्याओं के साथ सम्बन्ध रखने में सनातन धर्म को कोई आपत्ति नहीं है लेकिन मुस्लिम औरतों को अपने यहाँ स्वीकार करने में उसे दिक्कत है। स्त्री प्रश्न की स्वायत्तता के ये बीज जो उपन्यारा में यहाँ-वहाँ बिखरे हैं,

अंकुरित नहीं हो पाते। अंततः स्त्री दो समुदायों के बीच रिश्तों का ही रूपक बन कर रह जाती है। 1955 में उग्र ने 'ख़ुदाराम और चंद हसीनों के ख़ुतूत' की भूमिका में लिखा "हिन्दू-मुस्लिम सम्बन्ध सुधार पर आज मुझे लिखना हो, तो कुछ भी क्यों न लिखूँ पर 'चंद हसीनों के ख़ुतूत' तो हरगिज़ नहीं लिखूँगा। मेरी बुद्धि बदल गई सो बात नहीं, काल बदल गया, वक़्त बदल गया"[56] उग्र जी की यह स्वीकारोक्ति आज़ादी और विभाजन के ठीक बाद के उस दौर के दबाव की सूचना देती है, जिसमें राष्ट्रीयता और सम्प्रदाय के समीकरण हल हो चुके माने जा रहे थे (हालांकि हल हुए नहीं थे जैसा कि बाद के इतिहास ने साबित किया) और एक नई राष्ट्रीय और विश्व परिस्थिति सामने थी। हिन्दी साहित्य में राष्ट्र और समुदाय की प्रतिनिधि के बजाए स्त्रीत्व की स्वतंत्र पहचान का विमर्श तीसरे, चौथे दशक में महादेवी वर्मा और सुभद्रा कुमारी चौहान जैसी सशक्त महिला लेखिकाओं के माध्यम से ही प्रकट हुआ।

शृंखला की कड़ियाँ

छायावाद की वृहद्त्रयी—पंत, प्रसाद, निराला के मुकाबले अतिरिक्त रह गईं महादेवी वर्मा हिन्दी साहित्य में एक ऐसा स्त्री स्वर ले कर सामने आईं जो 19वीं सदी के पुनर्जागरण की नई पितृसत्ता और राष्ट्रवादी वीरांगना हिन्दू महिला की समस्त रूढ़ियों का प्रत्याख्यान था। महादेवी ने अपने युग और उसकी भाषा की विवशताओं का सामना करते हुए हिन्दी का समर्थ विश्वसनीय, प्रामाणिक और ठोस स्त्री स्वर निर्मित किया। महादेवी की साहित्य साधना 19वीं सदी के उत्तरार्द्ध और 20वीं सदी के पहले तीन दशकों में हिन्दी साहित्य में स्वतंत्र स्त्री स्वर के अभाव की न केवल क्षतिपूर्ति करता है बल्कि हिन्दी नवजागरण की कमियों कमज़ोरियों को देखते हुए, उसे एक सकारात्मकता में बदल देता है। यदि हिन्दी क्षेत्र में राष्ट्रवादी नई पितृसत्ता में ख़ुद को ढाल कर अभिव्यक्ति प्राप्त करने वाला स्त्री स्वर नहीं मिलता तो यह कोई ख़ास क्षति नहीं किन्तु बिनोदिनी दासी या पंडिता रामाबाई और ताराबाई शिंदे जैसे राष्ट्रवादी पितृसत्ता विरोधी और सशक्त स्त्री स्वरों का हिन्दी में अभाव अवश्य ही पूरे हिन्दी नवजागरण पर गहरी आलोचनात्मक टिप्पणी है। किन्तु जैसा कि मैनेजर पाण्डेय ने लिखा है, "शृंखला की कड़ियाँ' भारत में नारी जागरण की उस प्रक्रिया की उपज है जिसकी शुरुआत भारतीय नवजागरण के साथ हुई थी।"[57] शृंखला की कड़ियाँ के अधिकांश निबन्ध 1930 के दशक में प्रसिद्ध पत्रिका 'चाँद' के सम्पादकीय लेखों के रूप में प्रकाशित हुए थे, जिनका पुस्तकाकार संकलन 1942 में हुआ। 1930 का दशक राष्ट्रीय आंदोलन की परिपक्वता के साथ-साथ साहित्य में प्रगतिशील आंदोलन के उभार का भी दशक है। जिन्हें यह बात सालती है कि प्रगतिशील आंदोलन ने उर्दू व अन्य भाषाओं में रशीदजहां, इस्मत चुग़ताई, उषा दत्त, रजिया सज्जाद जहीर, अर्पिता दास, बिनत रॉय, सिद्दीका बेगम सेवहारवी, महाश्वेता देवी, सुलेखा सान्याल और अनुपमा निरंजना जैसी लेखिकाओं को पैदा किया किन्तु हिन्दी में उसका असर

नहीं पहुँच सका, उन्हें महादेवी वर्मा के संस्मरणों, निबन्धों का पाठ और उनकी कविताओं का पुनर्पाठ अवश्य करना चाहिए ताकि यह ख़लिश न रह जाए। महादेवी ने अपने निबन्धों का विन्यास परम्परा की ताकत का पूरा इस्तेमाल करते हुए परम्परा की रूढ़ियों पर प्रहार करने के क्रम में किया है। यह मुद्रा उन्हें प्रगतिशील भंगिमा से अलग भी करती है और सम्बद्ध भी। 'स्मृति की रेखाएँ' शीर्षक उनके संस्मरणों में जो नारी पात्र आती हैं वे सब की सब निम्न समझी जाने वाली जातियों और वर्गों से ताल्लुक रखती हैं। वे राष्ट्र और जाति का प्रतिनिधित्व करने वाली काल्पनिक स्त्री छवियाँ नहीं हैं, वे वास्तविक जीवन, लेखिका के अंतरंग बहिनापे से जुड़ी स्त्रियाँ हैं। उनकी पार्थिव सामाजिक वास्तविकता उनमें किसी प्रतीकात्मकता और रूपकात्मकता के अभिनिवेश को असम्भव बना देती है। 'भक्तिन' अहीर जाति की महराजिन है, बिबिया धोबिन है और 'गुंगिया' तेलिन है। महादेवी की स्मृति की रेखाओं में यदि कोई भी उच्च जातीय मध्यवर्गीय भद्र हिन्दू महिला स्थान न पा सकी और भक्तिन, बिबिया और गुंगिया जैसी स्त्रियाँ ही अमिट छाप छोड़ गईं, तो यह सिर्फ़ संयोग न था। एक उच्चजातीय, मध्यवर्गीय शिक्षित भद्र महिला महादेवी स्वयं थीं। वे अपने अनुभव से जानती थीं कि नवजागरण या पुनर्जागरण ने जिस नई पितृसत्ता को स्थापित किया था उसने स्त्रियों को गौरवान्वित करने के साथ ही उनसे कितना कुछ छीन लिया था, उन्हें मुसलमान, शूद्र और ग़रीबों से कहाँ-कहाँ भिड़ा दिया था। निम्न जाति की वे स्त्रियाँ जो नवजागरण की रोशनी से वंचित रही थीं, उनका ही स्त्रीत्व राष्ट्रवाद द्वारा उपनिवेशित होने से बच गया था। 'मिलन का मत नाम ले, मैं विरह में चिर हूँ' जैसी पंक्ति सिर्फ़ रहस्यवादी कोड से व्याख्यायित नहीं हो सकती; इस रहस्यवाद के समाजशास्त्र में जाना किसी भी आलोचक की मजबूरी है। मैनेजर पाण्डेय ने 'शृंखला की कड़ियाँ : मुक्ति की राहें' शीर्षक निबन्ध में लिखा है, "महादेवी वर्मा भारतीय स्वर के प्रतिनिधि के रूप में एक ओर उसकी पराधीनता की पीड़ा की अभिव्यक्ति करती हुई कहती हैं कि : रात-सी नीरव व्यथा/तम-सी अगम मेरी कहानी। तो दूसरी ओर उसकी स्वाधीनता की आकांक्षा और उसके लिए संघर्ष की दृढ़ता व्यक्त करते हुए कहती हैं कि : रात के उर में दिवस की चाह का शर हूँ।"[58] महादेवी वर्मा के काव्य में रहस्यवाद खोजे जाने और उन्हें आधुनिक मीरा (विद्रोहिणी मीरा नहीं बल्कि निरीह भाव से भगवद्भजन करने वाली मीरा) बना देने की आलोचनात्मक कोशिशों का प्रतिवाद करते हुए मैनेजर पाण्डेय ने उन्हें 'तीसरे और चौथे दशक के उस नारी आंदोलन की देन' बताया है जिसमें 'उस समय की नारी चेतना के जागरण की अनुगूँजें' हैं।[59] यह वही दौर था जब स्त्री दर्पण, गृहलक्ष्मी, आर्य महिला, महिला सर्वस्व और चाँद जैसी पत्रिकाओं में स्त्री जीवन की समस्याओं पर बहस चलती थी, उनके जीवन संघर्ष और मुक्ति संघर्ष की रपटें छपती थीं और उनका रचा रचनात्मक साहित्य छपता था। महादेवी परम्परा में स्त्री शक्ति के गौरवमय आख्यान से प्रभावित नहीं हैं। पत्नीत्व, मातृत्व आदि के गौरवान्वयन के ख़तरों की असंदिग्ध शिनाख़्त उनके यहाँ मिलती है—"जिस प्रकार भावी पति-परिवार के व्यक्ति उसे चला कर, हँसा कर,

लिखा-पढ़ा कर देखते हैं तथा लौट कर उसकी लंबाई-चौड़ाई, मोटापन, दुबलापन, नख-शिख आदि के विषय में अपनी धारणाएँ बताते हैं, उसे सुन कर दास प्रथा के समय बिकने वाली दासियों की याद आए बिना नहीं रहती। ..... अपनी शक्ति और इच्छा को समझ कर यदि वे जीवनसंगी चुन सकें तो विवाह उनके लिए तीर्थ होगा, जहाँ वे अपनी संकीर्णता मिटा सकेंगी, व्यक्तिगत स्वार्थ को बहा सकेंगी और उनका जीवन उज्जवल से उज्ज्वलतर हो सकेगा। इस समय उनके त्याग पर अभिमान करना वैसा ही उपहासास्पद है, जैसा चिड़िया को पिंजड़े में बन्द करके उसके परवशता से स्वीकृत जीवन उत्सर्ग का गुणगान ...... हम स्त्रियों के विवाह की चिन्ता इसलिए नहीं करते कि देश या जाति में सुयोग्य माताओं और पत्नियों का अभाव हो जाएगा, वरन् इसलिए कि उनकी आजीविका का हम कोई और सुलभ साधन नहीं सोच पाते"[60] स्पष्ट है कि महादेवी वर्मा पत्नीत्व और मातृत्व के पौरुषपूर्ण विमर्श के गुब्बारे में सुई चुभोने में कोई कोताही नहीं करतीं। पुनर्जागरणकालीन राष्ट्रवाद घर और बाहर में जिस विभेद को स्थापित करता है और जिसे पार्थ चटर्जी जैसे सबाल्टर्न इतिहासकार स्त्री प्रश्न के राष्ट्रवादी समाधान का दर्जा देते हैं उसे महादेवी ने स्वीकार नहीं किया। 'घर और बाहर' शीर्षक निबन्ध में वे लिखती हैं, "इस युग में ऐसी शिक्षिता स्त्री कठिनता से मिलेगी जिसे गृह में ऐसी आत्मतुष्टि मिल गई हो जिसको पा कर जीवन के अनेक आघातों को, जय-पराजयों को मनुष्य गर्व के साथ झेल लेता है।"[61] परम्परा और आध्यात्मिकता की रक्षा का जो गुरुतर भार पुनर्जागरण के पुरोधाओं ने स्त्रियों पर थोपा था, उस पर महादेवी की यह टिप्पणी बहुत कुछ कहती है—"मनुष्य की साधारण दुर्बलता से युक्त दीन माता का वध करते हुए न पराक्रमी परशुराम का हृदय पिघला, न मनुष्यता की असाधारण गरिमा से गुरु सीता को पृथ्वी में समाहित करते हुए राम का हृदय विदीर्ण हुआ। मानो पुरुष समाज के निकट दोनों जीवनों का एक ही मूल्य था। एक जीवित व्यक्ति का इतना कठोर त्याग, इतना निर्मम बलिदान दूसरा हृदयवान व्यक्ति इतने अकातर भाव से स्वीकार कर सकता है, यह कल्पना में भी क्लेश देती है, वास्तविकता का तो कहना ही क्या!"[62] 'जीने की कला' शीर्षक निबन्ध में हिन्दू समाज के रूढ़िवाद और उससे उत्पन्न स्त्री की पराधीनता को लक्ष्य कर महादेवी लिखती हैं, "हिन्दू समाज में उसे अपनी प्राचीन गौरवगाथा का प्रदर्शन मात्र बना कर रख छोड़ा है। और वह भी मूक निरीह भाव से उसको वहन करती आई है। शताब्दियों पर शताब्दियाँ बीतती चली जा रही हैं, समय की लहरों में परिवर्तन पर परिवर्तन बहते आ रहे हैं, परिस्थितियाँ बदल रही हैं, परंतु समाज केवल स्त्री को, जिसे उसने दासता के अतिरिक्त और कुछ देना नहीं सीखा, प्रलय की उथल-पुथल में भी शिला के समान स्थिर देखना चाहता है। ऐसी स्थिरता मृत्यु का शृंगार हो सकती है, जीवन का नहीं।"[63] महादेवी का काव्य, निबन्ध, संस्मरण और ख़ुद उनका जीवन भारतीय नवजागरण और राष्ट्रवाद द्वारा स्त्री प्रश्न के समाधान पर न केवल एक बड़ा प्रश्नचिह्न है बल्कि भारतीय स्त्री की जो मुक्ति की राहें उन्होंने सुझाई हैं और उसके मानक के रूप में जिन निम्नवर्गीय स्त्रियों की स्मृति रेखाएँ खींची हैं, वह आज के

दलित और स्त्री विमर्श की सहभागिता का महत्त्वपूर्ण प्रस्थान बिन्दु हो सकता है।

तीस और चालीस के दशक में एक लेखिका के रूप में सुभद्रा कुमारी चौहान का रचनाकर्म हिन्दी के आरम्भिक स्त्री लेखन का एक और विलक्षण स्वर है। अकारण नहीं कि सुभद्रा कुमारी चौहान की कीर्ति झाँसी की रानी लक्ष्मीबाई पर लिखी उनकी उस कविता से है जिसकी कुछ न कुछ पंक्तियाँ हिन्दी-उर्दू क्षेत्र के हर पढ़े-लिखे व्यक्ति को याद हैं। सुभद्रा कुमारी चौहान ने आज़ादी की लड़ाई में भाग लेने वाली, औपनिवेशिक देश-काल में स्थित स्त्री चरित्र पर ध्यान जमाया। रानी लक्ष्मीबाई राष्ट्रीयता की प्रतीकात्मक, रूपकात्मक, मिथकीय प्रतिनिधि नहीं बल्कि इतिहास की वास्तविक पात्र थीं। सुभद्रा जी ने जब साहित्य में राष्ट्रवादी स्त्री पात्रों की सृष्टि की तो भी उन्हें किसी काल्पनिक इतिहास में प्रक्षेपित नहीं किया। सन् सत्तावन का गदर उनके लिए उपनिवेशवाद विरोधी संघर्ष का उच्चतम बिन्दु था। जिसकी असफलता की कचोट और अप्रतिहत गौरव उनके भीतर गहरे पैठा हुआ था। 'तांगेवाला' शीर्षक कहानी में तांगेवाला कहता है, "मौलवी अहमद शाह और तात्याटोपे सरीखे देशभक्त वीरों को भी हमीं में से धोख़ेबाज़ लोगों ने धोखा दे कर दुश्मनों के हवाले कर दिया। ख़ून खौल उठता है हुज़ूर यह बात सोच कर!"[64] कहानी में 1857 की स्मृति की कचोट बनी रहती है। कथावाचक तांगेवाले से कहता है "हम निहत्थे कैसे बदला ले सकते हैं रामदास? सन् सत्तावन की बात ही और थी! तब हमारे पास हथियार थे। अब तो हम लोग बिलकुल पंगु कर दिए गए हैं।"[65] कथावाचक की यह टिप्पणी गदर से कहीं अधिक 20वीं सदी के तीसरे-चौथे दशक के राष्ट्रीय आंदोलन की स्थितियों पर है, बावजूद इसके कि लेखिका स्वयं उस दौर के गाँधीवादी सत्याग्रही आंदोलन की सक्रिय भागीदार थीं। 1857 का ओज जिस तरह 'झाँसी की रानी' में व्यक्त हुआ है, उसी तरह उसकी दर्दनाक परिणति की जीवित स्मृति का चित्र भी एक स्त्री का ही है—"तांगेवाले ने बतलाया, हुज़ूर यह एक पगली है। कभी-कभी इधर दिख जाती है और अक्सर रात के समय गाती है। कभी रोती है कभी हँसती है। कहते हैं, सन् सत्तावन के गदर के समय सम्राट बहादुरशाह को जब कैद किया था और उनके शाहज़ादों को मार डाला था तब उनके महल से कुछ बेगमें कीमती ज़ेवर इत्यादि छीन लेने के बाद दर-दर फिरने के लिए छोड़ दी गई थीं। यह पगली उन्हीं में से कोई है। फटे कपड़े पर इस ग़रीबी में भी हुज़ूर उसकी चाल-चितवन, बातचीत सब शाही ढंग का है।'[66]

सुभद्रा कुमारी चौहान की कहानियाँ वास्तव में स्त्रियों के रेखाचित्र हैं। कहानी संग्रह का शीर्षक 'सीधे सादे चित्र' इसी की तस्दीक करता है। इन रेखाचित्रों में कहीं-कहीं लेखिका का आत्मबिंब भी झलक मार जाता है। ये कहानियाँ आम तौर पर शहरी मध्यवर्गीय घरों की हैं और इनकी मुख्य पात्र पढ़ी-लिखी मध्यवर्गीय, बहुधा उच्चजातीय स्त्रियाँ हैं। परिवार ही वह भीतरी दायरा है जिसे पुनर्जागरण के मनीषियों ने राष्ट्रीय संस्कृति का भीतरी आध्यात्मिक प्रकोष्ठ माना था जिसके केन्द्र में थी हिन्दू

स्त्री। सुभद्रा कुमारी चौहान की कहानियों में वही परिवार पितृसत्ता के विरुद्ध स्त्री के असंतोष और संघर्ष का मंच बन जाता है। यों सुभद्रा जी स्त्री नियति का साक्षात्कार परिवार से बाहर अदालत और जेल जैसी राज-काज की संस्थाओं में भी करती हैं किन्तु अधिकतर परिवार ही उनका मुख्य मंच है। 'अभियुक्ता' शीर्षक कहानी में बैरिस्टर गुप्ता घर में काम करने वाली चुन्नी पर सोने की चेन चुराने का आरोप लगाते हैं। अदालत के सामने चुन्नी निर्भीकतापूर्वक यह कहती है कि बैरिस्टर गुप्ता की वासनापूर्ति का उपकरण बनने से इनकार करने पर उन्होंने उस पर यह झूठा आरोप मढ़ा था। जबकि सोने की चेन उसकी अपनी ही थी। एक ओर कानून के पेंच और दूसरी ओर नौकरानी के पास सोने की चेन होने की असम्भाव्यता, एक ओर बग़ैर किसी वकील के ख़ुद ही जिरह करती चुन्नी और दूसरी ओर क़ानून में निष्णात स्वयं बैरिस्टर गुप्ता—किसी भी तरीके से फ़ैसला चुन्नी के पक्ष में जाता नहीं दिख रहा था। हालांकि इस रोचक मुकदमे के दर्शक चुन्नी की बेबाकी से प्रभावित थे और बैरिस्टर गुप्ता को ले कर आलोचनाएँ कानाफ़ूसी की शक्ल में माहौल में तैर रही थीं। कहानी के अंत में एक नाटकीय मोड़ आता है जब मजिस्ट्रेट चुन्नी से लॉकेट माँग कर देखता है जिसे चुन्नी के अनुसार, उसकी माँ ने मरते वक़्त पिता की निशानी के रूप में उसे सौंपा था। लॉकेट के अंदर एक 20 वर्ष के युवक का फोटो था। यह फोटो ख़ुद मजिस्ट्रेट की युवावस्था का था। मजिस्ट्रेट को याद आती है चुन्नी की माँ, जो युवा दिनों में उसकी प्रेयसी थी और चुन्नी और कोई नहीं मजिस्ट्रेट की ही पुत्री थी। कहानी का हिन्दी फ़िल्मों जैसा अंत होता है जब मजिस्ट्रेट सिर नीचा किए हुए कहता है. 'अभियुक्ता निर्दोष है उसे जाने दो।'[67]

'रूपा' शीर्षक कहानी की नायिका अपनी ही बच्ची की हत्या के ज़ुर्म में जेल लाई जाती है जहाँ कथावाचिका भी राजनैतिक कैदी के बतौर कैद है। कथावाचिका की तीन साल की बेटी ममता हत्या की अभियुक्ता रूपा से ख़ूब घुल-मिल जाती है। ममता में वह अपनी बेटी गोपा की छवि देखती है जिसकी हत्या का आरोप उस पर है। ममता और गोपा में यह भी समानता है कि दोनों ही साफ़ बोल नहीं पातीं। ख़ूब रुपया कमा कर बंबई जा कर गोपा का ऑपरेशन कराने की लालसा लिए उसका बाप लड़ाई (यहाँ संकेत दूसरे विश्वयुद्ध का समझना चाहिए) पर चला जाता है, जहाँ से लौट कर वह नहीं आता। रूपा, बेटी गोपा को ले कर हाड़तोड़ मेहनत करके गुज़ारा करती है लेकिन बच्चे-बड़े सभी गोपा को चिढ़ाते और खिझाते हैं। पैसे की भीषण तंगी और सामाजिक अपमान दोनों से बचने के लिए रूपा गोपा को ले कर कुएँ में कूद जाती है। रूपा को अपने मरने के बाद गोपा की दुर्दशा की कल्पना सताया करती थी। बहरहाल रूपा तो कुएँ से बचा ली गई किन्तु गोपा की मौत हो गई। रूपा कथावाचिका को अपनी दर्दनाक कहानी सुना कर जब चुप होती है, तब कथावाचिका को लगता है कि "मेरी छाया मुझसे बात कर रही थी।"[68]

किन्तु जेल और अदालतों से कहीं ज़्यादा स्त्री परिवार में लांछित होती है। 'मंझली रानी' शीर्षक कहानी में साधारण परिवार की तारा का विवाह एक बड़े

ताल्लुकेदार के विलासी मंझले पुत्र से हो जाता है। साधारण घर की होने के चलते वह जिठानी की घृणा का शिकार होती है। शिकारी और मंदिरासेवी मंझले राजा के दर्शन दुर्लभ थे। तारा के अकेलेपन के साथी थे—एक छोटा-सा हारमोनियम और कुछ किताबें। परिवार में देवर ही ऐसे थे जो तारा को गाने-बजाने और पढ़ने-लिखने के लिए उत्साहित करते थे जबकि जिठानी के लिए यह सब महज़ निर्लज्जता थी। देवर यानी छोटे राजा को पढ़ाने वाले मास्टरबाबू तारा को बेहतरीन साहित्यिक पुस्तकें ला कर देते हैं। एक दिन तारा मास्टरबाबू को साकेत का एक अंश पढ़ कर सुना रही थी कि तभी जिठानी ने कमरे का दरवाज़ा बाहर से बन्द कर दिया। ससुर यानी महाराज और पति यानी मंझले राजा को ले कर वह आई और दरवाज़ा खोल कर मास्टरबाबू और तारा पर अवैध सम्बन्ध का आरोप लगाया। दोनों पुरुषों ने कोई भी सफ़ाई सुनने से इनकार कर दिया। मास्टर साहब तो निकाले ही गए और कुलटा करार दी गई तारा भी राजपरिवार से निकाल कर वापस अपने पिता के पास भेज दी गई। पिता ने 'भ्रष्ट' बेटी को घर में घुसने न दिया। तारा ससुराल और मायके दोनों से तिरस्कृत सत्याग्रह संग्राम की स्वयंसेविका बनने कांग्रेस दफ़्तर पहुँची। किन्तु किसी कांग्रेस कमेटी का प्रमाणपत्र उसके पास नहीं था और इस अभागिन को वहाँ भी शरण न मिली। अंततः एक भिख़ारिन का हाथ थाम कर दर-दर भटकती वह प्रयाग पहुँची। माघी अमावस के दिन मोटर की चपेट में आ कर तारा और भिख़ारिन अस्पताल पहुँच गईं। अस्पताल में होश आने पर तारा ने मास्टरबाबू को पास ही बैठा पाया। कहानी के शुरू में ही तारा ख़ुद से प्रश्न करती है—"वे मेरे कौन थे? ..... मैं ब्राह्मण वे क्षत्रिय, मैं स्त्री वे पुरुष फिर न तो रिश्तेदार हो सकते थे और न मित्र .... भला किसी स्त्री का कोई पुरुष भी मित्र हो सकता है? .... और यदि कोई स्त्री किसी पुरुष से किसी प्रकार का व्यवहार रखती है ...... तो वह स्त्री भ्रष्टा है, चरित्रहीन है, नहीं तो पर पुरुष से मिलने-जुलने का और मतलब ही क्या हो सकता है?"[69] कहानी के अंत में वह इस प्रश्न का उत्तर देती है—".... वे मेरे कौन हैं? वे मुझ पर माता की तरह ममता और पिता की तरह प्यार करते हैं, भाई की तरह सहायता और मित्र की तरह नेक सलाह देते हैं, पति की तरह रक्षा और पुत्र की तरह आदर करते हैं। कुछ न होते हुए भी वे मेरे सबकुछ हैं। और सबकुछ होते हुए भी वे मेरे कुछ नहीं हैं।"[70] कहानी में पुरुष का रोल मॉडल नहीं बदलता लेकिन इस भूमिका में पति नहीं है। दाम्पत्य में निर्वाह का एकतरफ़ा भार स्त्री पर है। लांछित स्त्री का न ससुराल है न मायका और न ही स्वतंत्रता संग्राम का सार्वजनिक क्षेत्र उसका अपना हो सकता है। 'कदम्ब के पफूल' शीर्षक कहानी में घरेलू मजदूर मोहन भामा को दोने में ला कर कुछ देता है। यह छोटी-सी घटना सास के लिए उसे लांछित करने का बहाना बन जाती है। ग़रीब घर की सास, बहू पर चोरी-चोरी मिठाई मँगा कर खाने का आरोप लगाती है। वह बहू पर यह आरोप लगाती है कि उसने उसे मारने की धमकी दी। पति गंगा प्रसाद माँ की बात सुन भामा को मारने पर आमादा होते हैं कि तभी राज़ खुलता है कि दोने में मिठाई नहीं कदम्ब के फूल थे। कई बार स्त्री का पढ़ना-लिखना, उसका

कला-प्रेम या साहित्यानुराग भी शंकालु पति के लिए उस पर लांछन लगाने का पर्याप्त कारण साबित हो सकता है। 'आहुति' शीर्षक कहानी में विधुर पंडित राधेश्याम एडवोकेट अपने से कहीं कम उम्र की सुंदर कन्या कुंतला को ब्याह लाते हैं। ग़रीब परिवार की कुंतला घर का सारा काम और ढलती उमर के पति की भड़की हुई काम पिपासा को पूरा करते हुए निस्तेज पड़ जाती है, किन्तु 'स्त्री समाज' की कार्रवाइयों में शामिल होती है और साहित्य रचना भी करती है। राधेश्याम अपने मित्र साहित्यकार अखिलेश्वर को कुंतला की साहित्यिक अभिरुचि को सन्तुष्ट करने का भार दे कर ख़ुद मुक्त रहते हैं लेकिन जल्दी ही वे कुंतला और अखिलेश्वर के सम्बन्ध को ले कर शंकालु हो उठते हैं। बीमार पड़े अखिलेश्वर को देखने गई कुंतला के पीछे-पीछे वे अखिलेश्वर के घर पहुँच कर कुछ ऐसा भाव प्रदर्शित करते हैं मानो उन्होंने उन दोनों को औचक पकड़ लिया हो। ग़ुस्से में दोनों को छोड़ कर राधेश्याम वापस घर जाते हैं। कुंतला जब घर पहुँचती है तब देखती है कि "उसके लेख, कविताएँ, कॉपियाँ, पेन्सिलें और अखिलेश्वर द्वारा उपहार में दी हुई फ़ाउन्टेन पेन सब समेट कर किसी ने आग लगा दी है। उसी अग्नि में अखिलेश्वर का वह प्यारा चित्र, जो कुछ ही क्षण पहले ड्राइंगरूम की शोभा बढ़ा रहा था, धू-धू करके जल रहा है। और ऊपर उठती हुई लपटें मानो कह रही हैं—कुंतला यह तुम्हारे साहित्यिक जीवन की चिता है।"[71] सुभद्रा जी की कहानियों में बहुधा दाम्पत्य के बाहर किसी भी पुरुष के साथ विवाहित स्त्री का कैसा भी सम्बन्ध किसी न किसी ट्रेजिडी में परिणत होता है। प्रेम के विवाह में परिणत न हो पाने, दांपत्य का खोखलापन, स्त्री की इच्छा के विपरीत विवाह होना, उम्र और वैचारिक परिपक्वता की दृष्टि से बेमेल विवाह, विधवाओं की दुरावस्था आदि से संघर्षरत स्त्रियाँ उनकी कहानियों की नायिकाएँ हैं। ये कहानियाँ आज़ादी से पहले के शहरी मध्यवर्गीय परिवारों में संघर्षरत स्त्री के दृष्टिकोण से तत्कालीन भद्र समाज का अलबम प्रस्तुत करती हैं। इन कहानियों के पुरुष वकील, बैरिस्टर, इंजीनियर, डॉक्टर और कहीं-कहीं राजा और रईस भी हैं। इन्हें सामाजिक प्रतिष्ठा हासिल है और आधुनिक फ़ैशन के तमाम दुर्गुणों या सामंती आदतों के बावजूद उनकी प्रतिष्ठा पर कोई फ़र्क नहीं पड़ता। जबकि स्त्री आदर्श गृहिणी बनने के क्रम में अपनी भावनाओं और इच्छाओं की आहुति देने के बाद भी लांछित होती है। सास, जेठानी आदि स्त्री पात्र कई बार पितृसत्ता के निर्मम प्रतिनिधि साबित होते हैं। औपनिवेशिक मध्यवर्ग के परिवारों का शक्ति-संतुलन स्त्री के ख़िलाफ़ है। पढ़ी-लिखी परिष्कृत रुचि की स्त्री के व्यक्तित्व के विकास का रास्ता अवरुद्ध है। वह अपने सामाजिक और मानवीय दृष्टिकोण में भी पुरुष से टकराती है। 'दृष्टिकोण' शीर्षक कहानी में निर्मला और उसकी सास के बीच टकराव का कारण है निम्न जाति की बाल विधवा बिट्टन। बिट्टन को गर्भ ठहर जाता है और वह घर से निकाल दी जाती है। निर्मला उसे अपने घर लाना चाहती है और सास इसका प्रबल विरोध करती है। निर्मला द्वारा बिट्टन को आश्रय दिए जाने की प्रतिज्ञा पर दृढ़ रहने के कारण उसे पति रमाकान्त की मार भी खानी पड़ती है। रमाकान्त अन्यथा सहिष्णु हैं। वह कॉलेज का प्रोफेसर, साहित्यसेवी,

देशभक्त, उज्जवल चरित्र और उदार है लेकिन निर्मला और उसके जीवन सम्बन्धी दृष्टिकोण में फ़र्क है। बिट्टन को जब दरवाज़े पर ही रोक दिया जाता है तो निर्मला ही देहली पार कर उसके पास जाती है। "बिट्टन और निर्मला दोनों बड़ी देर तक लिपट कर रोती रहीं"[72] निर्मला पर हाथ छोड़ने के बाद रमाकांत को काफ़ी पश्चाताप भी होता है। लेकिन इस घटना ने निर्मला को परिवार की शक्तिसंरचना में उसकी जगह का भान करा दिया। "..... उसमें एक ही परिवर्तन था कि अब उसके व्यवहार में हुकूमत की झलक न थी। वह अपने को उन्हीं दो-तीन नौकरों में से एक समझती थी, जो घर में काम करने के लिए होते हैं मगर जिनका कोई अधिकार नहीं होता।"[73]

स्वातंत्र्योत्तर हिन्दी साहित्य के स्त्री स्वर

स्वातंत्र्योत्तर हिन्दी साहित्य में स्त्री स्वर प्रधानतः कथा साहित्य में अभिव्यक्त होता है। कृष्णा सोबती, मन्नू भंडारी, शशिप्रभा शास्त्री, मेहरुन्निसा परवेज़, शिवानी, चंद्रकिरण सौनरिक्सा, उषा प्रियंवदा, मंजुला भगत, मृदुला गर्ग, चित्रा मुद्गल, नमिता सिंह, नासिरा शर्मा, प्रभा ख़ेतान, मृणाल पाण्डेय, ममता कालिया, अलका सरावगी, मैत्रेयी पुष्पा, सूर्यबाला, गीतांजलि श्री तथा तमाम अन्य महत्त्वपूर्ण महिला कथाकारों ने हिन्दी कथा साहित्य में एक नया मोड़ प्रस्तुत कर दिया। हालांकि स्वतंत्र प्रवृत्ति के रूप में स्त्री लेखन का रेखांकन पिछले डेढ़ दो दशकों से ही हो रहा है और यही वो समय भी है जब हिन्दी में स्त्री कथालेखन बड़े पैमाने पर सम्भव हुआ। कृष्णा सोबती का वृहद् उपन्यास 'ज़िन्दगीनामा' यों तो स्वातंत्र्य-पूर्व पंजाब के ग्रामीण जनजीवन की कथा है किन्तु उसमें भी पंजाब की मेहनती बेबाक औरतों का चरित्र ख़ूब उभरा है जो कि पारम्परिक समाज की पितृसत्ता के भीतर भी अपना स्वतंत्र दायरा निर्मित कर लेती हैं। कृष्णा सोबती के उपन्यास 'डार से बिछुड़ी' (1958) की मुख्य पात्र पाशो उस माँ की बेटी है जिसने ग़ैर-पारम्परिक ढंग से एक अंतर्धार्मिक विवाह किया। उसकी माँ खत्री थी और पिता शेख़। उसके माता और पिता के परिवारों और समुदायों की शत्रुता की छाया पाशो को जन्म से ही विरासत में मिलती है। वह ननिहाल में पलती है। पाशो सुन्दर है और सदैव ही सम्बन्धियों द्वारा उसके हर कदम को अपनी माँ के नक्शे-कदम पर चलने की इच्छा के रूप में देखा जाता है। उस पर तमाम बंदिशें लगाई जाती हैं और तरह-तरह से उसे उत्पीड़ित किया जाता है। जिस दिन उसे एक मेले में बेचने की तैयारी कर ली गई थी उसके ठीक एक रात पहले वह भाग कर अपनी माँ की हवेली में पहुँच जाती है। उसका भागना दो समुदायों के बीच तनाव का कारण बनता है, जिससे बचने के लिए उसके पिता उसे गुप्त रूप से हवेली से बाहर भेजते हैं और अपने हमउम्र व्यापारी दीवान लख़पत राय के साथ पाशो का विवाह कर देते हैं। पाशो का पति उम्रदराज़ है लेकिन फिर भी पाशो का ख़्याल रखता है। कुछ समय बाद ही पाशो विधवा हो जाती है। पाशो का जेठ पाशो को अपनी वासना का शिकार बना कर उसे किसी और के हाथों बेच देता है, जहाँ पाशो को तीन भाइयों की पत्नी

बनना पड़ता है, लेकिन फ़िरंगियों के युद्ध में वे मारे जाते हैं। दर-दर भटकने के बाद पाशो अंत में अपनी माँ मेहर से मिल जाती है। लेकिन तब तक उसका सब कुछ लुट चुका होता है। पाशो को एक क्रय-वस्तु में बदला जाता है या फिर एक ऐसे जन्तु के रूप में जिसकी नियति या तो पिंजड़ों में कैद किया जाना है या फिर जाल में फँसाया जाना। वह भोग की वस्तु बनाई जाती है जिसे भोगने वाले किसी तरह का अपराधबोध नहीं महसूस करते। कृष्णा सोबती अपनी इस पात्र को गहरी सहानुभूति और प्यार देते हुए भी भावुकता से कोसों दूर हैं। उनके कथा साहित्य के अन्य पात्रों की तरह पाशो का चरित्र भी ठोस ऐतिहासिक और सामाजिक सन्दर्भों में ही आकार ग्रहण करता है। जीवन के हर मोड़ और मुकाम पर वह इतिहास और समाज से घिरी हुई है। पारिवारिक मान-सम्मान, कलंक और लोकापवाद का भय, लालच, निर्दयता, पुरुष की योद्धा छवि और स्त्री को महज़ वस्तु माना जाना, पितृसत्ता का वर्चस्व और सिखों और अंग्रेज़ों के बीच भीषण युद्ध—यह सभी कुछ पाशो की पतन की ओर बढ़ती जीवनयात्रा के साथ-साथ खुलती जाती सामाजिक-ऐतिहासिक वास्तविकताएँ हैं। पाशो 19वीं सदी की पात्र है जिसकी स्थिति अन्याय के ख़िलाफ़ प्रतिकार की सम्भावनाओं से रहित है किन्तु उस चरित्र में कृष्णा सोबती ने ऐसा बहुत-कुछ उभारा है जिससे यह संकेत मिलता है कि प्रतिकार की चाहत पाशो में अवश्य थी। पाशो की अवस्थिति ऐसी है कि पाठक उसके माध्यम से समय के साथ स्त्रियों की दशा और वस्तुगत परिस्थितियों में आए बदलावों को महसूस कर पाता है।

स्त्री लेखन की दृष्टि से कृष्णा सोबती का अत्यंत महत्त्वपूर्ण उपन्यास है 'मित्रो मरजानी' (1967) जिसकी केन्द्रीय पात्र 'मित्रो' तमाम हमलों के बावजूद अपनी स्वच्छंदता पर कोई रोक स्वीकार नहीं करती। मित्रों का चरित्र स्वातंत्र्य-पूर्व की मध्यवर्गीय, राष्ट्रवादी भद्र-महिला के चरित्र से बिलकुल उलट है। उसका जीवन किसी अन्य के उद्देश्यों का वहन नहीं करता—वे उद्देश्य चाहे बड़े हों या छोटे, पवित्र हों या अपवित्र, नैतिक हों या अनैतिक। मुँहफट मित्रो के चरित्र में कृष्णा सोबती ने स्त्री चरित्र की उस प्रामाणिकता को स्थापित किया जिसे मध्यवर्ग खो चुका है। हिन्दी में मित्रो का चरित्र उर्दू में इस्मत चुग़ताई की कहानियों की स्त्री पात्रों के मेल में है जिन्हें ग़रीबी भले तोड़ दे लेकिन वे पितृसत्तात्मक दमन और पुरुष उद्दंडता के आगे झुकने वाली नहीं हैं। पितृसत्ता की सामाजिक और साहित्यिक अभिव्यक्तियाँ स्त्री चरित्रों की दैहिकता का निषेध करके उन्हें आदर्श रूप प्रदान करती हैं। ऐसे में स्त्री चरित्र की प्रामाणिकता उसकी निषिद्ध दैहिकता या शारीरिकता को बहाल किए बग़ैर सम्भव नहीं। मित्रो हिन्दी कथा साहित्य में स्त्री की 'सदेह' उपस्थिति (अतः चुनौती) का सशक्त प्रमाण है। उसकी आत्मवत्ता में उसकी देह भी शामिल है जिसकी सहजता ही समाज को असहज बना देती है। मित्रो की दैहिक ज़रूरतें अपूरित रह जाती हैं—"अब तुम्हीं बताओ, जिठानी तुम जैसा सत-बल कहाँ से लाऊँ? देवर तुम्हारा मेरा रोग़ नहीं पहचानता। .... बहुत हुआ हफ़्ते पखवारे .... और मेरी इस देह में इतनी प्यास है,

इतनी प्यास कि मछली-सी तड़पती हूँ।"[74] मित्रो को अपने आकर्षण का ग़ुमान है लेकिन कथा के चरम तक पहुँचते-पहुँचते उसे यह अहसास होता है कि कई पुरुषों को आकर्षित करने के बाद भी उसकी अस्मिता की ज़रूरतें पूरी नहीं हुईं। मित्रो को संयुक्त परिवार के बारे में कोई मुग़ालता नहीं है और न ही मान-सम्मान या वफ़ादारी की धारणाओं से ही कोई लगाव है। लेकिन अपनी माँ से विरासत में पाई सेक्स सम्बन्धी स्वच्छंदता (जिसे ले कर उसे कोई ग्लानि भी नहीं है) से भी वह तब किनारा कर लेती है जब उसकी माँ उसके लिए रंगरेलियों से भरी एक रात का आयोजन करती है। उसे सहसा यह भान होता है कि यौवन चले जाने के बाद माँ किस तरह सूख गई है। मित्रो इसी अहसास के चलते उस रात के अवसर को ठुकरा कर अपने पति के पास लौटती है—"लंबा गहरा फुंकार भर माँ को अपनी ओर बढ़ते देख पहले मित्रो की घिग्घी बँध गई। फिर जाने किस ज़ोर-जाम से सँभली और तड़प कर चीख़ी—तू सिद्ध भैरों की चेली, अब अपनी ख़ाली कड़ाही में मेरी और मेरे ख़सम की मछली तलेगी? सो न होगा, बीबो, कहे देती हूँ!—फिर तीर की-सी छलाँग मार ओसारे से देहरी कुलाची और माँ को ठेलते-ठेलते सरदारीलाल वाली बैठक की कुंडी चढ़ा ली।"[75] अपने देह के आकर्षण का इस्तेमाल करते हुए उसे यह अहसास होता है कि इस खेल में वह भोग की वस्तु बनाए जाने को स्वीकार कर रही है। मित्रों पारिवारिक मान-सम्मान और सेक्स में वफ़ादार रहने की धारणाओं को ठुकराते हुए भी स्वच्छंद संभोग को मुक्ति की गरिमा देने को तैयार नहीं है। मित्रो का नारीवाद किसी पश्चिमी रास्ते से नहीं आता, बल्कि एक अत्यंत दमनकारी माहौल में ख़ुद को बचाने की जद्दोजहद से पैदा होता है। वह विद्रोह के लिए विद्रोह नहीं करती। वह अपने अनुभवों से सीखने को तैयार है।

मन्नू भंडारी की कहानियों में भी स्त्री जीवन का एक बड़ा दायरा सिमट आया है। 'अकेली' शीर्षक कहानी की मुख्य पात्र—बूढ़ी, अकेली, परित्यक्ता सोमा बुआ हैं जिनके पति पुत्र की मृत्यु के बाद सन्यास ले कर हरिद्वार रहते हैं और साल में सिर्फ़ एक महीने के लिए उनके पास रहने आते हैं। ख़ुद वे सारी सामाजिक ज़िम्मेदारियों से कन्नी काट चुके हैं लेकिन सोमा बुआ पर रोक-टोक लगाने का अपना 'अधिकार' नहीं छोड़ पाते। बीस साल से यही क्रम है। सोमा बुआ मोहल्ले-टोले, नाते-रिश्तों के सभी उत्सव-त्यौहारों, सुख-दुःख में डूबी रहती हैं। पच्चीस वर्ष पूर्व दिवंगत देवर के ससुराल वालों के घर शादी का समाचार पाने के बाद वे समधिन का धर्म निभाने के लिए ख़ूब तैयारी करती हैं। अपने मृत बेटे की अंतिम निशानी के बतौर रखी उसकी अंगूठी बेच कर उपहार जुटाती हैं, लेकिन शहरी रिश्तेदारों की ओर से उन्हें कोई न्यौता नहीं आता। बदलते समय की शहरी आधुनिकता के मूल्य कुछ और हैं जिनके आगे सोमा बुआ अकेली की अकेली ही रह जाती हैं।

आज़ादी के बाद के दौर की कई स्त्री लेखिकाओं ने ऐसी स्त्री पात्रों को उभारा है जो जीवन का आधा से अधिक हिस्सा गुज़ार चुकी हैं। कही-कहीं वे दादी-नानी भी हैं

जिनकी पारम्परिक जीवनशैली में जड़ें गहरी हैं। शिवानी की 'दादी' (1979) शीर्षक कहानी में दादी परम्परागत धार्मिक स्त्री हैं। राष्ट्रवादी दौर की स्त्री पात्र की तरह वे आध्यात्मिकता की प्रेरक प्रतीक नहीं हैं किन्तु उनमें एक परिपक्व नैतिकता और मानवीय गरमाहट है जो उनकी कलहप्रिय बहुओं में नहीं है। वे अपने नाती-पोतों के लिए जो खिलौने बनाती हैं, जो खेल खेलती हैं, वे सब पारम्परिक हैं लेकिन मूल्यों, शिक्षा और लालन-पालन को ले कर उनकी दृष्टि आधुनिक है। एक नये रसोइए की जाति के बारे में निश्चित न हो पाने के चलते वे उसका बनाया भोजन खाने से हिचकती हैं, लेकिन यह मालूम पड़ने पर कि वह पाकिस्तानी जासूस है, वे उसे उन्मादी भीड़ से बचा कर पुलिस को सौंपती हैं। यहाँ भी उनकी धर्मनिरपेक्षता या मानवता किसी औपनिवेशिक स्रोत से नहीं बल्कि जीवन में गहरे पैठ होने से पैदा होती है। मंजुला भगत की कहानी 'बीबी जी' (1985) की मुख्यपात्र अपने पुत्रों की निगाह में पुराने ढर्रे की स्त्री हैं। लेकिन बीबी जी में यह साहस और संवेदनशीलता है कि वे अपना वास्तविक सम्बन्ध घर के पास झोपड़पट्टियों में रहने वाले निम्न जाति के लोगों से बनाती और मानती हैं। इन कहानियों में मध्यमवर्गीय उच्चजातीय परिवारों की पारम्परिक अधेड़ और बूढ़ी स्त्री-चरित्र अधिक मानवीय और जीवन की जड़ों से जुड़ी दिखाई जाती हैं। समाज से उनका रिश्ता मोहल्ले-टोले, नाते-रिश्तेदारियों और परिवार के माध्यम से है; स्कूल-कॉलेज, नौकरी-चाकरी के माध्यम से नहीं। ये स्त्री-चरित्र कहीं तो मन्नू भंडारी की 'अकेली' कहानी की बुआ की तरह अकेली ही रह जाती हैं, तो कभी दादी और बीबी जी की तरह नये मूल्यों को अगली पीढ़ी की ओढ़ी हुई आधुनिकता की अपेक्षा कहीं बेहतर ढंग से अभिव्यक्त करती हैं। ये स्त्रियाँ आज़ादी के बाद के देश की आधुनिकता की ओर बढ़ती विकासयात्रा में परम्परा की निगरानी और सुरक्षा का रूपक बनती हैं। ये कहानियाँ आम तौर पर रेखाचित्र सरीखी हैं। इन अधेड़ और बूढ़ी स्त्रियों के रेखाचित्र मानो इन लेखिकाओं का अपने ही अतीत से एक आत्मीय संवाद है।

मन्नू भंडारी और कृष्णा सोबती सामाजिक यथार्थ की भी बड़ी कथाकार हैं और नारी मन की गहराइयों की भी। घर के भीतर और बाहर के शक्ति-सम्बन्धों के बीच आधुनिक पढ़ी-लिखी मध्यवर्गीय स्त्रियों के बाहरी-भीतरी संघर्षों के यथार्थ चित्रण में इन लेखिकाओं ने मज़बूत पहल की। मन्नू भंडारी की कहानी 'यही सच है' (1966) दो पुरुषों को ले कर एक पढ़ी-लिखी युवा स्त्री के मन में एक साथ चल रहे प्रेम के द्वंद्व की प्रामाणिक अभिव्यक्ति है। इस विषय पर स्त्रियों द्वारा लिखी गई कुछ प्रारम्भिक कहानियों में से यह एक है। 'स्त्री सुबोधिनी' (1978) शीर्षक कहानी में मन्नू भंडारी ने मैं शैली में लिखे एक पत्र के माध्यम से निम्न-मध्यमवर्ग की संघर्षशील नौकरी-पेशा स्त्रियों को मुक्ति के फ़ैशनेबल रास्तों से आगाह किया है—"प्यारी बहनों, न तो मैं कोई विचारक हूँ, न प्रचारक, न लेखक, न शिक्षक। मैं तो एक बड़ी मामूली सी नौकरीपेशा घरेलू औरत हूँ, जो अपनी उम्र के बयालिस साल

पार कर चुकी है। लेकिन इस उम्र तक आते-आते जिन स्थितियों से मैं गुज़री हूँ, जैसा अहम अनुभव मैंने पाया .... चाहती हूँ, बिना किसी लाग लपेट के उसे आपके सामने रखूँ और बहुत सारे ख़तरों से आगाह कर दूँ ....''[76] पत्रलेखिका अपने विवाहित बॉस शिन्दे से प्रेम की कहानी सुनाने के बाद अपनी सम्भावित स्त्री पाठकों को नसीहत देती है—''अब आप सोचिए, दूसरों के द्वारा लिए गए हमारी ज़िन्दगी के निर्णय यदि ग़लत हो जाते हैं, तो दूसरों को कोस-कोस कर हम अपना आधा दुःख तो हलका कर सकते हैं। पर आजकल 'अपने निर्णय ख़ुद लेने' या कि 'अपने रास्ते ख़ुद चुनने' का जो मर्ज़ बढ़ गया है, वह ऐसी स्थिति में बहुत भारी पड़ जाता है।''[77] शिंदे से प्रेम के नतीजे पत्र के अंतिम हिस्से में सूत्र रूप में यों निरूपित हैं—

''तुरुप का इक्का यानी घर ..... उसके पास
तुरुप का बादशाह यानी बच्चा .... उसके पास
तुरुप की बेगम यानी बीवी और
प्रेम करने के लिए एक प्रेमिका ..... उसके पास
तुरुप का ग़ुलाम यानी नौकर-चाकर -
गाड़ी बंगला ...... उसके पास

लब्बोलुआब यह कि तुरुप के सारे पत्ते उसके पास और मुझे मिले उसके दिए हुए छक्के-पंजे, यानी टोटके की तरह पुड़िया में बँधे, दार्शनिक लफ़्फ़ाजी में लिपटे हवाई प्यार के चंद जुमले''[78] पत्र के अंत में पत्रलेखिका ने अपने अनुभवों का सार यों प्रस्तुत किया—''इस देश में प्रेम के बीज मन और शरीर की 'पवित्र भूमि' में नहीं, ठेठ घर-परिवार की उपजाऊ भूमि में ही फलता-फूलता है।

भूल कर भी शादीशुदा आदमी के प्रेम में मत पड़िए। 'दिव्य' और 'महान प्रेम' की ख़ातिर बीवी-बच्चों को दाँव पर लगाने वाले प्रेमवीरों की यहाँ पैदावार ही नहीं होती। दो नावों पर पैर रख कर चलने वाले 'शूरवीर' ज़रूर सरेआम मिल जाएंगे।

हाँ, शादीशुदा औरतें चाहें, जो भले ही शादीशुदा आदमी से प्रेम कर लें। जब तक चाहा प्रेम किया, मन भर गया, तो लौट कर अपने खूँटे पर। न कोई डर, न घोटाला, जब प्रेम में लगा हो शादी का ताला!''[79]

जहाँ कृष्णा सोबती और मन्नू भंडारी के स्त्री पात्र ठेठ भारतीय सामाजिक यथार्थ के धरातल पर स्त्री-मुक्ति के विमर्श से रूबरू हैं वहीं मृदुला गर्ग एक ऐसी कहानीकार हैं जिनकी कृतियों में पश्चिमी नारीवाद के निकट पहुँचने का असफल प्रयास दिखता है। मृदुला गर्ग की कृतियों के केंन्द्र में आत्मरत्यात्मक फंतासियाँ हैं जो कि इन कृतियों की नायिकाओं के सौन्दर्य को उभारने के लिए रची गई हैं। ये नायिकाएँ लेखिका का आत्मप्रक्षेपण लगती हैं। इन फंतासियों का कोई भी बाहरी यथार्थपरक सन्दर्भ नहीं उभरता। 'उसके हिस्से की धूप' (1976), 'चित्तकोबरा' (1979) तथा 'मैं और मैं' (1984) उनकी उपन्यासत्रयी हैं। तीनों उपन्यासों की नायिकाओं की जीवनशैली में कुछ बातें समान हैं। वे सभी लेखिकाएँ-कलाकार हैं, सभी को पुरुष की दरकार,

दैहिक तृप्ति और रचनात्मकता दोनों के लिए है, ये सभी नायिकाएँ दिन का समय या तो सपने देखने में या फिर महँगे होटलों में विवाहेतर देहसम्बन्धों में व्यतीत करती हैं। 'चित्तकोबरा' तथा 'मैं और मैं' में नायिकाएँ माँ भी हैं किन्तु बच्चों का जीवन उपन्यास में कोई ख़ास जगह नहीं घेरता। पतियों को इन बातों से कोई ख़ास फ़र्क नहीं पड़ता कि उनकी पत्नियाँ क्या करती हैं और न ही वे विवाह में वफ़ादारी को कोई ख़ास तवज्जो देते हैं। हालांकि वे स्वयं विवाहेतर सम्बन्धों में नहीं जाते। संकेत मानो यह है कि बाहरी काम-काज का जो महत्त्व पतियों के लिए है, रोमांस का वही महत्त्व पत्नियों के लिए है। बोरियत सबसे बड़ा पाप है और विवाहेतर सम्बन्ध के अभाव में बोरियत के सिवा रह ही क्या जाता है? गर्ग ने जिन नायिकाओं को उभारा है, उन्हें विवाहेतर सम्बन्ध विवाह की नीरसता और उबाऊपन से ऊपर उठने तथा अपनी रचनात्मकता को प्राप्त करने में मदद करते हैं। चूंकि ये उपन्यास विवाहेतर सम्बन्धों को केन्द्र करके चलते हैं, अतः पतियों का होना उपन्यास की संरचना की माँग है। लेकिन ये पति भरण-पोषण के लिहाज़ से उपयोगी हैं, अन्यथा वे महज़ भीड़ का हिस्सा हैं। ये उपन्यास लगभग सामाजिक शून्य में अवस्थित है जिसमें सामाजिक सम्बन्ध, आस-पड़ोस आदि का दख़ल नहीं है। सीमित मध्यवर्गीय आचार-व्यवहार के कुछ संकेत ज़रूर किए जाते हैं ताकि उनकी आलोचना की जा सके। कई तरह के मुद्दे बातचीत में आते जाते हैं। इनमें साहित्यिक मुद्दे भी शामिल हैं। उपन्यासों में काफ़्का, दॉस्तायव्स्की आदि लेखकों के अलावा कुछ राजनीति, अर्थव्यवस्था, इतिहास और दर्शन की बातें भी सतही तौर पर आती हैं जो उपन्यास के केन्द्रीय कथ्य से कुछ ख़ास जुड़ी हुई नहीं लगती हैं। लेखिका ने ख़ास तौर पर 'चित्तकोबरा' में फंतासियों की रचना में कुछ पश्चिमी साहित्यिक कृतियों की शैलीगत युक्तियों (पैस्टीश) का इस्तेमाल किया है। 'चित्तकोबरा' उपन्यास में मिसेज़ मनु गोयल का स्कॉटिश प्रेमी-अभिनेता-फोटोग्राफ़र-मानवतावादी-घुमन्तू पादरी रिचर्ड हचिसन नायिका के बाल काटने के लिए जब कैंची का इस्तेमाल करता है तो उसकी यह अदा नायिका को अपनी भारतीयता के साथ बलात्कार-सी प्रतीत होती है। यह दृश्य अलेक्जेंडर पोप के काव्य 'द रेप ऑफ़ दि लॉक' में बैरन द्वारा बेलिंदा के बाल काटे जाने के प्रकरण से प्रेरित है—"मेरी नज़र कैंची से फिसल कर फ़र्श पर बिखरे बालों पर गई। फिर दाहिने कंधे तक लटकते बाकी बचे अपने बालों पर। और मेरे सुन्न बदन में ग़ुस्से की गर्मी दौड़ गई।

हाय! बरसों की मेहनत से पाली मेरी भारतीयता!

चील की तरह झपट कर मैंने उसके दोनों कंधे दबोच लिए और नुकीली आवाज़ में कहा, "तुमने मेरे बाल काट दिए! हिम्मत कैसे हुई तुम्हारी!"

उसका चेहरा बेचारगी से पुत गया। दोनों हाथ सामने फैला कर उसने कंधे झटक दिए और हिचकते हुए कहा, "पता नहीं कैसे ..... हो गया ..... तुम मेरी तरफ़ देख रही थी ..... ।"

"तो?"

"तुम देखती ही चली जा रही थीं ....."

उसने फिर लाचारी से हाथ फैला दिए।

कैंची हवा में चमक गई।

"अब क्या होगा?" मेरी आवाज़ भारी हो कर टूट गई।

"अब तो कोई चारा नहीं है सिवाय इसके ......मैं दूसरी तरफ़ के बाल भी काट दूँ?" उसने बेहद मासूमियत और मुलायमियत से पूछा।

मैं ज़ोर से रो पड़ी।

"हिम्मत कैसे हुई तुम्हारी!" रोते-रोते मैं चिल्लाई।

उसने एकदम मुझे छाती से लगा लिया। मेरा सिर चूम कर बोला, "रोओ मत प्यारी बच्ची, रोओ मत। मैं तुम्हें कलकत्ते के सबसे बेहतरीन हेयर ड्रेसर के पास ले जाऊँगा। तुम कितनी ख़ूबसूरत लगोगी ...... पहले से भी ज़्यादा .... परियों की राजकुमारी की तरह ......।"[८०]

अमरीकी उपन्यासकार फिलिप रॉथ के लघु उपन्यास 'द ब्रेस्ट' (1972) का नायक डेविड केपेश इस मनो-दैहिक विभ्रम का शिकार है कि उसका पूरा शरीर स्त्री के स्तन में बदल गया है। मृदुला गर्ग 'चित्तकोबरा' में इस फैंटेसी का इस्तेमाल करती हैं—"...... अगर मेरा शरीर एक उरोज होता—एक दीर्घकाय, विशाल, गुदगुदा उरोज। ग्लोब की तरह गोल। महेश उस पर पसर जाता। उसके हाथ, पाँव और होंठ एक साथ उससे खेलते, उसे मसलते, उसे चूमते। चूचुक को ओठों में दबोच कर वह हाथों से बाकी उरोज को मसलता और तब उसका निष्ठुर से निष्ठुर आघात भी वह सह लेता।"[81] इसी तरह कफ़्का के 'मेटामॉरफोसिस' (1915) से प्रेरित एक कल्पना के तहत नायिका जॉर्ज समसा की तरह एक बहुत बड़ा कीड़ा बनने की इच्छा करती है ताकि इतवार के दिन सम्बन्धियों के लिए खाना बनाने से वह बच जाए। पूरे उपन्यास में सेक्स दृश्यों के अलावा विवाह बनाम प्रेम, ईश्वर के बनाए व्यक्ति बनाम समाज की बनाई भीड़, शरीर बनाम मन में ध्रुवीकृत विमर्श चलते रहते है। गाँधी, क्राइस्ट और मार्क्स के त्रिक में या फिर प्रसन्न पार्वती और रौद्र पार्वती के उमा-दुर्गा रूप में पूँजीवाद और यंत्रीकरण के विकल्प की दार्शनिक कल्पना के प्रसंग उपन्यास को एक बौद्धिक परिवेश प्रदान करने की कोशिशें हैं। उद्योगपति महेश गोयल के दो बच्चों की माँ मनु गोयल के विवाहेतर प्रयोगों के माहौल में जिस बौद्धिकता का घटाटोप खड़ा किया गया है, उसकी तीसरी दुनिया की स्त्री की मुक्ति के लिए कोई प्रासंगिकता ढूँढ़े नहीं मिलती। 'चित्तकोबरा' के नारीवाद की जड़ें न पूरब में हैं न पश्चिम में और न ही उसमें कोई गंभीरता है। ग़रीबी के व्यंग्यचित्र उपन्यास की सामाजिक चेतना के उथलेपन की त्रासद अभिव्यक्तियाँ हैं।

20वीं सदी का अंतिम दशक हिन्दी में स्त्री-लेखन के क्षेत्र में ज़बर्दस्त उभार का दशक है। 'स्त्री जीवन' और 'स्त्री दृष्टि' इस दशक के उपन्यासों में अधिक जटिल सामाजिक सन्दर्भों में बड़े फलक पर उभरी है। चित्रा मुद्गल का वृहद् उपन्यास 'आवाँ' (1999), मुंबई के महानगरीय परिवेश में पूँजीपति और मजदूर वर्गों के समक्षीकरण के जरिए स्त्री जीवन की विडंबनाओं को उभारता है। मुंबई के ट्रेड यूनियन आंदोलन का पतन और मजदूरों के लिए आजीवन संघर्ष करने वाले पक्षाघात से पीड़ित पाण्डेय जी की संवेदनशील पुत्री नमिता की जीवन की नियति, कथा के ये दोनों स्तर एक दूसरे से जुड़ कर उस व्यापक सामाजिक सत्य की ओर इशारा करते हैं जिसमें 'स्त्री-मुक्ति' के सम्भावित राजनैतिक-सामाजिक आधार ही दरक गए हैं। संजय कानोई जैसा आभूषण का व्यवसायी हो या अन्ना साहेब जैसा मजदूर नेता, दोनों के लिए स्त्री का एक ही उपयोग है। नमिता अपने निम्न मध्यमवर्गीय परिवार को संकट से उबारने और अपने पैरों पर खड़ा होने के लिए जैसे ही कदम बढ़ाती है वैसे ही किसी बड़े जाल में फँसते जाने की नियति से रूबरू होती है। निम्नमध्यवर्गीय लड़की की उड़ान की नियति है ऊँचे वर्गों का बिछाया हुआ जाल और ये जाल सर्वत्र फैला है - घर, बाज़ार, दफ़्तर और मजदूर आंदोलन तक। कथानायिका नमिता के अलावा उपन्यास में कई अन्य स्त्रियों का जीवन-संघर्ष भी चित्रित है। 'मटका किंग' की पुत्री स्मिता जो नशे में धुत अपने पिता को जीने से धकेल कर अपना बदला लेती है, सुनंदा जो एक मुसलमान युवक से प्रेम कर उसके बच्चे की कुंवारी माँ बनती है, अपने प्रेम को खुल कर स्वीकारती है, सांप्रदायिकता का मुकाबला करती है और अपने साहस की कीमत चुकाती है तथा घरेलू सेविका नीलम्मा के चरित्र नमिता की तरह नियति के हाथों मजबूर नहीं हैं बल्कि ख़तरा उठा कर, कीमत चुका कर प्रतिरोध करते हैं। नमिता का अपनी सौतेली मजदूर माँ किशोरीबाई के पास अंत में लौटना, संघर्ष की उम्मीद के पास लौटना है, दमितों की संघर्षशील एकता की ओर लौटना है। बीतती 20वीं सदी के पूँजीवादी जीवन जगत के आवें में तपती-सुलगती स्त्रियाँ, लेखिका को विश्वास है कि अपना पुख़्ता आकार भी उसी तपिश में अख़्तियार करेंगी।

सुरेन्द्र वर्मा यों तो पुरुष रचनाकार हैं किन्तु स्त्री और बाज़ार के सम्बन्धों की एक ख़ास प्रस्तावना विकसित करने के चलते उनके बहुचर्चित उपन्यास 'मुझे चाँद चाहिए' (1993) की थोड़ी चर्चा यहाँ अप्रासंगिक न होगी। यह उपन्यास बाज़ार के नियमों के भीतर एक सामान्य निम्न मध्यमवर्गीय कस्बाई परिवेश की युवती द्वारा अपनी सामाजिक हैसियत को प्राप्त करने की सम्भावना को स्थापित करता है। इस लिहाज़ से एक सामंती ढाँचे की अपेक्षा बाज़ार स्त्री के लिए सामाजिक उन्नति के अधिक अवसर उपलब्ध कराता है। उपन्यास में चित्रित बाज़ार कला का बाज़ार है जहाँ एक सम्भावनाशील अभिनेत्री (शाहजहाँपुर की सिलबिल से सफलता की सीढ़ियाँ चढ़ कर दिल्ली की वर्षा वशिष्ठ में रूपान्तरित युवती) उसके नियमों को समझ कर उसका

बेहतर उपयोग करती है। दूसरी ओर हर्ष जैसा आदर्शवादी पात्र आत्महत्या की नियति को प्राप्त करता है। उपन्यास जिस विज़न को उभारता है वह एक ओर बाज़ार की अपेक्षया मुक्तिकारी सम्भावना और दूसरी ओर बीतती 20वीं सदी में आदर्शवाद की मौत से जुड़ कर बनता है। सुरेन्द्र वर्मा जिस बोध को प्रस्तावित करते हैं, आश्चर्य है कि कोई भी स्त्री लेखिका अपने कथा साहित्य में उसकी तस्दीक करती नहीं दिखाई पड़ती।

मैत्रेयी पुष्पा 20वीं सदी के अंतिम दशक की सबसे सक्रिय और विलक्षण कथाकार हैं। स्मृतिदंश (1990), बेतवा बहती रही (1993), इदन्नमम (1994), चाक (1997), झूलानट (1999), अल्मा कबूतरी (2000), कही ईसुरी फाग (2004), त्रिया हठ (2005) जैसे उपन्यासों में उन्होंने बुन्देलखंड के सबसे पिछड़े ग्रामीण अंचल की स्त्रियों के संघर्ष के आइने में आज़ादी के 50 सालों में विकास, आज़ादी, सामाजिक न्याय, बराबरी, समरसता और समृद्धि के तमाम मिथकों को टूटते दिखाया है। पढ़ी-लिखी शहरी मध्यवर्गीय नौकरीपेशा स्त्रियों के जीवन के दायरे के बाहर ग्रामीण स्त्री जीवन के लहराते समुद्र में मैत्रेयी पुष्पा पैठती हैं और हिन्दी स्त्री लेखन को महाकाव्यात्मक गहराई और व्यापकता प्रदान करती हैं। 'इदन्नमम' कई अर्थों में उनकी रचनाशीलता की सर्वोत्तम उपलब्धि है। 'आवाँ' उपन्यास मुंबई महानगर में स्त्री मुक्ति का सामाजिक आधार नहीं खोज पाता, ट्रेड यूनियन आंदोलन में भी नहीं) लेकिन 'इदन्नमम' में मध्यप्रदेश के बीहड़ ग्रामीण अंचल में वो मौजूद है—जागृत होते भूमिहीन मजदूर, दलितजन और स्त्रियों के संयुक्त मोर्चे के रूप में। उपन्यास की कथाभूमि को रेखांकित करते हुए रामचंद्र तिवारी लिखते हैं—"सामंती संस्कारों में रचे बसे परिवार, आर्थिक प्रलोभनों के चलते दरकते हुए पारिवारिक रिश्ते, भ्रष्ट राजनीति, जातीय समीकरण, हिन्दू-मुस्लिम सम्बन्धों में खटास, आरक्षण की राजनीति, असन्तुलित विकास योजनाएँ और चरित्र के संकट के चलते उनकी विफलता, इन सारे जीवन सन्दर्भों की सघनता उपन्यास को समृद्ध करती है।"[82] मध्यप्रदेश के बीहड़ अंचल में श्यामली और सोनपुरा गाँव हलचलों से भरे हैं। इस अंचल के लोग किस्सों, मुहावरों, कहावतों, गीतों तथा रामचरितमानस के प्रसंगों में उतना ही जीवन का अर्थ पाते हैं जितना कि आसपास घट रहे भौतिक जीवन के घटनाक्रमों में। लेकिन आंचलिक विशेषताओं में भी जातियों, वर्गों के विभेद उत्कीर्ण हैं। इलाके के ईमानदार और स्वप्नदर्शी नेता महेन्दर सिंह की पुत्री मंदाकिनी, माँ द्वारा प्रेमी के साथ भाग जाने और पिता की राजनीतिक हत्या के बाद अपनी दादी के साथ श्यामली गाँव के प्रधान पंचम सिंह के यहाँ शरण पाती है। सात वर्ष की आयु में माता-पिता दोनों को खो चुकी मंदाकिनी सम्पत्ति की लड़ाई का केन्द्र बन जाती है। एक ओर उसकी माँ अपने प्रेमी के दबाव में पिता की ज़मीन हथियाने के लिए उसका अभिभावकत्व प्राप्त करने का मुकदमा दायर करती है तो दूसरी ओर निर्मल और दृढ़चरित्र पंचमसिंह के भाई-पट्टीदार मुकदमे में सहायता के एवज़ में मंदा का विवाह

अपने घर के ही किसी लड़के से करा कर उसके पिता की ज़मीन हथियाना चाहते हैं। इस बीच मंदा तमाम तरह के सामाजिक विधिनिषेधों से जूझती बड़ी हो रही है। श्यामली गाँव में ही कैलाश मास्टर उसका बलात्कार करता है। पंचम सिंह का नाती मकरंद उससे प्रेम करता है और दादी (बऊ) के कहने पर पंचमसिंह मकरंद और उसकी सगाई करा देते हैं, किन्तु पंचमसिंह के भाइयों को ये गवारा नहीं कि विरासत में पाई मंदा की सम्पत्ति में हिस्से से वे महरूम हो जाएं। मकरंद और मंदा की सगाई पंचमसिंह के ख़ानदान में भारी मनमुटाव का कारण बनती है और अंततः मकरंद के माता-पिता को सगाई तोड़ने और मकरंद को अपने साथ इलाहाबाद ले जाने के लिए राज़ी कर लिया जाता है। बऊ के साथ अकेली रह गई मंदा सोनपुरा में आ कर अपने पिता की राजनीतिक विरासत सँभालती है। भ्रष्ट नौकरशाही, जातिवादी और सांप्रदायिक राजनीति, ठेकेदारों और दबंगों के साथ संघर्ष करते हुए वह खेतिहर मजदूरों, दलितों और दूसरे मेहनतकशों को संगठित करती है और अभिलाष सिंह जैसे बाहुबलियों को चुनौती देती है। सगाई टूटने के बावजूद मकरंद और मंदा एक दूसरे को चाहते हैं लेकिन मंदा ने जीवन का जो रास्ता चुना है उसे वह मकरंद और सुखी दांपत्य के स्वप्न की ख़ातिर भी बदलने को तैयार नहीं। एक अनाथ बालिका से जननायिका बनने तक की उसकी कथा पूरी तरह सामाजिक ताने-बाने से बुनी हुई है। पूरे उपन्यास में सबसे मर्मस्पर्शी प्रसंग स्त्रियों के आपसी सम्बन्धों के हैं। वह माँ जो मंदा को छोड़ गई उसकी याद मंदा को लगातार आती है। बऊ जो कि मंदा की दादी ही नहीं माता-पिता सब कुछ हैं और चट्टान की दृढ़ता के साथ पोती के लालन-पालन और सुरक्षा में सन्नद्ध, वे स्वाभाविक रूप से मंदा की माँ के प्रति कटुता रखती है, फिर भी मंदा को अपनी माँ की याद से अलग नहीं कर पातीं—"मंदाकिनी अनमनी-सी लेटी थी सबेरे से। अम्मा की याद ही आ रही है आज! बखरी में अम्मा रहती थीं तो ऐसा ही लगता था, जैसे बसा हुआ घोंसला है। चिड़िया उड़ जाए, घोंसला टूट जाए तो गिर कर मर नहीं जाएगा चिड़िया का बच्चा?"[83] मंदा की सगाई की बात सुन उसकी माँ प्रेमा ने उससे मिलने की इच्छा प्रकट की। अभिभावकी का मुकदमा वह वापस ले चुकी है जिसके चलते उसका प्रेमी और परिवार वाले उसे भीषण यातना देते हैं। माँ-बेटी के मिलन का यह दृश्य उपन्यासकार की उदात्त स्त्री चेतना का मर्मस्पर्शी उदाहरण है— "वह पास आ गई। बिलकुल समीप। सामने माँ खड़ी हैं। हाँ, अम्मा! ठगी-सी। होंट खोले अपलक देखती हुई। .... अम्मा! बऊ जा कर क्या-क्या कहती थीं? लोगों से क्या-क्या सुनती हूँ .... पर मैं कैसे मानूँ अम्मा कि तुम सम्पन्न घराने की छत्रछाया में हो। रानी महरानियों की तरह रहती हो .... अम्मा तुम तो रोने लगीं! आँसू बह रहे हैं। .... बऊ तो कहतीं थीं, अदालत के कटघरे में तुम तन कर खड़ी होती हो। कचहरी में दर्प से चलती हो। गर्व, घमंड और अहंकार की बोली बोलती हो .... पर मैं कैसे मानूँ अम्मा .... ये सूखी हथेलियाँ! ये बिवाई फटे पाँवों में टेढ़े-तिरछे बिछिया! निस्तेज मुख पर धुंधलाती बिन्दी! .... बोलो न अम्मा! .... माँ ने मुंदरी पहना कर उसका हाथ

आँखों से लगा लिया। प्यार का अतिरेक जताते हुए चूम लिया। 'सुहागवती रहो बेटा', कह कर उन्होंने आँखें अपने आँचल में पोछ डालीं......... 'माफ़ी दे दो बिटिया ..... अपनी अम्मा को माफ़ी' वह सिसकती हुई माँ के आँचल में सिमट गई...... मुंदरी को देखा। कई बार देखा। हल्की-सी ख़ुदाई है ठप्पे के ऊपर। लिखा है—'महेन्द्र सिंह'। .... 'लला के लिए है बिटिया उन्हें ही दे देना। होने को तो बहुत कुछ था, पर इस घड़ी ....' वे आगे कुछ न बोल पाईं।''[84] बऊ और मंदा का सम्बन्ध, माँ, प्रेमा और बेटी मंदा के बीच लगाव, कुसुमा भाभी और मंदा की आपसदारी-स्त्रियों के आपसी सम्बन्ध के ये तीनों आख्यान उपन्यास का प्राण हैं। प्रेमा और कुसुमा अपने-अपने सन्दर्भों में समाज की निगाह में कलंकित नारियाँ हैं पर दोनों ही दूसरों के प्रति अपनी भावनाओं के लिए ख़तरे उठाती हैं, लड़ती हैं और कीमत चुकाती हैं। कुसुमा पंचमसिंह के घर की बहू है। ग़रीब घर की कुसुमा ससुराल की माँगों को पूरा करने में असमर्थ है। पति यशपाल दूसरा विवाह कर लेता है। संयुक्त परिवार में पलते अन्य कई लोगों की तरह अपमान और अन्याय से संतप्त कुसुमा अपने कुंवारे ससुर अमरसिंह से आकृष्ट होती है और उनके बच्चे की माँ भी बनती है। उसे अपने किए पर कोई अपराधबोध नहीं है। उसका जीवन-संघर्ष परिवार संस्था के पाखंड पर एक प्रश्नचिह्न है। धर्म, परम्परा और नैतिक मूल्यों पर वह मूलगामी प्रश्न उठाती है—''बिन्नू तुम्हारी रामायन में हमारे मन की बातें लिखी हैं? .... मंदा कोई नदी, भरी नदी ज्यों तटबंध तोड़ कर बह छूटी हो .... अपनी इच्छा से, पूरे समरपन से डूबे जा रहे हैं! इसका अंत लिखा है तुम्हारी किताब में? हमारे जाने नहीं लिखा। .... बिन्नू यह जल निर्मल है या मैला? पवित्तर है या पाप का? इमरत है कि बिस? ...... तुम्हारी रामायन में लिखा भी होगा तो लिखने वाला यह नहीं जानता कि आदमी जब प्यासा होता है, प्यास से मर रहा होता है, तो कहाँ देखता है, कहाँ सोचता है, कहाँ करता है कोई भेद? कोई अंतर? .... अकेले थे हम मंदा! झुलस-झुलस कर मर रहे थे। ..... दाऊजू आ गए हमारे बीहड़ में .... उजाड़ ज़िन्दगानी के टूटे-फूटे मंदिर में ज्यों पिरभू देवता का रूप धर कर खड़े हो गए हों! .... सोई हम उनकी सरन में जा गिरे जोगिन-तपसिन की तरह!''[85] जो रामायण बऊ को कठिनतम स्थितियों का मुकाबला करने का साहस और राहत देती है, उसी रामायण में कुसुमा के प्रश्नों का जवाब नहीं है। ढड़कोले चमार, रामकिसुन कुम्हार और अमरसिंह आदि की गायन मंडली जब जमती है तो उसके गीत भी अलग हैं, रामायन की चौपाइयाँ उनके यहाँ भी मुखरित नहीं होतीं। 'इदन्नमम' बेशक आंचलिक उपन्यास है लेकिन उसका केन्द्र भौगोलिक अंचल नहीं बल्कि स्त्री जीवन का संघर्ष है—समाज, राजनीति और देश की विराट कथा इसी केन्द्र से रची जाती है।

अलका सरावगी का पहला ही उपन्यास 'कलिकथा वाया बाईपास' (1998) बीतती 20वीं सदी में कथा नायक किशोर बाबू के माध्यम से औपनिवेशिक दौर से ले

कर 20वीं सदी के अंत तक की ऐतिहासिक प्रक्रिया का साक्षात्कार है। कहानी में एक व्यक्ति की स्मृति और ख़ास मनोदशा इतिहास को महसूस करने की, उसे आख्यान बनाने की युक्ति बन जाती है। कथानायक किशोर बाबू की बाईपास सर्जरी कराई जाती है। यह 'बाईपास' शब्द कथा की संरचना में एक रूपक का अर्थ ग्रहण कर लेता है। कथा के अंतिम हिस्से में किशोर बाबू के छात्र जीवन के मित्र शान्तनु और किशोर बाबू का संवाद बाईपास के अर्थ को खोलता है। शान्तनु किशोर बाबू से कहता है—"देखो एक रास्ता जाम होता था, तो हम दूसरा रास्ता बना लेते थे। हमने किसी समस्या के कारणों को मिटाने की कभी कोशिश नहीं की। हर समस्या को बाईपास करने के रास्ते ढूँढ़ते रहे और अब तो कोई बाईपास काम नहीं कर सकता।"[86] यहाँ बाईपास पूरे औपनिवेशिक और उत्तर-औपनिवेशिक इतिहास के प्रति राष्ट्रीय प्रतिक्रिया का संकेतन है। 'कलिकथा' यानी कलियुग की कथा—ऐतिहासिक और पौराणिक काल को, यथार्थ और स्मृति की संधि-रेखा को धूमिल करने की एक युक्ति है जो उपन्यास का शीर्षक बनती है। उपन्यास के शीर्षक के दोनों पद अर्थात् 'कलिकथा' और 'बाईपास' कथा को राष्ट्रीय रूपक के बतौर पढ़े जाने का आधार मुहैया कराते हैं। बाईपास सर्जरी के बाद किशोर बाबू के सिर में लगी चोट से वे आत्मविस्मृति और व्यक्तित्वारोपण की जिस मनोदशा में चले जाते हैं, वह एक ओर तो काल की एकरेखीयता में कथा कहने की जगह स्मृति के टुकड़ों के संयोजन के माध्यम से औपनिवेशिक युग के साक्षात्कार को सम्भव बनाती है तो दूसरी ओर स्मृति और कल्पना में राष्ट्र के आख्यान का संकेतन सुलभ करती है। उपन्यास सतत् 'काल के दोहरे धरातल' पर संचरणशील रहता है। किशोर बाबू की पहली ज़िन्दगी उनके बचपन से ले कर देश के आज़ाद होने तक, दूसरी ज़िन्दगी आज़ादी के पचास साल यानी 1997 तक तथा तीसरी उसके बाद जनवरी सन् 2000 तक दर्शायी गई है। चोट के बाद किशोर बाबू एक साथ इन तीनों ज़िंदगियों में विचरण करते हैं। किशोर बाबू की यह मनोदशा कालक्रमिक को समकालिक बना देती है। किशोर बाबू की जो पहली ज़िन्दगी है, उसमें उनके पूर्वजों का अतीत भी समाया हुआ है। उनके पूर्वजों की कथा 19वीं सदी के उत्तरार्द्ध की औपनिवेशिक अंतःक्रिया का रूपक बन जाती है। कथा का देश यानी कलकत्ता स्वयं ऐतिहासिक और प्रतीकात्मक दोनों ही स्तरों पर औपनिवेशिक अंतःक्रिया का केन्द्र है। 18वीं सदी से आरम्भ उनके पूर्वजों की कथा में कलकत्ता शहर का बसना, राजपुताने से मारवाड़ियों का वहाँ आना, अंग्रेज़ों और बंगालियों के रिश्ते, उत्तर कलकत्ता में कालों और दक्षिण में गोरों का आबाद होना, मिश्रित रक्त वाले यूरेशियनों का बसना, यह सारा इतिहास किशोर बाबू के दादा रामविलास की बेतरतीब डायरियों और उनके मित्र शान्तनु से प्राप्त सूचनाओं की स्मृति के आधार पर रचा गया है। किशोर बाबू के परदादा ने 1857 के समय विद्रोहियों से अंग्रेज़ अधिकारी हैमिल्टन को बचाया था। हैमिल्टन और उसके दोस्तों के साथ वे सट्टे और दलाली के काम से अर्जित पैसे से अपने कर्ज़ चुका कर कलकत्ते से वापस भिवानी लौट जाते हैं। उनके बेटे रामविलास बाबू बड़े होने पर हैमिल्टन के हिन्दू स्त्री

से उत्पन्न पुत्र जूनियर हैमिल्टन (जो प्राच्यवादी विद्वता रखता है) की मार्फ़त कलकत्ता में स्थापित होते हैं। रामविलास बाबू के पुत्र केदार बाबू और फिर उनके पुत्र किशोर बाबू राष्ट्रवाद की आदर्शवादी लहर से प्रभावित होते हैं। वंशक्रम और पीढ़ियों की कथा अनेक उत्तर-औपनिवेशिक उपन्यासों में बहुप्रयुक्त कथा युक्ति है। इन पीढ़ियों की कथा में औपनिवशिक शासकों के साथ सहयोग (रामविलास बाबू के पिता) से शुरू करके उनके विरोध (केदार बाबू और किशोर बाबू) तक की देशी प्रतिक्रियाओं का आरेखन मिलता है। तरुणाई में किशोर बाबू ने भी क्रांति और बदलाव के स्वप्न देखे थे लेकिन परिवार और दुनियादारी के दबाव उन्हें और उनके तमाम आदर्शवादी मित्रों को घर-परिवार और धंधे की अपेक्षया निश्चिंत दुनिया में ले जाते हैं। उदीयमान औपनिवेशिक मध्य वर्ग की विकास प्रक्रिया इस कथा-भाग में अच्छे ढंग से निरूपित हुई है। सिर में लगी चोट ही अंततः किशोर बाबू को मानसिक रूप से इस दुनिया से विच्छिन्न करती है और वे तड़प और छटपटाहट के साथ अपने युवा दिनों के आदर्शवाद और उसके भी पीछे अपने पुरखों के अतीत में उतरते चले जाते हैं। युवा दिनों के उनके दो मित्र-सुभाषपंथी शान्तनु और गाँधीभक्त अमोलक उपन्यास के अंतिम हिस्से में अचानक प्रकट हो जाते हैं। उनका यह अकस्मात् मिलन मानसिक विभ्रम और यथार्थ की संधि-रेखा पर वर्णित है। शान्तनु का तो बाद में सुभाष बाबू से मोहभंग हो गया था लेकिन अमोलक के बारे में आज़ादी के बाद से कुछ ख़ास पता नहीं चल रहा था। अपुष्ट सूचनाओं के मुताबिक वह 1992 में बाबरी मस्ज़िद गिराए जाने के समय अयोध्या में कारसेवकों द्वारा मार दिया गया था। लेकिन उपन्यास के अंतिम हिस्से में अमोलक प्रकट होता है और बताता है कि अयोध्या में मारा गया व्यक्ति वह नहीं बल्कि उसकी तरह का कोई दूसरा था। स्वाधीनता आंदोलन, सुभाष बाबू और गाँधी का टकराव, दूसरा विश्वयुद्ध, बंगाल का अकाल, सांप्रदायिक दंगे, देश और बंगाल का विभाजन, आज़ादी के बाद का कलकत्ता, आज़ादी के योद्धाओं का मोहभंग, सार्वजनिक जीवन मूल्यों में गिरावट आदि की कथा इतिहास के घूमते आइने की तरह कलकत्ता की सड़कों पर घूमते अर्द्ध-विक्षिप्त किशोर बाबू के मार्फ़त कही गई है। बाईपास सर्जरी के बाद किशोर बाबू का सनकीपन उन्हें एक साथ दो ज़मानों में घूमने की आज़ादी दे देता है। इससे उपन्यास में दोहरा दृष्टिपथ निर्मित होता है। उपन्यास में 'स्त्री और उपनिवेश' के प्रश्न भी किशोर बाबू की विधवा भाभी तथा कुछ अन्य पात्रों के माध्यम से ख़ूबसूरती से उठाए गए हैं। आलोचक कृष्ण मोहन ने स्त्री प्रश्न के नुक़्ते से इस उपन्यास का पुनर्पाठ भी प्रस्तुत किया है।[87]

'कलिकथा वाया बाईपास' मनोहर श्याम जोशी के 'क्याप' उपन्यास और उदय प्रकाश की लम्बी कहानी 'वारेन हेस्टिंग्स का साँड़' की तरह ही उत्तर-औपनिवेशिक कथा-वस्तु और शिल्प का नूतन प्रयोग है। लेकिन स्त्री और उपनिवेश का सम्बन्ध कलिकथा में अलग ढंग से उभरा है।

परम्परा का पुनर्मूल्यांकन : नारी अस्मिता का प्रश्न और मीरा

अस्मिता के निर्माण में परम्परा का पुनरान्वेषण एक अनिवार्य तत्त्व है। स्त्री विमर्श के आलोक में साहित्य के स्त्री पक्ष के इतिहास और परम्परा का संधान भारतीय साहित्य में अपेक्षाकृत हाल की परिघटना है। सूज़ी थारू और के. ललिता द्वारा सम्पादित 'विमेन राइटिंग इन इंडिया' (1993) 600 ई.पू. से ले कर अब तक के भारतीय स्त्री लेखन के नमूनों का वृहत संकलन है। स्त्री दृष्टि से हिन्दी साहित्य के इतिहास के पुनर्मूल्यांकन की आरम्भिक आहटें अब सुनाई पड़ने लगी हैं। मध्यकाल की भक्त स्त्री कवयित्रियों पर अनेक स्त्रीवादी आलोचकों ने महत्त्वपूर्ण काम किया है। हिन्दी में मीरा के व्यक्तित्व और कृतित्व को नई रोशनी में समझने की कोशिश कुमकुम संगारी, उमा चक्रवर्ती, पारिता मुक्ता, मधु किश्वर आदि ने की है।

मीरा जिस देश काल में अपनी रचनाएँ रच रही थीं, उस काल में सामंती व्यवस्था धीरे-धीरे और अनेक रूपों में स्थापित हो रही थी। इसी पृष्ठभूमि में भक्ति आंदोलन का उद्भव हुआ और इसी बदलते सामाजिक परिदृश्य से अंतःक्रिया करते हुए, भक्ति आकार ग्रहण कर रही थी। यह एक ऐसी सामाजिक व्यवस्था थी जिसमें महिलाओं के श्रम का 'प्राकृतिक' तौर पर शोषण होता था, धर्म और धार्मिक भावनाओं का इस्तेमाल उच्चवर्गीय सांस्कृतिक परम्पराएँ समाज में वर्णव्यवस्था और लैंगिक नियमन को सुदृढ़ करने में करती थीं। इस सामाजिक व्यवस्था में शोषित तबकों ने भक्ति के उदार और प्रतिरोधी रूप का इस्तेमाल एक ऐसे दर्शन को विकसित करने में किया जो, अपने रोज़मर्रा के भौतिक जीवन के 'घनिष्ट' और 'निजी' अनुभवों से निकल कर, इस अन्यायपूर्ण और शोषणकारी व्यवस्था का प्रतिकार कर सके। प्रतिकार का यह स्वरूप अपनी सम्भावनाओं में जितना मुक्तिकामी था, उतना ही सीमित भी। यह इसलिए क्योंकि वह धर्म के उसी वैचारिक धरातल से विकसित हुआ था, भले ही उसके लोकोन्मुख प्रतिरोधी पक्ष को ले कर। बावजूद इसके, इस दौर की गतिमान सामाज़िक स्थितियों ने ब्राह्मणेतर जातियों और विशेष कर महिलाओं के लिए एक ऐसी स्थिति ज़रूर उत्पन्न की जिसमें वह तीव्रता से, ऐसी कई सामाजिक प्रथाओं और जकड़नों का तिरस्कार कर पाए जो पहले सोचा भी नहीं जा सकता था। उच्चवर्गीय / उच्च जातीय सांस्कृतिक परम्पराओं को भले ही भक्ति आंदोलन पूर्णरूप से तोड़ न पाया हो, लेकिन इन परम्पराओं की विषयवस्तु को उसने पुनर्परिभाषित ज़रूर किया।

ऐसे में मीराबाई की विरासत को यदि हमें नारी अस्मिता के सन्दर्भ में समझना है तो हमें मध्यकालीन राजपूत सत्ता के पितृसत्तात्मक वैचारिक आधार, सामाजिक व्यवस्था को संचालित करती ब्राह्मणवादी धार्मिक विचारधारा और आज मीराबाई को विभिन्न शक्तियों द्वारा अपने पक्ष में व्याख्यायित करने की कोशिशों के सन्दर्भ में रख कर देखना होगा।

कुमकुम संगारी ने मीराबाई पर लिखे अपने विद्वतापूर्ण लेख में इन स्थितियों को इन शब्दों में व्यक्त किया है, "उस सामंती समाज में राजपूतों, ख़ास कर उच्च तबके में बहुपत्नी प्रथा, दहेज़ और लड़कियों को पैदा होते ही मार देने के उदाहरण बड़े पैमाने पर मौजूद थे। महिलाओं को स्वतंत्र तौर पर राजनीतिक सत्ता पाने का हक नहीं था। राजपूतों के अंतःपुर में स्त्रियों के बीच आयु, ज्येष्ठता, राजनीतिक प्रभाव, उन परिवारों की हैसियत जिनसे वे आती थीं, किस रास्ते वे अंतःपुर में लाई गईं (पत्नी, रखैल या दासी के रूप में) तथा शासक पति तक उनकी पहुँच की बुनियाद पर अनेक विभाजन थे। .... महिलाओं को न तो तलाक का अधिकार था न सम्पत्ति का और विधवाओं के गुज़ारे भत्ते के अधिकार का तो पूरी सहज़ता से उल्लंघन होता था।"[८८]

उच्चकुल की महिलाओं से अपेक्षित श्रम और पूर्ण समर्पण को धार्मिक विचारधारा के तहत 'सुहाग' और 'पतिव्रता' धर्म की विचारधारा के माध्यम से मान्यता दी जाती थी। इस विचारधारा में शामिल महिलाओं को ऊँचा दर्जा, आदर और सुविधाएँ दे कर उनको इस शोषणतंत्र के पक्ष में व्यापक सहमति का हिस्सेदार बनाना आसान था।

यों तो मीराबाई के विषय में अनेक किंवदंतियाँ हैं और अलग-अलग विद्वान अपने विचारों के हिसाब से उनके जीवन को व्याख्यायित करते हैं लेकिन इस बात के भी प्रबल अंतःसाक्ष्य और बहिर्साक्ष्य मौजूद हैं कि उन्होंने स्वप्न में ही कृष्ण से विवाह कर चुकने का दावा किया (माई म्हाणे सपणे में परण गए गोपाल) और सुहाग के दावों को ख़ारिज़ करते हुए उन्होंने सांसारिक विवाह को मिथ्या बताया (झूठा सुहाग जगत का री सजनी / होई होई मिल जासी / मैं तो एक अविनासी वरूंगी / जाहे काल नाहे खासी)। भक्तिकाल में अन्य कवयित्रियों ने भी सांसारिक सम्बन्धों और उनमें निहित विवाह प्रथा के तत्कालीन ढाँचे को ख़ारिज किया।

परिवार और विवाह के तिरस्कार के साथ कुल और मर्यादा का भी तिरस्कार, न सिर्फ़ उन सम्बन्धों का निर्वाह नहीं करने की बात थी, बल्कि वह पूरी उस सामाजिक व्यवस्था, जिसमें से यह सम्बन्ध उत्पन्न हो रहे थे, उनका तिरस्कार था। घरेलू, पतिव्रता जीवन से विच्छेद, उस शोषणकारी इकाई से विच्छेद था जिसमें प्रधान तौर पर पितृसत्ता की विचारधारा व्यवहार में सुदृढ़ होती थी। सती का तिरस्कार (सती न होस्या गिरधर गास्या'..), मनुस्मृति जैसे धर्मशास्त्रों में बताए गए विवाहिताओं और महिलाओं की लैंगिकता को नियंत्रित करने वाले नियमों को ठोस सामाजिक सन्दर्भों में चुनौती देना था।[89]

जिन्हें सामाजिक विशेषाधिकार हासिल ही नहीं थे उनके द्वारा ऐसे विशेषाधिकारों का तिरस्कार करने का कोई अवसर भी नहीं था। लेकिन कुलीन बहू के आचरण को छोड़, मीराबाई ने उससे जुड़े विशेषाधिकारों को भी छोड़ा। उन्होंने जीवन और आचरण में वर्गीय एवं जातीय श्रेष्ठता और विशेषाधिकारों को छोड़ने का साहस किया। उनकी विरासत का यही वह पक्ष था जिसके कारण जिस समुदाय में वह जन्मी थीं, उस समुदाय में वे सम्भवतः आज तक उस तरह स्वीकार्य नहीं हैं, जिस तरह

निचली जातियों में वह आज भी अत्यंत लोकप्रिय और स्वीकार्य हैं।

मीरा गाती और नाचती थीं, भक्ति का अत्यंत सार्वजनिक रूप जो उनको ठीक समाज की आँखों के सामने ला कर खड़ा कर देता था। भक्ति, जो बन्द कमरों में नहीं, बल्कि समाज की निषेधात्मक निगाहों के ख़तरों का सामना करते हुए होती थी। दक्षिण की तमाम प्रसिद्ध कवियित्रियों में से महादेवी अक्का द्वारा अपनी स्त्री लैंगिकता का सामना करना और शेष समाज को भी उसका सामना करने के लिए मजबूर करने जैसा कोई दूसरा उदाहरण नहीं मिलता। दक्षिण में भक्ति आंदोलन पर उमा चक्रवर्ती ने लिखा है, "उनका शरीर उनकी भक्ति की अभिव्यक्ति का उपकरण बन गया। .... स्त्री शरीर ले कर पैदा होने के कारण अक्का महादेवी कहीं से भी रक्षात्मक या शर्मसार नहीं हैं। ..... अपनी शारीरिकता और लैंगिकता के प्रति उन्होंने ऐसा खुला और निर्भीकता की हद तक साफ़गोई का रवैया अपनाया कि सोच कर हैरान रह जाना पड़ता है। उन्होंने एक झटके में वस्त्रों तक का परित्याग कर दिया जो कि स्त्री शरीर की (अरक्षित) स्थिति और उससे उत्पन्न मजबूरियों पर कुठाराघात से कम न था।"[90]

महिला भक्तों के लिए गृहस्थ और सन्यास के बीच का विभाजन ज़्यादा पेचीदा सवाल था। जहाँ एक भक्त एक आदर्श गृहस्थ हो कर भी, एक आदर्श भक्त हो सकता था—बल्कि दोनों के विशिष्ट गुणों को एक साथ शांतिपूर्ण ढंग से निभा सकता था, वहीं महिला भक्तों को ये दोनों भूमिकाएँ एक विभाजित स्थिति में डाल देती थीं। एक कर्त्तव्यपरायण, समर्पित पतिव्रता पत्नी रहते हुए जोगिन या सन्यासिन की भूमिका भी साथ-साथ निभाना उनके लिए असम्भव था। वे इन दोनों में से कोई एक ही भूमिका निभा सकती थीं। भक्तिनों ने प्रायः वास्तविक जगत के पुरुष के साथ विवाह का विरोध किया और अंततः आराध्य के साथ विवाह के भाव तक पहुँचीं। मीराबाई के सन्यासिन बनने के निर्णय ने उनकी सामाजिक व्यवस्था की आलोचनात्मक धार को तीखा कर दिया।[91]

व्यक्तिगत आचरण में सामंती सम्बन्धों से मीरा की इन टकराहटों ने स्त्रियोचित भक्त स्वर को महिला और पुरुष भक्त कवियों के लिए अलग-अलग कर दिया। पुरुष भक्त कवियों की तुलना में, पितृसत्तात्मक मूल्यों और विचारधाओं के साथ मीरा का रिश्ता मुकाबले का है। यह मुकाबला कहीं कमज़ोर पड़ता हुआ और कहीं अपने विपरीत में बदल जाने की सम्भावना लिए हुए भी अंततः मुठभेड़ ही है। कबीर और मीरा के सम्बोधन के अलग-अलग तरीकों पर ही यदि हम नज़र डालें तो यह फ़र्क हम देख सकते हैं। मीरा के सम्बोधन में यातना, प्रतिरोध और प्रदर्शन का स्वर है। कबीर अधिकांशतः साधु / भक्त समुदाय अथवा उनको मानने वालों को सम्बोधित करते हैं— जिनके साथ वह सक्रिय संवाद में जाते हैं और पंडित / उलेमा के वर्चस्व वाले धर्म के ख़िलाफ़ दार्शनिक स्तर पर बहस करते हैं। मीरा का सम्बोधन माई, कृष्ण, राणा, महिला मित्रों (आली, सखी, हेली, बाला, सहेलियाँ, हेरी) के प्रति अधिक है। उनके चारों ओर कोई भक्त समुदाय नहीं है। साधु उनको सुनते हैं। मीरा

उनका आदर करती हैं, उनके सामने भक्ति को प्रदर्शित करती हैं लेकिन इन संतों के साथ कबीर जैसी आत्मविश्वासपूर्ण बराबरी का स्वर उनके सम्बोधन में नहीं आ पाता।

19वीं और 20वीं सदी के औपनिवेशिक दौर में मीरा के व्यक्तित्व और काव्य को किन-किन विमर्शों में किन-किन तरीकों से निरूपित किया गया, इसका बेहतर अध्ययन पारिता मुक्ता ने प्रस्तुत किया है। 1818-22 तक ब्रिटिश कर्नल जेम्स टॉड द्वारा मीरा के कैननाइज़ेशन की प्रक्रिया उस व्यापक प्राच्यवादी एवं साम्राज्यपरस्त परियोजना का एक हिस्सा थी, जिसके तहत उन्होंने मीरा को रहस्यवादी, रूमानी और पवित्रात्मा (ideal, exotic, spiritual women of the east) के रूप में स्थापित किया। साथ ही उन्होंने राजपूतों के पौरुष, युद्ध कौशल, हिम्मत और इज़्ज़त जैसे मूल्यों का महिमा मंडन भी किया। पारिता मुक्ता के अनुसार, मीराबाई और राजपूताने के इतिहास को कर्नल टॉड द्वारा प्रस्तुत किए जाने के बाद 19वीं सदी में ही मीरा की पतिव्रता भूमिका के प्रति उनके विद्रोह को मिटा कर एक सुखी, कर्त्तव्यपरायण पत्नी के रूप में उन्हें स्थापित करने की प्रक्रिया की शुरुआत हुई। इसी सदी में यह मिथ भी प्रचलित हुआ कि चित्तौड़गढ़ के किले में कुंभा श्याम मंदिर के पास स्थित मंदिर को मीराबाई के पति ने ही उनके लिए बनवाया था। उन्होंने लिखा है कि सिसोदिया वंश के आधिकारिक इतिहास में ठोसरूप से 1955 में मीरा की स्थापना तब हो पाई, जब मीरा के cardbroard cutout को उस मंदिर में रख कर उसका नाम 'मीराबाई मंदिर' कर दिया गया, इस प्रकार कार्डबोर्ड की शक्ल में मीरा की उस किले में पुनर्स्थापना हुई जिसके बन्धनों को अस्वीकार करके उन्होंने उसे त्याग दिया था। 1952-56 में विधायक रहे लालसिंह शेखावत के माध्यम से यह कार्य सम्पन्न हुआ। यह शायद एक ऐसे दौर की मजबूरी भी थी जब राजपूत शक्ति अपने पराभव के दौर से गुज़र रही थी। लेकिन इससे भी बड़ी बात यह थी कि महात्मा गाँधी ने मीरा को तब तक राष्ट्रीय प्रतीक के रूप में स्थापित कर दिया था।[92]

महात्मा गाँधी ने स्वतंत्रता संग्राम में अंग्रेज़ों के ख़िलाफ़ महिलाओं की विशाल शक्ति को साथ लेने की ज़रूरत के तहत मीरा को 'आदर्श सत्याग्रही' घोषित किया। उनके शब्द हैं, "कहते हैं कि अपनी आत्मा की आवाज़ सुन कर मीराबाई ने अपने पति को छोड़ दिया .... उन्होंने धैर्यपूर्वक सताए जाने के सारे कठोर प्रयासों को सहन किया। प्रह्लाद और मीराबाई, दोनों ने सत्याग्रह किया और दोनों ने अपने सताने वालों के प्रति दुर्भावना नहीं रखी। मीराबाई को सदैव आदर्श पत्नी माना जाएगा।"[93] इस तरह कर्नल टॉड की प्राच्यवादी परियोजना और महात्मा गाँधी के साम्राज्यवाद-विरोधी संघर्ष के परस्पर विरोधी लक्ष्यों को सार्थक करने में मीराबाई का आत्मसातीकरण, उनके विद्रोह को हाशिए पर डाल कर ही सम्भव हो पाया।

मीराबाई को मध्य वर्ग की धार्मिक-आध्यात्मिक चेतना में स्थापित करने के लिए उन भजनों को पाठ्यक्रमों अथवा प्रसार के विभिन्न आयोजनों से अलग रखा गया, जिनमें परिवार, विवाह, वैधव्य के ख़िलाफ़ उनके विद्रोह की वाणी मूर्त होती है।

संगीत की दुनिया में विष्णु दिगंबर पलुस्कर ने मीरा के भजनों को शास्त्रीय परम्परा में शामिल करके इस काम में महत्त्वपूर्ण भूमिका निभाई। उनके शिष्य नारायण मोरेश्वर खरे ने गाँधी जी के आश्रम में रह कर मीरा की भजनावली का सम्पादन किया। दृश्यकलाओं में भी मध्यवर्ग की आकांक्षाओं और नैतिकता को ध्यान में रख कर रविशंकर रावल और कानू देसाई ने अपने चित्रों में मीरा को शुचिताजन्य आकर्षण की छवि में बाँधा है। उन्होंने मीरा को आदर्श भारतीय नारी की काफ़ी समकालीन परिभाषा के अनुरूप स्थापित किया है।[94]

रूथ वनीता और मधु किश्वर के अनुसार कमोबेश यही स्वरूप मीराबाई पर आधारित गुलज़ार की फ़िल्म और अमर चित्रकथा की कॉमिक्स में भी है। फ़िल्म में मीरा (हेमा मालिनी) को अपने समाज से विमुख, अपनी ही दुनिया में खोयी हुई, बावली भक्तिन के रूप में दर्शाया गया है, जैसे कि मीरा कोई हाड़-माँस की विद्रोही इन्सान न हो कर, कोई रहस्यमय, एकायामी काठ की गुड़िया हों। अमर चित्रकथा ने तो मीरा की भक्ति को परिवार और घर में सीमित कर, पति के चरणों में समर्पित ही कर दिया है। मीरा की ये सारी प्रस्तुतियाँ पितृसत्तात्मक मूल्यों के साँचे में, मुख्यधारा में ही उनका आत्मसातीकरण करती हैं।[95]

यों तो मीराबाई के नारीवादी निरूपण के उपरोक्त प्रयास नारीवादी अध्येताओं के अंग्रेज़ी लेखन में उभरे किन्तु इसमें कोई संदेह नहीं कि हिन्दी में लिखने वाली कई स्त्री आलोचक एक नई दृष्टि से साहित्येतिहास और परम्परा के स्त्री पक्ष का पुनराख्यान करने में संलग्न हैं।

सन्दर्भ सूची

1. Spivak, Gayatri Chakravorty : Can the subaltern speak? Marxism and the Interpretation of Culture, Ed. Cary Nelson and Lawrence Grossberg, University of Illinois Press, Urbana, 1988, pg.271-313
2. वीरभारत तलवार : 'बातें जो कही नहीं जातीं, सामना, वाणी प्रकाशन, दिल्ली 2005, पृ0 246 पर उद्धृत।
3. Spivak, Gayatri Chakravorty : Can the subaltern speak? Marxism and the Interpretation of Culture, Ed.Cary Nelson and Lawrence Grossberg,University of Illinois Press, Urbana,1988, pg.297
4. Chatarjee, Partha : 'The Nation And it's Women', The Nation and it's Fragments, OUP, Delhi, 2001 (1993), pg. 118
5. Sinha, Mrinalini : Colonial Masculanity: The 'Manly Englishman' and the 'Effeminate Bengali' in the late Nineteenth Century, Manchester University Press, Manchester, 1995, pg.45

6. McClintock, Anne : Imperial Leather : Race, Gender and Sexuality in the Colonial Contest, Routledge, London and NewYork, 1995, pg.355
7. Alexander, M. Jacqui and Mohanty, Chandra Talpade : Feminist Genealogies, Colonial Legacies, Democratic Futures, Routledge, New York and London, 1997, xiv
8. Spivak, Gayatri Chakravorty : The Post colonial Critic: Interviews, Strategies, Dialogues. Ed.Sarah Harasym, Routledge, London and New York, 1990, pg.108
9. Said, Edward W. : Orientalism, Random House, New York, 1978, pg 21
10. Spivak, Gayatri Chakravorty : The Post colonial Critic : Interviews, Strategies, Dialogues. Ed. Sarah Harasym, Routledge, London and New York, 1990, pg.60
11. Mohanty, Chandra Talpade : "Under Western Eyes: Feminist Scholarship and Colonial Discourses", Third World Women and the Politics of Feminism, Ed.Mohanty, Ann Russo and Lourdes Torres, Indiana University Press, 1991(1982), pg.74
12. Suleri, Sara : "Women Skin Deep : Feminism and the Postcolonial Condition", Critical Inquiry 18, 1992, pg.766
13. Ibid pg.762
14. Mani, Lata : "Multiple Mediations : Feminist Scholarship in the Age of Multinational Reception", Feminist Review 35, pg. 29-30
15. Spivak, Gayatri Chakravorty : "Feminism and Critical Theory", In Other Worlds: Essays in Cultural Politics, Routledge, London and New York, 1988, pg.91
16. Chatarjee, Partha : "The Nation And It's Women", and "Women and the Nation", The Nation and it's Fragments, OUP, Delhi, 2001 (1993)
17. Mani, Lata, "The Production of an Official Discourse on Sati in Early Ninteenth Century Bengal", EPW : Review Of Women's Studies 21, April 1986) : WS 32-40
18. Chatarjee, Partha : 'The Nation And It's Women', The Nation and it's Fragments, OUP, Delhi, 2001 (1993), pg. 121
19. भूदेव मुखोपाध्याय "गृह कार्ययेर व्यवस्था" शीर्षक निबन्ध, भूदेव रचना संभार, सं0 प्रमथनाथ बिसी; कोलकाता : मित्र एवं घोष, (1969), पृष्ठ 446-47 qtd. in Partha Chatarjee, "The Nation And It's Women" The Nation and it's Fragments, pg. 125-26
20. Chatarjee Partha : "The Nation And It's Women", The Nation and it's Fragments, OUP, Delhi, 2001 (1993), pg. 128

21. Ibid, pg. 131
22. Ibid, pg. 133
23. Ibid
24. Chatarjee, Partha : "Women and the Nation", 'The Nation and it's Fragments', OUP, Delhi, 2001(1993), pg. 139
25. Sarkar, Tanika, "The Woman As A Communal Subject : Rashtrasevika Samiti and Ramjanma Bhumi Movement" in EPW, Vol. XXVI, no. 35, 1991
26. चारु गुप्ता : 'रिश्ता चोली-दामन का : औपनिवेशिक उत्तर भारत में महिलाएँ और हिन्दू सांप्रदायिकता,' शीर्षक अनूदित लेख, समय में हस्तक्षेप, सं0 और अनुवादः रघुवंश मणि, अभिधा प्रकाशन, मुजफ़्फ़रपुर, 2005, पृष्ठ 112.
27. वही, पृष्ठ 113
28. वही
29. वही
30. वही
31. वही, पृ0 117
32. Pandey, Gyanendra, "Which Of Us Are Hindus?" In Pandey (ed.), Hindu And Others: The Question Of Identity In India Today, Delhi : Viking, 1993, pg. 243
33. Datta, P.K. "Dying Hindus, Production Of Hindu Communal Comman Sense in the Early Twentieth Century Bengal" in EPW, Vol. XXVIII, no. 25, pg. 1306-1315
34. चारु गुप्ता : 'रिश्ता चोली-दामन का : औपनिवेशिक उत्तर भारत में महिलाएँ और हिन्दू सांप्रदायिकता,' शीर्षक अनूदित लेख, समय में हस्तक्षेप, सं0 और अनुवादः रघुवंश मणि, अभिधा प्रकाशन, मुजफ़्फ़रपुर, 2005, पृष्ठ 115.
35. ठाकुर राजकिशोर सिंह, हिन्दू संगठन, बलिया, 1924, पृ0 94-97, चारु गुप्ता के लेख में उद्धृत
36. Sethi, Manisha, Unpublished M.Phil Dessertation submitted to SSS, JNU, Titled 'Women's Identity and Agency within 'Hindu Nationalism', 1999, pg. 35
37. Nandi, Ashish, At The Edge Of Psychology : Essays In Politics And Culture, Delhi, OUP, 1980, pg.86
38. Devi, Savitry: A Warning To Hindus, Pramila Prakashan, Delhi, 1953, pg.31 (Qtd. in Manisha Sethi, Unpublished M.Phil

Dessertation submitted to SSS, JNU, Titled 'Women's Identity and Agency within 'Hindu Nationalism', 1999, pg. 44)

39. Bharucha, Roshan: "Dismentaling Men : Crisis of Male Identity in *Father, Son and Holy War"* in EPW, Vol. XXX, no. 26, 1995, pg. 1611.
40. Nandi, Ashish : The Intimate Enemy : Loss and Recovery of Self Under Colonialism, OUP, Delhi, 1983, pg. 10
41. स्वामी सत्यदेव परिव्राजक, संगठन का बिगुल, देहरादून, 1926, तृतीय संस्करण, पृ0 50-51
42. मनीषा सेठी, 'राष्ट्रवादी' हिन्दू महिला की वंश परम्परा, समकालीन जनमत, जनवरी-मार्च 2002, पृ0 22-23
43. Kishwar, Madhu : "Arya Samaj and Women's Education : Kanya Mahavidyalaya, Jalandhar", in EPW, Vol. XXI, no. 17, 1986, pg. WS-13
44. Sethi, Manisha : Unpublished M.Phil Dessertation submitted to SSS, JNU, Titled 'Women's Identity and Agency within 'Hindu Nationalism', 1999, pg. 49-50
45. Devi, Savitry : A Warning To Hindus, Pramila Prakashan, Delhi, 1953, pg.31; मनीषा सेठी, 'राष्ट्रवादी' हिन्दू महिला की वंश परम्परा, समकालीन जनमत, जनवरी-मार्च 2002, पृ0 23 में उद्धृत
46. Devi, Savitry : A Warning To Hindus, Pramila Prakashan, Delhi, 1953, pg.128 Qtd. in Manisha Sethi, Unpublished M.Phil Dessertation submitted to SSS, JNU, Titled 'Women's Identity and Agency within 'Hindu Nationalism', 1999, pg. 50)
47. मैनेजर पाण्डेय : अनभै सांचा, पूर्वोदय प्रकाशन, दिल्ली, 2002 पृ0 181
48. ममता कालिया, नई सदी की पहचान : श्रेष्ठ महिला कथाकार, 2002, लोकभारती प्रकाशन, इलाहाबाद, भूमिका पृ0 V
49. Chatarjee, Partha : "The Nation and Its Past", The Nation and it's Fragments, OUP, Delhi, 2001(1993), pg. 76
50. Guha, Ranjit, An Indian Historiography of India : A Ninteenth Century Agenda and It's Implications (Calcutta: K.P. Bagchı, 1988, pg. 63)
51. भारतेन्दु हरिश्चंद्र : भारतेन्दु समग्र, प्रचारक ग्रंथावली परियोजना, हिन्दी प्रचारक संस्थान, 1989, पृ0 478-79
52. पाण्डेय बेचन शर्मा उग्र : ख़ुदाराम और चन्द हसीनों के ख़ुतूत, वाणी प्रकाशन, दिल्ली, 1993 पृ0 88

53. वही, पृ0 112
54. अविनाश कुमार : उग्र का उपन्यास 'चंद हसीनों के ख़ुतूत' : आभिजात्य और लोकप्रिय का तनाव, जनमत, अक्टूबर-दिसम्बर, 2002, पृ0 88
55. पाण्डेय बेचन शर्मा उग्र : ख़ुदाराम और चन्द हसीनों के ख़ुतूत, वाणी प्रकाशन, दिल्ली, 1993 पृ0 57
56. वही, प्रकाशकीय, पृ0 7
57. मैनेजर पाण्डेय : अनभै साँचा, पूर्वोदय प्रकाशन, दिल्ली, 2002 पृ0 180
58. वही, पृ0 179
59. वही, पृ0 183
60. महादेवी वर्मा : 'हिन्दू स्त्री का पत्नीत्व', शृंखला की कड़ियाँ, लोकभारती प्रकाशन, 2004, पृ0 78-80
61. वही, 'घर और बाहर', पृ0 57
62. वही, 'नारीत्व का अभिशाप', पृ0 36-37
63. वही, ' जीने की कला', पृ0 148-49
64. सुभद्रा कुमारी चौहान : सीधे सादे चित्र, हंस प्रकाशन, इलाहाबाद, 1983, पृ0 198
65. वही, पृ0 199
66. वही, पृ0 200
67. वही, पृ0 128
68. वही, पृ0 196
69. वही, पृ0 21
70. वही, पृ0 30
71. वही, पृ0 68
72. वही, पृ0 42
73. वही, पृ0 43
74. कृष्णा सोबती : मित्रो मरजानी, राजकमल प्रकाशन दिल्ली, 1999, पृ0 19
75. वही, पृ0 94
76. मन्नू भंडारी : प्रतिनिधि कहानियाँ, राजकमल प्रकाशन, दिल्ली, 2003 (1984) पृ0 77
77. वही, पृ0 86
78. वही, पृ0 87
79. वही, पृ0 87

80. मृदुला गर्ग : चित्तकोबरा, नेशनल पेपरबैक्स, दिल्ली, 2004, पृ0 17-18
81. वही, पृ0 99
82. रामचंद्र तिवारी : हिन्दी उपन्यासों का विकास, हिन्दी उपन्यास, विश्वविद्यालय प्रकाशन, वाराणसी, पृ0 192
83. मैत्रेयी पुष्पाः इदन्नमम, राजकमल प्रकाशन, दिल्ली, 2004, (1994) पृ0 91
84. वही, पृ0 128-30
85. वही, पृ0 92
86. अलका सरावगी, कलिकथा वाया बाईपास, आधार प्रकाशन, पंचकूला, हरियाणा, 2003, पृ0 215
87. कृष्ण मोहन : 'किशोर बाबू की बहू का सम्पादक के नाम पत्र', आधुनिकता और उपनिवेश, वाणी प्रकाशन, दिल्ली, 2006, पृ0 220-234
88. Sangari, Kumkum. 'The Spiritual Economy of Bhakti', Gender and Nation, Nehru Memorial Museum and Library, New Delhi, 2001, pg. 30
89. Ibid, pg. 35
90. Chakravarty, Uma. 'The World of The Bhaktin in South Indian Traditions – The Body and Beyond', Manushi, N. 50-51-52, Jan-June 1989, pg. 23-26
91. Ibid, 23
92. Mukta, Parita. 'Mirabai in Rajasthan', Manushi, N. 50-51-52, Jan-June 1989, pg. 97
93. Gandhi, M.K. Collected Works, Navjeevan Trust, Ahmadabad, 1966, Vol 13, pg. 442
94. Mukta, Parita. 'Mirabai in Rajasthan', Manushi, N. 50-51-52, Jan-June 1989, pg. 98
95. Vanita, Ruth and Kishwar, Madhu. 'Modern Versions of Mira', Manushi, N. 50-51-52, Jan-June 1989, pg. 100-101

अध्याय सात

अस्मिता विमर्श और हिन्दी का दलित साहित्य

हिन्दी साहित्य में दलित विमर्श 1980 और 1990 के दशक में उभरा जबकि मराठी में यह लगभग एक पीढ़ी पहले 1960-70 के दशक में उभर चुका था। मराठी साहित्य का दलित विमर्श फुले और अम्बेडकर की वैचारिकी और सामाजिक आंदोलन की निरन्तरता में प्रकट हुआ था जबकि हिन्दी क्षेत्र में दलित विमर्श एक राजनीतिक ताकत के रूप में दलितों की स्वतंत्र दावेदारी से सम्बन्ध रखता है। राजनीति में इसे कांशीराम और मायावती के माध्यम से प्रकट राजनीतिक दावेदारी की चेतना के रूप में देखा जा सकता है। हिन्दी में दलित साहित्य के आगमन के साथ ही, सबसे पहले बहस उसकी परिभाषा पर केन्द्रित हुई। हिन्दी के अनेक आलोचकों ने पहले तो दलित साहित्य के प्रति अवहेलना की मुद्रा अपनाई, फिर सीमित स्वीकार की और अब दलित साहित्य हिन्दी साहित्य में एक महत्त्वपूर्ण स्थान बना चुका है। दलित साहित्य की परिभाषा में केन्द्रीय नुक्ता यही था कि दलित ही दलित की वेदना को अभिव्यक्त कर सकता है। यह अस्मिता निर्माण का सबसे प्रामाणिक दावा है जिसे हम अश्वेतों, स्त्रियों तथा दूसरे दमित समुदायों में भी आसानी से देख सकते हैं। यह दावा आम तौर पर एक ख़ास सामाजिक-ऐतिहासिक परिस्थिति में वाद-विवाद की रणनीतिक भंगिमा के बीच उभरता है। दुर्भाग्य से हिन्दी में जब इस नुक्ते से बहस चली तो इस दावे को अस्मिता निर्माण की एक ख़ास अवस्था से जोड़ कर देखने की जगह उसे सब समयों के लिए अपरिवर्तनीय दावे के रूप में देखा गया। इतिहास के गतिविज्ञान में अवधारणाओं की अवस्थिति देखने की जगह, उन्हें स्थिर और सर्वकालिक मान कर उन पर बहस करना एकांगी होता है। बहरहाल हिन्दी दलित साहित्य मज़बूती से अपने दावे पर टिका रहा और धीरे-धीरे उसके प्रति विरोध कम होता चला गया। हिन्दी की तमाम महत्त्वपूर्ण पत्रिकाओं ने दलित साहित्य की बहसों में हिस्सा लिया। एक ओर हंस, समकालीन जनमत और युद्धरत आम आदमी जैसी उन पत्रिकाओं ने दलित साहित्य का स्वागत किया जो कि दलित आंदोलन के भीतर से नहीं उपजी थीं तो दूसरी ओर अम्बेडकर मिशन, शम्बूक (पटना), धम्म दर्पण, हम दलित, हिमायती, अभिमूक नायक, दलित प्रक्रिया, सजग प्रहरी, अश्वघोष, समय सरोकार (दिल्ली), निर्णायक भीम, लोकसूचक (कानपुर), परिषद संदेश (मध्य प्रदेश), प्रज्ञा और दलित

एशिया टुडे (लखनऊ) जैसी हिन्दी पत्रिकाएँ प्रधानतः दलित आंदोलन की उपज थीं, जिन्होंने दलित विमर्श को हिन्दी में स्थापित करने में महत्त्वपूर्ण भूमिका निभाई। दलित साहित्य को ले कर अनेक संस्थाएँ भी समय-समय पर उभरीं। भारतीय दलित साहित्य अकादमी, दलित साहित्य मंच, दलित लेखक संघ, सेंटर फॉर अल्टरनेटिव दलित मीडिया, दलित साहित्य प्रकाशन संस्था, दलित राइटर्स फोरम, अखिल भारतीय दलित विमेन्स फोरम, नेशनल फेडरेशन ऑफ दलित विमेन आदि तमाम संस्थाएँ अस्तित्व में आईं। दूसरी ओर वामपंथी रुझान वाले संगठनों में जन संस्कृति मंच ने दलित विमर्श पर अनेक राष्ट्रीय गोष्ठियों का आयोजन किया। एन.जी.ओ. संस्थाओं में बिहार के रमणिका फाउन्डेशन ने इस दिशा में पहलकदमियाँ लीं। आज हिन्दी साहित्य की शायद ही कोई पत्रिका या संगठन हो जो दलित विमर्श के साथ गोष्ठियों, विशेषांकों और प्रकाशनों के जरिए अंतःक्रिया न कर रहा हो।

हिन्दी में दलित साहित्य के सौन्दर्यशास्त्र के प्रधान नुक्ते यानी 'जिए हुए अनुभवों' पर ही सबसे पहले बहस केन्द्रित हुई। हिन्दी दलित साहित्य की सर्वोत्तम उपलब्धियाँ आज भी दलित आत्मकथाएँ हैं। प्रश्न यह उठा कि क्या एक व्यक्ति के अनुभव पूरे समुदाय के अनुभवों को व्यक्त कर सकते हैं? इस शोध प्रबन्ध के पिछले अध्यायों में हमने अन्य सन्दर्भों में इस प्रश्न की प्रासंगिकता को समझने की कोशिश की है। फ्रेडरिक जेमसन ने तीसरी दुनिया की नितांत निजी और वैयक्तिक अनुभव व्यक्त करने वाली कृतियों को भी राष्ट्रीय रूपक के बतौर पढ़ने की सिफ़ारिश की तथा लू शुन और सेम्बेने की कृतियों का पाठ प्रस्तुत कर अपनी धारणा को परिपुष्ट किया। जेम्सन के तर्क में जो बात निहित है, उसे दलित साहित्यकार भी अपने सन्दर्भों में प्रस्तावित करते हैं। जिस तरह जेमसन अत्यंत निजी और व्यक्तिगत अनुभवों वाले साहित्य में तीसरी दुनिया के शोषण-दमन की सामाजिक-राजनीतिक-ऐतिहासिक परिस्थितियों को उत्कीर्ण पाते हैं, उसी प्रकार दलित लेखक अपने निजी जीवन की कहानी में पूरे समुदाय की अपवंचना को उत्कीर्ण पाते हैं। यहाँ दलित आत्मकथाएँ समुदाय का रूपक बन जाती हैं। इसका उत्कृष्ट उदाहरण 'जूठन' (ओमप्रकाश वाल्मीकि), 'अपने-अपने पिंजरे' (मोहनदास नैमिशराय), तथा 'दोहरा अभिशाप' (कौशल्या वैसंत्री) जैसी हिन्दी दलित आत्मकथाएँ हैं। ये आत्मकथाएँ दलित समुदाय की एकान्तिक अभिव्यक्तियाँ नहीं हैं, बल्कि देश-काल की ऐतिहासिकता में दलित समुदाय के जीवनानुभवों को उभारती हैं।

अनुभववाद की सीमाओं पर बहस करते हुए कई आलोचकों ने यह रेखांकित करने की भी कोशिश की कि दलित आत्मकथाएँ उन्हीं लेखकों की कथाएँ हैं, जो पढ़े-लिखे मध्यवर्गीय दायरे में अपना स्थान बना चुके हैं। ऐसे में उन आत्मकथाओं में सामाजिक-सांस्कृतिक भेदभाव और शोषण के वे अनुभव तो अभिव्यक्त होते हैं जो पूरे समुदाय के लिए सच हैं किन्तु दलित सर्वहारा या भूमिहीन मजदूर तबके की वेदनाओं का प्रामाणिक चित्र इनमें नहीं मिलता। दरअसल आर्थिक रूप से भी जो सर्वाधिक

सताए हुए हैं उनका उत्पीड़न भी कहीं ज़्यादा होता है। यहाँ हम स्पीवाक के 'कैन दं सबाल्टर्न स्पीक?' शीर्षक लेख में व्यक्त धारणाओं को याद करें तो इस प्रश्न पर एक अलग बिन्दु से भी प्रकाश पड़ता है। स्पीवाक यह नहीं मानतीं कि दमितों की आत्मवत्ता पूरी तरह से अभिव्यक्त हो सकती है, किन्तु विमर्श के भीतर वे अस्मिता के दावों को रणनीतिक दृष्टि से उपयोगी मानती हैं। दूसरी ओर वे अभिव्यक्ति प्राप्त करने को दमित अवस्था खो देने का पर्याय मानती हैं। दलित विमर्श के सन्दर्भ में इस धारणा को बरतने पर एक ऐसा परिप्रेक्ष्य उभरता है जिसमें दलितों के भीतर ही जिन तबकों को अभिव्यक्ति मिल गई, वे अपनी दमित स्थिति को पार कर चुके हैं (हालांकि दलित अस्मिता का वहन करते रह सकते हैं) जबकि वे तबके जिन्हें अभिव्यक्ति का अब भी इन्तज़ार है, दलितों में वे ही दमित रह जाते हैं। (यहाँ दमित शब्द से सबाल्टर्न का अर्थ ग्रहण करें।) अभिव्यक्ति का सवाल अस्मिता के लिए कितना महत्त्वपूर्ण है, ये डॉ0 अम्बेडकर द्वारा 1920 में शुरू किए गए साप्ताहिक 'मूकनायक' के शीर्षक से भी विदित है। यहाँ यह भी रेखांकित किया जाना चाहिए कि हिन्दी में अस्मिताओं का विमर्श स्त्री विमर्श की अपेक्षा दलित विमर्श के प्रश्नों में कहीं ज़्यादा अभिव्यक्त हुआ है। दलित अस्मिता की अभिव्यक्ति में कौन-सा तबका मुखर है—इस बहस में दलित समुदाय के भीतर वर्ग निर्माण की प्रक्रियाओं के आलोक में दलित साहित्य के सौन्दर्यशास्त्र को परखने की कोशिश दिखाई पड़ती है। जाति और वर्ग की परस्पर काटती रेखाओं का सैद्धांतीकरण इस विमर्श का सब-टेक्स्ट है।

दलित आंदोलन की विभिन्न वैचारिक प्रेरणाओं को ले कर भी तीव्र बहसें संचालित हैं। डॉ0 अम्बेडकर की केन्द्रीय प्रेरणा पर कोई विवाद नहीं है, किन्तु अम्बेडकर विचार-दर्शन स्वयं जिन परम्पराओं का संश्लेषण करता है, उन्हें ले कर दलित विमर्श के भीतर ही अलग-अलग पक्ष निर्मित हुए हैं। इनमें एक महत्त्वपूर्ण नुक्ता है—बौद्ध धर्म। डॉ0 अम्बेडकर ने लाखों लोगों के साथ हिन्दू धर्म छोड़ बौद्ध धर्म को अपनाया था (1956)। दलित बुद्धिजीवियों का एक हिस्सा बौद्ध विचारधारा को दलित विमर्श का अनिवार्य घटक मानता है, वहीं दूसरा हिस्सा इसकी आलोचना करता है। डॉ0 तुलसीराम और डॉ0 धर्मवीर को हम क्रमशः इन दो परस्पर विरोधी धारणाओं का प्रतिनिधि मान सकते हैं। धर्मांतरण के बावजूद महाराष्ट्र के नव-बौद्धों की सामाजिक हैसियत में फ़र्क न आने की बात उठा कर कुछ चिंतक राजनीतिक-सामाजिक उपकरण के बतौर धर्मांतरण को अप्रासंगिक मानते हैं, वहीं कुछ अन्य विचारक बौद्ध धर्मदर्शन की विचारधारात्मक भूमिका पर ही प्रश्नचिह्न लगाते हैं। डॉ0 धर्मवीर लिखते हैं, "पहले इशारा किया जा चुका है कि दलित चिंतन को सबसे पहला और भारी धक्का ढाई हज़ार साल पहले बुद्ध के चिंतन के रूप में लगा था। ..... उन्होंने धर्म और दर्शन के क्षेत्रों में सुकरात और ईसा वाला कठिन रास्ता न अपना कर राजकुमारों के सुभीते वाला रास्ता पकड़ा। ..... दलित के लिए

बौद्ध चिंतन एक पराया चिंतन है ..... अपने स्वतंत्र चिंतन की राह पर आते ही दलित को बौद्ध चिंतन एकदम पराया और निरर्थक लगने लगेगा।''[1] दलित विमर्श की दूसरी वैचारिक प्रेरणाओं में अश्वेत आंदोलन तथा वामपंथी आंदोलन (ख़ास तौर पर नक्सलवादी आंदोलन) को ले कर भी बहसें चलती रही हैं। दलितों के भीतर अलग-अलग जातियों के बीच के अंतर्विरोधों के बारे में भी चर्चा रचनात्मक और सैद्धांतिक कृतियों में मिलती है। यों इस चर्चा का परिप्रेक्ष्य समाजार्थिक ही है, विचारधारात्मक नहीं।

औपनिवेशिक युग में दलित अस्मिता के आकार ग्रहण करने के कारण ही राष्ट्रवाद से उसका टकराव अपरिहार्य हो गया। यहाँ यह याद रखना चाहिए कि दलित अस्मिता के आंदोलन का नेतृत्व दलित मध्य वर्ग कर रहा था जो औपनिवेशिक आधुनिकता की प्रक्रियाओं से ही अस्तित्व में आया था। दूसरी ओर राष्ट्रवादी आंदोलन की बागडोर भी औपनिवेशिक प्रक्रियाओं के तहत उत्पन्न हुए नये मध्यम वर्ग और उद्योगपति वर्गों के हाथ में थी। बहुधा अनेक आलोचक इन प्रक्रियाओं के बारे में तथ्यपरक की अपेक्षा मूल्यपरक शब्दावली में बात करके इनकी ऐतिहासिकता को धूमिल करते हैं। ज़रूरत इस बात की है कि अस्मिता का विमर्श हो या राष्ट्र का, दोनों को मूल्यपरक मान कर निष्कर्ष निकालने की जगह उनके जन्म लेने की वस्तुगत प्रक्रियाओं का विवेचन होना चाहिए।

महात्मा फुले (19वीं सदी) के समय में पुनर्जागरण की पहली लहर चल रही थी जिसमें अंग्रेज़ी राज की संस्थाओं के सहयोग से समाज सुधार की उम्मीद भारतीय धर्म और समाज सुधार के नेताओं को थी। फुले इतिहास के एक ऐसे मोड़ पर उपस्थित थे जहाँ 19वीं सदी की राष्ट्रवादी विचारधारा के प्रादुर्भाव की महज़ आहटें ही महसूस की जा सकती थीं, जो कि नये मध्यम और औद्योगिक वर्गों की चिन्ताओं से निर्मित थीं। अंग्रेज़ी शासनकाल में पारम्परिक जातिप्रथा के तथ्य को आधुनिक ज्ञानमीमांसा के तहत किस तरह से पुनर्परिभाषित किया गया, इस पर अभी भी पर्याप्त शोध बाकी है। बहरहाल जिस समय डॉ0 अम्बेडकर ने दलितों की स्वतंत्र अस्मिता का आंदोलन शुरू किया, उस समय राष्ट्रवादी आंदोलन भी अपनी परिपक्व अवस्था में था। दलितों के लिए पृथक् निर्वाचन क्षेत्रों को ले कर गाँधी-अम्बेडकर की बहस और पूना पैक्ट, राष्ट्रवाद और दलित आंदोलन के बीच अंतर्सम्बन्धों का प्रमुख संकेतचिह्न माना गया। उत्तर-औपनिवेशिक दौर में झलकारी बाई और अन्य प्रतीकों के जरिए दलित विमर्श ने राष्ट्रवादी आंदोलन पर भी कुछ दावे अवश्य किए हैं। मोहनदास नैमिशराय ने 'वीरांगना झलकारी बाई' नामक उपन्यास लिख कर 1857 के विद्रोह में दलितों के योगदान को रेखांकित करने की कोशिश की है। किन्तु साम्राज्यवाद-विरोधी संघर्ष में जिस तरह आदिवासियों की भूमिका के आख्यान सामाजिक अध्ययनों और रचनात्मक साहित्य दोनों स्तरों पर निर्मित किए गए हैं, उस तरह अभी भी दलितों की भूमिका का अपेक्षित अध्ययन हमारे सामने नहीं है।

परम्परा और इतिहास का निर्माण किसी भी जातीय अस्मिता के लिए अत्यंत महत्त्वपूर्ण तत्त्व होता है। डॉ0 अम्बेडकर ने बुद्ध से जोड़ कर दलित अस्मिता का अपना वैकल्पिक देश-काल रचा। उत्तर-औपनिवेशिक दलित विमर्शों में शबरी, शम्बूक, एकलव्य आदि पात्रों के पुनराख्यान की पाठीय रणनीति के जरिए संकेतक्रम (सिम्बॉलिक ऑर्डर) में यह निर्मिति जारी है। दलित अस्मिता को हिन्दू अस्मिता के भीतर ही आत्मसात कर लिए जाने की कोशिशें भी बहुत पुरानी हैं, किन्तु इनके संगठित, सचेत प्रयासों के रूप में राष्ट्रीय स्वयंसेवक संघ द्वारा अलग-अलग दलित जातियों की पौराणिक उत्पत्ति की कहानियाँ रचने और ऐसे मिथकों के प्रचार में दिखता है जो कि मध्यकाल में इन जातियों को मुसलमानों के विरोध में अवस्थित करते हैं। दलित अस्मिता के भीतर ही स्त्री प्रश्न की स्वायत्तता का विमर्श बिलकुल हाल का है जिस पर गंभीर बहसें संचालित हुई हैं। परम्परा के पुनर्मूल्यांकन का प्रश्न साहित्य के क्षेत्र में एक ओर तो दलित संतों और भक्तों के मूल्यांकन की बहसों में अभिव्यक्त होता है तो दूसरी ओर ग़ैर-दलित आधुनिक लेखकों द्वारा दलित जीवन के चित्रण के सन्दर्भ में। वास्तव में ये सभी विमर्श अलग-अलग हैं, लेकिन जब इनमें से किन्हीं दो का आमना-सामना कराया जाता है तो इन्हें एक ही धरातल पर रख कर परखने की कोशिश होती है। यदि विमर्श की उत्तर-आधुनिक धारणा को ध्यान में रखें तो मध्यकालीन संतों-भक्तों का साहित्य, आधुनिक ग़ैर-दलित लेखकों का दलित सम्बन्धी साहित्य तथा आज का दलित साहित्य अलग-अलग विमर्शों से सम्बन्ध रखता है। संत और भक्त साहित्य देश-काल और ज्ञानमीमांसा के उस बिन्दु पर रचा गया जब आधुनिकता की धारणाओं का विकास नहीं हुआ था और सामंतवाद-विरोधी स्वर भी धार्मिक रहस्यवादी मुहावरे में ही सांस्कृतिक स्तर पर अभिव्यक्त हो रहे थे। दूसरी ओर निराला, प्रेमचंद से ले कर जगदीशचंद्र तक ग़ैर-दलित लेखकों का दलित चित्रण यथार्थवादी विमर्श का हिस्सा है। आज का दलित साहित्य अस्मिता विमर्श का हिस्सा है। ये तीनों विमर्श अलग-अलग हैं अर्थात् वे अपनी वैधता के तर्क, ज्ञान और शक्ति के परस्पर भिन्न समीकरणों से ग्रहण करते हैं। यदि ऐतिहासिक तर्क से देखें तो इन विमर्शों को एक ही धरातल पर नहीं समझा जा सकता।

दलित साहित्य की विशिष्ट पहचान के निर्माण में दलित साहित्य की परम्परा का प्रश्न अत्यंत महत्त्वपूर्ण है। इस परम्परा का निर्माण एक ओर तो ग़ैर-दलितों द्वारा दलित जीवन पर लिखे गए साहित्य से दलित साहित्य के अलगाव के रेखांकन द्वारा होता है तो दूसरी ओर आधुनिक दलित आंदोलन के पहले के तमाम दलित रचनाकारों और रचनाओं को पुनर्पाठ और पुनर्व्याख्या के जरिए ग़ैर-दलित साहित्यशास्त्र के कब्ज़े से छुड़ाने के माध्यम से। उदाहरण के लिए कबीर को दलित परम्परा में स्थापित करने के लिए उनकी वैष्णवी-वेदान्ती व्याख्याओं से मुक्ति का अभियान आवश्यक हो जाता है। ग़ैर-दलित लेखकों में एक ओर वे लेखक हैं जो दलित जीवन का निरूपण करते

हैं और खुल कर दलित-विरोधी हैं। भारतेन्दु और द्विवेदी युग के कुछ रचनाकारों के ऐसे उद्धरण दलित लेखकों ने दिए हैं किन्तु मुख्य बहस उन पर केन्द्रित नहीं है। मुख्य बहस मानवतावादी और प्रगतिवादी ग़ैर-दलित लेखकों की रचनाओं को ले कर है। पिछले कुछ वर्षों में ख़ास तौर पर प्रेमचंद और निराला की कृतियों के दलित पुनर्पाठ के प्रयास हुए हैं। सामान्यतः ग़ैर-दलित लेखकों का दलित चित्रण तथा दलितों द्वारा आपबीती लिखे जाने के बीच फ़र्क सहानुभूति बनाम स्वानुभूति के मुहावरे में व्यक्त किया गया है। लेकिन ख़ास रचनाओं को केन्द्रित कर दलितों के प्रति सहानुभूति रखने वाले ग़ैर-दलित लेखकों की रचनाओं में दलित-विरोधी अंतर्ध्वनियों को उभारने की कोशिश की गई है। इस सन्दर्भ में धर्मवीर की पुस्तक 'मातृसत्ता, पितृसत्ता और जारसत्ता, खण्ड तीन, प्रेमचंद : सामंत का मुंशी' विशेष उल्लेखनीय है। इस पुस्तक की चर्चा एक भिन्न सन्दर्भ में आगे किंचित विस्तार के साथ की जाएगी, लेकिन यहाँ यह रेखांकित किया जाना ज़रूरी है कि धर्मवीर ने प्रेमचंद की कहानी 'कफ़न' का जो पाठ प्रस्तुत किया है वह 'विखंडन' की उत्तर-आधुनिक पद्धति के निकट है जिसमें किसी कृति का पुनर्पाठ एक तरह से उसकी पुनर्रचना होती है। यहाँ चुप्पी, अंतराल या अभाव के रूप में पाठ में दबी हुई ध्वनियों को उभार कर रचना का पुनर्पाठ किया जाता है। यह अलग बात है कि 'कफ़न' के टेक्स्ट में धर्मवीर को 'चमार' शब्द के इस्तेमाल के अलावा पुनर्पाठ का कोई और सूत्र नहीं मिलता। वे शिवरानी देवी की पुस्तक 'प्रेमचंद : घर में' और प्रेमचंद की अन्य कृतियों के अंतर्पाठ के जरिए 'कफ़न' की आलोचनात्मक पुनर्रचना करते हैं। धर्मवीर के शब्दों में, "असल में, चमारों के बारे में लिखी गई प्रेमचंद की बहुचर्चित कहानी 'कफ़न' में सच का 'एक बटा नौ भाग' ही कहा गया है। कफ़न का 'आठ बटा नौ भाग' अनकहा रह गया है जो प्रेमचंद के पेट में है। केवल साहित्य की दलित समीक्षा ही पूरे आइसबर्ग को बाहर लाएगी। सारी कहानी नये सिरे से स्पष्ट हो जाती यदि प्रेमचंद इस कहानी की आख़िरी लाइन दलित जीवन का यह सच लिख देते कि बुधिया गाँव के ज़मींदार के लौंडे से गर्भवती थी। उसने बुधिया से खेत में बलात्कार किया था। तब, शब्द दीपक की तरह जल उठते और सब कुछ समझ में आ जाता।"[2]

प्रेमचंद प्रसंग में पुनर्पाठ के अलावा अन्य तरीकों से भी उनके साहित्य में कथित 'दलित-विरोध' के ख़िलाफ़ प्रतिक्रियाएँ की गईं। प्रेमचंद के उपन्यास 'रंगभूमि' के जलाए जाने की घटना दलित लेखकों में सर्वानुमति नहीं बना पाई। ज़्यादातर दलित लेखकों ने इसका विरोध किया। कुछ दलित लेखकों ने इस घटना को हिन्दुत्ववादियों द्वारा चलाए जा रहे प्रेमचंद-विरोधी अभियान के सन्दर्भ में भी रख कर देखा।

कबीर को ले कर डॉ0 धर्मवीर की महत् परियोजना 'कबीर के आलोचक' (1997), 'कबीर के कुछ और आलोचक' (2002) तथा 'सूत न कपास' (2003) शीर्षक एक ही शृंखला के तीन ग्रन्थों तथा 'कबीर : नई सदी में' शृंखला के तीन ग्रन्थ

'कबीर : डॉ0 हजारी प्रसाद द्विवेदी का प्रक्षिप्त चिंतन' (2000), 'कबीर और रामानंद : किंवदन्तियाँ' (2000) तथा 'कबीर : बाज़ भी, कपोत भी, पपीहा भी' (2000) के माध्यम से चरितार्थ हुई। इन पुस्तक शृंखलाओं ने हिन्दी आलोचना में ज़बर्दस्त बहस का संचार किया जो कि अस्मिता विमर्श को ले कर हिन्दी में चली अब तक की सबसे ज़ोरदार बहस है। धर्मवीर ने हरिऔध, श्यामसुंदर दास, रामचंद्र शुक्ल, हजारी प्रसाद द्विवेदी, परशुराम चतुर्वेदी, रामनिवास चंडक, रामकुमार वर्मा, अली सरदार जाफ़री, मु0 हिदायतुल्ला, शुकदेव सिंह, रामस्वरूप चतुर्वेदी, रमेशचंद्र मिश्र, राजदेव सिंह, विष्णुकांत शास्त्री, मोहनकृष्ण बोहरा, वेद प्रकाश, वासुदेव सिंह, मैनेजर पाण्डेय, नामवर सिंह, विश्वनाथ त्रिपाठी, पुरुषोत्तम अग्रवाल और वीरभारत तलवार सहित लगभग दो दर्जन कबीर के अध्येताओं की मान्यताओं का खंडन करते हुए कबीर को ब्राह्मण-वैष्णव, हिन्दू, जैन, बौद्ध, नाथ-सिद्ध, प्रगतिशील-जनवादी आदि सभी परम्पराओं से मुक्त कर ठेठ दलित परम्परा में अवस्थित करने का प्रयास किया। (यह अलग बात है कि धर्मवीर द्वारा निर्मित की जा रही ठेठ दलित परम्परा जो तमाम परम्पराओं के 'अन्यकरण' पर आधारित है उसे ले कर दलित चिंतकों, लेखकों के बीच भी पर्याप्त बहस है।) इस पूरी बहस में तमाम समकालीन आलोचकों ने धर्मवीर के साथ पॉलेमिक्स की। हजारी प्रसाद द्विवेदी पर धर्मवीर के गंभीर आक्षेप ने इस बहस को और गरमा दिया। हम इस बहस की तफ़सीलों में यहाँ नहीं जा सकते। वीरभारत तलवार ने इस बहस में भाग लेते हुए एक लेख लिखा जिसका शीर्षक था 'कबीर पर कब्ज़े की लड़ाई' (पल-प्रतिपल, अक्टू.-दिस. 1997)। यह शीर्षक इस महाबहस का उपयुक्त रूपक है और अस्मिता के विमर्श की प्रक्रियाओं का भी।

दलित और देश

राष्ट्रवाद और दलित अस्मिता दोनों की निर्मिति के परस्पर विरोधी पथ आम तौर पर अम्बेडकर-गाँधी विवाद के माध्यम से समझे जाते हैं। किन्तु यह विरोध इन दोनों से पहले अर्थात् भारतीय राष्ट्रवाद के निर्माणकाल के दौरान ही देखा जा सकता है। महत्त्वपूर्ण यह नहीं कि दलित अस्मिता और राष्ट्रवाद परस्पर विरोधी हैं बल्कि इससे कहीं ज़्यादा महत्त्वपूर्ण यह है कि इन दोनों की निर्मिति में किन तत्त्वों का कैसा विन्यास हुआ। दरअसल भारतीय राष्ट्रवाद और दलित अस्मिता, दोनों का गहरा रिश्ता औपनिवेशिक आधुनिकता के साथ है। यह जानना अत्यंत रोचक है कि भारतीय राष्ट्रवाद और दलित अस्मिता दोनों की निर्मिति में प्राच्यवादी अध्ययनों का गहरा असर है। प्राच्यवादी विद्वानों ने जब यह स्थापित किया कि योरोपियन और भारतीय, एक ही आर्यमूल के लोग हैं और ऐतिहासिक भाषाविज्ञान के सहारे इण्डो-योरोपियन और इण्डो-ईरानियन शाखाओं की परिकल्पना से इस धारणा को पुष्ट किया तो यह बात पढ़े-लिखे उच्चवर्णीय-मध्यवर्गीय नये सामाजिक समूहों को योरोपीय लोगों के साथ

अपनी समकक्षता की प्रेरक लगी। दूसरी ओर ठीक यही बात शूद्रों और अतिशूद्रों के स्वतंत्र उत्थान के नेता महात्मा फुले के लिए एकदम अलग अर्थ रखती थी। उनकी 'सार्वजनिक सत्य धर्म' नामक पुस्तक में प्रश्नोत्तर शैली में संवाद रचे गए हैं जिसमें ज्योतिराव से प्रश्न पूछे जाते हैं और वे उनका जवाब देते हैं। गोविन्दराव के एक प्रश्न के जवाब में ज्योतिराव कहते हैं, "सबसे पहले कर्नल लिग्रयांड जेकब, सर विलियम जोंस आदि अंग्रेज़ विद्वानों ने धूर्त ब्राह्मणों के वेद, स्मृतियों, संहिताओं आदि का भंडाफोड़ किया। उन्होंने उन ग्रन्थों, धर्मशास्त्रों में शूद्राति-अतिशूद्रों के बारे में जो कुछ कहा गया है तथा इन लोगों का क्षत्रियत्व निकाल कर उनको किस-किस तरह से सताया गया है, इसके बारे में सारे इतिहास की जाँच-पड़ताल करके आम आदमी के सामने रखा। इसी की वज़ह से हम सभी शूद्राति-अतिशूद्रों की आँख़ें खुल गईं और सभी धूर्त ब्राह्मणों का ब्रह्मजाल हम सभी की नज़रों के सामने अपने आप नाच रहा है।"[3] फुले ने बलि को शूद्र राजा मानते हुए भारत को हिन्दुस्थान की जगह बलिस्थान कहना पसन्द किया। बलिस्थान पर आर्यों के हमले को उन्होंने भारत पर पहला औपनिवेशिक हमला माना। ज्योतिबा फुले ने 'ईरान से आए आर्य-ब्राह्मणों' द्वारा देशज क्षत्रियों को ग़ुलाम बनाए जाने को देशी-विदेशी, उपनिवेशक-उपनिवेशित, शासक-शासित के सम्बन्धों में परिभाषित किया। आश्चर्य नहीं कि अपनी इस धारणा के लिए उन्होंने प्राच्यवादी ज्ञानात्मक निर्मितियों पर ही निर्भर किया। कैप्टन कुक, मैक्समूलर, जॉन विल्सन, डब्ल्यू. एच. प्रेसकॉट, हेनरी मीड, विलियम ज़ोंस सहित तमाम प्राच्यवादी अध्येताओं की कृतियों से उन्होंने अलग किस्म की राष्ट्रीय संकल्पना ग्रहण की। यह रेखांकित करना भी आवश्यक है कि भारतीय इतिहास की प्राच्यवादी निर्मितियों में मध्यकाल और इस्लाम की जो नकारात्मक छवि निर्मित की गई, उसे ज्योतिबा फुले ने कतई ग्रहण नहीं किया। मुस्लिम शासन से यदि उनको कोई शिकायत थी तो वह यह कि उन्होंने आर्य-ब्राह्मण व्यवस्था को नष्ट करने की जगह उसे बनाए रखा। 'सार्वजनिक सत्यधर्म' पुस्तक में प्रश्नकर्ता यशवंत ने जब यह शंका जाहिर की कि कहीं मुस्लिम लोग आर्यऋषियों के श्राप से डर तो नहीं गए, तो ज्योतिराव जवाब में कहते हैं, "यदि मुस्लिम लोग इनके धूर्त आर्य-ब्राह्मण ऋषियों के श्राप से डरने वाले होते तो उन्होंने इनके सोरठी सोमनाथ की मूर्ति के टुकड़े-टुकड़े नहीं किए होते लेकिन वे सम्पत्ति तथा प्रभुत्व के उन्माद में बेफ़िक्र हुए पड़े थे..... प्राकृत भाषा में विवेकसिंधु, ज्ञानेश्वरी, दासबोध आदि जैसे कई पाखण्डी ग्रन्थों की रचना की और उन सभी ग्रन्थों की कारस्तानी के जाल में अनपढ़ शिवाजी जैसे महावीरों को फँसा कर उनको मुस्लिमों के पीछे लगने को मज़बूर किया। इसी की वजह से मुस्लिम लोगों को सभी महाधूर्त ब्राह्मणों के बारे में समझने सोचने का समय ही नहीं मिला.... सारांश, मुस्लिम लोगों को यदि इन धूर्त ब्राह्मणों के इस इरादे को भाँप लेने का मौका मिला होता तो उन्होंने इनके वेद और अन्य सभी ग्रन्थों की धुनिया के रुई धुनने की तरह धज्जियाँ उड़ा कर उनका सत्यानाश कर दिया होता।"[4]

फुले यदि अंग्रेज़ों के शासनकाल को शूद्रों, अतिशूद्रों के लिए पढ़ लिख कर आधुनिक ज्ञान-विज्ञान से सम्पन्न हो कर आगे बढ़ने के अवसर के रूप में देख रहे थे तो साथ ही साथ उन्हें ब्रिटिश शासनकाल में किसानों के अमानवीय शोषण का दंश भी सताता था क्योंकि किसानों की बहुसंख्या शूद्रों और अतिशूद्रों की थी। वे ग़ुलामी और औपनिवेशिकता को मूलतः जातिभेद के सन्दर्भ में व्याख्यायित करते हैं और इस केन्द्रीय अंतर्विरोध के आगे दूसरे अंतर्विरोधों को गौण मानते हैं। क्षत्रियों से शूद्रों और अतिशूद्रों की उत्पत्ति का फुले का सिद्धांत अम्बेडकर के यहाँ भी जारी रहता है। जिन प्राच्यवादी ग्रन्थों, अध्ययनों के आधार पर आर्य गौरव, अतीत की महानता आदि का राष्ट्रवादी विमर्श तैयार हुआ उन्हीं से ज्योतिबा फुले ने वर्ण व्यवस्था, जातिगत दमन और शोषण के विरुद्धों शूद्रों और अतिशूद्रों के प्रतिरोध की प्रेरणा ली। मध्यकाल के विषय में मुस्लिम शासन में हिन्दू दमन का प्राच्यवादी आख्यान राष्ट्रवादी और फुले की विचारधाराओं में भिन्न-भिन्न आशयों से निरूपित हुआ। वास्तव में दोनों प्रतिक्रियाएँ एक ही ज्ञानमीमांसा की उपज थीं। समाज और धर्म सुधार आंदोलन में भी औपनिवेशिक आधुनिकता की अंतर्विरोधी फलश्रुतियों को देखा जा सकता है। ब्रह्मोसमाज, प्रार्थना समाज, आर्य समाज और धर्म सुधार आंदोलनों द्वारा उपनिषद् आदि उच्च संस्कृत पाठों की पुनर्व्याख्या के विरुद्ध फुले के सत्यशोधक समाज ने समाज और धर्म सुधार की अलग परिकल्पना रखी। राष्ट्र की भी उन्होंने अलग धारणा विकसित करने की कोशिश की। 'सार्वजनिक सत्यधर्म' पुस्तक में ज्योतिराव कहते हैं, "…. भिन्न-भिन्न प्रकार के आचार-विचार, खाना-पीना, रस्म-रिवाज़ आपस में एक दूसरे से मेल नहीं खाते। फिर ऐसे अट्ठारह प्रकार के लोगों में उनकी चटपटी नमकीन, मतलब, एक जान जीव (एकात्म समाज) 'नेशन' कैसे बन सकेगा? ….. इसीलिए आर्य-ब्राह्मण एक धर्मी अमरीकी या फ्रेंच आदि योरोपियन लोगों की नकल करके सैकड़ों नेशनल कांग्रेसें स्थापित कर लें, फिर भी उनके नेशनल कांग्रेस में शूद्राति-अतिशूद्र व्यक्ति कभी भी सदस्य नहीं होगा, इस बात का मुझे पूरा भरोसा है। क्योंकि, वैसा करने से हमारी दयालु अंग्रेज़ सरकार शूद्राति-अतिशूद्रों की ओर कोई ध्यान न देगी। …… इसलिए इस बलिस्थान के सभी शूद्राति-अतिशूद्र लोग, भील, केवट आदि सभी लोग जब तक शिक्षित हो कर सोच-विचार करने योग्य नहीं बनते तब तक वे सभी संगठित हुए बग़ैर एकात्म राष्ट्र (नेशन) बना नहीं सकते। यह सच्चाई के न होने पर भी अकेले बाहरी आक्रामक आर्य-ब्राह्मण लोगों ने नेशनल कांग्रेस की स्थापना की, तब भी उससे क्या होने वाला है?"[5] स्पष्ट है कि फुले राष्ट्र मात्र से अलगाव व्यक्त नहीं करते बल्कि राष्ट्र की तत्कालीन उच्च वर्णीय आर्य संकल्पना के विरुद्ध एक वैकल्पिक राष्ट्रीयता का प्रस्ताव करते हैं। वे राष्ट्रवाद की उस संकल्पना से भी अपना मतभेद प्रकट करते हैं जो कि एक धर्म, एक भाषा, एक जातीयता के आधार पर निर्मित योरोपीय संकल्पना है।

आगे चल कर डॉ0 अम्बेडकर ने भी औपनिवेशिक शासन द्वारा दलित उत्थान के उपलब्ध अवसरों का उपयोग करने की ही रणनीति पर अमल किया। हम पहले ही चर्चा कर आए हैं कि फुले यह मानते थे कि पढ़ लिख कर समाज में बराबरी की हैसियत और शासन-प्रशासन में हिस्सेदारी का प्रश्न दलितों के लिए प्राथमिक था, उसके बाद ही कहीं राष्ट्र का प्रश्न उनके लिए प्रासंगिक होता। डॉ0 अम्बेडकर ने भी यही मुद्रा अपनायी और गाँधी आदि राष्ट्रवादी नेताओं से उनके टकराव का मुख्य बिन्दु भी यही साबित हुआ, क्योंकि राष्ट्रवादी नेतृत्व आज़ादी को पहला प्रश्न और उसके बाद ही दलित उत्थान के सवाल को मान्यता देता था। यहाँ यह जिक्र करना अप्रासंगिक न होगा कि कांग्रेसी नेतृत्व वाले राष्ट्रवादी आंदोलन में उच्चवर्णीय हिन्दू स्वर की प्रधानता के प्रति दलितों और अल्पसंख्यकों दोनों की आश्वस्ति नहीं थी। 19वीं सदी से ही राष्ट्रीय आख्यान की निर्मिति मुस्लिम तथा शूद्रों-अतिशूद्रों के 'अन्यकरण' पर आधारित थी। पार्थ चटर्जी, ज्ञान पाण्डेय सहित तमाम सबाल्टर्न इतिहासकारों और अध्येताओं ने इसे रेखांकित किया है। भारत के राष्ट्रवादी आंदोलन की मुख्यधारा कभी भी स्त्री, दलित, अल्पसंख्यक और किसानों के प्रश्नों को हल नहीं कर सकी, जिसका कारण था वह नया औद्योगिक और मध्य वर्ग जिसके हाथ में राष्ट्रवादी आंदोलन की कमान थी, जिसने एक ओर औपनिवेशिक शासन तो दूसरी ओर तमाम ज़मींदारी और पुराणपंथी हितों के साथ समझौते किए। ऐसे में यदि अपवंचित तबकों ने उसके समानान्तर औपनिवेशिक शासन के साथ मोल-तोल की नीति अपनायी तो यही उन परिस्थितियों में स्वाभाविक था। कई दक्षिणपंथी अध्येताओं (अरुण शौरी आदि) ने अम्बेडकर और उनके आंदोलन को राष्ट्रविरोधी करार देने की कोशिशें की हैं क्योंकि उनकी सोच उसी विरासत का हिस्सा है जो कि दलितों को राष्ट्र के भीतर जगह नहीं देना चाहती। राष्ट्र को परिभाषित करने वाले तबके वही होते हैं जो उसकी सत्ता और सम्पत्ति के दावेदार होते हैं। राष्ट्र की अभिजन परियोजना से लड़ते हुए ही किसान, मजदूर और दूसरे वंचित तबके राष्ट्र बनने की प्रक्रिया में हिस्सेदार होते हैं। यह अभिजन राष्ट्र के भीतर वंचित राष्ट्र का ही संघर्ष है। एक समकालीन दलित चिंतक कंवल भारती ने ओमप्रकाश वाल्मीकि की कहानी 'घुसपैठिए' (हंस, मई 2000) के शीर्षक को सवर्ण और दलित राष्ट्रों के विभेद के रूपक के बतौर परिभाषित करते हुए लिखा, "शब्द 'घुसपैठिए' बहुत ग़ौरतलब है। किसी के राष्ट्र में, किसी के भू-भाग में, किसी के साम्राज्य में और किसी के विशेषाधिकार में जब कोई दूसरा प्रवेश करने का दुस्साहस करता है, तो उसे घुसपैठिया कहा जाता है। यह दो राष्ट्रों के बीच सीमांकन का शब्द है। कारगिल में मरने वाले और मारने वाले दोनों ही मनुष्य थे। कहा जा सकता है कि मनुष्य ने मनुष्य को मारा था। यह भाषा मानवता की है, पर राजनीति की भाषा में एक घुसपैठिया था, जिसने दूसरे राष्ट्र में जाने का दुस्साहस किया था। यह दो राष्ट्रों के युद्ध थे, जिसमें एक राष्ट्र ने दूसरे राष्ट्र को मारा था। क्या दलित भी इसीलिए मारा जाता है कि वह अलग राष्ट्र है और अपनी सीमा का अतिक्रमण करके हिन्दू राष्ट्र में प्रवेश करने का दुस्साहस करता है? ...... दलित-

हिन्दू संघर्ष दो राष्ट्रों के संघर्ष हैं। एक गुलाम कौम अपनी आज़ादी चाहती है, हिन्दुत्व से मुक्ति चाहती है और एक स्वतंत्र कौम के रूप में विकसित होना चाहती है। दलित राष्ट्र के लिए यह स्वाधीनता संग्राम है। पर, हिन्दू राष्ट्र इसी को अपने साम्राज्य में घुसपैठ समझता है।''[6] अरुण शौरी आदि को यह दलित अस्मिता का अत्यंत मर्मस्पर्शी जवाब है जो राष्ट्र की अवधारणात्मक कोटि को बरकरार रखते हुए उसे नये ढंग से परिभाषित करता है।

अम्बेडकर ने औपनिवेशिक शासन के साथ अस्पृश्य जातियों की अंतःक्रिया के आरम्भिक क्षणों के बारे में लिखा, ''अंग्रेज़ों के आगमन से पहले अस्पृश्य, अस्पृश्य रहने में ही सन्तुष्ट थे। अस्पृश्यों का भाग्य हिन्दू भगवान द्वारा पूर्व निर्दिष्ट था और हिन्दू राज्य द्वारा उस पर आचरण कराया जाता था। इसलिए उससे छुटकारा पाने की कोई गुंज़ाइश नहीं थी। भाग्यवश अथवा दुर्भाग्यवश ईस्ट इण्डिया कम्पनी को उनकी फ़ौज में सिपाहियों की आवश्यकता थी और उसे अस्पृश्यों के अलावा और कोई नहीं मिला। ईस्ट इण्डिया कम्पनी ने आरम्भ में अपनी सेना में अस्पृश्यों को रखा, यद्यपि अब अस्पृश्य लड़ाकू जातियों से बाहर कर दिए गए हैं ...... ईस्ट ईस्ट इण्डिया कम्पनी की सेना में भारतीय सैनिकों तथा उनके बच्चों के लिए अनिवार्य शिक्षा की व्यवस्था थी। अस्पृश्यों को सेना में जो शिक्षा मिली, उससे उनको जो लाभ हुआ, वह अभूतपूर्व था। इससे उन्हें नई दिशा और नई दृष्टि मिली। उनमें चेतना जगी कि उनकी दुर्दशा चिर स्थायी नहीं बल्कि इससे बचा जा सकता है। वह उनके व्यक्तित्व पर पुजारियों के षड्यंत्र का नतीजा है, जो कलंक है। इससे उन्हें बड़ी लज्जा का अनुभव हुआ। ऐसा अनुभव उन्हें पहले कभी नहीं हुआ था, इसलिए उन्होंने इससे छुटकारा पाने का निश्चय किया।''[7] गोलमेज़ सम्मेलन (1930-31) में दिए गए अपने वक्तव्य में अम्बेडकर ने दलित अस्मिता और राष्ट्रवाद दोनों के रिश्तों को और अधिक स्पष्टता के साथ परिभाषित किया, ''दलित वर्गों का अपना एक अलग समुदाय है, वह मुसलमान समुदाय से अलग है, और यद्यपि उनकी गणना हिन्दुओं में होती है, वह उस समुदाय का अभिन्न अंग नहीं है। .... मुझे इसका भय नहीं है कि अपने को देशभक्त और राष्ट्रभक्त कहने वाले मुझे सांप्रदायिक करार देंगे। भारत एक विचित्र देश है और उसके राष्ट्रभक्त और देशभक्त भी विचित्र हैं। वे देशभक्त और राष्ट्रभक्त अपने ही देशवासियों के साथ अमानवीय व्यवहार एवं उन्हें पददलित होते हुए देखते रहते हैं और उनकी मानवीयता चुपचाप तमाशा देखती रही है। यह जानते हुए भी कि अकारण ही एक पूरे वर्ग के स्त्री और पुरुष अपने मानवीय अधिकारों से वंचित रहते हैं, उनकी नागरिक भावना में ज़रा भी उद्वेलन नहीं होता।''[8]

अस्मिता विमर्श को ठोस ऐतिहासिक-राजनैतिक परिस्थितियों के परिप्रेक्ष्य में अवस्थित करके देखना अनेक तरह की सैद्धांतिक धारणाओं के लिए संकटतलब है। अम्बेडकर के उपरोक्त कथन में उत्तर-आधुनिकों को पसन्द और नापसन्द आने वाली

बातें एक साथ उपस्थित हैं। अम्बेडकर कहते हैं कि उनकी आस्था लोकतंत्र और मानवता में है। उत्तर-आधुनिक विचारणा इन दोनों प्रत्ययों (लोकतंत्र और मानवता) को निश्चय ही ज्ञानोदय की पश्चिमी निर्मिति मानेगी, अतः अम्बेडकर द्वारा इन्हें सार्वभौम मूल्य मानते हुए राष्ट्रवाद से अपना अलगाव व्यक्त करना उत्तर-आधुनिक विमर्शों के लिए कोई बहुत स्वागतयोग्य बात नहीं है। लेकिन राष्ट्रवाद के साथ उनका अलगाव उत्तर-आधुनिकता के लिहाज़ से एक महावृत्तांत का विरोध ठहरेगा, अतः स्वागतयोग्य भी। दरअसल अम्बेडकर राष्ट्रवाद मात्र का विरोध नहीं कर रहे, बल्कि एक ऐसे राष्ट्रवाद का विरोध कर रहे हैं जो लोकतांत्रिक और मानवीय नहीं है, क्योंकि वह जिन सामाजिक तबकों द्वारा निर्मित है वे इन मूल्यों को अपने लिए चाहते हैं, दूसरों के लिए नहीं। अम्बेडकर मुख्य धारा के भारतीय राष्ट्रवाद को लोकतंत्र, मानवतावाद और बराबरी के सार्वभौम मूल्यों की कसौटी पर ही कसते हैं और अपर्याप्त पाते हैं। यदि उत्तर-आधुनिक मुहावरे में बात की जाए तो जिस प्रकार मानववाद, व्यक्तिगत स्वतंत्रता, प्रगति, विकास आदि तथाकथित सार्वभौम मूल्यों के केन्द्र में पश्चिमी, औपनिवेशिक, योरोपीय आदमी है, ठीक उसी तरह राष्ट्रवाद के सार्वभौम वृत्तांत के केन्द्र में (अम्बेडकर के लिए) सवर्ण ब्राह्मणवादी, पितृसत्तात्मक व्यवस्था है। एक उत्तर-आधुनिक के सामने दिक्कत यह आएगी कि जहाँ अम्बेडकर राष्ट्रवाद के सार्वभौम दावों के पीछे की सत्ता संरचना को बेनकाब करते हैं वहीं वे आधुनिकता और ज्ञानोदयी मूल्यों के सार्वभौम दावों पर कोई शंका व्यक्त नहीं करते। ऐसा नहीं कि ज्ञानोदयी सार्वभौम मूल्यों की कसौटी पर वे सिर्फ़ राष्ट्रवाद को कस रहे थे बल्कि अंग्रेज़ी राज को भी वे इन्हीं कसौटियों पर अपर्याप्त पाते हैं। गोलमेज़ सम्मेलन के ही वक्तव्य में वे कहते हैं, "वास्तव में जहाँ तक ब्रिटिश सरकार का प्रश्न है, उसने सामाजिक व्यवस्था को जिस रूप में पाया, स्वीकार करके वैसे ही चलने दिया। उस चीनी दर्जी के समान जिसे एक नया कोट सिलने को दिया गया था, उसने पुराने नमूने के कोट के समान रफ़ू-पैबन्द समेत हूबहू वैसा ही कोट गर्व के साथ नया बना कर दे दिया। ब्रिटिश राज के 150 वर्षों बाद भी नासूर के समान हमारे प्रति अन्याय के प्रतिकार के लिए कुछ भी नहीं किया गया है।"[9] अम्बेडकर के इस वक्तव्य में ब्रिटिश राज के साथ मोल-तोल (जिसमें राष्ट्रवादियों का पलड़ा अभी भी भारी था) और पॉलेमिक्स को हटा कर सिर्फ़ ज्ञानशास्त्र की दृष्टि से देखा जाए, तो समझना ज़्यादा मुश्किल होगा लेकिन यदि यथार्थवादी ऐतिहासिक-सामाजिक (वर्गीय) नज़र से इसे समझा जाए तो बेहतर समझ हासिल होगी। अम्बेडकर यहाँ ब्रिटिश राज के 'गुड सेंस' और 'गवर्नेन्स' के दावों को अपील कर रहे हैं और ख़ुद ब्रिटिश राज को उसकी कसौटी पर कस रहे हैं, ठीक दादाभाई नौरोजी जैसे आर्थिक राष्ट्रवादियों की तरह जो कि ब्रिटिश राज की लूट को 'अनब्रिटिश' ही मानते रहे।

भारतीय संविधान में ज्ञानोदय के तमाम मूल्यों को शामिल करके डॉ० अम्बेडकर सहित तमाम आधुनिक, तरक्कीपसन्द ख़याल के राजनेताओं ने उत्तर-औपनिवेशिक

भारत के शासन-प्रशासन से यह उम्मीद ज़रूर की थी कि वह एक ऐसे राष्ट्र को आकार देगा जिसमें ये सार्वभौम मूल्य अमल में भी सार्वजनीन होंगे। किन्तु हुआ ऐसा नहीं। आरक्षण के माध्यम से दलितों का सीमित सशक्तीकरण हुआ। भूमि सुधार जैसे मुद्दे राष्ट्रीय अभिजनों के लिए असम्भव कार्यभार की तरह थे। भूमि के राष्ट्रीयकरण की अम्बेडकरी परियोजना बग़ैर वर्ग संघर्ष के और उसके माध्यम से पूँजीपति-ज़मींदारी राजसत्ता को आत्मरक्षात्मक बनाए सम्भव न थी। स्थापित सत्ता संरचना में ही दलितों की भागीदारी थोड़े बहुत सुधार और राजनीतिक मनोविज्ञान की दृष्टि से दलित समुदाय के लिए आश्वस्तकारी ज़रूर हो सकती थी लेकिन किसी मूलगामी सामाजिक परिवर्तन और राष्ट्र की पुनर्परिभाषा (जो अम्बेडकर का अभीष्ट था) के लक्ष्य से वह बहुत दूर है। 1980 के दशक में उत्तर प्रदेश में दलित राजनीति के उभार और 1990 के दशक में भारतीय जनता पार्टी के सहयोग से मायावती के मुख्यमंत्री बनने की परिघटना ने इस सवाल को और प्रासंगिक बना दिया है। राष्ट्रवाद कई तरह के होते हैं लेकिन राष्ट्रवाद की जिस धारा के साथ मायावती का समझौता हुआ वह सर्वाधिक दक्षिणपंथी था। तुलसीराम और कंवल भारती जैसे दलित साहित्यकारों-चिंतकों ने इस परिघटना की तीखी आलोचना की है। भूमण्डलीकरण के दौर में बहुराष्ट्रीय पूँजी से भी उम्मीद गेल ओम्वेट से ले कर चंद्रभान प्रसाद जैसे तमाम दलित बौद्धिकों ने पाल रखी है। भूमण्डलीकरण के समर्थन में वे अम्बेडकर द्वारा अंग्रेज़ी राज में दलितोत्थान के अवसरों के उपयोग का हवाला देते हैं। दूसरी ओर कंवल भारती जैसे चिंतकों ने अलग रुख़ अपनाया है। वे भूमण्डलीकरण-निजीकरण-उदारी-करण में दलितों के लिए कोई उम्मीद नहीं देखते। भारती लिखते हैं, "भारत में आर्थिक सुधारों का पहला चरण पूरा हो चुका है। उसका परिणाम हमारे सामने है कि देश का बुनियादी ढाँचा और भी कमज़ोर हुआ है, न सभी लोगों को शिक्षा प्राप्त हुई है, न कमज़ोर वर्गों को बुनियादी सुविधाएँ मिल पा रही हैं और यह तो विश्व बैंक की ही रिपोर्ट बताती है कि भारत में ग़रीबों की संख्या दो गुना बढ़ गई है। इसमें 90 प्रतिशत संख्या दलित वर्गों की है, जो आर्थिक सुधारों की मौजूदा राजनीतिक सत्ता में शोषण के सबसे ज़्यादा शिकार हैं।"[10] दलित विमर्श में अब 21वीं शताब्दी में वर्गीय प्रश्न की प्रधानता अम्बेडकर के समय से कहीं ज़्यादा है। राष्ट्रवाद और राष्ट्रराज्य के बारे में मार्क्सवादी दृष्टिकोण सदैव वर्ग के प्रश्न की केन्द्रीयता से संचालित रहा है, इसीलिए मार्क्सवादियों ने आम तौर पर अलग-अलग किस्म के राष्ट्रवादों की बात की है—कोई राष्ट्रवाद प्रतिक्रियावादी हो सकता है, तो कोई प्रगतिशील भी। ये इस बात पर निर्भर करता है कि राष्ट्र की सत्ता और सम्पत्ति पर वह किन वर्गों की दावेदारी को अभिव्यक्त कर रहा है। कई चिंतकों ने हाल के 'उत्तरवादी विमर्शों के माहौल में राष्ट्र या राष्ट्रवाद मात्र को प्रतिक्रियावादी मान लिया है। इस तरह की सोच भी अम्बेडकरवाद को अपने पक्ष में खींचने की कोशिश करती है। जबकि अम्बेडकर ने अपने समय के राष्ट्रवाद के एक ख़ास नमूने का विरोध किया था और उत्तर-औपनिवेशिक भारतीय राष्ट्र-राज्य से दलितोत्थान की उम्मीद की थी। जो चिंतक राष्ट्रवाद की जगह देशप्रेम जैसी संज्ञा को

बेहतर मानते हैं उनसे कोई बहस नहीं क्योंकि उनकी बहस कुल मिला कर परिभाषा की है। आज के दौर में नर्मदा घाटी से ले कर कलिंगनगर, दादरी और सिंगूर तक बहुराष्ट्रीय पूँजी की परियोजनाओं से विस्थापित होने वाले ग़रीब लोग अधिकांशतः दलित-आदिवासी-पिछड़े हैं (फुले के शब्दों में शूद्राति-अतिशूद्र)। आज़ादी के बाद से विकास की तमाम परियोजनाओं में जो करोड़ों लोग उजड़े वे भी इसी तबके से हैं। यह भी याद कर लेना ग़लत न होगा कि अंग्रेज़ी राज की निर्मम ज़मींदारी-महाजनी कृषि व्यवस्था ने जिन करोड़ों लोगों को अकाल, महामारी, भुखमरी, कर्ज़ और भूमिहीनता में ढकेला, उनका बड़ा हिस्सा दलित-बहुजन ही थे। अंग्रेज़ी राज ने जिन दस्तकारियों को तबाह किया, उसके शिकार पूरी तरह से वे ही थे जिन्हें आज बहुजन समाज कहा जाता है। यदि औपनिवेशिक समय में दलित-बहुजनों के प्रति अंग्रेज़ी राज की विराट विनाश लीला का समुचित रेखांकन नहीं किया गया, तो इसका मतलब यह नहीं कि आज भी यह आकलन न किया जाए और अंग्रेज़ी राज में दलितोत्थान के सीमित अवसरों का महिमामंडन कर आज के भूमण्डलीकरण का स्वागत किया जाए। आज यह पूरा औपनिवेशिक इतिहास हस्तामलकवत् है, अतः आज यह कहना कि 'अंग्रेज़ बहुत देर से आए और बहुत जल्दी चले गए' (चंद्रभान प्रसाद) या फिर भूमण्डलीकरण का समर्थन करना दलित अभिजन की बहुराष्ट्रीय पूँजी के अंतर्राष्ट्रीय निज़ाम में भागीदारी की सत्ताकांक्षा के सिवा कुछ नहीं है—इस तरह की बातों का महिमामंडन चाहे कुछ वामपंथी ही क्यों न करें, दलित-भूमिहीन और ग्रामीण ग़रीबों के हितों के ठीक ख़िलाफ़ है। हिन्दी दलित चिंतकों-लेखकों की मुख्य धारा भूमण्डलीकरण, निजीकरण और उदारीकरण को दलित हितों के ख़िलाफ़ मानती है। 'दलित साहित्य' (वार्षिकी) 2002 के अंक में डॉ0 रमाशंकर आर्य, कंवल भारती, देवेश कुमार चौधरी 'देव', माता प्रसाद, रघुवीर सिंह, ईश कुमार गंगानिया, कर्मशील भारती, डॉ0 प्रकाश लुइस, सत्यप्रकाश और प्रेम कपाड़िया आदि दलित चिंतकों-लेखकों ने उदारीकरण की नीतियों के अनेक पक्षों पर विचार करते हुए भूमण्डलीकरण को दलित हितों पर कुठाराघात बताया।

दलित और अश्वेत : अस्मिताओं का भूमण्डलीय परिप्रेक्ष्य

महात्मा फुले ने 'ग़ुलामगीरी' (1873) की प्रस्तावना में पहली बार शूद्राति-अतिशूद्र जातियों और अफ़्रीका तथा दक्षिण अमरीका से पकड़ कर योरोप और अमरीका में बेंचे गए दासों की स्थिति की तुलना की, "दक्षिण अमेरिका और अफ़्रीका जैसे पृथ्वी के इन दो बड़े हिस्सों में सैकड़ों साल से अन्य देशों से लोगों को पकड़-पकड़ कर यहाँ उन्हें ग़ुलाम बनाया जाता था। यह दासों को ख़रीदने-बेंचने की प्रथा यूरोप और तमाम प्रगतिशील कहलाने वाले राष्ट्रों के लिए उस कलंक को दूर करने के लिए अंग्रेज़, अमेरिकी आदि उदार लोगों ने बड़ी-बड़ी लड़ाइयाँ लड़ कर अपने

नुकसान की बात को दरकिनार, उन्होंने अपनी जान की परवाह नहीं की और ग़ुलामों की मुक्ति के लिए लड़ते रहे ..... अब उन ग़ुलामों में और इन ग़ुलामों में फ़र्क इतना ही होगा कि पहले प्रकार के ग़ुलामों को ब्राह्मण पुरोहितों ने अपने बर्बर हमलों से पराजित करके ग़ुलाम बनाया था और दूसरे प्रकार के ग़ुलामों को दुष्ट लोगों ने एकाएक ज़ुल्म करके ग़ुलाम बनाया था। शेष बातों में इनकी और उनकी स्थिति समान है।''[11] डॉ० अम्बेडकर ने नीग्रो दासप्रथा और अस्पृश्यता की तुलना करते हुए अस्पृश्यता को अधिक क्रूर व्यवस्था बतलाया, ''दासता की स्थिति समाज में व्यक्ति पर कोई कलंक नहीं लगाती। दास स्पृश्य था और यहाँ तक कि सम्मानित भी। अस्पृश्यता दासता से बदतर है क्योंकि दास का समाज में व्यक्तित्व होता है। जबकि यह पूरी तरह स्पष्ट है कि अछूत का कोई व्यक्तित्व नहीं होता.... अस्पृश्यता दासता से बदतर है क्योंकि उसमें दासता की भाँति जीवन भरण की कोई सुरक्षा नहीं होती। एक अछूत के रोटी, कपड़ा और मकान के लिए कोई ज़िम्मेदार नहीं। इस दृष्टि से अस्पृश्यता दासप्रथा से न केवल बदतर है बल्कि निश्चत रूप से अधिक क्रूर भी। अस्पृश्यता और दासता में तीसरा मुख्य अन्तर यह है कि दासता कभी भी बाध्यकारी नहीं थी जबकि अस्पृश्यता बाध्यकारी है।''[12]

ज्ञातव्य है कि 19वीं सदी के उत्तरार्द्ध से ले कर 20वीं सदी तक दुनियाभर में अश्वेत आंदोलन चलते रहे। दलित अस्मिता ने अपने निर्माणकाल में इस अंतर्राष्ट्रीय परिघटना के साथ ख़ुद को जुड़ा पाया हो तो यह स्वाभाविक ही है। महाराष्ट्र में सातवें दशक में उभरा 'दलित पैंथर' संगठन अमेरिका के 'ब्लैक पैंथर' आंदोलन से प्रेरित और प्रभावित था। पहले ही हम चर्चा कर आए हैं कि 'ब्लैक पैंथर' आंदोलन मैल्कम एक्स आदि के नेतृत्व वाला रैडिकल आंदोलन था जो कि शांतिवादी, रक्षात्मक और संवैधानिक सुधारों के मार्टिन लूथर किंग के रास्ते से सहमत नहीं था। महाराष्ट्र के दलित पैंथर आंदोलन में भी यह रैडिकल तत्त्व ही महत्त्वपूर्ण था जिसके चलते उसके कई लेखकों का सम्बन्ध 1970 के ही दशक में उभरे नक्सलवादी आंदोलन के साथ हुआ। गोपाल प्रधान को दिए अपने एक इंटरव्यू में विख्यात मराठी दलित लेखक शरणकुमार लिंबाले ने 'दलित पैंथर' के दौर का इन शब्दों में बयान किया, ''... 'हमारे साथ अन्याय हो रहा है', 'हमारे साथ इन्सानियत का बर्ताव करो' या 'हग पर दया करो' - 1960 के पहले दलित साहित्य में यही सब था। हमें दया से घृणा है, हमें अधिकार चाहिए। इसकी पहचान हमें 1960 में हुई। अपना संविधान, मूलभूत अधिकार, हमें हक़ चाहिए—इसका आत्मभान हुआ। इसकी वज़ह से हम विद्रोह कर उठे, इसी वक्त दलित पैंथर, दलितों का एक झाल संघटना (जुझारू संगठन) उभर कर आया। जहाँ भी गाँव में दलितों पर अत्याचार हुआ, इस संगठन के सौ-दो सौ लड़के गाँव में चले जाते थे। वहाँ जो अन्याय करने वाला मुखिया हो, सवर्ण हो उसके घर पर पहुँच कर हमला बोल देते थे। पूरे गाँव वालों को पीटते थे। यह पूरे महाराष्ट्र में होने लगा। एक चिंगारी थी, वो भड़क उठी तो पूरी आग भड़क उठी।

महाराष्ट्र के गाँव-गाँव में अन्याय होता ही था, लेकिन इसके विरुद्ध एक संगठन की ज़रूरत थी .... 9 जुलाई 1972 को यह संगठन शुरू हुआ। इधर संगठन ने विद्रोह को ज़मीनी विस्तार दिया उधर दलित लेखकों ने दलित पैंथर आंदोलन की ऊष्मा को साहित्य में प्रस्तुत करना शुरू कर दिया ..... दलित पैंथर का जो आंदोलन शुरू हुआ, उसी वक़्त महाराष्ट्र में ये नक्सलाइट आंदोलन भी शुरू था। नक्सलाइटों का आंदोलन था ग़रीब लोगों के लिए संघर्ष करना और वे बहुत जुझारू थे ...... कई हद तक, नक्सलाइट आंदोलन की प्रखरता से इस आंदोलन को आगे बढ़ाने में मदद मिली। ..... नामदेव ढसाल, जो दलित पैंथर के बड़े लीडर हैं यह ज़ाहिरनामा उन्होंने तैयार किया था, इसे बनाने में सुनील दिघे ने मदद की थी, वे नक्सलाइट कार्यकर्ता थे। ज़ाहिरनामा प्रकाशित होने के बाद दलित पैंथर के युवकों में बड़ी हलचल पैदा हो गई। ये जो घोषणापत्र है, ये नक्सलाइट प्रेरित है, कम्युनिस्ट प्रेरित है—यह आरोप लगा कर दलित पैंथर में फूट हो गई।''[13] दलित पैंथर 1960 और 1970 के दशक के कई रैडिकल आंदोलनों का सहवर्ती था। इस आंदोलन की बाद में जो भी दशा हुई या इसके नेताओं की जो भी परिणति हुई—दलित साहित्य में जुझारू तेवर की बेबाक और निडर अभिव्यक्तियों को उसने सम्भव किया। महात्मा फुले और डॉ0 अम्बेडकर तक अश्वेत आंदोलन के प्रति समान पीड़ा का बिरादराना भाव ही था, किन्तु दलित पैंथर तक आते-आते यह सम्बन्ध सक्रिय प्रेरणा का बन गया। शरणकुमार लिंबाले ने अश्वेत आंदोलन और दलित आंदोलन की ऐतिहासिक समानान्तरता को रेखांकित करते हुए लिखा, "बाबा साहब अम्बेडकर ने 1920 में मूकनायक नाम का साप्ताहिक शुरू किया। यहाँ से आंबेडकरी प्रबोधन युग की शुरुआत होती है।''[14] लिंबाले ने अमेरिकन नीग्रो और दलितों की तुलना करते हुए लिखा, "1. नीग्रो पैसे के द्वारा अपनी स्वाधीनता ख़रीद सकता है। दलितों को पैसे दे कर किराये पर घर भी नहीं मिलता। 2. नीग्रो श्रम के काम करते हैं पर उनका श्रम अपमानजनक नहीं है। दलित हीन दर्जे का काम करते हैं। उनका श्रम अप्रतिष्ठित माना जाता है। 3. नीग्रो गुलाम हैं, अस्पृश्य ग़ुलाम नहीं हैं। 4. नीग्रो का नीलाम होता है, अस्पृश्यों का नीलाम नहीं होता। 5. नीग्रो ग़ुलामों को सँभालना श्वेत मालिक का काम है। अस्पृश्य ग़ुलाम न होने के कारण सवर्ण उनकी चिन्ता नहीं करते। अस्पृश्य सार्वजनिक ग़ुलाम हैं। 6. नीग्रो की ग़ुलामी का कारण आर्थिक है। दलितों की अस्पृश्यता का कारण सामाजिक है। 7. नीग्रो अपना रंग छिपा नहीं सकते। अस्पृश्य अपनी जाति छिपा नहीं सकते। 8. नीग्रो का राष्ट्र अलग है। उन्हें अफ्रीका से लाया गया है। दलित भारतीय ही हैं।''[15]

दलित चिंतकों में फुले, अम्बेडकर से ले कर लिंबाले तक, अश्वेत अस्मिता और दलित अस्मिता के साम्य के साथ-साथ वैषम्य का भी रेखांकन होता चलता है जो कि अस्मिता निर्माण की स्वाभाविक प्रक्रिया है। ये सभी चिंतक अस्पृश्यता को दास प्रथा से अधिक अमानवीय घोषित करते हैं। उत्तर-औपनिवेशिक विमर्शों में दमित

अस्मिताओं की वैचारिकी ने औपनिवेशिक और उत्तर-औपनिवेशिक दौर में अलग-अलग देश-काल के अस्मितावादी आंदोलनों की तुलना को प्रेरित किया है। इस दृष्टि से भारतीय उच्च अध्ययन संस्थान, शिमला ने 1997 में दलित व अश्वेत लेखन की प्रवृत्तियों पर चार दिन की राष्ट्रीय संगोष्ठी का आयोजन किया था, जिसमें पढ़े गए 50 से अधिक आलेखों का संस्थान की ओर से दो खण्डों में प्रकाशन किया गया। भूमण्डलीकरण के दौर में दलित अस्मिता के प्रश्न के अंतर्राष्ट्रीयकरण की प्रवृत्ति देखी जा सकती है। विवेक कुमार जैसे युवा समाजशास्त्री दलित डायस्पोरा की चर्चा करते हुए लिखते हैं, "भूमण्डलीकरण के बदले हुए परिवेश में दलितों ने भी अपने लिए कुछ सकारात्मक ढूँढ़ लिया है। आज इन्टरनेट तथा सूचना क्रांति के माध्यम से दलितों ने प्रवासी भारतीयों को ढूँढ़ निकाला है। दक्षिण एशिया, दक्षिण अफ्रीका, वेस्टइंडीज़, योरोप, अमेरिका आदि अनेक उपमहाद्वीपों में बसे अप्रवासी भारतीय दलित जिन्हें हम 'दलित डायस्पोरा' के नाम से भी पुकार सकते हैं, आज इन्हीं माध्यमों से अपने आप को जुड़ा पाते हैं। उन्होंने इन अप्रवासी भारतीयों के सहारे मलेशिया, लंदन, वैंकूवर तथा अमेरिका में कई अंतर्राष्ट्रीय सम्मेलन भी आयोजित कर अप्रवासी दलित भाइयों में एकता स्थापित की है।"[16]

दलित विमर्शों को पश्चिमी महानगरीय केन्द्रों से उद्भूत सैद्धांतिकी में संस्थाबद्ध किए जाने के प्रयास जारी हैं। हाल के वर्षों में फोर्ड फाउन्डेशन की सहायता से इलाहाबाद के गोविन्द बल्लभ पंत सामाजिक अध्ययन संस्थान में दलित अध्ययन का एक बड़ा केन्द्र स्थापित किया गया है।

स्त्री-दलित/दलित-स्त्री

19वीं सदी के बांग्ला और मराठी क्षेत्रों के पुनर्जागरण में स्त्री प्रश्न केन्द्र में था। पंडिता रमाबाई और ताराबाई शिंदे जैसी ताकतवर स्त्री चिंतकों ने उच्च संस्कृत पाठों और हिन्दू धर्म की श्रेष्ठता की दुहाई देते हुए स्त्री दशा में सुधार के पुरुष सुधारकों द्वारा किए जा रहे प्रयत्नों पर तीखे प्रश्न खड़े किए। जिन दिनों विवेकानन्द वेदान्त की आधुनिक व्याख्या के जरिए योरोप-अमेरिका आदि स्थानों पर भारतीयता के सबसे प्रामाणिक प्रवक्ता के रूप में विख्यात हो चुके थे, उन्हीं दिनों पंडिता रमाबाई ने हिन्दूशास्त्रों और धर्मग्रन्थों में उत्कीर्ण पितृसत्ता और स्त्री विषयक पाखंड का ज़बर्दस्त भंडाफोड़ किया। उनका भारी विरोध हुआ और अंततः उन्होंने ईसाई धर्म स्वीकार किया। ताराबाई शिंदे की पुस्तक 'स्त्री पुरुष तुलना' इस स्वतंत्र स्त्री स्वर का महत्त्वपूर्ण दस्तावेज़ है। ज्योतिबा फुले ने इन दोनों स्त्री चिंतकों की जम कर प्रशंसा की। आर्य-ब्राह्मण संस्कृति द्वारा शूद्राति-अतिशूद्रों के साथ-साथ स्त्रियों के प्रति अमानवीय व्यवहार को लक्षित करते हुए फुले ने इन साहसी, मेधावी महिलाओं के साथ उस समय खड़ा होना पसन्द किया जब उनका चतुर्दिक विरोध हो रहा था। उन्होंने ब्रह्म समाज, प्रार्थना समाज, आर्य समाज आदि द्वारा स्त्री शिक्षा को महत्त्व दिए जाने का भी श्रेय रमाबाई

के संघर्ष को दिया। 'सतसार' (1885) नामक उनकी रचना के पहले खंड में सत्यशोधक समाज के एक शूद्र सदस्य तथा ब्रह्मो समाज के एक गृहस्थ ब्राह्मण के बीच संवाद तथा दूसरे खंड में यशवन्तराव और ज्योतिराव के सवाल-जवाब के माध्यम से रमाबाई को केन्द्र करके धर्म और समाज सुधारकों के साथ बहस संचालित की गई। किन्तु फुले शूद्र स्त्री और ब्राह्मणी का फ़र्क भी रेखांकित करते हैं –

> **''श्वेत साफ़ करके खलिहान बनाती। खलिहान पोतती। तुरन्त ही।।**
> **पोतनी वह डोल पर रखती। हाथ से घुमाती। गोल-गोल।।**
> **कटाई करके दाना चुनती। कूटती-मसलती। दानों के लिए।।**
> **ऐसी मेहनती को कहते कुनबिन। आलसी ब्राह्मण। जोती कहे।।**
> **ब्राह्मणी नहीं डालती खेतों में मूत्र की खाद। गजरा बालों में।**
> **वेणी का साँप।।**
> **जानवरों के पीछे गोबर नहीं चुनती। गोहर नहीं बनाती। मजदूरी से।।**
> **करती नहीं शूद्रों की पिसाई-कुटाई। लिपाई-पोताई। पेट के लिए।।**
> **ब्राह्मणी शूद्रों का आँगन नहीं बुहारती। घर नहीं पोतती। जोती कहे।।''**[17]

फुले यहाँ कुनबी स्त्री और ब्राह्मणी के बीच मुख्य फ़र्क एक के श्रम से जुड़े होने और दूसरे के न होने के आधार पर करते हैं तथा दोनों के बीच सामाजिक स्तरभेद को रेखांकित करते हैं। यहाँ स्त्री प्रश्न की अस्मिताओं के सन्दर्भ में अधिक संश्लिष्ट दृष्टि अभिव्यक्त होती है। ब्राह्मणी आर्य-ब्राह्मण व्यवस्था में शोषित होने के चलते शूद्राति-अतिशूद्र जातियों से समानता भी रखती है किन्तु श्रम की प्रक्रिया से अलग होने के चलते कुनबी स्त्री से अलग भी है।

डॉ0 अम्बेडकर ने भी स्त्री प्रश्न को अत्यंत महत्त्व का दर्जा दिया। ब्राह्मणवादी व्यवस्था के शोषण के साझा शिकार के रूप में स्त्री और दलितों की साझा मुक्ति की परिकल्पना फुले और अम्बेडकर दोनों में पायी जाती है। मराठी दलित साहित्य की अनेक स्त्री लेखिकाओं ने अपने आत्मकथ्य में उस दोहरे शोषण का मर्मस्पर्शी चित्रण किया है जिसमें वे अछूत और स्त्री, दोनों होने के चलते दोहरे अभिशाप को झेलते हुए संघर्ष करती हैं लेकिन शुरू से ही इन लेखिकाओं में पारिवारिक जीवन के भीतर पुरुष के पक्ष में झुके शक्तिसम्बन्धों के प्रति भी आक्रोश मिलता है। उच्चवर्णों के द्वारा दलित स्त्रियों के शोषण के साथ-साथ पारिवारिक दायरे के भीतर भी उनके शोषण का चित्र इन स्त्री आत्मकथाओं को भिन्न स्वर देता है। हिन्दी दलित साहित्य में हाल के वर्षों में दलित विमर्श के भीतर स्त्री प्रश्न की विशिष्टता पर महत्त्वपूर्ण बहसें संचालित हुईं। डॉ0 धर्मवीर द्वारा 'सीमंतनी उपदेश' (1882) के 106 साल बाद पुनर्प्रकाशन का उल्लेख हम पिछले अध्याय में कर आए हैं। पिछले एक दशक के दौरान सुशीला टाकभौरे, विमल खांडेकर, कौशल्या वैसंत्री, रजतरानी 'मीनू', रजनी तिलक, बेबी हालदार. नीरा परमार. कसम मेघवाल, काबेरी आदि तमाम दलित लेखिकाओं ने

हिन्दी में रचनात्मक और सैद्धांतिक लेखन किया है। स्त्री लेखिकाओं के बीच ब्राह्मणवादी शोषण के अलावा स्वयं दलित समाज के भीतर पितृसत्ता का प्रश्न एक गंभीर मंथन का विषय रहा है। विमल थोराट के अनुसार, दलित स्त्री तिहरे शोषण का शिकार है, "जाति के आधार पर, महिला होने के आधार पर और ग़रीब होने के आधार पर तीन तरह के शोषण दलित महिला झेलती है। इस मुद्दे को उतनी शिद्दत के साथ नहीं उठाया गया जितना उठाना चाहिए था.... दलित महिलाओं की समस्याएँ जिस रूप में हमारे सामने हैं, उसमें एक पारिवारिक दबाव भी है। उनको लिखने की स्वतंत्रता वे जुटा नहीं पा रही हैं। इसके लिए दो चीज़ों की ज़रूरत है, एक तो दलित महिलाओं को अम्बेडकर की विचारधारा से प्रभाव ग्रहण करना होगा और दूसरा पितृसत्तात्मक समाज में पुरुषों को अपनी सोच बदलनी पड़ेगी कि अगर हम महिलाओं को उनकी समस्याओं से निजात दिलाना चाहते हैं तो उन्हें स्वतंत्र करना होगा। वे तभी लेखन का हिस्सा बनेंगी।"[18] सुशीला टाकभौरे भी अम्बेडकरवादी दृष्टिकोण से स्त्री प्रश्न पर गंभीर विचार करती रही हैं। दलित स्त्रियों पर सवर्ण समाज के दबाव और ख़ुद दलित समाज के भीतर की पुरुष मानसिकता के प्रश्न उन्होंने गंभीरता से उठाए हैं। हिन्दी दलित साहित्य में डॉ0 धर्मवीर ने स्त्री प्रश्न पर जो विचार पेश किए हैं उसका निचोड़ यह है कि सवर्ण पुरुषों द्वारा दलित स्त्रियों को बहलाने-फुसलाने अथवा दबाव और ज़ोर ज़बर्दस्ती से सम्बन्ध बनाए जाने के ख़िलाफ़ प्रतिरोध ही दलित स्त्री लेखन का एकमात्र मुद्दा होना चाहिए तथा दलित लेखिकाओं द्वारा दलित पुरुष को अपने साहित्य का निशाना नहीं बनाना चाहिए। यहाँ डॉ0 धर्मवीर द्वारा उठाई गई बहस का महत्त्व अस्मिता के भीतर अस्मिता-निर्माण की दृष्टि से महत्त्वपूर्ण है। कौशल्या वैसंत्री की आत्मकथा 'दोहरा अभिशाप' (1999) की लंबी समीक्षा डॉ0 धर्मवीर ने 'हंस' में प्रकाशित कराई। 73 वर्षीय दलित कार्यकर्त्री कौशल्या वैसंत्री ने अपने वैवाहिक जीवन की त्रासदी का चित्रण तो किया ही है साथ ही साथ दलित समाज की कुछ अन्य स्त्रियों के भी चित्र उभारे हैं जो अपने ही पतियों से पीड़ित हैं। डॉ0 धर्मवीर ने वैसंत्री के जीवन-संघर्ष को ख़ारिज करते हुए उनके पति का भरपूर बचाव करते हुए उन्हें ही वैवाहिक जीवन की असफलता के लिए ज़िम्मेदार ठहराया है। डॉ0 धर्मवीर का तर्क यह है कि यदि पति से नहीं बन रही थी तो लेखिका को बहुत पहले ही पति से अलग हो जाना चाहिए था लेकिन वे ख़तरे उठाना नहीं चाहती थीं और सहूलियत की ज़िन्दगी की चाहत ने उन्हें ऐसा नहीं करने दिया। पति देवेन्द्र कुमार पर लेखिका ने अदालती कार्यवाही की जो 10 साल तक चलती रही और इस बीच उन्हें महज़ 500 रूपए गुज़ारा भत्ता मिलता रहा। इस पर धर्मवीर का कहना है, "एक औरत अपने अनचाहे पति से 500 रुपए महीने की भिखारिन बनी पड़ी है! ..... वास्तव में पति से भरण-पोषण माँग कर कौशल्या वैसंत्री ने दलित नारी के सम्मान और उसकी स्वतंत्रता की नाक काट कर रख दी है। ऐसा करने में वे ब्राह्मणों के ब्राह्मविवाह के कानून की शिकार हुई हैं .... द्विजों के पर्सनल कानून में औरतों के लिए भरण-पोषण है, श्रम नहीं है। इस संस्कृति का सर्वोच्च व्यक्ति भिक्षा माँगने पर

उतर आएगा, लेकिन कमा कर नहीं खाएगा। .... जब अपने लड़के के पास रह रही हो, तो पति से भरण-पोषण क्यों माँग रही हो? क्या बेटा खाने को नहीं दे रहा है ...... क्या बेटा भूखा-नंगा है? पति से किस खुंदक में लड़ा जा रहा है? इससे नारी की शान में क्या चार चाँद लगते हैं।"[19] डॉ० धर्मवीर लेखिका द्वारा ऐक्ट्रेस बनने के सपने तथा दूसरी आकांक्षाओं को लक्ष्य करके ख़ूब कटाक्ष करते हैं। वैसंत्री ने अपने पति के बारे में लिखा, "देवेन्द्र कुमार (मेरे पति) को पत्नी सिर्फ़ खाना बनाने और उसकी शारीरिक भूख मिटाने के लिए चाहिए थी।"[20] इस पर धर्मवीर का कहना है, "लेकिन लेखिका का अपने पति पर सबसे बेहूदा आरोप यह है कि पति को पत्नी शारीरिक भूख मिटाने के लिए चाहिए थी। मैं उनके पति को व्यक्तिगत रूप से नहीं जान सका, लेकिन लेखिका के इस आरोप से उनके पति के प्रति मेरी श्रद्धा दस गुनी बढ़ गई। द्विज नारियों के आरोप तो इस तरह के होते हैं कि उनके पति रखैलों और वेश्याओं में चुके रहते हैं। वे नारियाँ इसी बात की भूखी रहती हैं कि उनके पति अपनी शारीरिक भूख मिटाने के लिए उन्हें छोड़ कर अन्यत्र क्यों जाते हैं। हाँ शिकायत बेवफ़ा होने की की जाया करती है पर शायद यह दुनिया की पहली बेहूदी लेखिका है जो पति के वफ़ादार होने से शिकायत कर रही है।"[21] धर्मवीर से यह बहस करना तो बेकार है कि बेवफ़ाई के सन्दर्भ वे मराठी दलित स्त्री लेखन में भी पा सकते हैं सिर्फ़ द्विज स्त्रियों के लेखन में नहीं, लेकिन धर्मवीर के विश्लेषण में रेखांकित करने वाली बात यह है कि जैसे ही वे दलित स्त्री लेखन में दलित पुरुष से किसी शिकायत के स्वर को सुनते हैं, वैसे ही उन्हें यह विश्वास हो चलता है कि दलित लेखिका द्विजों की तरह बोल रही है और दलित कहलाने लायक नहीं रही। वे दलित स्त्रियों द्वारा ग़ैर-दलित पुरुषों के साथ प्रेम और विवाह के विरुद्ध भी अपना मत कई जगह प्रकट कर चुके हैं। वे तलाक, विवाह, उत्तराधिकार और भरण-पोषण सम्बन्धी कानूनों में 'वैदिक पर्सनल लॉ' से भिन्न दलितों के लिए अलग पर्सनल लॉ की वकालत करते हैं। धर्मांतरण से अलग वे दलितों के अपने धर्म की भी प्रस्तावना करते हैं। कुल मिला कर डॉ० धर्मवीर का विमर्श दलितों की अलग धर्मसत्ता और पितृसत्ता बनाने की परियोजना से संचालित है, जिसे स्त्री प्रश्न की स्वायत्तता डगमगा देती है। स्त्री प्रश्न को समुदाय का भीतरी मामला बना कर उसके स्वतंत्र अस्तित्व को समुदाय की अस्मिता के नाम पर दबाना सिर्फ़ दलित सन्दर्भ में ही घटने वाली परिघटना नहीं है बल्कि इसे हम अनेक जातीय, धार्मिक अस्मिताओं के सन्दर्भ में देख आए हैं। औपनिवेशिक दौर में राष्ट्रवादी नयी पितृसत्ता के निर्माण की प्रक्रिया में भी स्त्री प्रश्न को भीतरी आध्यात्मिक दायरे में ही हल किया गया था जिसके बारे में चर्चा हम पिछले अध्याय में कर आए हैं। ख़ास बात यह है कि धर्मवीर की बातों को महज़ एक व्यक्ति की सोच मानने का कोई कारण नहीं है क्योंकि कुछ लोगों को छोड़ दिया जाए तो पुरुष दलित लेखकों ने उनकी धारणाओं पर कोई ख़ास टिप्पणी नहीं की है। दरअसल स्त्री प्रश्न तमाम राष्ट्रीय, जातीय, धार्मिक, नस्लीय अस्मिताओं में निहित पितृसत्तात्मक पूर्वाग्रहों पर प्रश्नचिह्न लगा कर उन्हें दुविधात्मक बनाता है। डॉ० धर्मवीर

ने मातृसत्ता और पितृसत्ता के अलावा एक जारसत्ता की परिकल्पना भारतीय वर्णव्यवस्था के सन्दर्भ में की है। मोटे तौर पर इसका मतलब सवर्ण पुरुषों द्वारा दलित स्त्रियों के साथ विवाहेतर सम्बन्ध कायम करना (जो ऊपरी तौर पर सहमतिपरक मालूम देने पर भी दरअसल सत्ता और ताकत के बल पर स्थापित किया जाता है), यौन शोषण करना, उन्हें रखैल बनाना और उन्हें गर्भवती कर अपनी सन्तान का बोझ दलित पुरुषों पर या दलित समुदाय पर लादना समझा जा सकता है। ये जारकर्म बलात्कार से अलग एक जाति की सामाजिक दुर्बलता का लाभ उठाते हुए उनकी स्त्रियों के यौन शोषण का एक रूप है। महत्त्वपूर्ण यह नहीं है कि यह संकल्पना किस हद तक मातृसत्ता और पितृसत्ता की कोटियों से अलग किसी सच्चाई के विश्लेषण की कोटि है। ज़्यादा महत्त्वपूर्ण यह है कि इसके माध्यम से धर्मवीर दलित स्त्रियों के आचार-व्यवहार के लिए किस तरह का नियमन प्रस्तावित करते हैं। जहाँ तक तथ्य की बात है तो सामंती वर्ण व्यवस्था में ज़मींदार तबकों द्वारा दलित स्त्रियों का भयानक यौन शोषण एक भयावह भारतीय सच्चाई है। मध्य बिहार के नक्सल आंदोलन को ज़मीन और मजदूरी के सवाल से लड़ते हुए इस प्रश्न पर भी भीषण लड़ाई लड़नी पड़ी। ज़मींदारी तबके दलित स्त्रियों को अपनी ज़ागीर समझते थे। डोला रखवाने की प्रथा किसी भी नवविवाहित दलित स्त्री के साथ पहली रात ज़मींदार के साथ बिताने की ही प्रथा थी। खेतों-खलिहानों में बलात्कार की चीख़ अनसुनी रह जाती थी। इसका अत्यंत सांकेतिक किन्तु मर्मस्पर्शी बयान गोरख पाण्डेय की इन पंक्तियों में व्यक्त किया गया है—

अब्बो गाँव-गाँव रहे ज़मींदार सजनी
जैसे रहरी में रहेला हुंड़ार सजनी

अरहर के खेतों में ज़मींदारों द्वारा कामगार दलित स्त्रियों के बलात्कार का सूक्ष्म संकेतन इन पंक्तियों में है। उत्तर-औपनिवेशिक भारत के गाँवों में ज़मींदारी सत्ता की उपमा अरहर के खेतों में हुंड़ारों से देना गहरी सांस्कृतिक-सामाजिक व्यंजना लिए हुए है। यदि जारसत्ता जैसी संकल्पना इन तथ्यों का सैद्धांतीकरण होती तो एक भयावह सच्चाई को बदलने में उसकी भूमिका होती। धर्मवीर ने जारकर्म को बलात्कार का समानार्थी नहीं बताया है। यह एक व्यवस्था है जो विषम सामाजिक सत्ता और आधिपत्य के सम्बन्धों के जरिए ग़ैर-दलित पुरुष द्वारा दलित स्त्री को संसर्ग के लिए राजी कराती है। धर्मवीर इस संकल्पना के जरिए दलित स्त्री के लिए एक आचार संहिता जैसी चीज़ भी प्रस्तावित करना चाहते हैं। प्रेमचंद की कहानी 'कफ़न' का पुनर्पाठ करते हुए उन्होंने यह कल्पना की है कि बुधिया के पेट में पलता बच्चा किसी ज़मींदार या दबंग का होगा, ऐसे में यदि घीसू और माधव उसके जन्मने को ले कर उदासीन हैं तो यह जारसत्ता के ख़िलाफ़ उनका विद्रोह है न कि ग़रीबी से पैदा हुई अमानवीयता। धर्मवीर के विश्लेषण में दो ही केन्द्र हैं—एक घीसू-माधव जैसे दलित पुरुष और दूसरा वह अजन्मा बच्चा जिसकी ज़िम्मेदारी उसके वास्तविक पिता की होने

के चलते घीसू-माधव का उसके प्रति उदासीन रहना जायज़ है। इस विश्लेषण में बच्चा जनती बुधिया कहीं नहीं है। धर्मवीर का एक-एक शब्द बुधिया के प्रति घृणा से ओतप्रोत है। जारकर्म की उनकी अवधारणा का वास्तविक मंतव्य तब पता चलता है जब वे एक समकालीन दलित लेखिका की तुलना अपनी संकल्पना की 'बुधिया' से करते हैं। उनका ग़ुस्सा अंतिम विश्लेषण में उस दलित स्त्री के प्रति निकलता है जो उनके विश्लेषण में ग़ैर-दलित पुरुष की सन्तान की माँ बन रही है। अनिता भारती ने अपने लेख 'अम्बेडकरवादी साहित्य में स्त्री विमर्श' में लिखा, "सवाल उठता है कि दलित साहित्यकार स्त्री के यौन शोषण या बलात्कार से, सवर्णों के उन पर आधिपत्य से इतने आतंकित क्यों हैं? क्यों बार-बार लेखन का विषय दलित स्त्री का यौन शोषण बनता है? ..... जबकि दलित लेखिकाओं के लेखन का कलेवर अत्यंत विस्तृत है। वह दलित स्त्री के अस्तित्व से ले कर, न्यूनतम मजदूरी, शिक्षा, उनके अपने समाज द्वारा हड़पे गए अधिकारों तक को उन्होंने अपने साहित्य का विषय बनाया है। दलित स्त्री की केवल और केवल समस्या यौन शोषण ही तो नहीं है।"[22] इस पर डॉ0 धर्मवीर की टिप्पणी है, "बताइए, ये दलित महिला दलित महिला के यौन शोषण को कितने हल्के ढंग से ले रही हैं। बस, इनकी तरफ़ से यही कहने की कमी रह गई है कि द्विज लोग दलित स्त्रियों का यौन शोषण नहीं करते हैं बल्कि उन पर उपकार करके और उन्हें गर्भवती करके उन्हें सन्तान देते हैं। यदि रोका न जाए तो शायद वे अगली बार ऐसा ही लिखेंगी। क्या अनिता भारती बुधिया बनना चाह रही हैं? मुझे नहीं लगता कि उस बेचारी का कोई दोष था लेकिन अनिता भारती की सोच में निश्चित रूप से भारी खोट है।"[23] बुधिया को उपरोक्त कथन में बेचारी बताने वाले डॉ0 धर्मवीर 'कफ़न' कहानी के पुनर्पाठ में बुधिया की दर्दनाक मौत से कहीं भी द्रवित नहीं हैं, मानो भीतर ही भीतर न केवल तथाकथित 'ज़मींदार की होने वाली जारज सन्तान' की मृत्यु पर बल्कि उसे गर्भ में धारण करने वाली दलित स्त्री की भी मृत्यु उन्हें संतोष दे रही हो। धर्मवीर का कुपाठ न हो इसलिए ज़रूरी है कि इस सन्दर्भ में उनके विचारों को एक बार फिर देख लिया जाए। धर्मवीर लिखते हैं, "जो सार रूप में कहना है वह यह कि दलित नारी के साथ ग़ैर-दलितों द्वारा जो विवाह-बाह्य मैथुन होता है वह जारकर्म नहीं होता बल्कि बलात्कार और केवल बलात्कार होता है। जारकर्म का आरोप दलित नारी पर तब लगाया जाए जब वह और उसकी कौम स्वतंत्र हो .... व्यवस्था ग़लत हो और कौम कमज़ोर हो तो दलित नारी को ज़्यादा ज़िम्मेदार नहीं ठहराया जा सकता।"[24] लेकिन अगली ही साँस में वे कहते हैं, "बच्चा गाँव के ज़मींदार का या किसी प्रेमचंद का निकले तो उस बच्चे को उस बुधिया समेत वे पालें, कोई चमार क्यों पाले?"[25] धर्मवीर के लिए कुल प्रश्न यह है कि बुधिया और उसके बच्चे की ज़िम्मेदारी किसकी है? किस पुरुष की है? बुधिया ख़ुद में कोई सवाल नहीं है, न उसका जीवन, न उसकी मृत्यु, न उसका मातृत्व। उसके बारे में एक ही सवाल बनता है और वह कानूनी है कि वह किसकी ज़िम्मेदारी है। धर्मवीर लिखते हैं, "क्या बेहतर है—बुधिया और बुधिया के बच्चे को मरने देना— या दूसरों

की औलाद को अपनी कह कर पालना? गाँधी समेत हर हिन्दू का जवाब दूसरा है।"[26] यह लिख कर धर्मवीर ने अपना जवाब भी स्पष्ट कर दिया है, लेकिन यह किसी भी दलित स्त्री का जवाब शायद ही हो।

डॉ0 धर्मवीर ज़मींदार के बच्चे को अपने पेट में धारण करने वाली दलित स्त्री से शाब्दिक सहानुभूति रखते हुए भी यह भयावह प्रश्न पूछते हैं कि 'क्या बेहतर है— बुधिया और बुधिया के बच्चे को मरने देना— या दूसरों की औलाद को अपनी कह कर पालना?' और अपना जवाब बिना कहे भी दे देते हैं कि उन्हें पहला विकल्प ही पसन्द होता। वहीं दूसरी ओर बेबी हालदार जैसी दलित लेखिका अपनी आत्मकथा 'आलो आँधारि' में उन सजातीय पुरुषों के प्रति भी उनकी परिस्थितियों के चलते करुणा रखती है जिन्होंने उसे हर तरह से प्रताड़ित किया। धर्मवीर के लिए यह अकल्पनीय है कि ग़रीबी घीसू और माधव जैसे व्यवस्था के शिकार पात्रों की मानवता सोख लेती है। उन्हें यह शायद स्वीकार्य होता यदि वे कहानी में दलित (चमार) न दिखाए जाते, लेकिन बेबी हालदार की आत्मकथा में पति अपनी अल्पायु पत्नी को प्रताड़ित करता रहता है, उस लड़की के सबसे पीड़ादायक और ज़िन्दगी-मौत के बीच झूलते, प्रसव के समय में भी अमानवीय तरीके से अकेली छोड़ देता है। अब बेबी हालदार तो प्रेमचंद की तरह न तो ग़ैर-दलित हैं, न ही सामंत का मुंशी, न ही वे कोई कहानी लिख रही हैं बल्कि यह उनकी आत्मकथा है। क्या धर्मवीर इस आत्मकथा का भी जारकर्म के सन्दर्भों में पुनर्पाठ करेंगे? या कि बेबी हालदार भी द्विजों द्वारा उकसा दी गई हैं और सच को छिपा रही हैं? सवाल यह है कि बेबी हालदार उन पुरुषों के प्रति क्या रवैया रखती हैं जिन्होंने उन्हें प्रताड़ित किया? वे पुरुष ख़ुद इस क्रूर व्यवस्था में पिस रहे हैं। वे ख़ुद उत्पीड़ित हैं, जिनका अमानुषीकरण व्यवस्था हर पल करती है। जो प्रताड़ित करता है उसके लिये करुणा भी है, उससे मोह भी है, उसका ख़्याल भी आता है। उसी पिता के पास बार-बार वह लौट कर जाती है, उन्हीं भाइयों से उसे लगाव भी है। उसी सहजता से कहानी के भीतर की तह से ही उनके नीरस, पिसते हुए जीवन का वर्णन भी 'आलो-आँधारि' में चलता रहता है। दृष्टिकोण का फ़र्क यह है कि धर्मवीर बुधिया के लिए मृत्युदंड का फ़ैसला सुना रहे है जबकि बेबी हालदार उन सजातीय दलित पुरुषों से भी सहानुभूति रखती हैं जो परिस्थितियों के कारण दलित स्त्री के प्रति अमानवीय व्यवहार करते हैं।

सन्दर्भ सूची

1. डॉ0 धर्मवीर : 'दलित चिंतन का विकासः अभिशप्त चिंतन से इतिहास चिंतन की ओर' दलित और अश्वेत साहित्यः कुछ विचार, सं. चमनलाल, भारतीय उच्च अध्ययन संस्थान, शिमला, 2001, पृ0 59-61

2. डॉ0 धर्मवीर : मातृसत्ता, पितृसत्ता और जारसत्ता, खण्ड तीन (प्रेमचंद : सामंत का मुंशी), वाणी प्रकाशन, दिल्ली, 2005, पृ0 17
3. महात्मा ज्योतिबा फुले : 'सार्वजनिक सत्य धर्म पुस्तक (1891)', महात्मा ज्योतिबा फुले रचनावली (खंड 2), सं. एल.जी मेश्राम 'विमलकीर्ति', राधाकृष्ण प्रकाशन, दिल्ली, 2002, पृ0 162
4. वही, पृ0 137
5. वही, पृ0 165-67
6. कंवल भारती : दलित हिन्दू राष्ट्र नहीं हैं?, कथाक्रम, दलित विशेषांक, नवम्बर 2000, पृ0 95
7. Ambedkar, B.R. : Writings and Speeches, Vol. 9, Education Dptt., Govt.of Maharashtra, Mumbai, 1991, pg. 189
8. Ibid
9. Ibid
10. कंवल भारती : 'उपसंहार : नई शताब्दी में दलित' दलित विमर्श की भूमिका, इतिहासबोध प्रकाशन, इलाहाबाद, प्रथम संस्करण 2002, पृ0 128
11. महात्मा ज्योतिबा फुले : प्रस्तावना, 'ग़ुलामगीरी' (1873) महात्मा ज्योतिबा फुले रचनावली (खण्ड 1), सं. एल.जी मेश्राम 'विमलकीर्ति', राधाकृष्ण प्रकाशन, दिल्ली, 2002, पृ0 138-40
12. Ambedkar, B.R. : Slavery and Untouchability : Which is Worse, ed. Bhagwan Das, pg. 27-31
13. शरणकुमार लिंबाले : गोपाल प्रधान को दिया गया इंटरव्यू (समकालीन जनमत, अप्रैल 1996), 'दलित साहित्य का सौन्दर्यशास्त्र', वाणी प्रकाशन, दिल्ली, 2005 (2000), पृ0 140-41
14. शरणकुमार लिंबाले : 'दलित साहित्य और अमेरिकन नीग्रो साहित्य', दलित और अश्वेत साहित्यः कुछ विचार, सं. चमनलाल, भारतीय उच्च अध्ययन संस्थान, शिमला, 2001, पृ0 19
15. वही, पृ0 16
16. विवेक कुमार : दलित समुदाय एवं सामाजिक परिवर्तन, हंस, वर्ष 19, अंक 1, अगस्त 2004, पृ0 95
17. महात्मा ज्योतिबा फुले : अखंडादि काव्य रचना, विभाग छः, कुनबी स्त्री (अखंड), महात्मा ज्योतिबा फुले रचनावली (खण्ड 2), सं. एल.जी मेश्राम 'विमलकीर्ति', राधाकृष्ण प्रकाशन, दिल्ली, 2002, पृ0 265
18. विमल थोराट : अजय नावरिया और सुदेश तनवर को दिया गया साक्षात्कार, हंस, वर्ष 19, अंक 1, अगस्त 2004, पृ0 230
19. डॉ धर्मवीर : 'दोहरा अभिशाप' कितना दोहरा? - एक डायनासोर औरत, हंस, वर्ष 19, अंक 1, अगस्त 2004, पृ0 67

20. कौशल्या वैसंत्री : दोहरा अभिशाप, परमेश्वरी प्रकाशन, दिल्ली, 1999, पृ0 104
21. डॉ धर्मवीर : 'दोहरा अभिशाप' कितना दोहरा? - एक डायनासोर औरत, हंस, वर्ष 19, अंक 1, अगस्त 2004, पृ0 70
22. अनिता भारती : अम्बेडकरवादी साहित्य में स्त्री विमर्श, अपेक्षा, जुलाई-सितम्बर 2004, पृ0 99
23. डॉ0 धर्मवीर : मातृसत्ता, पितृसत्ता और जारसत्ता, खण्ड तीन (प्रेमचंद : सामंत का मुंशी), वाणी प्रकाशन, दिल्ली, 2005, पृ0 66
24. वही, पृ0 64
25. वही
26. वही, पृ0 29

●●●

संक्षिप्त सहायक ग्रंथ-सूची (हिन्दी)

आचार्य रामचंद्र शुक्ल : हिन्दी साहित्य का इतिहास, नागरीप्रचारिणी सभा, वाराणसी, 27वाँ संस्करण, संवत् 2050

अलका सरावगी : कलिकथा बाया बाईपास, आधार प्रकाशन, पंचकूला, हरियाणा, 2003

अज्ञेय : खुले में खड़ा पेड़, (सं0 नंदकिशोर आचार्य), वाग्देवी प्रकाशन, बीकानेर 1999

कृष्णा सोबती : ज़िन्दगीनामा, राजकमल प्रकाशन, 2004 (1979), दिल्ली

कृष्णा सोबती : मित्रो मरजानी, राजकमल प्रकाशन दिल्ली, 1999

कृष्ण मोहन : आधुनिकता और उपनिवेश, वाणी प्रकाशन, दिल्ली, 2006

कंवल भारती : दलित विमर्श की भूमिका, इतिहासबोध प्रकाशन, इलाहाबाद, प्रथम संस्करण 2002

कौशल्या वैसंत्री : दोहरा अभिशाप, परमेश्वरी प्रकाशन, दिल्ली, 1999

गोपीचंद नारंगः संरचनावाद, उद्धार संरचनावाद एवं प्राच्य काव्यशास्त्र (अनु. देवेश) साहित्य अकादेमी दिल्ली, 2004 (2000)

चमनलाल सं. : दलित और अश्वेत साहित्य : कुछ विचार, भारतीय उच्च अध्ययन संस्थान, शिमला, 2001

डॉ0 धर्मवीर : मातृसत्ता, पितृसत्ता और जारसत्ता, खण्ड तीन (प्रेमचंद : सामंत का मुंशी), वाणी प्रकाशन, दिल्ली, 2005

न्गुगी वा थ्योंगो : भाषा, संस्कृति और राष्ट्रीय अस्मिता, सम्पादन-अनुवाद : आनन्द स्वरूप वर्मा, सारांश प्रकाशन, दिल्ली 1999

नयी कविता : सैद्धांतिक पक्ष (खण्ड एक), सं. जगदीश गुप्त, रामस्वरूप चतुर्वेदी, विजयदेव नारायण साही, लोकभारती प्रकाशन, इलाहाबाद, 2000

नागार्जुन : बलचनमा, राजकमल प्रकाशन, दिल्ली, 2004 (1952)

नागार्जुन : बाबा बटेसरनाथ, राजकमल प्रकाशन, दिल्ली, 2002 (1961)

निर्मल वर्मा : पत्थर और बहता पानी, वाग्देवी प्रकाशन, बीकानेर, 2000

निराला : राग विराग, सं0 रामविलास शर्मा, लोकभारती प्रकाशन, इलाहाबाद, 2000

प्रेमचंद : ग़बन, राजकमल प्रकाशन, दिल्ली, 2004

प्रेमचंद : गोदान, वाणी प्रकाशन, दिल्ली, 2004

पांडेय बेचन शर्मा उग्र : ख़ुदाराम और चन्द हसीनों के ख़ुतूत, वाणी प्रकाशन, दिल्ली, 1993

फ़ैज़ अहमद 'फ़ैज़' : प्रतिनिधि कविताएँ, राजकमल प्रकाशन, नई दिल्ली, 1998 (1984)

फणीश्वर नाथ रेणु : ऋणजल धनजल, राजकमल प्रकाशन, दिल्ली, 2005 (1977)

भारतेन्दु हरिश्चंद्र : भारतेन्दु समग्र, प्रचारक ग्रंथावली परियोजना, हिन्दी प्रचारक संस्थान, 1989

भीष्म साहनी : तमस, राजकमल प्रकाशन, दिल्ली, 2006(1972)

मन्नू भंडारी : प्रतिनिधि कहानियाँ, राजकमल प्रकाशन, दिल्ली, 2003 (1984)

मनोहर श्याम जोशी : क्याप, वाणी प्रकाशन, दिल्ली, 2001

ममता कालिया, नई सदी की पहचान : श्रेष्ठ महिला कथाकार, 2002, लोकभारती, इलाहाबाद

महात्मा ज्योतिबा फुले रचनावली (खंड-2), सं. एल. जी मेश्राम 'विमलकीर्ति', राधाकृष्ण प्रकाशन, दिल्ली, 2002

महादेवी वर्मा : 'हिन्दू स्त्री का पत्नीत्व', शृंखला की कड़ियाँ, लोकभारती प्रकाशन, 2004

मृदुला गर्ग : चित्तकोबरा, नेशनल पेपरबैक्स, दिल्ली, 2004

मैत्रेयी पुष्पा : इदन्नमम, राजकमल प्रकाशन, दिल्ली, 2004, (1994)

मैनेजर पाण्डेय : साहित्य और इतिहास दृष्टि, वाणी प्रकाशन, नई दिल्ली, 1981

मैनेजर पाण्डेय : 'राष्ट्रवाद, उपन्यास और प्रेमचंद' शीर्षक अध्याय, अनभै साँचा, पूर्वोदय प्रकाशन, दिल्ली, 2002

रघुवंश मणि सं0 और अनुवाद : समय में हस्तक्षेप, अभिधा प्रकाशन, मुजफ़्फ़रपुर, 2005

रामविलास शर्मा : 'सन् सत्तावन की राज्य क्रांति और मार्क्सवाद', लोकभारती प्रकाशन, इलाहाबाद, 1990 (1957)

रामविलास शर्मा, ऋग्वेदिक आर्य और उनका परिवेश, इतिहास दर्शन, वाणी प्रकाशन, दिल्ली, 1995

रामस्वरूप चतुर्वेदी : हिन्दी साहित्य और संवदेना का विकास, लोकभारती, इलाहाबाद, 2000 (1986)

रामचंद्र तिवारी : हिन्दी उपन्यासों का विकास, हिन्दी उपन्यास, विश्वविद्यालय प्रकाशन, वाराणसी

राही मासूम रज़ा, आधा गाँव, राजकमल प्रकाशन, दिल्ली, 2006 (1966)

वीरभारत तलवार : सामना, वाणी प्रकाशन, दिल्ली, 2005

वीरभारत तलवार : रस्साकशी : 19वीं सदी का नवजागरण और पश्चिमोत्तर प्रांत, सारांश प्रकाशन, दिल्ली-हैदराबाद, 2002

सखाराम गणेश देउस्कर : देश की बात, अनुवाद : बाबूराव विष्णु पराड़कर, भूमिका एवं पुनर्प्रस्तुतिः मैनेजर पाण्डेय, नेशनल बुक ट्रस्ट, इण्डिया, 2005 (1904)

रुश्दी, सलमान : शरम, (अनु.) ललित कार्तिकेय, वाणी प्रकाशन, 2004 (मूल उपन्यास 'शेम' का प्रकाशन वर्ष-1983)

सुभद्रा कुमारी चौहान : सीधे सादे चित्र, हंस प्रकाशन, इलाहाबाद, 1983

सुरेन्द्र चौधरी : फणीश्वर नाथ रेणु, साहित्य अकादमी दिल्ली, 1987

शरणकुमार लिंबाले : 'दलित साहित्य का सौन्दर्यशास्त्र', वाणी प्रकाशन, दिल्ली, 2005

हजारी प्रसाद द्विवेदी : हिन्दी साहित्य : उद्भव और विकास, राजकमल प्रकाशन, 1988 (1952), दिल्ली

हरबंस मुखिया (सं0) : फ्यूडलिज़्म और ग़ैरयूरोपीय समाज, ग्रंथशिल्पी, नई दिल्ली, 1998

लेख/पत्र-पत्रिकाएँ

हरीश त्रिवेदी : हंस, जनवरी, 1999 (संः राजेन्द्र यादव) के 'भारतीय अंग्रेज़ी उपन्यास : हिन्दी की दृष्टि में' शीर्षक लेख

विजयदेवनारायण साही : 'लघुमानव के बहाने हिन्दी कविता पर एक बहस' (नयी कविता : अंक 5-6, 1960-61), नयी कविता : सैद्धांतिक पक्ष (खण्ड एक), सं. जगदीश गुप्त, रामस्वरूप चतुर्वेदी, विजयदेव नारायण साही, लोकभारती प्रकाशन, इलाहाबाद, 2000

शिवकुमार मिश्र : 'नवजागरणकालीन साहित्य के चरित्र का एक विशिष्ट पहलू' शीर्षक लेख, आलोचना, जुलाई-सितम्बर, 1987

नामवर सिंह : हिन्दी साहित्य के पच्चीस वर्ष, आलोचना, जनवरी-मार्च 1974,

मैनेजर पाण्डेय : 'स्वातंत्र्योत्तार हिन्दी साहित्य के इतिहास लेखन की समस्याएँ' शीर्षक लेख, आलोचना, जनवरी-मार्च 1979

रामस्वरूप चतुर्वेदी : 'साहित्य और देश' शीर्षक लेख, आलोचना, जनवरी-मार्च 1987

मैनेजर पाण्डेय : 'उपन्यास और यथार्थ : एक टिप्पणी', हंस, जनवरी, 1999

राजेन्द्र यादव : 'दयनीय महानता की दिलचस्प दास्तानः चंद्रकांता', शीर्षक लेख, आलोचना, अप्रैल-जून 1980

प्रदीप सक्सेना : तिलस्मी साहित्य का साम्राज्यवादविरोधी चरित्र, आलोचना, अक्टूबर-दिसम्बर 1987

रविभूषण : 'होरी की मृत्यु और किसानों की आत्महत्या', समकालीन जनमत, वर्ष 25, अंक 1

विजयमोहन सिंह : नागार्जुन के उपन्यास : ग्राम जीवन के अर्द्धविराम, हंस, जनवरी 1999,

अविनाश कुमार : उग्र का उपन्यास 'चंद हसीनों के ख़ुतूत' : आभिजात्य और लोकप्रिय का तनाव, जनमत, अक्टूबर-दिसम्बर, 2002

कंवल भारती : दलित हिन्दू राष्ट्र नहीं हैं?, कथाक्रम, दलित विशेषांक, नवम्बर 2000

विवेक कुमार : दलित समुदाय एवं सामाजिक परिवर्तन, हंस, वर्ष 19, अंक 1, अगस्त 2004

विमल थोराट : अजय नावरिया और सुदेश तनवर को दिया गया साक्षात्कार, हंस, वर्ष 19, अंक 1, अगस्त 2004

डॉ धर्मवीर : 'दोहरा अभिशाप' कितना दोहरा?—एक डायनासोर औरत, हंस, वर्ष 19, अंक 1, अगस्त 2004

अनिता भारती : अम्बेडकरवादी साहित्य में स्त्री विमर्श, अपेक्षा, जुलाई-सितम्बर 2004

●●●

A Short Bibliography

Ambedkar, B.R. : Writings and Speaches, Vol. 9, Education Dptt., Govt.of Maharashtra, Mumbai, 1991

Ashcroft, Bill; Griffiths, Gareth and Tiffin, Helen. (Eds): The Empire Writes Back : Theory and Practice in Post-Colonial Literatures, Routledge, London & New York, 1989

Ahmad, Aijaz: In Theory: Classes, Nations, Literatures, OUP Delhi, 1995, first pub. 1992

Alexander, M. Jacqui and Mohanty, Chandra Talpade : Feminist Genealogies, Colonial Legacies, Democratic Futures, Routledge, New York and London, 1997

Bhabha, Homi K. : The Location of Culture, Routledge, London and New York, 1994

Bhabha, Homi K. (Ed) : Nation and Narration, Routledge, London and New York, 1990

Blackburn, Stuart and Dalmia.Vasudha (Eds) : India's Literary History, Essays on The Nineteenth Century, Permanent Black, Delhi, 2006

Cabral, Amilcar : Unity and Struggle, Heinemann, London, 1980

Cesire, Aime : 'Discourse on Colonialism', (trans.) John Pinkham, Monthly Review Press, New York and London, 1972, first pub. 1955

Chatarjee, Partha : The Nation and its Fragments (Colonial and Postcolonial Histories), OUP, Delhi, 2001 (1993)

Chaturvedi, Vinayak (Ed.) : Mapping Subaltern and the Postcolonials, Verso, London and New York, 2000

Eagleton, Terry : 'Structuralism and Semiotics', Literary Theory, Maya Blackwell, Doaba Publications, 2000 (1983)

Fanon, Frantz : The Wretched of the Earth, Penguin, Middlesex, England, 1974 (1961)

Fanon, Frantz : Black Skin White Masks 35, Grove Press, 1967, USA

Gandhi, M.K.: Collected Works, Navjeevan Trust, Ahmedabad, 1966, Vol 13

Gordon, R. Lewis. Sharpley. T. Denean and White, Renee T : Fanon : A Critical Reader, Blackwell Publishers, 1996

Guha, Ranjit. (Ed.) : Subaltern Studies, Vol. 1, OUP, Delhi, 1982

Guha, Ranjit and Spivak, Gayatri Chakravarti (Eds.) : Selected Subaltern Studies, OUP, London and New York, 1988

Guha, Ranjit : An Indian Historiography of India : A Ninteenth Century Agenda and It's Implications, Calcutta : K. P. Bagchi, 1988

Hutcheon, Linda : The Politics of Postmodernism, Routledge, London and New York, 2002

Jain, Jasbir : Resisting the Empire, Beyond Postcolonialism, Rawat Publishers, New Delhi, 2006

King, Anthony D : 'Writing colonial space', Comparative Study of Society and History, 1995

Lal, Vinay : The History of History, OUP, Delhi, 2006

Latin American Subaltern Studies Group : Founding Statements, Boundart 2:20, No.3 (1993)

Lazarus, Neil (Ed.) : Post Colonial Literary Studies, Cambridge University Press, 2004, Chennai

Lenin, V. I. : Imperialism : the Highest Stage of Capitalism, (Lenin : selected works), Progress Publishers, Moscow, 1968

Lodge, David (Ed) : Modern Criticism and Theory, A Reader, Longman, London and New York, 1991 (1988)

McClintock, Anne : Imperial Leather : Race, Gender and Sexuality in the Colonial Contest, Routledge, London and New York, 1995

Mohanty, Chandra Talpade, Ann Russo and Lourdes Torres (Eds) : Third World Women and the Politics of Feminism, Indiana University Press, 1991(1982)

Mudimbe, V.Y : The Invention of Africa : Genesis, Philosophy and the Order of Knowledge, Indiana University Press, London, 1988

Mukherjee, Meenakshi and Trivedi, Harish (Eds) : Interrogating Post-Colonialism : Theory, Text and Context, IIAS, Shimla, 2000 {1996}

Mukharjee, Meenakshi (Ed.) : Early Novels In India, Sahitya Academy, 2002

Nandi, Ashish : At The Edge Of Psychology : Essays In Politics And Culture. Delhi, OUP, 1980

Nandi, Ashish : The Intimate Enemy : Loss and Recovery of Self Under Colonialism, OUP, Delhi, 1983

Nelson, Cary and Grossberg, Lawrence (Ed) : Marxism and the Interpretation of Culture, University of Illinois Press, Urbana, 1988

Pandey, Gyanendra, (Ed.) : Hindu And Others : The Question Of Identity In India Today, Delhi : Viking, 1993

Pylee, M.V. : Constitutional History of India : 1600-1950, Asia Publishers, Mumbai, 1968

Ramakrishnan, E. V. (Ed.) : Narrating India : The Novel In Search of The Nation, Sahitya Academy, Delhi, 2005

Rushdie,Salman : Imaginary Homelands : Essays and Criticism 1981-1991,Granta, London, 1991

Said, Edward W. : Orientalism, Random House, Penguin Books, US and England, 1995 (1978)

Said, Edward W. : The World,the Text and the Critic, Faber, London, 1984

Said, Edward W. : Culture and Imperialism, Alfred A. Knopf, New York, 1993

Sangari, Kumkum. Gender and Nation, Nehru Memorial Museum and Library, New Delhi, 2001

Sartre, Jean Paul : Introduction, Black Orpheus, Gallimard, Paris, 1976

Sinha, Mrinalini : Colonial Masculanity : "The Manly Englishman" and the "Effeminate Bengali" in the late Nineteenth Century, Manchester University Press, Manchester, 1995

Spivak, Gayatri Chakravorty : The Post colonial Critic : Interviews, Strategies, Dialogues. Ed.Sarah Harasym, Routledge, London and New York, 1990

Spivak, Gayatri Chakravorty : The Spivak Reader, (Eds.) Doma Landry and Gerald Maclean, Routledge, New York

Spivak, Gayatri Chakravorty : In Other Worlds : Essays in Cultural Politics, Routledge, London and New York, 1988

Thompson and Garette : Rise and Fulfilment of British Rule in India, Central Book Depot, Allahabad, 1932, reprint 1962

Young, Robert : Colonial Desire : Hybridity In Theory, Culture and Race, Routledge, London and New York, 1995

Young, Robert J.C. Postcolonialism, A very Short Introduction, OUP, Delhi, 2006 (2003)

Articles/Websites/Journals

Alavi, Hamza : 'The State in Post-colonial societies', New Left Review, 1972

Bharucha, Roshan : "Dismentaling Men : Crisis of Mail Identity in Father, Son and Holey War" in EPW, Vol. XXX, No. 26, 1995

Chakravarty, Uma : 'The World of The Bhaktin in South Indian Traditions – The Body and Beyond', Manushi, N. 50-51-52, Jan-June 1989

Datta, P.K : "Dying Hindus, Production Of Hindu Communal Comman Sence In the Early Twentieth Century Bengal" in EPW, Vol. XXVIII, No. 25

Du.Bois,W.B.-http//encarta.msn.com/encyclopedia-61568380/W.B.B.Du. Bois. html

Eagleton, Terry : Capitalism, Modernism and Postmodernism, Modern Criticism and Theory, A Reader, Ed. David Lodge, Longman, London and New York, 1991 (1988)

Jameson, Fredrick : Post-Modernism or the Cultural Logic of Late Capitalism, Chapter 1, Section 6, 1991,from www.marxist.org

Jameson, Fredrick : Third World Literature in the Era of Multinational Capital, Social Text, No. 15, Autumn, 1986

Kishwar, Madhu : "Arya Samaj and Women's Education : Kanya Mahavidyalay, Jalandhar", in EPW, Vol. XXI, no. 17, 1986, WS-13

Mani, Lata : "Multiple Mediations : Feminist Scholarship in the Age of Multinational Reception", Feminist Review 35

Mani, Lata : "The Production of an Official Discourse on Sati in Early Ninteenth Century Bengal", EPW : Review Of Women's Studies 21, April 1986 : WS 32-40

Mukta, Parita : 'Mirabai in Rajasthan', Manushi, N. 50-51-52, Jan-June 1989

Padmore, George(Ed) : Colonial and Coloured Unity : A History of Pan AfricanCongress,http//www.etext.org/ politics/MIM/countries/panafrican/pacl1963. pdf

Pandey, Gyan : Peasent Rovolt and Indian Nationalism : The Peasent Movement in Awadh : 1919-1922, Subaltern Studies, Vol I, OUP, Delhi, 1982

Sarkar, Sumit : Orientalism Revisited : Saidian Frameworks in the Writing of Modern Indian History, Oxford Literary Review 16, No 1-2, 1994

Sarkar, Sumit : 'The Decline of Subaltern in Subaltern Studies'(1996) in Mapping Subaltern and the Postcolonials, (Ed.) Vinayak Chaturvedi, Verso, London and New York, 2000

Sarkar, Tanika, "The Woman As A Communal Subject : Rashtrasevika Samiti and Ramjanma Bhumi Movement" in EPW, Vol. XXVI, No. 35, 1991

Sartre, Jean Paul. Preface : The Wretched of the Earth, Penguin, 1974 (1961), Great Britain

Saul, John. S. : 'The State in Post-colonial societies : Tanzania', The Socialist Register, Monthly Review press, London,1974

Sethi, Manisha : 'Women's Identity and Agency within 'Hindu Nationalism', Unpublished M. Phil Dessertation submitted to SSS, JNU, 1999

Spivak, Gayatri Chakravorty : Three Women's Texts and a Critique of Imperialism, in Critical Inquiry 12(1) 1985

Spivak, Gayatri Chakravorti : 'Subaltern Studies : Deconstructing Historiography,' Selected Subaltern Studies, (Ed.) Guha and Spivak, New York and London, OUP, 1988

Spivak, Gayatri Chakravorty : Can the subaltern speak?, Marxism and the Interpretation of Culture, Ed. Cary Nelson and Lawrence Grossberg, University of Illinois Press, Urbana, 1988

Suleri, Sara : "Women Skin Deep : Feminism and the Postcolonial Condition", Critical Inquiry 18, 1992

Vanita, Ruth and Kishwar, Madhu. 'Modern Versions of Mira', Manushi, N. 50-51-52, Jan-June 1989

●●●